Steckler/Tekidou-Kühlke
Kompendium Wirtschaftsrecht

Kompendium Wirtschaftsrecht

Von
Prof. Dr. jur. Brunhilde Steckler und
Prof. Dr. jur. Dimitra Tekidou-Kühlke MLE, LL.M.

8. Auflage

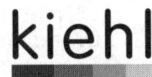

Bearbeitervermerk

- **A. Einführung in das Wirtschaftsrecht, F. Handelsrecht, G. Gesellschaftsrecht, H. Insolvenzrecht, I. Gewerblicher Rechtsschutz und Wettbewerbsrecht**
  Prof. Dr. jur. Brunhilde Steckler

- **B. Grundlagen des Bürgerlichen Rechts, C. Vertragliche Schuldverhältnisse, D. Gesetzliche Schuldverhältnisse, E. Grundbegriffe des Sachenrechts, J. Wirtschaftsverwaltungsrecht, K. Aspekte des internationalen Wirtschaftsrechts**
  Prof. Dr. jur. Dimitra Tekidou-Kühlke MLE, LL.M. (Durham)

- **Übungsteil**
  Je nach inhaltlicher Zugehörigkeit: Prof. Dr. jur. Brunhilde Steckler und Prof. Dr. jur. Dimitra Tekidou-Kühlke MLE, LL.M. (Durham)

ISBN 978-3-470-**43028**-7 · 8., aktualisierte Auflage 2016

© NWB Verlag GmbH & Co. KG, Herne 1989

Kiehl ist eine Marke des NWB Verlags

Satz: SATZ-ART Prepress & Publishing GmbH, Bochum
Druck: medienHaus Plump GmbH, Rheinbreitbach

Vorwort zur 8. Auflage

Das vorliegende Buch vermittelt Grundkenntnisse des Zivil- und Wirtschaftsrechts in einer anwendungsorientierten Darstellung für Studierende der Rechts-, Wirtschafts- und Sozialwissenschaften. Das Arbeitsrecht wurde ausgenommen und ist in einem weiteren Band unter dem Titel „Kompendium Arbeitsrecht und Sozialversicherung" erschienen.

Im Mittelpunkt des „Kompendiums Wirtschaftsrecht" steht das Recht der Kaufleute. Am Beispiel typischer Sachverhalte aus der Unternehmenspraxis werden Aspekte des Vertragsrechts, des Handels- und Gesellschaftsrechts sowie des Wettbewerbsrechts und des Gewerblichen Rechtsschutzes erörtert. Diese Bereiche werden durch die Grundlagen des Bürgerlichen Rechts und des Wirtschaftsverwaltungsrechts sowie um einzelne Aspekte des Internationalen Wirtschaftsrechts ergänzt.

Das Vertragsrecht wurde konsequent an den Anforderungen der Wirtschaftspraxis aus- gerichtet. Insofern ist die zivilrechtliche Vertragstypenlehre durch neue Vertragsformen aus der Wirtschaftspraxis ergänzt und enthält abweichend von der Systematik des Bürgerlichen Gesetzbuches Finanzierungs- und Sicherungsgeschäfte. Im Rahmen dieser anwendungsorientierten Darstellung wurden insbesondere Aspekte der Vertragsgestal- tung einbezogen, z. B. Garantiebedingungen im Kaufvertrag, Formen des Eigentums- vorbehaltes sowie Lizenzvereinbarungen. Übersichten, Abbildungen und zahlreiche Fallbeispiele dienen der Veranschaulichung der komplexen Rechtsmaterie. Der Anhang enthält Übungsfälle mit Lösungen zu wirtschaftlich relevanten Themen aus der Recht- sprechung.

Die 8., aktualisierte Auflage berücksichtigt den Stand der Gesetzgebung und Rechtspre- chung bis August 2015. Insbesondere die Änderungen im Verbraucherschutzrecht auf- grund der Umsetzung Europäischer Richtlinien wurden eingearbeitet.

Die inhaltliche Gestaltung dieses Buches ist aus Vorlesungen, Übungen und Seminaren hervorgegangen, die wir für Studierende in verschiedenen rechts- und wirtschaftswis- senschaftlichen Studiengängen entwickelt haben, u. a. an den Universitäten Hannover, Bayreuth und Bielefeld und an den Fachhochschulen Flensburg, Bielefeld, Niederrhein und Südwestfalen. Anregungen aus Wissenschaft und Praxis werden fortlaufend in das Konzept des Wirtschaftsprivatrechts für Kaufleute integriert.

Brunhilde Steckler
Dimitra Tekidou-Kühlke
Bielefeld, im August 2015

Benutzungshinweise

Aufgaben/Fälle

Die Aufgaben/Fälle im Übungsteil dienen der Wissens- und Verständniskontrolle. Auf sie wird jeweils im Textteil hingewiesen:

Fall 1 > Seite 466

Der Übungsteil befindet sich am Ende des Buches. Es wird empfohlen, die Aufgaben/Fälle unmittelbar nach Bearbeitung der entsprechenden Textstellen zu lösen.

Aus Gründen der Praktikabilität und besseren Lesbarkeit wird darauf verzichtet, jeweils männliche und weibliche Personenbezeichnungen zu verwenden. So können z. B. Mitarbeiter, Arbeitnehmer, Vorgesetzte grundsätzlich sowohl männliche als auch weibliche Personen sein.

INHALTSVERZEICHNIS

C. Vertragliche Schuldverhältnisse

a. a. O.	am angegebenen Ort
ADSp	Allgemeine Deutsche Spediteurbedingungen
AEUV	Vertrag über die Arbeitsweise der Europäischen Union
AG	Aktiengesellschaft
AGB	Allgemeine Geschäftsbedingungen
AktG	Aktiengesetz
ArbErfG	Arbeitnehmererfindungsgesetz
AWG	Außenwirtschaftsgesetz
BB	Betriebs-Berater (Zeitschrift)
BDSG	Bundesdatenschutzgesetz
BGB	Bürgerliches Gesetzbuch
BGH	Bundesgerichtshof
BörsenG	Börsengesetz
bzw.	beziehungsweise
CISG	United Nations Convention on Contracts for the International Sale of Goods (UN-Kaufrecht)
CR	Computer und Recht (Zeitschrift)
DB	Der Betrieb (Zeitschrift)
DesignG	Designgesetz
d. h.	das heißt
DPMA	Deutsches Patent- und Markenamt
e. G.	eingetragene Genossenschaft
EG	Europäische Gemeinschaft
EGBGB	Einführungsgesetz zum Bürgerlichen Gesetzbuch
EU	Europäische Union
EuGH	Europäischer Gerichtshof
e. V.	eingetragener Verein
EGV	Vertrag zur Gründung der Europäischen Gemeinschaft

G	Gesetz
GbR	Gesellschaft Bürgerlichen Rechts
GebrMG	Gebrauchsmustergesetz
gem.	gemäß
GewO	Gewerbeordnung
GG	Grundgesetz
GmbH	Gesellschaft mit beschränkter Haftung
GmbHG	Gesetz betreffend die Gesellschaften mit beschränkter Haftung
GRUR	Gewerblicher Rechtsschutz und Urheberrecht (Zeitschrift)
GWB	Gesetz gegen Wettbewerbsbeschränkungen
HGB	Handelsgesetzbuch
InsO	Insolvenzordnung
i. S.	im Sinne
i. V.	in Verbindung
IHK	Industrie- und Handelskammer
Incoterms	International Commercial Terms
IT	Informationstechnologie
KG	Kommanditgesellschaft
KGaA	Kommanditgesellschaft auf Aktien
KO	Konkursordnung
KWG	Kreditwesengesetz
LFGB	Lebensmittel- und Futtermittelgesetzbuch
LG	Landgericht
MarkenG	Markengesetz
NJW	Neue Juristische Wochenschrift (Zeitschrift)
OHG	Offene Handelsgesellschaft
OLG	Oberlandesgericht

PAngVO	Preisangabenverordnung
PatG	Patentgesetz
ProdHaftG	Produkthaftungsgesetz
StGB	Strafgesetzbuch
TMG	Telemediengesetz
u. a.	unter anderem
UG	Unternehmergesellschaft
UKlaG	Unterlassungsklagen-gesetz
UN	United Nations

UrhG	Urheberrechtsgesetz
usw.	und so weiter
u. U.	unter Umständen
UWG	Gesetz gegen den unlau-teren Wettbewerb
vgl.	vergleiche
WiB	Wirtschaftsrechtliche Beratung (Zeitschrift)
z. B.	zum Beispiel
ZPO	Zivilprozessordnung

A. Einführung in das Wirtschaftsrecht

Die deutsche Wirtschaftsordnung entwickelte sich durch die Einführung der Ge- 001
werbefreiheit zu einer freien und sozialen Marktwirtschaft, in der sowohl die
unternehmerischen Betätigungsmöglichkeiten als auch die soziale Sicherheit der
Arbeitnehmer im Rahmen der verfassungsrechtlich verankerten Grundrechte garantiert werden. Dem Missbrauch wirtschaftlicher Machtstellung durch Kartell-
und Konzernbildung wird durch das Wettbewerbsrecht entgegengewirkt. Eine
Hauptaufgabe der Wettbewerbspolitik besteht in der allseitigen Öffnung der
Märkte durch eine konsequente Bekämpfung der Marktzutrittsschranken, die
insbesondere von Unternehmenszusammenschlüssen und Kartellen ausgehen.[1]

Die **Wirtschaftsverfassung** ist als Gesamtheit aller Rechtsnormen zu verstehen, 002
die den Aufbau und den Ablauf der Volkswirtschaft bestimmen.[2] Daher ist das
Wirtschaftsrecht keine eindeutig abgrenzbare Rechtsmaterie, sondern beinhaltet
eine funktions- und problembezogene Sicherung der freien und sozialen Marktwirtschaft.

Freie Marktwirtschaft: Neben dem Grundrecht der Gewerbefreiheit als Bestandteil des allgemeinen Persönlichkeitsrechts gem. Art. 2 GG sind vor allem die Eigentumsgarantie und das Erbrecht gem. Art. 14 GG für die Wirtschaft von Bedeutung. Damit werden für alle Gewerbetreibenden gleiche Bedingungen geschaffen
und Rechtssicherheit für ihre wirtschaftliche Betätigung und den Bestand ihres
Unternehmens gewährt.

Soziale Marktwirtschaft: Das Sozialstaatsprinzip garantiert sowohl wirtschaftli- 003
che und als auch soziale Sicherheit. Dies wird aus dem Grundrecht der Menschenwürde gem. Art. 1 GG, aus dem Recht auf freie Entfaltung der Persönlichkeit gem.
Art. 2 GG und aus dem Gleichheitssatz gem. Art. 3 GG deutlich, aber auch aus der
Sozialbindung des Eigentums gem. Art. 14 GG.

In der Rechtsordnung werden die Bereiche des öffentlichen und des privaten 004
Rechts unterschieden. Auch wirtschaftliche und strafrechtliche Sachverhalte sind
dem öffentlichen oder dem privaten Wirtschaftsrecht zuzuordnen, vgl. die Übersicht 01. Zu den **Rechtsgebieten des Wirtschaftsrechts**, deren Kenntnis für die
unternehmerische Tätigkeit unerlässlich ist, gehören die in den Grundrechten
enthaltenen Wirtschaftsprinzipien, das Bürgerliche Recht mit den vielfältigen
Möglichkeiten der Vertragsgestaltung, das Handels- und Gesellschaftsrecht, das
Wettbewerbsrecht und das Wirtschaftsverwaltungsrecht. Dem Wirtschaftsrecht
werden u. a. auch die in diesem Kompendium nicht dargestellten Gebiete des
Steuerrechts[3] sowie des Arbeits- und Sozialversicherungsrechts[4] zugeordnet.
Hinsichtlich weiterer teilweise auch branchenbezogener Rechtsgebiete – Banken,

---

[1] *Emmerich*, Kartellrecht, a. a. O.

[2] *Baßeler/Heinrich/Koch*, a. a. O.

[3] *Kreft*, Steuerrecht, a. a. O.

[4] *Steckler/Bachert/Strauß*, Kompendium Arbeitsrecht und Sozialversicherung, a. a. O.

Versicherungen, Verkehr, Umwelt, Energie, Medien[1] usw. – wird auf die umfangreiche Spezialliteratur verwiesen.

Übersicht 01: Rechtsordnung	
Öffentliches Recht **betrifft die staatlichen Organisationen und die Rechtsbeziehungen des Bürgers zum Staat und zu den staatlichen Einrichtungen**	
Völkerrecht	Charta der Vereinten Nationen, Nato-Vertrag ...
Europarecht	EWG-Vertrag, EU-Vertrag, ROM I-VO, ROM II-VO ...
Staatsrecht	Allgemeine Staatslehren und -formen, z. B. Demokratie ...
Verfassungsrecht	Grundrechte, Länderverfassungen ...
Verwaltungsrecht	Allgemeine Verwaltungslehre und besondere Verwaltungsgebiete, z. B. Polizei- und Ordnungsrecht, Gewerberecht, Baurecht, Umweltrecht, Gemeinderecht ...
Steuerrecht	gilt als eigenständiges Gebiet des Verwaltungsrechts
Sozialrecht	Sozialversicherungsrecht, Sozialhilferecht, Jugendhilferecht, Ausbildungsförderungsrecht ...
Telekommunikations- und Medienrecht	Telekommunikationsrecht, Presse-, Rundfunk- und Filmrecht, Recht der neuen Medien (Telemedien) ...
Datenschutzrecht	Datenschutz in Bund und Ländern, bereichsbezogener Datenschutz im Arbeits- und Sozialrecht, im Steuerrecht, im Bankrecht, im Telekommunikations- und Medienrecht ...
Strafrecht	Allgemeine Strafrechtslehren und einzelne Strafdelikte, z. B. Vermögens- und Eigentumsdelikte, Tötungs- und Körperverletzungsdelikte, Verkehrsstraftaten, Wirtschaftskriminalität ...
Gerichtsverfassungsrecht	Aufbau der Gerichtsbarkeit, z. B. Amts-, Land-, Oberlandesgerichte und Bundesgerichtshof, Verfassungs- und Verwaltungsgerichte, Finanzgerichte ...
Prozessrecht	Verfahrensordnungen einzelner Gerichtszweige, z. B. für die Allgemeinen Zivilgerichte, die Arbeits- und Sozialgerichte, die Verwaltungsgerichte, die Finanzgerichte ...
Privatrecht (= Zivilrecht) **betrifft die Rechtsbeziehungen natürlicher und juristischer Personen**	
Bürgerliches Recht und Nebengebiete	Rechtsgeschäftslehre, Schuldrecht, Sachenrecht, Familien- und Erbrecht, Verbraucherschutzrecht (BGB und Nebengesetze) ...
Arbeitsrecht	Arbeitsvertragsrecht, Arbeitssicherheit, Tarifvertrags- und Betriebsverfassungsrecht
Handelsrecht	Sonderprivatrecht für Kaufleute (HGB und Nebengesetze)
Wertpapierrecht	Wechsel- und Scheckrecht, Aktienrecht ...
Bank- und Börsenrecht	Kreditwesengesetz, Bundesbankgesetz, Hypothekenbankgesetz, Bausparkassengesetz, Börsen- und Depotgesetz ...

---

[1] *Steckler,* Grundzüge des IT-Rechts, a. a. O.

Gesellschaftsrecht	Personengesellschaften und Körperschaften, z. B. GbR, OHG, KG, PartG, GmbH, AG, Verein, Genossenschaft (BGB, HGB, GmbHG, AktG) ...
Wettbewerbs- und Kartellrecht	Gesetz gegen Wettbewerbsbeschränkungen, Gesetz gegen den unlauteren Wettbewerb, Heilmittelwerbegesetz ...
Gewerblicher Rechtsschutz	Patent-, Muster- und Markenrecht, Sortenschutzrecht, Internationale Abkommen ...
Urheber- und Verlagsrecht	Urheberrecht und verwandte Schutzrechte, Kunsturheberrecht, Urheberrechtswahrnehmungsrecht, Verlagsrecht, Internationale Abkommen ...

Die Bereiche des **öffentlichen** und des **privaten Wirtschaftsrechts** lassen sich im Einzelfall nicht klar voneinander abgrenzen. Im Bank- und Börsenrecht, im Wettbewerbsrecht, im Arbeitsrecht und im gewerblichen Rechtsschutz wird die Trennung zwischen dem öffentlichen und dem privaten Recht aufgehoben. Soweit dem Staat Funktionen der Planung, Überwachung, Lenkung und Förderung zugewiesen sind, werden Teilbereiche dem öffentlichen Wirtschaftsrecht zugeordnet. Dies ist z. B. im Arbeitsschutzrecht und im Sozialversicherungsrecht der Fall, wenn die Aufsichtsbehörden die Einhaltung der Arbeitsschutzgesetze durch die Arbeitgeber überwachen. Auch im Bankrecht gehört die staatliche Aufsicht über das Kredit- und Finanzdienstleistungswesen zum öffentlichen Bankrecht, während die Verträge zwischen Finanzdienstleistern und ihren Kunden zum privaten Bankrecht gehören. Im Wettbewerbsrecht wird die Aufsicht der Kartellbehörden dem öffentlichen Recht und der unlautere Wettbewerb der Unternehmen dem privaten Recht zugeordnet. Das Baurecht wird in öffentliches und privates Baurecht unterteilt. Letztlich entscheidet die im Einzelfall anzuwendende Rechtsgrundlage darüber, ob eine Frage dem öffentlichen oder dem privaten Recht zuzuordnen ist. 005

Die **Rechtsentwicklung in der Europäischen Union** hat in den letzten Jahren zunehmende Bedeutung für die Gesetzgebung in den Mitgliedstaaten gewonnen. Durch Verordnungen und Richtlinien zur Harmonisierung oder Rechtsangleichung sind die nationalen Rechtssysteme der Mitgliedstaaten insbesondere im Hinblick auf wirtschaftliche Angelegenheiten stark beeinflusst worden. Das nationale Recht in den Mitgliedstaaten darf die Aktivitäten auf dem Gemeinsamen Markt nicht einschränken. Auch die Entscheidungen des Europäischen Gerichtshofs zu einzelnen Aspekten der Diskriminierung oder Behinderung einzelner Mitgliedstaaten und ihrer Staatsangehörigen sowie zur Auslegung nationalen Rechts spielen eine große Rolle für Unternehmen und Verbraucher. 006

Beispielhaft werden folgende Europäische Richtlinien aufgeführt, die in den vergangenen Jahren in deutsches Recht umgesetzt und in das Bürgerliche Gesetzbuch aufgenommen wurden: 007

► Verbraucherrechterichtlinie 2011/83/EU

► Unterlassungsklagenrichtlinie 2009/22/EG

- ► Verbraucherkreditrichtlinie 2008/48/EG
- ► Richtlinie über irreführende und vergleichende Werbung 2006/114/EG
- ► Richtlinie über unlautere Geschäftspraktiken 2005/29/EG
- ► Richtlinie über den Fernabsatz von Finanzdienstleistungen an Verbraucher 2002/65/EG
- ► Datenschutzrichtlinie für elektronische Kommunikation 2002/58/EG
- ► E-Commerce-Richtlinie 2000/31/EG.

008   Infolge der Aufnahme europäischer Regelungen des **Verbraucherschutzes** in das Bürgerliche Gesetzbuch ist bei der Anwendung einzelner Rechtsvorschriften darauf zu achten, ob sich diese auf die Rechtsbeziehungen zwischen Unternehmern und Verbrauchern beziehen. So gelten z. B. die Vorschriften über Verbraucherverträge gem. §§ 312 ff. BGB, den Verbrauchsgüterkauf gem. §§ 474 ff. BGB, den Verbraucherdarlehensvertrag gem. §§ 491 ff. BGB und die Regelungen über Finanzierungshilfen gem. §§ 506 ff. BGB speziell für Verträge zwischen einem Unternehmer und einem Verbraucher.

009   Es sind folgende Definitionen eingeführt worden:

- ► Verbraucher ist jede natürliche Person, die ein Rechtsgeschäft zu einem Zweck abschließt, der weder ihrer gewerblichen noch ihrer selbstständigen beruflichen Tätigkeit zugerechnet werden kann, § 13 BGB.

- ► Unternehmer ist eine natürliche oder juristische Person oder eine rechtsfähige Personengesellschaft, die bei Abschluss eines Rechtsgeschäfts in Ausübung ihrer gewerblich oder selbstständigen beruflichen Tätigkeit handelt, § 14 BGB.

010   Der Unternehmerbegriff im Sinne des Bürgerlichen Gesetzbuches umfasst jede gewerbliche und selbstständige Tätigkeit und ist daher nicht mit dem Kaufmannsbegriff des Handelsgesetzbuches zu verwechseln. Im Bürgerlichen Recht geht es vielmehr um den Verbraucherschutz und um die Rechtsbeziehungen von juristischen und natürlichen Personen (Schuldrecht, Sachenrecht, Familienrecht, Erbrecht).

B. Grundlagen des Bürgerlichen Rechts

Das Bürgerliche Recht regelt die Rechtsverhältnisse natürlicher und juristischer   001
Personen. Es ist im **Bürgerlichen Gesetzbuch** (BGB) mit zahlreichen Nebengesetzen niedergelegt. Darüber hinaus sind im Wirtschaftsleben spezielle **Wirtschaftsgesetze** zu beachten, darunter insbesondere das Handelsgesetzbuch (HGB), das die Regeln des BGB ergänzt oder abändert, wenn die handelnden Personen Kaufleute sind. Ferner sind das Aktien- und das GmbH-Gesetz von Bedeutung, das Gesetz gegen den unlauteren Wettbewerb (UWG) und zahlreiche weitere Gesetze für Bank- und Börsengeschäfte, für Transport und Lagerhaltung und für den internationalen Güterverkehr. Sondervorschriften finden sich auch im Arbeits- und Sozialversicherungsrecht, im gewerblichen Rechtschutz, im Urheberrecht und in weiteren Bereichen. Die wirtschaftlichen Handlungsspielräume werden durch die öffentlich-rechtlichen Regeln der Wirtschaftsverwaltung begrenzt, darunter die Gewerbeordnung, das Kreditwesengesetz, das Gesetz gegen Wettbewerbsbeschränkungen (GWB), die Datenschutzgesetze, die Umweltgesetze und andere staatliche Vorgaben der Wirtschaftsplanung und -lenkung.

Zur Ausschöpfung aller Gestaltungsmöglichkeiten unternehmerischen Handelns   002
sind Kenntnisse der Grundlagen des Bürgerlichen Rechts erforderlich, insbesondere der Vorschriften für das Zustandekommen, die Gestaltung und die Beendigung von Rechtsgeschäften. Das Bürgerliche Gesetzbuch enthält allgemeine Regeln, die für sämtliche Verträge gleichermaßen gelten, sodass nach einheitlichem Muster Verträge abgeschlossen, Ansprüche wirksam begründet und die Folgen von Pflichtverletzungen interessengerecht gestaltet werden. Da die Vorschriften des **Vertragsrechts** weitgehend abstrakt formuliert sind, erfassen sie einerseits den grundsätzlichen Regelungsbedarf der Vertragsparteien, eröffnen aber darüber hinaus auch die Möglichkeit individueller Gestaltung von Rechtsbeziehungen, weil von den meist dispositiven Normen nach der jeweiligen Interessenlage im Einzelfall abgewichen werden kann. Es sind deshalb zu unterscheiden

- **dispositive Normen**
- **und zwingende Normen.**

Die dispositiven oder abdingbaren Normen sind ohne Weiteres schon aus dem   003
Wortlaut des Gesetzes zu erkennen. Die Wendung *„sofern nicht ein anderes bestimmt ist"* gibt einen deutlichen Hinweis auf die Nachrangigkeit der gesetzlichen Regelung gegenüber vertraglichen Vereinbarungen der Parteien, ebenso die Formulierungen *„ist die Fälligkeit **nicht bestimmt**, ..."*, *„sind Zinsen **nicht bedungen** ..."* oder *„die Verjährungsfrist **kann durch Vertrag verlängert** werden"*. Bei genauem Lesen einer gesetzlichen Vorschrift ergeben sich auch die Grenzen zulässiger vertraglicher Abweichungen. Wenn nach § 622 Abs. 6 BGB für die Kündigung des Arbeitsverhältnisses durch den Arbeitnehmer einzelvertraglich keine längere Frist vereinbart werden darf als für die Kündigung durch den Arbeitgeber, so bedeutet dies, dass einzelvertraglich die gesetzlichen Mindestkündigungsfristen vereinbart werden können, sofern diese für Arbeitnehmer und Arbeitgeber gleich lang sind, dass aber durchaus in Tarifverträgen noch kürzere Kündigungsfristen

enthalten sein können, da es sich hierbei um Kollektivvereinbarungen handelt.[1] Auch die gesetzliche Formulierung *„im Zweifel"* enthält einen **Hinweis auf dispositives Recht**, denn wenn die Vertragsparteien sich nicht oder nicht eindeutig erklärt haben, gibt es keine Möglichkeit der Vertragsauslegung gem. §§ 133, 157 BGB, sodass an die Stelle fehlender Parteivereinbarung die dispositive gesetzliche Regelung tritt.

004 Da das Bürgerliche Recht von dem **Grundsatz der Privatautonomie**[2] beherrscht wird, sind die zwingenden Vorschriften im Wesentlichen zum Schutz des Schuldners erforderlich. Der unabdingbare Charakter einer Rechtsnorm offenbart sich aber häufig erst bei genauer Kenntnis der Rechtsmaterie.

Beispiel

Die kaufmännische Untersuchungs- und Rügepflicht für den Käufer gem. § 377 HGB dient dem Zweck, den Verkäufer unverzüglich über Mängel der von ihm vertriebenen Waren zu informieren, damit er in seinem Betrieb dafür Sorge tragen kann, weitere Fehllieferungen an seine Abnehmer zu vermeiden. Die Untersuchung im Wege der Wareneingangskontrolle und Qualitätssicherung beim Käufer kann durch vertragliche Vereinbarung dem Verkäufer auferlegt werden, indem dieser Qualitätssicherungsstandards einzuhalten und eine Warenausgangskontrolle durchzuführen hat. Allerdings bleibt die gesetzliche Verpflichtung zur unverzüglichen Rüge erkennbarer Mängel beim Käufer, der infolge fehlender oder verspäteter Rüge seine Gewährleistungsansprüche verliert.[3]

005 Die Wirtschaftsunternehmen machen von den ihnen nach bürgerlichem Recht zugestandenen vielfachen **Möglichkeiten der Vertragsgestaltung** beispielsweise durch die Vorformulierung Allgemeiner Geschäftsbedingungen für die Bedürfnisse ihres Handelsbetriebes regen Gebrauch, um standardisierte Massengeschäfte einheitlich und vorteilhaft abzuwickeln.[4] Doch haben Individualvereinbarungen Vorrang vor den Formularkonditionen und auch vor den dispositiven Rechtsnormen. Nur das zwingende Recht verdrängt die Individualvereinbarungen und diese wiederum verdrängen die Allgemeinen Geschäftsbedingungen, während

---

[1] *Steckler/Schmidt*, Arbeitsrecht und Sozialversicherung, a. a. O., Abschnitte II. 5.1 zu den Kündigungsfristen und II. 6.2 zum Probearbeitsverhältnis.

[2] Vgl. Abschnitt III. zu den vertraglichen Schuldverhältnissen.

[3] *Steckler*, Qualitätssicherungsvereinbarungen, a. a. O., S. 62 ff.; vgl. unten Abschnitt F.7.4 zur kaufmännischen Untersuchungs- und Rügepflicht.

[4] Das Recht der Allgemeinen Geschäftsbedingungen, darunter Verkaufs- und Einkaufsbedingungen mit ihren vielfachen Gestaltungsmöglichkeiten, den AGB in Industrie und Handel, im Bank- und Versicherungswesen, für Miet- und Leasingsverträge und den Konditionen der Branchen wird im Folgenden nur am Beispiel der Mängelgewährleistung behandelt. Im Übrigen muss auch für dieses Rechtsgebiet auf die Spezialliteratur verwiesen werden, z. B. *Westphalen*, a. a. O.

das dispositive bürgerliche Recht subsidiär ist. Als Rangfolge der Anwendung von Rechtsnormen bleibt für das bürgerliche Recht festzuhalten:

▶ zwingende Rechtsnormen

▶ Individualvereinbarungen

▶ Allgemeine Geschäftsbedingungen

▶ dispositive Rechtsnormen.

Im Folgenden werden die wesentlichen gesetzlichen Grundlagen des Vertragsrechts erörtert, während auf die Möglichkeiten vertraglicher Gestaltung nur im Zusammenhang mit Allgemeinen Geschäftsbedingungen und bei der Sachmängelgewährleistung im Kaufvertrag eingegangen wird.

1. Rechtsgeschäfte

Das Rechtsgeschäft ist als ein Tatbestand aufzufassen, der rechtserhebliche Folgen bewirkt. Hierzu gehören alle Willenserklärungen, die den Vertrag begründen, gestalten und beenden. Das Rechtsgeschäft besteht aus einer oder mehreren rechtserheblichen **Willenserklärungen**, die auf eine **Rechtsfolge** gerichtet sind. — 006

Beispiele

Die **Annahme** (= Willenserklärung) eines Antrags (= Willenserklärung) zum Abschluss eines Kaufvertrags bewirkt bei Übereinstimmung beider Erklärungen den **Abschluss des Kaufvertrages** (= Rechtsfolge).

Die **Rücktrittserklärung** (= Willenserklärung) bewirkt die Beendigung des Vertrages (= Rechtsfolge).

Die **Aufrechnungserklärung** (= Willenserklärung) bewirkt das Erlöschen der Forderung (= Rechtsfolge).

Diese Beispiele verdeutlichen, dass das Rechtsgeschäft aus mindestens einer **rechtserheblichen Willenserklärung** besteht, die eine Rechtsfolge auslöst. Damit die beabsichtigte Rechtsfolge eintreten kann, müssen häufig noch weitere Voraussetzungen gegeben sein. Im Fall des Kaufvertragsabschlusses muss ein wirksamer Antrag auf einen Kaufvertrag vorliegen, im Fall des Rücktritts muss ein gesetzliches oder vertragliches Rücktrittsrecht bestehen,[1] und im Fall der Aufrechnung muss eine Aufrechnungslage vorhanden sein.[2] Gelegentlich müssen — 007

---

[1] Vgl. Abschnitt B.3.5 zum Rücktritt.

[2] Vgl. Abschnitt B.3.4 zur Aufrechnung.

auch gesetzliche oder vertragliche Formerfordernisse[1] beachtet werden; beispielsweise bedarf ein Kaufvertrag über ein Grundstück der notariellen Form oder die Bürgschaftserklärung der Schriftform.

008 Im Vorfeld des Zustandekommens eines Rechtsgeschäfts ist die Willenserklärung als ein rechtserhebliches Verhalten von **unverbindlichen Gefälligkeitszusagen** abzugrenzen, deren Nichteinhaltung keine nachteiligen Konsequenzen hat. Denn ohne Rechtsfolgen und damit unverbindlich sind gesellschaftliche, familiäre oder nachbarschaftliche Äußerungen.

Im Bereich der Wirtschaft werden Angaben in Werbebroschüren, Katalogen, Preislisten, Zeitungsanzeigen, Auslagen in Schaufenstern, Empfehlungen, Anfragen und ähnliche Erklärungen nicht als Vertragsangebot angesehen, sondern als bloße Aufforderung zur Abgabe eines Angebotes (**invitatio ad offerendum**).

Beispiel

Eine Kundin betritt das Ladengeschäft und verlangt das im Schaufenster mit einem Preis von 1.900 € ausgezeichnete Notebook. Es stellt sich heraus, dass versehentlich eine fehlerhafte Preisauszeichnung erfolgt ist und der richtige Preis 2.900 € beträgt. Da die Schaufensterauslage als invitatio ad offerendum anzusehen ist und daher noch keine Willenserklärung darstellt, liegt erst in der Äußerung der Kundin ein wirksamer Antrag zum Abschluss eines Kaufvertrages, der den Kaufgegenstand und den Kaufpreis als wesentliche Mindestbestandteile enthält. Solange keine diesbezügliche Annahme erfolgt, besteht auch kein wirksamer Kaufvertrag.

009 Der Abschluss, die Gestaltung und die Beendigung von Rechtsgeschäften können nur durch **rechtsverbindliche Erklärungen** wirksam erfolgen, sodass eindeutige Erklärungen im Hinblick auf die beabsichtigte **Rechtsfolge** abzugeben sind. Doch lässt sich aus der gewerblichen Tätigkeit in aller Regel auf die Rechtsverbindlichkeit von Erklärungen schließen. Ein Werkvertrag kommt bereits zu Stande, wenn dem Installateur ein bestimmter Auftrag erteilt wird, sodass über die Entstehung des Vergütungsanspruchs aus dem rechtsverbindlichen Vertrag nicht mehr gestritten werden kann, während sich ein Streit allenfalls noch über die Höhe dieses Anspruchs ergeben könnte.

1.1 Rechts- und Geschäftsfähigkeit

010 Die Person ist ein **Rechtssubjekt**, während die Sache ein **Rechtsobjekt** darstellt. Als Rechtssubjekt ist die Person rechtsfähig, d. h. sie erlangt die Fähigkeit, Träger von Rechten und Pflichten zu sein. Eine rechtsfähige Person kann Eigentum erwerben, Gläubiger oder Schuldner eines Anspruchs sein, Mitglied einer Gesellschaft

---

[1] Vgl. Abschnitt B.1.2 zu den Willenserklärungen.

werden und vieles mehr. Dagegen ist das Rechtsobjekt, z. B. eine bewegliche oder unbewegliche Sache, das Objekt der Rechte einer Person.

Beispiel

Die Alpha Hardware-GmbH (= Rechtssubjekt) schließt mit der Beta-Software-GmbH (= Rechtssubjekt) einen Kaufvertrag über den Erwerb einer EDV-Anlage (= Rechtsobjekt) ab.

Die **Rechtsfähigkeit** hat erhebliche Bedeutung bei der Begründung von Rechten und Pflichten durch Gesetz oder durch Vertrag, ebenso auch bei der Geltendmachung und bei der gerichtlichen Durchsetzung von Ansprüchen. Denn in aller Regel kann nur der Rechtsinhaber selbst seine Forderungen, die aus vertraglichen oder aus gesetzlichen Schuldverhältnissen stammen, erfolgreich einklagen (**Parteifähigkeit**). Die Möglichkeit einer Verbandsklage ist lediglich im Wettbewerbsrecht gem. § 13 UWG und im Verbraucherrecht gem. § 3 UKlaG eröffnet. Ferner besteht für den Insolvenz- und für den Nachlassverwalter die Aktivlegitimation zur Durchsetzung fremder Forderungen im Rechtsweg. Grundsätzlich ist eine Rechtsverfolgung aber davon abhängig, dass der Kläger in seinen subjektiven Rechten verletzt ist (**Rechtsschutzinteresse**). Daher muss beispielsweise ein zivilrechtlicher Anspruch in der Person des Klägers begründet sein. 011

Der Mensch ist eine natürliche Person, dessen **Rechtsfähigkeit** grds. mit der **Vollendung der Geburt** beginnt und mit dem Tod endet, § 1 BGB. Dagegen erlangen die juristischen Personen ihre **Rechtsfähigkeit mit der Entstehung**, in aller Regel durch Eintragung in ein öffentliches Register, z. B. in das Vereins-, Handels- oder Genossenschaftsregister. Bei den juristischen Personen des bürgerlichen Rechts wird zwischen den mitgliedschaftlich organisierten Körperschaften und der aus einem zweckgebunden Vermögen bestehenden Stiftung unterschieden. Zu den juristischen Personen des bürgerlichen Rechts gehören u. a. der eingetragene Verein, die Aktiengesellschaft, die Gesellschaft mit beschränkter Haftung und die eingetragene Genossenschaft. 012

Die Offene Handelsgesellschaft (OHG) und die Kommanditgesellschaft (KG) sind **Personenhandelsgesellschaften**. Sie können auch vor der Eintragung im Handelsregister entstehen, falls ein Handelsgewerbe i. S. des § 1 HGB (Istkaufmann) die Geschäfte aufnimmt, vgl. § 123 Abs. 2 HGB. Damit Personenhandelsgesellschaften im Rechtsverkehr ebenso handlungsfähig werden wie juristische Personen, erhalten die OHG und die KG eine Teilrechtsfähigkeit gem. § 124 HGB.[1] Das bedeutet, sie können Rechte erwerben und Verbindlichkeiten eingehen, Eigentum erwerben, vor Gericht klagen und verklagt werden. 013

---

[1] Vgl. Abschnitte G.1.2 zur Offenen Handelsgesellschaft und G.1.3 zur Kommanditgesellschaft.

014   Von der **Rechtsfähigkeit** ist bei natürlichen Personen ihre **Geschäftsfähigkeit** zu unterscheiden. Als Geschäftsfähigkeit gilt die Fähigkeit, Rechtsgeschäfte selbstständig und wirksam vornehmen zu können. Nur die geschäftsfähige natürliche Person kann durch eigene Willenserklärungen wirksam Rechte erwerben und Pflichten begründen, also auch Verträge abschließen. Die Unterscheidung von Geschäfts- und Rechtsfähigkeit erübrigt sich bei juristischen Personen, die vor ihrer Eintragung in das Handelsregister als solche nicht bestehen. Dagegen sind die Vertretungsregeln für die juristischen Personen unentbehrlich, denn ohne gesetzliche Vertreter sind sie im Rechts- und Wirtschaftsverkehr nicht handlungsfähig. Der Vorstand ist der gesetzliche Vertreter des Vereins, der Aktiengesellschaft und der Genossenschaft; der Geschäftsführer ist der gesetzliche Vertreter der GmbH.

015   Nach Maßgabe der §§ 106 ff. BGB erhält der Mensch mit der Vollendung des 7. Lebensjahres die **beschränkte Geschäftsfähigkeit**, während mit der Vollendung des 18. Lebensjahres die **unbeschränkte Geschäftsfähigkeit** eintritt, vgl. § 2 BGB. Die Willenserklärung eines Geschäftsunfähigen ist nichtig, § 105 BGB, während die Willenserklärung einer beschränkt geschäftsfähigen Person der Einwilligung oder der Genehmigung des gesetzlichen Vertreters bedarf (§§ 107 - 113 BGB).

016   Sofern ein beschränkt Geschäftsfähiger eine Willenserklärung ohne (vorherige) Einwilligung des gesetzlichen Vertreters abgibt, ist sie **schwebend unwirksam** und bedarf der (nachträglichen) Genehmigung. Erteilt der gesetzliche Vertreter die Genehmigung, wird die Willenserklärung wirksam, verweigert er die Genehmigung, wird die Willenserklärung endgültig unwirksam, §§ 107, 108 BGB. Um diesen Zustand der Rechtsunsicherheit zu beenden, kann der Vertragspartner den gesetzlichen Vertreter des Minderjährigen zu einer Erklärung über die Genehmigung auffordern. Wird die Genehmigung nicht innerhalb von zwei Wochen erteilt, gilt sie als verweigert, § 108 Abs. 2 BGB.

017   Von diesen Grundsätzen sind Rechtsgeschäfte geringen Umfangs (= **Taschengeldgeschäfte**) ausgenommen, ferner rechtlich vorteilhafte Geschäfte[1] und die Folgegeschäfte nach Einwilligung der gesetzlichen Vertreter zum Abschluss eines Arbeitsvertrags[2] oder zur Übernahme eines Erwerbsgeschäfts, vgl. §§ 107, 110 ff. BGB. Diese Rechtsgeschäfte sind auch ohne erneute Einwilligung der gesetzlichen Vertreter wirksam und bedürfen daher auch keiner Genehmigung.

---

[1] Gemäß § 107 BGB sind Willenserklärungen eines Minderjährigen auch ohne Einwilligung des gesetzlichen Vertreters wirksam, wenn der Minderjährige lediglich einen rechtlichen Vorteil erlangt. Da das Gesetz nicht auf den wirtschaftlichen, sondern auf den rechtlichen Vorteil abstellt, sind alle Verträge, die für den Minderjährigen auch Leistungspflichten begründen, ohne Einwilligungserklärung des gesetzlichen Vertreters gem. § 108 BGB schwebend unwirksam. Der Minderjährige könnte u. a. eine Schenkung annehmen, Eigentum an beweglichen Sachen erwerben, Forderungen können an ihn abgetreten werden und bei einer Anmeldung gewerblicher Schutzrechte (Patente, Marken etc.) könnten Minderjährige als Inhaber eingetragen werden.

[2] *Steckler/Schmidt*, Arbeitsrecht und Sozialversicherung, Abschnitt II. 1.5 zu den Mängeln des Arbeitsvertrages.

1.2 Willenserklärungen

Um die bestehende Rechtslage zu ändern, bedarf es eines Verhaltens mit recht- **018**
lichen Folgen. Da es im Wirtschaftsprivatrecht im Wesentlichen um die Begründung, Gestaltung und Beendigung von Rechtsgeschäften geht, besteht das rechtlich erhebliche Verhalten in der **Abgabe einer Willenserklärung**, in der zum
Ausdruck kommt, dass der Erklärende eine bestimmte Rechtsfolge herbeiführen
will. In aller Regel muss die Willenserklärung dem Erklärungsempfänger zugehen,
um die beabsichtigte Rechtsfolge eintreten zu lassen.

Die Willenserklärung ist das Grundelement des Rechtsgeschäfts. Unter einer Wil- **019**
lenserklärung ist die Erklärung einer Person zu verstehen, die den auf die **Herbei-**
führung einer Rechtsfolge gerichteten Willen zum Ausdruck bringt.

Beispiele

Die Kündigung eines bestehenden Mietverhältnisses bringt den Willen zum Ausdruck, dieses zu beenden. Um diesen Willen dem Vertragspartner mitzuteilen,
bedarf es einer Erklärung. Die Kündigung ist erst wirksam, wenn die **Kündigungs-**
erklärung dem Vertragspartner zugegangen ist.

Die Anfechtung bewirkt die Nichtigkeit des angefochtenen Rechtsgeschäfts, falls
ein Anfechtungsgrund besteht. Damit diese Rechtsfolge eintreten kann, erfolgt
die Anfechtung durch eine **Anfechtungserklärung** gegenüber dem Vertragspartner. Erst dann tritt die Rechtsfolge der Nichtigkeit ein.

Die Willenserklärung enthält zwei Bestandteile, **einen rechtserheblichen Willen** **020**
und eine rechtserhebliche Erklärung. Nur wenn die Erklärung mit Rechtsbindungswillen abgegeben wird, liegt eine wirksame Willenserklärung vor. Fehlt es
an der Erklärung, vermag der Wille allein nichts zu bewirken. Fehlt es dagegen an
dem Rechtsbindungswillen, bleibt die Erklärung ohne Rechtsfolgen.

Von der rechtlich relevanten Willenserklärung sind im privaten Bereich die Gefäl-
ligkeitszusage und im geschäftlichen Bereich die invitatio ad offerendum abzugrenzen (s. oben Rn 8). In diesen Fällen fehlt der Rechtsbindungswille.

Fall 1: Trierer Weinversteigerung > Seite 466

Die **Erklärung** ist das **objektive Element** der Willenserklärung. Sie umfasst die zu **021**
erbringenden Leistungen bzw. ist eindeutig auf eine bestimmte Rechtsfolge ausgerichtet und bedarf grds. keiner Form, sodass sie nach Wahl des Erklärenden in
verschiedener Weise erfolgen kann,

► **konkludent (= durch schlüssiges Verhalten)**

► **oder ausdrücklich (= mündlich oder schriftlich).**

022 Im geschäftlichen Alltag werden zahlreiche Rechtsgeschäfte durch konkludente oder durch mündliche Willenserklärungen abgeschlossen, sei es durch bloßes Kopfnicken oder per Telefon. Da Verträge in aller Regel formlos wirksam sind, besteht bei vielen alltäglichen Geschäften auch ohne ausdrückliche Vereinbarung bereits durch konkludentes Handeln eine vertragliche Rechtsbindung.

Beispiel

Die Äußerung gegenüber dem Zeitungsverkäufer: *„Ich möchte heute die Financial Times"*, ist eine auf den Abschluss eines Kaufvertrages gerichtete **ausdrückliche Willenserklärung**. Die wesentlichen Vertragsbestandteile – Vertragsparteien, Kaufsache und Kaufpreis – sind eindeutig zu erkennen. Der Verkäufer überreicht dem Kunden wortlos die Zeitung, nimmt das hingehaltene Geldstück entgegen und gibt das Wechselgeld heraus. In diesem Verhalten liegt die **konkludente Willenserklärung** des Verkäufers, die rechtlich als Annahme des Kaufvertragsantrages anzusehen ist. Nicht das Schweigen des Verkäufers, sondern sein konkludentes Handeln stellt die Willenserklärung dar.

023 Zum Schutz der Vertragspartner vor der leichtfertigen Eingehung einer rechtlichen Verpflichtung sehen gesetzliche Vorschriften vor, dass für die **Wirksamkeit einer Willenserklärung** eine bestimmte Form erforderlich ist. Es kann sich um Regelungen handeln, welche eine ausdrückliche Erklärung vorsehen; in diesem Fall wären mündliche Erklärungen unwirksam. Die Erteilung einer Prokura bedarf einer ausdrücklichen Erklärung, vgl. § 48 HGB. Es kann sich aber auch um gesetzliche Formvorschriften handeln, welche die Schriftform erfordern, z. B. § 568 Abs. 1 BGB, Kündigung eines Mietverhältnisses. Dies ist aus Verbraucherschutzgründen häufig vorgesehen, z. B. für das Schuldanerkenntnis (§ 781 BGB), die Bürgschaft (§ 766 BGB) und das Schuldversprechen (§ 780 BGB), ebenso für Verbraucherkreditgeschäfte.

Beispiele

Der Geschäftsinhaber überträgt einem Angestellten die Leitung einer Geschäftsfiliale und hat ihm dadurch **konkludent** eine Vollmacht für den Filialbetrieb erteilt. Es liegt nach dem Rechtsschein der Tätigkeit eine **Vollmacht** im Umfang der kaufmännischen Handlungsvollmacht gem. § 54 HGB vor, jedoch keine Prokura, weil diese gem. § 48 HGB ausdrücklich erteilt werden müsste. Die Prokura ermächtigt zu allen Arten von gerichtlichen und außergerichtlichen Geschäften und Rechtshandlungen, die der Betrieb des Handelsgewerbes mit sich bringt.

Einer Arbeitnehmerin in einem Kaufhaus wird eine Tätigkeit an der Kasse zugewiesen. Sie hat damit auch ohne ausdrückliche Erteilung eine spezialgesetzlich ausgestaltete Rechtsscheinvollmacht, vgl. § 56 HGB.

Die **Schriftform** ist vor allem bei der Eingehung langfristiger Vertragsbindungen zweckmäßig, z. B. beim Abschluss von Finanzierungsgeschäften, ferner wenn der Vertragsgegenstand besonders hochwertig ist oder die vertragliche Leistungspflicht aus Beweisgründen festgelegt werden soll, z. B. bei Abschluss eines Werkvertrags über die Herstellung einer Anwendungs-Software. Sofern die Schriftform gesetzlich vorgeschrieben ist, wäre die Willenserklärung formnichtig, falls sie nur mündlich abgegeben wird.[1]   024

Der **Rechtsbindungswille** ist das **subjektive Element** der Willenserklärung. Er umfasst den Willen, bestimmte Leistungen zu erbringen und bzgl. dieser Leistungen eine rechtliche Verpflichtung einzugehen. Es kommt deshalb entscheidend darauf an, dass ein Rechtsbindungswille vorliegt und nach außen erkennbar wird. Dieser Rechtsbindungswille in dem Sinne, dass die erklärende Person sich rechtlich verbindlich verpflichten will, muss durch die objektive Erklärung gegenüber dem Vertragspartner zum Ausdruck gebracht werden.   025

Beispiel

In der Erklärung, einen zum Verkauf angebotenen Pkw besichtigen zu wollen, liegt noch keine bindende Kaufzusage. Auch die Probefahrt mit dem Pkw ist noch kein Antrag zum Abschluss eines Kaufvertrages. Erst wenn der Käufer eindeutig seinen Willen zu erkennen gibt, diesen besichtigten und probegefahrenen Pkw erwerben zu wollen, liegt ein Kaufangebot vor. Bei einem Gegenstand dieser Größenordnung wird häufig ein schriftlicher Kaufvertrag abgeschlossen. Zwingend notwendig ist dies nach den Regeln des Bürgerlichen Rechts jedoch nicht.

Maßnahmen der Werbung oder Verkaufsförderung enthalten noch kein rechtsverbindliches Angebot. Zeitungsanzeigen, Preislisten und Kataloge, Schaufensterauslagen, Speisekarten, Werbespots im Rundfunk oder Fernsehen, eine Homepage im Internet und ähnliche Präsentationen gewerblicher Leistungen und Produkte unterliegen den Regeln des Wettbewerbs- und Werberechts. Auch eine Werbung in der Form einer interaktiven und multimedial aufbereiteten Seite im Internet fordert potenzielle Kunden erst zur Abgabe eines Kaufangebotes auf. Die Bestellung der Ware nach Katalog, nach Preisliste, aus der Speisekarte oder aus der Internet-Präsentation ist dagegen als bindendes Angebot zum Vertragsabschluss anzusehen.

Beispiel

Ein Interessent öffnet eine Homepage im Internet und schaut sich die dort präsentierten Waren an. Die Präsentation ermöglicht durch Mausklick das Füllen eines Warenkorbes ähnlich wie im Supermarkt. Der Kunde kann ohne Weiteres

---

[1] Vgl. Abschnitt B.1.4 zu den Willensmängeln.

die Homepage wieder verlassen. Er kann aber auch ein verbindliches Angebot abgeben, indem er sich entsprechend der Programmabfrage identifiziert und die in seinem Warenkorb angehäuften Produkte per E-Mail bestellt. Die Bestellung kann per E-Mail ausdrücklich angenommen werden, während die Zusendung der Produkte eine konkludente Annahme darstellt.[1]

026 Die Willenserklärung wird mit ihrer **Abgabe durch den Erklärenden** für diesen bindend, § 145 BGB. In aller Regel handelt es sich im Wirtschaftsleben um zugangsbedürftige Willenserklärungen, die zur ihrer Wirksamkeit einen **Zugang bei dem Erklärungsempfänger** voraussetzen. Dies gilt beispielsweise für den Antrag auf Abschluss eines Vertrages, für die Vertragsannahme und für alle vertragsgestaltenden Erklärungen – Anfechtung, Wandelung, Kündigung, Rücktritt, Aufrechnung usw. Die Willenserklärung ist dem Erklärungsempfänger zugegangen, wenn sie in den Bereich seiner tatsächlichen Verfügungsmacht gelangt, z. B. mit der Zustellung durch die Post, Aushändigung eines Briefes oder Einwerfen in den Briefkasten, Einlegen in das Postfach, Hinterlegen einer Postlagersendung oder Übermittlung eines Fernschreibens oder Telefax zu den üblichen Geschäftszeiten. Auch das Hinterlegen in einem elektronischen Briefkasten reicht – im Geschäftsverkehr – für den Zugang der Willenserklärung aus, wobei davon ausgegangen werden kann, dass in einem gewerblichen Unternehmen die elektronische Post zu den üblichen Geschäftszeiten einmal täglich gelesen wird. Im E-Commerce entspricht die Zugangsbestätigung des Vertragsangebots dem europäischen Standard.

027 Der **Widerruf einer Willenserklärung** steht ihrem Wirksamwerden entgegen, vgl. § 130 Abs. 1 Satz 2 BGB. Nach dem Wortlaut des Gesetzes müsste der Widerruf aber vor Zugang der Willenserklärung oder spätestens gleichzeitig mit dem Zugang erfolgen. Darüber hinaus kann ein Widerrufsrecht aufgrund gesetzlicher Vorschriften oder durch eine vertragliche Vereinbarung gegeben sein. In folgenden Verträgen bestehen gesetzliche Widerrufsrechte:

▸ **außerhalb von Geschäftsräumen geschlossene Verträge gem. § 312b BGB**

▸ **Fernabsatzverträge gem. § 312c BGB**

▸ **Verbraucherdarlehensverträge gem. § 491 BGB**

▸ **Zahlungsaufschübe und Finanzierungshilfen für Verbraucher gem. § 506 BGB**

▸ **Teilzahlungsgeschäfte mit Verbrauchern gem. § 507 BGB**

---

[1] Das Fallbeispiel lässt allerdings noch zahlreiche Fragen offen, auf die noch einzugehen sein wird. So stellt sich die Frage des anzuwendenden Rechts, wenn die Vertragspartner in verschiedenen Staaten ansässig sind, ferner können Ort und Zeitpunkt des Vertragsabschlusses fraglich sein. Für die betriebliche Praxis kann die fehlende Beweisurkunde eine Rolle spielen, weil weder der Vertragsabschluss noch der Vertragsinhalt noch die Vertragsparteien fixiert sind, solange weder der Absender noch die Unverfälschtheit der abgesandten Erklärung eindeutig identifiziert werden können.

- **Ratenlieferungsverträge mit Verbrauchern gem. § 510 BGB**
- **Existenzgründungsdarlehensverträge gem. § 512 BGB.**

Aus Verbraucherschutzgründen handelt es sich dabei um Verträge, die durch   028
überraschendes Ansprechen am Arbeitsplatz, auf der Straße oder in einer Privat-
wohnung zu Stande kommen (außerhalb von Geschäftsräumen geschlossene
Verträge), um Vertragsabschlüsse im Fernabsatzgeschäft, z. B. am Telefon oder im
Internet (Fernabsatzverträge) und um Darlehens- und Finanzierungsverträge.[1]
Auch das Existenzgründungsdarlehen unterliegt dem Widerrufsrecht.

Seit dem 13.06.2014 gilt das **neue Widerrufsrecht** bei Verbraucherverträgen, vgl.   029
§§ 355 ff. BGB. Bisher hatten Verbraucher entweder ein Widerrufsrecht oder ein
Rückgaberecht. Mit der Geltung des neuen Widerrufsrechts zum 13.06.2014 fällt
das Rückgaberecht ersatzlos weg. Eine weitere wesentliche Änderung des neuen
Widerrufsrechts ist, dass der Widerruf ausdrücklich durch Erklärung gegenüber dem
Unternehmer erfolgen muss. Die Ausübung des Widerrufsrechts durch den Verbraucher ohne eindeutige Erklärung gegenüber dem Vertragspartner ist nicht mehr
möglich. Infolgedessen reicht auch die Nichtannahme einer Lieferung oder deren
kommentarlose Rücksendung durch den Verbraucher nicht mehr aus. Auch die Form
des ausgeübten Widerrufsrechts ändert sich hierbei. Bisher war es dem Verbraucher
vorgeschrieben, sein Widerrufsrecht in Textform, das heißt, per Brief, Fax oder E-Mail,
auszuüben. Nunmehr kann der Verbraucher beim Unternehmer nur anrufen und
den Widerruf erklären. Die Widerrufsfrist beträgt nunmehr einheitlich 14 Tage. Die
vor dem neuen Gesetz vorgesehene Möglichkeit eines Widerrufsrechts von einem
Monat wurde aufgegeben bzw. ersatzlos gestrichen. Der Beginn der Frist wird im
neuen Widerrufsrecht nicht mehr an die vollständige Erfüllung von Informationspflichten gegenüber dem Verbraucher, z. B. die Belehrung des Kunden über sein Widerrufsrecht, angeknüpft, sondern mit Vertragsabschluss, soweit nichts anderes
bestimmt ist. Selbst bei falscher oder nicht ordnungsgemäßer Belehrung erlischt
nunmehr das Widerrufsrecht nach 12 Monaten und 14 Tagen ab ordnungsgemäßen
Fristbeginn, vgl. § 356 Abs. 3 S. 2 BGB. Grundsätzlich ist aber auch nach neuem Widerrufsrecht die Einräumung längerer Fristen als einer 14 Tagefrist möglich. Dem
Unternehmer kann zu Gunsten des Verbrauchers von der gesetzlichen Regelung
abweichen. Weitere Voraussetzungen für die Entstehung und Ausübung des Widerrufsrechts ergeben sich aus den jeweiligen Spezialbestimmungen.

1.3 Verträge

Der Vertrag ist ein Rechtsgeschäft, das in aller Regel durch **zwei auf denselben**   030
Rechtserfolg gerichtete Willenserklärungen der Beteiligten zu Stande kommt.
Auch die mehrseitigen Verträge, z. B. der Gesellschaftsvertrag, und auch Vertrags-
konstruktionen mit drei Personen, wie der finanzierte Kauf oder das Finanzierungsleasing,[2] werden in dieser Weise abgeschlossen. Das Zustandekommen

---

[1] Die einzelnen Vertragsarten werden unten näher behandelt, vgl. Abschnitt 3.6.

[2] Vgl. Abschnitte C.3.2 zum finanzierten Kauf und C.3.3 zum Leasing-Vertrag.

eines Vertrages erfolgt durch eine Übereinstimmung, die **Einigung über die wesentlichen Vertragsbestandteile**. Die erforderlichen Mindestbestandteile (essentialia negotii) dieser Einigung ergeben sich aus den gesetzlichen Wesensmerkmalen der jeweiligen Vertragsform, beispielsweise für den Kaufvertrag aus § 433 BGB, vgl. die Übersicht 02. Zu den wesentlichen Bestandteilen des Kaufvertrags gehören danach mindestens die **Bezeichnung der Parteien** sowie die Bestimmung der **Leistung** und – soweit es sich um einen gegenseitigen Vertrag handelt – der **Gegenleistung**.

Beispiel

Der Abschluss eines Kaufvertrages setzt **zwei übereinstimmende Willenserklärungen** von Käufer und Verkäufer voraus, die darauf gerichtet sind, einen bestimmten Kaufgegenstand zu einem bestimmten Kaufpreis zu übereignen.

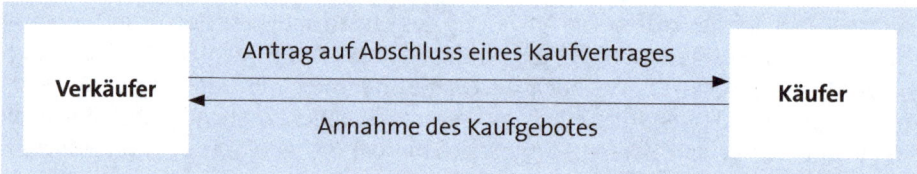

Abb. 1: Vertragsabschluss am Beispiel des Kaufvertrages

031   Die übereinstimmenden Willenserklärungen, die den Vertragsabschluss bewirken, werden als **Antrag und Annahme** bezeichnet, im Schrifttum vielfach auch als Angebot und Annahme, vgl. Abbildung 1. Da der Antrag rechtlich eine Willenserklärung ist, müssen alle für den Vertragsabschluss wesentlichen Bestandteile darin enthalten sein. Denn die Annahme kann durch konkludentes Verhalten erfolgen oder durch kurzen Hinweis auf ein Einverständnis mit dem Vertragsinhalt. Danach ist ein Kopfnicken oder ein „Ja" bereits eine wirksame Annahmeerklärung. Die Annahme liegt erst dann vor, wenn der Vertragspartner sich mit dem Antrag vorbehaltlos einverstanden erklärt; vielfach im betrieblichen Alltag durch die Lieferung der bestellten Ware seitens des Verkäufers oder durch die vorbehaltlose Entgegennahme der Lieferung durch den Käufer.

Beispiele

Der Käufer fragt den Gebrauchtwagenhändler: „*Wollen Sie mir diesen Pkw zum Preis von 9.000 € überlassen?*" Der Händler sagt: „*Ja, geht in Ordnung.*" Es ist durch **Antrag und Annahme ein Kaufvertrag** zu Stande gekommen. Eine nachträgliche Vertragsniederschrift hätte lediglich Beweisfunktion.

Eine Druckerei bestellt aufgrund langjähriger Geschäftsbeziehung bei dem Papiergroßhändler eine bestimmte Menge einer genau bezeichneten Papiersorte (= Antrag). Das Papier wird entsprechend der Bestellung geliefert, doch ergibt sich aus den Warenbegleitpapieren eine Preiserhöhung gegenüber den vorangegangenen Lieferungen (= Ablehnung, verbunden mit einem neuen Antrag gem. § 150 Abs. 2 BGB). Der Kaufvertrag ist bei vorbehaltloser Annahme der Lieferung durch zwei konkludente Willenserklärungen wirksam zu Stande gekommen. Der Käufer ist zur Zahlung des höheren Preises verpflichtet.

Übersicht 02: Vertragstypen	
Veräußerungs-verträge	Kaufvertrag, §§ 433 ff. BGB Lieferungsvertrag, § 651 BGB Tausch, § 480 BGB Schenkung, §§ 516 ff. BGB Darlehensvertrag, §§ 488 ff. BGB Factoring,[1] § 311 BGB
Gebrauchs-überlassungs-verträge	Mietvertrag, §§ 535 ff. BGB Pachtvertrag, §§ 581 ff. BGB Leihvertrag, §§ 598 ff. BGB Leasingvertrag, § 311 BGB
Verträge über eine Tätigkeit im Dienst oder im Interesse eines anderen	Dienstvertrag, §§ 611 ff. BGB Werkvertrag, §§ 631 ff. BGB Maklervertrag, §§ 652 ff. BGB Auftrag, §§ 662 ff. BGB Entgeltlicher Geschäftsbesorgungsvertrag, § 675 ff. BGB Verwahrung, §§ 688 ff. BGB Frachtvertrag, §§ 407 ff. HGB Speditionsvertrag, §§ 453 ff. HGB Lagervertrag, §§ 467 ff. HGB Kommissionsgeschäft, §§ 383 ff. HGB Handelsmakler, §§ 93 ff. HGB Handelsvertreter, §§ 84 ff. HGB
Risikoverträge	Leibrente, §§ 759 ff. BGB Spiel, Wette, Lotterievertrag, §§ 762 ff. BGB Bürgschaft, §§ 765 ff. BGB
Sonstige Verträge	Vergleich, § 779 BGB Schuldversprechen, § 780 BGB Schuldanerkenntnis, § 781 BGB Gesellschaftsvertrag, §§ 705 ff. BGB
Gemischte und atypische Verträge	Reisevertrag, §§ 651a ff. BGB Verlagsvertrag Versicherungsvertrag Garantievertrag Lizenzvertrag Vertriebshändlervertrag Franchise-Vertrag, § 311 BGB

---

[1] Gemischter verkehrstypischer nicht normierter Vertrag; es handelt sich um einen Rechtskauf nach § 453 BGB.

032   Für das wirksame Zustandekommen eines Vertrages sind sowohl der **Zeitpunkt** der Willenserklärungen als auch deren **Inhalt** (Einigung) zu überprüfen. Der Antrag ist für den Erklärenden bindend, es sei denn, dass er durch den Vorbehalt „unverbindlich" oder „Angebot freibleibend" die Gebundenheit ausgeschlossen hat, § 145 BGB. Erfolgt der Antrag mündlich oder fernmündlich, kann er nur sofort angenommen werden, § 147 Abs. 1 BGB. Ein schriftlicher Antrag kann dagegen nach den Umständen des Einzelfalles auch einige Zeit später angenommen werden, § 147 Abs. 2 BGB. Deshalb ist es im Geschäftsverkehr zweckmäßig und üblich, bei Abgabe eines auf den Vertragsabschluss gerichteten Antrags eine **Frist für die Annahme** zu bestimmen, § 148 BGB.

033   Die verspätete Annahme eines Antrages oder die Annahme unter Erweiterungen, Einschränkungen oder sonstigen Änderungen gilt als **Ablehnung, verbunden mit einem neuen Antrag**, § 150 Abs. 2 BGB. Dieser neue Antrag bedarf nun wieder einer Annahme, um den Vertrag wirksam zu Stande zu bringen. Neben dem zeitlichen Zusammenhang der auf den Vertragsabschluss gerichteten Willenserklärungen muss die **inhaltliche Übereinstimmung** (= Einigung) gegeben sein.

Beispiel

K bestellt bei V telefonisch 10.000 Blatt Papier bestimmter Sorte zur sofortigen Lieferung. Darin liegt ein **Antrag zum Abschluss eines Kaufvertrages**. V bejaht die Frage des K insoweit, als er bestätigt, dass die verlangte Menge Papier im Lager vorhanden sei, meint aber, die Lieferung könne frühestens in einer Woche erfolgen. Es liegt keine Annahme, sondern eine Ablehnung vor, verbunden mit einem **neuen Antrag** zum Abschluss eines Kaufvertrages zu geänderten Konditionen. Erst wenn die Lieferung vorbehaltlos angenommen wird, ist ein Kaufvertrag zu Stande gekommen.

034   Dieses **Konsensprinzip** des bürgerlichen Rechts bedeutet, dass ein Vertrag nur dann wirksam zu Stande gekommen ist, wenn sich die Vertragsparteien über alle wesentlichen Vertragsbestandteile geeinigt haben. Besteht ein **Einigungsmangel** (= **Dissens**), richten sich die Rechtsfolgen danach, ob dieser Einigungsmangel für die Vertragsparteien erkennbar war. Die wesentlichen Bestandteile eines Vertrages ergeben sich aus der gesetzlichen Bestimmung, die den Vertragstyp charakterisiert.

035   Zum wirksamen Abschluss eines Kaufvertrags ist eine **Einigung über den Wesensgehalt** nach § 433 BGB ausreichend, wonach ein Kaufgegenstand gegen Zahlung eines bestimmten Kaufpreises übereignet werden soll. Über diese Mindestbestandteile hinaus werden die Vertragsparteien aber häufig noch weitere Dispositionen treffen, beispielsweise über den Liefertermin und -ort, über Zahlungskonditionen, Dokumentenübergabe, Vertragsstrafen, Qualitätsprüfungen, Produkthaftung, Schutzrechte, Schriftform, Geheimhaltung und vieles mehr.

Insoweit legen die Vertragsparteien selbst den wesentlichen Inhalt ihrer Vereinbarung fest.

Sofern ein **offener Einigungsmangel** vorliegt, ist der Vertrag nicht zu Stande gekommen. Denn solange sich die Parteien nicht über alle Punkte eines Vertrages geeinigt haben, über die nach der Erklärung auch nur einer Partei eine Vereinbarung getroffen werden soll, ist im Zweifel der Vertrag nicht geschlossen, § 154 Abs. 1 Satz 1 BGB. Allerdings können die Parteien diesen Zweifel ausräumen, indem der Käufer durch vorbehaltlose Annahme der Ware zu erkennen gibt, dass er trotz fehlender Einigung über einen einzelnen Regelungspunkt den Vertrag insgesamt als wirksam behandelt. In diesem Fall kommt der Vertrag mit dem übereinstimmenden Inhalt zu Stande.

036

Beispiel

K bestellt bei V schriftlich eine bestimmte Ware zu einem bestimmten Preis (= **Antrag**). V bestätigt den Auftrag schriftlich unter Bezugnahme auf seine beigefügten Lieferbedingungen. Es liegt keine Einigung vor, sondern ein neuer Antrag des V (= **offener Einigungsmangel**). Da die Lieferbedingungen des Verkäufers inhaltlich von dem ersten Antrag des Käufers nicht erfasst wurden, handelt es sich bei der Erklärung des V, mit der er seine Lieferbedingungen in den Vertrag einbeziehen will, um eine Erweiterung des Kaufantrags. Ein Kaufvertrag kommt erst zu Stande, wenn der Käufer die Annahme erklärt, was konkludent durch vorbehaltlose Entgegennahme der Ware und Zahlung des Kaufpreises geschehen kann.

Falls die Parteien nur glauben, dass ihre Willenserklärungen übereinstimmen, obwohl sie sich aber in Wirklichkeit über einen Vertragsbestandteil nicht geeinigt haben, liegt ein **versteckter Einigungsmangel** vor und die Vereinbarung ist wirksam, § 155 BGB. In aller Regel kann der Vertrag wegen Irrtums über den Inhalt angefochten werden.[1]

037

Beispiel

K vereinbart mit V die Lieferung der auf dem Schiff „Jessica" befindlichen Ladung Fisch der Sorte „Haakjöringsköd". Dies ist das norwegische Wort für Haifischfleisch, doch glauben beide, es handele sich um Walfischfleisch (= **versteckter Einigungsmangel**). Bei der Lieferung stellt sich heraus, dass es sich um Haifischfleisch handelt. K kann seine Erklärung wegen Irrtums anfechten oder wegen der Abweichung der gelieferten Sache (Haifischfleisch) von der vertraglich geschuldeten Sache (Walfischfleisch) Nacherfüllung verlangen.

---

[1] Vgl. Abschnitt B.1.4 zu den Willensmängeln.

038   Die **Auslegung der Willenserklärungen** erfolgt gemäß §§ 133, 157 BGB nach dem Willen des Erklärenden, soweit er in der Erklärung zum Ausdruck gekommen ist. Es kommt darauf an, wie ein durchschnittlicher Erklärungsempfänger diese Willenserklärung verstehen konnte. Erst danach sind zur Auslegung der Willenserklärung weitere Umstände heranzuziehen, z. B. der Vertragszweck und die Interessen der Vertragsparteien. Zur Vermeidung von Erklärungskonflikten ist bei umfangreichen Vertragsabschlüssen und insbesondere bei Eingehung langfristiger Liefer- oder Bezugsbindungen die Schriftform zu empfehlen, ebenso auch zur Festlegung des Vertragsgegenstandes im Rahmen von Werk- und Lieferungsverträgen durch eine Leistungsbeschreibung in Pflichten- und Lastenheften. Eine Schriftformklausel schützt die Vertragspartner vor übereilten und unüberlegten Vertragsabschlüssen, sichert die Zuständigkeit bestimmter Ansprechpartner im Betrieb für den Fall künftiger Vertragsänderungen und dient auch der Beweissicherung durch das Vertragsdokument.

1.4 Willensmängel

039   Eine **Willenserklärung ist fehlerfrei**, wenn die äußere Erklärung (objektives Element) und der innere Wille (subjektives Element) übereinstimmen. Dagegen ist die Willenserklärung fehlerhaft, wenn Erklärung und Wille auseinanderfallen.

040   Die **Fälle des bewussten Auseinanderfallens von Wille und Erklärung** sind gesetzlich geregelt. Dazu gehören

- der geheime Vorbehalt gem. § 116 BGB
- das Scheingeschäft gem. § 117 BGB
- die Scherzerklärung gem. § 118 BGB.

041   Rechtsfolge ist die **Nichtigkeit der Willenserklärung**, ohne dass diese erst angefochten werden müsste. Das nichtige Rechtsgeschäft ist in der Regel **von Anfang an (= ex tunc)** unwirksam und erzeugt keine Rechtswirkungen, § 142 BGB. Das bedeutet, dass bereits erbrachte Leistungen zurückerstattet werden müssen.[1] Von dieser **Rückwirkung der Nichtigkeit auf den Zeitpunkt des Vertragsabschlusses** gibt es zwei bedeutsame Ausnahmen, für die Sonderregeln entwickelt wurden, sodass die Nichtigkeitsfolgen sich erst in der Zukunft auswirken.

- **Arbeitsverträge:**
  Lehre vom faktischen Arbeitsverhältnis

- **Gesellschaftsverträge:**
  Lehre von der fehlerhaften Gesellschaft.

042   Wird ein **Arbeitsvertrag** oder ein **Gesellschaftsvertrag** angefochten, tritt die Rechtsfolge der Nichtigkeit erst im Zeitpunkt des Zugangs der Anfechtungserklärung (= ex nunc) ein. In beiden Vertragstypen entstehen Leistungspflichten, die einer Rückabwicklung nicht zugänglich sind. Der Arbeitnehmer kann seine er-

---

[1] Die Rückerstattung von Leistungen, für die der Vertrag als Rechtsgrund entfallen ist, erfolgt nach den Regeln der ungerechtfertigten Bereicherung gem. §§ 812 ff. BGB, vgl. Abschnitt D.2.

brachte Arbeitsleistung nicht zurückfordern. Der Arbeitgeber hat Beiträge zur Sozialversicherung abgeführt. Ansprüche des Arbeitnehmers auf Arbeitsentgelt, auf Leistungen gegenüber den Sozialversicherungsträgern, auf Urlaub und auf ein Zeugnis aus dem Arbeitsverhältnis würden rückwirkend vernichtet werden, falls die Nichtigkeit im Anfechtungsfall auf den Zeitpunkt des Vertragsabschlusses zurückwirken würde.[1] Entsprechendes gilt für den Gesellschaftsvertrag, nachdem eine Gesellschaft im Rechts- und Wirtschaftsverkehr ihre Tätigkeit aufgenommen hat.[2]

Die **Fälle des unbewussten Auseinanderfallens von Wille und Erklärung** beruhen auf einem Irrtum des Erklärenden:

043

► Inhaltsirrtum gem. § 119 Abs. 1 BGB

► Erklärungsirrtum gem. § 119 Abs. 1 BGB

► Eigenschaftsirrtum gem. § 119 Abs. 2 BGB.

Rechtsfolge des Irrtums ist die **Anfechtbarkeit der Willenserklärung**. Die Anfechtung muss unverzüglich erfolgen, nachdem der Anfechtungsberechtigte von dem Anfechtungsgrund Kenntnis erlangt hat. Wird die Willenserklärung nicht unverzüglich angefochten, dann ist sie voll wirksam. Die anfechtbare Willenserklärung ist daher zunächst wirksam und wird erst durch die **Erklärung der Anfechtung** rückwirkend auf den Zeitpunkt ihrer Abgabe vernichtet.

044

Fall 2: Anfechtung einer EDV-Willenserklärung > Seite 466

Die Nichtigkeit einer Willenserklärung tritt im Fall ihrer Anfechtbarkeit erst ein, wenn sowohl ein **Anfechtungsgrund** als auch eine **Anfechtungserklärung** vorliegen. Zu den Anfechtungsgründen gehören die Irrtumsfälle gem. § 119 BGB, die Übertragungsfehler gem. § 120 BGB und die arglistige Täuschung gem. § 123 BGB. Das Erfordernis der Anfechtungserklärung ergibt sich aus § 143 BGB.

045

Abgesehen von den genannten Fällen der fehlerhaften Willenserklärung kann sich die **Nichtigkeit** auch **aus anderen Gründen** ergeben, u. a.

046

► wegen Mangels in der Person des Erklärenden, §§ 104 ff. BGB

► wegen Formmangels, §§ 125 ff. BGB

► wegen Verstoßes gegen ein gesetzliches Verbot, § 134 BGB

► wegen Sittenwidrigkeit, § 138 BGB.

---

[1] *Steckler/Schmidt*, Arbeitsrecht und Sozialversicherung, a. a. O., Abschnitte B.1.4 zur Arbeitsaufnahme und B.1.5 zu den Mängeln des Arbeitsvertrages.

[2] Vgl. Abschnitt G.1.1 zur Gesellschaft bürgerlichen Rechts als Grundform der Personenhandelsgesellschaft.

047 Die **Nichtigkeit der Willenserklärung wegen persönlicher Mängel des Erklären-den** liegt vor, wenn dieser geschäftsunfähig ist, d. h. das siebte Lebensjahr noch nicht vollendet hat, oder wenn er die Willenserklärung im Zustand der Bewusst-losigkeit oder der vorübergehenden Störung seiner Geistestätigkeit abgegeben hat, z. B. bei Bewusstseinsstörungen infolge Alkohol-, Drogen- oder Medikamen-tenmissbrauchs, §§ 105 ff. BGB.

048 Die **Nichtigkeit der Willenserklärung wegen Formmangels** ergibt sich bei Verstö-ßen gegen gesetzliche oder vertragliche Formvorschriften, § 125 BGB. In der Regel kann eine Willenserklärung formlos abgegeben werden, d. h. nach Wahl des Er-klärenden entweder **konkludent** (= durch schlüssiges Verhalten), **mündlich oder schriftlich**. In einigen Fällen ist gesetzlich eine bestimmte Form zwingend vorge-schrieben. Andernfalls können die Vertragsparteien gem. § 127 BGB eine be-stimmte Form vereinbaren, dann sind sie an die vereinbarte (= gewillkürte) Form ebenfalls gebunden.

049 Mit der Schuldrechtsreform 2002 sind zwei neue Formvorschriften in das BGB aufgenommen worden, die den elektronischen Rechtsverkehr erleichtern:

▸ **Die elektronische Form** kann die Schriftform ersetzen, wenn der Aussteller der Erklärung dieser seinen Namen hinzufügt und das elektronische Dokument mit einer qualifizierten elektronischen Signatur nach dem Signaturgesetz versieht. Bei einem Vertrag müssen die Parteien jeweils ein gleichlautendes Dokument in der bezeichneten Weise elektronisch signieren, § 126a BGB. Die Vertragspar-teien können die elektronische Form vereinbaren und dadurch die Schriftform ersetzen. Dies gilt nicht, wenn das Gesetz vorsieht, dass der Vertragsabschluss in elektronischer Form ausgeschlossen ist, vgl. z. B. § 492 Abs. 1 Satz 2 BGB für Verbraucherdarlehensverträge, § 766 BGB für die Bürgschaftserklärung oder § 623 BGB für die Kündigung eines Arbeitsverhältnisses. Der Verbraucherdar-lehensvertrag wird aber gültig, soweit der Darlehensnehmer das Darlehen empfängt bzw. in Anspruch nimmt.

▸ Ist durch Gesetz **Textform** vorgeschrieben, so muss die Erklärung in einer Ur-kunde oder auf andere zur dauerhaften Wiedergabe in Schriftzeichen geeigne-ten Weise abgegeben, die Person des Erklärenden genannt und der Abschluss der Erklärung durch Nachbildung der Namensunterschrift oder anders erkenn-bar gemacht werden, § 126b BGB.

050 Die **gesetzliche Schriftform** erfordert gem. § 125 Abs. 1 BGB eine eigenhändige Unterschrift auf der Urkunde. Sie ist vorgeschrieben für

▸ Verbraucherdarlehensverträge[1]

▸ Miet- und Pachtverträge über Grundstücke, die eine Vertragsdauer von einem Jahr überschreiten (ansonsten gelten diese für unbestimmte Zeit geschlossen)[2]

---

[1] Der Abschluss des Verbraucherdarlehensvertrages in elektronischer Form ist ausgeschlossen, vgl. § 492 Abs. 1 Satz 2 BGB. Die Rechtsfolgen fehlender Schriftform sind in § 494 BGB modifiziert.

[2] §§ 550, 581 Abs. 2 BGB.

- die Kündigung eines Mietverhältnisses über Wohnraum[1]

- die Kündigung eines Arbeitsverhältnisses, vgl. § 623 BGB

- die Bürgschaftserklärung

- das Schuldversprechen

- das Schuldanerkenntnis[2]

- befristete Arbeitsverträge, vgl. § 14 Abs. 4 TzBfG.

Die **vertragliche Schriftform** wird häufig bei Dauerschuldverhältnissen verein-   051
bart, z. B. für einen Darlehensvertrag, einen Mietvertrag oder für einen Leasing-
Vertrag, insbesondere wenn eine Finanzierung hochwertiger Vertragsgegenstände oder eine langfristige Bindung in Bezugs-, Liefer- oder Vertriebsverträgen
erfolgt, bei inhaltlich umfangreichen Vereinbarungen, z. B. bei Lizenzverträgen,
Franchiseverträgen und in Werkverträgen im IT-Bereich, zur späteren Ergänzung
eines schriftlichen Vertrags oder für die Vertragsbeendigung durch Kündigung
oder Rücktritt. Alle Willenserklärungen, die nach dem Interesse einer Vertragspartei zu Beweiszwecken dokumentiert werden sollen, können nach dem Grundsatz der Vertragsfreiheit mit einer vertraglichen Schriftformklausel abgesichert
werden.

Die **Schriftform einer Willenserklärung** wird durch eine eigenhändige Namens-   052
unterschrift des Erklärenden eingehalten. Hierfür ist auch die Unterschrift auf
einem Fax ausreichend, sofern ein Originaldokument vorliegt. Bei Verträgen muss
die Unterzeichnung beider Parteien aber auf derselben Urkunde erfolgen, vgl.
§ 126 BGB. Falls keine verkörperte Urkunde vorliegt, genügt der Vertragsabschluss
dem gesetzlichen Schriftformerfordernis nicht. Besteht kein Schriftformerfordernis, sind Willenserklärungen auch bei konkludenter oder mündlicher Abgabe
wirksam.

Sofern nur eine vertragliche Schriftformvereinbarung vorliegt, können die Ver-   053
tragsparteien diese jederzeit wieder aufheben. Im Bereich des elektronischen
Geschäftsverkehrs genügt eine digitale Erklärung im Internet nicht dem gesetzlichen Schriftformerfordernis. Die Abgabe oder der Zugang der Willenserklärung
per E-Mail ist nur dann wirksam, wenn kein Schriftformerfordernis besteht oder
die elektronische Form vereinbart und das qualifizierte elektronische Signatur-
verfahren eingehalten wird, § 126a BGB. Die Textform gem. § 126b BGB vermag
die Schriftform nicht zu ersetzen.

---

[1] § 568 ff. BGB mit weiteren Einzelregelungen des Mieterschutzes.

[2] §§ 766, 780, 781 BGB. Für die Bürgschaftserklärung enthält § 766 Satz 2 BGB die von der Nichtigkeitsfolge fehlender Schriftform abweichende Folge der Heilung des Formmangels, wenn der Bürge die Hauptverbindlichkeit erfüllt.

054   Die **öffentliche Beglaubigung** gem. § 129 BGB ist gesetzlich vorgeschrieben bei

- Ausschlagung einer Erbschaft
- Erklärungen zwecks Eintragung ins Grundbuch
- Anträgen auf Anmeldung in öffentliche Register, z. B. ins Handelsregister oder ins Vereinsregister.[1]

In den Fällen der öffentlichen Beglaubigung muss die Erklärung schriftlich abgefasst und die Unterschrift des Erklärenden von einem Notar oder von einer Behörde beglaubigt werden.

055   Die **notarielle Beurkundung** gem. § 128 BGB ist gesetzlich vorgeschrieben für

- Grundstückserwerb und -veräußerung
- Vermögensübertragung
- Schenkungsversprechen
- Satzung einer GmbH oder einer AG.[2]

056   **Rechtsfolge des Formmangels ist die Nichtigkeit des Rechtsgeschäfts** gem. § 125 BGB. Aber auch hier gibt es Ausnahmen. Ist die Form nicht durch das Gesetz vorgeschrieben, sondern von den Parteien vertraglich vereinbart, so können die Vertragsparteien die Formvereinbarung jederzeit einverständlich wieder aufheben. In anderen Fällen wird die Nichtigkeitsfolge dadurch vermieden, dass der Formmangel durch die Erfüllung des Vertrages geheilt wird, z. B. bei der Grundstücksveräußerung durch Auflassung und Eintragung in das Grundbuch, beim Schenkungsversprechen durch die Bewirkung der versprochenen Leistung und bei der Bürgschaftserklärung durch die Erfüllung der Hauptverbindlichkeit.[3]

057   Die **Nichtigkeit des Rechtsgeschäfts wegen Verstoßes gegen ein gesetzliches Verbot** gem. § 134 BGB betrifft häufig folgende Fälle:

- Verstöße gegen zwingende Normen des Bürgerlichen Rechts
- Verstöße gegen Wettbewerbsvorschriften
- Verstöße gegen zwingende Normen des Arbeitsrechts
- Verstöße gegen Strafbestimmungen.

058   Die **Nichtigkeit des Rechtsgeschäfts wegen Verstoßes gegen die guten Sitten** gem. § 138 BGB entsteht insbesondere infolge eines auffälligen Missverhältnisses von Leistung und Gegenleistung in Verträgen, wenn diese durch Ausbeutung einer Zwangslage, der Unerfahrenheit oder des Mangels an Urteilsvermögen des Vertragspartners zu Stande gekommen sind. Der Rechtsbegriff der Sittenwidrig-

---

[1] §§ 1945, 77 BGB.

[2] §§ 311b, 518 BGB, 2 GmbHG, 23 AktG.

[3] §§ 873 ff., 518 Abs. 2.

keit erfasst noch weitere Umstände, darunter vor allem Fälle von Äquivalenzstörungen, z. B. in Ratenkreditverträgen, Fälle von Miet- und Lohnwucher, Knebelungsverträge, Fälle unangemessener Benachteiligung des Vertragspartners und ähnlich gelagerte Sachverhalte. In aller Regel erfasst die Nichtigkeit das ganze Rechtsgeschäft. Im Einzelfall kann aber auch nur eine Vertragsklausel nichtig sein oder das nichtige Rechtsgeschäft wird in ein anderes umgedeutet, vgl. §§ 138, 140 BGB.

Beispiele

Die Nichtigkeit der Klausel in Formularverträgen *„unter Ausschluss jeglicher Gewähr"* berührt nicht die Wirksamkeit des gesamten Vertrages. Soweit der vertragliche Gewährleistungsausschluss unwirksam ist, gelten die gesetzlichen Gewährleistungsvorschriften, vgl. § 306 Abs. 1 BGB.

In einem mündlich abgeschlossenen Mietvertrag mit Laufzeit über fünf Jahre ist nur die Vereinbarung der Befristung formnichtig. Der Vertrag bleibt im Übrigen wirksam und gilt als auf unbestimmte Zeit abgeschlossen, vgl. § 550 BGB.

Die unwirksame mündliche Kündigung eines Miet- oder Arbeitsvertrags kann in einen Antrag zum Abschluss eines Aufhebungsvertrages umgedeutet werden. Erst wenn die Willenserklärung des Vertragspartners vorliegt, mit der er seine Übereinstimmung zur Beendigung des Vertrags zum Ausdruck bringt, ist der Vertrag aufgehoben.

Es ist deshalb in jedem Einzelfall zu überprüfen, ob die Mängel der Willenserklärung die Rechtsfolge der Nichtigkeit des gesamten Rechtsgeschäfts oder nur einer einzelnen Vertragsbestimmung haben, ob eine Umdeutung in ein darin enthaltenes wirksames Rechtsgeschäft möglich ist, ob das Gesetz die Heilung der Mängel oder andere Folgen vorsieht (§§ 139, 140 BGB). 059

1.5 Vertretung

Das Funktionieren wirtschaftlicher Prozesse ist ohne Vertretungsregeln nicht denkbar. Der Abschluss, die Gestaltung und die Beendigung von Verträgen erfolgt in der betrieblichen Praxis selten durch den Inhaber des Handelsgeschäfts höchstpersönlich, viel häufiger sind Vertragsabschlüsse durch vertretungsberechtigte Angestellte, die im Einkauf oder im Vertrieb, im Personalwesen oder in anderen betrieblichen Bereichen z. B. als Abteilungs- oder Filialleiter tätig sind. Unternehmen in der Rechtsform der Personenhandelsgesellschaft oder der Körperschaft wären ohne Vertretungsregeln im Rechtsverkehr nicht oder zumindest sehr eingeschränkt handlungsfähig. Auch das einzelkaufmännische Unternehmen gewinnt durch die Vertretungsmöglichkeit größere Handlungsspielräume, denn die für das Unternehmen tätigen Personen bewirken als Ergebnis erfolgrei- 060 cher Verhandlungen einen Vertragsabschluss unmittelbar zwischen dem Inhaber des Handelsgeschäfts, der OHG, der KG, der GmbH oder der AG und dem Geschäftspartner.

Beispiel

Im Wirtschaftsunternehmen wird einzelnen Angestellten Handlungsvollmacht erteilt, z. B. zum Einkauf, zum Verkauf, für Personalangelegenheiten oder für andere betriebliche Bereiche, damit diese vertretungsberechtigten Mitarbeiter im Namen des Unternehmens Verträge abschließen, gestalten und beenden können. Andere Angestellte erhalten Prokura, die umfangreichste Form der Vertretungsmacht im Handelsverkehr.

061 Die Rechtsfolgen in Bezug auf Verträge werden im Außenverhältnis des Unternehmens zum Geschäftspartner nur erzielt, wenn die Voraussetzungen für eine wirksame Vertretung gem. §§ 164 ff. BGB erfüllt sind:[1]

- ► **Zulässigkeit der Vertretung**
- ► **eigene Willenserklärung**
- ► **Handeln im fremden Namen**
- ► **innerhalb der Vertretungsmacht.**

062 Bei Abgabe und Entgegennahme von Willenserklärungen ist die Vertretung grds. zulässig; nur in wenigen Einzelfällen wird durch Gesetz oder Vertrag die **Zulässigkeit der Vertretung** ausgeschlossen. So muss beispielsweise die Unterzeichnung der Handelsbilanz vom Kaufmann persönlich erfolgen, nur der Inhaber des Handelsgeschäfts darf Prokura erteilen und auch eine Eheschließung oder die Errichtung eines Testaments kann nicht durch einen Vertreter erfolgen.

063 Als Vertreter handelt, wer eine **eigene Willenserklärung im fremden Namen** abgibt oder eine Willenserklärung entgegennimmt. Das Gesetz erkennt damit die Aktivvertretung gem. § 164 Abs. 1 BGB ebenso an wie die Passivvertretung gem. § 164 Abs. 3 BGB. Bei der Abgabe wie auch bei der Entgegennahme von Willenserklärungen gilt das **Offenkundigkeitsprinzip**, d. h. der Vertreter muss nach außen hin deutlich machen, dass er nicht für sich selbst handelt, sondern ein **Fremdgeschäft** abschließen will, § 164 Abs. 2 BGB. Falls der Vertreter das Handeln im fremden Namen nicht erkennbar zum Ausdruck bringt, hat er ein **Eigengeschäft** abgeschlossen und die Rechtsfolgen treffen ihn selbst.

---

[1] Die Vertretungsregeln des Bürgerlichen Rechts gelten auch unter Kaufleuten, werden allerdings durch eine gesetzliche Typisierung der Vertretungsmacht ergänzt, vgl. Abschnitt VI. 4 zu den Vertretungsformen im kaufmännischen Bereich.

Beispiel

Der Kaufmann K bittet seinen Angestellten A, ihm von einer Geschäftsreise aus Frankreich sechs Kartons eines genau bezeichneten Bordeaux mitzubringen. Falls A versäumt, beim Kauf darauf hinzuweisen, dass der Wein für K bestimmt sein soll, wird er selbst Vertragspartei und ist zur Zahlung des Kaufpreises verpflichtet (= **Eigengeschäft**). Nur wenn A bei Abschluss des Kaufvertrages offenkundig (ausdrücklich oder konkludent) im Namen des K handelt, kommt der Vertrag zwischen dem Weinhändler und K zu Stande (= **Fremdgeschäft**), und dieser hat den Kaufpreis zu entrichten. Der Hinweis auf das Fremdgeschäft kann sich aus der Erklärung des Vertreters ergeben, z. B. „i. V." oder „i. A." oder auch aus den Umständen, wenn er z. B. größere Mengen Wein ordert, die in einem Privathaushalt nicht konsumiert werden, aber für den Einkauf im Weinhandel sprechen.

Die **Vertretungsmacht** entsteht **durch Gesetz**, z. B. für die Eltern, den Vormund, den Vorstand einer AG, den Geschäftsführer einer GmbH, für die Gesellschafter einer OHG oder für die Komplementäre einer KG. Die Vertretungsmacht kann aber andererseits auch **durch Vertrag** begründet werden; insbesondere wird im Rahmen des Gesellschaftsvertrages einer OHG oder einer KG die Vertretung häufig abweichend von den gesetzlichen Bestimmungen geregelt.[1] **064**

Die vertragliche Vertretungsmacht entsteht gem. § 167 BGB durch **Erteilung der Vollmacht**, die jederzeit ohne Einhaltung einer Frist und ohne Angabe von Gründen widerrufen werden kann. In aller Regel erlischt die Vollmacht mit der Vornahme des Rechtsgeschäfts, für das sie erteilt wurde. **065**

Die Erteilung der Vollmacht ist eine Willenserklärung, die auch konkludent erfolgen kann. Falls jemand wiederholt und über einen gewissen Zeitraum als Vertreter für den Geschäftsherrn auftritt und dieser das Verhalten des Vertreters kannte oder es hätte erkennen und verhindern können, dann entsteht durch das Handeln des Vertreters im fremden Namen die **Anscheins- oder Duldungsvollmacht**. **066**

Der Rechtsschein einer Vollmacht ergibt sich bereits durch die Übernahme bestimmter betrieblicher Funktionen, die üblicherweise mit Vollmachten verbunden sind, wie z. B. die Position eines Filialleiters oder eines Ladenangestellten.[2] **067**

Beispiel

Ein Angestellter bestellt wiederholt unter Angabe der Anschrift seines Arbeitgebers Software für seinen privaten Bedarf. Er nutzt damit die Vorteile des günsti-

---

1 Vgl. Abschnitte G.1.2 zur Offenen Handelsgesellschaft und G.1.3 zur Kommanditgesellschaft.

2 Vgl. Abschnitt F.4 zur typisierten handelsrechtlichen Vertretungsmacht.

gen Einkaufs für eigene Zwecke und zahlt die eingehenden Lieferungen aus eigener Tasche. Diese Vorgänge hätten durch Überprüfung der Abrechnungen auffallen können. Damit liegen die Voraussetzungen der Anscheinsvollmacht vor. Kann der Angestellte eine Rechnung nicht zahlen, ist der Arbeitgeber als Vertragspartner des Software-Händlers zur Zahlung verpflichtet, §§ 433 Abs. 2, 242 BGB.

Wenn die privaten Software-Bestellungen des Angestellten unter Verwendung des Namens seines Arbeitgebers von diesem erkannt und toleriert wurden, liegen die Voraussetzungen der Duldungsvollmacht vor. Auch in diesem Fall ist der Arbeitgeber gem. §§ 433 Abs. 2, 242 BGB zur Zahlung verpflichtet.

068   Die Vollmacht kann für alle Arten von Rechtsgeschäften erteilt werden, indem der Vollmachtgeber im Verhältnis zu seinem Vertreter Inhalt und Umfang der Vertretungsmacht festlegt, z. B. als

- Spezialvollmacht
- Art- oder Gattungsvollmacht
- Generalvollmacht.

069   Die **Spezialvollmacht** bezieht sich auf eine einzelne Handlung, z. B. kann sie zum Abschluss eines bestimmten Kaufvertrages erteilt werden. Im Bürgerlichen Recht ist die Spezialvollmacht als Grundform der Vollmacht geregelt, denn gem. § 168 BGB erlischt die Vollmacht mit der Vornahme des Rechtsgeschäfts.

070   Die **Art- oder Gattungsvollmacht** erstreckt sich auf bestimmte Arten von Geschäften und eignet sich deshalb für viele betriebliche Bereiche. Es besteht die Möglichkeit der Erteilung einer Vollmacht für den Einkauf oder den Verkauf, für Import- oder Exportgeschäfte, zum Abschluss von Arbeitsverträgen oder für alle Arten von Rechtsgeschäften innerhalb einer betrieblichen Abteilung. Die Gattungsvollmacht wird vielfach den leitenden Angestellten für ihren Aufgabenbereich im Unternehmen erteilt. In diesen Fällen besteht eine Handlungsvollmacht, für die ergänzend die handelsrechtlichen Regelungen heranzuziehen sind.

071   Die **Generalvollmacht** schließt alle Arten von Verträgen ein und ist beispielsweise bei Urlaub oder Krankheit des Geschäftsinhabers oder zur Leitung der Zweigniederlassung eines Unternehmens zu empfehlen. Im Handelsrecht gibt es **typisierte Formen der Vertretungsmacht**, deren Umfang im Außenverhältnis gesetzlich festgelegt ist, dazu gehören die **Prokura**, die **Handlungsvollmacht** und die **Anscheinsvollmacht der Ladenangestellten**.[1] Da die vertretungsberechtigten Personen auch Untervollmachten erteilen dürfen, ist es möglich, dass ein Prokurist

---

[1] Vgl. Abschnitt VI. 4 zur typisierten handelsrechtlichen Vertretungsmacht.

oder ein Handlungsbevollmächtigter weiteren Angestellten im Unternehmen für bestimmte Geschäftsbereiche Vollmacht erteilt.[1]

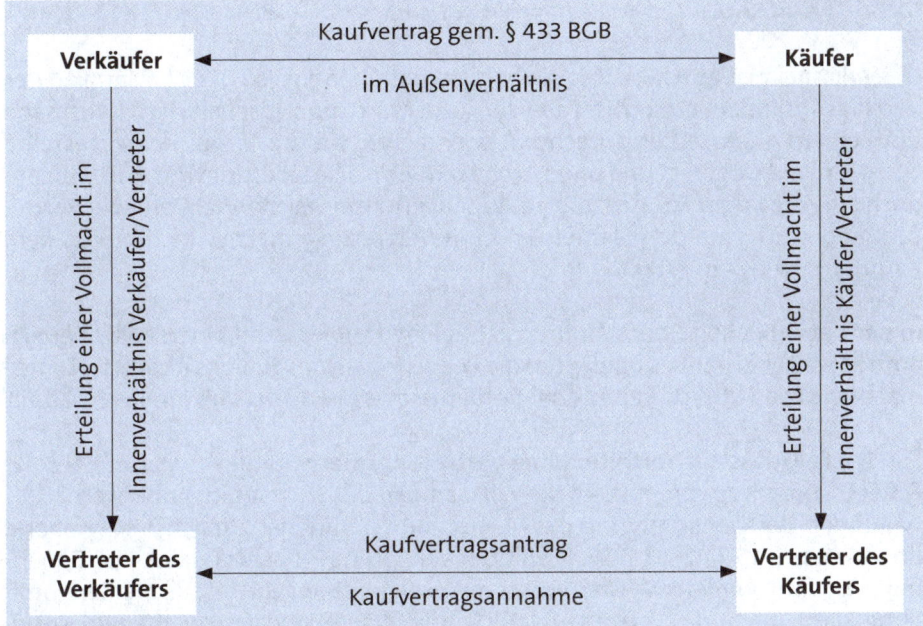

Abb. 2: Vertragsabschluss durch Vertreter am Beispiel des Kaufvertrages

Hinsichtlich der **Rechtswirkung der Vollmacht** ist das Innenverhältnis von dem Außenverhältnis zu unterscheiden. Im **Innenverhältnis** zwischen dem Vertretenen und dem Vertreter besteht ein Vertrag, z. B. ein Auftrag oder ein Arbeitsvertrag. Aus diesem Vertrag ergeben sich die Rechte und Pflichten des Vertreters. Im **Außenverhältnis** bewirkt die Vertretung Rechtsfolgen zwischen dem Vertretenen und einem Dritten. Handelt der Vertreter bei Vertragsabschluss mit Vertretungsmacht im fremden Namen, so kommt im Außenverhältnis ein Vertrag zwischen dem Vertretenen und dem Dritten zu Stande, vgl. Abbildung 2.

072

Beispiel

Der Kaufmann K (Vertretener) bevollmächtigt seinen Angestellten A (Vertreter) zum Abschluss eines Kaufvertrages über 20.000 l Heizöl (**Erteilung der Vollmacht im Innenverhältnis**). A ruft bei verschiedenen Heizölfirmen an und bestellt schließlich bei der Firma F (Dritte) für den Kaufmann K 20.000 l Heizöl (**Handeln**

---

[1] Es ist bei der vertraglich gestalteten Vollmacht aber zwischen Vermittlungs- und Abschlussvollmacht zu unterscheiden. Nur die Abschlussvollmacht berechtigt zum wirksamen Vertragsabschluss, während die bloße Vermittlungstätigkeit sich auf die Vorbereitungshandlungen zum Vertragsabschluss beschränkt, vgl. Abschnitt VI. 5.1 zum Handelsvertretervertrag.

im fremden Namen). Der Kaufvertrag kommt zwischen dem Kaufmann K und der Firma F zu Stande (**Kaufvertrag im Außenverhältnis**).

073   Die **Vollmacht ist abstrakt**, d. h. sie besteht unabhängig von der Wirksamkeit des Vertrags im Innenverhältnis. Falls der Arbeitsvertrag zwischen dem Kaufmann und seinem Angestellten anfechtbar oder nichtig wäre, z. B. weil der Angestellte Nicht-Unionsbürger ist und ohne Arbeitserlaubnis beschäftigt wird, kommt dennoch ein wirksamer Kaufvertrag im Außenverhältnis zu Stande. Denn der Vertreter handelt im fremden Namen und mit Vertretungsmacht, die ihm von dem Kaufmann wirksam erteilt wurde.

In der betrieblichen Praxis können zahlreiche Probleme im Vertretungsbereich auftreten. Dabei geht es häufig um die Rechtsfolgen des Fehlens der Vertretungsmacht und des Überschreitens der Befugnisse des Vertreters im Innenverhältnis.

074   Für den Fall, dass ein **Vertreter ohne Vertretungsmacht** tätig wird, ist ein gesetzlicher Lösungsweg vorgesehen. Die Wirksamkeit des Vertrags im Außenverhältnis hängt von der Genehmigung des Vertretenen ab und ist zunächst **schwebend unwirksam**, § 177 Abs. 1 BGB. Erteilt der Vertretene – nachträglich – die Genehmigung, dann wird der Vertrag wirksam. Verweigert der Vertretene die Genehmigung, dann bleibt der Vertrag endgültig unwirksam, und die Rechte des Dritten bestimmen sich nach § 179 BGB. Der Dritte kann nach seiner Wahl den Vertreter auf Erfüllung oder Schadensersatz in Anspruch nehmen.

Beispiele

Der Kaufmann K betreibt einen Großhandel für Büromaschinen. Er erteilt seinem Angestellten A Vollmacht für den Abschluss eines Kaufvertrages über 20.000 l Heizöl. Im Telefongespräch mit der Heizölfirma F bestellt A nicht nur das Heizöl, sondern kauft auch einen Öltank, den die Heizölfirma günstig veräußert.

Der Kaufvertrag über die Heizöllieferung ist wirksam, weil A Vertretungsmacht hatte. Dagegen ist der Kaufvertrag über den Öltank schwebend unwirksam, weil A insoweit ohne Vertretungsmacht gehandelt hat. Genehmigt K den Kaufvertrag, wird dieser zwischen K und F wirksam. Sofern K die Genehmigung verweigert, kann F von A Schadensersatz verlangen, § 179 BGB.

075   Eine Rechtsfolge für das **Überschreiten der Befugnisse durch den Vertreter** ist im Gesetz nicht ausdrücklich geregelt. Im Fall des Überschreitens der Vertretungsmacht werden überwiegend die §§ 177 - 179 BGB analog anzuwenden sein, weil diese Situation der fehlenden Vertretungsmacht vergleichbar ist. Bei einem Missbrauch der Vertretungsmacht beachtet der Vertreter die im Innenverhältnis ge-

zogenen Grenzen nicht. Das Rechtsgeschäft ist gem. § 138 BGB nichtig, wenn der Vertreter und der Geschäftspartner zum Nachteil des Vertretenen zusammenwirken. In anderen Fällen ist der Vertrag im Außenverhältnis wirksam und der Geschäftspartner geschützt, wenn im Innenverhältnis ein Missbrauch der Vertretungsmacht stattfindet. Die Vertragsverletzung im Innenverhältnis hat jedoch Schadensersatzansprüche des Vertretenen gegen den Vertreter wegen der Vertragsverletzung gem. § 280 BGB zur Folge. Bei groben Verstößen gegen die vertragliche Treuepflicht kann der Vertretene das Auftrags- oder Arbeitsverhältnis mit dem Vertreter kündigen.[1]

Beispiel

Der Kaufmann K bevollmächtigt seinen Angestellten A, 20.000 l Heizöl zu kaufen, gibt ihm jedoch ein Preislimit vor, das er nicht überschreiten soll. Nachdem A mehrere Angebote eingeholt hat und sich herausstellt, dass das Preislimit nicht einzuhalten ist, schließt er im Namen des Kaufmanns K mit der Firma F einen Kaufvertrag ab, der das Preislimit um 500 € übersteigt.

Im Außenverhältnis ist der Kaufvertrag zwischen dem Kaufmann K und der Firma F schwebend unwirksam und müsste von K genehmigt werden. Sofern K den Kaufvertrag nicht genehmigt, kann ein Schaden entstehen, z. B. weil der vereinbarte Kaufpreis am Markt nicht erzielt werden kann. Dann ist der Vertreter A gegenüber dem Kaufmann K zum Schadensersatz verpflichtet. Die Überschreitung der Vertretungsmacht stellt auch eine schuldhafte Verletzung des Arbeitsvertrages dar, die zur Kündigung führen kann.

Weitere Fälle des Missbrauchs der Vertretungsmacht bedürfen jeweils der gesonderten Nachprüfung. Nach der Rechtsprechung werden die §§ 177 - 179 BGB analog angewandt auf **Fälle des Handelns unter fremdem Namen**, indem der Handelnde eine falsche Identität vortäuscht. Falls der Vertreter und der Dritte bewusst zum Nachteil des Vertretenen Geschäftsabschlüsse tätigen, sind sie dem Vertretenen gemeinsam zum Schadensersatz verpflichtet. 076

Das **Selbstkontrahieren** ist nur eingeschränkt zulässig, § 181 BGB. Insichgeschäfte können mit rückwirkender Kraft genehmigt werden; es gelten die §§ 177 - 179 BGB. In Gesellschaftsverträgen wird vielfach von der Möglichkeit einer Befreiung von der Beschränkung des § 181 BGB Gebrauch gemacht. 077

---

[1] *Steckler/Schmidt*, Arbeitsrecht und Sozialversicherung, a. a. O. Abschnitt II. 5.1 zur Kündigung des Arbeitsverhältnisses aus verhaltensbedingten Gründen.

1.6 Bedingung, Befristung und Termine

078 Zu den Möglichkeiten der Vertragsgestaltung gehört auch die Vereinbarung einer **aufschiebenden oder auflösenden Bedingung**. Dadurch machen die Vertragsparteien die Wirksamkeit des Rechtsgeschäfts vom Eintritt eines zukünftigen ungewissen Ereignisses abhängig. Ob eine aufschiebende oder eine auflösende Bedingung zweckmäßig ist, richtet sich nach der jeweiligen Interessenlage der Parteien.

079 Wird ein **Rechtsgeschäft unter einer aufschiebenden Bedingung** vorgenommen, so hängt die Wirksamkeit von dem Eintritt einer Bedingung ab, wird also aufgeschoben, § 158 Abs. 1 BGB.

▶ **Eigentumsvorbehalt, § 455 BGB:** Durch Vereinbarung eines Eigentumsvorbehalts steht die Eigentumsübertragung der Kaufsache unter der aufschiebenden Bedingung der vollständigen Zahlung des Kaufpreises.

▶ **Kauf auf Probe, § 454 BGB:** Der Kaufvertrag auf Probe steht unter der aufschiebenden Bedingung der Billigung des Kaufgegenstandes durch den Käufer.

▶ **Konditionenkauf:** Im Sortimentbuchhandel, im Teppich- und Textilhandel u. a. wird vereinbart, dass Kaufverträge erst dann rechtswirksam werden sollen, wenn der Käufer die Ware an seine Abnehmer weiterveräußert.

▶ **Bauträgervertrag:** Auch ein Werkvertrag zwischen Bauherrn und Bauträger über die Errichtung eines Gebäudes kann unter der aufschiebenden Bedingung des Grundstückkaufs abgeschlossen werden.

▶ **Nachfolgeklauseln:** Ein Mietaufhebungsvertrag kann unter der aufschiebenden Bedingung abgeschlossen werden, dass ein Nachfolgemieter gefunden wird.

080 Wird ein **Rechtsgeschäft unter einer auflösenden Bedingung** vorgenommen, endet die Wirksamkeit mit dem Eintritt der Bedingung und der frühere Rechtszustand wird wiederhergestellt, § 158 Abs. 2 BGB.

▶ **Sicherungsübereignung:** Ein gesetzlicher Fall der auflösenden Bedingung ist die Sicherungsübereignung einer Sache zum Zweck der Kreditsicherung, indem eine durch die Schuldtilgung auflösend bedingte Eigentumsübertragung erfolgen soll.

▶ **Selbstbelieferungsklauseln:** Durch die Vereinbarung *„Selbstbelieferung vorbehalten"* im Kaufvertrag wird der Verkäufer von seiner Lieferpflicht frei, wenn er von seinem eigenen Lieferanten nicht beliefert wird. Diese Handelsklausel ist nur dann wirksam, wenn der Verkäufer tatsächlich einen Deckungskauf abgeschlossen hat, weil anderenfalls die Verbindlichkeit der kaufvertraglichen Hauptleistungspflicht des Verkäufers von seiner Willkür abhängen würde, vgl. § 138 BGB.

081 Die Auslegung von **Finanzierungsklauseln** in Kaufverträgen kann sowohl eine aufschiebende als auch eine auflösende Bedingung ergeben. Der Vorbehalt einer Finanzierung kann als aufschiebende Bedingung vereinbart werden, wenn dem Vertragspartner mitgeteilt wird, dass die Wirksamkeit des Vertrages von der Finanzierungsmöglichkeit abhängt, z. B. von der Zustimmung eines Kreditinstituts. Sofern sich der Käufer allein und auf sein Risiko um die Finanzierung bemühen

will, kann der Vertrag auch unter einer auflösenden Bedingung stehen. Falls abzusehen ist, dass sich die Rückabwicklung nur schwer durchführen lässt, wird von einer auflösenden Bedingung abzuraten sein; stattdessen sollte ein Rücktritts- oder ein Kündigungsrecht vereinbart werden.

Die Vertragsparteien können eine **Zeitbestimmung (= Befristung)** treffen und damit für die Wirksamkeit des Rechtsgeschäfts einen Anfangs- oder Endtermin bestimmen, vgl. § 163 BGB. Eine Befristung wird häufig bei Dauerschuldverhältnissen vereinbart, indem ein Arbeitsvertrag, ein Mietvertrag oder ein Vertrag über die regelmäßige Belieferung mit Waren auf eine bestimmte Zeit abgeschlossen wird. Die Verträge enden infolge der Befristung mit Zeitablauf, ohne dass eine Kündigungserklärung erforderlich wäre. Andererseits kann beispielsweise im Warenterminhandel ein Kaufvertrag in der Weise abgeschlossen werden, dass seine Wirksamkeit erst in drei Monaten eintreten soll. Die Befristung betrifft die Wirksamkeit des ganzen Rechtsgeschäfts und darf deshalb nicht mit einer Zeitbestimmung für die Leistung (= Fälligkeitsabrede) verwechselt werden.[1] Die Abgrenzung zwischen Bedingung, Befristung und Fälligkeitsabrede ist häufig eine nicht ganz einfach zu beantwortende Auslegungsfrage, die durch eine eindeutige Vertragsgestaltung vermieden werden kann.

082

Als Grundlage der **Zeitberechnung nach bürgerlichem Recht** dienen der im Jahre 1582 eingeführte gregorianische Kalender und die mitteleuropäische Uhrzeit. Die Vertragsparteien vereinbaren **Termine**, wenn zu einem bestimmten Zeitpunkt etwas geschehen soll, beispielsweise die vertragliche Vereinbarung einer Leistungszeit für eine Geldzahlung oder für eine Warenlieferung. Sofern gesetzliche oder vertragliche **Fristen** festgelegt werden, handelt es sich um abgegrenzte oder bestimmbare Zeiträume, die unterschiedlichen Zwecken dienen, z. B. Rechte begründen oder zum Erlöschen bringen oder dauernde Einreden gegen Ansprüche schaffen.

083

Beispiele

Der Eigentumserwerb erfolgt durch Ersitzung, wenn jemand eine Sache 10 Jahre im Eigenbesitz hat, vgl. § 937 BGB.

Der Ablauf einer gesetzlichen oder vertraglichen Ausschlussfrist bringt ein Recht zum Erlöschen, indem z. B. bei Unterlassen der unverzüglichen kaufmännischen Rügepflicht für Qualitätsabweichungen der gelieferten von der bestellten Ware im beiderseitigen Handelskauf die Gewährleistungsrechte ausgeschlossen werden (§ 377 HGB).

Nach Ablauf einer Frist von 3 Jahren, beginnend mit dem Ende des Kalenderjahres, in dem der Anspruch entstanden ist, verjährt der Anspruch des Verkäufers auf Zahlung des Kaufpreises, vgl. §§ 195, 199 BGB.

---

[1] Vgl. Abschnitt B.2 zu den Pflichtverletzungen.

084 Der **Fristbeginn** bestimmt sich nach § 187 BGB. Danach wird bei der Fristberechnung der Tag nicht mitgerechnet, in welchen ein Ereignis fällt, das die Frist in Gang setzen soll, z. B. der Tag der Kündigung eines Vertrags. Sofern aber der Tagesbeginn der für den Fristanfang maßgebliche Zeitpunkt ist, wird dieser Tag mitgerechnet, wie z. B. bei der Berechnung des Lebensalters oder bei der Frist für die Jahrespatentgebühren gem. § 17 Abs. 3 Satz 2 Patentgesetz.

085 Das **Fristende** bestimmt sich gem. § 188 BGB nach dem Ablauf des letzten Tages, der letzten Woche, des letzten Monats oder des letzten Jahres des festgelegten Zeitraumes.

Beispiel

Sofern die Kaufvertragsparteien am Montag eine Wochenfrist für die Warenlieferung vereinbart haben, endet die Lieferfrist mit Ablauf des darauf folgenden Montags, sodass der Lieferverzug unter den Voraussetzungen des § 286 BGB am Dienstag eintritt.

086 Allerdings wird eine Frist von 8 Tagen in Handelsgeschäften auch als 8 volle Tage angesehen, vgl. § 359 Abs. 2 HGB. Haben daher Kaufleute am Montag eine 8-Tages-Frist vereinbart, läuft diese am Dienstag der darauf folgenden Woche ab, und die Verzugsfolgen können erst am Mittwoch eintreten. In Handelsgeschäften ist darauf zu achten, dass gem. § 358 HGB die Leistung nur während der üblichen Geschäftszeit bewirkt werden kann. Fällt der letzte Tag einer Frist auf einen Sonnabend, Sonntag oder gesetzlichen Feiertag, so endet die Frist am darauf folgenden Werktag, vgl. § 193 BGB. Diese Vorschrift findet keine Anwendung auf Kündigungsfristen, die dem Gekündigten ungekürzt zur Verfügung stehen müssen.

1.7 Verjährungs- und Ausschlussfristen

087 Jeder schuldrechtliche Anspruch unterliegt der Verjährung. Der Ablauf einer Verjährungsfrist bewirkt nicht das Erlöschen des Anspruchs, sondern gibt dem Schuldner nur ein **Leistungsverweigerungsrecht (= Einrede)** gem. § 214 BGB. Der Schuldner darf deshalb nicht davon ausgehen, dass der Anspruch nicht mehr besteht, und muss in jedem Fall die **Einrede der Verjährung** erheben, wenn der Gläubiger die Leistung von ihm fordert. Zu den Voraussetzungen der Verjährung gehören deshalb:

▸ **Ablauf der Verjährungsfrist**

▸ **Einrede der Verjährung durch den Schuldner.**

088 In erster Linie ist der Anspruch festzustellen, dessen Verjährung geprüft werden soll, denn die Dauer der Verjährungsfrist ist von der Rechtsnatur des Anspruchs abhängig. Erst die zweite Überlegung gilt den Verjährungsfristen, die sich aus

gesetzlichen Vorschriften ergeben oder aus einem Vertrag. Im Folgenden werden die gesetzlichen Verjährungsfristen dargestellt. Die allgemeinen Verjährungsvorschriften sehen Verjährungsfristen von 3 Jahren, 10 Jahren oder 30 Jahren vor.

Die **regelmäßige Verjährungsfrist beträgt 3 Jahre**, vgl. § 195 BGB. Sie beginnt mit dem Schluss des Jahres, in dem 089

- der Anspruch entstanden ist und
- der Gläubiger von den anspruchsbegründenden Umständen und der Person des Schuldners Kenntnis erlangt oder ohne grobe Fahrlässigkeit erlangen müsste, vgl. § 199 Abs. 1 BGB.

Schadensersatzansprüche, die auf die Verletzung des Lebens, des Körpers, der Gesundheit oder Freiheit beruhen, verjähren ohne Rücksicht auf ihre Entstehung und die Kenntnis oder grob fahrlässige Unkenntnis in 30 Jahren von der Begehung der Handlung, der Pflichtverletzung oder dem sonstigen schadensauslösenden Ereignis, § 199 Abs. 2 BGB. 090

Sonstige Schadensersatzansprüche verjähren 091

- ohne Rücksicht auf die Kenntnis oder grob fahrlässige Unkenntnis in 10 Jahren von ihrer Entstehung an
- ohne Rücksicht auf ihre Entstehung und die Kenntnis oder grob fahrlässige Unkenntnis in 30 Jahren von der Begehung der Handlung, der Pflichtverletzung oder dem sonstigen schadensauslösenden Ereignis, vgl. § 199 Abs. 3 BGB.

Die Verjährungsfrist für **Rechte an einem Grundstück** beträgt **10 Jahre**, vgl. § 196 BGB. Es handelt sich um Ansprüche auf Übertragung des Eigentums an einem Grundstück sowie auf Begründung, Übertragung und Aufhebung eines Rechts an einem Grundstück oder auf Änderung des Inhalts eines solchen Rechts sowie um die Ansprüche auf die Gegenleistung. 092

Die Verjährungsfrist von Ansprüchen, die nicht der regelmäßigen Verjährung unterliegen, beginnt mit der Entstehung des Anspruchs, sofern keine Sonderregelung besteht, vgl. § 200 BGB. 093

Beispiel

Der Anspruch auf Kaufpreiszahlung aus einem Kaufvertrag über bewegliche Sachen verjährt in 3 Jahren gem. § 195 BGB. Die Verjährungsfrist beginnt mit dem Jahresende des Vertragsabschlusses gem. § 199 BGB. Der Anspruch auf Kaufpreiszahlung aus einem Grundstückskaufvertrag unterliegt dagegen der 10-jährigen Verjährungsfrist gem. § 196 BGB. Die Verjährungsfrist beginnt mit dem Tag des Vertragsabschlusses.

094 Einer **30-jährigen Verjährungsfrist** unterliegen Herausgabeansprüche aus dem Eigentum und anderen dinglichen Rechten, familien- und erbrechtliche Ansprüche, rechtskräftig festgestellte Ansprüche, Ansprüche aus vollstreckbaren Vergleichen oder Urkunden und Ansprüche, die im Insolvenzverfahren festgestellt wurden, vgl. § 197 BGB. Bei festgestellten Ansprüchen beginnt die Verjährungsfrist mit der Rechtskraft der Entscheidung, der Errichtung des vollstreckbaren Titels oder der Feststellung im Insolvenzverfahren, vgl. § 201 BGB.

095 In einigen Fällen bestehen gesetzliche **Sondervorschriften für die Verjährung** einzelner Ansprüche. Gewährleistungsansprüche aus Kauf- und Werkverträgen unterliegen besonderen Verjährungsvorschriften, vgl. §§ 438, 634a BGB, ebenso viele andere vertragliche Ansprüche.

096 Die vertragliche Gestaltung der Verjährungsfrist unterliegt gesetzlichen Grenzen. Die Verjährung kann bei Haftung wegen Vorsatzes nicht im Voraus durch Rechtsgeschäft erleichtert werden. Zudem kann die Verjährung nicht über eine Verjährungsfrist von 30 Jahren ab dem gesetzlichen Verjährungsbeginn hinaus erschwert werden, vgl. § 202 BGB.

097 Die **Hemmung der Verjährung** bewirkt, dass der Zeitraum, währenddessen die Verjährung gehemmt ist, in die Fristberechnung nicht eingeht. Die Verjährung ist gehemmt, wenn zwischen dem Schuldner und dem Gläubiger Verhandlungen über den Anspruch oder die den Anspruch begründenden Umstände schweben, vgl. § 203 BGB. Die Verjährung ist ferner durch Klageerhebung, Zustellung eines gerichtlichen Mahnbescheids, Antrag eines Beweissicherungsverfahrens, Anmeldung eines Anspruchs im Insolvenzverfahren, Beginn eines schiedsrichterlichen Verfahrens etc. gehemmt, vgl. § 204 BGB. Die Hemmung der Verjährung tritt auch bei einem Leistungsverweigerungsrecht des Schuldners, bei höherer Gewalt etc. ein, vgl. §§ 205 ff. BGB.

Beispiel

Falls im Kauf- oder Werkvertrag ein Mangel auftritt, ist die Verjährung der Mängelgewährleistungsansprüche für den Zeitraum der einvernehmlichen Nachbesserung des Werkes bzw. der Kaufsache gehemmt. Dies gilt auch, wenn sich die Parteien nicht über das Bestehen eines Nachbesserungsanspruchs einigen können.

098 Wenn der Schuldner dem Gläubiger gegenüber den Anspruch durch Abschlagzahlung, Zinszahlung, Sicherheitsleistung oder in anderer Weise anerkennt, beginnt die Verjährung erneut. Das Gleiche gilt, wenn eine gerichtliche oder behördliche Vollstreckungshandlung vorgenommen oder beantragt wird, vgl. § 212 BGB.

Als **Anerkenntnishandlungen** gelten nicht nur schriftliche, mündliche oder konkludente Willenserklärungen, sondern bereits ein Verhalten, durch das der Schuldner zu erkennen gibt, dass er sich des Bestehens einer Schuld bewusst ist, z. B.   099

- vorbehaltlose Zahlungen

- Abschlag- oder Teilzahlungen

- Zinszahlungen und Sicherheitsleistungen

- Nachbesserungen im Hinblick auf Mängelgewährleistung.

Nach Eintritt der Verjährung ist der Schuldner berechtigt, die Leistung zu verweigern, vgl. § 214 BGB. Da der Anspruch fortbesteht, ist weder die Aufrechnung noch die Geltendmachung eines Zurückbehaltungsrechts ausgeschlossen. Bei gesicherten Ansprüchen (Hypothek, Pfandrecht) ist der Gläubiger durch die Verjährung nicht gehindert, seine Befriedigung aus dem belasteten Gegenstand zu suchen.   100

Eine **gesetzliche oder vertragliche Ausschlussfrist** hat die Bedeutung, dass ein Recht nur innerhalb eines bestimmten Zeitraums geltend gemacht werden kann. Nach Ablauf dieser Frist ist die Geltendmachung des Rechts ausgeschlossen. **Der Ablauf der Ausschlussfrist bewirkt den Untergang eines Anspruchs**, während der Ablauf der Verjährungsfrist dem Schuldner nur das Gegenrecht einer Einrede der Verjährung gibt, wenn der Gläubiger den Anspruch geltend macht.   101

Gesetzliche Ausschlussfristen sind selten, z. B. ist die Ausübung des Anfechtungsrechts wegen arglistiger Täuschung gem. § 124 BGB nur binnen Jahresfrist möglich, eine Irrtumsanfechtung hat unverzüglich zu erfolgen, die Geltendmachung des Ausgleichsanspruchs bei Beendigung des Handelsvertretervertrages innerhalb von 3 Monaten gem. § 89b Abs. 4 HGB und Ansprüche wegen Produkthaftung innerhalb von 10 Jahren nach Inverkehrbringen des Produkts gem. § 13 ProdHaftG.   102

Dagegen werden häufig **vertragliche Ausschlussfristen** vereinbart, z. B. zur Rüge von Sachmängeln des Kauf-, Werk- oder Leasinggegenstandes. Mit dem Ablauf der Rügefrist ist die Geltendmachung von Gewährleistungsansprüchen wegen erkennbarer Mängel ausgeschlossen. Diese Ausschlussfristen werden in aller Regel bereits bei Vertragsabschluss vereinbart. Auch bei der Beendigung von Dauerschuldverhältnissen, insbesondere eines Arbeits- oder Mietvertrags, besteht ein Interesse der Vertragsparteien, durch eine Frist sicherzustellen, dass Ansprüche aus diesem Rechtsverhältnis nicht mehr geltend gemacht werden. Sofern Ausschlussfristen in Allgemeinen Geschäftsbedingungen enthalten sind, unterliegen sie der Inhaltskontrolle nach den §§ 307 ff. BGB.[1] Da die Ausschlussfristen regelmäßig wesentlich kürzer sind als die Verjährungsfristen, kann ein Anspruch schon vor Ablauf der Verjährungsfrist entfallen.   103

---

[1] Vgl. Abschnitt C.1 zu den Allgemeinen Geschäftsbedingungen.

1.8 Wiederholungsfragen

1. Der Kunde findet im Internet ein günstiges Angebot eines Versandhauses über ein Haushaltsgerät. Er macht seine Angaben in dem am Bildschirm angezeigten Formular – Name, Lieferanschrift, Lieferzeit, Gegenstand, Kaufpreis etc. – und versendet das Formular mittels Mausklick an die angegebene E-Mail-Adresse. Ist ein Vertrag zu Stande gekommen?

2. Ein 17-Jähriger vereinbart mit dem Inhaber eines Einzelhandelsgeschäfts, dass er samstags von 12.00 bis 16.00 Uhr im Verkauf aushelfen wird. Besteht ein wirksamer Arbeitsvertrag?

3. Im Supermarkt legt ein Kunde eine Flasche Wein auf das Band an der Kasse. Die Verkäuferin scannt den Preis von 49 € ein. Der Kunde erleidet einen Schock, weil auf der Flasche nur ein Preis von 4,90 € angegeben ist und verweigert die Zahlung. Welchen Preis muss er zahlen?

4. Ein arbeitsloser Hochschulabsolvent antwortet auf eine Stellenanzeige in der Zeitung. Ist ein Arbeitsvertrag zu Stande gekommen?

5. Ein 16-Jähriger schließt mit Einwilligung seiner Eltern einen Arbeitsvertrag mit einem Industrieunternehmen ab. Er eröffnet ein Bankkonto, auf das er seinen Verdienst überweisen lassen will. Ist der Girovertrag mit der Bank wirksam?

6. Der Verkäufer in einer Autohandlung verkauft einen seit 8 Monaten in der Ausstellung stehenden Wagen zu einem Sonderpreis – 1.500 € weniger als allgemein für dieses Fahrzeug vorgesehen war – an einen Kunden. In seinem Arbeitsvertrag wurde die Vereinbarung getroffen, dass er bei Preisabweichungen über 1.000 € die Einwilligung des Geschäftsinhabers einholen muss. Besteht ein wirksamer Kaufvertrag?

7. Ein Einkaufsleiter stellt in Abwesenheit des Geschäftsinhabers einen Mitarbeiter ein, weil in seiner Abteilung eine Stelle durch das plötzliche Ausscheiden eines Arbeitnehmers frei geworden ist. Liegt ein wirksamer Arbeitsvertrag vor?

8. Wann verjährt die Kaufpreisforderung eines Händlers aus einem Kaufvertrag mit einem Exporteur?

9. Die Vertragsparteien eines Lizenzvertrags über die Nutzung eines Computerprogramms im Netzwerk des Unternehmens haben vereinbart, dass die Kündigung der schriftlichen Form bedarf. Welche Rechtsfolgen ergeben sich, wenn die Kündigung per E-Mail erfolgt?

10. Ein Produktionsbetrieb wird in einem Gebiet eröffnet, das besonderen Auflagen zum Bezug von umweltfreundlicher Energie unterliegt. Der Betriebsinhaber hält den Zwang, mit einem bestimmten Energielieferungsunternehmen zu vorgegebenen Konditionen zu kontrahieren, für sittenwidrig gem. § 138 BGB. Sind Sie auch dieser Auffassung?

1. Nein, denn die Internet-Präsentation des Warenangebots stellt nur eine Aufforderung zur Abgabe einer Willenserklärung dar, sog. invitatio ad offerendum. Die mittels E-Mail abgesandte Bestellung des Kunden ist daher erst das Angebot zum Abschluss eines Kaufvertrages. Solange dieses Angebot noch nicht angenommen wurde, besteht kein Vertrag.

2. Nein, der 17-Jährige ist minderjährig und nach Maßgabe der §§ 106 ff. BGB in seiner Geschäftsfähigkeit beschränkt. Seine Willenserklärung bedarf der Einwilligung des gesetzlichen Vertreters. Diese liegt erkennbar nicht vor. Der Vertrag ist schwebend unwirksam, bis die Eltern als gesetzliche Vertreter ihre Genehmigung erteilt haben. Der Inhaber des Einzelhandelsgeschäfts sollte die gesetzlichen Vertreter zu einer Erklärung über die Genehmigung auffordern, um den Zustand der schwebenden Unwirksamkeit des Arbeitsvertrags zu beseitigen, vgl. § 108 Abs. 2 BGB.

3. Keinen, wenn der Kaufvertrag wirksam angefochten wurde. Indem der Kunde die Ware auf das Band an der Kasse legt, hat er ein konkludentes Angebot zum Abschluss eines Kaufvertrages abgegeben, das durch Einscannen des Preises in die Kasse konkludent angenommen wurde. Allerdings befand sich der Kunde bei der Abgabe seiner Willenserklärung in einem Irrtum. Er hat etwas anderes erklärt (Preis von 49 €) als er wirklich wollte (Preis von 4,90 €). Durch den Erklärungsirrtum ist ein Anfechtungsgrund gem. § 119 BGB gegeben. Da der Kunde den höheren Preis offensichtlich nicht zu zahlen bereit ist, hat er seine Willenserklärung angefochten.

4. Nein, denn es liegen keine zwei übereinstimmenden Willenserklärungen vor. Die Zeitungsanzeige enthält eine Aufforderung an Interessierte, sich auf die Stellenanzeige zu bewerben. Darin liegt noch kein Angebot über den Abschluss eines Arbeitsvertrages. Die Bewerbung des Hochschulabsolventen kann ein solches Angebot enthalten, wenn er nicht zum Ausdruck bringt, dass er nur an einem unverbindlichen Vorstellungsgespräch interessiert ist. Es fehlt aber in jedem Fall für einen wirksamen Vertragsabschluss die Annahmeerklärung des Inserenten.

5. Ja, denn der Minderjährige war zwar in seiner Geschäftsfähigkeit nach Maßgabe der §§ 106 ff. BGB beschränkt, konnte aber wegen der vorliegenden Einwilligung seiner Eltern als gesetzliche Vertreter einen wirksamen Arbeitsvertrag abschließen. Der Girovertrag mit der Bank gilt als Folgegeschäft gem. § 113 BGB, weil die Banküberweisung des Arbeitseinkommens allgemein üblich ist und sich somit als eine Folge des Arbeitsverhältnisses ergibt, für das die Einwilligung vorlag.

6. Ja. Die Frage, ob der Kaufvertrag wirksam ist, betrifft das Außenverhältnis zwischen dem Inhaber des Handelsgeschäfts und dem Kunden. Im Außenverhältnis ist ein wirksamer Kaufvertrag zu Stande gekommen, denn die Vertretung ist zulässig, der Verkäufer handelt offenkundig im fremden Namen und hat auch Vertretungsmacht zum Abschluss von Kaufverträgen. Es ist für die Wirksamkeit des Vertrages im Außenverhältnis unerheblich, dass der Verkäufer die mit seinem Arbeitgeber getroffene Absprache nicht einhält. Dieses vertragswidrige Verhalten wirkt sich ausschließlich im Innenverhältnis der Arbeitsvertragsparteien aus.

7. Nein, denn der Einkaufsleiter handelt ohne Vertretungsmacht. Der Arbeitsvertrag ist durch das Handeln des Einkaufsleiters als Vertreter ohne Vertretungsmacht schwebend unwirksam, vgl. § 177 BGB. Der Geschäftsinhaber könnte den Arbeits-

vertrag genehmigen und damit wirksam werden lassen. Er könnte aber auch die Genehmigung verweigern; dann wäre der Vertrag endgültig unwirksam.

8. In drei Jahren gem. § 195 BGB, da es sich um eine Kaufpreisforderung handelt. Die Verjährungsfrist beginnt mit Ablauf des Jahres, in dem die Forderung entstanden ist und der Gläubiger von den anspruchsbegründeten Umständen und der Person des Schuldners Kenntnis erlangt, vgl. § 199 Abs. 1 BGB.

9. Die Vertragsparteien haben eine Schriftformklausel für die Kündigung vereinbart. Auch bei Nichteinhaltung der „gewillkürten" Schriftform ist die Willenserklärung nichtig, vgl. §§ 127, 126 BGB. Die Kündigung per E-Mail erfüllt nicht die Voraussetzungen der Schriftform, weil eine eigenhändige Unterschrift fehlt. Der Lizenzvertrag ist daher nicht wirksam beendet worden. Erst die einvernehmliche Aufhebung der Schriftform durch die Parteien, z. B. durch Einverständnis des Vertragspartners mit der Kündigung, würde zu einem anderen Ergebnis führen.

10. Die Sittenwidrigkeit von Rechtsgeschäften beurteilt sich nach § 138 BGB. Danach verstößt ein Rechtsgeschäft gegen die guten Sitten, wenn es unter Ausbeutung der Zwangslage, der Unerfahrenheit, des Mangels an Urteilsvermögen oder der erheblichen Willensschwäche eines anderen zu Stande gekommen ist. Ferner müsste ein auffälliges Missverhältnis von Leistung und Gegenleistung bestehen. Der Abschlusszwang mit Energielieferunternehmen ist aufgrund der Besonderheiten der Energiewirtschaft gerechtfertigt. Die Tarifstruktur könnte zwar auf ihre Angemessenheit hin gerichtlich überprüft werden. Es ergeben sich aber keine Anhaltspunkte für eine Zwangslage des Unternehmens oder die sittenwidrige Erlangung besonderer Vermögensvorteile durch den Energielieferer.

2. Pflichtverletzungen in Schuldverhältnissen

Im Recht der **Leistungsstörungen** ist die Pflichtverletzung zu einem zentralen Begriff des Bürgerlichen Rechts geworden. Sofern in einem Schuldverhältnis eine Pflichtverletzung auftritt, ergeben sich entsprechend der Interessenlage des Gläubigers die rechtlichen Folgen des Schadensersatzes, der Kündigung oder des Rücktritts. Im Einzelfall kann auch der Anspruch auf Leistung ausgeschlossen sein oder es bestehen Leistungsverweigerungsrechte. Auch die gesetzlichen Regelungen des Gewährleistungsrechts verweisen auf die allgemeinen Vorschriften des Rechts der Pflichtverletzungen.   104

Infolge der besonderen Bedeutung der Pflichtverletzung im Bürgerlichen Recht werden in diesem Abschnitt zunächst die Begriffe erläutert – Schuldverhältnis und Leistung – und sodann wird auf die Leistungsstörungen im Einzelnen eingegangen.

2.1 Begriff des Schuldverhältnisses

Schuldverhältnisse entstehen durch Gesetz oder durch Rechtsgeschäft. Zu den **gesetzlichen Schuldverhältnissen** gehören die Geschäftsführung ohne Auftrag, die ungerechtfertigte Bereicherung und die unerlaubte Handlung.[1] Die durch Rechtsgeschäft begründeten Schuldverhältnisse entstehen durch Willenserklärungen oder durch einen Vertrag.   105

Kraft des Schuldverhältnisses ist der Gläubiger berechtigt, von dem Schuldner eine **Leistung** zu verlangen. Die Leistung kann auch in einem Unterlassen bestehen, vgl. § 241 Abs. 1 BGB. Das Schuldverhältnis kann nach seinem Inhalt jeden Teil zur Rücksicht auf die Rechte, Rechtsgüter und Interessen des anderen Teils verpflichten, vgl. § 241 Abs. 2 BGB.   106

Beispiel

Ein Kaufvertrag ist ein Schuldverhältnis, in dem zwei Leistungspflichten bestehen. Der Käufer hat gegen den Verkäufer einen Anspruch auf Übereignung der Kaufsache gem. § 433 Abs. 1 BGB. Der Verkäufer hat gegen den Käufer einen Anspruch auf Zahlung des vereinbarten Kaufpreises gem. § 433 Abs. 2 BGB. Gläubiger des Übereignungsanspruches ist der Käufer, während der Verkäufer Schuldner dieses Anspruches ist. Für den Kaufpreiszahlungsanspruch sind die Rollen von Gläubiger und Schuldner umgekehrt; hier ist der Verkäufer Gläubiger und der Käufer Schuldner. Es ist daher das Schuldverhältnis (Kaufvertrag) im Hinblick auf die Leistungspflichten zu betrachten (Pflicht des Verkäufers zur Übereignung der Kaufsache und Pflicht des Käufers zur Zahlung des Kaufpreises).

---

[1] Vgl. Abschnitt D. Gesetzliche Schuldverhältnisse.

Übersicht 03: Ansprüche bei Pflichtverletzungen	
Anspruchsgrundlagen	**Anspruchsvoraussetzungen**
Schadensersatz wegen Pflichtverletzung gem. § 280 BGB	► Schuldverhältnis ► Verletzung einer Rechtspflicht ► Verschulden
Schadensersatz statt der Leistung wegen nicht oder nicht wie geschuldet erbrachter Leistung gem. § 281 BGB	► Schuldverhältnis ► Verletzung einer Rechtspflicht ► Verschulden ► Fristsetzung zur Leistung oder Nacherfüllung durch den Gläubiger ► erfolgloses Verstreichen der Frist
Schadensersatz statt der Leistung wegen Verletzung einer Pflicht nach § 241 Abs. 2 BGB gem. § 282 BGB	► Schuldverhältnis ► Verletzung einer Rechtspflicht gem. § 241 Abs. 2 BGB ► Verschulden ► Dem Gläubiger muss die Leistung durch den Schuldner unzumutbar sein.
Schadensersatz statt der Leistung bei Ausschluss der Leistungspflicht gem. § 283 BGB	► Schuldverhältnis ► Ausschluss der Leistungspflicht gem. § 275 BGB (Unmöglichkeit)
Aufwendungsersatz gem. § 284 BGB	► Schuldverhältnis ► Schadensersatzanspruch statt der Leistung gem. §§ 281 - 283 BGB ► Aufwendungen im Vertrauen auf den Erhalt der Leistung, die durch die Pflichtverletzung zwecklos werden
Herausgabe des Ersatzes oder Abtretung des Ersatzanspruches gem. § 285 BGB	► Schuldverhältnis ► Ausschluss der Leistungspflicht gem. § 275 BGB ► Erlangung eines Ersatzes oder eines Ersatzanspruches für den geschuldeten Gegenstand durch den Schuldner
Kündigungsrecht aus wichtigem Grund gem. § 314 BGB	► Dauerschuldverhältnis ► wichtiger Kündigungsgrund ► Interessenabwägung
Rücktritt wegen nicht oder nicht vertragsgemäß erbrachter Leistung im gegenseitigen Vertrag gem. § 323 BGB	► Schuldverhältnis ► Nichterbringung der Leistung oder nicht vertragsgemäße Erbringung der Leistung durch den Schuldner ► Fristsetzung zur Leistung oder Nacherfüllung durch den Gläubiger ► erfolgloses Verstreichen der Frist

Zur Begründung eines Schuldverhältnisses durch Rechtsgeschäft sowie zur Änderung des Inhalts eines Schuldverhältnisses ist ein **Vertrag** zwischen den Beteiligten erforderlich, vgl. § 311 BGB. Ein Schuldverhältnis mit Pflichten nach § 241 Abs. 2 BGB entsteht auch durch

> **die Aufnahme von Vertragsverhandlungen**

> **die Anbahnung eines Vertrags, wobei im Hinblick auf die künftige Rechtsbeziehung einem Teil die Möglichkeit der Einwirkung auf Rechte, Rechtsgüter oder Interessen des anderen Teils gewährt oder anvertraut wird**

> **ähnliche geschäftliche Kontakte.**

Das Schuldverhältnis entsteht somit durch Vertrag, die Aufnahme von Verhandlungen, die Vertragsanbahnung oder ähnliche geschäftliche Kontakte. Das Zustandekommen eines Vertrages wurde im vorherigen Kapitel dargestellt.[1] Die Aufnahme von Vertragsverhandlungen ist durch den konkreten Kontakt zwischen zwei Personen mit der Absicht eines eventuellen Vertragsabschlusses gegeben. Aber bereits zu einem früheren Zeitpunkt kann die **Anbahnung eines Vertrages** vorliegen, auch ohne dass die künftigen Vertragsparteien gezielt Verhandlungen aufnehmen. Dies geschieht z. B. bei einer Bewerbung um ein Arbeitsverhältnis, im Fall des Betretens eines Kaufhauses oder bei der Teilnahme eines Zulieferbetriebes an der Ausschreibung eines Herstellerunternehmens.

Beispiel

Ein Kunde betritt einen Baumarkt mit Selbstbedienung. Infolge fehlerhafter Lagerung der zum Verkauf angebotenen Waren in den offenen Regalen fällt ein Rohr aus dem Regal und bleibt in den Kleidern des Kunden hängen, der zum Glück nicht verletzt wird. Aber der Ärmel seiner Jacke ist zerrissen; dadurch ist ein Schaden in Höhe von 175 € eingetreten. Das Schuldverhältnis ist durch die Vertragsanbahnung entstanden, indem der Kunde den Baumarkt betritt. Die erforderliche Rücksicht auf die Rechtsgüter der Kunden (Eigentum, Körper, Gesundheit, Leben), die dem Inhaber des Baumarkts gem. § 241 Abs. 2 BGB obliegt, ist nicht gewahrt, wenn die Waren in dem für Kunden frei zugänglichen Bereich nicht ordnungsgemäß eingelagert werden. Daraus folgt ein Schadensersatzanspruch gem. § 280 BGB.

Die **Entstehung eines Schuldverhältnisses** wird nicht nur durch Vertrag, durch die Aufnahme von Vertragsverhandlungen und durch die Vertragsanbahnung begründet, sondern auch durch ähnliche geschäftliche Kontakte.

Daher kann ein **Schuldverhältnis** beispielsweise **auch begründet werden**, wenn eine Kooperation zwischen zwei Unternehmen beabsichtigt ist, konkrete Ver-

107

108

109

110

---

[1] Vgl. Abschnitt 1.3 zu den Verträgen.

tragsverhandlungen noch nicht begonnen haben, aber zur vorherigen Klärung technischer Fragen das Muster eines Fertigungsteils übergeben wird. Die Rechtspflichten gem. § 241 Abs. 2 BGB bestehen in der Wahrung der Geschäfts- und Betriebsgeheimnisse, Beachtung von Urheberrechten und gewerblichen Schutzrechten (Patente, Muster und Marken), Sorgfaltspflichten bzgl. des Umgangs mit den übergebenen Gegenständen sowie Verschwiegenheitspflichten.

2.2 Leistungsort, Leistungszeit und Leistungsgegenstand

111 Der zentrale Begriff bei der Feststellung, ob eine Leistungsstörung vorliegt, ist die jeweilige **Leistungspflicht des Schuldners**, die in einer Verpflichtung zum Handeln oder zum Unterlassen bestehen kann, vgl. § 241 BGB.

Beispiel

Die vom Verkäufer in einem **Kaufvertrag** zu erbringende Leistungspflicht besteht in der Lieferung und Übereignung der Kaufsache, während der Käufer zur Abnahme und zur Zahlung des Kaufpreises verpflichtet ist, vgl. § 433 BGB. Beide Vertragsparteien sind verpflichtet, den Vertragszweck gefährdende Handlungen zu unterlassen.

112 In Verträgen sind **Haupt- und Nebenleistungspflichten** zu unterscheiden. Als Hauptleistungspflichten gelten diejenigen Leistungspflichten, die den Vertragstyp kennzeichnen, und ferner solche, die nach dem erklärten Willen der Vertragsparteien von besonderem Interesse sind.

Beispiele

Hauptleistungspflichten im Kaufvertrag sind die Pflicht des Verkäufers zur Übereignung der Kaufsache gem. § 433 Abs. 1 BGB und die Pflicht des Käufers zur Zahlung des Kaufpreises gem. § 433 Abs. 2 BGB.

Hauptleistungspflichten im Werkvertrag sind die Pflicht zur Herstellung des versprochenen Werkes durch den Unternehmer und die Pflichten zur Abnahme des Werkes und zur Entrichtung der vereinbarten Vergütung durch den Besteller, vgl. §§ 631 Abs. 1, 640 BGB.

Eine **Hauptleistungspflicht im Kauf auf Abruf** ist der Abruf der Kaufsache durch den Käufer.

Eine **Hauptleistungspflicht im Spezifikationskauf** ist die Vornahme der Spezifikation durch den Käufer.

Demgegenüber sichern die **Nebenleistungspflichten** die vertragstreue Erfüllung 113 der Hauptleistungspflichten und enthalten zusätzliche Vereinbarungen über den Regelungsbereich des Gesetzes hinaus. Zahlreiche Nebenleistungspflichten ergeben sich auch ohne besondere Vereinbarung aus dem Gesetz oder aus dem Grundsatz von Treu und Glauben gem. § 242 BGB, wonach der Schuldner verpflichtet ist, die Leistung in der Weise zu bewirken, dass Personen und Sachen keinen Schaden erleiden. Ungeachtet der gesetzlichen Vorschriften ist es im Interesse der Vertragsparteien erforderlich, weitere Vereinbarungen zu treffen, wie z. B. Art und Beschaffenheit des Vertragsgegenstandes, die Zahlungskonditionen, den Erfüllungsort, Kosten und Art des Transports, Mitteilungs- und Mitwirkungspflichten und vieles mehr. Die Vertragsparteien legen selbst fest, ob es sich bei einer einzelnen Verpflichtung um Haupt- oder Nebenleistungspflichten handelt.

Beispiele

Eine **vertraglich vereinbarte Nebenleistungspflicht** des Käufers im Kaufvertrag ist die Art und Weise der Kaufpreiszahlung, z. B. Ratenzahlung, Höhe der Raten, Beginn und Dauer der Ratenzahlungen, Zinsen usw.

Eine **gesetzliche Nebenleistungspflicht** des Verkäufers ist die Verpflichtung, die Kosten der Übergabe an den Käufer der Sache zu tragen, vgl. § 448 BGB.

Nebenleistungspflichten aus dem Grundsatz von Treu und Glauben gem. § 242 BGB sind Sorgfalts-, Aufklärungs- und Informationspflichten der Vertragsparteien, z. B. die Pflicht des Verkäufers beim Versendungskauf, den Kaufgegenstand sachgemäß zu verpacken und den Käufer über die Versendung und die voraussichtliche Ankunftszeit zu informieren.

Zur Feststellung, ob der Schuldner seine Leistungspflicht vertragsgemäß erfüllt 114 hat, gehören **Leistungsort**, **Leistungszeit** und die inhaltliche **Bestimmung der Leistungspflicht**. Die Festlegung der Leistungspflicht erfolgt durch eine Leistungsbeschreibung, die hinreichend bestimmt sein muss und in der betrieblichen Praxis meist in einem schriftlichen Leistungsverzeichnis festgehalten wird.[1]

---

[1] In der IT-Branche hat die Beschreibung des Vertragsgegenstandes in einem Pflichtenheft erhebliche Bedeutung für eine reibungslose Vertragsdurchführung, insbesondere wenn nachträglich kostenintensive Änderungen erforderlich sind. Im Pflichtenheft beschreibt der IT-Anwender die Anforderungen, denen das System genügen muss bzw. die Aufgaben, die vom System zu erledigen sind, vgl. *Wittek*, Computerrechtshandbuch, a. a. O. 31 Rn. 12, 13. In der Folge lassen sich die vertraglich geschuldeten Leistungspflichten abgrenzen von – kostenlosen – Nachbesserungen und einem ergänzenden Vertrag, der einen neuen Vergütungsanspruch begründet.

115   Der **Leistungsort** (auch: Erfüllungsort) ist der Ort, an dem die Leistung zu erfolgen hat und deshalb von besonderer Bedeutung für den **Übergang der Leistungsgefahr**.[1] In aller Regel werden die Vertragsparteien den Leistungs- oder Erfüllungsort festlegen, wobei die Vereinbarung ausdrücklich oder konkludent erfolgen kann oder sich aus den Umständen des Einzelfalles ergibt. Innerhalb der gesetzlichen Vorschriften für einzelne Verträge finden sich auch Sondertatbestände, die aber oft dispositiv, also vertraglich abdingbar, sind. Hinsichtlich des Leistungsortes sind zu unterscheiden:

- ▸ **Holschuld, § 269 BGB:** Der Schuldner stellt den Leistungsgegenstand am Leistungsort zum Abholen bereit und teilt dies dem Gläubiger mit.

- ▸ **Schickschuld (Vertrag):** Der Schuldner übergibt den Leistungsgegenstand am Leistungsort an die Transportperson.

- ▸ **Bringschuld (Vertrag):** Der Schuldner bietet dem Gläubiger den Leistungsgegenstand am Leistungsort an.

116   Im Gesetz ist die **Holschuld** vorgesehen, wonach der Schuldner die Leistung bereithält und der Gläubiger diese abholen muss. Haben die Vertragsparteien den Leistungsort nicht bestimmt, hat die Leistung am Wohnsitz des Schuldners oder am Sitz seiner gewerblichen Niederlassung zu erfolgen, § 269 BGB. Das gleiche gilt nach Art. 31 Buchstabe c) CISG auch bei internationalen Kaufverträgen über Waren zwischen Unternehmern. Wenn nichts anderes bestimmt ist, muss der Verkäufer die Ware an seinem Wohnsitz bereitstellen.

117   In der betrieblichen Praxis werden häufig Vereinbarungen über den Leistungsort getroffen, z. B. im Auslandsgeschäft durch internationale Handelsklauseln (Incoterms).[2]

118   Haben die Vertragsparteien eine **Bringschuld** vereinbart, muss der Schuldner den Leistungsgegenstand an den vertraglich festgelegten Ort bringen; in aller Regel ist dies der Wohnsitz des Gläubigers oder der seiner gewerblichen Niederlassung.

Die Übernahme der Transportkosten berührt nicht den Erfüllungsort und ändert deshalb auch nicht den Charakter der Leistungspflicht als Hol- oder Bringschuld.

Die Vereinbarung einer **Schickschuld** bedeutet, dass der Leistungsort wie bei der Holschuld am Wohnsitz des Schuldners liegt, allerdings muss der Schuldner den Leistungsgegenstand einem Versand- oder Transportunternehmen übergeben.[3]

---

[1]   Der Gefahrübergang vollzieht sich in dem Augenblick, in dem das Risiko der Verschlechterung oder des Untergangs des Leistungsgegenstandes vom Schuldner auf den Gläubiger übergeht. Im Versendungskauf findet sich eine von den allgemeinen Regeln abweichende gesetzliche Bestimmung zum Gefahrübergang gem. § 447 BGB.

[2]   Die Klausel „DDP" (= geliefert verzollt) beinhaltet die Vereinbarung einer Bringschuld, vgl. den Abschnitt zu den internationalen Handelsklauseln.

[3]   Die Vereinbarung eines Versendungskaufes ist ein Sonderfall, in dem der Verkäufer als Schuldner der Warenlieferung diese einer Transportperson zu übergeben hat, vgl. § 447 BGB.

Der **Versendungskauf** gem. § 447 BGB stellt insofern einen Anwendungsfall der   119
Schickschuld dar, indem der Verkäufer als Schuldner der Warenlieferung diese am
Erfüllungsort einer Transportperson zu übergeben hat. Auch nach Art. 31 Buchstabe a) CISG hat der Verkäufer die Ware dem ersten Beförderer zur Übermittlung
an den Käufer zu übergeben, soweit vertraglich die Beförderung der Ware vereinbart wurde. Eine Besonderheit gilt aber für den Fall, dass die Leistungspflicht in
einer Geldzahlung besteht. Nach dem Gesetz sind **Geldschulden immer Schick-
schulden**, vgl. § 270 Abs. 1 BGB.

Sofern der Schuldner dem Gläubiger die geschuldete Leistung am Erfüllungsort   120
und zum Zeitpunkt der Fälligkeit anbietet, geht die Leistungsgefahr auf den Gläubiger über, und der Schuldner wird von seiner Verpflichtung zur Leistung frei.[1]

Das Kaufvertragsrecht enthält eine Sonderbestimmung des **Gefahrübergangs** zu
Gunsten des Käufers, wonach erst mit der Übergabe des Kaufgegenstandes die
Leistungsgefahr vom Verkäufer auf den Käufer übergeht. Nur im Fall eines Versendungskaufes findet der Gefahrübergang bereits bei der Übergabe der Sache
an den Spediteur, den Frachtführer oder eine andere Transportperson statt, vgl.
§§ 446, 447 BGB.

In aller Regel werden die Vertragspartner neben dem Leistungsort auch eine **Leis-**   121
tungszeit (= Fälligkeit) vereinbaren. Die Leistungszeit ist von Bedeutung für den
Eintritt des Verzuges und für die aus dem Verzug folgenden Ansprüche auf Schadensersatz und Rücktritt. Haben die Vertragsparteien versäumt, die Fälligkeit der
Leistung zu bestimmen, gilt § 271 Abs. 1 BGB, wonach die Leistung sofort zu bewirken ist. Gelegentlich finden sich auch bei einzelnen Vertragstypen besondere
gesetzliche Fälligkeitsregeln:

- ► Arbeitsvergütung nach Leistung der Dienste, § 614 BGB
- ► Werklohn bei Abnahme des Werkes, § 641 BGB
- ► Darlehnszinsen nach Ablauf eines Jahres, § 488 Abs. 2 BGB.

Zu den vertraglichen Vereinbarungen einer Leistungszeit gehören

- ► **Stundung** (nach Auslegung Fälligkeitsabrede durch Hinausschieben der Leistungspflicht oder Leistungsverweigerungsrecht des Schuldners)
- ► **Skonto** (nach Auslegung kann eine Fälligkeitsabrede vorliegen)
- ► **Verfallklauseln bei Ratenzahlung** (Fälligkeit der Restschuld oder Kündbarkeit
der Zahlungsvereinbarung bei Nichteinhaltung der Ratenzahlungen).

Wenn die vertraglich geschuldete Leistung am Leistungsort und zur Leistungszeit   122
erbracht wird, ist der Vertrag erfüllt und die Leistungspflicht erlischt. Die Festlegung der Leistungspflicht erfolgt durch die Vertragsparteien, indem sie den

---

[1] Vgl. Abschnitte B.2.5 zum Gläubigerverzug und B.3.1 zur Erfüllung. Sondervorschriften zum Gefahrübergang enthält das Kaufrecht in den §§ 446, 447 BGB.

Leistungsgegenstand bestimmen. Es kann sich dabei um eine **Stückschuld** oder um eine **Gattungsschuld** handeln.

123 Eine **Stückschuld** liegt vor, wenn sich die Vertragsparteien über den Leistungsgegenstand in der Weise geeinigt haben, dass nur dieser bestimmte Gegenstand die Erfüllung des Vertrags bewirken soll.

Beispiel

Kaufvertrag über die Ernte eines Weinberges, über eine bestimmte Schiffsladung oder über ein gebrauchtes Kraftfahrzeug

124 Eine **Gattungsschuld** liegt vor, wenn sich die Vertragsparteien über den Leistungsgegenstand in der Weise geeinigt haben, dass dieser die vereinbarten Merkmale nach Art, Zahl, Maß, Gewicht, Qualität usw. aufweisen solle.

Beispiel

Kaufverträge über Waren aus serienmäßiger Herstellung wie Maschinen mit Typenbezeichnung, Glas oder Porzellan einer bezeichneten Serie, Nahrungs- oder Genussmittel mit festgelegten Qualitätsmerkmalen

125 Die Gattungsschuld wird erst im **Zeitpunkt der Konkretisierung** einer Stückschuld gleichgestellt. Vor der Konkretisierung liegt das Beschaffungs- und Leistungsrisiko beim Schuldner und erst durch die Konkretisierung wird die Sache zum Leistungsgegenstand des zwischen diesen Parteien abgeschlossenen Vertrags, vgl. § 243 Abs. 2 BGB, sodass die Leistungsgefahr auf den Gläubiger übergehen kann.

126 Die Konkretisierung geschieht durch die **Aussonderung des Gegenstandes** aus der Vielzahl gleicher Gegenstände einer Gattung. Je nach der Größe des Betriebes und der Art des Kaufgegenstandes erfolgt die Aussonderung durch unterschiedliche Handlungen, z. B. durch einen Aufkleber, der den Namen oder die Kennziffer des Käufers enthält, durch die Bereitstellung zur Auslieferung der Kaufsache innerhalb des Warenlagers oder durch die Verpackung des Gegenstandes zum Zweck des Versands. Die konkretisierende Handlung richtet sich auch nach der Art der vereinbarten Schuld und ist nicht vor Erreichen des Leistungsortes abgeschlossen §§ 446, 447 BGB.

2.3 Ausschluss der Leistungspflicht und Leistungsverweigerungsrechte

Die **vertragliche Verpflichtung zur Leistung erlischt** nur in den gesetzlich vorgesehenen Fällen, z. B. durch Erfüllung, Rücktritt oder Kündigung. Falls die Leistung endgültig nicht erbracht werden kann oder dem Leistungserfolg dauernde Rechtshindernisse entgegenstehen, erfolgt die Vertragsabwicklung nach den Regeln der Unmöglichkeit.   127

Der **Anspruch auf die Leistung ist ausgeschlossen**, soweit diese für den Schuldner oder für jedermann unmöglich ist, vgl. § 275 BGB.   128

Beispiel

Der Käufer interessiert sich seit langem für ein Oldmobil. Als der Kaufvertrag zu Stande kommt, befindet sich das Oldmobil gerade auf einer Ausstellung. Die Vertragspartner hatten keine Kenntnis davon, dass zum Zeitpunkt des Vertragsabschlusses der Leistungsgegenstand bereits einen Totalschaden erlitten hatte. Der Vertrag ist auf eine objektiv unmögliche Leistung gerichtet. Daher ist der Anspruch auf die Leistung ausgeschlossen.

Der Wirksamkeit eines Vertrages steht es nicht entgegen, dass der Schuldner nach § 275 BGB nicht zu leisten braucht und das Leistungshindernis schon bei Vertragsabschluss vorliegt.   129

Der Schuldner kann die **Leistung verweigern**, soweit diese einen Aufwand erfordert, der unter Beachtung des Inhalts des Schuldverhältnisses und der Gebote von Treu und Glauben in einem groben Missverhältnis zu dem Leistungsinteresse des Gläubigers steht. Es ist auch zu berücksichtigen, ob der Schuldner das Leistungshindernis zu vertreten hat, vgl. § 275 Abs. 2 BGB. Der Schuldner kann die Leistung ferner verweigern, wenn er diese persönlich zu erbringen hat und sie ihm unter Abwägung des seiner Leistung entgegenstehenden Hindernisses mit dem Leistungsinteresse des Gläubigers nicht zugemutet werden kann, vgl. § 275 Abs. 3 BGB.   130

Beispiel

Gegenstand eines Kaufvertrages ist ein gebrauchter Lkw, den der Verkäufer in seinem Geschäftsbetrieb nutzt. Noch vor der Lieferung wird der Lkw im Ausland gepfändet und versteigert. Die Leistung des Verkäufers (= Übertragung des Eigentums an der Kaufsache) ist objektiv möglich, da der Lkw noch vorhanden ist, doch kann er sie subjektiv nicht erbringen, weil er nicht mehr Eigentümer des Fahrzeugs ist. Der Verkäufer als Schuldner des Kaufgegenstandes kann die Leistung gem. § 275 Abs. 2 BGB verweigern.

131   Der **Ausschluss der Leistungspflicht** gem. § 275 BGB ist nur dann gegeben, wenn die Leistung für den Schuldner oder für jedermann unmöglich ist. Zahlungsschwierigkeiten gehören demzufolge nicht zu den Fällen der Unmöglichkeit, denn die Beschaffung finanzieller Mittel zur Zahlung einer Geldschuld ist sowohl dem Schuldner als auch anderen Personen möglich, solange Geld als Zahlungsmittel existiert. Der Käufer hat als Schuldner des Kaufpreises diesen in jedem Fall zu entrichten, auch wenn er Liquiditätsprobleme hat. Insbesondere wenn die geschuldete Leistung nur der Gattung nach bestimmt wurde, bleibt die Leistungspflicht bestehen, solange die Leistung aus der Gattung möglich ist. In der Folge muss der Schuldner sich die Ware, zu deren Lieferung er verpflichtet ist, anderweitig beschaffen, falls seine Lager leer sind oder sein Lieferant ausfällt. Das Risiko fortbestehender Leistungspflicht im Fall der Unmöglichkeit kann durch **Vertretungsgestaltung** vermieden oder gemindert werden.

Beispiel

Ein Heizölhändler verpflichtet sich zur Lieferung von 50.000 l Heizöl, wird aber infolge einer Krise in der Golfregion selbst nicht beliefert. Die Leistungspflicht kann nach den Regeln der Unmöglichkeit nicht untergehen, weil die Gattung „Heizöl" noch vorhanden ist und von dem Händler aus anderen Ländern durchaus beschafft werden kann. Sofern der Heizölhändler den Liefertermin überschreitet, richten sich die Rechtsfolgen nach den Regeln des Verzugs.

Das Risiko wegen der weiterhin bestehenden Verbindlichkeiten aus Lieferverträgen die geschuldeten Waren zu höheren Weltmarktpreisen einkaufen zu müssen, kann durch vorausschauende Vertragsgestaltung vermieden werden. Die Vereinbarung einer sog. „Höhere-Gewalt-Klausel", wonach die Lieferpflicht bei bestimmten von außen auf den Warenbestand einwirkenden Einflüssen (Feuer, Wasser, Sturm, Hagel, Frost etc.) entfällt oder die Beschränkung der Verpflichtung auf die im Lager vorrätigen Waren (beschränkte Gattungsschuld) sind empfehlenswerte Klauseln, um die Leistungspflicht in solchen Fällen auszuschließen. Auch ein Selbstbelieferungsvorbehalt kann vereinbart werden.

132   Die **Rechte des Gläubigers** bestimmen sich im Fall der Unmöglichkeit nach den §§ 280, 283 - 285, 311a und 326 BGB. Der Gläubiger kann danach Schadensersatz oder nach seiner Wahl auch Aufwendungsersatz verlangen. Der Anspruch auf die Gegenleistung entfällt, wenn der Schuldner den Ausschluss der Leistungspflicht nicht zu vertreten hat. Sofern dagegen der Gläubiger allein oder überwiegend für den Ausschluss der Leistungspflicht verantwortlich ist, bleibt der Anspruch des Schuldners auf die Gegenleistung bestehen.

Beispiel

In dem oben aufgeführten Fall wird die Kaufsache – ein Lkw – vor der Lieferung im Ausland gepfändet und versteigert. Die Leistung des Verkäufers ist gem. § 275 Abs. 2 BGB ausgeschlossen. Zwar könnte der Lkw von dem Ersteigerer übereignet werden, doch kann der Verkäufer (Schuldner) diese Leistung nicht erbringen, weil er nicht mehr Eigentümer des Fahrzeugs ist. Der Verkäufer wird als Schuldner des Kaufgegenstandes schadensersatzpflichtig gem. § 280 BGB, da er seine Nichtleistung zu vertreten hat.

In den Fällen des Ausschlusses der Leistungspflicht gem. § 275 Abs. 1 - 3 BGB in einem gegenseitigen Vertrag orientiert sich der **Anspruch auf die Gegenleistung** an der Verantwortlichkeit des Schuldners.   133

Beispiel

Angenommen, Gegenstand eines Lieferungsvertrages ist eine Maschine, die beim Transport vom Hersteller zum Betrieb des Bestellers infolge eines Verkehrsunfalls, den ein Dritter schuldhaft verursacht, zerstört wird. Die Verpflichtung zur Lieferung der Maschine entfällt gem. § 275 BGB, wenn es sich um eine Spezialanfertigung handelt. In diesem Fall entfällt auch der Gegenanspruch auf Zahlung der vereinbarten Vergütung, weil keiner der Vertragspartner den Untergang des Leistungsgegenstandes zu vertreten hätte. Sofern es sich bei der Lieferpflicht aber um eine Gattungsschuld handelte, weil die Maschine aus einer seriellen Fertigung stammt, blieben die Leistungspflichten bestehen.

Die Rechtsfolgen bei Ausschluss der Leistungspflicht gem. § 275 BGB werden im gegenseitigen Vertrag in aller Regel bereits bei Vertragsabschluss durch Maßnahmen der **Vertragsgestaltung** berücksichtigt. Im Auslandsgeschäft bewirkt z. B. die internationale Handelsklausel „CIP" den Übergang der Leistungsgefahr mit der Übergabe der Ware an den Frachtführer, sodass im Fall des Verlusts oder der Beschädigung der Ware vor der Übergabe der Ware an den Frachtführer der Verkäufer bei einer Gattungsschuld weiterhin zur Leistung verpflichtet bleibt und bei einer Stückschuld schadensersatzpflichtig wird, während der Verlust der Ware nach dem Gefahrübergang vom Käufer zu tragen wäre.[1]   134

In vielen Situationen kann sich der Verkäufer durch sog. **„Höhere-Gewalt-Klauseln"** von den Rechtsfolgen des Wegfalls der Leistungspflicht oder der Verzögerung der Leistung freizeichnen. Denn bei Problemen mit der Materialbeschaffung, in Fällen der Betriebsstörungen als Folge von Arbeitskämpfen, bei   135

---

[1] Vgl. Abschnitt K.5 zu den internationalen Handelsklauseln.

behördlichen Eingriffen oder Störungen der Energieversorgung kann sich die Lieferung zunächst verzögern, doch besteht auch die Gefahr, dass die Leistung gem. § 275 Abs. 2 BGB verweigert werden kann. Die „Höhere-Gewalt-Klausel" soll zunächst die Leistungshindernisse beschreiben, auf die der Schuldner keinen Einfluss hat und sodann interessengerechte Folgen des Leistungsausschlusses und des Verzugs regeln, z. B. eine Verlängerung der Lieferzeit bei Verzug oder das Freiwerden von der Lieferpflicht bzw. Rücktritts- oder Kündigungsrechte bei Unmöglichkeit. Die Zulässigkeit derartiger formularmäßigen Klauseln richtet sich nach dem Recht der Allgemeinen Geschäftsbedingungen gem. §§ 305 ff. BGB.

2.4 Schadensersatz wegen Pflichtverletzung

136 Der **Schadensersatzanspruch** gem. § 280 BGB ist wegen jeder vom Schuldner zu vertretenden Pflichtverletzung im Schuldverhältnis gegeben. Die Grundregel besagt, dass der Gläubiger Schadensersatz verlangen kann, wenn der Schuldner eine Pflicht aus dem Schuldverhältnis verletzt. Dies gilt in den Fällen des Verzugs ebenso wie bei einer Verletzung von anderen Rechtspflichten im Schuldverhältnis. Die Vorschriften über die vertragliche Mängelgewährleistung verweisen für Schadensfälle auf die §§ 280 ff. BGB. Diese Vorschriften gehören zu den wesentlichen Normen des vertraglichen Schadensersatzrechts. Die Voraussetzungen für einen Schadensersatzanspruch gem. § 280 BGB sind:

- **Schuldverhältnis im Sinne des § 311 BGB**

- **Verletzung einer Rechtspflicht**

- **die vom Schuldner zu vertreten ist**

- **dadurch verursachter Schaden.**

137 Ein **Schuldverhältnis** ist jedes Rechtsverhältnis, in dem ein Anspruch entsteht, vgl. §§ 241, 311 BGB. Es kann sich um ein vertragliches oder um ein gesetzliches Schuldverhältnis handeln. Die Definition vertraglicher Schuldverhältnisse und das Zustandekommen von Verträgen wurden oben dargestellt.[1]

138 Eine **Pflichtverletzung** liegt vor, wenn in dem Vertrag eine konkrete Rechtspflicht des Vertragspartners besteht, die im Verletzungsfall nicht beachtet wurde. Die Rechtspflicht kann vertraglich vereinbart worden sein oder durch Gesetz entstehen. Es kommt nicht auf die subjektive Ansicht des Gläubigers von der ordnungsgemäßen Vertragserfüllung an, sondern maßgeblich ist allein, ob nach der Leistungsbeschreibung der Vertragsparteien oder aus dem Grundsatz von Treu und Glauben gem. § 242 BGB eine Verpflichtung des Schuldners begründet wurde. Bei Handelsgeschäften sind die einschlägigen Handelsbräuche, insbesondere die nationalen und internationalen Handelsklauseln, sowie die Sorgfaltspflichten eines ordentlichen Kaufmanns heranzuziehen.[2]

---

[1] Vgl. Abschnitte B.1.3 zu den Verträgen und B.2.1 zum Begriff des Schuldverhältnisses.

[2] Vgl. Abschnitt F.6.1 und F.6.2 zu den Handelsbräuchen und -klauseln.

Der **Anwendungsbereich der Schadensersatznorm** gem. § 280 BGB betrifft in ers- 139
ter Linie die Fälle der Schlechtleistung sowie der Verletzung vertraglicher Sorgfaltspflichten, Leistungstreuepflichten und sonstiger Nebenleistungspflichten.

Fall 3: Belieferung mit geändertem Material > Seite 466

Schlechtleistung ist die mangelhafte Erfüllung einer Leistungspflicht. Das Ver- 140
tragsrecht enthält für einige Vertragsarten Kaufverträge, Werkverträge, Mietverträge Mängelgewährleistungsregeln. Bei Vorliegen von Sach- und Rechtsmängeln
des Vertragsgegenstandes wird auf die Anwendung der §§ 280 ff. BGB verwiesen.
Im Übrigen kommen diese Grundregeln des Schadensersatzrechts unmittelbar
zur Anwendung, falls keine spezielle Schadensersatznorm besteht (z. B. beim
Dienstleistungsvertrag, Behandlungsvertrag). Folgende Beispiele veranschauli-
chen Schadensfälle, in denen § 280 BGB herangezogen werden kann:

► Personen- und Sachschäden als Folge der Lieferung einer undichten Gasflasche,
die beim Käufer explodiert

► Schäden durch die Lieferung von anderen als den bestellten chemischen Stoffen, sodass ein fehlerhaftes Produkt hergestellt wird und Kosten durch den
Einsatz von Arbeitszeit, Materialien und durch die Entsorgung entstehen

► Haftung von Architekten, Ärzten, Rechtsanwälten, Steuer- oder Unternehmens-
beratern etc. wegen fehlerhafter Baupläne, Behandlung oder Beratung

► Beschädigung von Kraftfahrzeugen in Autowaschanlagen.

Als **Sorgfaltspflichtverletzung** gilt insbesondere das Außerachtlassen von War- 141
nungs-, Hinweis-, Beratungs-, Aufklärungs- und Instruktionspflichten.

► fehlerhafte Beratung über die Möglichkeiten zur Aufstellung einer Maschine

► falsche Beratung über die Eignung eines Kaufgegenstandes zum beabsichtigten Zweck oder über die Verwendungsmöglichkeiten

► Verletzung von Anzeigepflichten des Unternehmers, der bei der Ausführung
von Altbausanierungen weitere Mängel entdeckt, die nicht Vertragsgegenstand sind

► fehlende Instruktion zur Bedienung einer EDV-Anlage

► Verletzung von Sorgfaltspflichten bei gefährlichen Arbeiten, z. B. die Entfernung leicht brennbarer Stoffe aus der Nähe von Schweißarbeiten.

Verstöße gegen die Leistungstreuepflicht sind gegeben, wenn der Vertragspart- 142
ner dem Vertrags- oder Leistungszweck zuwiderhandelt.

► Vereitelung der Grundstücks- oder Geschäftsraumnutzung durch den Verpächter

► Forderung nachträglicher Erhöhung der Vertragskosten oder Verschlechterung
der Vertragsbedingungen durch zusätzliche Zahlungen oder Preisanpassungen.

143 **Pflichtverletzungen** im vorvertraglichen Anbahnungsverhältnis begründen ebenfalls einen Schadensersatzanspruch gem. § 280 BGB.

- ► Schädigungen von Rechtsgütern des Verhandlungspartners, z. B. der Gesundheit, des Körpers oder des Eigentums

- ► Verletzung von Beratungs-, Aufklärungs- und Mitteilungspflichten, die für den Vertragsabschluss von Bedeutung sind

- ► Ausgleich von Kosten, die der Verhandlungspartner in der sicheren Erwartung aufwendet, dass der Vertrag wie vereinbart abgeschlossen wird.

Fall 4: Beratungspflicht beim Computerkauf > Seite 467

144 Die **Verletzung sonstiger Nebenleistungspflichten** kann u. a. durch Verstoß gegen Verschwiegenheitspflichten, Obhutspflichten oder Wettbewerbsverbote erfolgen. Auch ohne besondere Vertragsvereinbarung muss beispielsweise aus einem Alleinvertriebsauftrag das **Konkurrenz- und Wettbewerbsverbot** beachtet werden. Davon ist das **nachvertragliche Wettbewerbsverbot**, das nach den Voraussetzungen des § 74 HGB vereinbart werden kann, zu unterscheiden.

145 Die Pflichtverletzung muss schuldhaft erfolgen, um einen Schadensersatzanspruch zu begründen, vgl. § 280 Abs. 1 Satz 2 BGB. Das **Verschulden** ist entweder Vorsatz (= bewusstes und gewolltes Herbeiführen des Erfolges) oder Fahrlässigkeit (= Außerachtlassen der im Verkehr erforderlichen Sorgfalt). Der Schuldner hat nicht nur eigenes Verschulden zu vertreten, sondern gem. § 278 BGB auch das Verschulden seiner Erfüllungsgehilfen. Hierzu gehören insbesondere die Arbeitnehmer, welche bei der Erfüllung vertraglicher Verpflichtungen des Unternehmens mitwirken, z. B. Einkäufer, Verkäufer, sowie andere Mitarbeiter ohne Rücksicht auf eine eventuell bestehende Vertretungsmacht.[1]

Falls der Schadensersatzanspruch sich gegen eine Gesellschaft richtet, z. B. gegen eine OHG, KG oder GmbH, ist die gesellschaftsrechtliche Haftung für die schuldhafte Pflichtverletzung des Handelnden zu prüfen.[2]

2.5 Verzug des Schuldners

146 Besondere Voraussetzungen bei der Anwendung der Schadensersatzvorschriften sind für den **Verzugsfall** geregelt. Es handelt sich auch bei der verspäteten Erfüllung einer Leistungspflicht um eine Pflichtverletzung. Der Schadensersatzanspruch gem. § 280 BGB entsteht in den Fällen der Verzögerung der Leistung jedoch nur unter den besonderen Voraussetzungen des § 286 BGB. Verzugsvoraussetzungen und Rechtsfolgen sollen wegen ihrer besonderen Bedeutung für die Wirtschaftspraxis ausführlich dargestellt werden.

---

[1] Die Vertretungsmacht ist nur von Bedeutung für die Abgabe und Entgegennahme von Willenserklärungen, insbesondere bei Abschluss und Gestaltung von Verträgen. Dagegen kommt es für die Frage des Verschuldens auf die Zurechenbarkeit der jeweiligen Verletzungshandlung an.

[2] Zu den gesellschaftsrechtlichen Haftungsfragen vgl. Abschnitt G. Gesellschaftsrecht.

In einem gegenseitigen Vertrag kann sowohl der Schuldner als auch der Gläubi-   147
ger mit seiner Leistungspflicht in Verzug geraten. Eine Vertragspartei kann mit
jeder vertraglich geschuldeten Leistungspflicht in Verzug geraten. Die Voraussetzungen des Schuldnerverzugs sind gem. § 286 BGB:

- **Bestehen eines fälligen Anspruchs**

- **grundsätzlich Mahnung**

- **zu vertretendes Nichtleisten**

- **kein Ausschluss durch Einrede.**

Der Schuldnerverzug setzt zunächst das **Vorhandensein eines fälligen Anspruchs**   148
voraus. Falls die Vertragsparteien durch Vereinbarung eine Leistungszeit festgelegt haben oder die Leistung gestundet wurde, ist der Anspruch vor Erreichen
dieses Zeitpunkts nicht fällig.

Die verzugsbegründende Handlung ist die **Mahnung**, sofern diese nicht aus-   149
nahmsweise entbehrlich ist, vgl. § 286 Abs. 2 BGB. Grundsätzlich muss nach dem
Eintritt der Fälligkeit eine Mahnung erfolgen. Als Mahnung wird eine hinreichend
bestimmte Leistungsaufforderung des Gläubigers an den Schuldner angesehen.
Zur Absicherung sollte die Mahnung per Einschreiben bzw. Einwurfeinschreiben
an den Schuldner zugestellt werden. Im Sinne einer verzugsbegründeten Handlung stehen der Mahnung die Erhebung der Klage auf die Leistung sowie die
Zustellung eines Mahnbescheids im gerichtlichen Mahnverfahren gleich. Erst
durch **die Zustellung der Mahnung** (der Leistungsklage oder des gerichtlichen
Mahnbescheids) gerät der Schuldner in Verzug. Allerdings hemmt die Mahnung
– im Gegensatz zur Erhebung der Klage (§ 204 BGB) – nicht die Verjährung. Eine
Mahnung vor Fälligkeit ist unbeachtlich.

Ausnahmsweise ist die Mahnung entbehrlich, wenn   150

- für die Leistung eine Zeit nach dem Kalender bestimmt ist

- der Leistung ein Ereignis vorauszugehen hat (z. B. eine Kündigung, eine Mitteilung des Schuldners über den Leistungsort, eine behördliche Entscheidung oder
  Ähnliches) und eine angemessene Zeit für die Leistung in der Weise bestimmt
  ist, dass sie sich kalendermäßig berechnen lässt

- der Schuldner die Leistung ernsthaft und endgültig verweigert

- aus besonderen Gründen unter Abwägung der beiderseitigen Interessen der
  sofortige Eintritt des Verzugs gerechtfertigt ist, z. B. wenn der Schuldner selbst
  seine Leistung ankündigt (= Selbstmahnung) oder wenn er die Notwendigkeit
  der Leistung nach dem Grundsatz von Treu und Glauben gem. § 242 BGB erkennen kann.

Der Schuldner kommt nicht in Verzug, solange die Leistung infolge eines Umstan-   151
des unterbleibt, den er nicht zu vertreten hat. In aller Regel hat der Schuldner sein
Nichtleisten auch zu vertreten, da er sich vertraglich verpflichtet hat, die Leistung
zu erbringen. Ausnahmsweise gerät der Schuldner nicht in Verzug, wenn die
Leistung ohne sein Verschulden unterbleibt, § 286 Abs. 4 BGB. Dies wäre der Fall

bei dauerhafter Sperrung des Verkehrsweges, Betriebsstillegung, Ausfall des Transportmittels, oder wenn der Gläubiger seinen Wohn- oder Geschäftssitz verlegt, ohne den Schuldner zu benachrichtigen. Die fehlende Selbstbelieferung, z. B. ein Ausfall von Material- Rohstoff-, Halbfertigteile- oder Fertigteilelieferungen als Folge von Arbeitskämpfen im Zulieferbetrieb genügt dagegen nicht für den Ausschluss des Verzuges. Deshalb ist bei derartigen Risiken vertragsgestaltend ein **Selbstbelieferungsvorbehalt** erforderlich.[1]

152   Eine Sonderregelung besteht für den **Zahlungsverzug gem. § 286 Abs. 3 BGB**. Der Schuldner einer Entgeltforderung kommt spätestens in Verzug, wenn er nicht innerhalb von 30 Tagen nach Fälligkeit und Zugang einer Rechnung oder gleichwertigen Zahlungsaufstellung leistet; dies gilt gegenüber einem Schuldner, der Verbraucher ist, nur, wenn auf diese Folgen in der Rechnung oder Zahlungsaufstellung besonders hingewiesen worden ist. Sofern der Zeitpunkt des Zugangs der Rechnung oder Zahlungsaufstellung unsicher ist, kommt der Schuldner, der nicht Verbraucher ist, spätestens 30 Tage nach Fälligkeit und Empfang der Gegenleistung in Verzug.

153   Nach dieser Regelung kann der **Zahlungsverzug auch ohne Mahnung** eintreten, wenn 30 Tage nach Fälligkeit und Zustellung einer Rechnung oder gleichwertigen Zahlungsaufstellung verstrichen sind. Dies gilt uneingeschränkt, wenn sowohl der Schuldner als auch der Gläubiger des Anspruchs Unternehmer im Sinne von § 14 BGB ist.

154   Sofern der Schuldner der Forderung ein Verbraucher ist, kann der Zahlungsverzug ohne Mahnung **spätestens 30 Tage** nach Fälligkeit und Zustellung einer Rechnung oder gleichwertigen Zahlungsaufstellung nur dann eintreten, wenn ein besonderer Hinweis auf diese Rechtsfolge gegeben wurde. Ein formularmäßiger Aufdruck auf Rechnungen und Zahlungsaufstellungen, die im Geschäftsverkehr zwischen Unternehmern und Verbrauchern verwendet werden, ist ausreichend.

155   Bei der Anwendung dieser Sonderregelung für den Zahlungsverzug wird häufig übersehen, dass es sich um einen **Auffangtatbestand** handelt. In erster Linie gilt der Grundsatz, dass der Verzug – auch der Zahlungsverzug – durch eine Mahnung entsteht. Als verzugsbegründende Handlung ist die Mahnung daher keineswegs entbehrlich.

Beispiele

Die Parteien schließen einen Kaufvertrag. Der Kaufgegenstand wird geliefert, und die Kaufpreiszahlung steht noch aus. Es ist grds. eine **Mahnung** erforderlich, um den Käufer mit seiner Zahlungspflicht in Verzug zu setzen, vgl. § 286 Abs. 1 BGB.

Sofern dem Schuldner der Kaufpreisforderung mit der Ware eine Rechnung zugeht, gerät er spätestens **30 Tage nach Zugang** in Verzug, vgl. § 286 Abs. 3

---

[1] Vgl. Abschnitt B.1.6 zur Bedingung und Abschnitt K.5 zu den nationalen Handelsklauseln.

Satz 1 BGB. Handelt es sich jedoch bei dem Schuldner um einen Verbraucher im Sinne von § 13 BGB, müsste die Rechnung den Hinweis auf die 30-Tage-Frist enthalten, um den Verzug zu begründen.

Falls die Parteien Zahlung innerhalb von 14 Tagen nach Lieferung vereinbart haben, ist wiederum eine **Mahnung** erforderlich. Denn die Leistungszeit ist nicht nach dem Kalender bestimmt, sodass eine Ausnahme von dem Grundsatz, dass der Verzug durch eine Mahnung entsteht, nicht gegeben ist, vgl. § 286 Abs. 2 BGB. Der kalendermäßige Leitungszeitpunkt müsste sich aus dem Vertrag ergeben (Tag, Woche, Monat) oder nach dem Vertrag berechnet werden können.

Sofern der Gläubiger eine Rechnung versendet, die den Vermerk enthält *„Zahlung innerhalb von 14 Tagen nach Rechnungseingang"*, ist ebenfalls eine **Mahnung** erforderlich, da die kalendermäßige Leistungszeit vertraglich vereinbart werden muss und nicht einseitig von einer Vertragspartei festgelegt werden kann. Allerdings entsteht der Verzug in diesem Fall auch ohne Mahnung **spätestens 30 Tage** nach Rechnungseingang. Falls der Schuldner Verbraucher im Sinne von § 13 BGB ist, kann der Verzug 30 Tage nach Rechnungseingang nur dann eintreten, wenn diese Folge auf der Rechnung vermerkt ist.

Nur für den Fall, dass die Parteien vertraglich ein kalendermäßiges Zahlungsziel vereinbart haben, z. B. *„Zahlung bis zum 31. März"*, gerät der Käufer **ohne Mahnung** mit Ablauf dieses Tages in Verzug. Gleiches gilt im Fall einer Vereinbarung einer bestimmten Kalenderwoche oder eines bestimmten Kalendermonats als Leistungszeit. Der Schuldner gerät mit Ablauf der Woche oder des Monats ohne Mahnung in Verzug.

Der Verzug ist ausgeschlossen, wenn dem Schuldner **ein Leistungsverweigerungsrecht** zusteht, beispielsweise die Einrede der Verjährung gem. § 214 BGB, die Einrede des Zurückbehaltungsrechts gem. § 273 BGB, das Leistungsverweigerungsrecht gem. § 275 BGB oder die Einrede des nichterfüllten Vertrages gem. § 320 BGB.   156

Im Verzugsfall entstehen verschiedene günstige Rechtsfolgen für den Gläubiger. Geldschulden sind zu verzinsen, es tritt eine Gefahrentlastung ein, und es entstehen Schadensersatzansprüche kraft Gesetzes. Rechtsfolgen des Schuldnerverzugs: 157

- ► **Ersatz des Verzögerungsschadens, § 280 Abs. 1 BGB**
- ► **Haftungserweiterung, § 287 BGB**
- ► **Verzinsung von Geldschulden, § 288 BGB.**

Der Anspruch auf Ersatz des Verzögerungsschadens tritt neben den Erfüllungsanspruch, sodass die Leistungspflichten auch weiterhin bestehen bleiben. Eine

Lösung von der vertraglichen Bindung erreicht der Gläubiger nur dann, wenn die Rücktritts- oder Kündigungsvoraussetzungen vorliegen und eine Rücktritts- oder Kündigungserklärung erfolgt.

158   Seit dem 29.07.2014 gilt für Geschäfte zwischen Unternehmen, die ab dem 28.07.2014 geschlossen werden, ein **neues Verzugsrecht**. Bei bereits bestehenden Dauerschuldverhältnissen findet das neue Verzugsrecht Anwendung, wenn die Gegenleistung erst nach dem 30.06.2016 erbracht wird.

Die wesentlichen Änderungen sind:

- Die Zahlungsfristen, die Geschäftspartner vereinbaren, sollen maximal 60 Tage betragen. Nur ausnahmsweise, wenn dies nicht grob unbillig für den Vertragspartner ist und eine ausdrückliche Vereinbarung vorliegt, ist eine längere Frist möglich.

- Öffentliche Auftraggeber (§ 98 Nr. 1 - 3 GWB) können Zahlungsfristen von mehr als 30 Tagen nur wirksam vereinbaren, wenn hierfür ein sachlicher Grund besteht (§ 271a Abs. 2 Nr. 1 BGB).

- Die Frist beginnt nicht mehr mit Zugang der Rechnung, sondern ab dem Zeitpunkt des Empfangs der Gegenleistung, des Zugangs der Rechnung nach Erbringung der Gegenleistung oder ab einem späteren, vom Gläubiger benannten Zeitpunkt.

- Vertragliche Überprüfungs- und Abnahmefristen, insbesondere bei Werkverträgen, von mehr als 30 Tagen nach Empfang der Gegenleistung müssen ausdrücklich vereinbart sein und dürfen für den Gläubiger nicht grob unbillig sein (§ 271a Abs. 3 BGB), wenn die Fälligkeit der Entgeltforderung die Überprüfung/Abnahme voraussetzt.

Diese Änderungen gelten nicht für Abschlags- oder Ratenzahlungen.

Die Gesetzesänderung hat bei Geschäften zwischen Unternehmern den Verzugszinssatz von 8 auf 9 Prozentpunkte über dem jeweiligen Basiszinssatz erhöht (§ 288 Abs. 2 BGB). Des Weiteren ist nunmehr eine Verzugspauschale von 40 € geregelt (§ 288 Abs. 5 BGB). Ist der Gläubiger verpflichtet, einen Rechtsbeistand einzuschalten, um seine fällige Forderung durchzusetzen, kann ein nachweisbarer höherer Schaden geltend gemacht werden, auf den die 40 € angerechnet werden.

Die Neuregelung zum Verzugsrecht kann grds. nicht abbedungen werden. Ein vertraglicher Verzicht auf die gesetzlichen Verzugszinsen ist unzulässig.

Fall 5: Verzug beim Abrufauftrag > Seite 468

159   Die Vereinbarung einer Abrufklausel hat die rechtliche Bedeutung, dass der Käufer die Fälligkeit der Leistung bestimmen darf. Der Abruf ist die **fälligkeitsbegründende Handlung**. Gleichzeitig liegt in dem Abruf auch eine Mahnung, weil es sich

um eine Leistungsaufforderung handelt. Die Mahnung ist die **verzugsbegründende Handlung**. Dies wäre für die Geltendmachung eines Schadensersatzanspruches gem. § 280 BGB relevant.

Eine Mahnung kann mit der Fristsetzung zur Leistung oder Nacherfüllung verbunden werden. Diese Fristsetzung ist dann die **rücktrittsbegründende Handlung**, vgl. § 323 BGB. Nach erfolglosem Fristablauf entsteht neben dem Rücktrittsrecht auch der Schadensersatzanspruch gem. §§ 282, 280 Abs. 1 und 3 BGB. Während die Schadensersatzansprüche verschuldensabhängig sind, setzt das Rücktrittsrecht nur voraus, dass die Nachfrist erfolglos verstrichen ist, vgl. § 323 BGB.[1]   160

2.6 Verzug des Gläubigers

Der **Gläubigerverzug (= Annahmeverzug)** entsteht dadurch, dass der Gläubiger die ihm vom Schuldner angebotene Leistung nicht annimmt, §§ 293 ff. BGB. Dabei ist grds. ein **tatsächliches Angebot** des Schuldners erforderlich, sodass die Leistung in der geschuldeten Art und Weise am Erfüllungsort und zum Fälligkeitszeitpunkt vorhanden sein muss, während der Gläubiger die Leistung nur entgegenzunehmen braucht. Das wörtliche Angebot reicht für den Gläubigerverzug nur ausnahmsweise aus, vgl. §§ 294, 295 BGB.   161

Der Annahmeverzug hat für den Schuldner eine Reihe günstiger **Rechtsfolgen**:   162

- ► **Haftungsminderung (Vorsatz und grobe Fahrlässigkeit), § 300 Abs. 1 BGB**
- ► **Gefahrübergang, § 300 Abs. 2 BGB**
- ► **Wegfall der Verzinsung, § 301 BGB**
- ► **Berechtigung zur Hinterlegung oder Versteigerung, §§ 372, 383 BGB**
- ► **Anspruch auf Mehraufwendungen, z. B. Lagerkosten, § 304 BGB.**[2]

Die Bedeutung des Annahmeverzugs liegt im Wesentlichen im Übergang der Leistungsgefahr auf den Schuldner gem. § 300 BGB. Im Übrigen wirken sich die Rechtsfolgen des Annahmeverzugs in der betrieblichen Praxis vor allem im **Kauf auf Abruf** aus, wenn der Käufer mit seiner Abrufpflicht in Verzug gerät, im **Spezifikationskauf**, wenn der Käufer mit der Spezifikationspflicht in Verzug gerät,[3] ferner im **Werkvertrag**, wenn der Besteller mit der Abnahme des hergestellten Werkes in Verzug gerät, und im **Arbeitsvertrag**, wenn der Arbeitgeber die ihm angebotene Arbeitsleistung nicht annimmt.[4]   163

---

[1] Vgl. Abschnitt B.3 zur Beendigung von Schuldverhältnissen.

[2] Auch nach Art. 61 CISG hat der Verkäufer Rechtsbehelfe wegen Vertragsverletzung durch den Käufer. Er kann u. a. Schadenersatz nach Art. 74 - 77 CISG verlangen.

[3] Vgl. Abschnitt F.7.2 zum Spezifikationshandelskauf.

[4] *Steckler/Schmidt*, Arbeitsrecht und Sozialversicherung, a. a. O., Abschnitt II. 4.3 zum Annahmeverzug des Arbeitgebers.

2.7 Weitere Ansprüche wegen Pflichtverletzungen

164   Der Anspruch auf Schadensersatz wegen einer Pflichtverletzung gem. § 280 BGB entsteht bei Leistungsverzögerungen und anderen Verletzungen vertraglicher Leistungspflichten und tritt **neben den Erfüllungsanspruch**. Zudem enthält das Bürgerliche Gesetzbuch als Folge von Pflichtverletzungen eine Reihe weiterer Schadensersatzansprüche sowie Ansprüche auf Aufwendungsersatz und Herausgabe von Ersatzleistungen, die statt der Leistung geltend gemacht werden können, vgl. §§ 281 ff. BGB.

165   In einem Schadensfall ist daher zunächst die Interessenlage des Gläubigers zu untersuchen. Sofern das Erfüllungsinteresse weiterhin besteht, kann es im Verzugswege verfolgt und gegebenenfalls ein **Schadensersatzanspruch** gem. § 280 BGB geltend gemacht werden. Nur wenn der Vertrag nicht mehr erfüllt werden kann oder das Interesse des Gläubigers an der Lösung der vertraglichen Verpflichtung überwiegt, sind die Voraussetzungen für die weiteren Ansprüche wegen Pflichtverletzungen zu prüfen oder in der Wirtschaftspraxis zu schaffen. Es handelt sich dabei um folgende Ansprüche:

166   ► **Schadensersatz statt der Leistung** wegen nicht oder nicht wie geschuldet erbrachter Leistung gem. § 281 BGB

   ► **Schadensersatz statt der Leistung** wegen Verletzung einer Pflicht nach § 241 Abs. 2 BGB gem. § 282 BGB

   ► **Schadensersatz statt der Leistung** bei Ausschluss der Leistungspflicht gem. § 283 BGB

   ► **Aufwendungsersatz** gem. § 284 BGB

   ► **Herausgabe des Ersatzes oder Abtretung des Ersatzanspruches** gem. § 285 BGB.

167   Der **Schadensersatzanspruch statt der Leistung gem. § 281 BGB** erfordert zunächst dieselben Voraussetzungen wie der Anspruch gem. § 280 BGB. Es muss eine schuldhafte Pflichtverletzung im Schuldverhältnis gegeben sein. Ferner ist der Schadensersatzanspruch gem. § 281 BGB davon abhängig, dass der Gläubiger dem Schuldner eine angemessene Frist zur Leistung oder zur Nacherfüllung setzt und die Frist ergebnislos verstrichen ist. Der Schadensersatzanspruch tritt dann an die Stelle des Erfüllungsanspruchs. Während nach alter Rechtslage ein Wahlrecht zwischen Nichterfüllungsschaden und Rücktritt bestand, kann der Gläubiger in Verträgen, die nach dem 01.01.2002 abgeschlossen wurden, sowohl den Schadensersatzanspruch gem. § 281 BGB geltend machen als auch vom Vertrag zurücktreten, vgl. § 323 BGB. Die Voraussetzungen für einen Schadensersatzanspruch gem. § 281 BGB sind:

168   ► **Schuldverhältnis**

   ► **Pflichtverletzung**

   ► **Verschulden**

   ► **angemessene Fristsetzung zur Leistung oder Nacherfüllung**

   ► **erfolgloses Verstreichen der Frist.**

Von dem Grundsatz, dass der Schadensersatzanspruch statt der Leistung gem. § 281 BGB von einer Fristsetzung des Gläubigers abhängig ist, gibt es einige bedeutsame Ausnahmen, vgl. § 281 Abs. 2 BGB. Die **Fristsetzung ist entbehrlich, wenn** 169

- **der Schuldner die Leistung ernsthaft und endgültig verweigert oder**

- **besondere Umstände vorliegen, die unter Abwägung der beiderseitigen Interessen den sofortigen Rücktritt rechtfertigen.**

In einem **Ratenlieferungsvertrag** oder bei Bewirkung einer Teilleistung durch den Schuldner ist der Schadensersatzanspruch gem. § 281 BGB statt der ganzen Leistung davon abhängig, dass der Gläubiger an einer weiteren Teilleistung kein Interesse hat. Verlangt der Gläubiger Schadensersatz statt der ganzen Leistung, ist der Schuldner zur Rückforderung der bereits erbrachten Teilleistungen berechtigt, vgl. § 281 Abs. 5 BGB. 170

Der Schadensersatzanspruch gem. § 281 BGB setzt ferner voraus, dass die Leistung nicht oder nicht wie geschuldet bewirkt wird. Sofern die Leistung nicht erbracht wird, besteht der Schadensersatzanspruch statt der Leistung ohne Weiteres. Falls dagegen die Leistung nicht wie geschuldet erbracht wird, ist der Schadensersatzanspruch ausgeschlossen, wenn die Pflichtverletzung unerheblich ist, vgl. § 281 Abs. 1 Satz 3 BGB. 171

Die **Schadensersatzansprüche** gem. § 280 BGB wegen Pflichtverletzung oder gem. § 281 BGB statt der Leistung wegen nicht oder nicht wie geschuldet erbrachter Leistung **unterscheiden sich nach Art und Umfang**. Dies wird im Verzug besonders deutlich. Der Anspruch gem. § 280 BGB betrifft den Verzögerungsschaden und tritt neben den Erfüllungsanspruch. Dagegen tritt der Anspruch gem. § 281 BGB an die Stelle des Erfüllungsanspruchs. Der Gläubiger muss sich daher entscheiden, ob er im Verzugsfall weiterhin Erfüllung verlangt und daneben den Schadensersatzanspruch gem. §§ 280 Abs. 1, 2, 286 BGB geltend macht, oder ob er an der Erfüllung kein Interesse mehr hat. Wenn das Erfüllungsinteresse nicht besteht, kann der Gläubiger – nach Fristsetzung zur Leistung – gem. § 323 BGB vom Vertrag zurücktreten und den Schadensersatzanspruch statt der Leistung gem. §§ 281, 280 Abs. 1 und 3 BGB geltend machen. 172

Beispiel

In einem Produktionsbetrieb werden Zulieferteile nicht zum vereinbarten Termin geliefert. Es entstehen Kosten durch Produktionsausfall, die sich im Einzelnen aus dem entgangenem Gewinn und Vertragsstrafen wegen Lieferverzögerungen gegenüber den Abnehmern zusammensetzen. Entscheidet sich der Produktionsbetrieb (Gläubiger des Anspruchs auf Lieferung der Zulieferteile) für den Schadensersatzanspruch gem. § 280 BGB, besteht der Erfüllungsanspruch weiterhin und der Gewinn aus dem Verkauf der hergestellten Produkte kann noch erzielt werden. Daher werden über § 280 BGB nur die Kosten ersetzt, die durch Zahlung der Vertragsstrafen an die Abnehmer des Produktionsbetriebes entstehen. Sofern der

Produktionsbetrieb einen Ersatzlieferanten einschalten kann und daher kein Interesse an der verspäteten Lieferung hat, wird er vom Vertrag zurücktreten und wegen der Produktionsausfallkosten und des eventuell entgangenen Gewinns den Schadensersatzanspruch gem. § 281 BGB geltend machen.

173 Der **Schadensersatzanspruch statt der Leistung** gem. §§ 281, 280 Abs. 1 und 3 BGB schließt alle Schadensfolgen ein, die infolge der nicht ordnungsgemäßen Vertragserfüllung entstehen; regelmäßig auch den entgangenen Gewinn. Dagegen umfasst der **Schadensersatzanspruch wegen Pflichtverletzung** gem. § 280 Abs. 1 und 2 BGB nur die Folgen der Vertragsverletzung, d. h. im Verzugsfall die zusätzlichen Kosten infolge der Lieferverzögerung. Da die Lieferung zu einem späteren Zeitpunkt noch erfolgt, weil der Erfüllungsanspruch fortbesteht, gehört der entgangene Gewinn nicht zu den typischen Verzögerungsschäden und wird daher über § 280 BGB nicht ersetzt. Nur wenn der Abnehmer wegen der Lieferverzögerung seinerseits vom Vertrag zurücktritt oder konkrete Aufträge nicht erteilt werden, kann der entgangene Gewinn auch Bestandteil des Verzögerungsschadens gem. § 280 BGB sein.

174 Auch der **Schadensersatzanspruch statt der Leistung gem. § 282 BGB** kann statt der Leistung geltend gemacht werden. Zusätzlich zu den Voraussetzungen gem. § 280 Abs. 1 BGB ist erforderlich, dass eine Pflicht gem. § 241 Abs. 2 BGB verletzt wird. Es handelt sich dabei um eine Verletzung der Rechte, Rechtsgüter und Interessen der anderen Vertragspartei. Dies könnte im Einzelfall beispielsweise eine Eigentumsverletzung, eine Gesundheitsbeschädigung oder ein Eingriff in ein gewerbliches Schutzrecht oder Urheberrecht sein. Es ergeben sich danach für einen Schadensersatzanspruch gem. § 282 BGB folgende Voraussetzungen:

- **Schuldverhältnis**
- **Verletzung einer Pflicht gem. § 241 Abs. 2 BGB**
- **Verschulden.**

175 Der **Schadensersatzanspruch gem. § 283 BGB** ist statt der Leistung im Fall des Ausschlusses der Leistungspflicht gem. § 275 BGB gegeben. Dieser Anspruch erfordert ebenfalls, dass zunächst die Voraussetzungen des § 280 Abs. 1 BGB vorliegen. Danach ergeben sich folgende Anspruchsvoraussetzungen:

- **Schuldverhältnis**
- **Pflichtverletzung**
- **Verschulden**
- **Ausschluss der Leistungspflicht gem. § 275 BGB.**

176 Der **Aufwendungsersatzanspruch gem. § 284 BGB** kann anstelle eines Schadensersatzanspruches statt der Leistung gem. §§ 281 - 283 BGB geltend gemacht werden. Es müssten daher zunächst die Voraussetzungen für einen der dort aufge-

führten Schadensersatzansprüche gegeben sein. Dann müsste der Gläubiger im Vertrauen auf den Erhalt der Leistung Aufwendungen gemacht haben, die er billigerweise machen durfte. Dabei kann es sich um Kosten handeln, die zur Vorbereitung eines konkreten Vertrages gemacht werden, z. B. um die Untersuchung oder Herstellung von Mustern (Fertigungsteile, Modelle oder Ähnliches) bei einer beabsichtigten Kooperation im Rahmen überbetrieblicher Arbeitsteilung, um Notarkosten oder ähnliche Kosten, die im Vorfeld des Vertragsabschlusses typischerweise auftreten. Der Anspruch auf Aufwendungsersatz ist ausgeschlossen, wenn der Zweck ohne die Pflichtverletzung des Schuldners nicht erreicht worden wäre, vgl. § 284 Satz 2 BGB.

Beispiel

Wenn ein Unternehmen für die Fertigungsanlage, die es zu erwerben beabsichtigt, einen Teil einer Fabrikationshalle räumt und der Vertrag aus Gründen, die der Verkäufer zu vertreten hat, nicht zu Stande kommt, ist der Aufwendungsersatzanspruch gem. § 284 BGB nicht gegeben. Denn für eine andere Fertigungsanlage, die stattdessen beschafft wird, wären die Kosten für die Aufräumungsarbeiten ebenfalls entstanden.

Der **Anspruch auf Herausgabe des Ersatzes gem. § 285 BGB** ist nur dann gegeben, wenn der Schuldner infolge des Umstands, aufgrund dessen er die Leistung nach § 275 Abs. 1 - 3 BGB nicht zu erbringen braucht, für den geschuldeten Gegenstand einen Ersatz oder einen Ersatzanspruch erlangt. Es kann sich z. B. um einen Anspruch auf eine Versicherungsleistung handeln. In diesen Fällen ist der Schuldner verpflichtet, die als Ersatz empfangene Sache herauszugeben oder den Ersatzanspruch abzutreten. Im Versicherungsfall müsste der Schuldner seinen Anspruch gegen die Versicherung, den er aufgrund des Schadensereignisses erhält, an den Gläubiger abtreten.   177

2.8 Störung der Geschäftsgrundlage

In manchen Situationen des betrieblichen Alltags verschiebt sich nach Vertragsabschluss die wirtschaftliche Äquivalenz von Leistung und Gegenleistung, sodass nach dem Grundsatz von Treu und Glauben gem. § 242 BGB eine inhaltliche Korrektur des Vertrags erforderlich wird. Wenn die Vertragsparteien bei Vertragsabschluss von Voraussetzungen ausgehen, die nicht den Tatsachen entsprechen, oder wenn sie einen Geschehensverlauf annehmen, der später nicht eintritt, kann es für eine Vertragspartei unzumutbar sein, am Vertrag festzuhalten. Dabei geht es insbesondere um Äquivalenzstörungen infolge sozialer Katastrophen, beiderseitiger Irrtümer oder Zweckstörungen.   178

Die Rechtsfolgen von Störungen der Geschäftsgrundlage sind gesetzlich geregelt, vgl. § 313 BGB. Haben sich Umstände, die zur Grundlage des Vertrags geworden   179 sind, nach Vertragsabschluss schwerwiegend verändert und hätten die Parteien den Vertrag nicht oder mit anderem Inhalt geschlossen, wenn sie diese Veränderung vorausgesehen hätten, so kann eine Anpassung des Vertrags verlangt werden, soweit einem Teil unter Berücksichtigung aller Umstände des Einzelfalles, insbesondere der vertraglichen oder gesetzlichen Risikoverteilung, das Festhalten am unveränderten Vertrag nicht zugemutet werden kann.

- **Vorhandensein einer Geschäftsgrundlage, die nicht in den Risikobereich einer Partei fällt**

- **deren Störung**

- **die Unzumutbarkeit des Benachteiligten, am Vertrag festzuhalten.**

180   Eine **Geschäftsgrundlage** bilden nur solche Umstände oder Vorstellungen, die von beiden Parteien gemeinsam für einen störungsfreien Vertragsablauf vorausgesetzt werden und von deren Nichtvorhandensein der Vertragsabschluss abhängig gemacht wurde. Die Äquivalenzstörung hat sich am Beispiel der Geldentwertung entwickelt und wurde auf unvorhersehbare Rechtsänderungen, Substanz- und Wertveränderungen durch die wirtschaftliche Entwicklung erweitert. Da die Lösung vertraglicher Bindungen nicht willkürlich erfolgen soll, müssen Umstände ausscheiden, die erkennbar in den Risikobereich der einen oder anderen Partei fallen, wie beispielsweise Preissteigerungen oder Preissenkungen nach Vertragsabschluss, das Risiko der Verwendungsmöglichkeit eines Kauf-, Leasing- oder Mietgegenstandes, die enttäuschten Rentabilitatserwartungen eines Kaufmanns und ähnliche wirtschaftlich nachteilige Veränderungen.

181   **Rechtsfolgen bei einer Störung der Geschäftsgrundlage:**

- **Anspruch auf Anpassung** des Vertrags

- **Rücktrittsrecht**, wenn eine Anpassung des Vertrags nicht möglich oder unzumutbar ist

- **Kündigungsrecht** des Vertrags aus wichtigem Grund, wenn es sich um ein Dauerschuldverhältnis handelt, z. B. um einen Sukzessivlieferungsvertrag, um einen Miet- oder Leasingvertrag.

Durch den Wegfall der **Geschäftsgrundlage** muss die ordnungsgemäße Vertragsdurchführung so nachhaltig beeinträchtigt sein, dass der benachteiligten Partei die ordnungsgemäße Vertragserfüllung nicht zugemutet werden kann. Der unbestimmte Rechtsbegriff der „Zumutbarkeit" wird nicht nach der subjektiven Parteivorstellung, sondern nach den objektiven Umständen des Einzelfalles ausgelegt. In den Fällen der Äquivalenzstörung müsste festgestellt werden, dass es wirtschaftlich nicht vertretbar wäre, die Erfüllung des Vertrages in der Weise, wie ursprünglich vereinbart, zu verlangen.

Beispiel

Der Inhaber einer Gaststätte vereinbart mit einer Brauerei die wöchentliche Belieferung von 50 Fässern Bier. Nach einigen Jahren führt die Stadt Umbaumaßnahmen an der Straße durch, die für einen Zeitraum von zwei Monaten zu einer deutlichen Umsatzeinbuße führen. Der Gaststätteninhaber kann für diesen Zeitraum die Anpassung seiner Abnahmeverpflichtung verlangen.

2.9 Wiederholungsfragen

1. Krüger hat seinen Geschäftssitz in Hamburg. Er kauft auf einer Antiquitätenmesse in Düsseldorf einen neuen Schreibtisch für sein Chef-Büro. Es wird vereinbart, dass der Schreibtisch innerhalb von einer Woche nach Ausstellungsschluss zugesandt wird. Pünktlich trifft der Schreibtisch in Hamburg ein.

   a) Wo ist der Erfüllungsort?

   b) Wer trägt die Kosten für Transport und Verpackung?

   c) Muss Krüger den vollen Kaufpreis zahlen, wenn der Schreibtisch auf dem Transport durch Drittverschulden beschädigt wird?

2. Der Lieferant Lustig verpflichtet sich, dem Kunden Kringel 300 Flaschen Wein einer genau bezeichneten Sorte und eines bestimmten Jahrgangs aus seinem Lager „frei Haus" zu verkaufen. Noch bevor er den Wein ausliefern kann, wird dieser gestohlen. Zwar könnte er diese Weinsorte anderweitig beschaffen, doch meint Lustig, er wäre von seiner Lieferpflicht befreit.

3. Der Käufer König bestellt 200 Verpackungseinheiten einer bestimmten Ware bei seinem Lieferanten zur Abholung am 05.05. Die für den Kunden König gekennzeichnete Ware wird im Lager des Lieferanten bereitgestellt, jedoch nicht abgeholt. In der Nacht zum 06.05. werden bei einem Einbruch die gesamten für König gekennzeichneten Verpackungseinheiten gestohlen. König will am 06.05. die bestellten Waren abholen. Wie ist die Rechtslage?

4. In dem Industriebetrieb der Becker KG ist ein langjähriger Angestellter mit der Verpackung von Bohrmaschinen beschäftigt. Obwohl er immer ordentlich gearbeitet hat, verwechselt er eines Tages irrtümlich zwei Zubehörteile. Ein Kunde wird bei dem Ausprobieren seiner neu erworbenen Bohrmaschine verletzt, weil das Zubehörteil nicht zu seiner Maschine gehört. Hat er Anspruch auf Schadensersatz gegen die Becker KG?

5. Ein Kunde betritt einen Supermarkt und rutscht vor dem Kühlregal in einer Milchlache aus. Hat er Anspruch auf Schadensersatz gegen den Ladeninhaber?

6. Ein Unternehmen bestellt im Internet Verbrauchsmaterialien (Druckerpatronen u. a.). Die Waren werden zusammen mit einer Rechnung geliefert. Darauf

befindet sich der formularmäßige Aufdruck „7 % Skonto bei Zahlung innerhalb von 7 Tagen". Wann entsteht der Zahlungsverzug?

7. Im Internet bestellt ein Privatkunde bei einem Versandhandel verschiedene Bücher und CDs zum Gesamtpreis von 250 €. Am 15.07. geht dem Kunden mit der Lieferung auch eine Rechnung zu, die eine Aufstellung der erbrachten Leistungen mit Preisangaben und dem Rechnungsendbetrag enthält. Wann gerät der Käufer in Zahlungsverzug?

8. Im vorangegangenen Fall befindet sich auf der Rechnung ein formularmäßiger Aufdruck, der lautet „zahlbar innerhalb von 14 Tagen netto Kasse". Welche Bedeutung hat diese Klausel im Hinblick auf die Regelung des Zahlungsverzugs gem. § 286 Abs. 3 BGB?

9. Angenommen, die Parteien haben im Kaufvertrag als Zahlungsziel den 31.07.2015 vereinbart. Die Rechnung mit dem Aufdruck „zahlbar innerhalb von 14 Tagen netto Kasse" geht dem Kunden mit der Lieferung zu. Wann gerät der Käufer in Verzug?

10. Ein Geschäftsmann betreibt in mehreren Städten ein „Cyber-Café" und findet auch in Bielefeld geeignete Geschäftsräume für eine Neueröffnung. Er mietet die Räume für eine Laufzeit von 5 Jahren und nimmt den Geschäftsbetrieb auf. Allerdings stellt sich heraus, dass die Umsätze weit unter seinen Erwartungen liegen. Der Geschäftsmann beruft sich auf eine Störung der Geschäftsgrundlage und möchte den Mietvertrag rückgängig machen, hilfsweise verlangt er eine Senkung des Mietzinses für die Restlaufzeit.

1. a) Der gesetzliche Erfüllungsort ist gem. § 269 BGB der Wohn- oder Geschäftssitz des Verkäufers, vorliegend also Düsseldorf. Daran ändert sich nichts bei Vereinbarung einer Schickschuld. Der Verkäufer übernimmt lediglich die zusätzliche Rechtspflicht der Versendung der Kaufsache.

   b) Da der Schreibtisch an einen anderen Ort als den Erfüllungsort versandt wird, trägt Krüger als Käufer die Kosten, vgl. § 448 BGB.

   c) Die Parteien haben eine Schickschuld vereinbart. Der Gefahrübergang findet im Versendungskauf mit der Übergabe der Sache an die Transportperson auf den Käufer statt, vgl. § 447 BGB. Daher bleibt Krüger zur Zahlung des vollen Kaufpreises verpflichtet.

2. Lustig hat Recht, denn die Parteien haben eine auf sein Weinlager beschränkte Gattungsschuld vereinbart. Daher ist Lustig nur verpflichtet zu liefern, soweit die Ware in seinem Lager vorhanden ist. Wenn die Ware aus den ordnungsgemäß verschlossenen Lagerräumen entwendet wird, ist er gem. § 275 BGB von seiner Leistungspflicht freigeworden.

3. König könnte aus dem Kaufvertrag mit seinem Lieferanten einen Anspruch auf Übereignung der bestellten Ware haben, § 433 Abs. 1 BGB. Es handelt sich um eine Gattungsschuld, die durch Kennzeichnung und Bereitstellung im Lager konkretisiert wurde. König befindet sich mit Ablauf des 05.05. in Annahmeverzug. Damit ist die Leistungsgefahr auf ihn übergegangen; er verliert seinen Anspruch auf Übereignung der Kaufsache, vgl. § 300 Abs. 2 BGB. Der Lieferant behält dennoch seinen Anspruch auf Zahlung der Kaufsache aus dem Kaufvertrag gegen König, § 433 Abs. 2 BGB. Denn er hat durch die Bereitstellung der Ware am vereinbarten Ort, zur vereinbarten Zeit und in der vereinbarten Art und Weise seine kaufvertraglichen Pflichten erfüllt.

4. Als Anspruchsgrundlage kommt § 280 BGB in Betracht. Es liegt ein Kaufvertrag vor, eine Sorgfaltspflichtverletzung durch das Verwechseln der Zubehörteile und das Verschulden der Becker KG, die gem. §§ 276, 278 BGB für die Sorgfaltspflichtverletzung ihres Angestellten als Erfüllungsgehilfen haftet.

5. Anspruchsgrundlage ist wiederum § 280 BGB. Danach haftet der Supermarkt auf Schadensersatz, weil mit dem Eintritt des Kunden in den Laden ein vorvertragliches Anbahnungsschuldverhältnis entstanden ist und der Ladeninhaber selbst oder seine Erfüllungsgehilfen eine schuldhafte Sorgfaltspflichtverletzung zu vertreten haben, indem die Milchlache vor dem Kühlregal nicht entfernt wurde.

6. Der Verzug entsteht grds. durch eine Mahnung. Dies gilt auch für den Zahlungsverzug. Eine Mahnung liegt nicht vor; auch sind die Voraussetzungen für einen Ausnahmefall gem. § 286 Abs. 2 BGB nicht gegeben. Der formulärmäßige Aufdruck auf der Rechnung *„7 % Skonto innerhalb von 7 Tagen"* stellt eine Skontoklausel dar, die der Beschleunigung des Zahlungseingangs dient. Weder handelt es sich um eine Fälligkeitsabrede, weil hierfür zwei übereinstimmende Willenserklärungen erforderlich wären, noch um eine Stundung. Auch liegt darin in aller Regel keine Mahnung, weil die Zahlungsaufforderung fehlt. Es handelt sich um eine Aufstellung der Waren und der Preise als Teil der Erfüllungshandlung. Die Rechnung ist dennoch

für die Verzugsvoraussetzungen von Bedeutung. Denn spätestens 30 Tage nach Zugang der Rechnung tritt der Zahlungsverzug ein, vgl. § 286 Abs. 3 BGB.

7. Der Verzug entsteht durch eine Mahnung, die ausnahmsweise entbehrlich sein kann, vgl. § 286 Abs. 1 und 2 BGB. Der Schuldner einer Entgeltforderung kommt spätestens in Verzug, wenn er nicht innerhalb von 30 Tagen nach Fälligkeit und Zugang einer Rechnung leistet. Dies gilt für Schuldner, die Verbraucher sind, jedoch nur, wenn er auf diese Folgen in der Rechnung besonders hingewiesen worden ist. Daher bleibt es bei dem Grundsatz, dass für den Verzugseintritt eine Mahnung erforderlich ist.

8. Diese Frage betrifft ebenfalls den Zahlungsverzug. In aller Regel stellt die Rechnung keine Mahnung dar, sondern ist Teil der Erfüllungshandlung. Sie liegt der Lieferung bei und enthält eine Aufstellung der Waren und der Preise. Die formularmäßige Klausel *zahlbar innerhalb von 14 Tagen netto Kasse"* soll der Beschleunigung der Zahlung dienen und wird meistens mit einer Skontoklausel verbunden. Sie hat aber keine Auswirkungen auf den Verzugseintritt. Die gesetzliche Leistungszeit wird in § 271 BGB bestimmt. Dies gilt auch für die Zahlungspflicht. Verzug entsteht daher erst durch eine Mahnung.

9. Aufgrund der vertraglichen Vereinbarung eines Zahlungsziels entsteht der Verzug ohne Mahnung am kalendermäßig festgelegten Termin. Die Rechnung geht vor der Fälligkeit zu und hat daher keine Auswirkungen auf den Verzugseintritt.

10. Der Geschäftsmann kann sich nicht auf die Störung der Geschäftsgrundlage berufen und bleibt zur Erfüllung des Mietvertrages verpflichtet. Denn seine einseitigen Umsatzerwartungen fallen allein in seinen eigenen Risikobereich, da er durch Marktforschung, Werbung, Gestaltung der Räume, Preisgestaltung und andere Maßnahmen der Verkaufsförderung den Umsatz beeinflussen kann.

Übersicht 04: Beendigung von Verträgen	
Beendigungsgrund	**Voraussetzungen der Vertragsbeendigung**
Erfüllung	Erbringung der vertraglich geschuldeten Leistung an den Gläubiger am rechten Ort, zur rechten Zeit und in der rechten Art und Weise.
Aufhebungs-vertrag	Vertrag zwischen Gläubiger und Schuldner, durch den eine Einigung über die Beendigung des bestehenden Rechtsverhältnisses erzielt wird.
Erlassvertrag	Willenserklärung des Gläubigers, die auf das Erlöschen des Schuldverhältnisses gerichtet ist.
Negatives Schuld-anerkenntnis	Willenserklärung des Gläubigers mit dem Inhalt, dass das Schuldverhältnis nicht bestehe.
Aufrechnung	Aufrechnungserklärung und Aufrechnungslage. Die Forderungen erlöschen, soweit sie sich decken, rückwirkend zum Zeitpunkt der Aufrechnungslage.
Rücktritt	Rücktrittserklärung und Ablauf einer angemessenen Frist zur Leistung oder Nacherfüllung. Es entsteht ein Rückgewährschuldverhältnis.
Kündigung	Kündigungserklärung und Ablauf einer Kündigungsfrist (= ordentliche Kündigung) oder Kündigungserklärung und Kündigungsgrund (= außerordentliche Kündigung)
Widerruf	Widerrufserklärung und Widerrufsrecht. Es entsteht ein Rückgewährschuldverhältnis.
Anfechtung	Anfechtungserklärung und Anfechtungsgrund. Das angefochtene Rechtsgeschäft ist von Anfang an nichtig (ex tunc).
Anmerkung: Das Recht zur Aufrechnung, zum Rücktritt oder zur Kündigung eines Vertrags kann im Einzelfall durch Gesetz ausgeschlossen sein oder durch vertragliche Gestaltung an weitere Voraussetzungen geknüpft werden.	

3. Beendigung von Schuldverhältnissen

Die Leistungspflicht des Schuldners kann durch unterschiedliche rechtlich erheb- 182
liche Handlungen und Willenserklärungen fortfallen und damit das Schuldverhältnis zum Erlöschen bringen. Grundsätzlich müssen die vertraglichen Verpflichtungen auch dann erfüllt werden, wenn eine Vertragsseite kein Interesse mehr
an der Erfüllung hat, z. B. wegen Liquiditätsschwierigkeiten, bei Sortiments- oder
Produktumstellung, wegen veränderter Auftragslage oder Absatzmöglichkeiten
und aus anderen Gründen. Die Leistungspflichten aus Verträgen bleiben nach
dem allgemeinen Rechtsgrundsatz **„pacta sunt servanda"** (Verträge müssen eingehalten werden) bestehen, solange nicht die Voraussetzungen für die Beendigung des Schuldverhältnisses vorliegen. Insbesondere bei der Eingehung langfristiger Liefer- oder Bezugsbindungen sollten vertragliche Kündigungs- und
Rücktrittsrechte die nach dem Gesetz bestehenden Beendigungsmöglichkeiten
ergänzen, vgl. die Übersicht 04.

3.1 Erfüllung

183   Die Erfüllung ist das **Bewirken der geschuldeten Leistung**, vgl. § 362 Abs. 1 BGB. Der Schuldner wird von seiner Leistungspflicht frei, wenn er den Leistungserfolg herbeigeführt hat. Die **Rechtsfolge ist das Erlöschen des Schuldverhältnisses**, doch kann diese Rechtsfolge nur eintreten, wenn

- ▸ **die geschuldete Leistung vollständlg**

- ▸ **am rechten Ort**

- ▸ **zur rechten Zeit**

- ▸ **und an den Gläubiger**

erbracht wird. Eine andere als die geschuldete Leistung hat keine Erfüllungswirkung, und der Gläubiger ist auch nicht verpflichtet, die Leistung anzunehmen. Nur in dem Fall, dass der Gläubiger bereit ist, eine andere als die geschuldete Leistung **an Erfüllungs statt** anzunehmen, kann die Erfüllungswirkung gem. § 364 BGB eintreten. Deshalb gilt eine Leistung nur dann an Erfüllungs statt, wenn der Gläubiger damit einverstanden ist. Dieses Einverständnis erteilt der Gläubiger z. B. dadurch, dass auf Geschäftsbriefen und Rechnungen seine Bankverbindungen aufgeführt werden.

184   Sofern kein Einverständnis des Gläubigers vorliegt, ist eine andere als die geschuldete Leistung nur der Versuch einer Erfüllung, d. h. die Leistung erfolgt **erfüllungshalber**, während die Forderung weiterbesteht. In diesen Fällen tritt neben die ursprünglich begründete Forderung eine neue Forderung, und der Gläubiger muss zunächst versuchen, sich aus der neuen Forderung zu befriedigen, ehe er auf die ältere Forderung zurückgreift. Die Leistung erfüllungshalber hat für den Gläubiger den Vorteil, dass die alte Forderung und die dafür bestellten Sicherheiten fortbestehen.

Beispiele

Im bargeldlosen Zahlungsverkehr erhält der Gläubiger nicht den geschuldeten Geldbetrag, sondern durch Gutschrift auf seinem Girokonto eine **Forderung gegen die Bank** (= Leistung erfüllungshalber). Ist der Gläubiger mit der Banküberweisung einverstanden, handelt es sich um eine Leistung an Erfüllungs statt.

Der Schuldner zahlt auf eine Kaufpreisforderung mit einem Scheck und erbringt dadurch eine **Leistung erfüllungshalber**. Die Kaufpreisforderung besteht fort. Der Gläubiger wird nun versuchen, sich aus diesem Scheck zu befriedigen. Falls ihm dies gelingt, erlischt die Kaufpreisforderung durch Erfüllung. Sofern der Scheck aber mangels Deckung nicht eingelöst wird, kann der Gläubiger auf die Kaufpreisforderung zurückgreifen.

Der Schuldner begleicht eine Kaufpreisforderung, indem er eine Forderung, die ihm gegen einen Dritten zusteht, an den Gläubiger abtritt. Die Abtretung ist eine

Leistung erfüllungshalber. Der Gläubiger wird nun versuchen, die abgetretene Forderung einzuziehen. Falls ihm dies nicht gelingt, kann er wegen Fehlschlagens des Erfüllungsversuchs die fortbestehende Kaufpreisforderung gegen den Schuldner beitreiben.

Die Wirkung der Erfüllung kann nur dann eintreten, wenn die geschuldete Leis- 185
tung **am rechten Ort (= Leistungsort), zur rechten Zeit (= Leistungszeit) und an den Gläubiger** bewirkt wurde.[1]

Falls die geschuldete Leistung dem Gläubiger nicht am **Leistungsort** oder nicht 186
zum **Fälligkeitszeitpunkt** angeboten wurde, ist der Gläubiger nicht verpflichtet, die Leistung anzunehmen. Er kann deshalb auch nicht in Annahmeverzug geraten.[2]

Sofern die geschuldete Leistung nicht an den Gläubiger, sondern **an einen Dritten** 187
erbracht wird, kann die Erfüllungswirkung nicht eintreten. Der Schuldner kann die geschuldete Leistung nicht mit befreiender Wirkung an einen Dritten erbringen. Selbst wenn er versehentlich an einen Dritten leistet, bleibt er aus dem Vertrag gegenüber dem Gläubiger zur Leistung verpflichtet. Im Fall einer Abtretungsanzeige kann der Schuldner mit befreiender Wirkung nur an den neuen Gläubiger (= Zessionar) leisten.[3]

Grundsätzlich ist der Schuldner zu **Teilleistungen** nicht berechtigt, vgl. § 266 BGB, 188
es sei denn, die Parteien haben etwas anderes vereinbart. Die Erfüllungswirkung kann deshalb bei Teilleistungen auch nicht teilweise eintreten. Allerdings hat der Schuldner durch die teilweise Leistung das Bestehen seiner Leistungspflicht anerkannt und den Lauf der Verjährungsfrist unterbrochen, vgl. § 212 BGB.

Bestehen in dem Rechtsverhältnis zwischen Gläubiger und Schuldner mehrere 189
gleichartige Leistungspflichten, z. B. Geldforderungen des Gläubigers aus verschiedenen Verträgen mit dem Schuldner, hat dieser das Recht, eine Tilgungsbestimmung zu treffen. Nach seiner Wahl kann er auf die eine oder andere fällige Forderung leisten, vgl. § 366 Abs. 1 BGB. Sofern der Schuldner keine Bestimmung trifft, gilt die gesetzliche Anrechnungsvorschrift gem. § 366 Abs. 2 BGB. Unter mehreren fälligen Schulden wird zuerst diejenige mit der geringsten Sicherheit getilgt, dann die dem Schuldner lästigere, dann die älteste Schuld und zuletzt jede Schuld verhältnismäßig.

---

[1] Vgl. Abschnitt B.2.2 zum Begriff der Leistung.

[2] Vgl. Abschnitt B.2.6 zum Gläubiger- oder Annahmeverzug.

[3] Vgl. Abschnitt B.4.1 zur Abtretung.

3.2 Aufhebungsvertrag

190 In gleicher Weise wie ein Vertrag zu Stande kommt, kann er auch aufgehoben werden. Beide Vertragsparteien erklären übereinstimmend die Aufhebung des bestehenden Vertrags. Damit liegen **zwei übereinstimmende Willenserklärungen** vor, die auf das **Erlöschen des Schuldverhältnisses** gerichtet sind. Diese Einigung stellt einen gesetzlich nicht geregelten Vertragstyp dar, den **Aufhebungsvertrag**. Da die Willenserklärungen auch konkludent wirksam erfolgen können, wird gelegentlich eine Rücktritts- oder eine Kündigungserklärung gem. § 140 BGB in einen Antrag zum Abschluss eines Aufhebungsvertrages umgedeutet. Wenn der Vertragspartner der Vertragsbeendigung zustimmt, bewirkt die Einigung die form- und fristlose Beendigung des ursprünglichen Schuldverhältnisses.

191 Die Möglichkeit, einen bestehenden Vertrag einvernehmlich aufzuheben, ist der einfachste Weg zu seiner Beendigung, vorausgesetzt, Gläubiger und Schuldner haben ein gemeinsames diesbezügliches Interesse. Üblicherweise werden in einem Aufhebungsvertrag neben der Vereinbarung, das Schuldverhältnis zu beenden, noch weitere Regelungen hinsichtlich der bereits erbrachten Leistungen und eines Ausgleichs für den Fortfall noch zu erbringender Leistungen durch eine Abfindungszahlung sowie weitere Absprachen zur Vertragsbeendigung getroffen.

3.3 Erlass und negatives Schuldanerkenntnis

192 Der Erlassvertrag bewirkt das Erlöschen des Schuldverhältnisses in der Weise, dass der Gläubiger die Aufhebung seiner Forderung gegen den Schuldner erklärt, § 397 Abs. 1 BGB. Im Unterschied zum Aufhebungsvertrag reicht bei einem Erlassvertrag die **einseitige Willenserklärung** des Gläubigers aus, um das Erlöschen des Schuldverhältnisses zu bewirken. Deshalb kommt ein Erlass nur hinsichtlich einer Forderung infrage, während der Aufhebungsvertrag die Beendigung eines Vertrages mit allen daraus folgenden Leistungspflichten bewirkt.

193 Das Erlöschen einer bestehenden Schuld tritt auch ein, wenn der Gläubiger durch Vertrag mit dem Schuldner anerkennt, dass das Schuldverhältnis nicht besteht, vgl. § 397 Abs. 2 BGB. Es handelt sich dabei um ein **negatives Schuldanerkenntnis**. Dies ist beispielsweise der Fall, wenn bei Beendigung eines Arbeitsverhältnisses der Arbeitnehmer erklärt, dass aus diesem Vertrag keine Forderungen gegen den Arbeitgeber mehr bestehen. Die arbeitsrechtliche **Ausgleichsquittung** kann ein negatives Schuldanerkenntnis beinhalten mit der Folge, dass eventuell bestehende Forderungen auf rückständige Lohnzahlungen, Lohnzuschläge, Urlaubsabgeltung etc. erlöschen. Im Unterschied zum Erlassvertrag gehen die Parteien bei einem negativen Schuldanerkenntnis davon aus, dass eine Schuld nicht besteht.

3.4 Aufrechnung

Die Erklärung der Aufrechnung bewirkt das Erlöschen zweier einander gegen- 194
überstehender, fälliger und gleichartiger Forderungen. Die Rechtsfolge der Aufrechnung kann nur eintreten, wenn folgende Voraussetzungen vorliegen:

- **Zugang einer Aufrechnungserklärung**

- **Aufrechnungslage**

- **kein Ausschluss der Aufrechnung.**

Die **Aufrechnungserklärung** ist eine einseitige empfangsbedürftige Willenserklä- 195
rung gegenüber dem Vertragspartner, vgl. § 388 BGB. Die **Aufrechnungslage** ist
in § 387 BGB beschrieben und wird durch eine besondere Situation gekennzeichnet, in der sich zwei Forderungen – Haupt- und Gegenforderung – gegenüberste-
hen. Während die **Hauptforderung** die Forderung ist, gegen die aufgerechnet
wird, ist die **Gegenforderung** diejenige, mit der aufgerechnet wird.

Die Aufrechnungslage lässt sich wie folgt darstellen: 196

- **Gegenseitigkeit der Forderung**
  (zwei Personen schulden einander Leistungen)

- **Gleichartigkeit der Forderungen**
  (die Leistungen sind von derselben Beschaffenheit, z. B. Geldforderungen)

- **Die Forderung des Aufrechnenden (= Gegenforderung) muss fällig und durch-
  setzbar sein**, insbesondere darf ihr keine Einrede (z. B. Einrede der Verjährung,
  Zurückbehaltungsrecht oder Einrede des nicht erfüllten Vertrags) entgegenstehen, vgl. § 390 BGB.

- **Die Forderung des anderen Teils (= Hauptforderung) muss erfüllbar sein**, beispielsweise darf sie nicht gepfändet worden sein, vgl. § 392 BGB.

Die **Rechtsfolge** der Aufrechnung ist die **Tilgungswirkung** zum Zeitpunkt der Auf- 197
rechnungslage, § 389 BGB. Damit hat die Aufrechnungserklärung eine **Rückwirkung** auf den Zeitpunkt, zu dem die Forderungen zur Aufrechnung geeignet einander gegenüberstanden. Die Rechtsstellung des Aufrechnenden wird durch die
nachträgliche Pfändung der Hauptforderung nicht beeinträchtigt.

Beispiele

A hat eine fällige Forderung gegen B über 1.000 €, B eine fällige Forderung gegen
A über 3.000 €. Sowohl A als auch B könnten die Aufrechnung erklären. Als
Rechtsfolge erlischt die Forderung A gegen B vollständig und teilweise auch die
Forderung B gegen A. Im Ergebnis kann B von A noch 2.000 € verlangen.

A hat eine fällige Forderung gegen B über 1.000 € und B hat eine fällige Forderung
gegen A über 3.000 €, die von einem Gläubiger des B gepfändet wurde. B kann
nicht mehr aufrechnen, weil er infolge der Pfändung die Forderung gegen A nicht
mehr einziehen darf.

In diesem Fall kann A nur dann nicht aufrechnen, wenn er seine Forderung gegen B **nach der Pfändung** erworben hat oder wenn seine Forderung gegen B erst **nach der Pfändung** fällig geworden ist. Doch bleibt die Aufrechnungsmöglichkeit des A erhalten, wenn **vor der Pfändung** die **Aufrechnungslage** bestanden hat. Dies ist der Fall, wenn A seine Forderung gegen B vor der Pfändung erlangt hat und diese auch fällig geworden ist, vgl. § 392 BGB.

198   **Durch Gesetz oder Vertrag kann die Aufrechnung ausgeschlossen sein**. Die Aufrechnung ist z. B. gesetzlich ausgeschlossen gegen eine Forderung aus unerlaubter Handlung, vgl. § 393 BGB, gegen eine unpfändbare Forderung, vgl. § 394 BGB, oder – eingeschränkt – gegen eine Forderung von Bund, Ländern, Gemeinden oder Kommunalverbänden, vgl. § 395 BGB. Allerdings steht die Verjährung einer Aufrechnung nicht entgegen, wenn die verjährte Forderung zu der Zeit, zu welcher sie gegen die andere Forderung aufgerechnet werden konnte, noch nicht verjährt war, vgl. § 390 BGB. Dies ist eine Folge der Rückwirkung der Aufrechnungserklärung auf den Zeitpunkt der Aufrechnungslage.

3.5 Rücktritt

199   Der Rücktritt ist auf die Beendigung und Rückabwicklung eines Vertrags gerichtet. Es handelt sich um ein Gestaltungsrecht. Ein Rücktrittsrecht entsteht durch Gesetz oder durch Vertrag.

200   Ein **gesetzliches Rücktrittsrecht** ergibt sich im Vertrag wegen nicht oder nicht vertragsgemäß erbrachter Leistung gem. § 323 BGB, als Folge einer Störung der Geschäftsgrundlage gem. § 313 BGB und bei der Vereinbarung eines Fixhandelskaufs gem. § 376 HGB. Ferner verweisen die Vorschriften über die Mängelgewährleistung in Kauf- und Werkverträgen auf die Vorschriften über den Rücktritt.

201   In den Fällen der Vertragspflichtverletzung entsteht das Rücktrittsrecht gem. § 323 BGB unter folgenden Voraussetzungen:

- **Rücktrittsgrund (Vertragspflichtverletzung)**
- **Fristsetzung zur Leistung oder Nacherfüllung oder Abmahnung nach Art der Pflichtverletzung**
- **kein Ausschluss des Rücktrittsrechts.**

202   Die **Rücktrittsgründe** sind mit den Sorgfaltspflichtverletzungen gleichzusetzen, die einen Schadensersatzanspruch gem. § 280 BGB begründen.[1] Der Gläubiger kann daher bei Vertragsverletzungen sowohl vom Vertrag zurücktreten als auch Schadensersatz verlangen. Denn das Recht, bei einem gegenseitigen Vertrag

---

[1] Vgl. Abschnitt B.2.4 zum Schadenersatz wegen Pflichtverletzung.

Schadensersatz zu verlangen, wird durch den Rücktritt nicht ausgeschlossen, vgl. § 325 BGB.

Die **Fristsetzung** zur Leistung oder Nacherfüllung muss angemessen sein. Sie ist **ausnahmsweise entbehrlich**, wenn   203

- der Schuldner die Leistung ernsthaft und endgültig verweigert
- der Schuldner die Leistung zu einem im Vertrag bestimmten Termin oder innerhalb einer bestimmten Frist nicht bewirkt und der Gläubiger im Vertrag den Fortbestand des Leistungsinteresses an die Rechtzeitigkeit der Leistung gebunden hat oder
- besondere Umstände vorliegen, die unter Abwägung der beiderseitigen Interessen den sofortigen Rücktritt rechtfertigen.

Danach ist auch bei Vereinbarung einer **Fixschuld** die Fristsetzung entbehrlich, vgl. § 323 Abs. 2 Nr. 2 BGB.   204

Beispiel

Wenn das bestellte Taxi zum Flughafen nicht zum vereinbarten Termin erscheint, ist der Rücktritt auch ohne Fristsetzung zulässig. Falls die Hochzeitstorte nicht zur Hochzeit geliefert wird, besteht bei Lieferung am folgenden Tag keine Abnahme- und Zahlungspflicht, sofern das Rücktrittsrecht durch Erklärung ausgeübt wird. In diesen Fällen würde auch eine Abmahnung ausreichen, um die Schuldverhältnisse zu beenden.

Hat der Schuldner eine **Teilleistung** bewirkt, so kann der Gläubiger vom ganzen Vertrag nur zurücktreten, wenn er an der Teilleistung kein Interesse hat. Auch bei einer unerheblichen Pflichtverletzung ist das Rücktrittsrecht ausgeschlossen, vgl. § 323 Abs. 5 BGB.   205

Der Rücktritt ist ferner ausgeschlossen, wenn der Gläubiger für den Umstand, der ihn zum Rücktritt berechtigen würde, allein oder weit überwiegend verantwortlich ist, oder wenn der vom Schuldner nicht zu vertretende Umstand zu einer Zeit eintritt, zu welcher der Gläubiger im Verzug der Annahme ist, vgl. § 323 Abs. 6 BGB.   206

Beispiel

Meier kauft ein gebrauchtes Fahrzeug, das noch vor dem Übergabetermin durch einen Unfall beschädigt wird, den der Verkäufer verursacht hat. Meier kann vom Kaufvertrag zurücktreten. Eine Fristsetzung ist aufgrund der besonderen Umstände entbehrlich, vgl. § 323 Abs. 2 Nr. 3 BGB. Der Rücktritt wäre ausgeschlossen, wenn sich Meier im Annahmeverzug befunden hätte und der Unfall nicht von dem Verkäufer als Schuldner des Kaufgegenstandes zu vertreten gewesen wäre.

---

207 Ein **vertragliches Rücktrittsrecht** entsteht gem. § 346 BGB dadurch, dass der Rücktritt bei Vertragsabschluss ausdrücklich vorbehalten wurde, wobei die Vertragsparteien die tatsächlichen Rücktrittsgründe festlegen. Die Rechtsfolgen des Rücktritts treten unter folgenden Voraussetzungen ein:

- **Zugang einer Rücktrittserklärung**
- **Rücktrittsgrund**
- **kein Ausschluss des Rücktrittsrechts.**

208 Der Rücktritt erfolgt durch eine formlose **Rücktrittserklärung** gegenüber dem Vertragspartner, worin der Wille zum Ausdruck gebracht werden muss, den Vertrag rückabzuwickeln, § 349 BGB. Infolge des Rücktritts wird der Vertrag in ein Rückgewährschuldverhältnis umgestaltet. Die Hauptleistungspflichten in diesem neuen Schuldverhältnis bestehen in der Rückgewähr der erhaltenen Leistungen.

209 Ein **Rücktrittsgrund** liegt vor, wenn die Voraussetzungen des vertraglichen Rücktrittsrechts erfüllt sind. Es müssen die von den Vertragsparteien festgelegten tatsächlichen Umstände eingetreten sein, die den Rücktrittsgrund bilden.

210 **Rechtsfolgen des Rücktritts** sind das Erlöschen der Leistungen, soweit sie noch nicht erbracht sind, die Verpflichtung zur Rückgewähr der bereits erbrachten Leistungen und der Wertersatz für Dienstleistungen oder Gebrauchsüberlassungen, vgl. § 346 BGB.

3.6 Kündigung

211 Die Kündigung ist eine **einseitige empfangsbedürftige Willenserklärung**, die die Beendigung von Schuldverhältnissen mit Wirkung für die Zukunft zur Folge hat, sodass eine Rückabwicklung der erbrachten Leistungen entfällt.

212 Im Unterschied zum **Aufhebungsvertrag**, der zwei übereinstimmende Willenserklärungen voraussetzt, ist die Kündigung eine einseitige Vertragsbeendung. Der Zugang der Kündigungserklärung bei dem Erklärungsempfänger bewirkt die Beendigung des Vertrages zum Ablauf der gesetzlichen oder vertraglich vereinbarten Kündigungsfrist.

213 **Dauerschuldverhältnisse**, z. B. Miet-, Arbeits- oder Gesellschaftsverträge, die auf unbestimmte Zeit abgeschlossen werden, können sowohl durch einen Aufhebungsvertrag als auch durch eine Kündigung beendet werden. Sofern Dauerschuldverhältnisse auf eine bestimmte Zeit abgeschlossen werden, enden sie durch Zeitablauf. Durch die Vereinbarung einer Befristung wird die ordentliche Kündigung ausgeschlossen, dagegen ist die außerordentliche Kündigung aus wichtigem Grund weiterhin zulässig.

Es ist zu unterscheiden zwischen der **ordentlichen Kündigung**, die den Vertrag zum Ablauf einer gesetzlichen oder vertraglichen Kündigungsfrist beendet, und der **außerordentlichen Kündigung** aus wichtigem Grund, die in aller Regel fristlos erfolgt, d. h. der Vertrag wird mit sofortiger Wirkung im Zeitpunkt des Zugangs der Kündigungserklärung beendet. Die wirksame Kündigung setzt deshalb voraus: 214

▸ **Zugang einer Kündigungserklärung**

▸ **Ablauf der Kündigungsfrist (= ordentliche Kündigung)** oder **Vorhandensein eines Kündigungsgrundes und Interessenabwägung (= außerordentliche Kündigung)**

▸ **kein Ausschluss der Kündigung.**

Bei der **Beendigung einzelner Verträge** durch Kündigung müssen häufig noch weitere Wirksamkeitsvoraussetzungen beachtet werden, z. B. im Arbeitsrecht die Formvorschriften (§ 623 BGB) oder die Anhörung des Betriebsrates oder des Personalrates und eventuelle tarifliche Schriftformklauseln.[1]   215

Dauerschuldverhältnisse kann jeder Vertragsteil **aus wichtigem Grund** ohne Einhaltung einer Kündigungsfrist kündigen, vgl. § 314 BGB. Ein wichtiger Grund liegt vor, wenn dem kündigenden Teil unter Berücksichtigung aller Umstände des Einzelfalles und unter Abwägung der beiderseitigen Interessen die Fortsetzung des Vertragsverhältnisses bis zur vereinbarten Beendigung oder bis zum Ablauf einer Kündigungsfrist nicht zugemutet werden kann.   216

Sofern der wichtige Grund in einer **Vertragspflichtverletzung** besteht, ist die Kündigung erst nach erfolglosem Ablauf einer zur Abhilfe bestimmten Frist oder nach erfolgloser Abmahnung zulässig. Die Fristsetzung ist aus denselben Gründen entbehrlich wie bei einer Kündigung, vgl. § 323 Abs. 2 BGB.   217

Der zur Kündigung Berechtigte kann die Kündigung nur innerhalb einer **angemessenen Frist** erklären, nachdem er vom Kündigungsgrund Kenntnis erlangt hat, vgl. § 314 Abs. 3 BGB. Diese Kündigungserklärungsfrist beträgt im Arbeitsverhältnis zwei Wochen, vgl. § 626 Abs. 2 Satz 1 BGB.   218

Der Anspruch auf **Schadensersatz** wird durch die Kündigung nicht ausgeschlossen. Wie beim Rücktrittsrecht tritt der Schadensersatzanspruch neben das Recht zur Beendigung des Schuldverhältnisses.   219

---

[1] *Steckler/Schmidt*, Arbeitsrecht und Sozialversicherung, a. a. O., Abschnitt II. 5.4 zu den Mitwirkungsrechten des Betriebsrates bei der Kündigung eines Arbeitsverhältnisses.

3.7 Wiederholungsfragen

1. Der Käufer schuldet dem Verkäufer die Kaufpreiszahlung gem. § 433 Abs. 2 BGB. Als Zahlungstermin wurde der 01.03. vereinbart. Kann der Verkäufer, weil er dringend auf Barmittel angewiesen ist, schon im Februar Zahlung verlangen?

2. Meyer und Müller sind langjährige Geschäftspartner. Meyer schuldet Müller aus einem lange zurückliegenden Kaufvertrag noch eine Restzahlung von 500 €, die bereits verjährt ist und beide längst vergessen haben. Als Meyer eine größere Rückzahlung aus einem Darlehnsvertrag leistet, der durch eine Bürgschaft gesichert ist, vergisst die Sekretärin auf dem Überweisungsträger den Verwendungszweck anzugeben. Kann Müller 500 € auf die alte Kaufpreisforderung anrechnen?

3. Schulze hat einen Leasingvertrag über eine EDV-Anlage für die Dauer von 3 Jahren abgeschlossen. Nach einem Jahr stellt sich heraus, dass er eine größere Anlage benötigt. Wie kann er sich aus der Verpflichtung zur Erfüllung des Vertrages bis zum Ablauf lösen, kann er insbesondere den Leasingvertrag kündigen?

4. Anlässlich einer Jubiläumsfeier erklärt der bierselige Bauer seinem Geschäftsfreund Ganther, man wolle zurückliegende Streitigkeiten begraben und insbesondere alle gegenseitigen Schulden vergessen. Ganther nickt strahlend, da er sich an eine alte Verbindlichkeit über 3.000 € erinnert. Außerdem schuldet Bauer dem Ganther noch 10.000 € aus einer kürzlich erfolgten Warenlieferung. Daran hat Ganther nicht gedacht. Als Bauer am nächsten Tag von seinem Rausch aufwacht, fragt er sich, ob seine Erklärung nachteilige Rechtsfolgen haben könnte.

5. Anton schuldet Bertram eine Kaufpreiszahlung in Höhe von 20.000 €. Dagegen besteht noch eine Forderung gegen Bertram aus einem kürzlich abgeschlossenen Vertrag über 6.000 €, die erst in vier Wochen fällig ist. Kann Anton aufrechnen?

6. Wagner hat es versäumt, eine fällige Forderung gegen Kleve einzuziehen, sodass die Verjährung bereits eingetreten ist. Nun ergibt sich aus einem neuen Vertrag ein Kaufpreiszahlungsanspruch des Kleve gegen Wagner. Der clevere Wagner ergreift seine Chance und erklärt die Aufrechnung. Welche Rechtsfolgen treten ein? Wäre die Rechtslage anders zu beurteilen, wenn Kleve gegen Wagner einen Schadensersatzanspruch aus dem Deliktsrecht, z. B. gem. § 823 Abs. 2 BGB hätte?

7. Heinze hat als Überraschungsgeschenk für seine Freundin einen Sportwagen erworben, dabei aber vorausschauend ein Rücktrittsrecht vereinbart, wenn er den Wagen innerhalb einer Woche zurückbringt. Als hätte er es geahnt, gefällt der Wagen seiner Freundin nicht, und Heinze möchte von dem vertraglichen Rücktrittsrecht Gebrauch machen und die Sache zurückbringen. Auf der Fahrt zum Autohaus verursacht er vor lauter Ärger durch eigenes Verschulden einen Totalschaden. Hat der Unfall Auswirkungen auf sein Rücktrittsrecht?

8. Friehe hat für sein Frachtunternehmen ein neues Fahrzeug bestellt, dass an einem vertraglich festgesetzten Tag bei dem Kraftfahrzeughändler abzuholen ist. Zum vereinbarten Termin erscheint Friehe höchstpersönlich, um das Fahrzeug abzuholen. Auf der Rückfahrt mit dem Lkw zu seinem Unternehmen überlegt er sich die Sache anders und möchte am liebsten vom Kaufvertrag zurücktreten. Wäre er dazu berechtigt?

9. In einem Sukzessivlieferungsvertrag wird ein Hersteller wöchentlich mit bestimmten Materialien beliefert. Er findet einen neuen Lieferanten, der ihm günstigere Konditionen gewährt und möchte sich von dem Dauerbelieferungsvertrag mit dem alten Lieferanten lösen. Im Vertrag ist eine Kündigungsfrist von sechs Monaten vorgesehen. Der Hersteller möchte eine sofortige Beendigung des Sukzessivlieferungsvertrags erreichen. Wie müsste er vorgehen?

1. Nein, denn die Leistung ist vereinbarungsgemäß erst am 01.03. fällig. Der Verkäufer kann vor Fälligkeit keine Zahlung verlangen. Daher kann der Käufer, ohne in Verzug zu gelangen, die Zahlung verweigern.

2. Ja, vgl. § 366 Abs. 2 BGB. Da Meyer keine Tilgungsbestimmung getroffen hat, gilt die gesetzliche Anrechnungsvorschrift, wonach die ältere und weniger gesicherte Kaufpreisforderung zuerst getilgt wird. Die Verjährung steht der Tilgung nicht entgegen, weil die Forderung nicht untergeht, vgl. § 214 BGB.

3. Ein gesetzliches Kündigungsrecht besteht nicht, da das Recht zur ordentlichen Kündigung durch die Vereinbarung einer Befristung ausgeschlossen ist und kein wichtiger Grund für eine außerordentliche Kündigung besteht, vgl. § 314 BGB. Wenn die Parteien kein vertragliches Kündigungsrecht vereinbart haben, bleibt Schulze noch die Möglichkeit, dem Leasinggeber ein Aufhebungsangebot zu machen. Wenn der Leasinggeber einverstanden ist, kommt ein Aufhebungsvertrag zu Stande.

4. Im Hinblick auf die Forderung Bauers gegen Ganther in Höhe von 3.000 € handelt es sich um einen Erlassvertrag, für dessen Wirksamkeit die einseitige Erklärung des Gläubigers ausreicht, § 397 Abs. 1 BGB. Diese Forderung ist also durch die Erklärung Bauers erloschen.

   Aber auch Ganther könnte durch sein einverständliches Nicken konkludent eine Erklärung im Sinne eines Erlassvertrages abgegeben haben. Er ist allerdings im Zeitpunkt seiner Erklärung davon ausgegangen, dass eine Forderung gegen Bauer nicht besteht. Deshalb handelt es sich um ein negatives Schuldanerkenntnis gem. § 397 Abs. 2 BGB. Auch diese Forderung ist somit erloschen.

5. Nein, denn es besteht keine Aufrechnungslage. Zwar schulden Anton und Bertram einander gleichartige Leistungen, d. h. Geldforderungen. Doch ist die Gegenforderung noch nicht fällig, vgl. §§ 387, 389 BGB.

6. Im ersten Fall besteht eine Aufrechnungslage, sodass durch die Aufrechnungserklärung Wagners die Tilgungswirkung eintritt, § 389 BGB. Die Forderung, mit der aufgerechnet wird (Wagners Forderung) ist zwar verjährt; die Verjährung steht der Aufrechnung jedoch nicht entgegen. Wäre die Gegenforderung des Kleve verjährt, könnte Wagner nicht aufrechnen. Im zweiten Fall versucht Wagner allerdings vergeblich, gegen eine Forderung aus unerlaubter Handlung aufzurechnen, vgl. § 393 BGB.

7. Leider ja, vgl. § 346 Abs. 2 Nr. 3 BGB. Heinze kann zwar vom Kaufvertrag zurücktreten, muss aber Wertersatz leisten, weil das Fahrzeug einen Totalschaden erlitten hat.

8. Nein, da weder ein gesetzliches noch ein vertragliches Rücktrittsrecht gegeben ist. Ein gesetzliches Rücktrittsrecht gem. § 323 BGB scheidet aus, weil der Schuldner seine Leistung vertragsgemäß erbracht hat und somit kein Rücktrittsgrund besteht. Für ein vertragliches Rücktrittsrecht fehlt die entsprechende Vereinbarung.

9. Der Hersteller kann den Sukzessivlieferungsvertrag nicht gem. § 313 BGB kündigen, da kein wichtiger Grund ersichtlich ist. Er könnte jedoch eine Vertragsaufhebung anbieten, die von dem Lieferanten angenommen werden müsste. In diesem Fall

wäre der Dauerbelieferungsvertrag zu jeder von den Vertragsparteien vereinbarten Zeit durch einen Aufhebungsvertrag beendet. Sofern der Lieferant nicht auf das Angebot zur Vertragsaufhebung eingeht, bleibt dem Hersteller nur die Kündigung unter Einhaltung der vertraglichen Kündigungsfrist.

4. Beteiligung Dritter am Vertrag

220 In aller Regel wird ein Vertrag zwischen den Parteien ausgeführt, die ihn abgeschlossen haben. Doch gibt es Fälle, in denen ein **Gläubiger-** oder ein **Schuldnerwechsel** stattfindet, weil die Forderung auf einen Dritten übertragen wird oder ein Dritter die Schuld übernimmt. Ferner können auf einer Vertragsseite mehrere Personen stehen, beispielsweise wenn zwei Personen einen Vertrag abschließen, wenn ein Dritter einem bestehenden Vertrag beitritt oder wenn eine Personengesellschaft im Rechtsverkehr tätig wird. Diese Möglichkeiten der Beteiligung mehrerer Personen am Vertrag sind durch die Abtretung, die Schuldübernahme, den Schuldbeitritt und die Gesamtschuld geregelt und werden durch Vertragsgestaltungen eigener Art (= Verträge *sui generis*) nach dem Grundsatz der Vertragsfreiheit gem. § 311 BGB und durch das Gesellschaftsrecht ergänzt.[1]

4.1 Abtretung

221 Durch **Abtretungsvertrag (= Zession)** wird eine Forderung von dem alten Gläubiger (= **Zedent**) auf einen neuen Gläubiger (= **Zessionar**) übertragen, vgl. § 398 BGB. Die Abtretung bewirkt den Übergang der Forderung vom Zedenten auf den Zessionar, vgl. Abbildung 3. Die Voraussetzungen der wirksamen Abtretung sind:

- **Abtretungsvertrag**
- **Bestimmtheit oder Bestimmbarkeit der Forderung**
- **Abtretbarkeit der Forderung**
- **Zedent muss Inhaber der Forderung sein.**

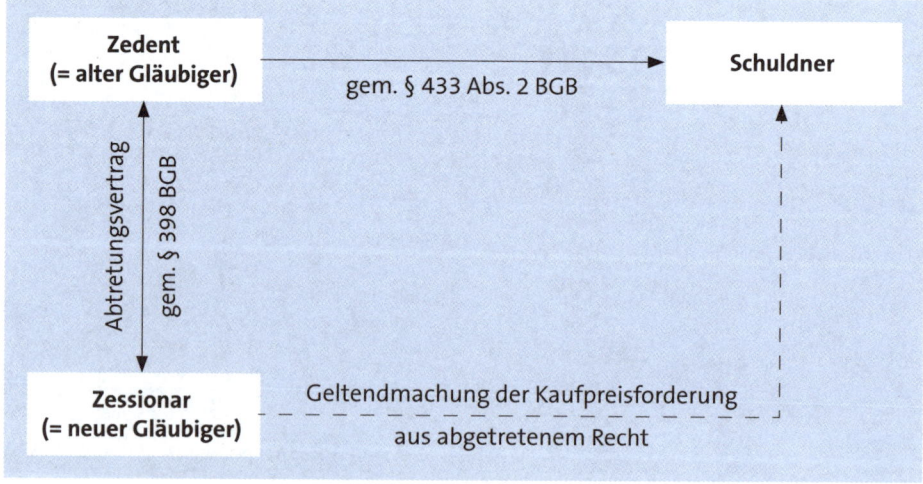

Abb. 3: Abtretung am Beispiel der Kaufpreisforderung

---

[1] Vgl. Abschnitt G. zum Gesellschaftsrecht.

Der **Abtretungsvertrag** enthält die Einigung des Zedenten mit dem Zessionar hin-   222
sichtlich der Übertragung der Forderung. Der Schuldner ist dabei nicht beteiligt,
für ihn gelten als Folge der Abtretung die gesetzlichen Schutzbestimmungen.

Gegenstand eines Abtretungsvertrages kann nur **eine bestimmte oder bestimm-**   223
bare Forderung sein. Grundsätzlich muss deshalb die Forderung im Zeitpunkt
ihrer Abtretung bereits entstanden sein. Sie kann von den Parteien selbst bestimmt werden oder ohne Zutun der Parteien nach Inhalt, Höhe und Schuldner
der Forderung spätestens im Zeitpunkt ihrer Entstehung bestimmbar sein. Mit
dem Bestimmtheitsgrundsatz vereinbar ist deshalb auch die Abtretung künftiger
Forderungen (= **Vorausabtretung**).

Beispiele

Der Händler H hat einen Anspruch gegen einen Abnehmer auf Kaufpreiszahlung
in Höhe von 5.000 € und eine Zahlungspflicht gegenüber einem Lieferanten über
3.000 €. Nun kann H seiner Zahlungspflicht nachkommen, indem er seinem Lieferanten erfüllungshalber die Kaufpreisforderung gegen den Abnehmer bis zum
Betrag von 3.000 € abtritt. Ist die Kaufpreisforderung noch nicht fällig, handelt
es sich um eine Vorausabtretung.

Der Händler H befindet sich in Zahlungsschwierigkeiten und möchte seine Zahlungspflicht gegenüber dem Lieferanten durch die Abtretung einer Forderung
erfüllen. H tritt dem Lieferanten eine Kaufpreisforderung aus einem Vertrag ab,
den er noch am gleichen Tag mit seinem Abnehmer abschließen will. Es liegt
keine wirksame Abtretung vor, weil die von H behauptete Forderung noch nicht
besteht.

Grundsätzlich ist jede Forderung abtretbar. Ausnahmsweise **nicht abtretbar** sind   224
Unterhaltsforderungen, Dienstleistungen, Ansprüche auf Urlaubsabgeltung und
ähnliche Forderungen, bei denen der Gläubigerwechsel eine Inhaltsänderung
bedeuten würde. Die Abtretung kann auch vertraglich ausgeschlossen werden,
wie z. B. bei der Kontokorrentabrede, §§ 399 BGB, 354a HGB. Ferner unterliegen
die unpfändbaren Forderungen einem gesetzlichen Abtretungsverbot, vgl.
§ 400 BGB.

Wenn der Zedent auch Inhaber der Forderung ist, die er an den Zessionar abtritt,   225
treten die **Rechtsfolgen des Abtretungsvertrags** ein:

► **Der Zessionar wird anstelle des Zedenten Inhaber der Forderung, § 398 BGB.**

► Mit der Abtretung gehen die **Nebenrechte** (z. B. Bürgschaften oder Pfandrechte)
  auf den Zessionar über, vgl. § 401 BGB. Dagegen verbleiben die **Gestaltungs-**
  rechte (z. B. Anfechtung, Rücktritts- oder Kündigungsrechte) beim Zedenten.
  Denn die Abtretung bewirkt nur den Forderungsübergang, nicht dagegen einen

Wechsel der Vertragspartei. Deshalb besteht der Vertrag zwischen dem Zedenten (= Gläubiger) und dem Schuldner fort.

226 Da der Schuldner am Abtretungsvertrag nicht beteiligt ist, enthält das Abtretungsrecht **Schutzvorschriften** zu seinen Gunsten.

227 Der Schuldner soll durch den Forderungsübergang keine Nachteile erlangen. Konnte er dem Zedenten Einwendungen und Einreden entgegenhalten, bestehen diese nach der Abtretung gegenüber dem Zessionar, § 404 BGB.

Beispiel

Die Forderung war zum Zeitpunkt ihrer Abtretung bereits verjährt. Der Schuldner kann die Einrede der Verjährung auch dem Zessionar entgegenhalten.

228 Der Schuldner wird davor geschützt, dass ihm durch die Abtretung eine Aufrechnungsmöglichkeit genommen wird, § 406 BGB. Deshalb kann der Schuldner auch dann noch aufrechnen, wenn vor der Abtretung zwar die Aufrechnungslage bestand, die Aufrechnung aber noch nicht erklärt war.

Beispiel

Im Geschäftsverhältnis zwischen A und B besteht eine fällige Forderung des A gegen B in Höhe von 7.000 € und eine fällige Forderung des B gegen A in Höhe von 5.000 € (Aufrechnungslage). Noch bevor B die Aufrechnungserklärung abgibt, tritt A (Zedent) seine Forderung gegen B an C (Zessionar) ab. Damit wird als **Rechtsfolge der Abtretung** C Inhaber der Forderung in Höhe von 7.000 € gegen B.

C wird von B Zahlung verlangen. Ungeachtet der Abtretung kann B gegenüber C die Aufrechnung erklären. Als **Rechtsfolge der Aufrechnung** erlöschen die Forderungen in Höhe von 5.000 €, vgl. § 389 BGB. Im Ergebnis besteht nur noch eine Forderung des C gegen B in Höhe von 2.000 €.

229 Grundsätzlich kann der Schuldner selbst dann noch aufrechnen, wenn er seine Forderung erst nach der Abtretung erworben hat, falls er von der Abtretung keine Kenntnis hatte. Nur wenn die Forderung des Schuldners erst nach Erlangen der Kenntnis von der Abtretung und später als die abgetretene Forderung fällig wird, entfällt die **Aufrechnungsmöglichkeit**. Denn der Schuldner kann ein Vertrauen auf die Aufrechnungsmöglichkeit nicht erwerben, wenn er die Abtretung kennt, bevor die Aufrechnungslage entsteht.

Die Abtretung kann in **Form einer offenen oder einer stillen Zession** erfolgen. Die   230
offene Abtretung wird dem Schuldner mitgeteilt, während bei der stillen Zession
keine Abtretungsanzeige an den Schuldner erfolgt. Der Schuldner leistet ohne
Kenntnis von der Abtretung an den bisherigen Gläubiger (Zedenten), der die Zahlung an den Zessionar weiterleitet. Die **stille Zession** kommt dem wirtschaftlichen Interesse von Kaufleuten an der Erhaltung ihrer Kreditwürdigkeit entgegen.
Allerdings entsteht dabei die Frage der **Erfüllungswirkung der Leistung**, die der
Schuldner in Unkenntnis der Abtretung der Forderung an den Zedenten erbringt,
obwohl dieser nicht mehr Inhaber der abgetretenen Forderung ist. Für diesen Fall
enthält das Abtretungsrecht eine **Schuldnerschutzbestimmung**. Wenn sich der
Schuldner auf § 407 Abs. 1 BGB beruft, muss der Zessionar die Leistung des
Schuldners an den Zedenten gegen sich gelten lassen. Ist die Forderung des Zedenten gegen den Schuldner Gegenstand eines Rechtsstreits und ergeht das kla-
geabweisende Urteil erst nach der Abtretung, so muss der Zessionar auch das
Urteil gegen sich gelten lassen. Der Zessionar kann die Zahlung wegen des kla-
geabweisenden Urteils nicht mehr von dem Schuldner fordern, § 407 Abs. 2 BGB.

Auch bei **mehrfacher Abtretung** wird der Schuldner geschützt, denn er soll nach   231
wie vor die Leistung nur einmal erbringen müssen. Zwar kann die Forderung wirksam nur einmal abgetreten werden, denn bei der zweiten Abtretung ist der Gläubiger nicht mehr Inhaber der Forderung, sodass der Abtretungsvertrag unwirksam ist. Doch kann der Schuldner, sofern ihm nur die zweite Abtretung mitgeteilt
wird, die Unwirksamkeit des Abtretungsvertrages nicht erkennen. Nach erfolgter
Abtretungsanzeige kann der Schuldner deshalb mit befreiender Wirkung an den
Dritten leisten, der ihm als Zessionar mitgeteilt wurde, vgl. § 408 BGB.

Zeigt der Gläubiger dem Schuldner die Abtretung an, muss er dem Schuldner   232
gegenüber die angezeigte Abtretung auch dann gegen sich gelten lassen, wenn
sie nicht erfolgt oder nicht wirksam ist, § 409 BGB. Die **Abtretungsanzeige** ist
formlos wirksam. Eine Verpflichtung des Schuldners, die geschuldete Leistung an
den Zessionar zu erbringen, besteht jedoch erst, wenn der Zedent dem Schuldner
eine schriftliche Abtretungsanzeige oder eine Abtretungsurkunde vorlegt,
§ 410 BGB. Solange der Zedent diese Voraussetzungen nicht erfüllt, hat der
Schuldner ein Leistungsverweigerungsrecht.

Eine häufige Erscheinungsform der Abtretung ist die **Sicherungszession**. Die Ab-   233
tretung einer Forderung dient dem Zweck, eine Darlehensschuld gegenüber einem Kreditgeber zu sichern. Falls das Darlehen erheblich höher ist als die einzelnen Forderungen des Zedenten gegenüber seinem Schuldner, kann die
Sicherungszession als Globalzession vereinbart werden und erfasst alle – auch
die künftigen – Forderungen des Zedenten aus dem Rechtsverhältnis mit einem
Schuldner, z. B. aus dem Girovertrag des Schuldners mit einer Bank oder Sparkasse.[1]

---

[1] Vgl. Abschnitt C.4.5 zur Sicherungszession.

Beispiel

Der Unternehmer benötigt zur Betriebserweiterung einen Kredit. Die Kreditsicherung gegenüber der Bank erfolgt in der Weise, dass der Unternehmer alle Forderungen, die aus Warenlieferungen an seinen Hauptabnehmer (= Schuldner) entstehen, im Voraus an die Bank abtritt (= Globalzession).

Die Vereinbarung einer Sicherungszession ist für beide Vertragsparteien vorteilhaft. Dem Abnehmer wird die Abtretung nicht mitgeteilt, um die Geschäftsbeziehung nicht zu gefährden. Deshalb leistet der Abnehmer wie bisher die Kaufpreiszahlungen für die Warenlieferungen auf das Geschäftskonto des Unternehmers. Für den Fall, dass der Unternehmer seinen Kreditverpflichtungen nicht nachkommt, kann die Bank die Kaufpreisforderungen des Unternehmers gegen seinen Hauptabnehmer (= Schuldner) aus abgetretenem Recht als eigene Forderungen geltend machen.

234 Aus dieser Interessenlage, die den Kreditsicherungsvereinbarungen zwischen dem Unternehmer und seinem Kreditgeber zu Grunde liegt und auch aus Gründen der Liquiditätsbeschaffung, hat sich das **Factoring-Geschäft (= Forderungskauf)** entwickelt.[1] Der Unternehmer verbessert durch Vorfinanzierung von abgetretenen Außenständen seine Liquidität und verlagert den Aufwand des Forderungseinzugs auf die Factoringgesellschaft.

235 Zum Zweck der Abwicklung eines umfangreichen Zahlungsverkehrs kann eine **Inkassozession** vereinbart werden. In diesem Fall erfolgt die Abtretung der Forderung zur **Einziehung im eigenen Namen**. Dagegen beinhaltet die bloße Einziehungsermächtigung noch keine Abtretung, weil in diesem Fall die Forderung nicht übertragen wird, sondern die Einziehung im fremden Namen erfolgt.

4.2 Schuldübernahme und Schuldbeitritt

236 Die **Übernahme einer Schuld** kann durch Vertrag zwischen dem Gläubiger und dem Übernehmer erfolgen. Möglich ist auch ein Vertrag zwischen dem Schuldner und dem Übernehmer, der einer Genehmigung des Gläubigers bedarf, §§ 414, 415 BGB. Rechtsfolge der Schuldübernahme ist ein Wechsel des Schuldners ohne Veränderung der Forderung des Gläubigers.

237 Durch Vertrag zwischen Gläubiger und Übernehmer oder durch Vertrag zwischen Schuldner und Übernehmer kann auch ein **Schuldbeitritt** vereinbart werden. Die Rechtsfolge ist ein Eintritt des Übernehmers in das Schuldverhältnis neben dem bisherigen Schuldner. Es entsteht eine Gesamtschuld. Ein gesetzlicher Fall des

---

[1] Vgl. Abschnitt C.3.4 zum Factoring-Geschäft.

Schuldbeitritts ist die Fortführung eines Handelsgeschäfts unter bisheriger Firma gem. § 25 HGB.[1]

4.3 Gesamtschuld

Das Gesamtschuldverhältnis entsteht durch Gesetz oder durch Vertrag. Eine **Gesamtschuld ist dadurch gekennzeichnet**, dass mehrere Schuldner zur Erbringung einer Leistung verpflichtet sind. Der Gläubiger kann nach seiner Wahl von einem der in das Gesamtschuldverhältnis einbezogenen Schuldner die volle Leistung verlangen, vgl. § 421 BGB, während im Innenverhältnis der Gesamtschuldner zueinander eine Ausgleichspflicht besteht. Das Gesamtschuldverhältnis wird z. B. bei der Gründung einer Personengesellschaft gesetzlich angeordnet,[2] ebenso, wenn mehrere Personen aus einer unerlaubten Handlung verantwortlich sind, vgl. § 840 BGB. Es kann auch vertraglich vereinbart werden, weil der Gläubiger durch mehrere Schuldner eine größere Sicherheit erhält, z. B. im Mietvertrag durch mehrere Mieter, im Kaufvertrag durch mehrere Käufer oder im Darlehensvertrag durch mehrere Darlehensnehmer. Sofern sich mehrere Schuldner zu einer Leistung verpflichten, entsteht ein Gesamtschuldverhältnis durch vertragliche Vereinbarung.

238

Wenn einer der Gesamtschuldner die **Leistung an den Gläubiger bewirkt**, erlischt die Forderung durch Erfüllung. Im Innenverhältnis sind die übrigen Gesamtschuldner in Höhe ihres Anteils zum Ausgleich verpflichtet, § 426 Abs. 1 BGB. In aller Regel haben sich die Gesamtschuldner mangels anderweitiger Vereinbarung zu gleichen Anteilen verpflichtet, sodass bei zwei Gesamtschuldnern ein Ausgleichsanspruch in Höhe von 50 % der Forderung entsteht.

239

Beispiel

A und B gründen eine Offene Handelsgesellschaft. Die OHG erlangt Rechtsfähigkeit kraft Gesetzes und kann daher auch einen Kaufvertrag abschließen. Falls die OHG danach verpflichtet ist, einen Kaufpreis in Höhe von 2.000 € zu zahlen, haften A und B als Gesellschafter der OHG gesamtschuldnerisch für die bestehende Kaufpreisforderung.

Der Verkäufer (= Gläubiger der Kaufpreisforderung) hat einen Anspruch gegen A und B als Gesamtschuldner in Höhe von 2.000 €. Er kann sich wahlweise an A oder an B wenden und von jedem Gesellschafter den vollen Kaufpreis fordern. Sofern A die geforderten 2.000 € zahlt, entsteht ein Ausgleichsanspruch gegen B in Höhe von 1.000 € gem. § 426 Abs. 1 BGB.

---

[1] Vgl. Abschnitt F.2.3 zur Haftung bei Inhaberwechsel im Handelsgeschäft.

[2] Vgl. Abschnitt G. zur Gesellschaft Bürgerlichen Rechts, zur Offenen Handelsgesellschaft und zur Kommanditgesellschaft.

240   Nach dem Grundsatz der **Vertragsfreiheit** können die Gesamtschuldner im Innenverhältnis untereinander die Ausgleichspflicht anderweitig regeln, vgl. § 426 Abs. 1 BGB. Insbesondere die Gesellschafter von Personengesellschaften treffen häufig abweichende Vereinbarungen in ihrem Gesellschaftsvertrag, die im gesamtschuldnerischen Ausgleich zu berücksichtigen sind.

Beispiel

A und B haben im Gesellschaftsvertrag vereinbart, dass der Verlustanteil von A 25 % beträgt. Zahlt A an einen Gesellschaftsgläubiger z. B. einen geschuldeten Kaufpreis über 2.000 €, entsteht ein Ausgleichsanspruch gegen B in Höhe von 1.500 €.

241   Soweit ein Gesamtschuldner die Leistung an den Gläubiger bewirkt und von den übrigen Schuldnern **Ausgleich** verlangen kann, geht die Forderung des Gläubigers gem. § 426 Abs. 2 BGB auf ihn über (Legalzession, auch: *cessio legis*). Dieser gesetzliche Forderungsübergang hat den Vorteil, dass auch die akzessorischen Sicherungsrechte wie beispielsweise eine Bürgschaft, bestehen bleiben, sodass die auf den ausgleichsberechtigten Gesamtschuldner übergegangene Forderung im Einzelfall besser gesichert ist als der Ausgleichsanspruch.

4.4 Wiederholungsfragen

1.   Zeisig hat eine Forderung aus einem Werkvertrag gegen Schwarze. Da Zeisig in Zahlungsschwierigkeiten ist, tritt er die Werklohnforderung an seine Bank ab.

    a)   Die Bank verlangt Zahlung von Schwarze. Dieser verweigert allerdings die Zahlung, da er meint, ohne Kenntnis von der Abtretung sei er zu nichts verpflichtet.

    b)   Als die Bank von Schwarze Zahlung verlangt, wendet dieser ein, die Forderung sei im Zeitpunkt der Abtretung bereits verjährt gewesen.

    c)   Schwarze hat eine fällige Kaufpreisforderung gegen Zeisig. Als die Bank von ihm Zahlung der abgetretenen Forderung verlangt, beruft er sich auf seine Aufrechnungsmöglichkeit. Kommt es darauf an, ob die Kaufpreisforderung Schwarzes gegen Zeisig vor oder nach der Abtretung von Zeisigs Forderung an die Bank fällig geworden ist?

    d)   Die von Zeisig an die Bank abgetretene Forderung war durch eine Bürgschaft des Bauer abgesichert. Als die Bank von Zeisig aus abgetretenem Recht die Zahlung verlangt, stellt sich dessen Zahlungsunfähigkeit heraus. Kann die Bank nun aus der Bürgschaft gegen Bauer vorgehen?

1. a) Schwarze beruft sich zu Recht auf § 410 BGB, wonach er der Bank gegenüber zur Zahlung nur gegen Vorlage einer Abtretungsurkunde verpflichtet ist.

   b) Sofern die Einrede der Verjährung begründet ist, kann Schwarze dieses Leistungsverweigerungsrecht mit Erfolg einwenden, vgl. § 404 BGB. Durch diese Schuldnerschutzvorschrift wird sichergestellt, dass der Schuldner durch die Abtretung keine Nachteile erlangt. Er soll auch dem neuen Gläubiger gegenüber seine im Zeitpunkt der Abtretung begründeten Einwendungen entgegenhalten können.

   c) Schwarze kann seine ihm gegenüber Zeisig zustehende Forderung auch dann noch gegen die Forderung Zeisigs aufrechnen, wenn dieser seine Forderung bereits an die Bank abgetreten hat, vgl. § 406 BGB. Nach dieser Schuldnerschutzvorschrift soll Schwarze durch den Forderungsübergang auf die Bank keine Nachteile erlangen. Er kann deshalb auch noch nach der Abtretung die Aufrechnung erklären. Da die Aufrechnung auf den Zeitpunkt der Aufrechnungslage zurückwirkt, wird die Abtretung hinfällig. Die Bank kann in diesem Fall von Schwarze keine Zahlung verlangen. Hierfür kommt es darauf an, dass die Forderung, mit der Schwarze die Aufrechnung erklärt, vor der Abtretung fällig geworden ist. Denn andernfalls hätte zu keiner Zeit eine Aufrechnungslage bestanden. Die Aufrechnungslage vor der Abtretung ist mithin ein entscheidendes Kriterium dafür, dass Schwarze auch nach der Abtretung noch die Aufrechnungserklärung abgeben und die Tilgungswirkung erreichen kann.

   d) Ja, denn mit der Abtretung gehen auch die akzessorischen Sicherungsrechte auf den neuen Gläubiger über, § 401 BGB. Die Bürgschaft ist ein streng akzessorisches Sicherungsrecht, vgl. §§ 765 ff. BGB.

C. Vertragliche Schuldverhältnisse

Der **Grundsatz der Vertragsfreiheit** (auch: Privatautonomie) ist Bestandteil des Persönlichkeitsrechts gem. Art. 2 GG und im Zivil- und Wirtschaftsrecht insbesondere für die Vertragsgestaltung von erheblicher Bedeutung. Die Vertragsfreiheit beinhaltet sowohl die **Abschlussfreiheit** als auch die **Gestaltungsfreiheit**. 001

Die **Abschlussfreiheit** bedeutet, dass jedes Rechtssubjekt in der Wahl seines Vertragspartners frei ist. Diese grundsätzliche Wahlmöglichkeit kann im Einzelfall dadurch eingeschränkt sein, dass für den beabsichtigten Vertragsschluss nur ein Abnehmer oder Anbieter existiert. In diesem Fall besteht eine Verpflichtung der Monopolunternehmen, mit allen Personen einen Vertrag abzuschließen, die ihre Bedingungen akzeptieren. Einem gesetzlichen **Kontrahierungszwang (= Abschlusszwang)** unterliegen z. B. die öffentlichen Beförderungsunternehmen und die Energieversorgungsunternehmen (Stadtwerke). Diese Unternehmen müssen mit jedem Nachfrager einen Beförderungsvertrag, Energielieferungsvertrag usw. abschließen, wie umgekehrt die Nachfrager die gewünschte Leistung nur bei diesem Betrieb und zu den dort festgelegten Bedingungen erhalten können. Eine Kontrolle der Tarife und Bezugsbedingungen erfolgt durch öffentlich-rechtliche Bestimmungen. 002

Neben den öffentlich-rechtlichen Unternehmen gibt es aber auch **privatrechtliche** Monopolbetriebe, denen kein Gesetz einen Kontrahierungszwang vorschreibt und deren Preise, Liefer- und Bezugsbedingungen keiner öffentlich-rechtlichen Kontrolle unterliegen. Falls ein privatrechtlicher Monopolbetrieb die Allgemeinheit mit lebenswichtigen Gütern versorgt, kann sich ein Abschlusszwang im Einzelfall aus dem allgemeinen Sozialstaatsprinzip (Art. 20 GG) oder wegen des Verbotes vorsätzlicher sittenwidriger Schädigung (§ 826 BGB) ergeben. Diese Sonderfälle stehen aber nicht dem allgemeinen Grundsatz entgegen, dass jeder Unternehmer und jede Privatperson in der Wahl ihrer Vertragspartner frei sind. 003

Der zweite Bestandteil der Vertragsfreiheit ist die **Gestaltungsfreiheit**, u. a. Verträge können nach den Bedürfnissen der Vertragsparteien innerhalb der gesetzlichen Möglichkeiten frei gestaltet werden. Verstößt ein Vertrag gegen ein gesetzliches Verbot, ist der Vertrag insgesamt oder die jeweilige Vertragsklausel gem. § 138 BGB nichtig. Solche Verbote sind insbesondere enthalten im Strafgesetzbuch (StGB), in Wirtschaftsgesetzen (HGB, BGB, AktG, GmbHG, InsO etc.), in Arbeits- und Sozialgesetzen und in öffentlich-rechtlichen Gesetzen, z. B. in der Gewerbeordnung (GewO) oder im Bundesbaugesetz (BBauG). 004

Auch wenn eine vertragliche Gestaltung nicht direkt gegen eines der Verbotsgesetze verstößt, kann sich die Rechtsfolge der Nichtigkeit daraus ergeben, dass die Verbotsnorm umgangen wird. Die **Nichtigkeit von Umgehungsgeschäften** ergibt sich nicht unmittelbar aus § 138 BGB, sondern ist in Sonderbestimmungen geregelt, wie z. B. den §§ 305 ff. BGB. 005

006 Die grds. Gestaltungsfreiheit wird durch die **zwingenden Rechtsnormen** des BGB und anderer Gesetze eingeschränkt, durch Verjährungs- oder Kündigungsfristen, durch Formvorschriften oder durch den Typenzwang im Gesellschaftsrecht. Parallel zu den zwingenden Rechtsnormen gibt es im Bürgerlichen Recht zahlreiche dispositive Vorschriften, von denen die Vertragsparteien durch individuelle Vertragsgestaltung abweichen dürfen.

1. Verbraucherschutz

007 Im Zuge der Schuldrechtsreform 2002 wurden verschiedene Europäische Richtlinien in deutsches Recht umgesetzt (z. B. die Richtlinie zum Europäischen Rechtsverkehr) und Verbraucherschutzregelungen aus Sondergesetzen in das Bürgerliche Gesetzbuch aufgenommen. Zu den wesentlichen Verbraucherschutzregelungen gehören folgende Regelungen:

- ▸ wenn eine Bestimmung mit **wesentlichen Grundgedanken** der gesetzlichen Regelung, von der abgewichen wird, nicht zu vereinbaren ist

- ▸ Gestaltung rechtsgeschäftlicher Schuldverhältnisse durch **Allgemeine Geschäftsbedingungen** gem. §§ 305 ff. BGB

- ▸ **außerhalb von Geschäftsräumen geschlossene Verträge, Fernabsatzverträge** und der **elektronische Geschäftsverkehr** als besondere Vertriebsformen im Abschnitt über Schuldverhältnisse aus Verträgen, vgl. §§ 312b ff. BGB

- ▸ **Verbrauchsgüterkauf** gem. §§ 474 ff. BGB

- ▸ **Verbraucherdarlehensverträge** gem. §§ 491 ff. BGB

- ▸ **Finanzierungshilfen** zwischen einem Unternehmer und einem Verbraucher gem. §§ 508 ff. BGB

- ▸ **neue Verbraucherschutzbestimmungen** ab dem 13.06.2014 in Bezug auf Informationspflichten, Widerrufsrecht, Voreinstellungen für Zusatzleistungen, Zusatzkosten für bestimmte Zahlungsarten, Zurverfügungstellen von Vertragsunterlagen.

008 Die Vorschriften des Gesetzes zur Regelung Allgemeiner Geschäftsbedingungen (AGBG), des Haustürwiderrufsgesetzes, des Fernabsatzgesetzes und des Verbraucherkreditgesetzes sind mit verschiedenen Änderungen und Ergänzungen in das **Bürgerliche Gesetzbuch** aufgenommen worden. Es handelt sich dabei weitgehend um eine Anpassung an die Rahmenbedingungen der Europäischen Union, insbesondere auch im elektronischen Geschäftsverkehr für den Europäischen Binnenmarkt.

009 Infolge der Einführung zahlreicher Verbraucherschutzregelungen ist bei der Anwendung einzelner Vorschriften des Bürgerlichen Gesetzbuches darauf zu achten, ob es sich um Sonderregelungen im Verhältnis eines Unternehmers zu einem Verbraucher handelt. Es sind **folgende Definitionen** in das BGB aufgenommen worden:

- **Verbraucher** ist jede natürliche Person, die ein Rechtsgeschäft zu einem Zweck abschließt, der weder ihrer gewerblichen noch ihrer selbstständigen beruflichen Tätigkeit zugerechnet werden kann, § 13 BGB.

- **Unternehmer** ist eine natürliche oder juristische Person oder eine rechtsfähige Personengesellschaft, die bei Abschluss eines Rechtsgeschäfts in Ausübung ihrer gewerblichen oder selbstständigen beruflichen Tätigkeit handelt, § 14 BGB.

Diese Definitionen sollten bei der Anwendung von Sonderregelungen für Verträge zwischen einem Unternehmer und einem Verbraucher hinzugezogen werden. In aller Regel ergibt sich der besondere Verbraucherschutz aus dem Wortlaut der jeweiligen Rechtsnormen und aus der Überschrift des einschlägigen Abschnitts des Gesetzes. 010

1.1 Allgemeine Geschäftsbedingungen

Im kaufmännischen Geschäftsverkehr dienen **Allgemeine Geschäftsbedingungen (AGB)** der rationellen Abwicklung von Massengeschäften, denn vorformulierte Vertragsbedingungen oder Formularverträge ersetzen Zeit raubende Verhandlungen von Einzelvereinbarungen. Durch die Verwendung Allgemeiner Geschäftsbedingungen können die für den jeweiligen Unternehmensbereich typischen Vereinbarungen standardisiert werden, z. B. durch die Einführung gleich lautender Einkaufs- oder Lieferbedingungen und durch Vertragsmuster für Kauf, Miet-, Leasing- oder Arbeitsverträge. Abgesehen von der Zeitersparnis beim Vertragsabschluss lassen sich Formularverträge ohne Verzögerung den wirtschaftlichen, technischen oder rechtlichen Veränderungen anpassen. Ferner haben Formularverträge für den Verwender den Vorteil, dass die Rechtsfolgen des Vertragsabschlusses durch Ergänzung, Änderung oder Ausschluss der einschlägigen gesetzlichen Bestimmungen entsprechend den Bedürfnissen des Verwenders gestaltet werden können. Dies hat zur Folge, dass die Geschäftsrisiken – z. B. Haftung für Sachmängel – kalkulierbar werden. In einigen Branchen wird durch die Verwendung Allgemeiner Geschäftsbedingungen eine hohe Markttransparenz erzielt, z. B. im Bank- und Börsenrecht (AGB-Banken), im Transportrecht (Allgemeine Deutsche Spediteur-Bedingungen), im Versicherungsrecht (Versicherungsbedingungen) oder im Baurecht (Verdingungsordnung im Baugewerbe). 011

Allgemeine Geschäftsbedingungen sind alle für eine Vielzahl von Verträgen vorformulierten Vertragsbedingungen, die eine Vertragspartei (Verwender) der anderen Vertragspartei bei Abschluss eines Vertrages stellt, vgl. § 305 Abs. 1 BGB. Es ist unerheblich, ob die Bestimmungen einen äußerlich gesonderten Vertragsbestandteil bilden und beispielsweise in einer Anlage dem Vertrag beigefügt oder durch deutlich sichtbaren Aushang am Ort des Vertragsabschlusses bekannt gegeben werden. Auch kommt es nicht darauf an, welchen Umfang sie haben, in welcher Schriftart sie verfasst sind und welche Form der Vertrag hat. Allerdings handelt es sich nicht um Allgemeine Geschäftsbedingungen, wenn die vertraglichen Klauseln im Einzelnen ausgehandelt werden. 012

Beispiel

In der Unternehmenspraxis ist es üblich, Vertragsabschlüsse sorgfältig vorzubereiten. Bei Verhandlungen mit einem neuen Vertragspartner werden vorhandene Vertragsmuster zu Grunde gelegt. Diese können unverändert vereinbart oder auch im Einzelnen abgeändert werden. Es ist unbeachtlich, dass eine Vertragspartei mit vorformulierten Vertragsmustern in die Verhandlungen geht, wenn die Bereitschaft zur Änderung besteht. Vielmehr kommt es für Allgemeine Geschäftsbedingungen darauf an, dass die vorformulierten Vertragsbedingungen der anderen Vertragspartei „gestellt" werden, weil sie für eine Vielzahl von Verträgen vorgesehen sind.

013 Allgemeine Geschäftsbedingungen werden gem. §§ 305, 305a BGB in den Vertrag einbezogen. Sie werden gem. § 305 Abs. 2 BGB in aller Regel **nur dann Vertragsbestandteil**, wenn der Verwender bei Vertragsabschluss

- einen ausdrücklichen Hinweis gibt oder einen deutlichen Aushang am Ort des Vertragsabschlusses macht

- und der anderen Vertragspartei die Möglichkeit verschafft, in zumutbarer Weise vom Inhalt der Allgemeinen Geschäftsbedingungen Kenntnis zu nehmen

- und die andere Vertragspartei mit der Geltung der Allgemeinen Geschäftsbedingungen einverstanden ist.

014 Bei Vertragsabschluss kommt es für die Einbeziehung Allgemeiner Geschäftsbedingungen darauf an, ob die **Vertragsparteien Unternehmer** oder **Verbraucher** sind. Denn § 305 Abs. 2 BGB findet keine Anwendung auf Allgemeine Geschäftsbedingungen, die gegenüber einem Unternehmer verwendet werden, vgl. § 310 Abs. 1 Satz 1 BGB.

Beispiele

Im industriellen Einkauf werden Dauerbelieferungsverträge abgeschlossen, die sicherstellen, dass ein Herstellerunternehmen regelmäßig mit bestimmten Teilen beliefert wird. Für die Einbeziehung der Allgemeinen Geschäftsbedingungen gilt das Konsens-Dissens-Prinzip der §§ 145 ff. BGB. Es reicht daher aus, dem Vertragspartner die Allgemeinen Geschäftsbedingungen einmal zu übergeben und bei allen Folgeverträgen darauf zu verweisen. Bei Änderung oder Neufassung der AGB sind diese erneut in den Vertrag einzubeziehen. Die Verweise in Folgeverträgen müssen aktualisiert werden.

Kaufleute können Allgemeine Geschäftsbedingungen auch konkludent in den Vertrag einbeziehen, was regelmäßig durch Lieferung der Ware oder durch vorbehaltlose Zahlung geschieht, wenn die Möglichkeit der Kenntnisnahme von den AGB des Geschäftspartners bestanden hat.

In Verträgen zwischen einem Unternehmen und einem Verbraucher muss dagegen ein ausdrücklicher Hinweis auf die Allgemeinen Geschäftsbedingungen erfolgen. Daher finden sich in Verträgen der Einzelhändler die Vermerke: *„Auf unsere umseitig abgedruckten Lieferbedingungen wird verwiesen.".*

In jedem Fall gelten sowohl für Unternehmer als auch für Verbraucher die allgemeinen Regelungen der §§ 145 ff. BGB. Allgemeine Geschäftsbedingungen werden nur dann Vertragsbestandteil, wenn die andere Vertragsseite die Möglichkeit hat, von ihrem **Inhalt Kenntnis zu nehmen**. Allerdings ist bei einem Verbrauchervertrag der Unternehmer verpflichtet, der anderen Vertragspartei, d. h. dem Verbraucher, seine Allgemeinen Geschäftsbedingungen zur Verfügung zu stellen. Es besteht somit eine **Kenntnisbeschaffungspflicht** des Unternehmers. In Transaktionen gegenüber Unternehmern, so genannte B2B-Verträge, hat die andere Vertragspartei eine Kenntnisbeschaffungspflicht. Auch unter Kaufleuten müssen die Allgemeinen Geschäftsbedingungen gem. §§ 145 ff. BGB in den Vertrag einbezogen werden. Die Rechtsprechung ist im Zusammenhang mit der Einbeziehung Allgemeiner Geschäftsbedingungen vereinzelt von den Rechtsgrundsätzen des Konsens-Dissens-Prinzips abgewichen, wenn die Vertragsparteien sich in der Wirtschaftspraxis so verhalten, als wäre ein wirksamer Vertrag zu Stande gekommen.

015

Beispiel

Grundsätzlich ist für alle Rechtsgeschäfte darauf zu achten, dass die AGB Vertragsinhalt werden. Dies kann nur dadurch geschehen, dass sie in die Willenserklärungen (Angebot und Annahme) aufgenommen werden. Jedes Unternehmen versucht jedoch, den eigenen AGB im Vertrag Geltung zu verschaffen.

Der Verkäufer verweist auf seine Verkaufsbedingungen, der Käufer auf seine Einkaufsbedingungen. Weichen die AGB der Parteien voneinander ab, stellt sich die Frage, ob überhaupt ein Vertrag zu Stande gekommen ist. Eine Auftragsbestätigung, die auf eigene abweichende AGB Bezug nimmt, gilt als Ablehnung, verbunden mit einem neuen Antrag gem. § 150 Abs. 2 BGB, weil keine inhaltliche Übereinstimmung mit dem Antrag vorliegt. Wenn die andere Vertragspartei diesen neuen Antrag widerspruchslos hinnimmt, gelten diese AGB. In den AGB können aber auch Abwehrklauseln enthalten sein (z. B. *„Anderslautende Bestimmungen gelten auch dann nicht, wenn wir die Leistung des Vertragspartners widerspruchslos entgegennehmen"*). In diesem Fall scheitert nur die Einbeziehung der kollidierenden AGB, während der Vertrag im Übrigen, also auch mit den übereinstimmenden AGB Bestand hat (§ 306 Abs. 1 BGB) und die nicht Vertrag gewordenen AGB durch das Gesetzesrecht ersetzt werden (§ 306 Abs. 2 BGB).

016　Aus dieser wirtschaftlichen Interessenlage der Parteien heraus haben die Gerichte in der Vergangenheit den AGB derjenigen Partei Geltung zuerkannt, die zuletzt auf ihre AGB verwiesen hat. Dabei ging es aber regelmäßig um **Verträge unter Kaufleuten**, sofern ein kaufmännisches Bestätigungsschreiben einen Hinweis auf die AGB des Absenders enthielt und der Empfänger dazu schwieg. Das Schweigen auf ein kaufmännisches Bestätigungsschreiben gilt nach Handelsbrauch als Akzeptieren des darin wiedergegebenen Vertragsinhalts.[1] Der erstmalige Verweis des Bestätigenden auf seine AGB bedeutet keine so schwerwiegende Abweichung vom zuvor Besprochenen, dass der Bestätigende redlicher Weise nicht mit dem Einverständnis des Empfängers rechnen konnte. Voraussetzung ist der deutliche Hinweis auf die AGB im Text des Bestätigungsschreibens, während die Übermittlung der AGB als nicht erforderlich angesehen wird. Diese Grundsätze lassen sich nicht auf alle Situationen bei Vertragsabschluss übertragen. Es bliebe dem Zufall überlassen, ob die Einkaufs- oder die Verkaufsbedingungen Vertragsbestandteil werden. Sofern die AGB voneinander abweichen, die Vertragsparteien dennoch die ihnen obliegenden Leistungen ausführen, behandeln sie ihren Vertrag ungeachtet der Rechtslage als wirksam.

017　Diese tatsächliche Situation kann auf folgende Weise vertragsrechtlich gelöst werden: Nach dem Konsens-Dissens-Prinzip werden die übereinstimmenden Klauseln in den AGB Vertragsbestandteil; die voneinander abweichenden Klauseln dagegen nicht. Für die Klauseln, denen in den AGB der anderen Vertragsseite keine Regelungen entgegenstehen, bleibt es dagegen bei dem o. a. Grundsatz, wonach es darauf ankommt, welche Partei zuletzt auf ihre AGB verwiesen hat.

Beispiel

Wenn die Parteien jeweils auf ihre AGB verweisen und dennoch von der Wirksamkeit ihres Vertrages ausgehen und mit der Vertragsdurchführung beginnen, können solche Klauseln Vertragsbestandteil werden, auf die zuletzt verwiesen wurde und die in den AGB des Vertragspartners keine Entsprechung finden. Beispiele sind der Eigentumsvorbehalt in den Verkaufsbedingungen und die Skontoabrede in den Einkaufsbedingungen. Wenn die zufällige Einbeziehung der AGB der anderen Vertragsseite ausgeschlossen werden soll, bedarf es sog. Ausschluss- oder Geltungsklauseln, z. B. *„Unsere Einkaufsbedingungen gelten ausschließlich; entgegenstehende oder von unseren Einkaufsbedingungen abweichende Bedingungen des Lieferanten erkennen wir nicht an, es sei denn, wir hätten ausdrücklich schriftlich ihrer Geltung zugestimmt."*

018　**Individuelle Vertragsvereinbarungen** haben Vorrang vor Allgemeinen Geschäftsbedingungen, davon abweichende Bestimmungen in Formularverträgen sind unwirksam, vgl. § 305b BGB. So werden z. B. individuelle Festpreisabreden nicht

---

[1]　Vgl. Abschnitt F.6.2 zum kaufmännischen Bestätigungsschreiben.

durch formularmäßige Preisanpassungsklauseln berührt. Die Preisanpassung im vorgedruckten Vertragstext kann deshalb nur wirksam werden, wenn keine entgegenstehende Individualvereinbarung getroffen wurde.

Überraschungsklauseln, u. a. Bestimmungen, die so ungewöhnlich sind, dass der   019
Vertragspartner nicht mit ihnen rechnen muss, werden nicht Vertragsbestandteil, vgl. § 305c Abs. 1 BGB. Solche Überraschungsklauseln liegen z. B. vor, wenn im „Kleingedruckten" eines Kaufvertragsformulars eine zusätzliche Wartungsvereinbarung oder eine Verpflichtung zur Abnahme weiterer Waren oder ein Verzicht auf Gewährleistungsrechte enthalten ist.

Unklarheiten in Allgemeinen Geschäftsbedingungen gehen zu Lasten des Ver-   020
wenders. Sofern die Bedeutung einer Vertragsbestimmung dem Vertragspartner gegenüber nicht eindeutig zum Ausdruck gebracht wird, ist sie unwirksam, vgl. § 305c Abs. 2 BGB. Bei der Auslegung Allgemeiner Geschäftsbedingungen ist nicht der Einzelfall, sondern ein objektiver Maßstab zu Grunde zu legen, u. a. es kommt auf die **Verständnismöglichkeit eines rechtlich nicht vorgebildeten Durchschnittskunden** an. Fachbegriffe sollten deshalb bei der Formulierung Allgemeiner Geschäftsbedingungen nicht verwendet werden, denn wer Vertragsbedingungen stellt, hat für verständliche und eindeutige Klauseln zu sorgen (= **Transparenzgebot**).

Die **Generalklausel des § 307 BGB** hat erhebliche praktische Bedeutung, denn   021
danach sind Allgemeine Geschäftsbedingungen unwirksam, wenn sie den Vertragspartner entgegen den Geboten von Treu und Glauben unangemessen benachteiligen. Eine **unangemessene Benachteiligung** ist im Zweifel anzunehmen,

► wenn eine Bestimmung mit wesentlichen Grundgedanken der gesetzlichen Regelung, von der abgewichen wird, nicht zu vereinbaren ist

► oder wenn wesentliche Rechte oder Pflichten, die sich aus der Natur des Vertrages ergeben, so eingeschränkt werden, dass die Erreichung des Vertragszwecks gefährdet ist.

Da § 307 BGB im Geschäftsverkehr unter Kaufleuten uneingeschränkt anzuwen-   022
den ist, können auch die in den einzelnen Klauselverboten der §§ 308 und 309 BGB genannten Vertragsbestimmungen bei Verwendung gegenüber einem Kaufmann unwirksam sein, wenn sie zu einer unangemessenen Benachteiligung des Kaufmanns führen.[1] Die **wichtigsten Klauselverbote**[2] betreffen

► unangemessen lange oder nicht hinreichend bestimmte Fristen für die Annahme oder die Ablehnung eines Angebots oder für die Erbringung einer Leistung

► unangemessen lange oder nicht hinreichend bestimmte Nachfristen

---

[1]   In dem „Gleichschritt"-BGH-Urteil vom 19.09.2007 (VIII ZR 141/06) wurde bestätigt, dass bei der Inhaltskontrolle im unternehmerischen Verkehr die in den Klauseln zum Ausdruck kommenden Wertungen berücksichtigt werden sollen, soweit sie übertragbar sind.

[2]   Vgl. auch den Übungsfall 6 (Verkaufs- und Lieferbedingungen) im Anhang.

- Rücktrittsvorbehalte ohne sachlich gerechtfertigten und vertraglich festgelegten Grund

- unzumutbare Leistungsänderungsvorbehalte

- fingierte Erklärungen

- Zugangsfiktionen

- unangemessen hohe Nutzungsvergütungen oder Aufwendungsersatz bei der Vertragsbeendigung

- Leistungsvorbehalte

- kurzfristige Preiserhöhungen

- Ausschluss oder Einschränkung von Leistungsverweigerungs- und Zurückbehaltungsrechten

- Aufrechnungsverbote

- Freistellung von gesetzlich vorgesehenen Mahnungen oder Nachfristsetzungen

- unangemessene Schadensersatzpauschalen oder Vertragsstrafen

- Haftungsausschluss für grobes Verschulden bei Verletzung von Leben, Körper und Gesundheit

- Ausschluss oder Beschränkung von Vertragsbeendigungsrechten bei Pflichtverletzungen

- Ausschluss oder Einschränkung der Gewährleistungsrechte[1]

- unangemessene Bindungsfristen für Dauerschuldverhältnisse.[2]

023   Darüber hinaus ist die formularmäßige Haftungsfreizeichnung bei **Verletzung von Kardinalpflichten** auch bei einfacher Fahrlässigkeit eingeschränkt. Hierin sieht die ständige BGH-Rechtsprechung eine Aushöhlung von vertragswesentlichen Pflichten, die eine unangemessene Benachteiligung des Vertragspartners darstellt, vgl. § 307 Abs. 1 und 2 Nr. 2 BGB.[3]

024   Die Anwendung der Regelungen über Allgemeine Geschäftsbedingungen erfolgt nicht uneingeschränkt; es bestehen **Ausnahmen** für Verträge zwischen Unternehmern, für Energieversorgungsunternehmen und für Verträge im Erb-, Familien- und Gesellschaftsrecht. Zudem besteht eine gesetzliche Vermutung zu Gunsten der Verbraucher, dass die ihnen gegenüber verwendeten Allgemeinen Geschäftsbedingungen als vom Unternehmer gestellt gelten. Einige Vorschriften,

---

[1]   Vgl. Abschnitt C.2.3 zur Haftungsfreizeichnung von den Mängelgewährleistungsansprüchen.

[2]   Zur Inhaltskontrolle Allgemeiner Geschäftsbedingungen wird auf die Spezialliteratur verwiesen, z. B. *Ulmer/Brandner/Hensen*, a. a. O.

[3]   Die Rechtsprechung verwendet jahrzehntelang den Begriff der „Kardinalpflicht", der in der Gesetzessprache nicht verwendet wird. Als Kardinalpflicht wird die Pflicht verstanden, deren Erfüllung die ordnungsgemäße Durchführung des Vertrages überhaupt erst ermöglicht und auf deren Einhaltung der Vertragspartner vertrauen darf und deren schuldhafte Nichterfüllung die Erreichung des Vertragszwecks gefährdet. Vgl. Honda-Entscheidung, BGH-Urteil vom 20.07.2005 – VIII ZR 121/04.

insbesondere die Klauselverbote, gelten in Verträgen zwischen Unternehmern und Verbrauchern auch dann, wenn vorformulierte Vertragsbedingungen nur zur einmaligen Verwendung bestimmt sind und soweit der Verbraucher auf ihren Inhalt keinen Einfluss nehmen kann, vgl. § 310 BGB.

Fall 6: Verkaufs- und Lieferbedingungen > Seite 468

Wegen der vielfältigen Möglichkeiten der Wahl von Einzelformulierungen werden Fragen der Inhaltskontrolle gem. § 307 BGB und der Verstöße gegen die Klauselverbote in den §§ 308 und 309 BGB häufig zum Gegenstand einer gerichtlichen Auseinandersetzung. Da nach § 3 UKlaG ein Verbandsklagerecht besteht, können Verbraucher- und Wirtschaftsvereine sowie die berufsständischen Kammern Klage auf Unterlassung des Gebrauchs unzulässiger Klauseln erheben. Ein Verstoß gegen die Verbraucherschutzregelungen gem. §§ 307 - 309 BGB führt zur Nichtigkeit der jeweiligen Vertragsklausel oder nach Lage des Einzelfalles auch zur Nichtigkeit des gesamten Vertrages gem. § 139 BGB. In aller Regel bleibt der Vertrag jedoch wirksam, vgl. § 306 BGB.   025

Allgemeine Geschäftsbedingungen unterliegen der Missbrauchskontrolle der Kartellbehörde. Das Gesetz gegen Wettbewerbsbeschränkungen (GWB) untersagt marktbeherrschenden Unternehmen den Preis- und Konditionenmissbrauch, vgl. § 19 Abs. 4 Nr. 2 GWB.[1]   026

1.2 Außerhalb von Geschäftsräumen geschlossene Verträge und Widerrufsrechte

Mit der Reform des Verbraucherrechts zum 13.06.2014 verschwand begrifflich das „Haustürgeschäft" (§ 312 BGB, a. F.) und wurde ersetzt durch den Begriff „außerhalb von Geschäftsräumen geschlossene Verträge" (AGV). Es handelt sich hierbei um besondere Vertriebsformen, bei denen ein besonderer Verbraucherschutz besteht, vgl. §§ 312b ff. BGB. Die begriffliche Änderung hat den Anwendungsbereich des Verbraucherschutzes erweitert. Während vorher ausdrücklich Arbeitsplatz, Privatwohnung, öffentliche Verkehrsmittel und öffentliche Orte als Anknüpfungsorte zählten, ist nun allgemein auf den Vertragsschluss außerhalb von Geschäftsräumen abgestellt. Mit der Gesetzesänderung soll der Verbraucher nicht nur bei Verträgen geschützt werden, die für ihn in einer Überrumpelungssituation geschlossen wurden, sondern auch bei Verträgen, die vom ihm selber angebahnt wurden. Als AGV gelten Verträge, die an jedem Ort, der kein Geschäftsraum des Unternehmens ist, geschlossen werden. In diesem Sinne fallen auch Handwerks- und Reparaturleistungen beim Kunden als AGV. Vom Anwendungsbereich der Verbraucherschutzvorschriften sind AGV ausgeschlossen, für die der Verbraucher bis zu 40 € sofort bezahlt (§ 312 Abs. 2 Nr. 12 BGB). Auch sog. „Kaffeefahrten", wenn der Unternehmer den Ausflug organisiert und infolgedessen ein Vertrag geschlossen wird, wird als AGV anerkannt (§ 312b Abs. 1   027

---

[1] Vgl. Abschnitt 1.4 zum Kartellverbot.

Nr. 4 BGB). Ebenfalls als AGV wird die Situation angesehen, wenn der Verbraucher unmittelbar von Vertragsabschluss zuvor außerhalb der Geschäftsräume persönlich und individuell angesprochen wurde (§ 312b Abs. 1 Nr. 3 BGB).

028   Dem Verbraucher steht in einem AGV ein **Widerrufsrecht gem. § 355 BGB**. Der Widerruf muss keine Begründung enthalten (§ 355 Abs. 1 Satz 4 BGB)und muss gegenüber dem Unternehmer innerhalb eine **Frist von 14 Tagen** ab Vertragsschluss erklärt werden. Die Erklärung kann formlos, u. a. auch mündlich am Telefon, erfolgen. Die Einhaltung der Textform ist nicht mehr erforderlich. Allerdings kann das Widerrufsrecht nicht mehr einfach mit der Rücksendung der Sache ausgeübt werden. Das Widerrufsrecht muss stets ausdrücklich erklärt werden.

029   Mit dem „Gesetz zur Umsetzung der Verbraucherrechtrichtlinie" gibt es seit dem 13.06.2014 eine in ganz Europa geltende **neue Musterwiderrufsbelehrung**. Ein entsprechendes Muster findet sich in Anlage 1 zu Art. 246a (1) Abs. 2 Satz 2 EGBGB. Der Beginn der 14-tägigigen Widerrufsfrist ist nicht mehr an dem Zugang einer ordnungsgemäßen **Widerrufsbelehrung** gekoppelt, sondern die Frist für die Ausübung des Widerrufsrecht beginnt mit Vertragsschluss (§ 355 Abs. 2 Satz 2 BGB). In aller Regel beginnt die Frist sobald die Ware beim Verbraucher eingegangen (§ 356 Abs. 2 BGB) ist und endet spätestens 12 Monate und 14 Tage nach Eingang der Ware beim Verbraucher automatisch, unabhängig davon, ob der Online-Händler seinen Kunden über das Bestehen eines Widerrufsrechts informiert hat (§ 356 Abs. 3 BGB).

Beispiel

Ein Verbraucher unterzeichnet im Vorübergehen auf der Straße einen Vertrag über den Bezug eines Hometrainers zum Preis von 350 €. Auf dem Bestellformular fehlt die Widerrufsbelehrung. Der Verbraucher könnte den Kaufvertrag innerhalb von 12 Monaten und 14 Tagen nach Vertragsabschluss widerrufen.

030   Das Widerrufsrecht besteht nicht bei Verträgen, die in dem Ausnahmekatalog des § 312g Abs. 2 BGB aufgelistet sind, z. B.

- ► Lieferung versiegelter Ware, die aus Gründen des Gesundheitsschutzes und der Hygiene nicht zur Rückgabe geeignet sind, wenn ihre Versiegelung nach der Lieferung entfernt wurde
- ► Lieferung von Waren, wenn diese nach der Lieferung aufgrund ihrer Beschaffenheit untrennbar mit anderen Gütern vermischt wurden
- ► Lieferung alkoholischer Getränke, deren Preis bei Vertragsschluss vereinbart wurde, die aber frühestens 30 Tage nach Vertragsschluss geliefert werden können und deren aktueller Wert von Schwankungen auf dem Markt abhängt, auf die der Unternehmer keinen Einfluss hat

► die Willenserklärung eines Verbrauchers vor einem Notar beurkunden worden ist

► Verträge, bei denen der Verbraucher den Unternehmer ausdrücklich aufgefordert hat, ihn aufzusuchen, um dringende Reparatur- oder Instandhaltungsarbeiten vorzunehmen; dies gilt nicht hinsichtlich weiterer bei dem Besuch erbrachter Dienstleistungen oder gelieferter Waren, die der Verbraucher nicht ausdrücklich verlangt hat, etc.

Beispiel

Ein Verbraucher ist Hauseigentümer. Eines Tages erhält er den Anruf des Vertreters eines Fensterherstellers der günstige Konditionen in der Nebensaison bereithält. Der Verbraucher bestellt den Vertreter zur Abgabe eines Angebots in sein Haus. Aus den Mustern wählt er geeignete Materialien aus, während der Vertreter die Maße für die Fenster ermittelt. Es wird ein Werkvertrag über 21.000 € abgeschlossen, der keine Widerrufsbelehrung enthält. Zwei Monate später widerruft der Verbraucher den Vertrag. Das Widerrufsrecht ist weder gem. § 312g Abs. 2 BGB ausgeschlossen noch ist der Widerruf verspätet erfolgt. Der Vertragsabschluss ist auf Initiative des Vertreters zurückzuführen, der den Hauseigentümer anrief. Eine vorhergehende Bestellung liegt nicht vor, weil die „Bestellung zur Abgabe eines Angebots" lediglich das Bedürfnis beinhaltet, über das Angebot vor Ort ausführlich informiert zu werden. Bei einem Vertragsumfang dieser Größenordnung ist nicht zu erwarten, dass der Verbraucher sich spontan zu einem verbindlichen Vertragsabschluss entschließen wollte, sondern verschiedene Kostenvoranschläge einholen wird. Da keine Widerrufsbelehrung vorlag, konnte die 2-Wochen-Frist gem. § 356 Abs. 3 Satz 1 BGB nicht beginnen. Das Widerrufsrecht erlischt spätestens zwölf Monate und 14 Tage nach Vertragsschluss (§ 356 Abs. 3 Satz 2 BGB).

Die **Rechtsfolgen** nach der Ausübung des Widerrufsrechts bei AGV (und Fernabsatzverträgen) richten sich nach § 357 BGB. Die empfangenen Leistungen sind spätestens nach 14 Tagen zurückzugewähren. Der Unternehmer muss in der Regel auch etwaige Zahlungen des Verbrauchers für die Lieferung zurückgewähren. Bei einem Verbrauchsgüterkauf (Verkauf einer beweglichen Sache von einem Unternehmer an einen Verbraucher) kann der Unternehmer die Rückzahlung verweigern, bis er die Ware zurückerhalten hat oder der Verbraucher den Nachweis erbracht hat, dass er die Waren abgesandt hat. Der Verbraucher trägt auch die unmittelbaren Kosten der Rücksendung der Waren, wenn der Unternehmer diesbezüglich zuvor von dieser Pflicht unterrichtet hat, vgl. § 357 Abs. 6 BGB. Unter den Voraussetzungen des § 357 Abs. 7 BGB hat der Verbraucher Wertersatz für einen Wertverlust der Ware zu leisten. 031

1.3 Besonderheiten für Fernabsatzverträge

032 Fernabsatzverträge sind Verträge über die Lieferung von Waren oder über die Erbringung von Dienstleistungen, die zwischen einem Unternehmer und einem Verbraucher unter ausschließlicher Verwendung von Fernkommunikationsmitteln abgeschlossen werden. Fernkommunikationsmittel sind u. a. Briefe, Kataloge, Telefonanrufe, Telekopien, E-Mails, über den Mobilfunkdienst versendete Nachrichten (SMS) sowie Rundfunk und Telemedien, vgl. § 312c BGB. Der Unternehmer muss den Vertragsabschluss im Rahmen eines für den Fernabsatz eingerichteten Vertriebs- oder Dienstleistungssystems organisiert haben.

033 Für Fernabsatzverträge gelten **spezielle Unterrichtungspflichten** des Unternehmers gegenüber Verbrauchern, vgl. § 312d BGB, Art. 246a EGBGB. Danach muss der Unternehmer den Verbraucher vor Abschluss eines Fernabsatzgeschäftes mindestens informieren über:

- ▸ seine Identität und Anschrift

- ▸ wesentliche Merkmale der Ware oder Dienstleistung sowie darüber, wie der Vertrag zu Stande kommt

- ▸ die Mindestlaufzeit des Vertrags, wenn dieser eine dauerhafte Leistung oder regelmäßig wiederkehrende Leistungen zum Gegenstand hat

- ▸ einen Vorbehalt, eine in Qualität und Preis gleichwertige Leistung (Ware oder Dienstleistung) zu erbringen, und einen Vorbehalt, die versprochene Leistung im Fall ihrer Nichtverfügbarkeit nicht zu erbringen

- ▸ den Gesamtpreis der Ware oder Dienstleistung einschließlich aller Steuern und sonstiger Preisbestandteile, gegebenenfalls zusätzlich anfallende Liefer- und Versandkosten

- ▸ Einzelheiten hinsichtlich der Zahlung und der Lieferung oder Erfüllung

- ▸ das Bestehen oder Nichtbestehen eines Widerrufs- oder Rückgaberechts sowie Bedingungen und Einzelheiten der Ausübung

- ▸ zusätzliche Kosten, die dem Verbraucher durch die Nutzung der Fernkommunikationsmittel entstehen

- ▸ Gültigkeitsdauer befristeter Angebote, insbesondere hinsichtlich des Preises.

034 Bei Fernabsatzverträgen über Finanzdienstleistungen bestehen weitere Informationspflichten.

035 Diese Informationen sind dem Verbraucher rechtzeitig vor Abgabe von dessen Vertragserklärung in einer dem eingesetzten Fernkommunikationsmittel entsprechenden Weise klar und verständlich und unter Angabe des geschäftlichen Zwecks in Textform mitzuteilen. Der Unternehmer hat bei von ihm veranlassten Telefongesprächen seine Identität und den geschäftlichen Zweck des Kontakts bereits zu Beginn eines jeden Gesprächs offenzulegen. Ferner hat der Unternehmer dem Verbraucher folgende Informationen zur Verfügung zu stellen:

▶ die Vertragsbestimmungen einschließlich der Allgemeinen Geschäftsbedingungen

▶ Kündigungsbedingungen einschließlich etwaiger Vertragsstrafen

▶ Informationen über den Kundendienst und geltende Gewährleistungs- und Garantiebedingungen.

In Fernabsatzgeschäften ist ein Widerrufsrecht gem. § 312g BGB gegeben. Die   036
Widerrufsfrist beginnt gemäß § 355 Abs. 2 BGB mit Vertragsschluss und hängt nicht mehr von der Erfüllung der Informationspflichten des Unternehmers ab. Das Widerrufsrecht besteht nicht bei Fernabsatzverträgen zur Lieferung von Waren, die nach Kundenspezifikation angefertigt werden oder eindeutig auf die persönlichen Bedürfnisse zugeschnitten sind oder deren Verfalldatum überschritten wurde und in einigen anderen Fällen, vgl. § 312g Abs. 2 BGB.

Fall 7: Widerrufsrecht bei Online-Auktionen > Seite 469

Die **Vorschriften** über Fernabsatzverträge (Informationspflichten, Widerrufsrecht   037
etc.) sind in verschiedenen Bereichen **nicht anzuwenden**, u. a. in Grundstücksgeschäften, in Verträgen über Waren des täglichen Bedarfs, in Verträgen über Unterbringung und Beförderung, in Automatenverträgen, in einigen Verträgen mit Betreibern von Telekommunikationsmitteln, vgl. den ausführlichen Katalog in § 312 Abs. 2 BGB.

1.4 Pflichten im elektronischen Geschäftsverkehr

Mit der Umsetzung der **E-Commerce-Richtlinie** der Europäischen Union[1] wurden   038
spezielle Pflichten im elektronischen Geschäftsverkehr in das BGB aufgenommen, vgl. § 312i BGB, Art. 246c EGBGB.

Sofern ein Unternehmer zum Zweck des Vertragsabschlusses über die Lieferung   039
von Waren oder über die Erbringung von Dienstleistungen einen Tele- oder Mediendienst betreibt, liegt ein **Vertrag im elektronischen Geschäftsverkehr** vor. Das Recht der Telemedien ist Gegenstand des Telemediengesetzes (TMG) und des Staatsvertrags für Rundfunk- und Telemedien (RStV).

Der Unternehmer hat gegenüber dem Kunden im elektronischen Geschäftsver-   040
kehr gem. § 312i Abs. 1 BGB folgende **Rechtspflichten**:

▶ Es sind angemessene, wirksame und zugängliche technische Mittel zur Verfügung zu stellen, mit deren Hilfe der Kunde Eingabefehler vor Abgabe seiner Bestellung erkennen und berichtigen kann.

▶ Die in der Rechtsverordnung nach Art. 246 EGBGB bestimmten Informationen sind rechtzeitig vor Abgabe von dessen Bestellung klar und verständlich mitzuteilen.

---

[1] Richtlinie über den elektronischen Geschäftsverkehr 2000/31/EG.

▸ Der Zugang von dessen Bestellung ist unverzüglich auf elektronischem Wege zu bestätigen.

▸ Es ist die Möglichkeit zu verschaffen, die Vertragsbestimmungen einschließlich der Allgemeinen Geschäftsbedingungen bei Vertragsschluss abzurufen und in wiedergabefähiger Form zu speichern.

Ein Vertrag im elektronischen Geschäftsverkehr ist ein **Fernabsatzvertrag** gem. § 312c BGB, falls er zwischen einem Unternehmer und einem Verbraucher abgeschlossen wird. Bei Verbraucherverträgen im E-Commerce sind daher auch die Informationspflichten sowie das Widerrufsrecht im Fernabsatz gem. §§ 312d und 312g BGB zu beachten.

041 Ferner hat der Unternehmer bei Verträgen im elektronischen Geschäftsverkehr folgende **Kundeninformationspflichten** gem. § 246c EGBGB bereitzustellen:

▸ Informationen über die einzelnen technischen Schritte, die zu einem Vertragsabschluss führen

▸ darüber, ob der Vertragstext nach dem Vertragsschluss von dem Unternehmer gespeichert wird und ob er dem Kunden zugänglich ist

▸ darüber, wie er mit den gem. § 312i Abs. 1 Satz 1 Nr. 1 BGB zur Verfügung gestellten technischen Mitteln Eingabefehler vor Abgabe der Bestellung erkennen und berichtigen kann

▸ über die für den Vertragsschluss zur Verfügung stehenden Sprachen und

▸ über sämtliche einschlägigen Verhaltenskodizes, denen sich der Unternehmer unterwirft, sowie die Möglichkeiten eines elektronischen Zugangs zu diesem Regelwerk.

042 Neben den Vorschriften des Bürgerlichen Gesetzbuches und des Einführungsgesetzes zum BGB sind im elektronischen Geschäftsverkehr auch die **Vorschriften für Telemedien** relevant. Im Telemediengesetz (TMG) und im Rundfunk-Staatsvertrag (RStV) sind u. a. weitere Informationspflichten (Impressumspflicht) und spezielle Haftungsregelungen für die Anbieter von Online-Diensten geregelt. Zudem sind die Regelungen des Werberechts, des Urheberrechts und des Datenschutzes zu beachten.

1.5 Wiederholungsfragen

1. Was bedeutet der Grundsatz der Vertragsfreiheit bzw. der Privatautonomie und worin liegen die Grenzen?

2. Im „Kleingedruckten" eines Kaufvertrages über eine Heizungsanlage heißt es unter der Überschrift „Lieferumfang": *„Der Käufer ist verpflichtet, die Heizungsanlage von dem Verkäufer warten zu lassen. Die Wartung erfolgt einmal jährlich auf Abruf gegen Zahlung der üblichen Gebühren. Diese Wartungsver-*

einbarung verlängert sich jeweils um ein Jahr, wenn sie nicht bis drei Monate vor Jahresende gekündigt wird." Ist diese Klausel rechtswirksam?

3. Ein Parkettverleger bietet seinen Kunden (Privatpersonen und Unternehmen) seine Dienste im Internet an. Die Kunden können sich die Waren ansehen und mit den von ihnen gewünschten Materialien das Parkett nach Angabe von Material, Qualität, Raummaßen, Zusatzleistungen mit oder ohne Verlegearbeiten auch im Internet bestellen. Der Parkettverleger bestellt die Materialien nach den Kundenwünschen bei seinen ausländischen Lieferanten. Haben die Kunden ein Widerrufsrecht?

4. Der Student Sebastian surft in seinem privaten Zimmer im Studentenwohnheim im Internet und ersteigert bei einer Online-Auktion ein Notebook von einem Händler zu einem günstigen Preis. Eine Widerrufsbelehrung ist nicht erfolgt, da es sich um einen Sonderverkauf handelt. Nachdem er das Notebook erhalten hat, überlegt er es sich anders und möchte den Kaufvertrag widerrufen. Seit Vertragsabschluss sind drei Monate verstrichen.

5. Ein Unternehmer plant die Eröffnung eines Online-Shops. Welche Informationen muss er für die Kunden innerhalb des Web-Auftritts bereithalten? Wie kann er seine Allgemeinen Lieferbedingungen in die im Internet abgeschlossenen Verträge einbeziehen?

6. In zahlreichen Verbraucherverträgen besteht die Möglichkeit des Verbrauchers, seine auf den Vertragsabschluss gerichtete Willenserklärung gem. § 355 BGB innerhalb einer Frist von 14 Tagen zu widerrufen. In welcher der geschilderten Situationen besteht ein solches Widerrufsrecht?

    a) Jens Jensen bestellt im Internet-Shop Freizeitkleidung in standardisierten Farben und Größen.

    b) Jens Jensen bestellt einen Anzug im Internet-Shop, den er nach seinen Körpermaßen anfertigen lässt.

    c) Jens Jensen bestellt eine Pizza mit Salami bei einem Internet-Pizza-Service.

1. Die Vertragsfreiheit ist Bestandteil des allgemeinen Persönlichkeitsrechts gem. Art. 2 GG und beinhaltet sowohl die Abschluss- als auch die Gestaltungsfreiheit. Jeder kann frei darüber entscheiden, ob und mit wem er einen Vertrag abschließt, ebenso auch darüber, wie der Vertrag inhaltlich gestaltet ist. Die Grenzen werden durch zwingendes Gesetzesrecht vorgegeben, insbesondere in straf- und wirtschaftsrechtlichen Vorschriften.

2. Nein, denn es handelt sich um eine Überraschungsklausel im Sinne von § 305c Abs. 1 BGB. Die Klausel gehört zu den Allgemeinen Geschäftsbedingungen, die dem Kaufvertrag zu Grunde liegen, vgl. § 305 BGB. Innerhalb der formularmäßigen Klauseln erwartet der durchschnittliche Verbraucher unter der Überschrift „Lieferumfang" eine Beschreibung der Kaufsache und ihrer Bestandteile sowie der zusätzlichen Leistungen des Verkäufers, zu denen z. B. der Transport, das Auspacken der Ware, die Entfernung der Verpackung, das Aufstellen größerer Gegenstände etc. gehören kann. Keineswegs kann der Verbraucher damit rechnen, einen Wartungsvertrag abzuschließen. Denn es handelt sich um ein Dauerschuldverhältnis, das einen anderen Charakter hat als der vereinbarte Kaufvertrag.

3. Für das Widerrufsrecht gelten die §§ 355, 312g BGB. Um einen Fernabsatzvertrag handelt es sich, wenn (a) ein Vertrag über die Lieferung von Waren oder über die Erbringung von Dienstleistungen zwischen einem Unternehmer und einem Verbraucher geschlossen wird, (b) der Vertragsschluss unter ausschließlicher Verwendung von Fernkommunikationsmitteln erfolgt und (c) der Vertragsschluss im Rahmen eines für den Fernabsatz organisierten Vertriebs- oder Dienstleistungssystems erfolgt. Ein Widerrufsrecht käme danach nur für solche Kunden infrage, die als Verbraucher im Sinne von § 13 BGB anzusehen sind. Das Widerrufsrecht besteht u. a. nicht bei Fernabsatzverträgen zur Lieferung von Waren, die nach Kundenspezifikation angefertigt werden oder eindeutig auf die persönlichen Bedürfnisse zugeschnitten sind, § 312g Abs. 2 Nr. 1 BGB.

4. Ein Widerrufsrecht könnte gem. § 312g i. V. m. § 355 BGB gegeben sein. Es handelt sich bei den im Internet abgeschlossenen Verträgen aber nicht um AGV im Sinne des § 312b Abs. 1 Nr. 1 BGB, obwohl der Käufer sich bei Vertragsabschluss in seiner Privatwohnung befindet. Denn Sebastian ist aus eigener Initiative auf die Homepage der Online-Auktion gegangen und hat sich zur Teilnahme entschlossen. Das Widerrufsrecht entsteht gem. §§ 312g BGB, da es sich um einen Fernabsatzvertrag handelt, weil der Vertragsabschluss im Rahmen eines für den Fernabsatz organisierten Vertriebssystems erfolgt (§ 312c BGB). Da keine Widerrufsbelehrung erfolgt ist, kann Sebastian den Widerruf gem. § 356 Abs. 3 BGB spätestens zwölf Monate und 14 Tage nach dem er die Ware erhalten hat (§ 356 Abs. 2 Nr. 1 BGB).

5. Dem Unternehmer obliegen bei Einrichtung eines Online-Shops die Informationspflichten gegenüber seinen Kunden gem. § 312i BGB und Art. 246c EGBGB. Insbesondere sollte er eine Belehrung über das Widerrufs- oder Rückgaberecht in seinen Web-Auftritt aufnehmen. Die Lieferbedingungen werden nur dann Bestandteil der künftigen Verträge, wenn ein ausdrücklicher Hinweis erfolgt und die Kunden in zumutbarer Weise von ihrem Inhalt Kenntnis nehmen können, vgl. § 305 Abs. 2 BGB. Der ausdrückliche Hinweis muss vor Vertragsabschluss gegeben und daher entsprechend programmiert werden. Online-AGB dürfen nicht zu lang sein, da es den

Verbrauchern nicht zugemutet werden kann, allzu viele Bildschirmseiten zu lesen oder umfangreiche Texte auf eigene Kosten auszudrucken.

6. Ein Widerrufsrecht kann sich daraus ergeben, dass es sich um einen Fernabsatzvertrag handelt, die Bestimmungen über den Fernabsatz anwendbar sind und das Widerrufsrecht nicht gesetzlich ausgeschlossen wurde, §§ 312g, 355 BGB.

a) Es handelt sich um einen Fernabsatzvertrag im Sinne des § 312c BGB. Jens Jensen ist Verbraucher, der Betreiber des Internet-Shops Unternehmer und bei Freizeitkleidung handelt es sich um eine Ware. Zudem ist der Internet-Shop ein für den Fernabsatz organisiertes Vertriebssystem, das der Verbraucher für den Vertragsabschluss mittels Fernkommunikation nutzt. Daher hat Jens Jensen ein Widerrufsrecht gem. § 312g BGB.

b) Zwar handelt es sich auch in diesem Fall um einen Fernabsatzvertrag gem. § 312c BGB, doch ist das Widerrufsrecht ausgeschlossen, weil der Anzug nach Kundenspezifikation angefertigt wird, vgl. § 312g Abs. 2 Nr. 1 BGB.

c) Es handelt sich hierbei um schnell verderbliche Ware. Für diese Waren besteht kein Widerrufsrecht gem. § 312g Abs. 2 Nr. 2 BGB.

2. Kaufvertrag

043 Das Zustandekommen eines Kaufvertrags setzt eine Einigung der Parteien über die Mindestbestandteile – Kaufgegenstand und Kaufpreis – voraus. Gegenstand eines Kaufvertrags können Sachen und Rechte sein:

- **Sachen** in jedem Aggregatzustand (z. B. Immobilien, Baumaterial, Maschinen und technische Geräte, Gas, Flüssigkeiten, ein noch nicht hergestelltes Werk)
- **Rechte** (z. B. Wertpapiere, Gesellschaftsanteile, Lizenzen über Marken, Muster und Patente)
- **Sachgesamtheiten** und sonstige vermögenswerte Positionen (z. B. Warenlager, Unternehmen, Erfindung, Know-how, Hard- und Software).

044 Die **Hauptleistungspflicht des Verkäufers** ist, dem Käufer die Sache zu übergeben und das Eigentum an der Sache zu verschaffen, § 433 Abs. 1 BGB. Grundsätzlich muss deshalb dem Käufer der Besitz (= tatsächliche Sachherrschaft) an dem Kaufgegenstand verschafft werden, und es ist eine Eigentumsübertragung vorzunehmen.

045 Die **Eigentumsübertragung** vollzieht sich unabhängig von dem Kaufvertrag nach sachenrechtlichen Regeln, vgl. Abbildung 04. Der Kaufvertrag ist ein schuldrechtliches **Verpflichtungsgeschäft**, indem sich die Parteien zur Erbringung von Leistungen verpflichten, § 241 BGB. Dagegen ist die Eigentumsübertragung ein sachenrechtliches **Verfügungsgeschäft**, durch das die rechtliche Zuordnung des Eigentums zu einer Person geändert wird.[1] Bei beweglichen Sachen, das sind alle nicht mit Grundstücken fest verbundenen Sachen, wie Maschinen, Wirtschaftsgüter usw., erfolgt die Eigentumsübertragung durch **Einigung und Übergabe** gem. §§ 929 ff. BGB. Im Bereich des Immobiliargüterrechts wird das Eigentum an unbeweglichen Sachen (Grundstücken) übertragen, wobei eine **Einigung** (in bestimmter Weise gem. § 925 BGB) **und Eintragung der Rechtsänderung in das Grundbuch** gem. § 873 BGB erforderlich ist.

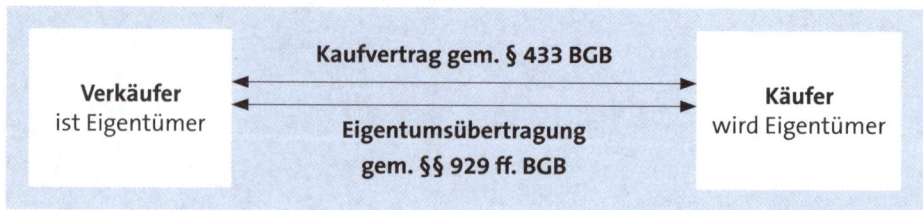

Abb. 4: Kaufvertrag und Eigentumsübertragung

046 Die **Hauptleistungspflicht des Käufers** ist die Zahlung des vereinbarten Kaufpreises, § 433 Abs. 2 BGB. Die Abnahmepflicht wird erst dann zu einer Hauptpflicht, wenn dies vereinbart wurde oder der Verkäufer ein erkennbares Interesse an der Abnahme hat, z. B. wegen hoher Lagerkosten oder wegen der Erforderlichkeit umfangreicher Lagerflächen.

---

[1] Vgl. Abschnitt E.3 zur Eigentumsübertragung.

2.1 Mängelgewährleistung

Im Kaufvertragsrecht ist der Verkäufer verpflichtet, dem Käufer die Sache frei von   047
Sach- und Rechtsmängeln zu verschaffen, vgl. § 433 Abs. 1 Satz 2 BGB. Mit der
Schuldrechtsreform 2002 hat sich das Mängelgewährleistungsrecht im Kaufvertrag wesentlich verändert. Die gesetzliche Regelung der Mängelgewährleistung
setzt voraus:

- **Kaufvertrag**
- **Sach- oder Rechtsmangel**
- **im Zeitpunkt des Gefahrübergangs**
- **kein Ausschluss der Gewährleistung**
- **keine Verjährung gem. § 438 BGB.**

Die Mängelgewährleistung des Verkäufers erfordert zunächst das **Vorhandensein**   048
eines wirksamen Kaufvertrags. Diese Frage beantwortete sich nach den Regeln
der Rechtsgeschäftslehre. Die Gewährleistungsregeln sind grds. vor den Anfech-
tungsmöglichkeiten zu überprüfen. Der Käufer kann einen Kaufvertrag nicht wegen Irrtums über eine Eigenschaft der Kaufsache anfechten, wenn ihm die mangelhafte Sache bereits geliefert worden ist, sondern er muss in diesem Fall die
gesetzlichen Gewährleistungsansprüche geltend machen.

Sodann ist als weitere Voraussetzung für die Gewährleistung das Vorhandensein   049
eines Mangels festzustellen. Dabei wird zwischen **Sach- und Rechtsmängeln un-**
terschieden, vgl. §§ 434, 435 BGB.

Die Sache ist **frei von Rechtsmängeln**, wenn Dritte in Bezug auf die Sache keine   050
oder nur die im Kaufvertrag übernommenen Rechte gegen den Käufer geltend
machen können, vgl. § 435 BGB. Einem Rechtsmangel steht es gleich, wenn im
Grundbuch ein Recht eingetragen ist, das nicht besteht.

Beispiele

Der Käufer erwirbt Waren, die sich noch im Lager des Verkäufers befinden. Es
stellt sich heraus, dass ein Gläubiger des Verkäufers das Warenlager gepfändet
hatte. Die Waren können nicht mehr an den Käufer übereignet werden, weil sie
der Pfändung unterliegen.

Nach dem Erwerb eines Computerprogramms wird bei der Installation durch entsprechenden Schutzrechtsvermerk offenkundig, dass es sich um eine Raubkopie
handelt. Das Computerprogramm darf nicht genutzt werden, weil eine Lizenz
fehlt.

Bevor ein Grundstück erworben wird, können durch Einsichtnahme in das Grundbuch die eventuellen Rechte Dritter an dem Grundstück festgestellt werden.

051   Die Sache ist **frei von Sachmängeln**, wenn sie bei Gefahrübergang die vereinbarte Beschaffenheit hat, vgl. § 434 Abs. 1 Satz 1 BGB. Soweit die Beschaffenheit nicht vereinbart ist, ist die Sache frei von Sachmängeln,

- wenn sie sich für die nach dem Vertrag vorausgesetzte Verwendung eignet,[1] sonst

- wenn sie sich für die gewöhnliche Verwendung eignet und eine Beschaffenheit aufweist, die bei Sachen der gleichen Art üblich ist und die der Käufer nach der Art der Sache erwarten kann.[2]

052   Zu der Beschaffenheit im Sinne von § 434 Abs. 1 Satz 2 Nr. 2 BGB gehören auch Eigenschaften, die der Käufer nach den öffentlichen Äußerungen des Verkäufers, des Herstellers oder seines Gehilfen **insbesondere in der Werbung** oder bei der Kennzeichnung über bestimmte Eigenschaften der Sache erwarten kann, es sei denn, dass der Verkäufer die Äußerung nicht kannte oder kennen musste oder dass sie die Kaufentscheidung nicht beeinflussen konnte.

053   Ein **Sachmangel** ist auch dann gegeben, wenn die vereinbarte **Montage** durch den Verkäufer oder dessen Erfüllungsgehilfen **unsachgemäß** durchgeführt worden ist. Ein Sachmangel liegt bei einer zur Montage bestimmten Sache ferner vor, wenn die Montageanleitung mangelhaft ist, es sei denn, die Sache ist durch den Käufer fehlerfrei montiert worden, vgl. § 434 Abs. 2 BGB.

054   Einem Sachmangel steht es gleich, wenn der Verkäufer eine andere Sache (aliud) oder eine **zu geringe Menge** (melius) liefert, vgl. § 434 Abs. 3 BGB.

055   Der **erweiterte Fehlerbegriff** nach der Schuldrechtsreform 2002 betrifft daher

- Abweichungen von der vereinbarten Beschaffenheit

- Nichteignung für die nach dem Vertrag vorausgesetzte Verwendung

- Nichteignung für die gewöhnliche Verwendung und Abweichungen von der üblichen Beschaffenheit, die der Käufer nach Art der Sache erwarten kann

- Minderlieferungen

- Falschlieferungen.

056   Als **Mangel der Kaufsache** gilt die Abweichung der Ist-Beschaffenheit von der Soll-Beschaffenheit. Die Ist-Beschaffenheit der Sache lässt sich anhand der Lieferung feststellen. Die Soll-Beschaffenheit ergibt sich entweder aus dem Vertrag

---

[1]   Vgl. § 434 Abs. 1 Satz 2 Nr. 1 BGB.

[2]   Vgl. § 434 Abs. 1 Satz 2 Nr. 2 BGB.

oder aus der Verwendung der Sache. Wenn die vertraglich vorausgesetzte Verwendung der Sache nicht ermittelt werden kann, müssen die gewöhnliche Verwendung und Abweichungen von der üblichen Beschaffenheit festgestellt werden, wobei die Käufererwartungen zu berücksichtigen sind. Letztere werden auch durch die Werbung beeinflusst.

Als Sachmängel gelten nach dieser Vorschrift sowohl **Qualitätsabweichungen** als auch **Minderlieferungen** und sogar Aliud-Lieferungen (= Lieferung einer anderen als der bestellten Sache). Dagegen sind Mehrlieferungen nicht als mangelhafte Erfüllung des Kaufvertrags anzusehen.   057

Fall 8: „Jahreswagen" als Beschaffenheitsangabe > Seite 469

Der Sachmangel muss bereits im **Zeitpunkt des Gefahrübergangs** vorhanden sein. Der Verkäufer braucht nicht mehr für solche Sachmängel einzustehen, die nach der Übergabe der Sache an den Käufer oder nach der Eintragung eines Grundstücks oder Schiffs auf den Namen des Käufers auftreten, § 446 BGB.   058

Beim **Versendungskauf** (= im Kaufvertrag wird eine **Schickschuld** vereinbart) geht die Gefahr auf den Käufer über, wenn der Verkäufer die Sache dem Spediteur, dem Frachtführer oder einer anderen Person oder Anstalt (Post, Bahn, sonstige private Transportdienste) zur Ausführung der Versendung ausgeliefert hat, § 447 BGB. Dies gilt jedoch nicht, wenn der Verkäufer von vertraglichen Vereinbarungen über die Art der Versendung abweicht oder wenn die Sache nicht vom Erfüllungsort (= Wohnsitz des Schuldners (Verkäufers) oder Sitz seiner gewerblichen Niederlassung, § 269 BGB) abgesandt wird. In diesen Fällen geht die Gefahr erst mit der Übergabe an den Käufer über. Hier sind die Handelsklauseln zu beachten, wonach sich der Käufer mit der Versendung ab Werk, ab Lager etc. einverstanden erklärt und infolge dieser vertraglichen Vereinbarung der Gefahrübergang bereits vor der Übergabe der Sache stattfindet.[1] Bei einem Verbrauchsgüterkauf gilt § 447 Abs. 1 BGB mit der Maßgabe, dass die Gefahr des zufälligen Untergangs und der zufälligen Verschlechterung nur dann auf den Käufer übergeht, wenn der Käufer den Spediteur, den Frachtführer oder die sonst zur Ausführung der Versendung bestimmte Person mit der Ausführung beauftragt hat und der Unternehmer dem Käufer diese Person nicht zuvor benannt hat (vgl. § 474 Abs. 4 BGB).   059

▶ Der Käufer kann als **Nacherfüllung** nach seiner Wahl die Beseitigung des Mangels oder die Lieferung einer mangelfreien Sache verlangen, § 439 BGB.   060

▶ Der Käufer kann nach den §§ 440, 323, 326 Abs. 5 BGB von dem Vertrag zurücktreten oder nach § 441 BGB den Kaufpreis mindern.

▶ Der Käufer kann nach den §§ 440, 280, 281, 283 und 311a BGB Schadensersatz verlangen.

▶ Der Käufer kann nach § 284 BGB Ersatz vergeblicher Aufwendungen verlangen.

---

[1] Vgl. Abschnitt K. zu den internationalen Handelsklauseln.

061 Der Käufer muss zunächst den **Nacherfüllungsanspruch** gem. § 439 BGB verfolgen, bevor er die weiteren Rechte geltend macht. Er muss sich nach erfolgloser Nacherfüllung zwischen Rücktritt und Kaufpreisminderung entscheiden, kann aber zusätzlich Schadensersatz verlangen.

062 Als Nacherfüllung kann der Käufer nach seiner Wahl entweder **Nachbesserung** (= Mängelbeseitigung) oder **Neulieferung** verlangen. Der Verkäufer hat die zum Zweck der Nacherfüllung erforderlichen Aufwendungen, insbesondere Transport-, Wege-, Arbeits- und Materialkosten zu tragen.

063 Der Verkäufer kann die vom Käufer gewählte **Art der Nacherfüllung** verweigern, wenn sie nur mit unverhältnismäßigen Kosten möglich ist. Dabei sind insbesondere der Wert der Sache in mangelfreiem Zustand, die Bedeutung des Mangels und die Frage zu berücksichtigen, ob auf die andere Art der Nacherfüllung ohne erhebliche Nachteile für den Käufer zurückgegriffen werden könnte. Der Anspruch des Käufers beschränkt sich in diesem Fall auf die andere Art der Nacherfüllung, wobei der Verkäufer auch diese wegen Unverhältnismäßigkeit der Kosten verweigern könnte. Liefert der Verkäufer zum Zweck der Nacherfüllung eine mangelfreie Sache, so kann er vom Käufer Rückgewähr der mangelhaften Sache verlangen.

Beispiel

Gegenstand eines Kaufvertrages ist eine Büroausstattung, bestehend aus Regalen, Schreibtisch und Sideboard. Eine Schranktür ist beschädigt. Sofern der Käufer als Nacherfüllung Neulieferung der gesamten Büroausstattung verlangt, könnte der Verkäufer mit dem Hinweis auf die Unverhältnismäßigkeit diese Art der Nacherfüllung verweigern. Der Käufer kann Mängelbeseitigung, u. a. die Nachlieferung einer mangelfreien Regaltür verlangen, ohne dass sich dadurch für ihn Nachteile ergeben. Die beschädigte Schranktür müsste der Käufer zurückgeben.

064 Für die Geltendmachung von Rücktritts- und Schadensersatzansprüchen ist eine **Fristsetzung zur Nacherfüllung** erforderlich, vgl. § 440 BGB. Sofern der Käufer als Nacherfüllung die Nachbesserung gewählt hat, gilt diese erst nach dem erfolglosen zweiten Versuch als fehlgeschlagen, sofern sich nicht aus der Art der Sache oder des Mangels oder den sonstigen Umständen etwas anderes ergibt.

065 Die Fristsetzung ist entbehrlich, wenn

▶ der Schuldner die Leistung ernsthaft und endgültig verweigert oder wenn besondere Umstände vorliegen, die unter Abwägung der beiderseitigen Interessen die sofortige Geltendmachung des Anspruchs rechtfertigen, vgl. § 281 Abs. 2 BGB

▶ der Schuldner die Leistung zu einem im Vertrag bestimmten Termin oder innerhalb einer bestimmten Frist nicht bewirkt und der Gläubiger im Vertrag den

Fortbestand seines Leistungsinteresses an die Rechtzeitigkeit der Leistung gebunden hat, vgl. § 323 Abs. 2 BGB oder

➤ die dem Käufer zustehende Art der Nacherfüllung fehlgeschlagen oder ihm unzumutbar ist, vgl. § 440 BGB.

Statt zurückzutreten, kann der Käufer den Kaufpreis durch Erklärung gegenüber dem Verkäufer mindern. Daher muss auch im **Fall der Minderung** zuvor die Frist zur Nacherfüllung ergebnislos verstrichen sein. Nach dem Wortlaut des § 441 Abs. 3 BGB ist bei der Minderung der Kaufpreis in dem Verhältnis herabzusetzen, in welchem zur Zeit des Verkaufs der Wert der Sache in mangelfreien Zustand zu dem wirklichen Wert gestanden haben würde. Der geminderte Kaufpreis verhält sich zu dem vereinbarten Kaufpreis wie der Wert der mangelhaften Sache zum Wert der mangelfreien Sache. Dadurch geht das Ergebnis der Preisverhandlungen in die Berechnung der Minderung ein.

066

Fall 9: Der Gebrauchtwagenkauf > Seite 470

Die Mängelhaftung des Verkäufers ist ausgeschlossen, wenn

067

➤ der Käufer den Mangel bei Abschluss des Vertrags kennt, § 442 Satz 1 BGB.

➤ dem Käufer ein Mangel infolge grober Fahrlässigkeit unbekannt geblieben ist. In diesem Fall kann der Käufer den Mangel nur geltend machen, wenn der Verkäufer einen Fehler arglistig verschwiegen hat oder eine Garantie für die Beschaffenheit übernommen hat, § 442 Satz 2 BGB.

➤ ein Haftungsausschluss vereinbart wird. Der Verkäufer kann sich jedoch auf den Haftungsausschluss nicht berufen, wenn er den Mangel arglistig verschwiegen oder er eine Garantie für die Beschaffenheit der Sache übernommen hat, vgl. § 444 BGB.

➤ der Käufer die Sache im Wege des Pfandverkaufs in einer öffentlichen Versteigerung erwirbt, § 445 BGB.

In der Praxis tritt häufig der Fall auf, dass die Sachmängelhaftung des Verkäufers ausgeschlossen ist, weil der Käufer den Mangel bei Vertragsabschluss kannte oder ihm der Mangel infolge grober Fahrlässigkeit unbekannt geblieben ist. In Kaufverträgen über gebrauchte Sachen wird oft der **vertragliche Haftungsausschluss** „gekauft wie besichtigt" vereinbart, sodass der Käufer infolge des Verzichts seine gesetzlichen Gewährleistungsansprüche wegen äußerlich erkennbarer Mängel verliert.

068

Beispiel ▬▬▬▬▬▬▬▬▬▬▬▬▬▬▬▬▬▬▬▬▬▬▬▬▬▬▬▬▬▬▬▬

Ein Kunde achtet im Selbstbedienungsladen nicht auf das Verfalldatum und stellt erst nach dem Kaufvertragsabschluss fest, dass das Mindesthaltbarkeitsdatum überschritten ist. Die Gewährleistungsansprüche sind ausgeschlossen, weil der Käufer fahrlässig die Überprüfung des Verfalldatums unterlassen hat. Ein eventueller Umtausch der Ware fällt unter die Kulanzleistung, ohne dass eine rechtliche Verpflichtung des Verkäufers zur Nacherfüllung bestünde.

Bei dem Kauf eines gebrauchten Fahrzeugs vereinbaren die Parteien *„gekauft wie besichtigt unter Ausschluss jeglicher Gewähr"*. Damit hat der Käufer auf seine gesetzlichen Gewährleistungsansprüche wegen äußerlich erkennbarer Mängel verzichtet, während die Gewährleistung für versteckte Mängel fortbesteht.

069 Die **Verjährung** der **kaufvertraglichen Gewährleistungsrechte** ist in § 438 BGB geregelt und beträgt bei beweglichen Sachen 2 Jahre. Es ist zu berücksichtigen, dass die Verjährungsregelung nur die in § 437 Nr. 1 und 3 BGB bezeichneten Ansprüche auf Nacherfüllung, Schadensersatz und Aufwendungsersatz erfasst. Die Ansprüche auf Rücktritt oder Minderung unterliegen den allgemeinen Verjährungsbestimmungen gem. §§ 195 ff. BGB. Zudem besteht eine Sondervorschrift für den Verbrauchsgüterkauf in § 476 BGB.

Fall 10: Der mangelhafte Personal Computer > Seite 470

070 Die Rechtslage im Fall eines Mangels im Kaufvertrag wird in der Übersicht 05 dargestellt.

Übersicht 05: Mängelgewährleistung im Kaufvertrag	
Nacherfüllung gem. §§ 437, 439 BGB (= Mängelbeseitigung oder die Lieferung einer mangelfreien Sache)	Voraussetzungen: ► Mangel der Kaufsache ► im Zeitpunkt des Gefahrübergangs ► kein Ausschluss der Gewährleistung durch Gesetz oder Vertrag, §§ 444, 445 BGB ► keine Verjährung gem. § 438 BGB
Achtung: Der Käufer muss den gesetzlichen Nacherfüllungsanspruch vorrangig verfolgen. Die weiteren Gewährleistungsansprüche entstehen erst nach erfolglosem Fristablauf!	
Rücktritt vom Kaufvertrag, §§ 437, 440 BGB	Voraussetzungen: ► erheblicher Mangel der Kaufsache ► im Zeitpunkt des Gefahrübergangs ► **Fristsetzung zur Nacherfüllung** und Fristablauf gem. § 440 BGB (kann ausnahmsweise entfallen) oder **Fehlschlagen/Unzumutbarkeit der Nacherfüllung** (nach dem erfolglosen zweiten Versuch) ► kein Ausschluss der Gewährleistung durch Gesetz oder Vertrag, §§ 444, 445 BGB ► keine Verjährung gem. § 195 BGB
Minderung des Kaufpreises, §§ 437, 441 BGB	Voraussetzungen wie Rücktritt

Übersicht 05: Mängelgewährleistung im Kaufvertrag	
Schadensersatz oder Aufwendungsersatz, §§ 437, 440, 284 BGB	Voraussetzungen:
	► Mangel der Kaufsache
	► im Zeitpunkt des Gefahrübergangs
	► **Fristsetzung zur Nacherfüllung** und Fristablauf gem. § 440 BGB (kann ausnahmsweise entfallen)
	► kein Ausschluss der Gewährleistung durch Gesetz oder Vertrag, §§ 444, 445 BGB
	► keine Verjährung gem. § 438 BGB

Anmerkung: Die in § 437 Nr. 1 und 3 bezeichneten Ansprüche (Nacherfüllung, Schadensersatz und Aufwendungsersatz) verjähren gem. § 438 BGB. Dagegen unterliegen die in § 437 Nr. 2 bezeichneten Ansprüche (Rücktritt und Minderung) als Gestaltungsrecht der allgemeinen Verjährungsfrist gem. § 195 BGB.

2.2 Beschaffenheits- und Haltbarkeitsgarantie

Die Vertragsparteien können nach dem Grundsatz der Vertragsfreiheit ihre Gewährleistungsrechte im Kaufvertrag frei gestalten, wenn sie sich dabei an den Rahmen der Gesetze halten und insbesondere die §§ 134, 138, 305 ff. BGB beachten.   071

Falls der Verkäufer oder ein Dritter, beispielsweise der Hersteller, eine Garantie für die Beschaffenheit der Sache übernimmt oder dafür, dass die Sache für einen bestimmten Zeitraum eine bestimmte Beschaffenheit behält, so stehen dem Käufer im Garantiefall neben den gesetzlichen Gewährleistungsansprüchen auch die Rechte aus der Garantie zu. Die **Garantieansprüche** bestehen zu den in der Garantieerklärung und der einschlägigen Werbung angegebenen Bedingungen gegenüber demjenigen, der die Garantie eingeräumt hat, vgl. § 443 Abs. 1 BGB. Durch diese Regelung wird sichergestellt, dass der Käufer die Ansprüche aus der Garantie zusätzlich erhält.   072

Soweit eine **Haltbarkeitsgarantie** übernommen worden ist, wird vermutet, dass ein während ihrer Geltungsdauer auftretender Sachmangel die Rechte aus der Garantie begründet, vgl. § 443 Abs. 2 BGB. Daher kommt es für die Garantieleistung im Unterschied zur gesetzlichen Gewährleistung nicht darauf an, dass der Sachmangel im Zeitpunkt des Gefahrübergangs vorhanden war. Denn es ist gerade der Sinn einer Garantieübernahme, dass eine Haftung für solche Sachmängel begründet wird, die nach Gefahrübergang bei dem Käufer auftreten.   073

Die Gestaltung der Gewährleistungsrechte erfolgt regelmäßig durch die Formulierung von **„Garantiebedingungen"** seitens des Verkäufers und deren Einbeziehung in den Kaufvertrag. Das Garantieversprechen ist die Übernahme einer Verpflichtung, für einen entstehenden Schaden einzutreten. Beim Kauf technischer   074

Geräte und Gebrauchsgüter, aber auch beim Kauf größerer Maschinen und Elektroartikel übernimmt der Hersteller oder der Händler eine „Garantie" für Sachmängel, die infolge fehlerhafter Herstellung auftreten. Derartige Garantiezusagen können sowohl Gegenstand eines selbstständigen Garantievertrages als auch Bestandteil des Kaufvertrages sein, sie können durch den Händler oder durch den Hersteller erfolgen (*Tonner, 1984*).

075 Die **Händlergarantie** kann entweder zusätzlich oder anstelle der gesetzlichen Gewährleistungspflicht des Verkäufers vereinbart werden. In beiden Fällen muss die Vertragsgestaltung den Anforderungen der §§ 305 ff. BGB entsprechen.

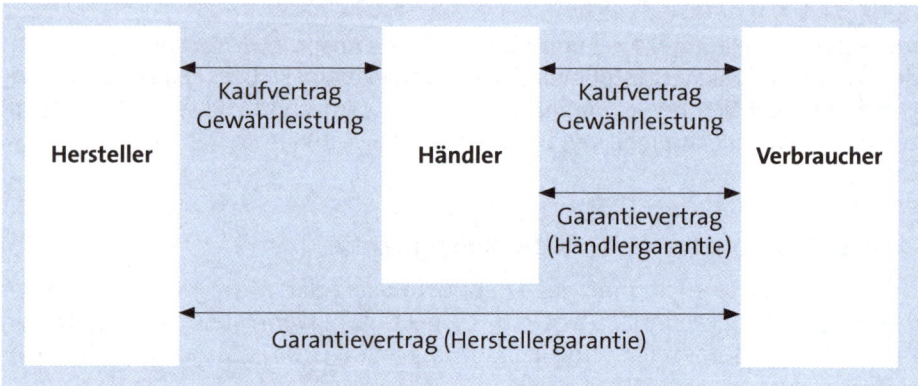

Abb. 5: Händler- und Herstellergarantie

076 Übernimmt der Händler **Garantieleistungen zusätzlich zu seinen gesetzlichen Gewährleistungspflichten**, muss er auf der Garantieurkunde oder durch einen Hinweis in seinen Garantiebedingungen deutlich machen, dass dem Kunden zusätzliche vertragliche Garantieleistungen zustehen und dass ihm die gesetzlichen Gewährleistungsrechte erhalten bleiben.

077 Sofern der Händler **Garantieleistungen anstelle der gesetzlichen Gewährleistungpflichten** anbietet, muss er seine Garantiebedingungen nach den Regeln über Allgemeine Geschäftsbedingungen gem. §§ 305 ff. BGB ausgestalten.

078 Das gebräuchliche Garantiekartensystem betrifft die **Herstellergarantie**, die zusätzlich oder anstelle der gesetzlichen Händlergewährleistung aus dem Kaufvertrag vereinbart werden kann. In jedem Fall muss zwischen dem Hersteller und den Kunden ein **Garantievertrag** abgeschlossen werden. Die Herstellerwerbung enthält noch kein Angebot zum Abschluss eines Garantievertrages, sondern erst die Garantiekarte, die der Ware beigefügt und vom Händler an den Kunden weitergeleitet wird. Die Annahme des Garantieangebots durch den Kunden erfolgt ausnahmsweise durch Stillschweigen gem. § 151 BGB, weil der Hersteller auf die Annahmeerklärung seines Garantieangebots verzichtet hat.

Fall 11: Garantiebedingungen im Versandhandel > Seite 470

Sofern die **Herstellergarantie neben die gesetzliche Gewährleistung des Händlers** 079
tritt, kann der Kunde beim Auftreten von Mängeln der Kaufsache wahlweise seine **Gewährleistungsansprüche aus dem Kaufvertrag** mit dem Händler oder seine
Rechte aus dem Garantievertrag mit dem Hersteller geltend machen. Da der Hersteller gesetzlich nicht zur Garantieübernahme verpflichtet und deshalb in der
Gestaltung der zusätzlichen Garantieleistungen frei ist, muss der Händler im
Kaufvertrag deutlich machen, dass die Herstellergarantie zusätzlich neben die
gesetzliche Gewährleistung des Händlers tritt. Denn gem. § 309 Nr. 8 b) aa) BGB
ist es dem Händler untersagt, sich unter Hinweis auf die Herstellergarantie seinen eigenen Gewährleistungspflichten zu entziehen.

Dennoch ist eine Vereinbarung zulässig, wonach die **Herstellergarantie an die** 080
Stelle der Händlergewährleistung tritt, sofern durch die Gestaltung der Garantiebedingungen sichergestellt wird, dass der Käufer im Fall des Fehlschlagens der
Herstellergarantie die Händlergewährleistung in Anspruch nehmen kann. In diesem Fall trifft den Hersteller die Pflicht, in dem Garantievertrag darauf hinzuweisen, dass seine Garantieübernahme nicht die gesamte, dem Verkäufer obliegen-
de Gewährleistung umfasst, und dass neben den Ansprüchen aus dem
Garantievertrag auch noch die gesetzlichen Gewährleistungsansprüche gegen
den Händler bestehen.

In welchem Umfang die Herstellergarantie vom Kunden in Anspruch genommen 081
werden kann, ist durch Auslegung der jeweiligen Garantiebedingungen zu ermitteln. Allerdings besteht die **Haftung des Herstellers** aus einem mit dem Kunden
abgeschlossenen Garantievertrag unabhängig neben einer eventuellen Produ-
zenten-Haftung aus unerlaubter Handlung und einer Haftung aus dem Produkthaftungsgesetz.[1] Bei auftretenden Schäden kann der Kunde nach der jeweiligen
Sachlage neben dem Anspruch auf Gewährleistung aus dem Kaufvertrag gegen
den Händler einen Anspruch aus einem Garantievertrag gegen den Hersteller
und außervertragliche Ansprüche aus dem Recht der unerlaubten Handlung geltend machen.

Die **Berechnung der Garantiefristen** bestimmt sich danach, ob eine Händler- oder 082
Herstellergarantie vorliegt. Wenn eine Händlergarantie die gesetzlichen Gewährleistungsansprüche ersetzen soll, handelt es sich um eine Gewährleistungsfrist,
auf die § 438 BGB anzuwenden ist. Es kann eine Hemmung der gesetzlichen Verjährungsfrist für die Gewährleistungsansprüche eintreten. Denn die Garantiezusage wird meist in der Weise ausgelegt, dass jeder Mangel beseitigt werden soll,
der innerhalb der Garantiezeit auftritt. In diesem Fall beginnt für jeden einzelnen
Mangel die gesetzliche Verjährungsfrist erst im Zeitpunkt der Entdeckung des
Mangels zu laufen. Die Auslegung einer Garantiezusage des Händlers ergibt ferner, dass dieser als Verkäufer nicht geltend machen wird, der Mangel müsse bereits im Zeitpunkt des Gefahrüberganges vorhanden sein, weil der Händler mit
der Garantie auch die Beseitigung später auftretender Mängel versprochen hat.

---

[1] Vgl. Abschnitte D.3.2 zur Produzentenhaftung und D.4 zum Produkthaftungsgesetz.

2.3 Haftungsfreizeichnung

083 Der Grundsatz der Vertragsfreiheit wirkt sich auf die Gewährleistung in der Weise aus, dass infolge der vertraglichen Gestaltung die Haftung des Verkäufers für Rechts- und Sachmängel eingeschränkt oder sogar vollständig ausgeschlossen werden kann. Die **Haftungsfreizeichnung** muss sich an den Rahmen der geltenden Gesetze halten, insbesondere sind die § 134, 138 BGB und §§ 276 Abs. 3, 278 BGB zu beachten sowie die Regelungen des Rechts der Allgemeinen Geschäftsbedingungen gem. §§ 305 ff. BGB.

084 Die **Zulässigkeit Allgemeiner Geschäftsbedingungen, die die Sachmängelhaftung betreffen**, regelt § 309 Nr. 8 b) BGB. Von diesen dort aufgeführten Klauselverboten werden nur **Verträge über Lieferungen neu hergestellter Sachen und Werkleistungen** erfasst, nicht dagegen die Veräußerung gebrauchter Gegenstände. Bei der Auslegung einer Vertragsbestimmung sind die Verständnismöglichkeiten eines rechtsunkundigen Durchschnittsverbrauchers zu Grunde zu legen, sodass die einzelnen Klauseln einfach, klar und unmissverständlich formuliert sowie vollständig sein sollten.

085 In Allgemeinen Geschäftsbedingungen über Lieferungen neu hergestellter Sachen und Werkleistungen ist der **Gewährleistungsausschluss unwirksam**, und zwar auch dann, wenn der Ausschluss nur teilweise oder durch Verweisung auf Ansprüche gegen Dritte (Hersteller) erfolgt, § 309 Nr. 8 b) aa) BGB.[1] Danach kann beispielsweise ein Händler seine Gewährleistung gegenüber Kunden nicht mit dem Hinweis auf die Herstellergarantie ausschließen.

Beispiel

Unwirksam sind die Klauseln *„Gewährleistung gemäß Herstellergarantie"*, *„Ein Garantieanspruch wird nur nach Vorlage der Garantiekarte anerkannt"* und *„Haftung nur für Montageschäden"*.

086 In Formularverträgen über neue Sachen und Leistungen dürfen die Gewährleistungsanspüche nicht auf ein **Nacherfüllungsrecht** beschränkt werden. Dem Vertragspartner muss vielmehr ausdrücklich das Recht zur Minderung oder zum Rücktritt für den Fall vorbehalten werden, dass die Nachbesserung fehlschlägt, § 309 Nr. 8 b) bb) BGB.

---

[1] Der vollständige Ausschluss der Gewährleistungsrechte ist auch im kaufmännischen Geschäftsverkehr unwirksam, da er gegen § 307 BGB verstößt.

Beispiel

Die Klausel *„Der Verkäufer verpflichtet sich zur unentgeltlichen Beseitigung der technischen Mängel, die innerhalb von 2 Jahren auftreten"* ist im Kaufvertrag über neue Sachen unwirksam.

Dagegen wäre die Klausel mit dem Zusatz wirksam: *„Sofern die Nacherfüllung nicht möglich oder fehlgeschlagen ist, kann der Käufer Herabsetzung des Kaufpreises oder Rücktritt vom Vertrag verlangen".*

In Allgemeinen Geschäftsbedingungen darf die Verpflichtung, die zum Zweck der Nacherfüllung erforderlichen **Aufwendungen** zu tragen, insbesondere Transport-Wege-, Arbeits- und Materialkosten, nicht ausgeschlossen oder beschränkt werden, § 309 Nr. 8 b) cc) BGB.   087

Beispiel

Unwirksam ist die Klausel *„Bei Reparaturen innerhalb der Garantiezeit werden die erforderlichen Ersatzteile nicht berechnet"*, denn es bleibt unklar, wer die weiteren Kosten der erforderlichen Garantieleistungen für Transport-, Wege- und Arbeitsleistungen zu erbringen hat.

Der Lieferant neuer Sachen darf seinen Kunden die Nacherfüllung nicht vorenthalten, indem er seine Gewährleistung von der vollständigen oder überwiegenden **Zahlung des Entgelts** abhängig macht, § 309 Nr. 8 b) dd) BGB.   088

Beispiel

Die Klausel *„Bei Nichteinhaltung der Zahlungsbedingungen entfallen die kostenlosen Garantieleistungen"* ist unwirksam.

Der Verwender Allgemeiner Geschäftsbedingungen darf dem anderen Vertragsteil keine **Ausschlussfrist für die Anzeige** nicht offensichtlicher Mängel setzen, die kürzer ist als die Verjährungsfristen, die in §§ 438 Abs. 1 Nr. 2 und 634a Abs. 1 Nr. 2 BGB vorgesehen sind, vgl. § 309 Nr. 8 b) ee) BGB. Da Ausschlussfristen[1] für   089

---

[1] Vgl. Abschnitt B.1.7 zu den Verjährungs- und Ausschlussfristen. Im kaufmännischen Geschäftsverkehr sind vertragliche Ausschlussfristen für die Geltendmachung von Gewährleistungsrechten unbedenklich, weil gem. § 377 HGB ohnehin eine unverzügliche Untersuchungs- und Rügepflicht besteht, sodass schon kraft Gesetzes bei Überschreitung der Rügefrist die Gewährleistungsansprüche ausgeschlossen sind.

die Anzeige offensichtlicher Mängel zulässig sind, muss bei der Gestaltung vertraglicher Ausschlussfristen für Mängelanzeigen eine Differenzierung von offensichtlich erkennbaren Mängeln und versteckten Mängeln erfolgen.

Beispiel

Unwirksam ist die Klausel *„Beanstandungen können nur berücksichtigt werden, wenn sie 2 Wochen nach Entgegennahme der Ware dem Verkäufer schriftlich angezeigt werden".*

Dagegen wäre eine Ausschlussfrist im Kaufvertrag in folgender Formulierung wirksam: *„Treten während der Garantiezeit Fehler auf, sind diese innerhalb von 14 Tagen nach ihrem Auftreten schriftlich dem Verkäufer mitzuteilen. In den ersten 2 Jahren nach Ablieferung kann ein Fehler ohne Einhaltung der Anzeigefrist geltend gemacht werden".*

090 Die einzelnen **Klauselverbote** gem. § 309 Nr. 8b) BGB gelten nicht unmittelbar in Verträgen unter Kaufleuten. Im Einzelfall ist nach der Generalklausel des § 307 BGB zu überprüfen, ob unter Berücksichtigung des kaufmännischen Geschäftsverkehrs eine Äquivalenzstörung eintritt. Dies ist anzunehmen, wenn die Vertragsgestaltung mit wesentlichen Grundgedanken der gesetzlichen Regelung, von der abgewichen wird, nicht zu vereinbaren ist oder wenn der Vertragspartner in seinen Rechten so eingeschränkt wird, dass die Erreichung des Vertragszwecks gefährdet ist.

Beispiele

Auch im unternehmerischen Verkehr sind Haftungsfreizeichnungsklauseln dergestalt *„Jede Haftung für Mängel wird ausgeschlossen."* oder *„Die Gewährleistungsrechte werden ausgeschlossen."* wegen des Verstoßes gegen § 307 Abs. 2 Nr. 1 BGB unwirksam.

091 Auf eine Vereinbarung, durch welche die Rechte des Käufers wegen eines Mangels ausgeschlossen oder beschränkt werden, kann sich der Verkäufer nicht berufen, wenn er den **Mangel arglistig verschwiegen** oder eine Garantie für die Beschaffenheit der Sache übernommen hat, vgl. § 444 BGB.

Haftungsbeschränkungsmöglichkeiten

	Individuell	Durch AGB
Mängelhaftungs-ausschluss	Möglich, Ausnahme § 444 BGB (Arglist oder Garantie)	Wegen § 309 Nr. 8b) (über § 307 BGB) ‣ bei neuen Sachen: **NEIN** ‣ bei gebrauchten Sachen: **JA**
Sonstige Haftung	Möglich, wegen jeder Form der Fahrlässigkeit, **§ 276 Abs. 3 BGB**	Nicht möglich für Schäden aus der schuldhaften **Verletzung von Leben, Körper und Gesundheit § 309 Nr. 7a) BGB** (+ gesetzl. Vertreter + Erfüllungsgehilfe)
	Möglich, wegen vorsätzliches und fahrlässiges Handeln des Erfüllungsgehilfen, **§ 278 Abs. 2 BGB**	Nicht möglich für **sonstige Schäden** aus grobem Verschulden **§ 309 Nr. 7b) BGB** (+ gesetzl. Vertreter + Erfüllungsgehilfe)
		Nicht möglich, bei schuldhafter **Verletzung einer Kardinalpflicht** (auch bei einfacher Fahrlässigkeit), **§ 307 Abs. 2 Nr. 2 BGB**

In Allgemeinen Geschäftsbedingungen ist ferner eine **Verkürzung der gesetzlichen Verjährungsfristen** für die Gewährleistung unzulässig, § 309 Nr. 8 b) ff) BGB.   092

Beispiel

Die Klausel im Kaufvertrag *„Gewährleistungsansprüche verjähren in 2 Jahren ab Vertragsschluss"* wäre unwirksam, weil die Verjährung gem. § 438 BGB erst im Zeitpunkt der Ablieferung der Sache beginnt.

Verjährungsverkürzungen

	Individuell	Durch AGB
Verjährungsverkürzung bei neuen Sachen, § 438 BGB	Möglich, Ausnahme § 202 Abs. 1 BGB (Vorsatztaten) u. § 444 BGB	Wegen **§ 309 Nr. 8b) ff) BGB** (über § 307 BGB): **nicht unter 1 Jahr** (bei Bauwerken etc. nicht unter 5 Jahren)

	Individuell	Durch AGB
Verjährungsverkürzung bei gebrauchten Sachen, § 438 BGB	Möglich, Ausnahme § 202 Abs. 1 BGB (Vorsatztaten) u. § 444 BGB	Möglich in den Grenzen des **§ 307 BGB** (Abweichung vom gesetzlichen Leitbild, unangemessene Benachteiligung)
Verjährungsverkürzung für sonstige Schäden, §§ 195, 199 BGB	Möglich, Ausnahme § 202 Abs. 1 BGB (Vorsatztaten)	Problematisch wegen **§ 307 Abs. 1 u. Abs. 2 Nr. 1 BGB** (unangemessene Benachteiligung, Möglichkeit des AGB-Verwenders Sachschaden mit Haftpflichtversicherung abzudecken)

2.4 Sonderformen des Kaufvertrags

093　Der Kaufvertrag gehört zu den häufigsten Vertragsformen im Bereich der Beschaffung von Rohstoffen, Materialien und Zulieferteilen für die Produktion sowie im Handel und im Vertrieb. Daher werden auf der Grundlage der Vertragsfreiheit vielfältige Gestaltungen kaufrechtlicher Art vereinbart, von denen nachfolgend die finanzierten Verträge – Teilzahlungskauf, finanzierter Kauf und Finanzierungsleasing – und im Handelsrecht auch der Sukzessivlieferungsvertrag als Beispiele für langfristige Lieferbeziehungen dargestellt.

094　Im Kaufrecht des Bürgerlichen Gesetzbuches sind einige Gestaltungsformen des Kaufvertrags enthalten, die grds. voneinander abzugrenzen sind:

► **Kauf auf Probe**

► **Wiederkauf**

► **Vorkauf.**

095　Bei einem **Kauf auf Probe** steht die Billigung der gekauften Sache im Belieben des Käufers, vgl. § 454 BGB. Der Kaufvertrag wird daher mangels anderweitiger Vereinbarung unter der aufschiebenden Bedingung der Billigung durch den Käufer geschlossen.[1] In aller Regel wird im Vertrag auch eine Frist vereinbart, innerhalb derer der Käufer die Kaufsache akzeptieren oder ablehnen kann, vgl. § 455 BGB (sog. Billigungsfrist). Der Verkäufer ist verpflichtet, dem Käufer die Untersuchung des Gegenstandes zu gestatten. Der Käufer kann bei einem Kauf auf Probe eine einwandfreie Sache auch völlig grundlos ablehnen, denn die Billigung steht in seinem Belieben. Hat sich der Käufer bis Fristablauf nicht geäußert, gilt sein Schweigen als Billigung des Kaufgegenstandes. Lehnt er die Sache nach Untersuchung ab, ist mangels Billigung die aufschiebende Bedingung nicht eingetreten und der Kaufvertrag nicht zu Stande gekommen, § 158 Abs. 1 BGB.

096　Haben die Kaufvertragsparteien vereinbart, dass der Käufer die Ware prüfen und behalten muss, wenn seine Untersuchung positiv ausfällt, liegt ein **Prüfungskauf** vor. Der Kaufvertrag ist ohne Bedingung abgeschlossen worden. Es handelt sich

---

[1] Vgl. Abschnitt B.1.6 zur aufschiebenden Bedingung.

daher nicht um einen Kauf auf Probe, sodass der Käufer die Ware behalten und zahlen muss, wenn die vereinbarte Prüfung zu einem positiven Ergebnis führt.

Auch die **Einräumung eines Umtauschrechts** ist eine „anderweitige Vereinbarung" und beinhaltet keine aufschiebende Bedingung. Vielmehr kommt der Kaufvertrag unbedingt zu Stande, enthält aber ein Recht des Käufers zum Umtausch der – mangelfreien – Kaufsache bei Nichtgefallen. Der Verkäufer ist verpflichtet, den Kaufgegenstand zurückzunehmen und dem Käufer eine andere Sache zu übereignen bzw. ihm eine Gutschrift zu erteilen.   097

Im **Kaufvertrag zur Probe** ist die Erprobung der Kaufsache das Motiv des Käufers zum Vertragsabschluss, allerdings muss eine Vereinbarung über die Erprobung vorliegen. Der Kaufvertrag wird ohne jede Bedingung abgeschlossen. Mit der Absicht der Erprobung hat der Käufer lediglich unverbindlich in Aussicht gestellt, er werde weitere Bestellungen vornehmen, falls ihm die Ware gefällt.   098

Der Verkäufer kann sich im Kaufvertrag auch ein **Recht zum Wiederkauf** vorbehalten. Dieses Wiederkaufsrecht kann der Verkäufer bei beweglichen Sachen bis zum Ablauf von drei Jahren durch Erklärung gegenüber dem Käufer ausüben, vgl. §§ 456, 462 BGB. Die Vertragsparteien können auch eine Wiederkaufsfrist vereinbaren und sollten Regelungen über den Wiederkaufspreis und über die Haftung des Wiederverkäufers treffen; andernfalls gelten die gesetzlichen Bestimmungen.   099

Eine häufige Vereinbarung betrifft das **Vorkaufsrecht**, welches zu Gunsten des Verkäufers oder eines Dritten vertraglich festgelegt werden kann, §§ 463 ff. BGB. Danach kann der Vorkaufsberechtigte sein Recht ausüben, sobald der Verpflichtete mit einem Dritten einen Kaufvertrag über den Gegenstand geschlossen hat. Im Grundstückskaufvertrag kann ein dingliches Vorkaufsrecht bestellt werden, vgl. §§ 1094 ff. BGB, während das schuldrechtliche Vorkaufsrecht in Kaufverträgen über Unternehmens- oder Gesellschaftsbeteiligungen anzutreffen ist. Die Ausübung des Vorkaufsrechts kann bei Grundstücken nur bis zum Ablauf von 2 Monaten, bei anderen Gegenständen nur bis zum Ablauf einer Woche nach Mitteilung über den Kaufvertrag ausgeübt werden, vgl. § 469 BGB. Mit der Ausübung des Vorkaufsrechts durch Erklärung gegenüber dem Vorkaufsverpflichteten kommt der Kaufvertrag mit dem Vorkaufsberechtigten zu den Bedingungen zu Stande, welche dieser mit dem Dritten vereinbart hat, § 464 Abs. 2 BGB. Das Vorkaufsrecht ist nicht übertragbar und ausgeschlossen, wenn der Verkauf an den Erben, im Wege der Zwangsvollstreckung oder im Insolvenzverfahren erfolgt, vgl. §§ 470, 471 BGB.   100

2.5 Verbrauchsgüterkauf

Kauft ein Verbraucher von einem Unternehmer eine bewegliche Sache, gelten ergänzend zu den allgemeinen Vorschriften des Kaufrechts die speziellen Vorschriften über den Verbrauchsgüterkauf, vgl. §§ 474 ff. BGB. Ferner sind die §§ 445 und 447 Abs. 2 BGB über die Haftungsbegrenzung bei öffentlichen Versteigerungen und den Gefahrübergang beim Versendungskauf nicht anzuwenden.   101

§ 447 Abs. 1 BGB findet auf den Verbrauchsgüterkauf unter den Voraussetzungen des § 474 Abs. 3 BGB Anwendung.

102   Der Unternehmer kann sich nicht auf Vereinbarungen berufen, die vor Mitteilung eines Mangels von den §§ 433 - 435, 437, 439 - 443 BGB oder von den speziellen Vorschriften zum Verbrauchsgüterkauf abweichen. Folglich sind die wesentlichen Normen über Gewährleistungsrechte des Käufers für den Unternehmer zwingend, vgl. § 475 Abs. 1 BGB.

103   Seit dem 13.06.2014 wurden auch einige Änderungen bei den Regelungen über den Verbrauchsgüterkauf vorgenommen.

104   § 474 Abs. 1 Satz 2 BGB wurde neu eingeführt und regelt, dass ein Verbrauchsgüterkauf nicht nur der Kauf einer beweglichen Sache ist, sondern auch ein Vertrag, der neben dem Kauf einer beweglichen Sache die Erbringung einer Dienstleistung durch den Unternehmer zum Gegenstand hat. Auch die Vorschrift § 474 Abs. 3 BGB ist neu. Danach kann der Gläubiger die zu erbringenden Leistungen abweichend von § 271 Abs. 1 BGB nur unverzüglich verlangen, wenn eine Zeit für die nach § 433 BGB zu erbringenden Leistungen weder bestimmt noch aus den Umständen zu entnehmen ist. Der Unternehmer muss die Sache in diesem Fall spätestens 30 Tage nach Vertragsschluss übergeben.

105   Neu geregelt in § 474 Abs. 4 BGB wurde ebenfalls der Gefahrübergang beim Versendungskauf für den Verbrauchsgüterkauf gem. § 447 Abs. 1 BGB. Die Gefahr des zufälligen Untergangs und der zufälligen Verschlechterung geht nur dann auf den Käufer (Verbraucher) über, wenn dieser den Spediteur, den Frachtführer oder die sonst zur Ausführung der Versendung bestimmte Person mit der Ausführung beauftragt hat und der Unternehmer dem Käufer diese Person nicht zuvor bekannt war.

106   Die **Verjährungsfrist** darf beim Kauf neuer Sachen nicht weniger als zwei Jahre und bei gebrauchten Sachen nicht weniger als ein Jahr betragen, vgl. § 475 Abs. 2 BGB. Der Anspruch auf Schadensersatz kann jedoch ausgeschlossen oder beschränkt werden, sofern in Allgemeinen Geschäftsbedingungen der Rahmen der §§ 307 - 309 BGB eingehalten wird.

107   Eine **Beweislastumkehr** erfolgt zu Gunsten des Verbrauchers im Gewährleistungsfall bei Sachmängeln. Sofern im Verbrauchsgüterkaufvertrag innerhalb von sechs Monaten seit Gefahrübergang ein Sachmangel auftritt, wird vermutet, dass die Sache bereits bei Gefahrübergang mangelhaft war, es sei denn, diese Vermutung ist mit der Art der Sache oder des Mangels unvereinbar, vgl. § 476 BGB.

108   Auch im **Garantiefall** wird der Verbraucherschutz deutlich. Eine Garantieerklärung muss einfach und verständlich abgefasst sein. Sie muss enthalten

    ► den Hinweis auf die gesetzlichen Rechte des Verbrauchers sowie darauf, dass sie durch die Garantie nicht eingeschränkt werden und

▸ den Inhalt der Garantie und alle wesentlichen Angaben, die für die Geltendma-chung der Garantie erforderlich sind, insbesondere die Dauer und den räumli-chen Geltungsbereich des Garantieschutzes sowie Namen und Anschrift des Garantiegebers.

Der Verbraucher kann verlangen, dass ihm die **Garantieerklärung in Textform** 109
mitgeteilt wird. Auch wenn der Unternehmer diese Anforderungen nicht erfüllt, wird die Wirksamkeit seiner Garantieverpflichtung nicht beeinträchtigt, vgl. § 477 BGB.

Der Unternehmer, der von einem Verbraucher aus der gesetzlichen Gewährleis-tung in Anspruch genommen wurde, kann gegen den Lieferanten nach Maßgabe 110
der §§ 478, 479 BGB Rückgriff nehmen.

2.6 Wiederholungsfragen

1. Worin besteht die Hauptleistungspflicht des Verkäufers im Kaufvertrag?

2. Das neu gekaufte Auto hat einen Lackierungsmangel, was der Käufer gleich bei seiner ersten Fahrt bemerkt. Welche Rechte hat der Käufer wegen des Mangels?

3. Der Kunde hat bei einem Händler ein elektrisches Gerät gekauft, dem eine Garantiekarte des Herstellers beiliegt. In den Garantiebedingungen heißt es *„Die Garantie von einem Jahr gewähren wir nur bei Vorlage des Kaufbelegs".* Ist diese Klausel rechtswirksam? Kann der Kunde auch ohne Beleg die „Ga-rantie" geltend machen?

4. Ein Händler hat in seine Formularkaufverträge folgende Klausel aufgenom-men: *„Gewährleistung gemäß Herstellergarantie".* Wäre diese Klausel wirk-sam?

5. Folgende Klausel hat ein Händler in seinen Formularvertrag aufgenommen, ohne dass weitere Gewährleistungsansprüche genannt werden: *„Der Verkäu-fer verpflichtet sich zur unentgeltlichen Beseitigung der technischen Mängel, die innerhalb von 6 Monaten auftreten".* Ist diese Klausel wirksam?

6. In einem Formularvertrag findet sich die Klausel: *„Beanstandungen können nur berücksichtigt werden, wenn sie 2 Wochen nach Entgegennahme der Ware dem Verkäufer schriftlich angezeigt werden."* Ist die Klausel wirksam?

7. Ein Unternehmer erwirbt für seinen Betrieb eine Büroausstattung mit meh-reren Regalen und Schreibtischen. Es wird eine Haltbarkeitsgarantie von drei Jahren vereinbart. Nach 25 Monaten löst sich an einem Regal das Furnier. Welche Rechte können geltend gemacht werden?

8. In der Werbung wird ein Gerät angepriesen, das die Funktionen eines Druckers, eines Kopierers, eines Telefons und eines Anrufbeantworters kombiniert. Ein Kunde erwirbt nach ausführlicher Beratung im Fachhandel dieses Gerät. Als er es zu Hause anschließt, stellt er fest, dass die Funktion des Anrufbeantworters nicht enthalten ist. Liegt ein Mangel der Kaufsache vor?

9. Ein Gebrauchtwagenhändler verwendet in seinen Verträgen die Klausel: *„Gekauft wie besichtigt unter Ausschluss jeglicher Gewähr. Alle Ansprüche aus diesem Kaufvertrag verjähren spätestens ein Jahr nach Übergabe des Fahrzeugs."* Wie ist die Rechtslage?

10. Erläutern Sie den Begriff des „Vorkaufsrechtes".

1. Der Verkäufer hat durch den Kaufvertrag die Verpflichtung übernommen, den Kaufgegenstand an den Käufer zu übereignen. Die Lieferung der Kaufsache ist mit der Übereignung noch nicht gleichzusetzen, vielmehr kommt es auf die Eigentumsübertragung und nicht nur auf die Besitzüberlassung an.

2. Der Käufer kann als Nacherfüllung gem. § 439 Abs. 1 BGB nach seiner Wahl die Beseitigung des Mangels oder die Lieferung einer mangelfreien Sache verlangen. In diesem Fall hat der Verkäufer die zum Zweck der Nacherfüllung erforderlichen Aufwendungen zu tragen, vgl. § 439 Abs. 2 BGB. Sofern der Lackierungsmangel geringfügig ist, könnte der Verkäufer die Neulieferung verweigern und Mängelbeseitigung vornehmen, indem er z. B. das beschädigte Teil auswechselt oder neu bearbeitet.

3. Mit der Entgegennahme der Garantiekarte ist auch ohne Erklärung des Kunden gem. § 151 BGB ein Garantievertrag mit dem Gerätehersteller zu Stande gekommen. Die Herstellergarantie tritt neben die kaufrechtlichen Gewährleistungsansprüche des Kunden gegen den Händler, vgl. § 443 BGB. Die Anforderung eines Kaufbelegs zur Geltendmachung der Garantieleistungen wäre daher zulässig. Der Händler dürfte eine entsprechende Klausel allerdings nicht in seine Garantiebedingungen aufnehmen. Er darf dem Kunden gegenüber die kaufrechtliche Gewährleistung nicht einschränken.

4. Nein, in Formularverträgen über neue Sachen und Leistungen ist der Ausschluss der Gewährleistungsansprüche unwirksam, vgl. § 309 Nr. 8 b) aa) BGB. Daher kann der Händler die Gewährleistung gegenüber seinen Kunden nicht mit dem Hinweis auf die Herstellergarantie ausschließen.

5. Nein, es liegt ein Verstoß gegen § 309 Nr. 8 b) bb) BGB vor, weil der Händler seine Gewährleistungsansprüche auf ein Nacherfüllungsrecht beschränkt.

6. Nein, denn der Verwender Allgemeiner Geschäftsbedingungen darf dem anderen Vertragsteil keine Ausschlussfrist für die Anzeige nicht offensichtlicher Mängel setzen, die kürzer ist als die Verjährungsfrist für den gesetzlichen Gewährleistungsanspruch, vgl. § 309 Nr. 8 b) ee) BGB. Die gesetzliche Verjährungsfrist beträgt 2 Jahre bei beweglichen Sachen gem. § 438 BGB.

7. Der Unternehmer kann als Nacherfüllung gem. § 439 BGB nach seiner Wahl die Beseitigung des Mangels oder die Lieferung einer mangelfreien Sache verlangen. Da es sich um einen in § 437 Nr. 1 BGB bezeichneten Anspruch handelt, ist nach zwei Jahren bereits die Verjährung eingetreten, vgl. § 438 Abs. 1 Nr. 3 BGB. Dem Nacherfüllungsanspruch steht also die Einrede der Verjährung entgegen, sofern diese von dem Verkäufer erhoben wird, vgl. § 214 BGB. Allerdings wurde vertraglich eine Haltbarkeitsgarantie von drei Jahren vereinbart. Der Unternehmer könnte daher seine Rechte aus der Garantievereinbarung geltend machen.

8. Die Kaufsache ist frei von Sachmängeln, wenn sie bei Gefahrübergang die vereinbarte Beschaffenheit hat, vgl. § 434 BGB. Soweit die Beschaffenheit nicht vereinbart wurde, muss die Sache sich für die gewöhnliche Verwendung eignen und eine Beschaffenheit aufweisen, die bei Sachen der gleichen Art üblich ist und die der Käufer nach der Art der Sache erwarten kann. Als Indiz für die Käufererwartungen sind auch Äußerungen in der Werbung heranzuziehen, vgl. § 434 Abs. 1 Satz 3 BGB.

Daher ist ein Sachmangel gegeben, wenn ein Gerät, das in der Werbung mit verschiedenen Funktionen angepriesen wird, diese berechtigten Käufererwartungen nicht erfüllt.

9. Die Klausel: „*Gekauft wie besichtigt unter Ausschluss jeglicher Gewähr.*" betrifft Gewährleistungsansprüche aus Mängeln, die äußerlich erkennbar sind. Diese Regelung ist zulässig, weil sie der Rechtslage gem. § 442 BGB entspricht. Mit der Klausel „*Alle Ansprüche aus diesem Kaufvertrag verjähren spätestens ein Jahr nach Übergabe des Fahrzeugs.*" werden auch Gewährleistungsansprüche wegen äußerlich nicht erkennbaren Mängeln erfasst. Auch diese Regelung entspricht der gesetzlichen Situation im Verbrauchsgüterkauf, da die Verjährungsfrist bei gebrauchten Sachen bis auf ein Jahr reduziert werden kann.

10. Ein Vorkaufsrecht ist eine Vereinbarung, wonach der Vorkaufsberechtigte, z. B. der Verkäufer oder ein Dritter, ein Recht erhält, im Fall des Weiterverkaufs der Sache durch Erklärung in den Kaufvertrag einzutreten. Sobald z. B. der Käufer mit einem Dritten einen Kaufvertrag abgeschlossen hat, kann der Vorkaufsberechtigte sein Vorkaufsrecht durch eine Erklärung gegenüber dem Vorkaufsverpflichteten ausüben. Der Kaufvertrag kommt mit dem Vorkaufsberechtigten zu den Bedingungen zu Stande, die mit dem Dritten vereinbart wurden, vgl. §§ 463 ff. BGB.

3. Finanzierungs- und Kreditgeschäfte

Im kaufmännischen aber auch im nichtkaufmännischen Geschäftsverkehr wer- 111
den Vertragsgegenstände aus unterschiedlicher Interessenlage heraus mit
Fremdmitteln finanziert. Auf der Seite des Erwerbers besteht regelmäßig ein Interesse daran, einen Gegenstand zu privaten oder betrieblichen Zwecken zu nutzen, während die Aufbringung der erforderlichen finanziellen Mittel eine Liquiditätsbindung bedeutet. Vielfach spielen auch steuerliche Erwägungen eine Rolle
bei der Entscheidung, einen Betriebsgegenstand zu leasen, zu mieten oder eine
Ratenzahlung zu vereinbaren statt gegen Barzahlung zu kaufen. Auf der Seite des
Veräußerers besteht das Interesse, die Sache gegen Zahlung der vereinbarten
Vergütung auf den Erwerber zu übertragen und im Fall der Ratenzahlung eine
entsprechende Sicherheit zu erhalten.

Aus Gründen des Verbraucherschutzes sind Finanzierungshilfen zwischen einem 112
Unternehmer und einem Verbraucher ebenso wie Verbraucherdarlehen in das
Bürgerliche Gesetzbuch aufgenommen worden. Die **Sonderbestimmungen des
Verbraucherrechts** betreffen

▸ Zahlungsaufschübe und sonstige Finanzierungshilfen gem. § 506 BGB

▸ Finanzierungsleasingverträge gem. § 506 Abs. 2 BGB

▸ Teilzahlungsgeschäfte gem. §§ 507 ff. BGB

▸ Ratenlieferungsverträge gem. § 510 BGB

▸ Verbraucherdarlehensverträge gem. §§ 491 ff. BGB.

Diese Regelungen (§§ 491 - 511 BGB) enthalten u. a. Schriftformerfordernisse für 113
den Mindestinhalt der Verträge, Widerrufsrechte, Rückgabe- und Rücktrittsrechte. Es handelt sich um **zwingende Normen**, die im Einzelfall auch auf Existenz-
gründer anzuwenden sind, sofern das Darlehen, der Zahlungsaufschub oder die
sonstige Finanzierungshilfe 75.000 € nicht übersteigt, vgl. § 512 BGB.

3.1 Zahlungsaufschub und Finanzierungshilfen

Verträge, durch die ein Unternehmer einem Verbraucher einen entgeltlichen Zah- 114
lungsaufschub von mehr als drei Monaten oder eine sonstige Finanzierungshilfe
gewährt, unterliegen **besonderen Verbraucherschutzregelungen**, vgl. § 499 BGB.
Es handelt sich z. B. um entgeltliche Stundungsvereinbarungen, die Inzahlungnahme gebrauchter Sachen und ähnliche vertragliche Vereinbarungen, mit denen die Vertragsparteien die sofortige Barzahlung der geschuldeten Leistung
aufschieben oder erleichtern.

Sofern Zahlungsaufschübe oder sonstige Finanzierungshilfen vereinbart werden, 115
finden **folgende Verbraucherschutzvorschriften** entsprechende Anwendung:

▸ Regelungen über verbundene Verträge gem. §§ 358, 359 BGB

▸ Schriftformerfordernis für den wesentlichen Vertragsinhalt gem. § 492 Abs. 1 - 3 BGB

- Nichtigkeit als Rechtsfolge von Formmängeln gem. § 494 BGB

- Widerrufsrecht gem. § 495 BGB

- Unwirksamkeit eines Einwendungsverzichts, Wechsel- und Scheckverbot gem. § 496 BGB

- Verzugszinsen und Anrechnung von Teilleistungen gem. § 497 BGB

- Gesamtfälligstellung gem. § 498 BGB.

116 Für Finanzierungsleasingverträge und Teilzahlungsgeschäfte gelten die Besonderheiten gem. §§ 506 ff. BGB. **Ausgenommen** sind Verträge, deren Barzahlungspreis 200 € nicht übersteigt, Verträge zwischen Arbeitgeber und Arbeitnehmer zu günstigeren als den marktüblichen Zinssätzen und Verträge im Rahmen der Förderung des Wohnungswesens und des Städtebaus aufgrund öffentlich-rechtlicher Bewilligungsbescheide. Ferner finden die Verbraucherschutzregelungen keine Anwendung, falls die Finanzierung durch Grundpfandrechte gesichert ist, der Vertrag mit bestimmtem Mindestinhalt notariell beurkundet wurde oder wenn es um die Finanzierung von Wertpapieren, Devisen Derivaten oder Edelmetallen geht, vgl. § 491 Abs. 2 und 3 BGB.

3.2 Teilzahlungsgeschäft

117 Ein Teilzahlungsgeschäft liegt vor, wenn z. B. in einem Kaufvertrag eine **Teilzahlungsabrede über mindestens zwei Ratenzahlungen** getroffen wird. Auf den Abzahlungskauf und andere Teilzahlungsgeschäfte finden die Vorschriften über den Kaufvertrag oder die jeweilige Vertragsart Anwendung, so z. B. die Vorschriften über den Werkvertrag bei Teilzahlungsabreden über die Vergütung.

118 Sofern der Vertragsgegenstand ohne vollständige Zahlung dem Käufer, Besteller u. a. zur Nutzung übergeben wird, sind der Verkäufer, der Werkunternehmer u. a. an einer **Sicherung der Restzahlung** interessiert, die durch Vereinbarung eines Eigentumsvorbehalts hinsichtlich des Vertragsgegenstandes erfolgen kann, aber auch durch eine Sicherungszession oder durch eine Bürgschaft.[1]

119 Auf **Teilzahlungsgeschäfte zwischen einem Unternehmer und einem Verbraucher** finden ergänzend zu den allgemeinen vertragsrechtlichen Bestimmungen spezielle Verbraucherschutzregelungen Anwendung, vgl. §§ 507 ff. BGB. Diese enthalten folgende Besonderheiten.

120 Teilzahlungsgeschäfte mit Verbrauchern unterliegen der **Schriftform** (§ 507 Abs. 2 i. V. m. § 494 Abs. 1 Satz 1 BGB). Der Abschluss des Vertrags in elektronischer Form ist ausgeschlossen. Der Schriftform ist genügt, wenn Antrag und Annahme durch die Vertragsparteien jeweils getrennt schriftlich erklärt werden. Die Erklärung des

---

[1] Vgl. Abschnitt C.4 zum Eigentumsvorbehalt, zum Sicherungseigentum, zur Sicherungszession und zur Bürgschaft.

Unternehmers bedarf keiner Unterzeichnung, wenn sie mithilfe einer automatischen Einrichtung erstellt wird, vgl. §§ 507, 492 Abs. 1 Satz 1 - 4 BGB.

Die vom Verbraucher zu unterzeichnende Vertragserklärung muss bei **Teilzahlungsgeschäften** gem. § 507 BGB mindestens angeben **121**

- den Barzahlungspreis

- den Sollzinssatz

- Betrag, Zahl und Fälligkeit der einzelnen Teilzahlungen

- den effektiven Jahreszins (entfällt, falls der Unternehmer ausschließlich gegen Teilzahlungen Sachen liefert oder Leistungen erbringt), den Tilgungsplan, die zu stellenden Sicherheiten und Versicherungen

- die Kosten einer Versicherung, die im Zusammenhang mit dem Teilzahlungsgeschäft abgeschlossen wird

- die Vereinbarung eines Eigentumsvorbehalts oder einer anderen zu bestellenden Sicherheit.

Der Unternehmer hat dem Verbraucher eine Abschrift der Vertragserklärungen zur Verfügung zu stellen, vgl. §§ 507, 492 Abs. 3 BGB. Dieses **Schriftformerfordernis** gilt nicht für Teilzahlungsgeschäfte im Fernabsatz, wenn der Unternehmer dem Verbraucher die Angaben in Textform und so rechtzeitig zur Verfügung stellt, dass dieser sie vor Vertragsabschluss eingehend zur Kenntnis nehmen kann. **122**

Beispiel

Im elektronischen Geschäftsverkehr zwischen Unternehmer und Verbraucher werden Teilzahlungsangebote gemacht. Die in § 507 BGB aufgeführten Vertragsinhalte müssten durch entsprechende Programmierung den Kunden in Textform und vor Vertragsabschluss vollständig zur Verfügung stehen, vgl. § 126b BGB.

Das Teilzahlungsgeschäft ist **nichtig**, wenn die Schriftform nicht eingehalten wurde oder eine der vorgeschriebenen Angaben mit Ausnahme des Eigentumsvorbehaltes fehlt, vgl. § 507 Abs. 2 BGB. Dieser Mangel wird jedoch geheilt, wenn dem Verbraucher die Sache übergeben oder die Leistung erbracht wird. Allerdings ist der Barzahlungspreis mit dem gesetzlichen Zinssatz zu verzinsen, wenn die Angabe des Teilzahlungspreises oder des effektiven Jahreszinses fehlt. Ist ein Barzahlungspreis nicht genannt, so gilt im Zweifel der Marktpreis als Barzahlungspreis. Der Teilzahlungspreis mindert sich, wenn der effektive oder anfängliche Jahreszinssatz zu niedrig angegeben ist. Die Bestellung von Sicherheiten kann bei fehlenden Angaben hierüber nicht gefordert werden, vgl. § 507 Abs. 2 BGB. **123**

Dem Verbraucher steht in Teilzahlungsgeschäften ein **Widerrufsrecht** zu, vgl. §§ 506, 495 Abs. 1 BGB. Durch Vertrag kann dem Verbraucher statt des Widerrufs- **124** rechts auch ein Rückgaberecht eingeräumt werden. Im Fall eines Widerrufs seiner auf den Abschluss des Teilzahlungsgeschäfts gerichteten Willenserklärung ist der Verbraucher auch an einen mit diesem Vertrag verbundenen Verbraucherdarlehensvertrag nicht mehr gebunden, vgl. §§ 506, 358 BGB. Er kann zudem Einwendungen aus verbundenen Verträgen gegenüber dem Unternehmer geltend machen, vgl. §§ 506, 359 BGB.

125   Im **Zahlungsverzug des Verbrauchers** kann der Unternehmer gem. § 508 Abs. 1 i. V. m. § 498 Satz 1 BGB nur zurücktreten,

▸ wenn der Verbraucher mit mindestens zwei aufeinanderfolgenden Raten in Verzug ist (§ 498 Satz 1 Nr. 1 BGB) und

▸ der Unternehmer erfolglos eine zweiwöchige Frist zur Zahlung des rückständigen Betrags mit der Erklärung gesetzt hat, dass er bei Nichtzahlung innerhalb der Frist die gesamte Rechtschuld verlange (§ 498 Satz 1 Nr. 2 BGB).

126   Die **Modalitäten des Rücktritts** in Teilzahlungsgeschäften sind in § 508 BGB geregelt. Danach hat der Verbraucher dem Unternehmer auch die infolge des Vertrags gemachten Aufwendungen zu ersetzen (§ 508 Satz 3 BGB).

127   Eine **gesetzliche Rücktrittsfiktion** enthält § 508 Satz 5 BGB. Nimmt der Unternehmer die aufgrund eines Teilzahlungsgeschäfts gelieferte Sache wieder an sich, z. B. indem er von seinem Eigentumsvorbehalt Gebrauch macht, so gilt dies als Ausübung des Rücktrittsrechts. Diese Rücktrittsfiktion gilt entsprechend, wenn ein Vertrag über die Lieferung einer Sache mit einem Verbraucherdarlehensvertrag verbunden ist.

128   Sofern der Verbraucher vorzeitig seine **Verbindlichkeiten** aus dem Teilzahlungsgeschäft erfüllt, vermindert sich der Teilzahlungspreis um die Zinsen und sonstigen laufzeitabhängigen Kosten, die bei gestaffelter Berechnung auf die Zeit nach der vorzeitigen Erfüllung entfallen, vgl. § 501 BGB.

Der Darlehensgeber kann im Fall der vorzeitigen Rückzahlung unter den Voraussetzungen des § 502 BGB eine angemessene **Vorfälligkeitsentschädigung** für den unmittelbar mit der vorzeitigen Rückzahlung zusammenhängenden Schaden verlangen.

3.3 Finanzierter Kauf

129   Sofern der Käufer den Kaufpreis nicht aufbringen kann und der Verkäufer mit einer Abzahlungsvereinbarung nicht einverstanden ist, muss der Käufer den Kaufpreis durch **Aufnahme eines Darlehens** finanzieren. Ein finanzierter Kauf liegt vor, wenn ein Kreditinstitut dem Käufer ein Darlehen in der Weise gewährt, dass die Darlehensvaluta nicht an den Käufer, sondern an den Verkäufer zur Tilgung einer Kaufpreisforderung ausgezahlt wird.

Deshalb sind an einem finanzierten Kauf drei Personen beteiligt, die verschiedene Verträge abschließen. Es ist der Abschluss eines **Kaufvertrages** zwischen Verkäufer und Käufer sowie eines **Darlehensvertrages** zwischen dem Käufer als Darlehensnehmer und einem Finanzierungsdienstleister als Darlehensgeber erforderlich. Daneben besteht regelmäßig eine vertragliche Rahmenvereinbarung zwischen dem Verkäufer und dem Finanzierungsdienstleister, worin die laufende Zusammenarbeit geregelt wird. Der Abschluss eines Rahmenvertrags ist zweckmäßig zwischen einem Hersteller hochwertiger Wirtschaftsgüter, welche in der Praxis häufig finanziert werden, und einer Bank oder Sparkasse, die die Finanzierungen übernehmen und abwickeln soll. Darin kann festgelegt werden, dass der Hersteller als Verkäufer Sicherheiten für die Rückzahlung der Darlehensraten durch den Käufer übernimmt oder das Sicherungseigentum an dem Kaufgegenstand auf den Finanzierungsdienstleister übertragen wird.

Beispiel

Der Käufer erwirbt einen Pkw. Bei Abschluss des Kaufvertrags mit dem Verkäufer wird vereinbart, dass der Kaufpreis ratenweise durch ein Darlehen bei der Pkw-Kreditbank getilgt werden soll. Der Verkäufer schließt mit dem Kunden nicht nur einen Kaufvertrag ab, sondern legt ihm auch einen Darlehensvertrag vor. Bei Abschluss des Darlehensvertrags wird der Verkäufer als Vermittlungs- oder Abschlussvertreter für die Pkw-Kreditbank tätig. In beiden Fällen kommt der Darlehensvertrag zwischen dem Kunden und der Pkw-Kreditbank zu Stande. Sodann erhält der Kunde den Pkw und zahlt zur Tilgung des Darlehens die vereinbarten Raten an die Pkw-Kreditbank. Der Kaufvertrag ist aber bereits erfüllt, weil durch die Darlehensaufnahme und Auszahlung der Darlehnsvaluta der Kaufpreis an den Verkäufer entrichtet wurde.

Der finanzierte Kauf erfordert grds. den Abschluss eines Kaufvertrags und den Abschluss eines Darlehensvertrags. Die **Auszahlung der Darlehensvaluta** an den Verkäufer ist keine Leistung des Kreditinstituts (= Darlehensgeber) an den Verkäufer, sondern eine **Handlung mit doppelter Erfüllungswirkung im Kauf- und Darlehensvertrag**. Durch die Zahlung der Darlehensvaluta wird die Kaufpreisforderung des Verkäufers im Kaufvertrag erfüllt, deshalb handelt es sich um eine **Leistung des Käufers an den Verkäufer**. Gleichzeitig wird aber auch die aus dem Darlehensvertrag geschuldete Darlehensvaluta ausgezahlt, deshalb liegt auch eine **Leistung des Finanzierungsdienstleister (= Darlehensgeber) an den Käufer (= Darlehensnehmer)** vor. 130

Der Kaufvertrag und der Darlehensvertrag sind **rechtlich selbstständige Verträge** und müssten nach den allgemeinen Regeln des bürgerlichen Rechts getrennt abgewickelt werden (Trennungstheorie). Sofern der finanzierte Kaufvertrag zwischen einem Unternehmer und einem Verbraucher abgeschlossen wird, gelten die besonderen Verbraucherschutzvorschriften über Finanzierungshilfen, vgl. 131

§§ 506 ff. BGB. Das Angebot des Verkäufers, einem Verbraucher zur Finanzierung der Kaufsache einen Darlehensvertrag zu vermitteln, verbindet den Darlehensvertrag mit dem Kaufvertrag. Statt eines Abzahlungskaufs, in dem der Verbraucher Raten an den Verkäufer zahlt, schließt er einen Darlehensvertrag ab und zahlt Raten an den Darlehensnehmer. Der finanzierte Kauf zwischen einem Unternehmer und einem Verbraucher ist daher mit einem Teilzahlungsgeschäft vergleichbar, sodass die §§ 507, 359 BGB zur Anwendung kommen. Der Verbraucher kann die Rückzahlung des Darlehens verweigern, soweit Einwendungen aus dem verbundenen Vertrag ihm gegenüber dem Unternehmer, mit dem er den verbundenen Vertrag geschlossen hat, zur Verweigerung seiner Leistung berechtigen würden.

Beispiel

Ein Verbraucher kauft einen neuen Pkw, der zum Barzahlungspreis von 23.000 € angeboten wird. Da er den Kaufpreis nicht in bar aufbringen kann, der Verkäufer jedoch die Liquidität seines Geschäfts erhalten möchte, vermittelt ihm der Verkäufer ein Darlehen der Pkw-Kreditbank. Es liegt ein Kaufvertrag zwischen dem Verbraucher und dem Fahrzeughändler vor sowie ein Darlehensvertrag zwischen dem Verbraucher und der Pkw-Kreditbank. Sofern der Verbraucher wegen Sachmängeln am Fahrzeug Mängelgewährleistungsrechte geltend macht und nach erfolgloser Nacherfüllung von dem Kaufvertrag zurücktritt, wäre er nach der Trennungstheorie zur Zahlung der Darlehensraten weiterhin verpflichtet. Dies verhindert der im Abschnitt über Finanzierungshilfen für Verbraucher befindliche Verweis auf § 359 BGB. Danach kann der Verbraucher die Rückzahlung des Darlehens an die Pkw-Kreditbank verweigern, weil es sich bei dem Kaufvertrag und dem Darlehensvertrag um verbundene Verträge handelt.

132 Die Definition von **verbundenen Verträgen** ist in § 358 Abs. 3 BGB enthalten. Danach ist ein Vertrag über die Lieferung einer Ware oder die Erbringung einer Leistung mit einem Verbraucherdarlehensvertrag verbunden, wenn das Darlehen ganz oder teilweise der Finanzierung des anderen Vertrags dient und beide eine wirtschaftliche Einheit bilden. Eine wirtschaftliche Einheit ist insbesondere anzunehmen, wenn der Unternehmer selbst die Gegenleistung des Verbrauchers finanziert, oder im Fall der Finanzierung durch einen Dritten, wenn sich der Darlehensgeber bei der Vorbereitung oder dem Abschluss des Verbraucherdarlehensvertrags der Mitwirkung des Unternehmers bedient.

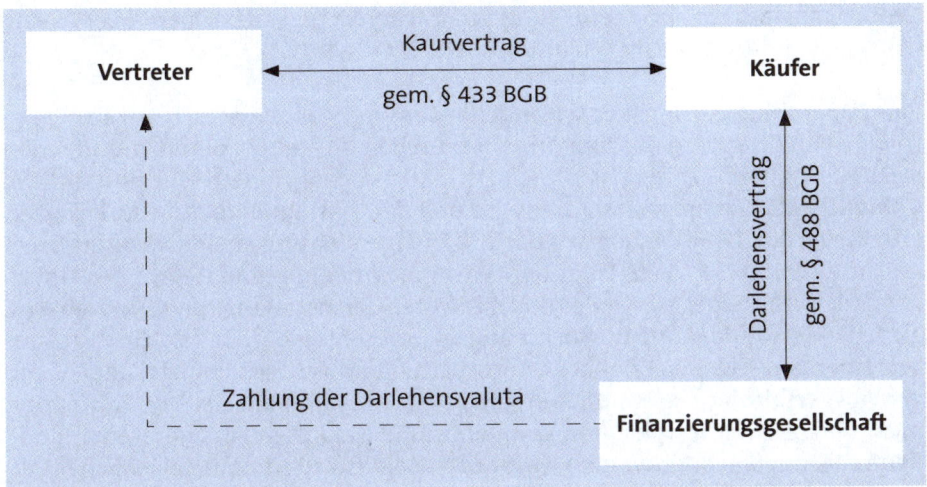

Abb. 6: Der finanzierte Kauf

Im finanzierten Kauf wird der Kaufvertrag durch die Übergabe der Kaufsache an den Käufer und durch die Zahlung des Kaufpreises (= Auszahlung der Darlehensvaluta) an den Verkäufer erfüllt. Dagegen hat das Finanzierungsinstitut ein **Sicherungsinteresse** hinsichtlich der vollständigen Rückzahlung des Darlehens. Aus diesem Grund wird beim finanzierten Kauf in aller Regel das Eigentum an dem Kaufgegenstand zur Sicherung der Darlehensraten an den Finanzierungsdienstleister (= Darlehensgeber) übertragen.   133

Für den Fall, dass der Käufer (= Darlehensnehmer) mit der Rückzahlung der Darlehensraten in **Verzug** gerät, kann das Finanzierungsinstitut als Eigentümer gem. § 985 BGB den Kaufgegenstand herausverlangen und verwerten.[1]   134

Diese Vorgehensweise – Rücktritt vom Darlehensvertrag und Verwertung der Sache – ist nur unter den Voraussetzungen der §§ 508 Satz 1, 498 Satz 1 BGB gegeben. Auch ohne Rücktrittserklärung gilt die Verwertung als Ausübung des Rücktrittsrechts. Der Verbraucher hat dem Unternehmer die infolge des Vertrags gemachten Aufwendungen zu ersetzen. Bei der Bemessung der Vergütung von Nutzungen der Sache ist auf die inzwischen eingetretene Wertminderung Rücksicht zu nehmen.   135

3.4 Leasingvertrag

Der Leasingvertrag hat sich aus dem wirtschaftlichen Interesse an der Nutzung von Betriebsmitteln (z. B. Maschinen und Anlagen) ohne Liquiditätsbindung heraus entwickelt und ist nach den betrieblichen Bedürfnissen in verschiedenen   136

---

[1] Vgl. Abschnitt C.4.2 zum Sicherungseigentum.

Gestaltungsformen anzutreffen. Aus rechtlicher Sicht ist das Operating-Leasing vom Finanzierungs-Leasing zu unterscheiden.

137 Beim **Operating-Leasing (auch: Hersteller-Leasing)** handelt es sich um eine langfristige Nutzungsvereinbarung über Produktionsmittel, regelmäßig durch den Hersteller selbst. Der Vertrag ähnelt dem **Mietvertrag**, indem eine **entgeltliche Gebrauchsüberlassung** vereinbart wird und der Leasingnehmer die Möglichkeit erhält, sich durch **Kündigung** aus der langfristigen Leasingvereinbarung zu lösen. Im Unterschied zur Miete trägt der Leasingnehmer aber die Gefahr des Untergangs des Leasinggegenstandes und die Kosten der Instandhaltung. Vielfach wird auch die Gewährleistung für Sachmängel ausgeschlossen, doch ist die Wirksamkeit einer derartigen Vereinbarung umstritten und richtet sich nach der jeweiligen Ausgestaltung. Gelegentlich erhält der Leasingnehmer auch eine **Kaufoption** nach Ablauf einer festgelegten Zeit, wobei die gezahlten Leasingraten auf den Kaufpreis angerechnet werden. Nach den Möglichkeiten unterschiedlicher Vertragsgestaltung kann die Leasingvereinbarung rechtlich als Abzahlungskauf einzuordnen sein. In aller Regel ist das Operating-Leasing aber als Mietvertrag anzusehen und wird nach den gesetzlichen Regeln des Mietrechts behandelt.

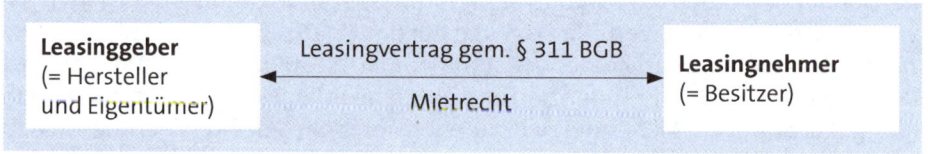

Abb. 7: Operating-Leasing

138 Das **Finanzierungs-Leasing** wird auch als **echter Leasingvertrag** bezeichnet. Dabei entsteht ein dreiseitiges Rechtsgeschäft, vergleichbar mit dem finanzierten Kauf. Der Leasingnehmer schließt mit einem Finanzierungsinstitut (= Leasinggeber) einen Leasingvertrag. Der Leasinggeber (= Käufer) kauft den Leasinggegenstand beim Hersteller (= Verkäufer), sodass zwischen diesen Parteien ein Kaufvertrag zu Stande kommt. Der Leasinggegenstand wird vom Hersteller direkt an den Leasingnehmer geliefert. Auf diese Weise bewirken die Beteiligten eine **Finanzierung ohne Kreditgewährung**; der Hersteller verkauft ein Wirtschaftsgut, der Leasingnehmer erhält den Besitz der Sache im Wege des Leasingvertrags und kann sie wirtschaftlich nutzen.

139 Die **Lieferung des Leasinggegenstandes** ist rechtlich keine Leistung des Herstellers an den Leasingnehmer, weil zwischen diesen Personen keine Leistungspflicht begründet wird, hat aber dennoch eine **doppelte Erfüllungsfunktion**. Einerseits wird der **Kaufvertrag** erfüllt, indem eine Leistung des Herstellers an den Leasinggeber erbracht wird, andererseits wird der **Leasingvertrag** erfüllt, indem eine Leistung des Leasinggebers an den Leasingnehmer erfolgt.

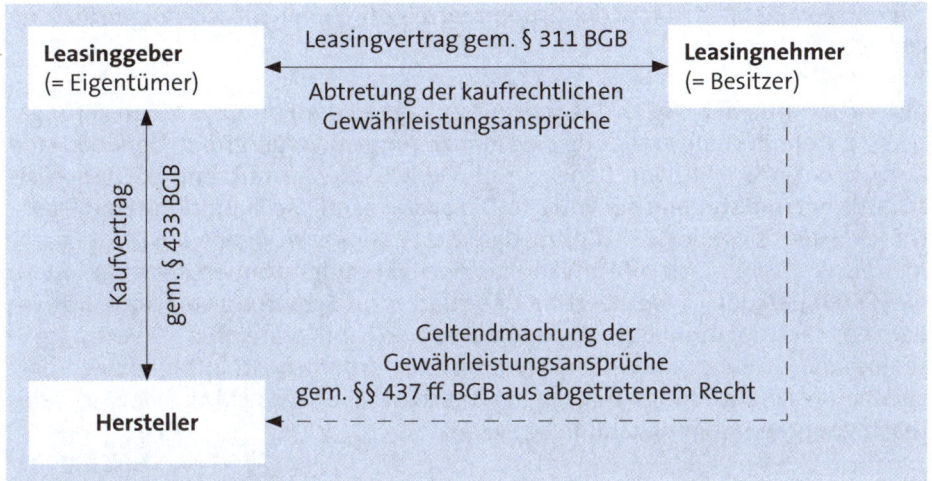

Abb. 8: Finanzierungs-Leasing

Da der Leasingvertrag gesetzlich nicht geregelt ist, kann er nach dem Grundsatz   140
der Vertragsfreiheit unterschiedlich gestaltet werden. In aller Regel wird eine
Grundmietzeit vereinbart, die nach der Art des Leasinggegenstandes etwa
3 - 6 Jahre beträgt und häufig kürzer ist als die betriebsübliche Nutzungszeit.
Während der Dauer der Grundmietzeit ist die Kündigung des Leasingvertrags
ausgeschlossen. An Zahlungen wird eine **Leasingsonderzahlung** vereinbart, die
bei Vertragsabschluss zu erbringen ist, **Leasingraten** für die Dauer der Grundmietzeit und in Verbindung mit einer Kaufoption noch eine **Restwertzahlung**. Die
Summe der Zahlungen ist so bemessen, dass nach Ablauf der Grundmietzeit
sämtliche dem Leasinggeber entstandenen Kosten für die Anschaffung und Vertragsabwicklung abgedeckt sind und ihm ein Gewinn von ca. 25 bis 55 % verbleibt. Für den Fall des Zahlungsverzugs kann vereinbart werden, dass sämtliche
Leasingraten bis zum Ende der Grundmietzeit fällig werden. Wie im Operating-
Leasing trägt der Leasingnehmer auch beim Finanzierungs-Leasing die Gefahr
des Untergangs und der Verschlechterung des Leasinggegenstandes, häufig verbunden mit Versicherungsverpflichtungen.

Die **rechtliche Einordnung des Finanzierungs-Leasing** als Kauf- oder Mietvertrag   141
ist nicht einfach. Die Vereinbarung der entgeltlichen Gebrauchsüberlassung des
Leasinggutes ähnelt dem Mietvertrag. Sowohl die rechtliche Gestaltung als auch
wirtschaftliche Gründe führen aber dazu, das Finanzierungs-Leasing nach den
gesetzlichen Regeln des Kaufrechts zu behandeln.

Im Unterschied zur Miete und zum langfristigen Operating-Leasing soll der Lea-   142
singnehmer beim Finanzierungs-Leasing vielfach endgültig die **wirtschaftliche
Substanz der Sache** erhalten. Dies ist der Fall, wenn die Bemessung der Grundmietzeit der Zeitdauer der wirtschaftlichen Verwertbarkeit des Leasinggegenstandes entspricht, sodass am Ende der Grundmietzeit der Wert des Leasinggutes
nur noch gering ist. Insbesondere beim Leasing technischer Produkte wird die

Verwertbarkeit nach Ablauf der Grundmietzeit durch Neuentwicklungen äußerst gering sein.

143 Als wirtschaftlicher Zweck des Leasingvertrags in der Form des Finanzierungs-Leasing steht deshalb eindeutig die **Finanzierung** im Vordergrund. Daneben sind auch andere Aspekte von Bedeutung, wie z. B. die **Ausnutzung betriebswirtschaftlicher und steuerlicher Vorteile**. Die bilanzrechtliche Zuordnung zum Eigentümer (= Leasinggeber) führt dazu, dass die Leasingzahlungen vom Leasingnehmer als Werbungskosten (Aufwand) abgesetzt werden können, ferner mindern die Zahlungen den Gewerbeertrag und führen zur **Schaffung von Liquidität**, indem das Leasinggut im Betrieb genutzt werden kann, ohne dass bei Vertragsabschluss die Zahlung des vollen Kaufpreises erforderlich ist. Infolgedessen entspricht das Finanzierungs-Leasing in wirtschaftlicher Hinsicht aus der Sicht des Leasingnehmers dem Abzahlungsgeschäft.

144 Falls im Leasingvertrag eine **Kaufoption** vereinbart wurde, hat der Leasingnehmer auch rechtlich die Möglichkeit, nach Ablauf der Grundmietzeit das Eigentum an dem Leasinggegenstand zu erwerben. Die Kaufoption ist ein bindendes Angebot des Leasinggebers an den Leasingnehmer zum Abschluss eines Kaufvertrags (= Verpflichtungsgeschäft) und zugleich ein Übereignungsangebot zur Übertragung des Eigentums (= Verfügungsgeschäft). Der Leasingnehmer wird deshalb durch die Ausübung des Optionsrechtes Eigentümer, u. a. er nimmt das Angebot zum Kauf und zur Übereignung des Leasinggegenstandes an.

145 Ein weiterer Unterschied zum Mietvertrag liegt in der **Gestaltung der Gefahrtragungs- und Gewährleistungsregeln**. Bei Abschluss eines Mietvertrags trägt der Vermieter die Gefahr für den Untergang oder die Verschlechterung der Mietsache, u. a. er verliert in diesen Fällen den Anspruch auf Zahlung des Mietzinses. Im Leasingvertrag wird diese Gefahrtragungsregel üblicherweise zu Lasten des Leasingnehmers abgeändert, der nach der Übergabe des Leasinggutes das Risiko des Untergangs oder der Verschlechterung übernimmt.

146 Die mietrechtlichen **Mängelgewährleistungsansprüche** des Mieters gegen den Vermieter werden regelmäßig im Leasingvertrag ausgeschlossen; dafür tritt der Leasinggeber an den Leasingnehmer die Gewährleistungsrechte aus dem Kaufvertrag mit dem Hersteller ab. An die Stelle der mietrechtlichen Gewährleistung tritt deshalb die kaufrechtliche Gewährleistung, sodass der Leasingnehmer infolge der Abtretung direkte Ansprüche gegenüber dem Hersteller erhält.

147 Anders als im Mietvertrag wird auch die **Verpflichtung zur Wartung und Unterhaltung des Leasinggegenstandes** auf den Leasingnehmer abgewälzt. Alle diese Umstände sprechen dafür, das Finanzierungs-Leasing nach kaufrechtlichen Regeln abzuwickeln. Aus den genannten Gründen entsteht durch die Vereinbarung des Finanzierungs-Leasing, sofern es unter den Anwendungsbereich des Verbraucherkreditgesetzes fällt, eine wirtschaftliche Einheit von Beschaffungs- und Finanzierungsgeschäft.

Sofern es sich um einen Finanzierungs-Leasingvertrag zwischen einem Unterneh- 148
mer und einem Verbraucher handelt, finden besondere **Verbraucherschutzvor-**
schriften entsprechende Anwendung, vgl. § 506 BGB. Hierzu gehören

► die Regelungen über verbundene Verträge gem. §§ 358, 359 BGB

► das Schriftformerfordernis für den wesentlichen Vertragsinhalt gem. § 492
Abs. 1 Satz 1 - 4 sowie § 492 Abs. 2 und 3 BGB mit der Verpflichtung zur Aushändigung einer Abschrift des Vertrags an den Verbraucher

► das Widerrufsrecht gem. § 495 Abs. 1 BGB

► die Unwirksamkeit eines Einwendungsverzichts sowie das Wechsel- und
Scheckverbot gem. § 496, die Vorschriften über Verzugszinsen und Anrechnung
von Teilleistungen gem. § 497 BGB und die Gesamtfälligstellung gem.
§ 498 BGB.

Ein Leasingvertrag, welcher der Finanzierung von Leistungen dient, die Verbrau- 149
cher als Entgelt für die Besitzüberlassung des Leasinggutes erbringen, unterliegt
grds. denselben **Verbraucherschutzvorschriften** wie Teilzahlungsgeschäfte.[1]

Im Unterschied zum Finanzierungs-Leasingvertrag gelten für Teilzahlungsgeschäfte jedoch noch zusätzliche Schutznormen, vgl. §§ 507, 508 BGB.

3.5 Factoring-Vertrag

Das Factoring ist ein Kaufvertrag über Forderungen, dessen wirtschaftlicher 150
Zweck in der **Schaffung von Liquidität** liegt. Es handelt sich um eine Vorfinanzierung abgetretener Außenstände. Durch den Factoring-Vertrag kauft der Factor, in
aller Regel eine Factoring-Gesellschaft, bestimmte Forderungen des Factoring-
Kunden (= **Anschlusskunde**) auf. Es entstehen zwei Hauptleistungspflichten,
nämlich die Verpflichtung des Anschlusskunden zur Abtretung der Forderungen
und die Verpflichtung des Factors zur Zahlung des Kaufpreises. Zur Abgeltung des
Verwaltungsaufwandes (Debitorenbuchhaltung, Mahnwesen, Rechtsverfolgung...) und des eventuell übernommenen Delkredere-Risikos wird eine Facto-
ring-Gebühr in Rechnung gestellt, die in aller Regel nach dem Jahresumsatz bemessen wird.

---

[1] Vgl. Abschnitt C.3.2 zu Teilzahlungsgeschäften.

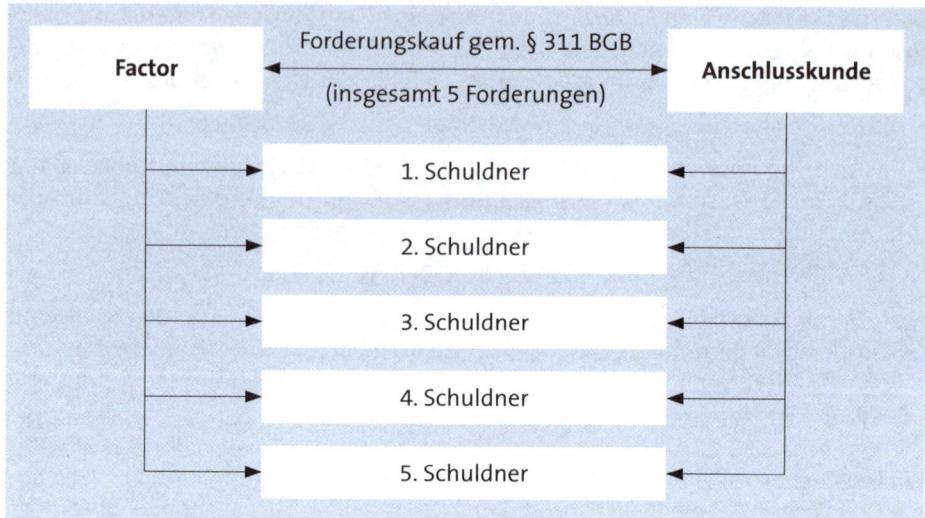

Abb. 9: Der Factoring-Vertrag

151   Im Rahmen eines **echten Factoring** übernimmt der Factor auch das Delkredere-Risiko, u. a. die Gefahr der Uneinbringlichkeit der Forderungen, sodass durch die Abtretung die Forderungen endgültig auf den Factor übergehen.

152   Bei einem **unechten Factoring** erfolgt zunächst auch eine Abtretung der Forderungen durch die Kundenfirma an den Factor gegen Zahlung des Kaufpreises. Zusätzlich wird aber vereinbart, dass im Fall der Uneinbringlichkeit der Forderungen eine Rückbelastung erfolgen soll, sodass das Delkredere-Risiko bei der Kundenfirma verbleibt.

153   Die **Factoring-Finanzierung** eignet sich vorwiegend für Großhandelsunternehmen, sowohl im Inlands- als auch im Auslandsgeschäft. Die betriebswirtschaftlichen Vorteile des Factoring liegen vor allem in der Liquidierung der Forderungen. Der Anschlusskunde kann über die Außenstände verfügen und sämtliche Lieferantenrechnungen voll skontieren. Neben den Zinsgewinn aus dem Verkauf treten häufig noch die Vorteile der Barzahlung im Einkauf, indem der Anschlusskunde bessere Einkaufspreise erzielt und seitens seiner Lieferanten bevorzugt wird, was ihm bei Lieferungsengpässen zugutekommt.

Fall 12: Factoring und Eigentumsvorbehalt > Seite 471

154   Die Erfahrungen der Factoring-Gesellschaften können für die Verkaufsplanung des Factoring-Kunden vorteilhaft sein, denn der Einblick in das Zahlungsverhalten der Abnehmer, in Märkte und regionale Besonderheiten führt dazu, dass der Factor sich zu einem Marktspezialisten entwickelt, der insbesondere im Außenhandel zunehmend an Bedeutung gewinnt.

3.6 Darlehensvertrag

Mit Abschluss eines Darlehensvertrages verpflichtet sich der Darlehensgeber, dem Darlehensnehmer einen Geldbetrag in der vereinbarten Höhe zur Verfügung zu stellen. Der Darlehensnehmer ist verpflichtet, einen geschuldeten Zins zu zahlen und bei Fälligkeit das zur Verfügung gestellte Darlehen zurückzuerstatten, § 488 Abs. 1 BGB.

155

Die Darlehensgewährung erfolgt durch **Übereignung der Darlehensvaluta** an den Darlehensnehmer. In aller Regel treffen die Vertragsparteien im Darlehensvertrag auch Vereinbarungen über Laufzeit und Zinsen und legen die Höhe und die Fälligkeit der Rückzahlungsraten sowie weitere Rückzahlungskonditionen fest.

156

Soweit die Parteien keine anderweitigen Vereinbarungen getroffen haben, sind die vereinbarten **Zinsen** nach Jahresablauf bzw. bei kürzerer Laufzeit mit der **Rückerstattung** des Darlehens zu entrichten. Zur Rückzahlung des Darlehens ist die Fälligstellung durch Kündigung des Darlehensgebers erforderlich. Die Kündigungsfrist beträgt drei Monate. Handelt es sich um ein zinsloses Darlehen, kann der Darlehensnehmer das Darlehen auch ohne Kündigung rückerstatten.

157

Das **ordentliche Kündigungsrecht** des Darlehensnehmers erfolgt gem. § 489 BGB,

158

▶ wenn die Zinsbindung vor dem vereinbaren Rückzahlungstermin endet unter Einhaltung einer Kündigungsfrist von einem Monat für den Ablauf des Tages, an dem die Zinsbindung endet,

▶ wenn das Darlehen einem Verbraucher gewährt wird und nicht durch ein Grund- oder Schiffspfandrecht gesichert ist, nach Ablauf von sechs Monaten nach dem Empfang der Darlehensvaluta mit einer Kündigungsfrist von drei Monaten,

in jedem Fall nach Ablauf von zehn Jahren nach dem Empfang der Darlehensvaluta mit einer Kündigungsfrist von sechs Monaten.

Gemäß § 489 Abs. 3 BGB gilt die Kündigung des Darlehensnehmers gilt in den ersten beiden Fällen als nicht erfolgt, wenn er den geschuldeten Betrag nicht innerhalb von zwei Wochen nach Wirksamwerden der Kündigung zurückzahlt. In aller Regel kann das ordentliche Kündigungsrecht des Darlehensnehmers nicht durch Vertrag ausgeschlossen oder erschwert werden.

159

Ein **außerordentliches fristloses Kündigungsrecht** hat der Darlehensgeber u. a., wenn in den Vermögensverhältnissen des Darlehensnehmers eine wesentliche Verschlechterung droht, vgl. § 490 Abs. 1 BGB. Der Darlehensnehmer hat ein außerordentliches Recht zur Kündigung unter Einhaltung einer Frist von drei Monaten, wenn berechtigte Interessen vorliegen, vgl. § 490 Abs. 2 BGB.

160

Im **Verbraucherdarlehensvertrag** gelten die besonderen Schutzvorschriften für Verbraucher gem. §§ 491 ff. BGB. Es ist zu berücksichtigen, dass diese Sonderre-

161

gelungen zu Gunsten der Verbraucher keine Anwendung in solchen Darlehensverträgen finden,

- bei denen das auszuzahlende Darlehen (Nettodarlehensbetrag) 200 € nicht übersteigt

- die ein Arbeitgeber mit seinem Arbeitnehmer zu Zinsen abschließt, die unter den marktüblichen Sätzen liegen

- die im Rahmen der Förderung des Wohnungswesens und des Städtebaus aufgrund öffentlich-rechtlicher Bewilligungsbescheide oder aufgrund von Zuwendungen aus öffentlichen Haushalten unmittelbar zwischen der fördernden Anstalt und den Darlehensnehmer zu Zinssätzen abgeschlossen werden, die unter den marktüblichen Sätzen liegen.

162 Auch sind verschiedene **Verbraucherschutzvorschriften** nicht anzuwenden, wenn das Darlehen durch ein Grundpfandrecht gesichert ist, der Darlehensvertrag durch gerichtliches oder notarielles Protokoll beurkundet wurde oder das Darlehen der Finanzierung von Wertpapieren, Devisen, Derivaten oder Edelmetallen dient, vgl. § 491 Abs. 2 und 3 BGB.

Folgende **Regelungen** gelten **speziell für Verbraucherdarlehensverträge:**

- Schriftformerfordernis für den wesentlichen Vertragsinhalt gem. § 492 BGB

- Unterrichtungspflicht für den Überziehungskredit gem. § 493 BGB

- Rechtsfolgen von Formmängeln gem. § 494 BGB

- Widerrufsrecht gem. § 495 BGB

- Unwirksamkeit eines Einwendungsverzichts gem. § 496 Abs. 1 BGB

- Wechsel- und Scheckverbot gem. § 496 Abs. 2 BGB

- Verzugszinsen und Anrechnung von Teilleistungen gem. § 497 BGB

- Gesamtfälligstellung bei Teilzahlungsdarlehen gem. § 498 BGB.

163 Verbraucherdarlehensverträge sind, soweit nicht eine strengere Form vorgeschrieben ist, schriftlich abzuschließen. Der Vertragsabschluss in elektronischer Form ist ausgeschlossen, vgl. § 126a BGB. Der **Schriftform** ist genügt, wenn Antrag und Annahme durch die Vertragsparteien getrennt schriftlich erklärt werden. Die Erklärung des Darlehensgebers bedarf keiner Unterzeichnung, wenn sie mithilfe einer automatischen Einrichtung erstellt wird. Ferner müssen die schriftliche Vertragsurkunde oder die getrennten Erklärungen der Vertragsparteien einen gesetzlich vorgegebenen Mindestinhalt haben, vgl. § 492 Abs. 2 BGB.

164 Diese Regelung über die **Schriftform gilt nicht** für einen Überziehungskredit zwischen einem Kreditinstitut und einem Verbraucher. Dagegen bestehen gesetzliche Unterrichtungspflichten des Kreditinstituts nach Maßgabe des § 493 BGB, die dem Darlehensnehmer nach der Inanspruchnahme des Darlehens in Textform gem. § 126b BGB zu bestätigen sind. Die Angabe auf den Kontoauszügen ist hierfür ausreichend.

Verbraucherdarlehensverträge sind **formnichtig**, sofern die Schriftform nicht eingehalten wird. Der Formmangel wird jedoch geheilt, wenn der Darlehensnehmer das Darlehen empfängt oder in Anspruch nimmt, vgl. § 494 Abs. 2 BGB

Dem Darlehensnehmer eines Verbraucherdarlehensvertrags steht ein **Widerrufs-** 165 **recht** zu, vgl. §§ 495, 355 BGB. Die Widerrufsfrist beginnt bei Verbraucherdarlehensverträgen solange nicht, bis der Darlehensgeber dem Darlehensnehmer einen für diesen bestimmte Vertragsurkunde, den schriftlichen Antrag des Darlehensnehmers zur Verfügung gestellt hat (§ 356b Abs. 1 BGB). Allerdings gilt der Widerruf als nicht erfolgt, wenn der Darlehensnehmer das Darlehen empfängt und nicht innerhalb von zwei Wochen nach Erklärung des Widerrufs zurückzahlt. Diese Rechtsfolge ist in die Widerrufsbelehrung aufzunehmen. Das Widerrufsrecht ist bei Überziehungskrediten entbehrlich, wenn der Verbraucher das Darlehen jederzeit ohne Einhaltung einer Kündigungsfrist und ohne zusätzliche Kosten zurückzahlen kann.

Eine Vereinbarung, durch die der Darlehensnehmer auf das Recht verzichtet, Ein- 166 wendungen, die ihm gegenüber dem Darlehensgeber zustehen, gem. § 404 BGB einem Abtretungsgläubiger entgegenzusetzen oder eine ihm gegen den Darlehensgeber zustehende Forderung gem. § 406 auch dem Abtretungsgläubiger gegenüber aufzurechnen, ist unwirksam, vgl. § 496 Abs. 1 BGB.

Beispiel

Ein Verbraucher hat bei einem Kreditinstitut ein Darlehen über 20.000 € aufgenommen und zahlt monatliche Raten von 200 €. Auf seinem Sparkonto liegen 3.000 €. Nachdem das Kreditinstitut die Darlehensforderung gegen den Verbraucher an eine internationale Kreditanstalt abgetreten hat, kündigt der Verbraucher fristgemäß seinen Darlehensvertrag und den Sparvertrag, erklärt die Aufrechnung mit einer Gegenforderung über 3.000 € und zahlt die restliche Darlehenssumme zurück. Das internationale Kreditinstitut meint, die Aufrechnung mit dem Sparguthaben sei nicht zulässig und verweist auf den Wortlaut des Darlehensvertrages, der eine Klausel über ein Aufrechnungsverbot im Fall der Abtretung der Darlehensforderung enthält. Die Klausel ist gem. § 496 Abs. 1 BGB unwirksam.

Der Darlehensnehmer darf nicht verpflichtet werden, für die Ansprüche des Dar- 167 lehensgebers aus dem Verbraucherdarlehensvertrag eine **Wechselverbindlichkeit** einzugehen. Auch darf der Darlehensgeber vom Darlehensnehmer zur Sicherung seiner Ansprüche keinen **Scheck** entgegennehmen, vgl. § 496 Abs. 2 BGB.

Im Fall des Verzugs sind für Verbraucherdarlehensverträge ebenfalls Sonderrege- 168 lungen vorgesehen, vgl. §§ 497, 498 BGB.

Die Regelungen über das Verbraucherdarlehen gelten auch für Existenzgründungsdarlehen natürlicher Personen bis 75.000 €, vgl. § 512 BGB.

Das Sachdarlehen gem. §§ 607 ff. BGB ist nicht Gegenstand dieses Kompendiums.

3.7 Ratenlieferungsvertrag

169 Auch Ratenlieferungsverträge zwischen einem Unternehmer und einem Verbraucher unterliegen einem besonderen Schutz, vgl. § 510 BGB. Dies gilt nur für Verträge,

- in denen die Lieferung mehrerer als zusammengehörend verkaufter Sachen in Teilleistungen erfolgt und bei dem das Entgelt für die Gesamtheit der Sachen in Teilzahlungen zu entrichten ist, oder

- die regelmäßige Lieferung von Sachen gleicher Art erfolgt oder

- die Verpflichtung zum wiederkehrenden Erwerb oder Bezug von Sachen besteht.

170 Daher handelt es sich beispielsweise um **schutzwürdige Ratenlieferungsverträge**, wenn ein Verbraucher ein Abonnement über Bücher oder Zeitschriften bezieht, wenn er eine Dauerbelieferung mit Lebensmitteln vereinbart oder wenn er eine einzelne Bestellung auf Ratenbasis aufgibt und die Lieferung in Teilleistungen erfolgt.

171 In diesen Verträgen steht dem Verbraucher ein **Widerrufsrecht** gem. § 355 BGB zu, sofern der Preis 200 € nicht übersteigt und in den weiteren Ausnahmefällen des § 491 Abs. 2 und 3 BGB. Bei der Preisberechnung ist die Summe aller vom Verbraucher bis zum frühestmöglichen Kündigungszeitpunkt zu entrichtenden Teilzahlungen zu bilden.

172 Ferner ist ein **Schriftformerfordernis** für den Ratenlieferungsvertrag in § 510 Abs. 1 BGB enthalten. Die Schriftform ist nicht erforderlich, wenn dem Verbraucher die Möglichkeit verschafft wird, die Vertragsbestimmungen einschließlich der Allgemeinen Geschäftsbedingungen bei Vertragsabschluss abzurufen und in wiedergabefähiger Form zu speichern (§ 510 Abs. 1 S. 2 BGB). Der Unternehmer hat dem Verbraucher den Vertragsinhalt in Textform gem. § 126b BGB mitzuteilen. Dadurch wird der Abschluss von Ratenlieferungsverträgen im elektronischen Geschäftsverkehr ermöglicht.

3.8 Wiederholungsfragen

1. Verkäufer und Käufer (kein Gewerbetreibender oder Freiberufler) vereinbaren, dass auf den Kaufpreis von 5.000 € eine sofortige Anzahlung von 500 € zu erbringen ist, während die Restzahlung von 4.500 € bei Lieferung der Kauf-

sache erfolgt. Liegt ein Teilzahlungsgeschäft vor? Kann der Käufer seine Willenserklärung widerrufen?

2. Der finanzierte Kauf ist ein dreiseitiges Geschäft, an dem neben Käufer und Verkäufer auch ein Finanzdienstleister beteiligt ist. Angenommen, der Kaufgegenstand ist mangelhaft. Kann der Käufer die Zahlung der Raten an das Finanzierungsinstitut unter Hinweis auf seine Mängelgewährleistungsrechte im Kaufvertrag verweigern?

3. Das Finanzierungs-Leasing ist ein dreiseitiges Geschäft zwischen Leasingnehmer, Leasinggeber und Hersteller. In einem Leasingvertrag werden die mietrechtlichen Gewährleistungsansprüche des Leasinggebers bei gleichzeitiger Abtretung der ihm gegen den Hersteller zustehenden kaufrechtlichen Gewährleistungsansprüche ausgeschlossen.

   a) Wem gegenüber kann der Leasingnehmer Nacherfüllung verlangen, wenn der Leasinggegenstand mangelhaft ist?

   b) Besteht ein Widerrufsrecht?

4. Angenommen, ein Großhandelsunternehmen hat eine ihm gegenüber seinem ausländischen Abnehmer zustehende Forderung an einen Factor abgetreten und den Kaufpreis hierfür erhalten. Die Forderung erweist sich als uneinbringlich. Wer trägt das Delkredere-Risiko?

5. In einem Online-Shop im Internet werden Bücher und CDs angeboten. Nach der Werbung wird der Kaufpreis für fünf Monate gestundet. Der private Kunde findet auf seinem Online-Bestellformular den Vermerk: *„Der Kaufpreis ist erst in fünf Monaten zu entrichten."* Er erwirbt per Mausklick mehrere CDs zum Preis von insgesamt 150 €.

   a) Ist der Kaufvertrag wirksam?

   b) Besteht ein Widerrufs- und Rückgaberecht bei Nichtgefallen der Ware?

6. Ein Student findet im Internet ein Notebook zum Preis von 2.500 €, das er mittels eines Online-Bestellformulars anfordert. Der Online-Anbieter betreibt einen Teledienst im Internet für die Werbung und den Vertrieb. Auf der Bestellung hat der Student die Rubrik *„Wünschen Sie Teilzahlung?"* mit „JA" angeklickt. Daraufhin konnte er die Höhe der monatlichen Raten wählen, die er mit „100 €" angab.

   a) Welche Informationen muss der Online-Unternehmer nach den Verbraucherschutzregelungen für seine Kunden bereithalten?

   b) Welche speziellen Rechtspflichten betreffen den elektronischen Geschäftsverkehr?

7. Becks benötigt für die Eröffnung seines Feinschmeckerrestaurants ein Existenzgründungsdarlehen in Höhe von 30.000 €. Welchen formalen Erfordernissen muss der Darlehensvertrag entsprechen; könnte er im Internet abgeschlossen werden? Stünde Beck ein Widerrufsrecht zu?

1. Ein Teilzahlungsgeschäft liegt bereits vor, wenn eine Teilzahlungsabrede über mindestens zwei Raten vereinbart wurde. Auf Teilzahlungsgeschäfte zwischen einem Unternehmer und einem Verbraucher finden die Vorschriften der §§ 507 ff. BGB mit den dort genannten Verweisen auf weitere Verbraucherschutzbestimmungen Anwendung. Das Widerrufsrecht in Teilzahlungsgeschäften zwischen einem Unternehmer und einem Verbraucher ergibt sich aus der entsprechenden Anwendung von § 495 Abs. 1 BGB. Danach steht dem Verbraucher ein Widerrufsrecht gem. § 355 BGB zu.

2. Sofern es sich bei dem Käufer um einen Verbraucher handelt, finden gem. § 506 BGB die Vorschriften über verbundene Geschäfte entsprechende Anwendung, §§ 358, 359 BGB. Denn das Angebot eines Darlehensvertrages durch den gewerblichen Verkäufer stellt eine Finanzierungshilfe gegenüber dem Verbraucher dar. Dieser kann die Rückzahlung des Darlehens verweigern, soweit Einwendungen aus dem verbundenen Vertrag ihn gegenüber dem Unternehmer, mit dem er den verbundenen Vertrag geschlossen hat, zur Verweigerung seiner Leistung berechtigen würden. Daher kann der Käufer, wenn er im Kaufvertrag Mängelgewährleistungsrechte geltend macht, nach Fehlschlagen der Nacherfüllung die Rückzahlung des Darlehens verweigern, vgl. § 359 BGB.

3. a) Im Leasingvertrag sind dem Leasingnehmer die kaufrechtlichen Gewährleistungsansprüche abgetreten worden. Daher kann der Leasingnehmer den Anspruch auf Nacherfüllung gem. §§ 439, 398 BGB aus abgetretenem Recht unmittelbar gegenüber dem Hersteller geltend machen.

   b) Es kommt darauf an, ob der Leasingvertrag zwischen Unternehmern abgeschlossen wurde, dann besteht kein Widerrufsrecht, oder ob es sich um einen Finanzierungs-Leasingvertrag zwischen einem Unternehmer als Leasinggeber und einem Verbraucher als Leasingnehmer handelt. In diesem Fall wäre gem. § 506 BGB ein Widerrufsrecht in entsprechender Anwendung des § 495 Abs. 1 BGB gegeben.

4. Das Großhandelsunternehmen, soweit eine vertragliche Übernahme des Delkredere-Risikos durch den Factor nicht vereinbart wurde. Im Fall des „unechten Factoring" erfolgt eine Rückbelastung, wenn die Forderung nicht eingetrieben werden kann.

5. In dem Kaufvertrag wird ein Zahlungsaufschub von mehr als drei Monaten gewährt. Damit handelt es sich um eine Finanzierungshilfe zwischen einem Unternehmer und einem Verbraucher gem. § 506 BGB.

   a) Für diesen Kaufvertrag gilt das Schriftformerfordernis gem. §§ 506, 492 Abs. 1 BGB. Dem Schriftformerfordernis wird durch einen Online-Kaufvertrag nicht genügt, da die eigenhändige Unterschrift fehlt, vgl. § 126 BGB. Der Abschluss des Vertrages in elektronischer Form ist ausgeschlossen. Diese Regelung gilt jedoch nicht, wenn der gestundete Kaufpreis 200 € nicht übersteigt, vgl. §§ 506 Abs. 4, 491 Abs. 2 Nr. 1 BGB. Daher ist der Kaufvertrag wirksam.

   b) Es handelt sich um ein Fernabsatzvertrag, da der Online-Shop ein für den Fernabsatz organisiertes Vertriebssystem darstellt, indem das Internet für Vertragsabschlüsse genutzt wird. Der Online-Shop stellt einen Telemediendienst dar.

Für Fernabsatzverträge besteht ein Widerrufsrecht gem. § 312g i. V. m. § 355 BGB.

6. Der angestrebte Kaufvertrag ist ein Teilzahlungsgeschäft im Fernabsatz zwischen einem Unternehmer und einem Verbraucher, §§ 433, 312c, 507 BGB. Denn der Kaufpreis ist in mindestens zwei Raten zu entrichten und der Vertrag kommt im Rahmen eines für den Fernabsatz organisierten Vertriebssystems durch einen Telemediendienst im Internet zu Stande.

a) Die in Teilzahlungsgeschäften erforderlichen Angaben sind in § 507 Abs. 1 Satz 1 BGB aufgelistet. Der Unternehmer muss u. a. den Barzahlungspreis, den Teilzahlungspreis einschließlich aller Kosten, Betrag, Zahl und Fälligkeit der einzelnen Teilzahlungen, den effektiven Jahreszins und eventuelle Versicherungen und Sicherheiten angeben. Auf Teilzahlungsgeschäfte finden u. a. die §§ 492 Abs. 1 Satz 1 - 4, Abs. 2 und 3, 495 Abs. 1 BGB entsprechende Anwendung, jedoch gilt im Fernabsatz nur § 492 Abs. 2 BGB, vgl. § 507 Abs. 2 BGB. Danach hat der Unternehmer dem Verbraucher eine Abschrift der Vertragserklärungen zur Verfügung zu stellen, vgl. § 492 Abs. 2 BGB. Das Teilzahlungsgeschäft ist nichtig, wenn die Schriftform nicht eingehalten ist oder wenn eine der vorgeschriebenen Angaben fehlt. Da es sich um ein Fernabsatzvertrag gem. § 312c BGB handelt, genügt die Einhaltung der Textform gem. § 126b BGB. Jedoch kommen im Fernabsatz noch weitere Unterrichtungspflichten des Unternehmers gem. § 312d BGB hinzu. Dem Verbraucher steht ein Widerrufsrecht zu, §§ 507, 495, 312g BGB.

b) Neben den allgemeinen Unterrichtungspflichten im Fernabsatz gelten spezielle Pflichten im elektronischen Geschäftsverkehr gem. § 312i BGB. Danach hat der Unternehmer dem Kunden angemessene, wirksame und zugängliche technische Mittel zur Verfügung zu stellen, mit deren Hilfe der Kunde Eingabefehler vor Abgabe seiner Bestellung erkennen und berichtigen kann, ferner sind die Informationen nach Art. 246c EGBGB bereitzustellen, der Zugang der Bestellung ist unverzüglich auf elektronischem Wege zu bestätigen und der Kunde soll die Möglichkeit erhalten, die Vertragsbestimmungen und die Allgemeinen Geschäftsbedingungen bei Vertragsschluss abzurufen und in wiedergabefähiger Form zu speichern.

7. Es ist ein Existenzgründungsdarlehen gem. § 512 BGB gegeben, da Becks die Aufnahme einer gewerblichen Tätigkeit anstrebt und der benötigte Darlehensbetrag unter 75.000 € liegt. Daher finden die §§ 491 - 511 BGB Anwendung. Das Existenzgründungsdarlehen folgt den Regeln über den Verbraucherdarlehensvertrag gem. §§ 491 ff. BGB. Es ist Schriftform erforderlich; der Abschluss des Vertrags in elektronischer Form ist ausgeschlossen, § 492 Abs. 1 BGB. Die vom Darlehensnehmer zu unterzeichnende Vertragserklärung muss den in § 492 Satz 6 BGB beschriebenen Mindestinhalt haben. Der Formmangel ist geheilt, wenn der Darlehensnehmer das Darlehen empfängt oder in Anspruch nimmt, § 494 Abs. 2 BGB. Dem Darlehensnehmer steht ein Widerrufsrecht zu, § 495 BGB.

4. Sicherungsrechte und -geschäfte

173 Im kaufmännischen Geschäftsverkehr besteht ein Interesse an der Sicherung von Forderungen aus Schuldverhältnissen gegen das **Insolvenzrisiko** des Schuldners, insbesondere beim Abschluss von Verträgen mit Ratenzahlungsvereinbarungen oder mit langfristigen Zahlungszielen. Die Sicherungsrechte entstehen kraft Gesetzes oder durch vertragliche Vereinbarung.

4.1 Eigentumsvorbehalt

174 Durch den Abschluss eines Kaufvertrags verpflichtet sich der Verkäufer, dem Käufer das **Eigentum** an dem Kaufgegenstand zu verschaffen, § 433 Abs. 1 BGB. Als Folge der **Trennung von Verpflichtungs- und Verfügungsgeschäft** nach dem sachenrechtlichen Abstraktionsprinzip[1] hängt die rechtliche Zuordnung von Vermögensgegenständen nicht von dem fehleranfälligen Verpflichtungsgeschäft ab, das durch Nichtigkeit oder Anfechtbarkeit fortfallen kann, sondern ausschließlich von dem Verfügungsgeschäft. Die Unabhängigkeit der abstrakten Eigentumsübertragung von dem schuldrechtlichen Kaufvertrag ermöglicht es, das **Eigentum als Sicherungsrecht** einzusetzen, z. B. zur Sicherung einer Kaufpreisschuld oder einer Rückzahlungsverpflichtung aus einem Darlehensvertrag.

175 Durch die **Vereinbarung eines Eigentumsvorbehalts** gem. § 449 BGB wird das Verfügungsgeschäft unter der aufschiebenden Bedingung vollständiger Kaufpreiszahlung abgeschlossen. Der Verkäufer bleibt Eigentümer der Kaufsache, auch wenn er diese dem Käufer liefert, bis die Bedingung – Kaufpreiszahlung – eintritt, vgl. § 158 Abs. 1 BGB. Erst dann wird der Käufer ohne weitere Vereinbarung Eigentümer.

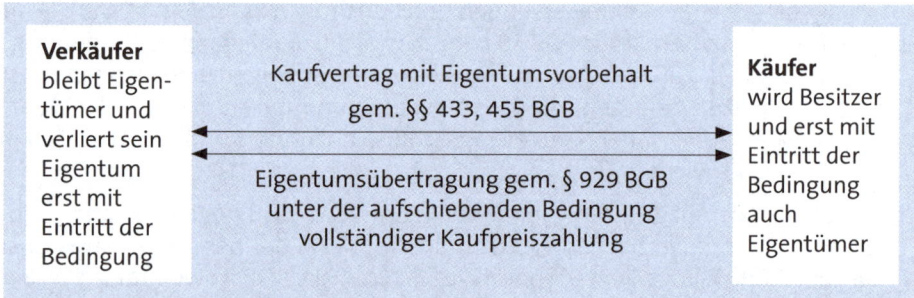

Abb. 10: Kaufvertrag mit Eigentumsvorbehalt

176 Die Zahlung des Kaufpreises ist durch den Eigentumsvorbehalt gesichert. Das Verfügungsgeschäft – die Eigentumsübertragung – wird gleichzeitig mit dem Kaufvertrag abgeschlossen, doch steht die Einigung über den Eigentumsübergang **unter der aufschiebenden Bedingung vollständiger Kaufpreiszahlung**, § 449 BGB. Zahlt der Käufer die letzte Kaufpreisrate, ist die Bedingung eingetreten und das Eigentum geht auf ihn über. Der Verkäufer erlangt ein **Rücktrittsrecht**

---

[1] Vgl. Abschnitt E.3 zur Eigentumsübertragung durch Rechtsgeschäft.

gem. § 323 BGB, sofern der Käufer sich mit der Zahlung der Kaufpreisraten in Verzug befindet. Nach Ausübung des Rücktrittsrechts durch Rücktrittserklärung kann der Verkäufer als Eigentümer die Kaufsache von dem Käufer gem. § 985 BGB herausverlangen und anderweitig verwerten, vgl. § 449 Abs. 2 BGB.

Der Eigentumsvorbehalt kann bereits im Kaufvertrag (**Verpflichtungsgeschäft**) oder erst mit der Übereignung (**Verfügungsgeschäft**) vereinbart werden. Der Verkäufer kann den Eigentumsvorbehalt noch bis zur Lieferung des Vertragsgegenstandes erklären, beispielsweise durch eine Eigentumsvorbehaltsklausel auf dem Lieferschein. Dies ist für die Entstehung des Sicherungsrechtes ausreichend, weil dieses nach § 449 BGB an die sachenrechtliche Einigung anknüpft.   177

Beispiel

V und K schließen einen Kaufvertrag über einen Lkw. Als das Fahrzeug geliefert wird, findet K folgende Formulierung in den Lieferbedingungen des V: *„Die Kaufsache bleibt bis zur vollständigen Kaufpreiszahlung im Eigentum des Verkäufers".* Sofern K den Kaufpreis zahlt, geht das Eigentum auf ihn über. Falls K in Zahlungsschwierigkeiten gerät, kann V den Lkw gem. § 985 BGB herausverlangen, muss aber zuvor den Kaufvertrag durch Rücktritt gem. § 323 BGB beenden. Wurde der Lkw bereits von einem anderen Gläubiger des K gepfändet, kann V sein Eigentum im Wege der Drittwiderspruchsklage gem. § 771 ZPO zurückerhalten. Im Insolvenzfall des K fällt der Lkw nicht in die Insolvenzmasse; V kann Aussonderung der in seinem Eigentum befindlichen Sache verlangen, §§ 47 ff. InsO.

Nach dem Grundsatz der Vertragsfreiheit kann der Eigentumsvorbehalt entsprechend der Interessenlage der Vertragsparteien gestaltet werden. In der Form des einfachen Eigentumsvorbehalts erklärt der Verkäufer, er behalte sich das Eigentum an der Kaufsache bis zur vollständigen Kaufpreiszahlung vor. Es gibt **folgende Möglichkeiten der Gestaltung eines Eigentumsvorbehaltes**:   178

► einfacher Eigentumsvorbehalt

► erweiterter Eigentumsvorbehalt

► verlängerter Eigentumsvorbehalt

► weitergeleiteter Eigentumsvorbehalt.

Im Unterschied zum einfachen Eigentumsvorbehalt, der lediglich die restliche Kaufpreiszahlung aus einem Kaufvertrag sichert, können mit der Vereinbarung eines erweiterten Eigentumsvorbehalts auch andere Forderungen gegen den Käufer in die Sicherungsabrede einbezogen werden. Diese Form des Eigentumsvorbehaltes bietet sich bei langfristigen Handelsbeziehungen an, in denen zahlreiche Forderungen des Verkäufers gegen den Käufer begründet werden. Sofern der Verkäufer noch alte Forderungen aus anderen Handelsgeschäften mit dem Käufer hat, kann er sein Sicherungsinteresse durch die **Vereinbarung eines erwei-**   179

terten Eigentumsvorbehalts verfolgen. Die aufschiebende Bedingung für die Eigentumsübertragung wird dahingehend erweitert, dass auch die anderen Forderungen erfüllt sein müssen, ehe der Käufer das Eigentum an der Vorbehaltsware erwirbt. Der erweiterte Eigentumsvorbehalt kann auch als **Kontokorrentvorbehalt** vereinbart werden, wonach der Eigentumsübergang erst mit dem Ausgleich der Saldoforderung erfolgt.[1]

180   Die Vereinbarung eines Eigentumsvorbehalts ist **nichtig**, soweit der Eigentumsübergang davon abhängig gemacht wird, dass der Käufer Forderungen eines Dritten erfüllt, insbesondere eines mit dem Verkäufer verbundenen Unternehmens, vgl. § 449 Abs. 3 BGB. Daher wäre ein erweiterter Eigentumsvorbehalt nichtig, der z. B. als Konzernvorbehalt ausgestaltet wird, wonach zunächst die Forderungen anderer Konzernunternehmen des Verkäufers erfüllt sein müssen, bevor das Eigentum übergeht.

181   Der einfache oder erweiterte Eigentumsvorbehalt erfüllt nur dann den erstrebten Sicherungszweck, wenn der Vertragsgegenstand im Unternehmen des Käufers verbleibt. Betreibt der Käufer aber ein Umsatzgeschäft, dann ist der Verkäufer mit einem einfachen Eigentumsvorbehalt nicht mehr hinreichend gesichert, weil er infolge des Weiterverkaufs der Sache an einen gutgläubigen Abnehmer des Käufers gem. §§ 929, 932 BGB, 366 HGB das Eigentum verliert.[2] In diesen Fällen erfolgt die **Vereinbarung eines verlängerten Eigentumsvorbehaltes**, wonach sich der Eigentumsvorbehalt nicht nur auf den Vertragsgegenstand erstreckt, sondern auch auf den Veräußerungserlös. Der verlängerte Eigentumsvorbehalt berücksichtigt den Eigentumsverlust bei einem Weiterverkauf, indem darin eine Vorausabtretung der Forderung enthalten ist, die durch den erlaubten Verkauf der Vorbehaltsware entsteht. Der Verkäufer hat einen Anspruch auf den aus der Weiterveräußerung erzielten Erlös.

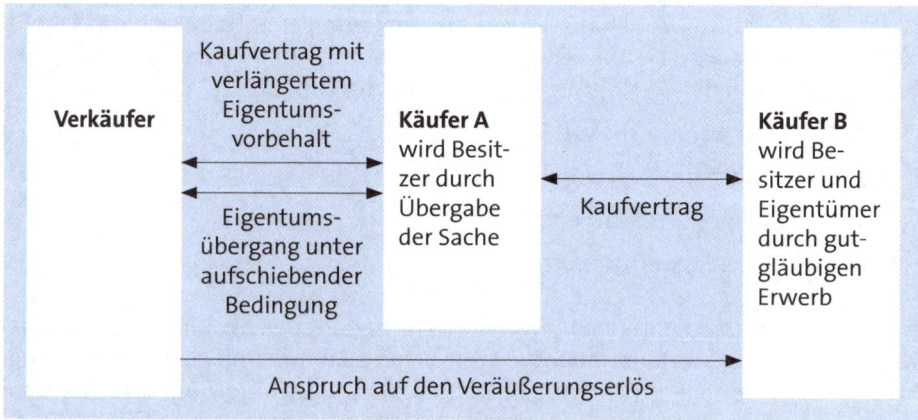

Abb. 11: Kaufvertrag mit verlängertem Eigentumsvorbehalt

---

[1] Vgl. Abschnitt F.6.5 zur Kontokorrentabrede.

[2] Vgl. Abschnitt E.3 zur Eigentumsübertragung durch Rechtsgeschäft.

In besonderen Fällen des Weiterverkaufs kann das Sicherheitsbedürfnis des Ver-   182
käufers auch die **Vereinbarung eines weitergeleiteten Eigentumsvorbehaltes**
erfordern. Dann müsste der Verkäufer den Käufer verpflichten, die Handelsware
seinerseits nur unter Eigentumsvorbehalt zu veräußern. Im Unterschied zum verlängerten Eigentumsvorbehalt erhält der Verkäufer nicht einen Anspruch auf den
Veräußerungserlös, sondern behält das Eigentum bis der Kunde des Käufers (sie-
he Abbildung 11: Käufer B) den Kaufpreis bezahlt hat. Der gutgläubige Eigentumserwerb wird durch die Vorbehaltsklausel ausgeschlossen. Der Verkäufer ist sa-
chenrechtlich gegen die eventuelle Zahlungsunfähigkeit des Kunden seines
Vertragspartners gesichert. Tritt bei dem Kunden (Käufer B) der Insolvenzfall ein,
kann der Verkäufer sein Eigentum in gleicher Weise herausverlangen wie im Insolvenzfall seines Vertragspartners, vgl. §§ 47 ff. InsO.

4.2 Sicherungseigentum

Infolge des Abstraktionsprinzips besteht die Möglichkeit, das Eigentum auch bei   183
einer Fremdfinanzierung als wirksame Kreditsicherung einzusetzen. Nach dem
Grundsatz der Vertragsfreiheit hat sich der **Sicherungsübereignungsvertrag** gem.
§ 311 BGB als sachgerechte Lösung dieser wirtschaftlichen Interessenlage entwickelt. In den dreiseitigen Finanzierungsgeschäften, beispielsweise beim finanzierten Kauf oder beim Finanzierungs-Leasing, wird das Eigentum an dem Kauf-
oder Leasinggegenstand zur Sicherung der Darlehns- oder Leasingraten an den
Darlehns- oder Leasinggeber übertragen (= **Sicherungseigentum**).[1]

Der betriebswirtschaftliche Vorteil des Sicherungseigentums besteht darin, dass   184
der Käufer den Besitz an der Sache erhält und diese in seinem Gewerbebetrieb
nutzen kann. Dagegen ist der Kreditgeber wegen seiner noch ausstehenden restlichen Forderung gegen das Insolvenzrisiko des Schuldners durch ein Aussonderungsrecht gem. § 47 ff. InsO gesichert.

Das Sicherungseigentum entsteht durch die Übereignung der Sache mittels **Eini-**   185
gung und Vereinbarung eines Besitzkonstituts.[2] Die Sicherungsübereignung ist
nur wirksam, wenn sie dem sachenrechtlichen Bestimmtheitsgrundsatz genügt,
indem die Sachen im Übereignungsvertrag genau festgelegt werden. Bei der Sicherungsübereignung eines Warenlagers ist erforderlich, dass die Räume bezeichnet (= Raumsicherung), die Waren gekennzeichnet (= Markierungssiche-
rung) oder Inventarlisten erstellt (= Inventarsicherung) werden.[3]

Sofern ein Käufer die unter Eigentumsvorbehalt bezogene Ware zur Sicherheit an   186
einen Kreditgeber übereignet, verfügt er als Nichtberechtigter. Der Eigentumsvorbehalt wird durch die **unberechtigte Sicherungsübereignung** nicht zum Erlö-

---

[1] Vgl. Abschnitte C.3.2 zum finanzierten Kauf und C.3.3 zum Finanzierungs-Leasing.

[2] Vgl. Abschnitt E.3 zur Eigentumsübertragung durch Rechtsgeschäft.

[3] *Gottwald*, a. a. O., § 45 Rn. 29.

schen gebracht; der Kreditgeber hat lediglich ein Anwartschaftsrecht am Sicherungseigentum erworben.

4.3 Pfandrechte

187 Ein Pfandrecht entsteht durch Gesetz oder durch Rechtsgeschäft. Die **Verwertung des Pfandrechts** erfolgt bei Fälligkeit der Forderung nach den für vertragliche Pfandrechte geltenden Bestimmungen, vgl. §§ 1257, 1228 ff. BGB. Im Insolvenzfall des Schuldners erhält der Pfandgläubiger ein Absonderungsrecht, vgl. § 50 InsO. Der Erwerb eines Pfandrechts setzt voraus, dass der Pfandgläubiger den Besitz erlangt. Im Bürgerlichen Recht und im Handelsrecht entstehen u. a. folgende gesetzliche Pfandrechte:

- Unternehmerpfandrecht gem. § 647 BGB
- Vermieterpfandrecht gem. §§ 562 ff. BGB
- Verpächterpfandrecht gem. §§ 581, 585, 562 ff. BGB
- Pfandrecht des Gastwirtes gem. § 704 BGB
- Pfandrecht des Kommissionärs gem. § 397 HGB
- Pfandrecht des Spediteurs gem. § 464 HGB
- Pfandrecht des Lagerhalters gem. § 475 HGB
- Pfandrecht des Frachtführers gem. § 440 HGB.

188 Das **Unternehmerpfandrecht** dient der wirtschaftlichen Absicherung des Werkunternehmers für seine Werklohnforderung, da er zur Vorleistung verpflichtet ist. Das Pfandrecht erstreckt sich auf die von ihm hergestellten oder ausgebesserten beweglichen Sachen des Bestellers, wenn sie bei der Herstellung oder zum Zweck der Ausbesserung in seinen Besitz gelangt sind. Infolgedessen kann das Unternehmerpfandrecht nicht an Sachen entstehen, die einem Dritten gehören, und auch der Subunternehmer erwirbt kein Pfandrecht, da er nicht selbst Vertragspartner wird. Durch das Pfandrecht werden alle Forderungen des Werkunternehmers abgesichert, die ihre Rechtsgrundlage in dem Werkvertrag haben, unabhängig davon, ob es sich um den Vergütungsanspruch oder um einen Schadensersatzanspruch handelt.

189 Das **Vermieterpfandrecht** ist in der Praxis von untergeordneter Bedeutung, weil die vom Mieter eingebrachten Gegenstände bei Eintritt wirtschaftlicher Schwierigkeiten sich in aller Regel nicht oder nicht mehr im Eigentum des Mieters befinden, denn die Sicherung durch Eigentumsvorbehalte hat sich weitgehend durchgesetzt und Vorpfändungen schränken den Zugriff des Vermieters ein. Deshalb wird zur Sicherung rückständiger Mietforderungen des Vermieters regelmäßig eine Kaution vereinbart. Die Höhe der Mietsicherheit ist bei der Wohnraummiete begrenzt, vgl. § 551 BGB.

Der **Kommissionär** hat gem. § 397 HGB an dem in seinem Besitz befindlichen   190
Kommissionsgut ein gesetzliches Pfandrecht. Kann der Kommissionär mittels
Konnossement, Orderlagerschein oder Ladeschein über das fremde Gut verfügen,
genügt der Besitz des Orderpapiers für den Pfandrechtserwerb. Dieses sichert die
Provisionsansprüche des Kommissionärs ebenso wie alle auf das Kommissionsgut aufgewendeten Kosten, auf das Gut gegebene Vorschüsse und Darlehen sowie Forderungen aus laufender Rechnung (Kontokorrent).

Der **Spediteur** hat wegen der Fracht, der Provision, der Auslagen und Verwendun-   191
gen sowie wegen der auf das Gut gegebenen Vorschüsse ein Pfandrecht an dem
Speditionsgut gem. § 464 HGB, sofern er es noch im Besitz hat oder mittels kaufmännischer Orderpapiere darüber verfügen kann. Vergleichbare Pfandrechte entstehen im Lager- und im Frachtvertrag.

Das Pfandrecht kann auch durch Rechtsgeschäft entstehen. Es kann an Sachen,   192
Rechten oder Forderungen bestellt werden, wobei insbesondere der Bestimmtheitsgrundsatz beachtet werden muss. Auch unpfändbare Sachen und nicht
übertragbare Rechte sind grds. verpfändbar.

- **Pfandrechte an Sachen** sind z. B. der erweiterte und verlängerte Eigentumsvorbehalt und die Sicherungsübereignung

- **Pfandrechte an Rechten** können an Gesellschaftsanteilen bestellt werden, an
  Patentrechten, Hypotheken und Grundschulden, an Inhaber- und an Orderpapieren

- **Pfandrechte an Forderungen** entstehen durch eine Einigung und die Pfandan-
  zeige des Pfandgebers an den Drittschuldner.

Im Bankverkehr hat die Verpfändung von Forderungen und Wertpapieren, die in   193
den AGB der Banken und Sparkassen enthalten ist, erhebliche wirtschaftliche
Bedeutung erlangt.[1]

4.4 Zurückbehaltungsrechte

Das bürgerlich-rechtliche Zurückbehaltungsrecht ist ein Leistungsverweige-   194
rungsrecht, das die Sicherung des vertraglichen Gegenanspruchs bezweckt. Der
Schuldner kann im gegenseitigen Vertrag seine eigene Leistung zurückhalten, bis
der Gläubiger die Gegenleistung bewirkt, hat aber im Unterschied zum kaufmännischen Zurückbehaltungsrecht keine Verwertungsbefugnis.

Die **Voraussetzungen des Zurückbehaltungsrechts** gem. § 273 BGB sind: 195

- Gegenseitigkeit der Ansprüche

- Fälligkeit des Gegenanspruchs

- kein Ausschluss des Zurückbehaltungsrechts.

---

[1] *Gottwald*, a. a. O., § 44 Rn. 27.

196 Die **Gegenseitigkeit der Ansprüche** ist gegeben, wenn für die Leistung und die Gegenleistung die Identität von Gläubiger und Schuldner erhalten bleibt. Die Konnexität bedeutet, dass Anspruch und Gegenanspruch auf demselben rechtlichen Verhältnis beruhen, wobei ein einheitlicher Lebenssachverhalt ausreicht.[1]

Beispiel

Im Einzelfall wurde die Konnexität bejaht zwischen einem Erfüllungsanspruch aus Vertrag und einem aus diesem Vertrag resultierenden Schadensersatzanspruch, andererseits aber verneint bei einem Anspruch gegen einen Gesellschafter aus dem Gesellschaftsvertrag und dem Anspruch, den der Gesellschafter als Kunde gegen die Gesellschaft hat.

197 Das Zurückbehaltungsrecht setzt weiter voraus, dass der **Gegenanspruch** des Schuldners **fällig** und **weder vertraglich noch gesetzlich ausgeschlossen** ist. In den §§ 175 und 570 BGB ist das Zurückbehaltungsrecht ausgeschlossen, weil es der Rechtsnatur des Schuldverhältnisses widerspräche. Ferner gibt es einen gesetzlichen Ausschluss des Zurückbehaltungsrechts an dem Gegenstand einer Sacheinlage bei der Sachgründung einer GmbH wegen Forderungen, die sich nicht auf den Gegenstand beziehen, vgl. § 19 Abs. 2 GmbHG. Ein vertraglicher Verzicht auf das Zurückbehaltungsrecht ist möglich, doch darf dieser nicht in Allgemeinen Geschäftsbedingungen enthalten sein, vgl. § 309 Nr. 2 b) BGB.

198 Die **Ausübung des Zurückbehaltungsrechts** erfolgt durch ausdrückliche oder konkludente Leistungsverweigerung. Der Schuldner gerät infolge der Geltendmachung seines Zurückbehaltungsrechts nicht in Verzug. Im kaufmännischen Geschäftsverkehr entsteht das kaufmännische Zurückbehaltungsrecht als ein gesetzliches Sicherungsrecht, sodass es keiner weiteren Vereinbarung bedarf.[2] Auch das Zurückbehaltungsrecht gewährt dem Berechtigten im Insolvenzfall ein Recht auf abgesonderte Befriedigung, vgl. § 51 Nr. 2 InsO.

4.5 Sicherungszession

199 Der Zweck einer Sicherungszession liegt nicht wie bei der Abtretung darin, die Forderung in das Vermögen des Zessionars eingehen zu lassen,[3] vielmehr dient die Forderung dem Zessionar zur **Sicherung eigener Ansprüche** gegen den Zedenten, meist eines Rückzahlungsanspruchs aus einem Darlehen. Da die Sicherungszession den Zessionar vor dem Risiko einer Insolvenz des Schuldners schützen soll, kann dieser die Forderung weiterhin im eigenen Namen geltend machen, bei

---

[1] *Keller* in Münchener Kommentar, a. a. O., § 273.

[2] Vgl. Abschnitt F.6.6 zum kaufmännischen Zurückbehaltungsrecht.

[3] Vgl. Abschnitt B.4.1 zur Abtretung.

Erteilung einer Einzugsermächtigung im Fall der stillen Zession auch Zahlung an sich selbst verlangen.

Im **Außenverhältnis** ist der Zessionar als Sicherungsnehmer zur Einziehung der Forderung und auch zur Verfügung über die Forderung berechtigt, während er im Innenverhältnis zum Zedenten zur Einziehung erst bei Eintritt der Verwertungsbefugnis – regelmäßig die Insolvenz des Zedenten – berechtigt ist. Den eventuellen Erlösüberschuss hat der Zessionar an den Zedenten abzuführen. Im Insolvenzfall des Zedenten gehört die abgetretene Forderung zur Insolvenzmasse und der Zessionar erhält ein Recht auf abgesonderte Befriedigung, vgl. § 51 Nr. 1 InsO.   200

Der verlängerte Eigentumsvorbehalt ist ein besonderer Fall der Sicherungsabtretung künftiger Forderungen zu Gunsten von Warenlieferanten. Die Fälle der **Kollision zwischen verlängertem Eigentumsvorbehalt und Sicherungszession** sind zu Gunsten des Eigentums als des stärkeren Rechtes entschieden worden. Im Konflikt zwischen Geld- und Warenkreditgeber wird deshalb regelmäßig der Warenkreditgeber obsiegen, der seine Forderung durch einen verlängerten Eigentumsvorbehalt gesichert hat.   201

Beispiel

K benötigt einen Kredit über 50.000 €. Die Bank lässt sich zur Sicherung ihres Rückzahlungsanspruchs aus dem Darlehensvertrag die Forderungen des K gegen seine Abnehmer bis zur Höhe von 50.000 € abtreten (= Sicherungszession). V liefert an K Waren unter **Vereinbarung eines verlängerten Eigentumsvorbehaltes** zur Sicherung seiner Kaufpreisforderung. K veräußert die Waren an den Abnehmer A. Es stellt sich die Frage, wem die Kaufpreisforderung zusteht; der Bank aufgrund der Sicherungszession (= **Geldkreditgeber**) oder V aufgrund des verlängerten Eigentumsvorbehaltes (= **Warenkreditgeber**). Nach der Rechtsprechung ist die Abtretung an die Bank wegen Verstoßes gegen § 138 BGB nichtig, soweit sie die Forderungen des K aus Warenlieferungen erfasst, auf die sich ein verlängerter Eigentumsvorbehalt erstreckt.

Auch die **Globalzession** ist eine Sicherungsabtretung künftiger Forderungen, indem die bezeichneten Forderungen gegen einen Geschäftspartner „global" abgetreten werden, z. B. werden Kundenforderungen aus bestimmten Verträgen mit bestimmten Geschäftspartnern an eine Bank zur Sicherung eines debitorischen Kontos abgetreten. Die Globalzession kann sittenwidrig und damit gem. § 138 BGB nichtig sein, wenn die Betätigungsfreiheit des Zedenten i. S. wirtschaftlicher Knebelung beeinträchtigt wird bei Übersicherung oder einem Konzernvorbehalt.[1]   202

---

[1] Ein Konzernvorbehalt ist eine Form des erweiterten Eigentumsvorbehalts, welcher über die Forderungen des Warenlieferanten hinaus sämtliche Forderungen der mit ihm verbundenen Unternehmen einschließt, vgl. den Abschnitt III. 4.1 über den Eigentumsvorbehalt.

4.6 Bürgschaft

203   Durch das Bürgschaftsversprechen verpflichtet sich der Bürge gegenüber dem Gläubiger eines Dritten, für die Erfüllung der Verbindlichkeit des Dritten einzustehen, § 765 Abs. 1 BGB. Die Bürgschaft ist daher ein Vertrag zwischen Gläubiger und Bürgen, der zur **Sicherung einer bestehenden Forderung** des Gläubigers (= Verbindlichkeit des Dritten) abgeschlossen wird. Deshalb setzt der Bürgschaftsvertrag drei **Rechtsverhältnisse** voraus:

- Vertrag zwischen Gläubiger und Hauptschuldner, durch den die Hauptschuld entstanden ist oder noch entstehen wird

- Bürgschaftsvertrag zwischen Gläubiger und Bürgen zur Sicherung dieser Hauptschuld

- Vertrag zwischen Bürgen und Hauptschuldner, aufgrund dessen der Bürge sich zur Übernahme der Bürgschaft verpflichtet; dies ist in aller Regel ein Auftrag oder ein Geschäftsbesorgungsvertrag.

204   Der **Bürgschaftsvertrag** ist gegenüber ähnlichen Rechtsverhältnissen, wie z. B. dem abstrakten Schuldversprechen, § 780 BGB, der Erfüllungsübernahme, § 329 BGB, der Schuldübernahme, § 414 BGB, dem Garantievertrag und dem Schuldbeitritt abzugrenzen.

205   Das wesentliche Merkmal der Bürgschaft liegt darin, dass der Bürge eine fremde Schuld sichern will. Der Bürge übernimmt weder eine Verbindlichkeit anstelle des Schuldners (= Schuldübernahme), noch will er für einen entstehenden Schaden eintreten (= Garantievertrag), sondern er übernimmt gegenüber dem Gläubiger die Sicherung der bestehenden Hauptschuld, sodass der **Sicherungszweck der Bürgschaft** im Vordergrund steht. Das Gesetz regelt deshalb auch die Ausfallbürgschaft als Grundform des Bürgschaftsvertrags.

206   Durch Vereinbarung einer **Ausfallbürgschaft** ist der Bürge erst dann zur Zahlung verpflichtet, wenn der Schuldner die Hauptschuld nicht erfüllen kann und der Gläubiger eine Zwangsvollstreckung gegen den Schuldner ohne Erfolg versucht hat. Dem Bürgen steht bei der Ausfallbürgschaft die **Einrede der Vorausklage** zu, § 771 BGB.

207   Im Bank- und Geschäftsverkehr erweist sich die zeit- und kostenaufwendige Form der Ausfallbürgschaft als dem Sicherungsinteresse des Gläubigers unangemessen. Infolgedessen wird regelmäßig eine **selbstschuldnerische Bürgschaft** vereinbart, indem der Bürge auf die Einrede der Vorausklage verzichtet, vgl. § 773 Abs. 1 Nr. 1 BGB. In diesem Fall kann der Gläubiger sich ohne vorherige Zwangsvollstreckung gegen den Schuldner direkt an den Bürgen wenden und von diesem Zahlung verlangen.

208   Ein **wirksamer Bürgschaftsvertrag** setzt voraus:

- Einigung zwischen Gläubiger und Bürgen, § 765 BGB

- Schriftform der Bürgschaftserklärung, § 766 BGB
- Akzessorietät (= Bestehen der Hauptforderung), § 767 BGB.

Die **Schriftform** des Bürgschaftsversprechens ist wegen der Gefährlichkeit des 209
Vertrags erforderlich, denn der Bürge geht eine Verbindlichkeit ein, für die er –
jedenfalls vom Gläubiger – keine Gegenleistung erlangt. Da Kaufleute weniger
schutzbedürftig sind als geschäftlich unerfahrene Personen, kann ein Kaufmann
sich auch mündlich wirksam verbürgen, vgl. § 350 HGB. Die schriftliche Bürgschaftsübernahme muss die wesentlichen Teile des Bürgschaftsvertrags enthalten, insbesondere den Gläubiger, den Schuldner und die Hauptschuld bezeichnen. Der Schriftform genügt die Übergabe einer Blankett Urkunde an den
Gläubiger oder einen anderen, sofern dieser zur Vervollständigung der Urkunde
durch den Bürgen bevollmächtigt wird.

Die **Akzessorietät der Bürgschaft** bedeutet, dass sich die Bürgschaft auf eine be- 210
stimmte bestehende Hauptschuld beziehen muss. Falls die Hauptschuld nicht
besteht, ist die Bürgschaft unwirksam. Die Hauptschuld kann durch Anfechtung
oder bei Erfüllung durch den Schuldner entfallen, dann erlischt auch die Bürgschaft. Handelt es sich um eine künftige oder bedingte Hauptschuld, entsteht die
Bürgschaft erst mit Entstehung oder Wirksamwerden der Hauptschuld. Die im
Bank- und Geschäftsverkehr häufig vereinbarte **Höchstbetragsbürgschaft** genügt
dem Erfordernis der Bestimmtheit der Hauptschuld nur, wenn Gläubiger und
Schuldner feststehen, das Rechtsverhältnis – beispielsweise ein Girovertrag – bereits begründet ist und der Betrag der Bürgschaft summenmäßig festgelegt wird.

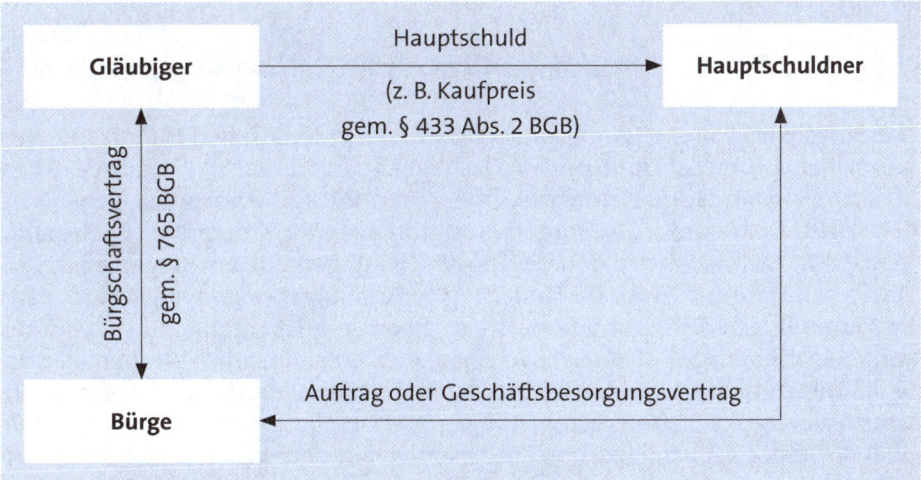

Abb. 12: Der Bürgschaftsvertrag

Der Zweck des Bürgschaftsvertrags ist die **Sicherung der Hauptschuld**. Allerdings 211
kann sich der Bürge gegenüber dem Gläubiger bei der Inanspruchnahme aus der
Bürgschaft verteidigen, indem er Einwendungen und Einreden aus dem Bürgschaftsvertrag oder aus dem Hauptschuldverhältnis geltend macht.

212 **Einwendungen** können aus dem Bürgschaftsvertrag entstehen, z. B. die Einwendung, der Bürgschaftsvertrag sei wegen Fehlens der Schriftform unwirksam. Daneben können Einwendungen aber auch aus dem Hauptschuldverhältnis entstehen, z. B. die Einwendung, die Hauptschuld sei nicht entstanden oder bereits erfüllt.

213 **Einreden** können sich ebenfalls aus dem Bürgschaftsvertrag oder aus der Hauptschuld ergeben. Einreden aus der Hauptschuld sind z. B. die Verjährung, § 768 BGB, die Anfechtbarkeit und die Aufrechenbarkeit, § 770 BGB. Einreden aus dem Bürgschaftsvertrag sind die Einrede des Zurückbehaltungsrechts, § 273 BGB, oder die Einrede der Vorausklage, § 771 BGB, falls Letztere nicht nach § 773 BGB ausgeschlossen ist. Für Kaufleute gelten handelsrechtliche Sonderregeln.

Beispiel

Der Kaufmann K bestellt bei dem Lieferanten L eine Warenlieferung erheblichen Umfangs. L verlangt für die Kaufpreisforderung über 60.000 € eine Sicherheit. K bittet den Kaufmann B um die Übernahme einer Bürgschaft. B verbürgt sich mündlich gegenüber L, indem er versichert, für die Kaufpreisschuld des K in Höhe von 60.000 € einstehen zu wollen. Als L Zahlung über 60.000 € von B verlangt, wendet dieser ein, die Bürgschaft sei formnichtig und außerdem müsse L erst den Kaufmann K verklagen. Die Einwendung der Formnichtigkeit ist unbeachtlich, weil ein Kaufmann sich auch mündlich wirksam verbürgen kann. Die Einrede der Vorausklage ist für Kaufleute ausgeschlossen, §§ 349, 350 HGB. Im Ergebnis muss B den Betrag über 60.000 € an den Lieferanten L zahlen und kann K in Regress nehmen.

214 Die Bürgschaft soll die Hauptschuld sichern, nicht jedoch den Hauptschuldner von seiner Verbindlichkeit befreien. Deshalb hat der Bürge, falls er aus der Bürgschaft in Anspruch genommen wurde, einen **Rückgriffsanspruch** gegen den Schuldner. Der Regress des Bürgen erfolgt in aller Regel über die **Legalzession gem. § 774 BGB**, wonach die Forderung des Gläubigers auf den Bürgen übergeht. Da die Verjährungsfrist für die Forderung des Gläubigers aber bereits läuft, kann im Einzelfall eine Forderung bereits kurz nach dem Übergang auf den Bürgen verjähren. Der Bürge hat deshalb auch einen eigenen Anspruch aus dem Rechtsverhältnis mit dem Schuldner. Dies kann entweder ein Aufwendungsersatzanspruch gem. § 670 BGB aus einem Auftrag oder Geschäftsbesorgungsvertrag sein oder bei fehlender Vereinbarung ein Anspruch aus dem gesetzlichen Schuldverhältnis der Geschäftsführung ohne Auftrag gem. §§ 683, 670 BGB.[1]

---

[1] Vgl. Abschnitte C.9 zum Geschäftsbesorgungsvertrag und D.1 zur Geschäftsführung ohne Auftrag.

4.7 Wiederholungsfragen

1. Ein Herstellerunternehmen liefert Waren an einen Großhändler. Welche Form des Eigentumsvorbehaltes würden Sie als Sicherungsrecht empfehlen?

2. Wie unterscheidet sich der verlängerte vom weitergeleiteten Eigentumsvorbehalt?

3. Eine Ware wird unter Eigentumsvorbehalt an den Käufer geliefert. Der Käufer sichert einen Kredit dadurch ab, dass er die unter Eigentumsvorbehalt gelieferte Ware zur Sicherheit an den Kreditgeber übereignet. Erlischt der Eigentumsvorbehalt? Ist die Sicherungsübereignung wirksam?

4. Ein Fuhrunternehmen lässt einen Lkw reparieren. Da das Fuhrunternehmen zahlungsunfähig ist, behält der Reparaturbetrieb den Lkw und lässt ihn nach vergeblicher Zahlungsaufforderung und Verkaufsandrohung versteigern. Aus dem Versteigerungserlös wird die Reparaturrechnung beglichen, die Kosten der Versteigerung getragen und der Rest an das Fuhrunternehmen ausgezahlt. Ist diese Vorgehensweise rechtlich einwandfrei?

5. Die gelieferte Kaufsache – Flüssigkeiten für eine chemische Produktion – ist zwar mangelfrei, doch entstand durch fehlerhafte Verpackung beim Öffnen ein Sachschaden infolge der auslaufenden Flüssigkeiten. Die Höhe des Schadens steht noch nicht fest. Kann der Käufer unter Hinweis auf einen Anspruch wegen Pflichtverletzung den geschuldeten Kaufpreis zurückhalten?

6. Eine Forderung ist zur Sicherung an den Zessionar abgetreten worden. Wer ist zur Einziehung der Forderung berechtigt?

7. Ein Bürge hat für eine kreditierte Kaufpreisschuld die Bürgschaft übernommen. Der Käufer wird zahlungsunfähig und der Kaufgegenstand ist mangelhaft. Wer kann die kaufrechtlichen Gewährleistungsansprüche geltend machen? Kann der Bürge, wenn er aus seiner Bürgschaft in Anspruch genommen wird, mit dem Hinweis auf die Mängel der Kaufsache die Zahlung verweigern?

8. Worin liegt die Bedeutung einer selbstschuldnerischen Bürgschaft?

1. Den verlängerten Eigentumsvorbehalt, denn der Hersteller weiß, dass die gelieferten Waren zum Weiterverkauf bestimmt sind. Er muss sich also auch für den Fall absichern, dass sein Eigentum durch gutgläubigen Erwerb verlorengeht, vgl. §§ 929 ff. BGB, 366 HGB. Durch die Vereinbarung eines verlängerten Eigentumsvorbehaltes erstreckt sich sein Sicherungsrecht auch auf den durch einen Weiterverkauf der Waren erzielten Veräußerungserlös.

2. Der verlängerte Eigentumsvorbehalt erstreckt sich auch auf den durch einen Weiterverkauf der Waren erzielten Veräußerungserlös. Der Anspruch auf den Veräußerungserlös wird im Voraus abgetreten. Der weitergeleitete Eigentumsvorbehalt verpflichtet den Käufer seinerseits, die Waren nur unter Eigentumsvorbehalt weiter zu veräußern. Diese Vorbehaltsklausel ist zu empfehlen, wenn der Verkäufer sich auch gegen die Zahlungsunfähigkeit des Kunden seines Abnehmers absichern will. Das Eigentum an den Waren bleibt bei dem Verkäufer, bis der Kunde den Kaufpreis gezahlt hat. Dann erstreckt sich der Eigentumsvorbehalt noch auf den Veräußerungserlös.

3. Der Eigentumsvorbehalt wird durch die Sicherungsübereignung nicht zum Erlöschen gebracht. Der Käufer verfügt aber als Nichtberechtigter über die Ware, die nicht in seinem Eigentum steht. Daher hat der Kreditgeber lediglich ein Anwartschaftsrecht erworben.

4. Ja, es handelt sich um die Geltendmachung eines gesetzlichen Pfandrechtes. Das Unternehmerpfandrecht gem. § 647 BGB entsteht im Werkvertrag kraft Gesetzes. Die Verwertung des Pfandgegenstandes erfolgt bei Fälligkeit der Forderung nach den für vertragliche Pfandrechte geltenden Bestimmungen, §§ 1257, 1228 ff. BGB.

5. Ja, denn ihm steht wegen der Kaufpreiszahlung ein Zurückbehaltungsrecht gegen den Verkäufer zu, vgl. § 273 BGB. Der Käufer hat einen fälligen Schadensersatzanspruch wegen Pflichtverletzung gem. § 280 BGB, der auf demselben rechtlichen Verhältnis – Kaufvertrag – beruht, § 273 BGB.

6. Der Zedent, denn solange er zahlungsfähig ist, kann er die Forderung auch nach der Sicherungszession im eigenen Namen geltend machen. Die Sicherungsabtretung bewirkt, dass der Zessionar erst im Fall der Zahlungsunfähigkeit des Zedenten zur Einziehung und Verwertung der Forderung berechtigt ist.

7. Die Gewährleistungsrechte im Kaufvertrag stehen nur dem Käufer zu. Daran ändert auch die Bürgschaft nichts. Allerdings kann der Bürge, selbst wenn der Käufer seine Gewährleistungsrechte nicht ausübt, die dem Käufer zustehende Mängeleinrede gegen den Kaufpreiszahlungsanspruch dem Gläubiger entgegenhalten und die Zahlung aus der Bürgschaft verweigern, § 770 BGB.

8. Der Bürge hat auf die Einrede der Vorausklage verzichtet. Er ist deshalb zur Zahlung aus der Bürgschaft schon dann verpflichtet, wenn der Hauptschuldner zahlungsunfähig wird, § 771 BGB.

5. Werkvertrag

Durch den Abschluss eines Werkvertrags verpflichtet sich der Unternehmer zur Herstellung des versprochenen Werkes, der Besteller zur Entrichtung der vereinbarten Vergütung, § 631 Abs. 1 BGB. Gegenstand des Werkvertrags kann sowohl die **Herstellung einer Sache** als auch die **Herbeiführung des Erfolges** sein, z. B. Bau oder Renovierung eines Hauses, Architektenleistungen, Herstellung eines EDV-Programms, Bestellung eines Schornsteinfegers, Löschung eines Schiffes, Reparatur eines Kraftfahrzeuges, Ausführung von Sanitär-, Heizungs- oder Elektroarbeiten, Übernahme von Beförderungsleistungen, Herstellung und Bearbeitung von Werken der Kunst, technischen Produkten, Werbemaßnahmen und vieles mehr. 215

Der Besteller ist zur Abnahme des vertragsgemäß hergestellten Werkes verpflichtet, § 640 Abs. 1 BGB. Die **Abnahmepflicht des Bestellers** ist eine Hauptleistungspflicht aus dem Werkvertrag, an die das Gesetz bedeutende Folgen knüpft. 216

- ▸ **Mit der Abnahme des Werkes wird die Vergütung fällig und ist zu verzinsen, § 641 BGB.**

- ▸ **Die vorbehaltlose Abnahme trotz Kenntnis eines Werkmangels führt zu einem teilweisen Verlust der Gewährleistungsansprüche, vgl. § 640 Abs. 2 BGB.**

- ▸ **Mit der Abnahme des Werkes beginnt die Verjährungsfrist für Mängelgewährleistungsansprüche, § 634a Abs. 2 BGB.**

- ▸ **Die Gefahr des Untergangs und der Verschlechterung des Werkes geht auf den Besteller über, § 644 BGB.**

Als Besonderheit des Werkvertrags gilt eine Vergütung als stillschweigend vereinbart, wenn die Herstellung des Werkes den Umständen nach nur gegen eine Vergütung zu erwarten ist, § 632 Abs. 1 BGB. Insbesondere bei Bauleistungen greift die **gesetzliche Fiktion der Entgeltlichkeit** ein, aber auch in allen anderen Werkverträgen, wenn das herzustellende Werk zum Geschäftsbetrieb des Unternehmers gehört. 217

Zur Sicherung des Anspruchs des Werkunternehmers auf die vereinbarte Vergütung entsteht ein **gesetzliches Pfandrecht (= Unternehmerpfandrecht)** an den hergestellten oder ausgebesserten Sachen des Bestellers, wenn sie zur Herstellung oder zum Zweck der Ausbesserung in den Besitz des Unternehmers gelangt sind, § 647 BGB.[1] 218

Ein **Bauunternehmer** kann zur Sicherung seiner Forderungen gegen den Besteller aus dem Werkvertrag die **Einräumung einer Sicherungshypothek** in entsprechender Höhe verlangen, vgl. § 648 BGB. Dieser Anspruch ist insbesondere aus dem Grund von Bedeutung, weil der Bauunternehmer das Eigentum an den Baumaterialien infolge der Verbindung mit dem Grundstück verliert, vgl. § 946 BGB. Entsprechendes gilt für den Inhaber einer Schiffswerft beim Bau oder bei der 219

---

[1] Vgl. Abschnitt C.4.3 zu den Pfandrechten.

Ausbesserung eines Schiffes. Ferner besteht eine Bauhandwerk-Versicherung gem. § 648a BGB.

220 Wie im Kaufvertragsrecht bezieht sich die Gewährleistung im Werkvertrag sowohl auf Sach- als auch auf Rechtsmängel, vgl. § 633 BGB.

221 Das Werk ist **frei von Sachmängeln**, wenn es die vereinbarte Beschaffenheit hat, vgl. § 633 Abs. 2 BGB. Soweit die Beschaffenheit nicht vereinbart ist, ist das Werk frei von Sachmängeln,

- ► wenn es sich für die nach dem Vertrag vorausgesetzte, sonst
- ► für die gewöhnliche Verwendung eignet und eine Beschaffenheit aufweist, die bei Werken der gleichen Art üblich ist und die der Besteller nach der Art des Werks erwarten kann.

222 Einem Sachmangel steht es gleich, wenn der Unternehmer ein anderes als das bestellte Werk oder das Werk in zu geringer Menge herstellt, vgl. § 633 Abs. 2 Satz 3 BGB. Der **Fehlerbegriff im Werkvertrag** entspricht dem des Kaufvertrages, wonach jede dem Besteller nachteilige Abweichung der Ist-Beschaffenheit von der Soll-Beschaffenheit als Fehler des Vertragsgegenstandes anzusehen ist. Da der Nachweis der Soll-Beschaffenheit im Werkvertrag erheblich schwieriger zu führen ist als im Kaufvertrag, empfiehlt sich bei umfangreichen Werkverträgen, beispielsweise über die Herstellung einer Anwendungssoftware, der Abschluss eines schriftlichen Vertrages mit einem Pflichtenverzeichnis, worin die Leistungspflichten des Werkunternehmers festgelegt werden.

223 Das Werk ist **frei von Rechtsmängeln**, wenn Dritte in Bezug auf das Werk keine oder nur die im Vertrag übernommenen Rechte gegen den Besteller geltend machen können, vgl. § 633 Abs. 3 BGB.

Beispiel

Gegenstand eines Werkvertrags ist die Programmierung eines Web-Auftritts. Sofern der Werkunternehmer Materialien einbindet (Bilder, Grafiken, Sounds etc.), die urheberrechtlich geschützt sind, müsste er die entsprechenden Lizenzen einholen. Versäumt er dies, ist das Werk – der Web-Auftritt – mit einem Rechtsmangel behaftet. Denn die Urheber oder die aus dem Urheberrecht Berechtigten könnten Unterlassungs- und Schadensersatzansprüche wegen Urheberrechtsverletzungen gegen den Besteller geltend machen.

Übersicht 06: Mängelgewährleistungsansprüche im Werkvertrag	
Nacherfüllung ▸ Mängelbeseitigung oder Neuherstellung nach Wahl des Unternehmers, §§ 634 Nr. 1, 635 BGB	Voraussetzungen: ▸ Werkmangel ▸ Abnahme des Werkes ▸ kein Ausschluss des Anspruchs ▸ keine Verjährung gem. § 634a BGB
Achtung: Der Besteller muss den gesetzlichen Nacherfüllungsanspruch vorrangig verfolgen. Die weiteren Gewährleistungsansprüche entstehen erst nach dem Setzen einer angemessenen Frist und erfolglosem Fristablauf!	
Rücktritt vom Werkvertrag, gem. §§ 634 Nr. 3, 636, 321 BGB **oder Minderung der Vergütung** gem. §§ 634 Nr. 3, 638 BGB	Voraussetzungen: ▸ Werkmangel ▸ Abnahme des Werkes ▸ Fristsetzung zur Nacherfüllung und erfolgloser Fristablauf (Fristsetzung ist entbehrlich bei - Verweigerung der Nacherfüllung durch den Unternehmer - Unzumutbarkeit der Fristsetzung) ▸ kein Ausschluss der Gewährleistung durch vorbehaltene Annahme ▸ keine Verjährung gem. § 195 BGB
Schadensersatz, gem. §§ 634 Nr. 4, 636, 280, 281 BGB	Voraussetzungen: ▸ Werkmangel ▸ Abnahme des Werkes ▸ Fristsetzung und Fristablauf ▸ kein Ausschluss des Anspruchs ▸ keine Verjährung gem. § 634a BGB
Selbstvornahme und Aufwendungsersatz, gem. §§ 634 Nr. 2, 637 BGB	Voraussetzungen: ▸ Werkmangel ▸ Abnahme des Werkes ▸ Fristsetzung zur Fristablauf ▸ kein Ausschluss des Anspruchs ▸ keine Verjährung gem. § 634a BGB
Anmerkung: Die in § 634 Nr. 1, 2 und 4 BGB bezeichneten Ansprüche (Nacherfüllung, Selbstvornahme, Schadensersatz und Aufwendungsersatz) verjähren gem. § 634a BGB. Dagegen unterliegen die in § 634 Nr. 3 BGB bezeichneten Ansprüche (Rücktritt und Minderung) der allgemeinen Verjährungsfrist gem. § 195 BGB.	

224   Als **Rechtsfolge eines Werkmangels** entstehen im Werkvertrag gesetzliche Gewährleistungsrechte, z. B. Ansprüche auf Nacherfüllung, auf Rücktritt vom Werkvertrag, auf Minderung der Vergütung, auf Schadensersatz oder auf Aufwendungsersatz. Zudem ist ein Recht auf Selbstvornahme in § 637 BGB geregelt.

225   Der **Anspruch auf Nacherfüllung** setzt voraus, dass im Werkvertrag ein Sach- oder Rechtsmangel des Werkes gegeben ist, vgl. § 635 BGB. Zudem darf der Anspruch nicht durch vorbehaltlose Abnahme des Werkes in Kenntnis des Werkmangels erloschen sein, § 640 Abs. 2 BGB. Sofern der Besteller Nachbesserung verlangt, kann der Unternehmer nach seiner Wahl den Mangel beseitigen oder ein neues Werk herstellen. Der Unternehmer hat die zum Zweck der Nacherfüllung erforderlichen Aufwendungen zu tragen, insbesondere Transport-, Wege-, Arbeits- und Materialkosten. Er kann die Nacherfüllung verweigern, wenn sie nur mit unverhältnismäßigen Kosten möglich ist. Zudem kann er bei einer Neuherstellung des Werkes vom Besteller die Rückgewähr des mangelhaften Werkes verlangen.

226   Der **Anspruch auf Selbstvornahme** erfordert, dass eine angemessene Frist zur Nacherfüllung erfolglos verstrichen ist oder der Unternehmer die Nacherfüllung verweigert bzw. diese fehlgeschlagen ist, vgl. § 637 BGB. Zudem kann der Besteller im Fall der Selbstvornahme die hierfür erforderlichen Aufwendungen ersetzt und gegebenenfalls auch einen Vorschuss verlangen.

227   Die Ansprüche auf **Rücktritt vom Werkvertrag** gem. §§ 636, 323 und 326 Abs. 5 BGB oder auf **Minderung der Vergütung** gem. § 638 BGB ergeben sich unter folgenden Voraussetzungen:

- ► Werkvertrag
- ► Werkmangel
- ► erfolglose Fristsetzung zur Nacherfüllung oder Entbehrlichkeit der Frist gem. §§ 636 oder 323 Abs. 2 BGB
- ► kein Erlöschen des Anspruchs durch vorbehaltlose Abnahme des Werkes in Kenntnis des Werkmangels, § 640 Abs. 2 BGB
- ► kein vertraglicher Haftungsausschluss gem. § 639 BGB.

228   Der Anspruch auf **Schadensersatz** gem. §§ 636, 280, 281, 283 und 311a BGB erfordert ebenfalls die erfolglose Fristsetzung zur Nacherfüllung oder eine Entbehrlichkeit der Frist gem. §§ 636 oder 281 Abs. 2. BGB. Anstelle des Schadensersatzanspruches kann **Aufwendungsersatz** gem. § 284 BGB verlangt werden.

229   Der **Umfang des Schadensersatzanspruchs** schließt alle Schäden ein, die auf den Werkmangel zurückzuführen sind, u. a. den Minderwert der hergestellten Sache, ferner die Kosten der Schadensermittlung und den infolge des Werkmangels entgangenen Gewinn, vgl. §§ 249 ff. BGB. Soweit Schäden an sonstigen Rechtsgütern des Bestellers aufgrund einer Vertragspflichtverletzung eintreten sind, sind diese unmittelbar gem. §§ 280 ff. BGB zu ersetzen. Die Abgrenzung ist insbesondere

wegen der unterschiedlichen Verjährungsfristen dieser Ansprüche von erheblicher Bedeutung.

Fall 13: Die defekte Heizungsanlage > Seite 472

Die **Verjährungsregelung** für Mängelgewährleistungsansprüche im Werkvertrag gem. § 634a BGB betrifft nur die in § 634 Nrn. 1, 2 und 4 BGB bezeichneten Ansprüche auf Nacherfüllung, Selbstvornahme, Schadensersatz und Aufwendungsersatz. Die Ansprüche auf Rücktritt vom Vertrag oder Minderung der Vergütung unterliegen wie im Kaufvertragsrecht den allgemeinen Verjährungsregelungen der §§ 195 ff. BGB. **230**

Die **Gewährleistungsansprüche** des Bestellers – mit Ausnahme des Rücktrittsrechts und des Minderungsrechts – **verjähren** gem. § 634a BGB **231**

► in zwei Jahren bei einem Werk, dessen Erfolg in der Herstellung, Wartung oder Veränderung einer Sache oder in der Erbringung von Planungs- oder Überwachungsleistungen hierfür besteht

► in fünf Jahren bei einem Bauwerk und einem Werk, dessen Erfolg in der Erbringung von Planungs- oder Überwachungsleistungen hierfür besteht und

► im Übrigen in der regelmäßigen Verjährungsfrist.

Die zwei- oder fünfjährige **Verjährung beginnt** mit der Abnahme des Werkes. Sofern der Unternehmer den Mangel arglistig verschwiegen hat, verjähren die Ansprüche in der regelmäßigen Verjährungsfrist. **232**

In Bauverträgen wird häufig die Geltung der **Verdingungsordnung für Bauleistungen (VOB)** vereinbart. Die VOB enthält u. a. Regelungen der Rechtsbeziehungen zwischen dem Besteller (Bauherrn) und dem Unternehmer, z. B. über den Vertragsinhalt, die -bestandteile und die -ausführung. Ferner regelt die VOB Verjährungsfristen abweichend vom BGB. Die VOB enthalten weiterhin Regeln für die Abnahme, darunter eine Frist von 12 Tagen zur Abnahme des Werkes, beginnend mit dem Zeitpunkt, an dem der Unternehmer die Abnahme verlangt. Das Recht zur Verweigerung der Abnahme steht dem Besteller nur bei wesentlichen Mängeln zu. Mit Ablauf von zwölf Tagen nach der schriftlichen Mitteilung der Fertigstellung erfolgt eine Abnahmefiktion nach VOB. **233**

Fragen des Urheberrechtsschutzes und der **Entstehung gewerblicher Schutzrechte** können sich aus besonderen Umständen des Einzelfalles ergeben. Ist der Gegenstand des Werkvertrags urheberrechtsschutzfähig, entsteht das Urheberrecht in der Person des Werkunternehmers als des Schöpfers, dem infolgedessen auch das ausschließliche Recht der Verwertung zusteht. Ist der Gegenstand des Werkvertrages als gewerbliche Leistung schutzfähig, beispielsweise ein Patent, ein Gebrauchsmuster oder ein Geschmacksmuster, kann der Werkunternehmer als Erfinder ein gewerbliches Schutzrecht nach den entsprechenden Sondergesetzen **234** erlangen.[1] Dies gilt jedoch nur, wenn er sich diesbezügliche Rechte im Werkvertrag vorbehalten hat, denn er schuldet dem Besteller das vereinbarte Werk als vertraglich vereinbarte Leistung.

235 Sofern das Werk im Rahmen eines Arbeitsverhältnisses entstanden ist, gilt es als **Arbeitnehmererfindung** und steht dem Arbeitgeber zu. In diesem Fall ist das Arbeitnehmererfindungsgesetz einschlägig. Zur Vermeidung von Streitigkeiten empfiehlt sich insbesondere im gewerblich-technischen Bereich der Abschluss eines schriftlichen Werkvertrages, der diesbezügliche Interessen regelt.

6. (Werk-)Lieferungsvertrag

236 Im Unterschied zum Werkvertrag, der auf die Herstellung oder Veränderung einer Sache gerichtet ist oder auf einen anderen durch Arbeit oder Dienstleistung herbeizuführenden Erfolg, wird in der Praxis häufig die **Lieferung herzustellender oder zu erzeugender beweglicher Sachen** vereinbart.

237 Es handelt sich typischerweise um Verträge in der industriellen Fertigung und zur Beschaffung von Zulieferteilen, die nach den Angaben des Bestellers hergestellt werden.

238 Auf diesen Vertrag, der bis zur Schuldrechtsreform 2002 als Werklieferungsvertrag bezeichnet wurde, **finden die Vorschriften über den Kauf Anwendung**, vgl. § 651 Satz 1 BGB. Denn zusätzlich zur Werkleistung erfolgt die Übereignung der hergestellten oder erzeugten Sache. Folglich sind auch die Mängelgewährleistungsvorschriften des Kaufvertragsrechts anzuwenden, wenn die Sache Mängel aufweist.

239 Die **Gewährleistungsrechte** sind gem. § 442 Abs. 1 BGB ausgeschlossen, wenn der Käufer bzw. Besteller bei Vertragsabschluss den Mangel kennt. Dies gilt auch dann, wenn der Mangel auf den vom Besteller gelieferten Stoff zurückzuführen ist, vgl. § 651 Satz 2 BGB.

240 Soweit es sich bei den herzustellenden oder zu erzeugenden Sachen um **nicht vertretbare Sachen** handelt, sind auch die §§ 642, 643, 645, 649 und 650 mit der Maßgabe anzuwenden, dass an die Stelle der Abnahme der Zeitpunkt des Gefahrübergangs gem. §§ 446, 447 BGB tritt.

241 Nicht vertretbare Sachen sind bei ihrer Herstellung oder Erzeugung den **individuellen Wünschen und Bedürfnissen des Bestellers angepasst** und folglich vom Unternehmer nicht anderweitig absetzbar oder verwertbar. Dies betrifft Werkleistungen wie Werbefilme oder Anwendungssoftware, ein maßgeschneidertes Kleidungsstück, ein Bauwerk oder einzelne Bauleistungen. Vertretbare Sachen

---

[1] Vgl. Abschnitte I.1 zu den gewerblichen Schutzrechten, I.2 zum Urheberrechtsschutz und I.1.1 zum Arbeitnehmererfindungsrecht.

sind dagegen z. B. Gegenstände aus einer Serienproduktion, die auf Vorrat oder nach Katalogbestellung anfertigt werden.

Wenn **nicht vertretbare bewegliche Sachen** Vertragsgegenstand sind, gelten aus dem Werkvertragsrecht die Regelungen über die Pflichten des Bestellers zur Mitwirkung gem. § 642 BGB, die Kündigung des Unternehmers bei unterlassener Mitwirkung gem. § 643 BGB, die Verantwortlichkeit des Bestellers gem. § 644 BGB, das Kündigungsrecht des Bestellers gem. § 649 BGB und die Kündigungsfolgen gem. § 650 BGB.   242

7. Miet- und Pachtvertrag

Der **Mietvertrag** ist auf die **entgeltliche Gebrauchsüberlassung einer Sache** gerichtet und kommt zu Stande, wenn sich die Parteien über das Mietobjekt, die Höhe des Mietzinses und die Vertragsdauer geeinigt haben. Durch den Mietvertrag verpflichtet sich der Vermieter, dem Mieter den Gebrauch der vermieteten Sache während der Mietzeit zu gewähren, während dieser zur Zahlung der vereinbarten Miete verpflichtet ist, vgl. § 535 BGB.   243

Im Unterschied zum Mietvertrag wird der Verpächter in einem **Pachtvertrag** verpflichtet, nicht nur den Gebrauch des Gegenstandes, sondern auch den „Genuss der Früchte" zu gewähren, § 581 Abs. 1 BGB. Daher wird bei gewerblicher Nutzung (Landwirtschaft, Gewerberäume, Unternehmen, gewerbliche Grundstücke) von einem Pachtvertrag auszugehen sein. Da infolge der Verweisungsnorm in § 581 Abs. 2 BGB die Vorschriften über die Miete auf den Pachtvertrag entsprechend anzuwenden sind, werden diese Vertragsformen im Folgenden gemeinsam behandelt.   244

Gegenstand eines Miet- oder Pachtvertrags können sein: 245

▶ **bewegliche Sachen** (Kraftfahrzeuge, Filme, Bücher, Maschinen und Geräte, Industrieanlagen etc.)

▶ **Grundstücke und Räume** (einzelne Gebäude oder Teile davon, z. B. ein Hotelzimmer, eine Hauswand als Werbefläche, ein Platz zum Aufstellen eines Verkaufsstandes, Werk- und Lagerhallen, Büroräume, Gewerbeflächen etc.).

Neben den allgemeinen Vorschriften für Mietverhältnisse gem. §§ 535 ff. BGB sind die Mietverhältnisse über Wohnraum gem. §§ 549 ff. BGB, die Mietverhältnisse über andere Sachen gem. §§ 578 ff. BGB, der Pachtvertrag gem. §§ 581 BGB und der Landpachtvertrag gem. §§ 585 ff. BGB einschlägig. Im Folgenden werden nur die allgemeinen Vorschriften über Mietverhältnisse dargestellt.   246

Grundsätzlich ist der **Vermieter verpflichtet**, die Mietsache dem Mieter in einem zum vertragsgemäßen Gebrauch geeigneten Zustand zu überlassen und sie während der Mietzeit in diesem Zustand zu erhalten, vgl. § 535 Abs. 1 Satz 2 BGB. Hat die Mietsache zur Zeit der Überlassung an den Mieter einen Mangel, der ihre   247

Tauglichkeit zu dem vertragsgemäßen Gebrauch aufhebt, oder entsteht während der Mietzeit ein solcher Mangel, so ist der Mieter von der Entrichtung der Miete befreit. Für die Zeit, während der die Tauglichkeit gemindert ist, hat er nur eine angemessen herabgesetzte Miete zu entrichten. Eine unerhebliche Minderung der Tauglichkeit bleibt außer Betracht, vgl. § 536 Abs. 1 BGB.

248 Diese Regelung gilt auch dann, wenn der Mietsache eine zugesicherte Eigenschaft fehlt oder später wegfällt und in dem Fall, dass dem Mieter der vertragsgemäße Gebrauch der Mietsache durch das Recht eines Dritten ganz oder zum Teil entzogen wird, vgl. § 536 Abs. 2 und 3 BGB.

249 Danach **haftet der Vermieter** für **Sach- oder Rechtsmängel des Mietgegenstandes** unter folgenden Voraussetzungen:

- Mietvertrag
- die Mietsache weist einen Fehler auf, der ihre Tauglichkeit zu dem vertragsgemäßen Gebrauch aufhebt oder mindert oder der Mietsache fehlen zugesicherte Eigenschaften oder der Gebrauch der Mietsache wird dem Mieter durch das Recht eines Dritten entzogen
- Erheblichkeit der Gebrauchsminderung
- Mängelanzeige gem. § 536c BGB
- kein Ausschluss der Gewährleistung
- keine Verjährung gem. §§ 195 ff. BGB.

250 Der Vermieter hat für die Tauglichkeit des Mietgegenstandes zu dem vertragsgemäßen Gebrauch für die gesamte Dauer der Mietzeit einzustehen. Auch die Lasten der Mietsache, wie beispielsweise Steuern, Hypothekenzinsen, Straßenreinigung, Kanalisation, Müllabfuhr und Schornsteinfegergebühren trägt der Vermieter, soweit von den dispositiven Regeln des Bürgerlichen Rechts nicht abgewichen wurde. Demgegenüber hat der Mieter die **Pflicht zur Mängelanzeige**, und er hat die erforderlichen baulichen Erhaltungs- oder Verbesserungsmaßnahmen zu dulden (§ 536 1a) BGB). Unterlässt der Mieter die Anzeige von Mängeln der Mietsache, so wird er schadensersatzpflichtig.

251 Als **Rechtsfolgen der Mängelgewährleistung** des Vermieters im Mietvertrag ergeben sich folgende Ansprüche des Mieters:

- **Anspruch auf Beseitigung des Sach- oder Rechtsmangels** gem. § 536 BGB
- **Befreiung von der Entrichtung der Miete oder Minderung** gem. § 536 BGB
- **Schadensersatz** gem. § 536a BGB, wenn der Vermieter mit der Mängelbeseitigung in Verzug kommt
- **Aufwendungsersatz** gem. § 536a BGB nachdem der Mieter die Mängel selbst beseitigt hat, im Verzug des Vermieters mit der Mängelbeseitigung oder bei Gefahr im Verzug
- **Recht zur fristlosen Kündigung des Mietvertrags** gem. § 543 BGB.

Die **Gewährleistungsansprüche sind ausgeschlossen**, wenn der Mieter den Man- 252
gel bei Vertragsabschluss kannte oder ihm infolge grober Fahrlässigkeit unbekannt geblieben ist, wenn er eine mangelhafte Sache annimmt, obwohl er den
Mangel kennt oder auf seine Rechte verzichtet hat, vgl. § 536b BGB. Ein Verzicht
erfolgt häufig durch entsprechende Gestaltung von Formularverträgen. Die **Verjährungsfrist** für Ansprüche des Mieters wegen Sach- und Rechtsmängeln beträgt gem. § 195 BGB drei Jahre.

Der Anspruch des Vermieters auf die Entrichtung der Miete entfällt nicht da- 253
durch, dass der Mieter durch einen in seiner Person liegenden Grund an der **Ausübung seines Gebrauchsrechts** gehindert wird. Daher bleibt der Mieter auch zur
Zahlung der Miete verpflichtet, wenn er infolge Krankheit, Urlaub oder sonstiger
Abwesenheit die Mietsache zeitweilig nicht gebraucht oder den Gebrauch ein-
stellt, vgl. § 537 BGB.

Der Mieter ist ohne die Erlaubnis des Vermieters nicht berechtigt, den Gebrauch 254
der Mietsache **einem Dritten zu überlassen**, insbesondere sie weiter zu vermieten. Verweigert der Vermieter die Erlaubnis, so kann der Mieter das Mietverhältnis außerordentlich mit der gesetzlichen Frist kündigen, sofern nicht in der Person des Dritten ein wichtiger Grund vorliegt. Im Fall der berechtigten
Gebrauchsüberlassung an Dritte hat der Mieter auch dessen Verschulden zu
vertreten. Im Fall einer Fortsetzung der unberechtigten Gebrauchsüberlassung
an Dritte kann der Vermieter nach vorheriger Abmahnung auf Unterlassung klagen, vgl. §§ 540, 541 BGB.

Ein Mietvertrag kann befristet oder unbefristet abgeschlossen werden 255
(§ 575 BGB). Das Mietverhältnis endet durch den **Ablauf der vereinbarten Mietzeit** oder durch **Kündigung**.

Jede Vertragspartei kann das Mietverhältnis aus wichtigem Grund **außerordent-** 256
lich fristlos kündigen. Ein wichtiger Grund liegt vor, wenn dem Kündigenden unter Berücksichtigung aller Umstände des Einzelfalls, insbesondere eines Verschuldens der Vertragsparteien, und unter Abwägung der beiderseitigen Interessen
die Fortsetzung des Mietverhältnisses bis zum Ablauf der Kündigungsfrist oder
bis zur sonstigen Beendigung des Mietverhältnisses nicht zugemutet werden
kann, vgl. § 543 BGB. Ein **wichtiger Grund** liegt insbesondere vor, wenn

► dem Mieter der vertragsgemäße Gebrauch der Mietsache ganz oder zum Teil
   nicht rechtzeitig gewährt oder wieder entzogen wird

► der Mieter die Rechte des Vermieters dadurch in erheblichem Maße verletzt,
   dass er die Mietsache durch Vernachlässigung der ihm obliegenden Sorgfalt
   erheblich gefährdet oder sie unbefugt einem Dritten überlässt oder

► der Mieter für zwei aufeinanderfolgende Termine mit der Entrichtung der Miete oder eines nicht unerheblichen Teils der Miete in Verzug ist oder

> ▶ der Mieter in einem Zeitraum, der sich über zwei Monate erstreckt, mit der Entrichtung der Miete in Höhe eines Betrags in Verzug ist, der die Miete für zwei Monate erreicht.

257 Im **Verzugsfall** des Mieters mit seiner Mietzahlung ist die Kündigung ausgeschlossen, wenn der Mieter vor der Kündigung die Miete entrichtet hat (§ 543 Abs. 2 S. 3 BGB). Die Kündigung wird unwirksam, wenn der Mieter sich durch Aufrechnung von seiner Mitschuld befreien konnte und unverzüglich nach der Kündigung die Aufrechnung erklärt. Nach § 569 Abs. 3 Nr. 2 BGB wird die Kündigung ferner unwirksam, wenn der Vermieter spätestens zu Ablauf von zwei Monaten nach Rechtshängigkeit (= Zustellung der Räumungsklage an den Mieter) wegen der fälligen Miete befriedigt wird oder sich eine öffentliche Stelle (Jobcenter, Sozialamt) zur Befriedigung verpflichtet.

258 Sofern der wichtige Grund in der Verletzung einer Pflicht aus dem Mietvertrag besteht, ist die Kündigung nur nach vorheriger **Abmahnung**, verbunden mit einer angemessenen Frist zur Abhilfe der Pflichtverletzung zulässig, vgl. § 543 Abs. 3 BGB.

259 Wird nach dem **Ablauf der vereinbarten Mietzeit** der Mietgebrauch durch den Mieter fortgesetzt, verlängert sich der Mietvertrag auf unbestimmte Zeit, sofern nicht eine Vertragspartei innerhalb von zwei Wochen widerspricht. Die Frist beginnt für den Mieter mit der Fortsetzung des Gebrauchs und für den Vermieter mit dem Zeitpunkt, in dem er von der Fortsetzung Kenntnis erlangt, vgl. § 545 BGB.

260 Nach **Beendigung des Mietverhältnis** ist der Mieter zur Rückgabe der Mietsache verpflichtet, § 546 BGB. Bei verspäteter Rückgabe kann der Vermieter die vereinbarte Miete oder eine ortsübliche Miete als Entschädigung verlangen, § 546a BGB. Die Ersatzansprüche des Vermieters wegen Veränderungen oder Verschlechterungen der Mietsache verjähren in sechs Monaten vom Zeitpunkt der Rückgabe der Mietsache an. Ansprüche des Mieters auf Aufwendungsersatz oder auf Gestattung der Wegnahme einer Einrichtung verjähren in sechs Monaten nach Beendigung des Mietverhältnisses, § 548 BGB.

261 Die Mietverhältnisse über Wohnraum unterliegen den besonderen Vorschriften der §§ 549 ff. BGB. Darin sind u. a. Bestimmungen über die Form des Mietvertrages gem. § 550 BGB, die Miete gem. §§ 556 ff. BGB, das gesetzliche **Vermieterpfandrecht** an den eingebrachten Sachen des Mieters gem. §§ 562 ff. BGB, der Wechsel der Vertragsparteien gem. §§ 563 ff. BGB und die Beendigung des Mietverhältnisses gem. §§ 568 ff. BGB geregelt. Spezialregelungen sind für die Wohnraummiete auf bestimmte Zeit gem. §§ 575 ff. BGB und für Werkwohnungen gem. §§ 576 ff. BGB sowie für die Bildung von Wohnungseigentum gem. §§ 577 f. BGB vorgesehen. Zur Sicherung der Forderungen aus Pachtverträgen entsteht bei der Landpacht ein **Verpächterpfandrecht** gem. § 592 BGB und im allgemeinen Pachtvertrag auch ein **Pächterpfandrecht** gem. § 583 BGB.[1]

---

[1] Vgl. Abschnitt C.4.3 zu den Pfandrechten.

8. Lizenzvertrag

Der Lizenzvertrag ist **im Bürgerlichen Gesetzbuch nicht geregelt**, aber im Bereich des gewerblichen Rechtsschutzes und des Urheberrechts als Vertragsform für die Einwilligung zur Nutzung von Rechten erforderlich. Die Nutzungsrechte an Patenten, Mustern, Marken und anderen gewerblichen Schutzrechten können ebenso wie die Nutzungsrechte an urheberrechtlich geschützten Werken vom Rechtsinhaber durch einen Vertrag zur ausschließlichen oder zur einfachen Nutzung auf einen anderen übertragen werden. Im Unterschied zur Übertragung des Vollrechts durch Rechtskauf gem. § 453 BGB erfolgt mit dem Abschluss eines schuldrechtlichen Lizenzvertrags nur eine beschränkte Übertragung der Nutzungsmöglichkeiten an dem jeweiligen Schutzrecht, z. B. durch inhaltliche Beschränkung auf Herstellung, Vertrieb oder Gebrauch des Schutzgegenstandes, Anwendung des patentrechtlich geschützten Verfahrens, durch zeitliche und räumliche Einschränkungen und sonstige Vertragsgestaltung.[1]

262

8.1 Rechtsgrundlagen und Vertragsformen

Rechtsgrundlage für den Lizenzvertrag ist der **Grundsatz der Privatautonomie**, wonach gem. § 311 BGB den Vertragsparteien die inhaltliche Gestaltung ihrer Rechte im Rahmen der Gesetze überlassen bleibt. Im Lizenzvertragsrecht sind insbesondere die wettbewerbs- und kartellrechtlichen Grenzen zu beachten. In den Sondergesetzen zum gewerblichen Rechtsschutz und zum Urheberrecht werden die Möglichkeiten zur Übertragung von Nutzungsrechten durch Lizenzvertrag ausdrücklich erwähnt, §§ 15 Abs. 2 PatG, 22 Abs. 2 GebrMG, GeschmMG, 31 UrhG. Im Unterschied zum Kaufvertrag wird durch Lizenzvertrag nicht das Eigentum an Sachen übertragen, es wird auch nicht wie im Mietvertrag der Gebrauch einer Sache überlassen, sondern die **Mitnutzung von Rechten** gestattet.

263

Beispiel

Der Erwerb eines Computerprogramms beinhaltet zwar vielfach die Übertragung einer Sache, auf der dieses Programm verkörpert ist, z. B. einer CD oder eines Microchips in einer Systemeinheit. Im Hinblick auf das erworbene Programm wird aber regelmäßig nur eine einfache Gebrauchslizenz vereinbart, sodass jede Vervielfältigung eine unzulässige Kopie darstellt. Die Schutzrechtsverletzung wird mit zivil- und strafrechtlichen Folgen belegt. Der Erwerber einer solchen Raubkopie erhält kein Nutzungsrecht, sodass der Gegenstand des Lizenzvertrags mit einem Rechtsmangel behaftet ist.

Der Lizenznehmer ist als Gegenleistung für die Erlaubnis zur gewerblichen Nutzung des Schutzrechts zur **Zahlung der Lizenzgebühren** verpflichtet, unabhängig

264

---

[1] *Steckler*, Grundzüge des gewerblichen Rechtsschutzes, a. a. O., S. 185 ff.

davon, ob er die ihm eingeräumten Nutzungsrechte wahrnimmt. Gegenstand eines Lizenzvertrags können Nutzungsrechte aller Art sein; neben den gewerblichen Schutzrechten daher auch das Firmenrecht, aber sogar das unternehmerische Know-how oder Verwertungsrechte aus dem Urheberrechtsgesetz. Infolgedessen kann der Lizenzvertrag u. a. die **Nutzung folgender Rechte** betreffen:

▸ Rechte an Erzeugnis- oder Verfahrenspatenten

▸ Gebrauchsmusterrechte

▸ Rechte an Topografien von Halbleitererzeugnissen

▸ Rechte an Pflanzensorten

▸ Geschmacksmusterrechte (Design)

▸ Marken und Kennzeichnungsrechte

▸ Firmenrechte, Ausstattungsrechte

▸ Urheberverwertungsrechte

▸ Know-how, Betriebsgeheimnisse usw.

265 Der **Patentlizenzvertrag** betrifft die beschränkte Übertragung von Nutzungsrechten an patentierten Erfindungen, an patentierten Verfahren und den daraus gewonnenen Erzeugnissen. Da die Lizenzierung auch die **Nutzung von Betriebsgeheimnissen** beinhalten kann, ist es bei einem Lizenzvertrag über eine Erfindung unerheblich, ob die Eintragung der technischen Neuheit als Patent oder Gebrauchsmuster überhaupt beabsichtigt ist. Die Wirksamkeit eines Lizenzvertrages hängt aber grds. von dem Bestand des Rechts ab, dessen (Mit-)Nutzung übertragen wird.

266 Der **Know-how-Vertrag** stellt einen Sonderfall des Lizenzvertrages dar, wonach Erfahrungen und Kenntnisse eines Unternehmens einem anderen gegen Zahlung einer Lizenzgebühr zur Verfügung gestellt werden. In aller Regel wird es sich gleichzeitig um die Offenbarung eines Geschäfts- oder Betriebsgeheimnisses handeln. Das Know-how kann alleiniger Vertragsgegenstand sein, wird aber häufig im Zusammenhang mit einem Patentlizenzvertrag vereinbart, weil die Übertragung der Nutzung des Erzeugnis- oder Verfahrenspatents noch nicht die Herstellung des Erzeugnisses bis zur Serienreife sichert. Infolgedessen hat der Patentinhaber ein erhebliches Interesse an der Kontrolle und Überwachung der Ausführung bei Vergabe einer Herstellungslizenz, während der Lizenznehmer von den Kenntnissen und Erfahrungen des Lizenzgebers und insbesondere von dessen zukünftiger Forschungs- und Entwicklungstätigkeit profitieren kann. Die im Rahmen eines Patentlizenzvertrages erforderlichen Kooperationsvereinbarungen enthalten daher regelmäßig Know-how-Vereinbarungen.

267 Eine **Markenlizenz** besteht in der Erlaubnis zur Mitnutzung eines Markenrechts oder eines sonstigen Kennzeichenrechts des Unternehmens. Die Verwendung einer fremden Marke zu Werbezwecken ist als Vorbereitungshandlung für das Inverkehrbringen der gekennzeichneten Produkte mit den Vertriebsrechten an den

Waren verbunden.[1] Bei der Marken-Lizenzierung sollte sich der Lizenzgeber vertraglich die Qualitätskontrolle über die Waren vorbehalten, die mit seiner Marke versehen werden. Damit erfolgt neben der Kontrolle über gleichbleibende Güte und Qualität der Waren, die dem guten Ruf des lizenzgebenden Unternehmens dient, auch eine Begrenzung des Produkthaftungsrisikos beim Lizenznehmer.[2]

Nach dem Grundsatz der Vertragsfreiheit kann neben den gewerblichen Schutzrechten auch die Nutzung anderer Rechte Gegenstand eines Lizenzvertrages sein. Es können daher auch **Lizenzverträge über Firmenrechte oder über Ausstattungsrechte** abgeschlossen werden, ebenso auch Lizenzverträge über nicht patent- oder gebrauchsmusterfähige Erfindungen. In aller Regel wird es sich dabei aber über Lizenzabsprachen im Zusammenhang mit Vertriebsvereinbarungen handeln, insbesondere im Vertragshändlervertrag, im Handelsvertretervertrag oder im Franchising-Vertrag. Diese Verträge enthalten regelmäßig Absprachen über die Mitnutzung technischer und nichttechnischer Methoden, Verfahren und Geschäftsabläufe.

268

Auch der Inhaber eines Urheberrechtes kann einem anderen **Nutzungsrechte an dem urheberrechtlich geschützten Werk** durch Lizenzvertrag einräumen, § 31 UrhG. Das einfache Gebrauchsrecht gibt dem Lizenznehmer die Möglichkeit, das Werk neben dem Urheber oder anderen Berechtigten auf die ihm erlaubte Art zu nutzen.

269

Beispiel

Sofern der Betreiber eines Schulungszentrums ein durch Lizenzvertrag erworbenes Computerprogramm kopieren und auf mehreren EDV-Geräten einsetzen will, müsste er sich im Lizenzvertrag die Mehrfachnutzung gestatten lassen; will er die Software in einem lokalen Netz einsetzen, müsste er sich eine Netzwerk-Lizenz beschaffen.

Der Lizenzvertrag kann sich auf einzelne oder auf alle **Nutzungsarten** des jeweiligen Werkes, wie z. B. auf Vervielfältigung, Verbreitung, Ausstellung, Vortrag, Aufführung, Vorführung, Sendung und sonstige öffentliche Wiedergabe, Bearbeitung, Umgestaltung etc., beschränken. Die Nutzungsrechte aus dem Urheberrechtsgesetz werden in aller Regel kollektiv durch Verwertungsgesellschaften vergeben, die der Aufsicht des Patentamtes unterstehen, vgl. § 18 UrhWG.[3]

270

---

[1] BGH, GRUR 1987, 707 - Ankündigungsrecht I.

[2] *Foerste in Westphalen*, a. a. O., Bd. I, § 25 Rn. 116, 117.

[3] Die Verwertungsgesellschaften nehmen nach Abschluss eines Wahrnehmungsvertrags mit dem Urheber dessen Rechte treuhänderisch und kollektiv wahr und vergeben Lizenzverträge an Nutzer. Dafür ziehen sie Vergütungen nach festgelegten Tarifen ein und verteilen diese nach festen Regeln – Verteilungsplänen – an die Urheber.

8.2 Vertragsgestaltung

271 Der Lizenzvertrag kann die Übertragung eines einfachen oder eines ausschließlichen Nutzungsrechts enthalten. Durch die **Vereinbarung einer einfachen Lizenz** erhält der Lizenznehmer ein nicht ausschließliches Nutzungsrecht. Dieses kann an mehrere Lizenznehmer nebeneinander vergeben werden. Der Lizenzvertrag begründet Rechte und Pflichten der Vertragspartner, nicht dagegen das Recht, einen anderen von der Nutzung oder Verwertung des gewerblichen Schutzrechts oder des Urheberrechts auszuschließen.

Beispiel

Der Patentinhaber (= Lizenzgeber) erteilt dem Lizenznehmer die Erlaubnis, einen patentierten Gegenstand in Nordrhein-Westfalen herzustellen. In diesem Gebiet können sich auch andere Hersteller des Patenterzeugnisses niederlassen, sofern sie von dem Patentinhaber eine Herstellungslizenz erhalten. Auch der Patentinhaber selbst könnte die Herstellung in dem Vertragsgebiet durch einen eigenen Gewerbebetrieb aufnehmen.

272 Mit der **Vereinbarung einer ausschließlichen Lizenz** erwirbt der Lizenznehmer das alleinige Recht, das Schutzrecht in bestimmter Weise auszuüben, zu nutzen oder zu verwerten. Der Lizenznehmer kann jedem anderen, den Inhaber des Schutzrechts eingeschlossen, die vereinbarte Nutzung des Rechts in dem Vertragsgebiet für die Laufzeit der Lizenzvereinbarung untersagen.

Beispiel

Wenn in dem vorangegangenen Beispiel vereinbart wird, dass das Recht zur Herstellung des Patenterzeugnisses im Gebiet Nordrhein-Westfalen ausschließlich dem Lizenznehmer zustehen soll, kann er jedem Dritten und sogar dem Lizenzgeber die Herstellung des Patentgegenstandes in dem Vertragsgebiet untersagen.

273 Als **ausschließliche Lizenzverträge** werden auch Vereinbarungen bezeichnet, wonach der Lizenzgeber sich verpflichtet, keine weiteren Lizenzen an Dritte einzuräumen. Da der Lizenzgeber bei einer derartigen Vereinbarung selbst die Vertragsschutzrechte noch wahrnehmen könnte, sollte der Vertrag auch Regelungen darüber enthalten, welche Rechte der Lizenzgeber ausüben darf. Der Abschluss eines ausschließlichen Patentlizenzvertrages wird z. B. regelmäßig mit Knowhow-Vereinbarungen verbunden sein. Denn nach der Interessenlage der Vertragsparteien enthält der Lizenznehmer die Vertragsrechte zur alleinigen Nutzung, sodass der Lizenzgeber keine weiteren Lizenzeinnahmen hat und auf die Ausübung der Vertragsrechte besonderen Wert legen wird. Derartige Vereinba-

rungen werden oft auf Länder oder Sprachregionen beschränkt, um den unterschiedlichen technologischen Anforderungen Rechnung zu tragen.[1]

Beispiel

Der Inhaber eines Patents räumt dem Lizenznehmer das ausschließliche Recht zur Herstellung und zum Vertrieb des Patentgegenstandes ein und beschränkt sich auf die weitere Forschungstätigkeit. Der Lizenznehmer verfügt über die notwendigen Fabrikations- und Vertriebsmöglichkeiten und profitiert von den Forschungsergebnissen des Lizenzgebers. Das Produkt wird weiterentwickelt und durch zusätzliche Know-how-Absprachen auf dem neuesten Stand der Technik bleiben.

Der Inhaber eines Rechts kann die **Übertragung einzelner Nutzungsrechte** inhaltlich, räumlich, zeitlich und in weiterer Hinsicht beschränken sowie nach Interessenlage im Einzelfall zahlreiche zusätzliche Vereinbarungen in den Lizenzvertrag aufnehmen. Der Inhalt des Lizenzvertrages richtet sich nach der gesetzlichen Ausgestaltung des Schutzrechts. Ein Patentinhaber kann z. B. folgende Nutzungen einer Erfindung lizenzieren, vgl. § 9 PatG: Herstellung, Anbieten, Inverkehrbringen, Gebrauchen oder Einführen eines Erzeugnispatents, ferner Anwendung eines Verfahrenspatents oder Anbieten, Inverkehrbringen, Gebrauchen oder Einführen eines aus dem patentierten Verfahren hergestellten Erzeugnisses. Dementsprechend richten sich die inhaltlichen Beschränkungen des Lizenzvertrags nach der Interessenlage im Einzelfall sowie Art und Umfang des Rechts des Lizenzgebers. | 274

Ein Lizenzvertrag über ein **Patent oder Gebrauchsmuster** könnte beispielsweise folgende Beschränkungen enthalten: | 275

- ▸ **Herstellungslizenz:** Der Lizenznehmer erhält das Recht zur Herstellung der Erfindung in seinem Gewerbebetrieb.

- ▸ **Vertriebslizenz:** Der Lizenznehmer erhält das Recht, die Erfindung in den Verkehr zu bringen. Damit ist in aller Regel auch das Recht zum Anbieten des Erzeugnisses als Vorbereitungshandlung eingeschlossen. Das Anbieten des patentierten Verfahrens bedarf einer gesonderten Erlaubnis und ist in die Lizenzierung des Vertriebs der aus diesen Verfahren gewonnenen Erzeugnisse noch nicht eingeschlossen.

- ▸ **Gebrauchslizenz:** Der Lizenznehmer erhält das Recht zum Gebrauch der Erfindung oder zur Anwendung des patentierten Verfahrens in seinem Gewerbebetrieb.

- ▸ **Einfuhrlizenz:** Der Lizenznehmer erhält das Recht, das Erzeugnis oder die aus einem Verfahrenspatent gewonnenen Erzeugnisse einzuführen.

---

[1] *Schultz-Süchting*, Münchner Vertragshandbuch, a. a. O., S. 465 mit kommentiertem Vertragsmuster.

Innerhalb dieser **Benutzungsarten** können die Vertragsparteien entsprechend ihrer Interessenlage weiter differenzieren. Der Lizenzgeber kann beispielsweise eine eingeschränkte Herstellungslizenz erteilen, bezogen auf einen Produktionsbetrieb des Lizenznehmers. Ferner kann er räumlich beschränkte Vertriebslizenzen an verschiedene Vertriebsunternehmen vergeben. Er kann eine Herstellungs- und eingeschränkte Gebrauchslizenz erteilen, wenn der Lizenznehmer den Patentgegenstand nur zur Verwendung im eigenen Betrieb herstellen soll.

276 Der Besitz des Patentgegenstandes oder des Gebrauchsmusters oder des aus einem patentierten Verfahren gewonnenen Erzeugnisses unterfällt ebenfalls dem **Ausschlussrecht des Rechtsinhabers**. Dieser kann von dem unbefugten Besitzer die Unterlassung des Besitzes verlangen, gegebenenfalls auch die Herausgabe an den berechtigten Besitzer oder die Vernichtung der unberechtigt hergestellten Erzeugnisse und Kopien. Die Vergabe einer Gebrauchslizenz enthält noch nicht die Erlaubnis zur Herstellung von Vervielfältigungsstücken. Die Lizenzvereinbarung sollte die im Einzelfall beabsichtigte Nutzung des Schutzrechts konkret beschreiben, um Rechtsunsicherheiten und -streitigkeiten zu vermeiden.

277 In allen Lizenzverträgen werden **Beschränkungen hinsichtlich Art, Umfang, Menge, Gebiet oder Zeit der Ausübung des Schutzrechts** vereinbart.

Beispiel

Der Patentinhaber (Lizenzgeber) räumt dem Lizenznehmer eine örtlich beschränkte Vertriebslizenz für das Gebiet Nordrhein-Westfalen für die Dauer von 2 Jahren ein. Diese Vereinbarung ist wettbewerbsrechtlich erlaubt, denn sie betrifft die inhaltliche – regionale und zeitliche Ausübung des Schutzrechts.

278 Sofern Nutzungsbeschränkungen in Lizenzverträgen enthalten sind, die sich als Wettbewerbsbeschränkung auswirken, ist ein Verstoß gegen Art. 101 AEUV (Vertrag zur Arbeitsweise der Europäischen Union, der ab dem 30.11.2009 gilt und bis dahin „Vertrag zur Gründung der Europäischen Gemeinschaft hieß) zu prüfen. Diese Vorschrift verbietet Vereinbarungen zwischen Unternehmen, die eine Beschränkung des Wettbewerbs innerhalb des Gemeinsamen Marktes bezwecken oder bewirken.

Beispiele

Im vorangegangenen Beispiel kann das wirtschaftliche Interesse des Lizenzgebers darauf gerichtet sein, dass der Lizenznehmer seine Abnehmer ebenfalls hinsichtlich des Vertriebsgebietes Nordrhein-Westfalen bindet, damit diese nicht durch den Vertrieb in andere Bundesländer mit den dort zuständigen Vertriebsberechtigten in Wettbewerb treten.

Der Lizenzgeber könnte auch ein Interesse daran haben, die fachliche Qualifikation der Kunden des Lizenznehmers oder sonstige Vertriebsbedingungen näher zu bestimmen, z. B. Lieferungen nur an den Fachhandel zu erlauben, Lieferungen an den Versandhandel auszuschließen oder die Präsentation der Erzeugnisse nur in einem besonders vorgegebenen Rahmen (Größe und Ausstattung des Verkaufsraumes etc.) stattfinden zu lassen.

Vertriebsbeschränkungen können beispielsweise darin bestehen, dass der Lizenznehmer die geschützten Erzeugnisse nur an Vertragshändler oder -werkstätten vertreiben darf oder nur an den Fachhandel oder nur innerhalb einer Handelsstufe.

Art. 101 Abs. 1 AEUV untersagt alle Vereinbarungen und aufeinander abgestimmte Verhaltensweisen von Unternehmen und Beschlüsse von Unternehmensvereinigungen, die den Handel zwischen Mitgliedstaaten zu beeinträchtigen geeignet sind und eine Verhinderung, Einschränkung oder Verfälschung des Wettbewerbs bezwecken oder bewirken. Das in Art. 101 Abs. 1 AEUV enthaltene Verbot kann im Falle von Vereinbarungen zwischen Unternehmen für nicht anwendbar erklärt werden, die unter angemessener Beteiligung der Verbraucher an dem entstehenden Gewinn zur Verbesserung der Warenerzeugung oder -verteilung oder zur Förderung des technischen oder wirtschaftlichen Fortschritts beitragen, vgl. Art. 101 Abs. 3 AEUV (Einzelfreistellung).

Beispiele

Verwendungsbeschränkungen betreffen die verschiedenen technischen Anwendungsmöglichkeiten eines Lizenzprodukts. Sofern der Lizenzgeber aus rein wirtschaftlichen Erwägungen die Schutzrechte oder das Know-how nur für einen bestimmten Verwendungsbereich lizenziert (sog. „Field-of-use"-Klausel) und sich die Vergabe von Lizenzen für andere Anwendungsmöglichkeiten vorbehält, wäre die Einschränkung unzulässig. Falls technische Gründe vorliegen, weil z. B. die Serienreife des Produkts bisher nur für eine Verwendungsmöglichkeit erreicht ist, wäre die Lizenzbeschränkung wettbewerbsrechtlich zulässig.

Wettbewerbsbeschränkungen werden häufig aus dem Interesse des Lizenzgebers heraus vereinbart, den Lizenznehmer zu verpflichten, neben den Lizenzerzeugnissen keine weiteren Produkte herzustellen und zu vertreiben. Diese Folge kann durch die Vereinbarung der Lizenzgebühren nach dem Umsatz erreicht werden, wenn die Mindestlizenz so bemessen ist, dass der Lizenznehmer seine Fertigungs- und Vertriebsaktivitäten auf den Lizenzgegenstand ausrichten muss. Es kann aber auch eine Ausübungspflicht hinsichtlich der Produktionsmenge vereinbart werden, welche der Fertigungskapazität des Lizenznehmers entspricht. Derartige Vereinbarungen sind wettbewerbsrechtlich unbedenklich.

279

280   Die meisten Lizenzvereinbarungen schränken den Wettbewerb nicht ein, bringen wettbewerbsfördernde Effizienzvorteile mit sich und sind daher mit Art. 101 AEUV vereinbar. Die Lizenzvergabe fördert schon an sich den Wettbewerb, da sie eine Verbreitung der Technologie bewirkt und zur Innovation anregt. Daher werden Technologietransfer-Vereinbarungen durch eine Gruppenfreistellungsverordnung der Europäischen Union von der in Art. 101 Abs. 1 AEUV vorgesehenen Verbotsregel freigestellt[1]. Die Bewertung, ob eine Lizenzvereinbarung den Wettbewerb beschränkt, muss im konkreten Zusammenhang erfolgen, in dem Wettbewerb stattfinden würde, wenn die Vereinbarung mit ihren mutmaßlichen Beschränkungen nicht bestünde. Hierzu müssen die Auswirkungen der Vereinbarung auf den Technologienwettbewerb (u. a. den Wettbewerb zwischen Unternehmen, die konkurrierende Technologien verwenden) sowie auf den technologieinternen Wettbewerb (u. a. den Wettbewerb zwischen Unternehmen, die dieselbe Technologie verwenden) untersucht werden.

Beispiel

Schränkt ein Lizenzgeber beispielsweise seine Lizenznehmer im Wettbewerb miteinander ein, wird (potenzieller) Wettbewerb eingeschränkt, der ohne die Beschränkungen zwischen den Lizenznehmern möglicherweise bestanden hätte. Zu solchen Beschränkungen zählen vertikale Preisfestsetzung und gebiets- oder kundenbezogene Verkaufsbeschränkungen zwischen Lizenznehmern.

281   Die Rechtsvorschriften zum geistigen Eigentum räumen den Inhabern von Patenten, Mustern, Marken, Urheberrechten und anderen gesetzlich geschützten Rechten ausschließliche Rechte ein. Danach ist der Inhaber eines solchen Schutzrechts berechtigt, einerseits die unberechtigte Nutzung seines geistigen Eigentums zu unterbinden und andererseits dieses Recht u. a. durch die Vergabe von Lizenzen an Dritte zu verwerten. Sobald ein Erzeugnis, in das ein Schutzrecht eingegangen ist, vom Inhaber oder mit seiner Zustimmung innerhalb des Europäischen Wirtschaftsraums (= Freihandelszone zwischen der EU und den EFTA-Staaten Island, Liechtenstein und Norwegen, außer der Schweiz) in Verkehr gebracht worden ist, ist dieses Schutzrecht in dem Sinne erschöpft, dass der Rechtsinhaber sich nicht länger darauf berufen kann, um den Verkauf des Erzeugnisses zu kontrollieren (**Grundsatz der gemeinschaftsweiten Erschöpfung**). Der Rechtsinhaber ist nicht berechtigt, Verkäufe durch die Lizenznehmer oder die Abnehmer von Erzeugnissen, die die lizenzierte Technologie enthalten, zu unterbinden. Der Grundsatz der gemeinschaftsweiten Erschöpfung steht im Einklang mit der Hauptfunktion der Schutzrechte, nämlich dem Inhaber das Recht einzuräumen, andere von der Verwertung seines geistigen Eigentums ohne seine Zustimmung auszuschließen.

---

[1] Verordnung 316/2014 vom 31.03.2014.

Da Lizenzverträge in den wettbewerbs- und kartellrechtlichen Grenzen dem   282
Grundsatz der Vertragsfreiheit unterliegen, werden neben den **Hauptleistungspflichten** – Erlaubnis zur Nutzung des Rechtes nach Art und Umfang gegen Zahlung einer Lizenzgebühr – zahlreiche **weitere Vereinbarungen** getroffen, beispielsweise über

- Buchführungs- und Abrechnungspflichten
- Kennzeichnungen oder Lizenzhinweise
- Qualitätskontrolle und Produkthaftpflicht
- Verbesserungsmitteilungen und Technologietransfer
- Veränderungen des Vertragsgegenstandes
- Beratung und Einweisung
- Geheimhaltungsklauseln und Wettbewerbsverbote
- Vergabe von Unterlizenzen
- Vertragsstrafen bei Verletzungshandlungen
- Vertragslaufzeit und Kündigungsfristen etc.

In aller Regel wird sich der Lizenzgeber zur Überprüfung der Lizenzgebühren Kon-   283
trollmöglichkeiten sichern. Infolgedessen werden in Anlehnung an den jeweils
vereinbarten Abrechnungsmodus **Buchführungs- und Abrechnungspflichten** des
Lizenznehmers und die Zeiträume für die Rechnungslegung vereinbart. Ein Hinweis auf das Vertragsschutzrecht – **Lizenzhinweis oder Schutzrechtsvermerk** –
kann z. B. erfolgen, wenn Vertriebslizenzen vergeben werden und der Hinweis auf
vorhandene Schutzrechte eventuellen Schutzrechtsverletzungen vorbeugen
kann. Sofern darüber hinaus auf den Endprodukten die Marke oder die Firma des
Lizenzgebers erscheinen soll, wird eine Qualitätskontrolle und -dokumentation
bzw. die Überwachung der Einhaltung vereinbarter Qualitätssicherungsverfah-
ren[1] erforderlich sein, weil die Erzeugnisse aus der Sicht der Abnehmer auf den
Lizenzgeber als Hersteller hinweisen.[2]

Fabrikationsnummer und **Vertriebsaufzeichnungen** dienen der schnellen Behe-   284
bung nachträglich festgestellter Produktmängel und mindern das Produkt-
haftungsrisiko. Der Lizenzgeber wird in aller Regel für Konstruktionsfehler
einzustehen haben und kann durch Warnhinweise oder Rückrufaktionen die
Schadensfolgen verringern. Durch die Fabrikationsnummer und durch Aufzeichnungen über den Vertrieb kann der Weg der Lizenzerzeugnisse über die einzelnen
Handelsstufen bis hin zum Verbraucher verfolgt werden. Derartige Verpflichtungen sind wettbewerbsrechtlich nur insoweit zu beanstanden, als sie dem Lizenzgeber auch die Kontrolle der Einhaltung seiner Vertriebsbindungen über den
unmittelbaren Vertragspartner hinaus ermöglichen.

---

[1] *Steckler*, Qualitätssicherungsvereinbarungen, a. a. O., S. 117 ff.

[2] EuGH, GRUR Int. 1986, 430; Europäische Kommission, GRUR Int. 1984, 171.

285   In jedem Lizenzvertrag sollten Regelungen über **Verbesserungen und Veränderungen** des Lizenzgegenstandes enthalten sein. Um Streitigkeiten und Verletzungsprozesse zu vermeiden, muss festgelegt werden, ob und in welchem Umfang der Lizenznehmer den Vertragsgegenstand verändern darf. Diese Regelung muss durch diesbezügliche Mitteilungspflichten ergänzt werden und gegebenenfalls auch durch **Absprachen über Rücklizenzen**, u. a. die technischen Verbesserungen werden dem Lizenzgeber gegen Zahlung einer Gebühr zur weiteren Nutzung übertragen. Die Einhaltung inhaltlicher Grenzen des Patentlizenzvertrags wird in aller Regel durch **Vertragsstrafen** abgesichert.

8.3 Mängelgewährleistung

286   Die Frage nach der **Haftung des Lizenzgebers für Rechtsmängel** stellt sich dann, wenn der Lizenzgeber seiner Hauptleistungspflicht nicht genügt, weil das Schutzrecht von vornherein nicht besteht, nicht zur Entstehung gelangt oder nachträglich erlischt. Der Lizenzgeber hat dem Lizenznehmer vertraglich die Nutzung des Lizenzgegenstandes gestattet, u. a. er hat sich verpflichtet, dem Lizenznehmer eine entsprechende Rechtsposition einzuräumen. Der Lizenzvertrag ist daher vom Bestand des Schutzrechts abhängig, dessen Nutzung dem Lizenznehmer übertragen wird. Da Patentlizenzverträge auch für angemeldete, aber noch nicht erteilte Erfindungen wirksam abgeschlossen werden, können Rechtsmängel sich regelmäßig nur für die Zukunft auswirken. Der Lizenzvertrag bleibt für den zurückliegenden Zeitraum unberührt, soweit der Lizenznehmer die vereinbarten Nutzungen gezogen hat. Der Rechtsmangel des fehlenden Schutzrechts wirkt sich in der Weise aus, dass ein **Kündigungsrecht aus wichtigem Grund** entsteht. Sofern der Lizenzvertrag sich nicht oder nicht ausschließlich auf eingetragene Schutzrechte bezieht, können die Vertragsbedingungen der geänderten Situation angepasst werden, z. B. durch Verringerung der Lizenzgebühren.

Fall 14: Rechtsmangel einer Raubkopie > Seite 472

287   Eine **Haftung des Lizenzgebers für Sachmängel** kann sich nur im Einzelfall ergeben, z. B. wegen Fehlens einer vereinbarten Beschaffenheit der aus dem Schutzrecht gewonnenen Erzeugnisse. Die Haftung entsteht in Analogie zu den §§ 434 ff.,536 ff. BGB (Sachmängelgewährleistung in Kauf- und Mietverträgen) nur aufgrund einer ausdrücklichen Vereinbarung. Eine derartige Haftungsübernahme – falls sie tatsächlich erfolgt – dürfte auf die Höhe der Lizenzgebühr beschränkt sein, weil die Haftung für die kommerzielle Verwertbarkeit des Lizenzgegenstandes im Allgemeinen von der Zusicherung nicht erfasst wird.

288   **Schadensersatzansprüche** können sich – abgesehen von den Gewährleistungsregeln – auch infolge einer Verletzung vorvertraglicher Auskunfts-, Beratungs- und Sorgfaltspflichten ergeben und ebenso im Verlauf der Vertragsdurchführung bei Verletzung bestehender vertraglicher Nebenleistungspflichten gem. §§ 280 ff. BGB.

Im Zusammenhang mit dem Abschluss von Lizenzverträgen werden regelmäßig   289
Zeichnungen, Muster, Betriebsanweisungen und sonstige Unterlagen übergeben,
die die Herstellung des Schutzgegenstandes und den Vertrieb betreffen. Diese
Unterlagen gehören im Unternehmen des Lizenzgebers meist zu den Betriebs-
und Geschäftsgeheimnissen, sodass vertragliche **Rückgabe- und Geheimhaltungsklauseln** gegen Vertragsstrafeversprechen die wettbewerbsrechtlichen
Strafvorschriften ergänzen.

Vertragliche Geheimhaltungsverpflichtungen sind schon deshalb unumgänglich,   290
weil die zur Verfügung gestellten Unterlagen – insbesondere auch das zur Verfügung gestellte Know-how – andernfalls nicht als Betriebsgeheimnis angesehen
werden und folglich frei verwertet werden können. Das **Geheimhaltungsverbot**
sollte so umfangreich wie möglich ausgestaltet werden, um dem Lizenznehmer
das Argument abzuschneiden, er habe nicht gewusst, dass es sich um ein Betriebsgeheimnis handele. Der Lizenznehmer sollte auch verpflichtet werden, seine Arbeitnehmer und andere Mitarbeiter auf die Geheimhaltung hinzuweisen
und entsprechende Geheimhaltungsklauseln zu vereinbaren. Bei Verletzung der
Geheimhaltung bleibt der Lizenzgeber im Allgemeinen auf Ansprüche gegen seinen Vertragspartner angewiesen, vgl. §§ 280 ff. BGB.

Es werden vielfach über die reine Erlaubnis zur Nutzung des Lizenzgegenstandes   291
hinaus noch besondere **Beratungs- und Einweisungstätigkeiten** des Lizenzgebers
erforderlich. Diese können einen erheblichen Zeit- und Kostenaufwand beanspruchen, insbesondere wenn die Entsendung von Fachleuten des Lizenzgebers
zur Beratung, Ausbildung und Einarbeitung des Personals im Unternehmen des
Lizenzgebers erfolgt, das sich auch im Ausland befinden kann. Es sind daher entsprechende Beratungs-, Ausbildungs- und Einweisungsgebühren zu vereinbaren.

Der Lizenznehmer kann aufgrund einer ausschließlichen Lizenz **Unterlizenzen** an   292
Dritte vergeben, soweit dies nicht vertraglich ausgeschlossen wurde. Besteht ein
Vertrag über eine einfache Lizenz, verhält es sich umgekehrt, u. a. der Lizenznehmer darf keine Unterlizenzen vergeben, es sei denn, dieses Recht wurde ihm ausdrücklich zugestanden.

In den Fällen der **Produkthaftung** infolge von Konstruktions-, Fabrikations- oder   293
Informationsfehlern ist der Lizenznehmer als Hersteller zum Schadensersatz verpflichtet. Dies gilt sowohl für deliktische Ansprüche der Geschädigten aus unerlaubter Handlung gem. §§ 823 ff. BGB als auch nach dem Produkthaftungsgesetz.
In aller Regel wird die **Konstruktionsverantwortung** beim Lizenzgeber liegen, vielfach auch Bezugsbindungen für Vorprodukte, Stoffe oder Substanzen bestehen,
sodass im Innenverhältnis der Lizenzvertragsparteien **Freihalteverpflichtungen**
vorzusehen sind, wobei der Lizenzgeber sich **Kontrollrechte** vorbehalten sollte.

Die **Vertragslaufzeit** richtet sich nach der Interessenlage der Lizenzvertragspar-   294
teien. Sofern keine Vereinbarung über die Dauer des Lizenzvertrags getroffen
wurde, endet dieser spätestens mit dem Ablauf der Schutzdauer des gewerbli-

chen Schutzrechts. Die außerordentliche Kündigung – fristlos oder mit einer Auslauffrist – bedarf eines wichtigen Grundes gem. § 314 BGB.

9. Geschäftsbesorgungsvertrag

295 Der Geschäftsbesorgungsvertrag ist auf eine **entgeltliche wirtschaftliche Tätigkeit** im Interesse des Auftraggebers gerichtet. Im Einzelnen gehören dazu die Bankverträge, wie beispielsweise Grund- oder Rahmenverträge, Einlagen-, Kredit-, Diskont-, Effekten-, Depot-, Giro- und Kreditkartenverträge, ferner Baubetreuungs- und Bauträgerverträge, Betriebsführungsverträge, Geschäftsführerverträge, Kommissions- und Speditionsgeschäfte, Verträge über Rechts- oder Steuerberatung, Bürgschaftsübernahme, Vertragshändlerverträge, Werbeagenturverträge und ähnliche Vereinbarungen.

296 Das Gesetz regelt den Geschäftsbesorgungsvertrag in § 675 BGB nur insoweit, als auf die **Anwendung einiger Vorschriften über den Auftrag** verwiesen wird. Der Auftrag ist ein Vertrag, durch den sich der Beauftragte verpflichtet, unentgeltlich ein Geschäft für den Auftraggeber zu besorgen. Demgegenüber erfolgt die **Übernahme einer Geschäftsbesorgung gegen Zahlung einer Vergütung**, sodass eine entgeltliche Auftragsübernahme vorliegt.

297 Die **Hauptleistungspflichten im Geschäftsbesorgungsvertrag** richten sich nach den jeweiligen vertraglichen Vereinbarungen der Parteien. Zusätzlich bestehen aber die auftragstypischen Pflichten zur sorgfältigen und sachkundigen Ausführung des fremden Geschäfts und zur Loyalität gegenüber dem Auftraggeber, die in einzelnen Branchen beispielsweise durch das Bankgeheimnis oder die Schweigepflichten der Rechtsanwälte und Steuerberater zum Ausdruck kommen.

298 Die Anwendung von § 663 BGB auf den Geschäftsbesorgungsvertrag hat zur Folge, dass Geschäftsbesorgungskaufleute wie Banken, Rechtsanwälte, Steuerberater, Wirtschaftsprüfer u. a., die öffentlich zu einer bestimmten Geschäftsbesorgung bestellt werden, die Ablehnung des Auftrags unverzüglich anzuzeigen haben. Ferner ist der Geschäftsbesorger zur **Auskunftserteilung** gegenüber dem Auftraggeber verpflichtet und nach Maßgabe der vertraglichen Vereinbarung **weisungsgebunden**. Er kann aber im Interesse des Auftraggebers von den Weisungen abweichen, vgl. §§ 665, 666 BGB.

299 Zu den in der Praxis wichtigsten gesetzlichen Bestimmungen für den Geschäftsbesorgungsvertrag gehört der **Anspruch auf Aufwendungsersatz** gem. § 670 BGB, der dem Geschäftsbesorger neben dem vertraglich vereinbarten Entgelt den Ersatz seiner in Ausübung der Geschäftsbesorgung entstandenen Auslagen sichert. Der Aufwendungsersatzanspruch beinhaltet z. B. Telekommunikations- und Portokosten, Fotokopien, Kontoführungsgebühren und ähnliche Aufwendungen, wie auch den Regressanspruch des Bürgen und die Ersatzansprüche des Kommissionärs und des Spediteurs für Lager- und Versicherungskosten. Auf Verlangen

des Geschäftsbesorgers ist der Auftraggeber ferner zur **Vorschusszahlung** verpflichtet, § 669 BGB.

Beispiel ▬▬▬▬▬▬▬▬▬▬▬▬▬▬▬▬▬▬▬▬▬▬▬▬

Ein Kaufmann unterhält ein Geschäftskonto bei seiner Bank. Er erteilt hinsichtlich der Miete für seine Büroräume einen Dauerauftrag. Der Girovertrag, die Einrichtung, Änderung und Kündigung des Dauerauftrags sind Geschäftsbesorgungsverträge. Infolgedessen entstehen vertragliche Entgelt- und gesetzliche Aufwendungsersatzansprüche der Bank (= Geschäftsbesorger) gegen den Kaufmann.

Im Geschäftsbesorgungsvertrag entstehen besondere **Informationspflichten** gem. § 675a BGB. Wer zur Besorgung von Geschäften öffentlich bestellt ist oder sich dazu öffentlich erboten hat, stellt für regelmäßig anfallende standardisierte Geschäftsvorgänge (Standardgeschäfte) schriftlich, in geeigneten Fällen auch elektronisch, unentgeltlich Informationen über Entgelte und Auslagen der Geschäftsbesorgung zur Verfügung, soweit nicht eine Preisfestsetzung nach § 315 BGB erfolgt oder die Entgelte und Auslagen gesetzlich verbindlich geregelt sind. Finanzdienstleister haben zusätzlich Informationen über Ausführungsfristen, Wertstellungszeitpunkte, Referenzkurse von Überweisungen und weitere Einzelheiten zur Verfügung zu stellen. 300

Da die **Vertragsgestaltung** weitgehend den Vertragsparteien überlassen bleibt, kann der Geschäftsbesorgungsvertrag auch als Dienstvertrag oder als Werkvertrag ausgestaltet werden. Insbesondere bei der Beendigung des Geschäftsbesorgungsvertrags ergeben sich ergänzende Kündigungsvorschriften aus dem Werkvertragsrecht gem. § 649 BGB und aus dem Dienstvertragsrecht gem. §§ 620 ff. BGB. 301

Der Geschäftsbesorgungsvertrag kann gem. § 671 BGB von dem Auftraggeber jederzeit **widerrufen** und von dem Geschäftsbesorger jederzeit gekündigt werden. Allerdings darf der Geschäftsbesorger nicht ohne wichtigen Grund zur Unzeit kündigen, andernfalls wird er schadensersatzpflichtig, § 671 BGB. Wichtige Gründe, die eine vorzeitige Kündigung rechtfertigen, sind gegeben, wenn der Geschäftsbesorger durch Krankheit oder unvorhersehbare Schwierigkeiten an der Ausführung der Geschäfte gehindert ist. Eine unzeitige Kündigung liegt nur dann vor, wenn der Auftraggeber das Geschäft nicht selbst übernehmen und auch nicht durch einen anderen ausführen lassen kann. 302

Ein praktisch bedeutender Anwendungsbereich für diesen Vertragstyp sind Geschäfte über Finanzdienstleistungen. Mit der Einführung der Europäischen Währungsunion hat der Geschäftsbesorgungsvertrag an Bedeutung zugenommen. Spezielle Verträge aus dem Kreditwesen sind daher in das Bürgerliche Gesetzbuch aufgenommen worden. Es handelt sich dabei um Vorschriften über die 303

Zahlungsdienste und dem elektronischen Geld (§ 675c ff. BGB) und die **Haftung des Zahlungsdienstleisters** (§ 675u BGB).

10. Wiederholungsfragen

1. Ein Handelsunternehmer bestellt wegen einer defekten Produktionsmaschine den Reparatur-Service des Herstellers. Als die Rechnung kommt, beruft sich der Handelsunternehmer darauf, dass eine Vergütung nicht vereinbart sei.

2. Infolge der unsachgemäßen Verlegung eines Kabels entsteht nach der Abnahme der Installation ein Schaden durch das Verschmoren der Drähte. Kann der Besteller die erneute Verlegung der Leitungen verlangen? Welche Ansprüche bestehen, wenn durch den Kabelbrand weitere Vermögensgüter, z. B. Einrichtungsgegenstände, beschädigt werden?

3. Nach einem selbstverschuldeten Unfall beauftragt Hans Meier seine Werkstatt, das Fahrzeug zu reparieren. Die Arbeiten werden ordnungsgemäß erledigt, jedoch verlangt die Werkstatt, dass Meier die Reparaturkosten zahlt, bevor das Fahrzeug herausgegeben wird. Hans Meier ist empört und erkundigt sich nach der Rechtsgrundlage.

4. Ein Mietvertrag über Geschäftsräume wird über fünf Jahre abgeschlossen. Dabei haben die Parteien vereinbarungsgemäß auf die Schriftform verzichtet. Welche Rechtsfolge hat der nur mündliche Vertragsabschluss?

5. Nach Ablauf eines Mietverhältnisses über ein Fahrzeug stellt sich heraus, dass der Mieter die Mietsache nicht zurückgibt. Was muss der Vermieter veranlassen, um die Entstehung eines Mietvertrags auf unbestimmte Zeit durch den fortgesetzten Mietgebrauch zu verhindern?

6. An welche besondere Voraussetzung sind Sach- und Rechtsmängelansprüche des Mieters wegen Mangelhaftigkeit der Mietsache geknüpft?

7. Welches sind die Hauptleistungspflichten im Lizenzvertrag?

8. Was ist der Unterschied zwischen einer ausschließlichen und einer einfachen Lizenz?

9. Der Lizenznehmer stellt fest, dass das Verfahrenspatent, welches er durch Patentlizenzvertrag in seinem Unternehmen nutzen kann, durch Nichtzahlung der Patentgebühren erloschen ist. Was geschieht mit seinem vertraglichen Nutzungsrecht? Darf er weiterhin nach dem Verfahren produzieren? Muss er die Lizenzgebühren weiterhin zahlen?

10. In dem lokalen Netz Ihres Unternehmens kommt ein Computerprogramm zur Anwendung, für das Sie eine Netzwerklizenz erworben haben. Es stellt sich heraus, dass es sich um eine Raubkopie handelt, die der Computerhändler unberechtigt hergestellt hat, bevor er Ihnen die Programmlizenz erteilte. Welche Rechte haben Sie?

1. Der Handelsunternehmer ist zur Zahlung der Vergütung auch ohne besondere Vereinbarung verpflichtet. Denn im Werkvertrag gilt eine Vergütung als stillschweigend vereinbart, wenn die Herstellung des Werkes bzw. die Herbeiführung des Erfolges durch Dienstleistung nur gegen eine Vergütung zu erwarten ist, vgl. § 632 Abs. 1 BGB.

2. Nein, ein Anspruch auf Neuherstellung des Werkes als Teil der Nacherfüllungsansprüche gem. § 635 BGB kann nur bis zur Abnahme geltend gemacht werden, vgl. § 640 Abs. 2 BGB. Der Besteller kann nach der Abnahme allerdings Schadensersatz verlangen, sodass ihm die Kosten für die verbrannten Einrichtungsgegenstände erstattet werden, vgl. §§ 634 Nr. 4, 636, 280 ff. BGB.

3. Der Reparaturauftrag stellt einen Werkvertrag dar, in dem ein durch Arbeit oder Dienstleistung herbeizuführender Erfolg geschuldet wird, vgl. § 631 Abs. 2 BGB. Eine Vergütung gilt gem. § 632 BGB als stillschweigend vereinbart, da die Reparatur eines Fahrzeugs nur gegen eine Vergütung zu erwarten ist. Der Anspruch ist mit der Abnahme des Werkes fällig, § 640 Abs. 1 BGB. Der Unternehmer hat für seine Forderungen aus dem Vertrag ein Pfandrecht an dem Fahrzeug, das zum Zweck der Reparatur in seinen Besitz gelangt ist, § 647 BGB. Daher macht die Werkstatt ihr Unternehmerpfandrecht geltend, wenn sie das Fahrzeug erst nach Zahlung der Reparaturrechnung herausgeben möchte.

4. Mietverträge über Grundstücke oder Räume mit einer Vertragslaufzeit von mehr als einem Jahr bedürfen der Schriftform, vgl. §§ 578, 550 BGB. Sofern die gesetzliche Schriftform nicht beachtet wurde, ist im Interesse des Mieterschutzes die Rechtsfolge der Nichtigkeit gem. § 125 Satz 1 BGB durch eine Spezialvorschrift verdrängt. Die Befristung ist unwirksam und der Vertrag gilt als auf unbestimmte Zeit abgeschlossen.

5. Der Vermieter muss binnen 2 Wochen nach Ablauf der Mietdauer dem Mieter gegenüber erklären, dass er mit der Fortsetzung des Mietverhältnisses nicht einverstanden ist, vgl. § 545 BGB.

6. Den Mieter trifft die Verpflichtung zur unverzüglichen Mängelanzeige an den Vermieter, vgl. § 536c BGB. Andernfalls macht sich der Mieter schadensersatzpflichtig.

7. Der Lizenzgeber ist verpflichtet, dem Lizenznehmer die Mitnutzung an einem gewerblichen Schutzrecht, einem Urheberrecht oder an einem Betriebsgeheimnis bzw. an betrieblichem Know-how zu gestatten. Der Lizenzgeber hat als Gegenleistung für die vereinbarte Mitnutzung an dem Recht eine Lizenzgebühr zu entrichten.

8. Mit der Vereinbarung einer ausschließlichen Lizenz erwirbt der Lizenznehmer das alleinige Nutzungsrecht, und es trifft ihn dafür eine Verpflichtung zur Ausübung des übertragenen Rechtes. Im Fall einer einfachen Lizenz kann der Lizenzgeber weitere Lizenzen über die Mitnutzung des betreffenden Rechtes vergeben. Die Lizenznehmer haben keine Ausübungspflichten.

9. Das Patent ist erloschen. Damit steht das Verfahren zur allgemeinen Nutzung jedem Unternehmen frei. Für den Patentlizenzvertrag ist die Geschäftsgrundlage entfallen, sodass die Verpflichtung zur weiteren Zahlung von Lizenzgebühren entfällt, vgl. § 313 BGB.

10. Der Lizenzvertrag ist von dem Bestand des Schutzrechts abhängig, dessen Nutzung dem Lizenznehmer eingeräumt wird. Wenn der Computerhändler eine Raubkopie des Computerprogramms hergestellt hat, darf er das Recht zur Nutzung nicht lizenzieren. Es liegt ein Rechtsmangel vor; die Ansprüche des Lizenznehmers ergeben sich in Analogie zur Rechtsmängelgewährleistung im Kaufvertragsrecht. Der Lizenznehmer hat einen Anspruch auf Nacherfüllung durch Einräumung der vereinbarten Rechtsposition, u. a. er kann eine autorisierte Netzwerklizenz des auf dem Markt befindlichen Programms verlangen. Wenn dies nicht möglich ist, kann er den Lizenzvertrag aus wichtigem Grund kündigen.

D. Gesetzliche Schuldverhältnisse

Kraft eines Schuldverhältnisses ist der Gläubiger berechtigt, von dem Schuldner   001
eine Leistung zu fordern, vgl. die Legaldefinition in § 241 BGB. Ein Schuldverhältnis entsteht entweder durch Rechtsgeschäft oder durch Gesetz.

In aller Regel sind für den kaufmännischen Rechtsverkehr die **vertraglichen**   002
Schuldverhältnisse von größerer Bedeutung, weil die Beschaffung, die Herstellung und der Vertrieb von Waren und Dienstleistungen u. a. den Abschluss von
Kauf-, Werk-, Lizenz-, Miet- und Leasingverträgen, Finanzierungs- und Sicherungs-
geschäften, Transport- und Lagergeschäften erfordert. Der Aufbau umfangreicher Bezugs- und Lieferverbindungen im Rahmen von Beschaffungs- und Vertriebssystemen erfolgt daher auf vertraglicher Grundlage. Falls bei der
Vertragsdurchführung Rechts- oder Sachmängel auftreten, Liefertermine nicht
eingehalten werden und Schäden entstehen, werden die Folgen durch die Mängelgewährleistungsvorschriften bei einzelnen Vertragsformen oder durch die
Vorschriften über Leistungsstörungen geregelt.

Sofern außervertragliche Personen- oder Sachschäden auftreten, können sich   003
Ansprüche des Verletzten oder Geschädigten nur aus den gesetzlichen Schuldverhältnissen ergeben. Die Regulierung von Verkehrsunfällen, der Ausgleich von
Schäden aus Straftaten, aus dem unbefugten Gebrauch fremder gewerblicher
Schutzrechte, aus fehlerhaften Produkten und aus sonstigen Eingriffen in eine
fremde Rechtssphäre erfolgen nach besonderen Vorschriften, die an die Verletzungshandlung knüpfen. Die gesetzlichen Schuldverhältnisse bilden den jeweiligen Rechtsgrund für den Anspruch des Gläubigers gegen den Schuldner auf
Schadensersatz, auf Unterlassung, auf Beseitigung der Störung oder auf Herausgabe des unberechtigt erlangten Vermögensvorteils.

1. Geschäftsführung ohne Auftrag

Im kaufmännischen Geschäftsverkehr werden zahlreiche Dienstleistungen und   004
sonstige Tätigkeiten im Auftrag oder im Interesse eines anderen vorgenommen.
Die **Besorgung fremder Geschäfte** erfolgt in der betrieblichen Praxis durch den
Verkauf, die Erhaltung oder die Lagerung fremder Sachen, durch die Tilgung fremder Schulden, durch die Weiterleitung von Geldbeträgen und anderen Finanzdienstleistungen ebenso auch durch Maßnahmen zur Bekämpfung von Bränden,
Wasser- oder Bodenverschmutzungen und zur Gefahrenabwehr oder -beseiti-
gung. In derartigen Fällen wird jemand in fremdem Interesse tätig, ohne beauftragt worden zu sein, insbesondere zur Abwehr drohender Gefahren oder in der
unzutreffenden Annahme, es läge ein Auftrag vor. Sofern ein Geschäft für einen
anderen geführt wird, ohne dass tatsächlich ein Auftrag erteilt wurde, entsteht
zum Ausgleich der wirtschaftlichen Vor- und Nachteile der Beteiligten das gesetzliche Schuldverhältnis der Geschäftsführung ohne Auftrag, §§ 677 ff. BGB.

005 Die Voraussetzungen der Geschäftsführung ohne Auftrag sind:

> ▸ **Besorgung eines fremden Geschäfts**
> ▸ **Kenntnis des Geschäftsführers von der Fremdgeschäftsführung**
> ▸ **Fremdgeschäftsführungswille**
> ▸ **keine Berechtigung zur Geschäftsführung, z. B. durch einen Auftrag.**

006 Die **Besorgung eines fremden Geschäfts** ist jede Tätigkeit, die einem fremden Rechts- oder Interessenkreis zuzuordnen ist, z. B. die Zahlung des Bürgen an den Gläubiger des Hauptschuldners, die Erfüllung fremder Verwaltungsaufgaben, die Übernahme von Transport- oder Übermittlungsarbeiten, die Vornahme von Bank- oder Börsengeschäften und auch Hilfeleistungen in Notfällen.

007 Eine Geschäftsführung ohne Auftrag liegt nur dann vor, wenn der Geschäftsführer **Kenntnis von der Fremdgeschäftsführung** hatte und die übernommene Geschäftsbesorgung im fremden Interesse vornehmen wollte. Der Geschäftsführer muss bei der Ausführung der Tätigkeit in dem Bewusstsein handeln, in einen fremden Rechtskreis einzugreifen. Sofern jemand irrtümlich glaubt, er führe ein eigenes Geschäft (= **vermeintliche Geschäftsführung ohne Auftrag**), finden die Regeln der Geschäftsführung ohne Auftrag keine Anwendung. Auch in den Fällen der unerlaubten Fremdgeschäftsführung (= **angemaßte Geschäftsführung ohne Auftrag**) gibt es keinen gesetzlichen Schutz des Geschäftsführers, während der Geschäftsherr die Ansprüche aus Geschäftsführung ohne Auftrag dennoch geltend machen kann, vgl. § 687 BGB (unechte Geschäftsführung).

008 Entspricht die Übernahme der Geschäftsführung dem Interesse und dem Willen des Geschäftsherrn, hat der Geschäftsführer wie ein Beauftragter einen **Aufwendungsersatzanspruch** gegen den Geschäftsherrn, § 683 BGB. Ferner gelten die Bestimmungen des Auftrags für die Verpflichtungen des Geschäftsführers, d. h. dieser hat die Pflichten zur Anzeige der Geschäftsführung, zur Benachrichtigung und Auskunftserteilung, zur Rechenschaftslegung und zur Herausgabe eventuell erlangter Vermögensvorteile.

009 Falls die Geschäftsführung jedoch nicht dem Interesse und dem Willen des Geschäftsherrn entspricht, und dieser das Geschäft nicht genehmigt, entsteht gem. § 684 BGB ein **Herausgabeanspruch** gegen den Geschäftsführer hinsichtlich des aus der Geschäftsführung erlangten Vermögensvorteils nach den Rechtsgrundsätzen der ungerechtfertigten Bereicherung, vgl. §§ 812 ff. BGB.

2. Ungerechtfertigte Bereicherung

010 Die Rückforderung rechtsgrundloser Vermögensvorteile erfolgt nach den Vorschriften der ungerechtfertigten Bereicherung, §§ 812 ff. BGB. Danach entsteht ein schuldrechtlicher **Anspruch auf die Rückgängigmachung der ungerechtfertigten Vermögensverschiebung**, wenn jemand ohne rechtlichen Grund etwas erlangt.

Zahlreiche Rechtsvorschriften verweisen auf das Bereicherungsrecht, z. B. entsteht nach den Grundsätzen der Geschäftsführung ohne Auftrag ein bereicherungsrechtlicher Herausgabeanspruch gem. § 684 Abs. 1 BGB und der Eigentümer hat gegen den Besitzer ebenfalls bereicherungsrechtliche Ausgleichsansprüche, vgl. §§ 988 und 993 BGB.

2.1 Leistungskondiktion

Infolge des Abstraktionsprinzips – Trennung der Eigentumsübertragung von dem vertraglichen Verpflichtungsgeschäft – kann es geschehen, dass der schuldrechtliche Vertrag unwirksam ist, beispielsweise infolge einer Anfechtung, wohingegen die Eigentumsübertragung wirksam bleibt, weil sie von der Anfechtung nicht berührt wird. Auch der Rücktritt von einem Kaufvertrag betrifft nur das schuldrechtliche Verpflichtungsgeschäft, während das sachenrechtliche Verfügungsgeschäft unverändert fortbesteht. In diesen Fällen hat der Erwerber etwas erlangt, nämlich das Eigentum an einer Sache, doch ist der Rechtsgrund fortgefallen, weil der schuldrechtliche Kaufvertrag angefochten wurde und damit nichtig ist, oder weil der Vertrag in ein Rückgewährschuldverhältnis umgewandelt wurde. Die von den Parteien nicht beabsichtigte Folge eines Vermögensvorteils ohne Rechtsgrund wird durch die Regeln der ungerechtfertigten Bereicherung aufgehoben, wonach ein **Anspruch auf Herausgabe des Erlangten** besteht.

011

Beispiel

Der Verkäufer liefert die Kaufsache an den Käufer. Es stellt sich heraus, dass der Käufer den Vertrag anfechten kann. Die Anfechtung bewirkt die Nichtigkeit des Kaufvertrags (sachenrechtliches Verpflichtungsgeschäft). Die Eigentumsübertragung hinsichtlich der Kaufsache (sachenrechtliches Verfügungsgeschäft) bleibt jedoch wirksam. Der Verkäufer kann aber gem. § 812 Abs. 1 Satz 1, 1. Alt. BGB Herausgabe des Erlangten, d. h. die Rückübertragung des Eigentums an der Kaufsache verlangen.

Der Grundtatbestand der ungerechtfertigten Bereicherung erfasst nach der Art der Erlangung des Vermögensvorteils die Leistungs- und die Eingriffskondiktion. Es ist darauf zu achten, dass der Bereicherungsanspruch nur im unmittelbaren Rechtsverhältnis zwischen dem Bereicherten und dem Entreicherten geltend gemacht werden kann. Die Rückforderung des Vermögensvorteils im Wege der **Leistungskondiktion** gem. § 812 Abs. 1 Satz 1, 1. Alt. BGB setzt voraus:

012

► **Vermögensverschiebung durch Leistung**

► **auf Kosten eines anderen**

► **Fehlen eines Rechtsgrundes.**

013   Eine Vermögensverschiebung im bereicherungsrechtlichen Sinne tritt ein, wenn jemand **durch die Leistung eines anderen** etwas auf dessen Kosten erlangt hat. Der Leistungsbegriff beinhaltet jede gewollte und zweckgerichtete Vermehrung fremden Vermögens. In aller Regel handelt es sich um Erfüllungshandlungen in Bezug auf einen Vertrag, z. B. Zahlung an den Zedenten nach Mitteilung von der Abtretung, Lieferung einer Kaufsache aufgrund eines unwirksamen Kaufvertrags und ähnliche Situationen, in denen eine Leistung bewirkt wird. Risikobehaftet sind insofern auch die dreiseitigen Verträge – Finanzierungsleasing und finanzierter Kauf –, in denen Leistungen mit doppelter Erfüllungswirkung erbracht werden.

014   Die Bereicherung **auf Kosten eines anderen** bedeutet, dass infolge der Vermögensverschiebung auf der anderen Seite **ein unmittelbarer Vermögensnachteil** eingetreten sein muss. Dies ist beispielsweise der Fall, wenn der Bereicherte ein Recht erwirbt (Eigentum, Forderungen etc.), wenn er von Verbindlichkeiten befreit wird, Aufwendungen erspart oder in den Besitz einer Sache gelangt.

015   Der **Rechtsgrund für die Vermögensverschiebung** fehlt, wenn weder ein gesetzlicher noch ein vertraglicher Grund für die Bereicherung gegeben ist oder wenn der ursprünglich vorhandene rechtliche Grund später wegfällt, z. B. durch die Anfechtung eines Vertrages.

2.2 Eingriffskondiktion

016   Neben den Fällen der Leistungskondiktion ist eine weitere Anspruchsgrundlage für den bereicherungsrechtlichen Vermögensausgleich in § 812 Abs. 1 Satz 1, 2. Alt. BGB gegeben. Die **Eingriffskondiktion** setzt voraus:

- ► **Vermögensverschiebung auf sonstige Weise**
- ► **auf Kosten eines anderen**
- ► **Fehlen eines Rechtsgrundes.**

017   Eine Vermögensverschiebung **auf sonstige Weise** erfolgt durch einen **Eingriff** in eine fremde Rechtssphäre, ebenso durch Handlungen eines Dritten oder infolge eines tatsächlichen Geschehensablaufes. Ein Fall der Eingriffskondiktion liegt beispielsweise bei unbefugter Nutzung fremder gewerblicher Schutzrechte (Patent, Gebrauchsmuster, Marke etc.) oder fremder Urheberverwertungsrechte vor, bei Tilgung fremder Verbindlichkeiten oder bei Aufwendungen auf fremde Sachen.

Beispiele

Die Kühe eines Landwirts brechen durch den Weidezaun und grasen die fette Wiese des Nachbarn ab. Dieser erleidet einen Vermögensnachteil, indem er seinen Klee nicht mehr veräußern kann, während der Landwirt einen Vorteil dadurch erlangt, dass er Futter für seine Kühe einspart. Diese Bereicherung ist nicht durch eine Leistung des Landwirts entstanden, sondern auf sonstige Weise, sodass der Vermögensausgleich durch Eingriffskondiktion erfolgt.

A erstellt von seinem rechtmäßig erworbenen Computerprogramm Kopien, die er zum Verkauf anbietet. Er erlangt durch den nicht lizenzierten Vertrieb der Raubkopien einen unberechtigten Vermögensvorteil, dem der Nachteil des Urheberrechtsinhabers gegenübersteht, welcher Umsatzeinbußen und eine Schmälerung seiner Lizenzgewinne erleidet. Das Urheberrecht gibt ihm – neben anderen Ansprüchen auf Unterlassung und Schadensersatz – auch einen bereicherungsrechtlichen Ausgleich auf Herausgabe des Erlöses aus dem Vertrieb der Raubkopien, vgl. § 102 S. 2 UrhG.

Die **weiteren Tatbestandsmerkmale** der Eingriffskondiktion entsprechen denen der Leistungskondiktion. Die Vermögensverschiebung muss unmittelbar auf Kosten eines anderen erfolgt sein und darf nicht durch einen Rechtsgrund gerechtfertigt sein. Der Bereicherungsgegenstand – das „etwas" im Sinne des § 812 BGB – muss ein vermögenswerter Vorteil sein, der aber nicht in einer Geldsumme bestehen muss. Auch die Einsparung von Kosten, die ohne den Eingriff entstanden wären, ist eine ungerechtfertigte Bereicherung. Der Umfang des Bereicherungsanspruches richtet sich nach § 818 BGB und erstreckt sich auch auf die gezogenen Nutzungen und ein eventuell erlangtes Surrogat, beispielsweise ein Anspruch gegen eine Versicherung. Dem Bereicherungsanspruch kann der Einwand der Entreicherung gem. § 818 Abs. 3 BGB entgegenstehen, sofern der Vermögensvorteil später wegfällt. 018

2.3 Sonstige Bereicherungsansprüche

Zu den **Sonderfällen der Bereicherung** auf sonstige Weise gehört der Wertausgleich für den Rechtsverlust bei Verbindung, Vermischung oder Verarbeitung von beweglichen Sachen gem. § 951 BGB. Sofern das Eigentum verlorengeht, entsteht ein Anspruch aus den Rechtsgrundsätzen ungerechtfertigter Bereicherung auf Herausgabe des erlangten Vermögensvorteils, weil in diesen Fällen das Eigentum an der Sache endgültig übertragen wurde, ebenso bei einem gutgläubigen Eigentumserwerb und auch bei dem Eigentumserwerb durch Gesetz, vgl. § 816 Abs. 1 Satz 1 BGB.[1] In den Fällen der unentgeltlichen Verfügung eines Nichtberechtigten über das Eigentum besteht ein Anspruch gegen den Empfänger gem. § 816 Abs. 1 Satz 2 BGB, der sich auf die Rückübertragung des Eigentums richtet. 019

Ein bereicherungsrechtlicher **Herausgabeanspruch** ist auch gegeben, wenn an einen Nichtberechtigten eine Leistung bewirkt wird, die dem Berechtigten gegenüber wirksam ist. Ein Anwendungsbeispiel ist die stille Zession, sofern der Schuldner in Unkenntnis der Abtretung die Zahlung an den Zedenten erbringt. In diesem 020

---

[1] Vgl. Abschnitte E.2 zum Eigentumserwerb und E.3 zur Eigentumsübertragung.

Fall besteht ein Herausgabeanspruch des Zessionars gegen den Zedenten gem. § 816 Abs. 2 BGB, weil die Zahlung des Schuldners an den bisherigen Gläubiger (Zedent) schuldbefreiende Wirkung hat, vgl. § 407 BGB. Im Fall der stillen Zession erfolgt der Vermögensausgleich im Verhältnis der Gläubiger zueinander.

3. Einzeltatbestände unerlaubter Handlung

021 Das Recht der unerlaubten Handlung (auch: Deliktsrecht) betrifft die Haftung des Schädigers gegenüber dem Geschädigten für alle materiellen und immateriellen Schäden, die infolge rechtswidriger und schuldhafter Verletzungshandlungen entstehen, §§ 823 ff. BGB. Als Verletzungshandlung, die auch in einem Unterlassen bestehen kann, kommt entweder eine **Rechtsgutverletzung** gem. § 823 Abs. 1 BGB oder eine **Schutzgesetzverletzung** gem. § 823 Abs. 2 BGB infrage. Die **Voraussetzungen für einen Anspruch** gem. § 823 BGB sind:

- ▸ Verletzung des Lebens, des Körpers, der Gesundheit, der Freiheit, des Eigentums oder des sonstigen Rechtes eines anderen gem. § 823 Abs. 1 BGB oder Verletzung eines Schutzgesetzes gem. § 823 Abs. 2 BGB

- ▸ Kausalität zwischen Verletzungshandlung und Schaden

- ▸ Rechtswidrigkeit

- ▸ Verschulden (Vorsatz oder Fahrlässigkeit).

022 Die Rechtsgutverletzung betrifft die in § 823 Abs. 1 BGB genannten Rechtsgüter. Dort sind absolute Rechte aufgeführt, darunter **das Leben, der Körper, die Gesundheit, die Freiheit und das Eigentum**, die nicht nur im Rechtsverhältnis zu einem bestimmten Vertragspartner beachtet werden müssen (= relative Rechte), sondern die gegenüber den Eingriffen jeder anderen Person und deshalb absolut geschützt sind. Die Körperverletzung infolge eines Verkehrsunfalls ist die Verletzung eines der in § 823 Abs. 1 BGB genannten Rechtsgüter und hat deshalb einen Schadensersatzanspruch aus unerlaubter Handlung gegen den jeweiligen Schädiger zur Folge.

023 Die Aufzählung absoluter Rechte wird durch **sonstige Rechte** ergänzt. Damit sind ausschließlich besonders hochrangige Rechte gemeint, die in ihrer Schutzwürdigkeit den absoluten Rechten gleichstehen. Zu den sonstigen Rechten gehören das allgemeine Persönlichkeitsrecht und die dem Eigentum gleichgestellten Rechte wie **das Pfandrecht, die Hypothek und das Besitzrecht, ferner das Namens- und Firmenrecht, Urheberrechte und gewerbliche Schutzrechte, weiterhin das Recht am eingerichteten und ausgeübten Gewerbebetrieb (= Recht am Unternehmen)**. Nur bei Verletzung eines der genannten absoluten oder eines der anerkannten sonstigen Rechte ist die Schadensersatzpflicht gem. § 823 Abs. 1 BGB gegeben.

024 Das Vermögen gehört nicht zu den sonstigen Rechten im Sinne von § 823 Abs. 1 BGB, denn **ein Vermögensnachteil ist noch keine Eigentumsverletzung**. Das Eigentum wird nur durch Beschädigung, Zerstörung oder Entziehung verletzt. Falls ein **Vermögensschaden** eingetreten ist, ohne dass eine Rechtsgutver-

letzung vorliegt, ist weiter zu überprüfen, ob die Handlung gegen ein **Schutzgesetz** verstößt und damit einen Schadensersatzanspruch gem. § 823 Abs. 2 BGB auslöst. Schutzgesetze sind solche Bestimmungen, die in erster Linie die einzelne Person vor einer Verletzung ihrer Rechte schützen sollen, während der Schutz der Interessen der Allgemeinheit zurücktritt. Als Schutzgesetze sind zahlreiche Vorschriften des Strafgesetzbuches anerkannt, der Arbeits- und Sozialordnung, des Arznei- und Lebensmittelrechts, der Bebauungsvorschriften, des Jugend- und Mutterschutzes, des Datenschutzes, des Straßenverkehrsrechts, des Urheber- und Wettbewerbsrechts und weitere gesetzliche Bestimmungen.

Das Erfordernis der **Kausalität zwischen Verletzungshandlung und Schaden** wird   025
im allgemeinen Sprachgebrauch als „Verursacherprinzip" bezeichnet, wonach für einen Schaden nur derjenige einzustehen hat, der ihn mindestens mitverursacht hat. Da die Kausalitätskette aber häufig so lang ist, dass auch ganz entfernt liegende Umstände zur Mitverursachung des Schadens beigetragen haben und deshalb viele Personen in eine umfangreiche Schadenshaftung einbezogen werden müssten, schränkt das Zivilrecht die Verantwortlichkeit für Schäden auf **einen adäquaten Kausalzusammenhang** ein. Danach sind als Ursache für den eingetretenen Schaden nur diejenigen Bedingungen zu berücksichtigen, die objektiv im Rahmen der Wahrscheinlichkeit und Vorhersehbarkeit liegen. Daraus folgt, dass beispielsweise der Hersteller eines Produktes die erforderlichen technischen und organisatorischen Sicherheitsmaßnahmen einhalten muss, damit bei der sachgemäßen Verwendung kein Schaden entsteht.

Die **Rechtswidrigkeit** ist in aller Regel durch die Erfüllung der Tatbestandsmäßig-   026
keit des § 823 BGB indiziert, denn rechtswidrig handelt jeder, der Personen- oder Vermögensschäden herbeiführt. Doch gibt es Fälle, in denen die Rechtswidrigkeit durch das Eingreifen von Rechtfertigungsgründen ausgeschlossen ist. Beispielsweise ist die Pfändung keine rechtswidrige Eigentumsverletzung, die Festnahme keine rechtswidrige Freiheitsberaubung, die Notwehr rechtfertigt Körperverletzungen und Sachbeschädigungen und ein Notstand (Feuer, Überschwemmung, Katastrophen) rechtfertigt die Beschädigung fremden Eigentums. Die Rechtswidrigkeit ist ferner auch durch eine **Einwilligung des Geschädigten** in die Rechtsverletzung ausgeschlossen, indem z. B. der Patient mit einer ärztlichen Behandlung einverstanden ist, die objektiv den Tatbestand der Körperverletzung erfüllt.

Das **Verschulden** setzt voraus, dass der Schaden vorsätzlich oder fahrlässig her-   027
beigeführt wurde. Für eine unerlaubte Handlung wird nur derjenige zur Verantwortung gezogen, der schuldfähig (= deliktsfähig) ist. Die **Schuldfähigkeit** tritt mit der Vollendung des 7. Lebensjahres ein, allerdings ist der Jugendliche bis zur Vollendung des 18. Lebensjahres nur insoweit für einen Schaden verantwortlich, als er die zur Erkenntnis seiner Verantwortung erforderliche Einsicht hat, vgl. § 828 BGB.

028 Als **Rechtsfolgen einer unerlaubten Handlung** entstehen Ansprüche auf

- ▶ Schadensersatz gem. § 823 Abs. 1 und 2 BGB
- ▶ Unterlassung gem. §§ 823, 1004 BGB
- ▶ Beseitigung gem. §§ 823, 1004 BGB.

029 Die häufigste Rechtsfolge einer Rechtsgut- oder Schutzgesetzverletzung gem. § 823 BGB ist der **Schadensersatzanspruch**. Die Berechnung des Schadens erfolgt nach allgemeinen Grundsätzen, d. h. der Geschädigte ist so zu stellen, als wäre das Schadensereignis nicht eingetreten. Es sind alle Nachteile auszugleichen, die durch die unerlaubte Handlung entstanden sind, einschließlich des entgangenen Gewinns, §§ 249 ff. BGB.

030 Bei **Personenschäden** erstreckt sich der Umfang des Schadensersatzes auch auf die beruflichen Nachteile des Verletzten, und darüber hinaus wird **ein angemessenes Schmerzensgeld** gewährt, vgl. § 253 BGB (sog. immaterieller Schaden).

031 Besteht die **Gefahr künftiger Rechtsverletzungen** aus den Grundsätzen unerlaubter Handlung, ist in analoger Anwendung von § 1004 BGB ein **Anspruch auf Unterlassung** zukünftiger rechtswidriger Beeinträchtigungen sowie bei fortdauernden Störungen ein **Anspruch auf Beseitigung** anerkannt.

032 Sofern mehrere Personen durch eine **gemeinschaftlich begangene unerlaubte Handlung** einen Schaden verursacht haben oder sich unter mehreren Beteiligten der Täter nicht ermitteln lässt, ist jeder für den Schaden verantwortlich, § 830 BGB. Der Verletzte kann sich nach seiner Wahl an jeden der Schädiger wenden und seinen Schaden in voller Höhe geltend machen. Sind für einen aus unerlaubter Handlung entstandenen Schaden mehrere Personen nebeneinander verantwortlich, so haften sie als Gesamtschuldner, § 840 BGB.

3.1 Recht am Unternehmen

033 Das Unternehmen wird in seiner wirtschaftlichen Entfaltung und in seinem Bestand gem. § 823 Abs. 1 BGB vor widerrechtlichen Eingriffen geschützt. Das verfassungsmäßig garantierte Recht auf die freie Entfaltung der Persönlichkeit schließt auch die Gewerbefreiheit ein. Deshalb ist das **Recht am eingerichteten und ausgeübten Gewerbebetrieb** als sonstiges Recht im Sinne von § 823 Abs. 1 BGB anerkannt und steht den dort genannten absoluten Rechtsgütern gleich.

Fall 15: Stromunterbrechung im Betrieb > Seite 473

034 Der **Schutz der wirtschaftlichen Betätigung** bezieht sich nicht nur auf Gebäude, Maschinen, Geräte, sämtliche Einrichtungsgegenstände und Waren, sondern auch auf die Geschäftsverbindungen mit Kunden, auf Lieferantenbeziehungen, auf die Firma, auf die eingeführten Werbemaßnahmen und auf sämtliche Außen-

stände. Der weite Rechtsschutz der unternehmerischen Tätigkeit schließt den Gewerbebetrieb in allen seinen Funktionen ein, ist aber nachrangig gegenüber speziellen Schutzbestimmungen des gewerblichen Rechtsschutzes (Patentgesetz, Gebrauchsmustergesetz, Geschmacksmustergesetz, Markengesetz) oder anderen Wirtschafts- und Wettbewerbsgesetzen.

Um den Schutzbereich auf das Interesse des **Bestandsschutzes** am Unternehmen sachgemäß einzugrenzen, lösen nur unmittelbare, betriebsbezogene Eingriffe die Rechtsfolgen des § 823 BGB aus. Ein Eingriff in das Recht am eingerichteten und ausgeübten Gewerbebetrieb liegt deshalb nicht vor, wenn die Zufahrt zum Betriebsgrundstück durch Feuerwehrlöschfahrzeuge versperrt wird, wenn betriebsangehörige Gewerkschaftsmitglieder außerhalb der Arbeitszeit Informations- und Werbematerial der Gewerkschaften verteilen, wenn durch Stromkabelbeschädigung ein Energieausfall eintritt oder wenn die Fernsprechleitung unterbrochen wird. In der Rechtsprechung haben sich Fallgruppen zum Schutzbereich des Rechts am Unternehmen herausgebildet,[1] darunter Eingriffe zu Wettbewerbszwecken, indem die gewerbliche Tätigkeit durch unberechtigte Schutzrechtsverwarnungen beeinträchtigt wird, Boykottaufforderungen, gewerbeschädigende Werturteile in den Medien durch unsachliche und herabsetzende Kritik, rechtswidrige Blockaden, die z. B. die Auslieferung einer Zeitung verhindern und ähnliche gegen die betriebliche Tätigkeit gerichtete Verhaltensweisen.

035

3.2 Produzentenhaftung

Die Produzentenhaftung hat sich aus Verstößen gegen die Verkehrssicherungspflicht im gewerblichen Bereich entwickelt. Eine Rechtsgutverletzung gem. § 823 Abs. 1 BGB, die als Verletzung eines sonstigen Rechts im Sinne dieser Vorschrift anerkannt ist, stellt auch die **Verletzung der Verkehrssicherungspflicht** dar. Derjenige, der eine Gefahrenquelle schafft, z. B. durch das Inverkehrbringen eines Produktes oder durch die Inbetriebnahme einer Maschine, ist verpflichtet, alle möglichen und zumutbaren Vorkehrungen zu treffen, um Schädigungen anderer zu vermeiden.

036

Die Grundsätze der **Produzentenhaftung** betreffen die Haftung für Schäden, die infolge des Inverkehrbringens von technischen Anlagen, Maschinen, Werkzeugen, Geräten, Fahrzeugen, Materialien, Verpackungen, chemischen Erzeugnissen und Lebensmitteln und sonstigen Stoffen, deren Verwendung Gefahren mit sich bringen können, auftreten. Die Haftung schließt sämtliche Schäden ein, die auf Produktmängel oder unzureichende Gebrauchsanleitungen zurückzuführen sind. Allerdings betrifft die Haftung für Produkt- und Mangelfolgeschäden nicht die Vertriebshändler, wohl aber Importeure, die beispielsweise technische Geräte aus Ländern außerhalb der EU einführen.[2] Die Produzentenhaftung erstreckt sich auf

037

---

[1] *Mertens*, Münchener Kommentar, a. a. O., § 823 Rn. 495 ff. m. w. N.

[2] Die Haftung der Importeure richtet sich nach § 3 des Gerätesicherheitsgesetzes.

038   ▸ **Konstruktionsfehler**

      ▸ **Fabrikations- und Materialfehler**

      ▸ **Informationsfehler**

      ▸ **Produktbeobachtungsfehler.**

039   Ein **Konstruktionsfehler** kann bereits in der Phase der Planung, Entwicklung oder Konstruktion entstehen, sofern nach dem Stand von Technik und Wissenschaft erkennbar ist, dass bei ordnungsgemäßem Gebrauch des Produkts Gefahren und schädliche Nebenwirkungen für den Verwender oder für sonstige Rechtsgüter auftreten können.

040   Neuentwicklungen müssen erprobt werden. Bei der Konstruktion müssen die Arbeitsschutzvorschriften, die Unfallverhütungsbestimmungen der Berufsgenossenschaften sowie anerkannte Regeln der Technik (VDE-Bestimmungen), Sondervorschriften für die Schiffssicherheit, für Bahnanlagen und für Fahrzeuge beachtet werden. Maßstab für die Sicherheitsanforderungen ist der bestimmungsgemäße Gebrauch des Produkts, doch müssen auch die tatsächlichen Einsatzbedingungen, eventuelle besondere Belastungsumstände und eine vorhersehbare sachwidrige Benutzung berücksichtigt werden.

041   Ein **Fabrikations- oder Materialfehler** entsteht bei der Fertigung infolge mangelhafter Herstellungsorganisation, z. B. bei unsorgfältiger Auswahl des zur Fabrikation, Kontrolle oder Aufsicht eingestellten Personals oder bei Unterlassen der erforderlichen Qualitätskontrollen.

Beispiel

Eine Haftung des Produzenten wurde angenommen, als durch das Versagen eines Steuergerätes in einer Industrieanlage ein Brand entstand, als durch fehlerhafte Bereifung am Pkw ein Unfall verursacht wurde, als ein konstruktiv ungenügend befestigtes Ölablassrohr eines Motors zum Antrieb eines Kompressors brach und zu schweren Schäden am Motor führte oder als Dachdämmplatten infolge einer fehlerhaften Verlegeanleitung undicht wurden.

042   Ein **Informationsfehler** liegt vor, wenn Gebrauchs- und Bedienungsanleitungen unzureichende Hinweise auf den gefahrlosen Gebrauch oder unzureichende Warnungen vor den Gefahren bei zweckwidriger Verwendung enthalten.

043   Sofern das Produkt bei vorhersehbarer Verwendung ungefährlich ist, treffen den Hersteller keine Instruktionspflichten, denn der richtige Umgang mit Waren und Geräten ist grds. Sache des Benutzers. **Informationspflichten** über den gefahrlosen Gebrauch des Produkts treffen den Hersteller nur dann, wenn Gefahren trotz einwandfreier Konstruktion nicht ausgeschlossen sind und dieses Wissen beim Be-

nutzer nicht vorausgesetzt werden kann. Insbesondere bei der Abgabe des Produkts an Endverbraucher oder an Personen, die mögliche Gefahrenquellen nicht ohne Weiteres erkennen oder einschätzen können, sind deutliche Hinweise auf die bestimmungsgemäße Verwendung, auf eventuelle schädigende Nebenwirkungen und auf die Folgen der Nichtbeachtung der Gebrauchsanleitung zu geben.

Die Verkehrssicherungspflichten des Herstellers enden nicht, wenn er seine Erzeugnisse auf den Markt gebracht hat. Auch für **Produktbeobachtungsfehler** hat der Hersteller einzustehen, also für solche Mängel, die nach dem Inverkehrbringen seiner Produkte auftreten. Der Hersteller ist deshalb verpflichtet, sich über die Verwendungsfolgen seines Produkts laufend zu informieren. Dies gilt nicht nur für Neuentwicklungen, sondern auch hinsichtlich der Risiken bei Dauerbenutzung, z. B. Verschleißerscheinungen bei technischen Geräten, Nebenwirkungen bei Langzeiteinnahme von Medikamenten und beim Auftreten von Gefahren, die durch technische Neuerungen vermeidbar geworden sind. 044

Infolgedessen trifft den Hersteller die Verpflichtung, die organisatorischen Voraussetzungen für **Produktüberwachung und Rückruf** zu schaffen. Diesen Informations- und Warnpflichten kann er anlässlich wirtschaftlicher Kongresse und Fachveranstaltungen oder durch sonstige Veröffentlichungen nachkommen. Falls die Information die Gefahr drohender Schäden nicht aufhebt, insbesondere bei der Massenproduktion von Maschinen und technischen Geräten oder im Bereich der Arzneimittel, muss der Hersteller die mangelhafte Sache ins Werk zurückrufen. Solche Rückrufaktionen sind unter anderem aus der pharmazeutischen Industrie bekannt und aus der Fahrzeugbranche, wenn sich herausgestellt hat, dass ein technischer Defekt bei einer Serie auftritt und deshalb auf einen Herstellungsfehler zurückzuführen ist. Dadurch vermeidet der Hersteller nicht nur hohe Schadensersatzzahlungen für Personen- und Sachschäden aus dem Grundsatz der Produzentenhaftung, sondern wahrt auch den guten Ruf seines Unternehmens. 045

Sofern in den Fertigungsprozess Halbfertig- oder Fertigteile von Lieferanten oder Zulieferern einbezogen werden, haftet gegenüber den Geschädigten derjenige, der das endgültige Produkt in den Verkehr bringt. In diesen Fällen besteht die **Verpflichtung einer sorgfältigen Lieferantenauswahl** und einer Überprüfung der Zulieferteile auf Fehlerfreiheit. Selbst wenn die Qualitätssicherung überwiegend im Zulieferbetrieb durchgeführt wird, bleibt der Hersteller des Endprodukts im Rahmen seiner eigenen Verkehrssicherungspflicht zur sorgfältigen Instruktion des Zulieferers und zur Überwachung der Qualitätskontrolle verpflichtet.[1] Eine Entlastung erfolgt allenfalls hinsichtlich der Höhe des Schadens im gesamtschuldnerischen Ausgleich im Innenverhältnis des Produzenten zu seinen Lieferanten und Zulieferern gem. §§ 840, 426 BGB. Die Liefer- und Zulieferbetriebe gelten als selbstständige Unternehmen, sodass die Exkulpationsmöglichkeit des Produzenten gem. § 831 BGB gegenüber den Geschädigten entfällt. 046

Fall 16: Prüfungspflicht für Zulieferteile > Seite 473

---

[1] *Steckler,* Qualitätssicherungsvereinbarungen, a. a. O., S. 103 ff.

047 Die Haftung des Herstellers nach den Grundsätzen unerlaubter Handlung kann sich auch aus § 823 Abs. 2 BGB in Verbindung mit einer **Schutzgesetzverletzung** ergeben. Von besonderer Bedeutung für die Produzentenhaftung sind das Arzneimittelgesetz, das Lebensmittelgesetz, die Straßenverkehrszulassungsordnung und das Gerätesicherheitsgesetz (früher: Maschinenschutzgesetz).

048 Die **Haftung für Arzneimittelschäden** wird durch das Arzneimittelgesetz festgelegt, wonach pharmazeutische Unternehmen eine summenmäßig beschränkte Haftung trifft, wenn sie Arzneimittel zum Gebrauch bei Menschen in den Verkehr bringen und infolge der Anwendung ein Mensch getötet oder verletzt wird. Die schädlichen Wirkungen müssen bei bestimmungsgemäßem Gebrauch eingetreten sein oder infolge einer fehlerhaften Kennzeichnung oder Gebrauchsinformation.

049 Das **Gerätesicherheitsgesetz (GSG)** gilt für die verwendungsfertige Herstellung technischer Arbeitsmittel, insbesondere von Werkzeugen, Arbeitsgeräten, Arbeits- und Kraftmaschinen, Hebe- und Fördereinrichtungen sowie Beförderungsmitteln. Der **Hersteller oder Importeur von technischen Arbeitsmitteln** darf diese nur in den Verkehr bringen oder ausstellen, wenn sie nach den allgemein anerkannten Regeln der Technik sowie den Arbeitsschutz- und Unfallverhütungsvorschriften so beschaffen sind, dass Benutzer oder Dritte bei ihrer bestimmungsgemäßen Verwendung gegen **Gefahren aller Art für Leben und Gesundheit** soweit geschützt sind, wie es die Art der bestimmungsgemäßen Verwendung gestattet, vgl. § 3 Gerätesicherheitsgesetz.

050 Der **Schutzbereich des Gerätesicherheitsgesetzes** beschränkt sich auf Leben und Gesundheit der Benutzer, erfasst dagegen nicht das Eigentum oder das Vermögen. Sofern durch Verordnung des Bundesministeriums für Arbeit und Soziales Prüfstellen eingerichtet worden sind, werden Bauartprüfungen vorgenommen, wonach das Gerät mit einem amtlichen **Prüfsiegel (GS = geprüfte Sicherheit)** versehen wird. Werden bestimmte Gefahren durch die Art der Aufstellung eines technischen Arbeitsmittels vermieden, trifft den Hersteller eine diesbezügliche Hinweispflicht. Müssen zur Verhütung von Gefahren bestimmte Regeln der Verwendung, Ergänzung oder Instandhaltung des Gerätes beachtet werden, hat der Hersteller eine entsprechende Gebrauchsanleitung mitzuliefern.

051 Der Regelungsbereich der **Gefahrstoffverordnung** wurde in den Mitgliedstaaten der EU harmonisiert. Die Gefahrstoffverordnung wurde zuletzt 2010 geändert und wird in 2015 in Stufen an die REACH (EG Nr. 1907/2015) und die CLP-Verordnungen (EG Nr. 1272/2008) angepasst. Sie regelt das Inverkehrbringen und den Umgang mit gefährlichen Stoffen, Zubereitungen und Erzeugnissen. Dazu gehören zahlreiche Vorgänge, darunter das Herstellen, das Wiedergewinnen, das Vernichten, das Lagern, das Abfüllen, das Befördern. Darin sind einheitliche sicherheitstechnische Bestimmungen über die Verpackung, die Einstufung und die Kennzeichnung enthalten, ferner Verbote des Inverkehrbringens, z. B. für asbesthaltige Produkte, Prüfbedingungen, z. B. für formaldehydhaltige Produkte, Erlaubnis- und Anzeigepflichten für das Inverkehrbringen von giftigen Stoffen.

Ferner ist der Umgang mit Gefahrstoffen in der Produktion und die Verwendung gefährlicher Stoffen geregelt, z. B. Überwachungspflichten und Schutzmaßnahmen, Betriebsanweisungen, Beschäftigungsbeschränkungen für jugendliche Arbeitnehmer, die gesundheitliche Überwachung der Arbeitnehmer und Beteiligungsrechte der Betriebs- und Personalräte.[1]

Verkehrssicherungspflichten treffen den Unternehmer daher auch in seiner Eigenschaft als Arbeitgeber. Der **Verstoß gegen die Arbeitssicherheitsvorschriften** hat bei Verletzungen der Arbeitnehmer Schadensersatzpflichten wegen Verletzung des Arbeitsvertrages und daneben aus unerlaubter Handlung zur Folge.[2]   052

Die Bereiche der **Haftung für Umweltschäden** sowie für Maschinen- und Computerversagen haben an Bedeutung zugenommen. Der Ausfall einer Maschine, sei es in der medizinischen Versorgung, in der industriellen Fertigung oder im öffentlichen Straßenverkehr durch den Ausfall einer computergesteuerten Ampelanlage, kann Schadensfolgen von erheblichem Umfang nach sich ziehen.   053

Die Produzentenhaftung gem. § 823 Abs. 1 BGB erfordert grds. ein **Verschulden des Herstellers**, doch greift zu Gunsten des Geschädigten bei der Rechtsverfolgung eine **Beweislastumkehr** ein. Zwar muss der Geschädigte, wie auch in anderen Fällen der unerlaubten Handlung, den ursächlichen Zusammenhang zwischen dem Produktfehler und dem Schadenseintritt beweisen, doch kann von ihm nicht verlangt werden, die Vorgänge im Herstellerbetrieb aufzuklären. Deshalb ist es Sache des Produzenten, sein Verschulden auszuschließen, indem er nachweisen muss, seiner Verkehrssicherungspflicht genügt zu haben. Kann er den **Entlastungsbeweis** führen, ist sein Verschulden und damit der Schadensersatzanspruch ausgeschlossen.   054

Einige Sondergesetze enthalten eine **verschuldensunabhängige Gefährdungshaftung** auf Schadensersatz für Personen- und Sachschäden, z. B. im Produkthaftungsgesetz, im Luftverkehrsgesetz, im Binnenschifffahrtsgesetz, im Arzneimittelgesetz, im Atomgesetz und im Wasserhaushaltsgesetz. In diesen Zusammenhang gehört auch § 7 Straßenverkehrsgesetz, wonach der Halter eines Kraftfahrzeuges für Personen- und Sachschäden haftet, die infolge der Betriebsgefahr entstehen. Die Haftung kann dadurch ausgeschlossen sein, dass der Kraftfahrzeughalter den Nachweis eines unabwendbaren Ereignisses führt, indem er darlegt und beweist, dass der Schaden weder auf einen Fehler der Beschaffenheit des Fahrzeugs noch auf ein Versagen seiner Verrichtungen beruht, insbesondere bei alleiniger Verursachung des Schadens durch den Verletzten.   055

---

[1] *Steckler/Schmidt*, Arbeitsrecht und Sozialversicherung, a. a. O., Abschnitt II. 3.7 zur Arbeitssicherheit.

[2] Im Bereich der Arbeitssicherheit besteht aufgrund eines erhöhten Interesses der Allgemeinheit eine staatliche Überwachung wirtschaftlicher Tätigkeit durch Aufsichtsbehörden, z. B. Gewerbeaufsicht für die Einhaltung der Arbeitssicherheitsgesetze und daneben eine Kontrolle durch die Berufsgenossenschaften für die Einhaltung der Unfallverhütungsvorschriften.

056   Die Haftung des Herstellers auf Schadensersatz aus unerlaubter Handlung nach den Grundsätzen der Produzentenhaftung besteht **unabhängig von der einzelvertraglichen Gewährleistung** aus Kauf-, Werk-, Miet-, Leasingverträgen oder eines besonderen Garantievertrags. Der Anwendungsbereich der jeweiligen Anspruchsgrundlagen erstreckt sich auf andere Sachverhalte. Während die Schadensersatzansprüche des Vertragsrechtes an das Bestehen eines wirksamen Vertrages gebunden sind, knüpft der Schadensersatzanspruch aus unerlaubter Handlung an eine schuldhafte Rechtsverletzung und dient dem Ausgleich aller hieraus resultierenden Schäden. Deshalb ist der Schadensumfang in den Fällen der Produzentenhaftung weitaus größer als der Rahmen vertraglicher Ansprüche.

057   Bei der **Bemessung des Schadensumfanges** ist unabhängig von der Anspruchsgrundlage ein Mitverschulden des Geschädigten oder anderer Personen an der Schadensverursachung gem. § 254 BGB zu berücksichtigen.

3.3 Kreditgefährdung und sittenwidrige Schädigung

058   Eine **Schadensersatzpflicht** nach den Grundsätzen unerlaubter Handlung entsteht, falls jemand der Wahrheit zuwider eine Tatsache behauptet oder verbreitet, die geeignet ist, den Kredit eines anderen zu gefährden oder sonstige Nachteile für dessen Erwerb oder Fortkommen herbeizuführen. Der Tatbestand des § 824 BGB erfasst die Kreditgefährdung ebenso wie die Rufschädigung im geschäftlichen Verkehr durch Behauptung oder Verbreitung geschäftsschädigender Tatsachen. In der Regel finden gleichzeitig wettbewerbsrechtliche Sondergesetze Anwendung, wenn zwischen dem Schädiger und dem Verletzten ein Wettbewerbsverhältnis besteht.

059   Ein **Sonderfall der unerlaubten Handlung** ist die sittenwidrige vorsätzliche Schädigung gem. § 826 BGB. Während im Vertragsrecht sittenwidrige Umstände bei Vertragsabschluss gem. § 138 BGB die Rechtsfolge der Nichtigkeit des jeweiligen Vertrags auslösen, ziehen sittenwidrige Handlungen im geschäftlichen Verkehr die Rechtsfolge des Schadensersatzanspruches nach sich. Zu den Voraussetzungen des Schadensersatzanspruches gehören:

▸ **schädigende Handlung**

▸ **Sittenwidrigkeit**

▸ **Verschulden.**

060   Der **Begriff der sittenwidrigen Handlung** lässt sich jeweils nur anhand der Umstände des Einzelfalles bestimmen, zumal die Verkehrsauffassung sich im Laufe der Zeit verändert. Die Sittenwidrigkeit wurde von der Rechtsprechung bejaht in Fällen arglistiger Täuschung, unwahrer Angaben oder des Verschweigens wesentlicher Umstände bei Vertragsabschluss, bewusst falscher Auskünfte und Empfehlungen, z. B. bei Wertpapiergeschäften, Ausstellen unrichtiger Zeugnisse von Arbeitgebern, falscher Anzeigen bei Strafverfolgungsbehörden, Zahlung von Schmiergeldern, ferner in Fällen unerlaubter Werbung, bei Missbrauch der Ver-

tretungsmacht oder der Rechts- und Vertrauensstellung in Gesellschaften (Macht- oder Mehrheitsmissbrauch), bei Erstellung unrichtiger Gutachten über die Bonität eines Unternehmens, bei Ausbeutung und Übervorteilung, bei Gläubigerbenachteiligung, bei unbefugter Verwertung fremder Geheimnisse und ähnlicher Handlungen. Sofern die sittenwidrige Handlung zu Zwecken des Wettbewerbs erfolgt, liegt gleichzeitig ein Wettbewerbsverstoß vor.[1]

3.4 Haftung für den Verrichtungsgehilfen

Der Unternehmer haftet im Rahmen des Auswahl-, Überwachungs- und Organisationsverschuldens nicht nur für Schäden, die er selbst schuldhaft verursacht hat, sondern er muss auch für das **Verschulden seiner Verrichtungsgehilfen** einstehen, § 831 BGB. Als Verrichtungsgehilfen gelten diejenigen unselbstständigen Hilfspersonen, derer sich der Kaufmann bei der Ausübung eines Gewerbes bedient, z. B. Arbeitnehmer, Auszubildende und sonstige sozial abhängige Personen, die von dem Geschäftsherrn zu einer Tätigkeit in seinem Interesse beauftragt worden sind. Dagegen gehören selbstständige Unternehmer wie Vertragshändler, Kommissionäre, Franchisenehmer, Werkunternehmer, Frachtführer und Spediteure nicht zu den Verrichtungsgehilfen des Kaufmanns. Sofern Verrichtungsgehilfen in Ausübung ihrer Tätigkeit eine unerlaubte Handlung i. S. der §§ 823 ff. BGB begehen, haftet der Unternehmer für die entstandenen Sach- und Personenschäden.

061

Im Falle einer Inanspruchnahme aus § 831 BGB kann der Unternehmer versuchen, einen **Entlastungsbeweis (= Exkulpationsbeweis)** zu führen, indem er entweder die Verschuldensvermutung oder die Verursachungsvermutung widerlegt. Dieser Entlastungsbeweis setzt voraus, dass den Unternehmer kein Verschulden hinsichtlich der ordnungsgemäßen Auswahl und Ausbildung seines Personals trifft. Daraus folgt die Pflicht zur Durchführung einer Eignungsprüfung bei der Einstellung und bei der Betrauung der Verrichtungsgehilfen mit neuen Aufgaben, die Pflicht zur sorgfältigen Anleitung, insbesondere bei Fahrpersonal und anderen Berufen mit hohem Verletzungsrisiko, die Pflicht zur Aufstellung von Dienstanweisungen und Richtlinien, Instruktion, Belehrung und Fortbildung des Personals usw. Gelingt dem Unternehmer der **Nachweis fehlenden Auswahlverschuldens**, entfällt der gegen ihn gerichtete Schadensersatzanspruch für das Verschulden seiner Verrichtungsgehilfen.

062

Beispiel

Der Unternehmer unterliegt strengen Anforderungen bei der Auswahl eines angestellten Kraftfahrers. Die Vorlegung von Zeugnissen früherer Arbeitgeber genügt nicht, vielmehr sind unmittelbare Erkundigungen über die bisherige Fahrweise, laufende Kontrollmaßnahmen durch die Auswertung von Fahrtenschreibern, Beobachtungen und Kontrollfahrten erforderlich. Im Falle der Verletzung seiner

---

[1] Vgl. Abschnitt D.3 zum Wettbewerbsrecht.

Auswahlpflichten haftet der Unternehmer für die Schadensfolgen eines Straßenverkehrsunfalls, den der Arbeitnehmer in Ausübung seiner Tätigkeit verursacht hat.

063   Der Unternehmer ist für einen Schadenseintritt auch dann **nicht zur Verantwortung zu ziehen**, wenn er weder bei der Beschaffung der erforderlichen Vorrichtungen und Geräte, noch bei der Organisation und Überwachung des Produktionsablaufs die erforderliche Sorgfalt missachtet hat. Ferner kann der Unternehmer versuchen, die Vermutung für seine Verursachung des Schadens zu widerlegen, indem er nachweist, dass der Schaden auch bei Ausübung der erforderlichen Sorgfalt entstanden wäre.

064   Die Haftung des Unternehmers für **fremdes Verschulden**, also seine Haftung für das Verschulden seines Verrichtungsgehilfen gem. § 831 BGB, ist zu unterscheiden von der Haftung des Handelnden für eigenes Verschulden. Dem Geschädigten steht neben dem Anspruch gegen den Unternehmer, der sich gegebenenfalls exkulpieren kann, auch ein deliktischer Schadensersatzanspruch gegen den unmittelbaren Schädiger gem. §§ 823 ff. BGB zu.

065   Der **Anspruch auf Schadensersatz** aus unerlaubter Handlung **verjährt** in 3 Jahren von dem Zeitpunkt an, in welchem der Anspruch entstanden ist und der Verletzte von dem Schaden und der Person des Schadensersatzpflichtigen Kenntnis erlangt hat. Bei Personenschäden beträgt die Verjährungsfrist 30 Jahre von der Begehung der Handlung an, vgl. §§ 195, 199 BGB.

4. Das Produkthaftungsgesetz

066   Im Zuge der Rechtsangleichung in den Mitgliedstaaten der Europäischen Union wurde für den gemeinsamen Markt eine Richtlinie zur Produkthaftung eingeführt, die zu einer **Vereinheitlichung des Verbraucherschutzes in Europa** beiträgt. Der Verpflichtung zum Erlass eines entsprechenden nationalen Gesetzes ist die Bundesrepublik durch das **Produkthaftungsgesetz** nachgekommen. Die darin enthaltenen Haftungsregelungen treten neben die Produzentenhaftung aus unerlaubter Handlung gem. § 823 BGB[1] und neben die vertragliche Haftung der Hersteller aus Garantieverträgen mit dem Verbraucher.[2] Die Arzneimittelhaftung nach dem Arzneimittelgesetz ist vom Anwendungsbereich des Produkthaftungsgesetzes ausgenommen.

067   Der Hersteller haftet nach § 1 ProdHaftG auch ohne Verschulden für alle Schäden, die durch einen Fehler des Produkts entstehen. Der **Haftungstatbestand ist das Inverkehrbringen des Produkts**, insbesondere technischer Anlagen, Maschinen

---

[1] Vgl. Abschnitt D.3.2 zur Produzentenhaftung.

[2] Vgl. Abschnitt C.2.4 zur Händler- und Herstellergarantie.

und Geräte, Fahrzeuge, aller Arten von Konsumgütern, chemischen Erzeugnissen, Nahrungsmitteln, Verpackungen, Materialien und Druckerzeugnisse. Durch § 2 ProdHaftG werden in den Produktbegriff nicht nur bewegliche Sachen, sondern auch die Elektrizität einbezogen, sodass Energieversorgungsunternehmen auch für Frequenz- oder Spannungsschwankungen haften.

Ein **Produkt ist** gem. § 3 ProdHaftG **fehlerhaft**, wenn es nicht die Sicherheit bietet, die unter Berücksichtigung seiner Darbietung und seines Gebrauchs im Zeitpunkt des Inverkehrbringens erwartet werden kann. Als Produktdarbietung sind die Produktbezeichnung, die -gestaltung und -beschreibung, die Gebrauchsanleitung und die Produktwerbung zu verstehen, mithin die Gesamtpräsentation des Produktes. Den Werbeaussagen eines Verwendungszweckes *„absolut reißfest, bruchsicher, feuerfest, nicht entflammbar"* entnehmen die Verbraucher Sicherheitserwartungen, sodass ihr Vertrauen in die Zuverlässigkeit der Angaben geschützt ist, wenn diese nicht eindeutig reinen Unterhaltungswert haben.

068

Beispiel

Die abenteuerlichen Produktdarstellungen der Kino- und Fernsehwerbung lassen keine schützenswerten Sicherheitserwartungen der Verbraucher entstehen. Der Hersteller, der ein allradbetriebenes Fahrzeug in der Werbung präsentiert, indem es eine vereiste Ski-Sprungschanze hinauffährt, schafft keinen Haftungtatbestand.

Die **tatsächlichen Umstände**, an denen sich die Sicherheitserwartungen des Verkehrs orientieren, hängen von der Art des Produkts und seinen Nebenwirkungen ab, dies insbesondere bei Konsumgütern, ferner auch von der Einhaltung gesetzlicher Sicherheitsbestimmungen und technischer Normen, wie DIN, VDE- oder DVGW-Normen, von Gütesiegeln, darunter das GS-Zeichen, von Hinweisen auf Testergebnisse und Prüfverfahren usw.

069

Die **Herstellereigenschaft** wird nach § 4 ProdHaftG begründet. Der tatsächliche Hersteller hat in seinem Unternehmen eigenverantwortlich ein Produkt erzeugt oder gewonnen.[1] Infolgedessen wird gem. § 4 Abs. 1 ProdHaftG als Hersteller angesehen, wer das Endprodukt, einen Grundstoff oder ein Teilprodukt hergestellt hat, sodass eine haftungsrechtliche Unterscheidung zwischen dem Endprodukt- und dem Teilprodukthersteller entbehrlich ist. Infolgedessen gelten als Hersteller auch die **Assembler**, die ein Erzeugnis konstruieren und es aus gelieferten Teilen zusammensetzen, aber auch die Lizenznehmer, die ein Produkt aufgrund einer Herstellerlizenz produzieren, Verleger und Autoren von Druckwerken sowie Konstrukteure von Computerprogrammen.

070

---

[1] *Taschner/Frietsch*, a. a. O., § 4 ProdHaftG Rn. 12.

Beispiele

Im Rahmen von Vertriebssystemen sind weder der Lizenzgeber noch der Franchisegeber als Hersteller anzusehen, sondern vielmehr die Lizenznehmer und die Franchisenehmer.

Der Assembler, der für das von ihm konstruierte Produkt vorgefertigte Einzelteile verwendet, gilt als Endprodukt-Hersteller im Sinne des Produkthaftungsrechts.

Die Schlussmontage ohne eigene Konstruktionsverantwortung – make-ready-service – macht einen Händler nicht zum Endprodukt-Hersteller. Dagegen wird durch die Produktvervollständigung von Waren, die noch nicht gebrauchsfähig sind, die Herstellereigenschaft begründet.

071 Neben den Endherstellern haften auch die **Zulieferer** für Fehler der von ihnen hergestellten Halbfertig- oder Fertigteile. Infolge horizontaler Auftragsteilung werden begrenzte Herstellungsaufgaben für einzelne Fertigungsstufen, z. B. Konstruktion und Entwurf oder Abfüllung und Verpackung, auf mehrere Unternehmen verteilt, sodass neben dem Gesamthersteller auch Auftragsunternehmen im Rahmen der von ihnen übernommenen Aufgaben haften. Abgrenzungsschwierigkeiten entstehen im Bereich der Hersteller- und Händlerhaftung für den Vertrieb und auch bei der Haftung für Verpackung und Abfüllung der Waren.

072 Als **Hersteller** gilt gem. § 4 ProdHaftG neben dem tatsächlichen Hersteller des Endproduktes auch

- **der Quasi-Hersteller**
- **der Drittstaaten-Importeur**
- **und der Lieferant.**

073 Der **Quasi-Hersteller** haftet aus dem von ihm verantwortlich erweckten Anschein der Herstellereigenschaft. Nach § 4 Abs. 1 ProdHaftG gilt auch derjenige als Hersteller, der sich durch das Anbringen seines Namens, seiner Marke oder eines anderen unterscheidungskräftigen Kennzeichens als Hersteller ausgibt.

074 Gemäß § 4 Abs. 2 ProdHaftG wird auch der **Drittstaaten-Importeur** als Hersteller angesehen, der ein Produkt zum Zweck des Verkaufs, der Vermietung, des Mietkaufs oder einer anderen Form des Vertriebs mit wirtschaftlichem Zweck im Rahmen seiner geschäftlichen Tätigkeit in den Geltungsbereich des Abkommens über den Europäischen Wirtschaftsraum (EU und die EFTA-Staaten) einführt oder verbringt.[1]

---

[1] Einen Katalog der Drittstaaten, die außerhalb des Geltungsbereichs des EWG-Vertrages liegen, enthält *Taschner/Frietsch*, a. a. O., § 4 ProdHaftG Rn. 56 m. w. N.

Falls der Hersteller eines Produkts nicht festgestellt werden kann, gilt nach einem   075
Auffangtatbestand gem. § 4 Abs. 3 ProdHaftG jeder **Lieferant** als dessen Hersteller, sofern er dem Geschädigten keine Auskunft über die Person des Herstellers
oder Lieferanten geben kann. Insofern haftet auch der Händler, der sich durch
Dokumentation und Offenlegung der Vertriebskette nicht entlasten kann.

Ein **Haftungsausschluss** ergibt sich für den Hersteller gem. § 1 Abs. 2 ProdHaftG,   076
wonach seine Ersatzpflicht ausgeschlossen ist, wenn

- er das Produkt nicht in den Verkehr gebracht hat

- das Produkt im Zeitpunkt des Inverkehrbringens fehlerfrei war

- das Produkt nicht für den Verkauf oder für den Vertrieb mit wirtschaftlichem
  Zweck hergestellt wurde

- der Produktfehler auf der Beachtung einer zwingenden Rechtsvorschrift beruht

- der Produktfehler im Zeitpunkt des Inverkehrbringens nach dem Stand der
  Wissenschaft und Technik nicht erkannt werden konnte.

Eine **Haftungsbegrenzung** ergibt sich sowohl nach der Höhe des Haftungsbetra-   077
ges als auch in zeitlicher Hinsicht. Nach dem Produkthaftungsrecht ist die **Höhe
der Sachschadenhaftung unbeschränkt**, während die Ersatzpflicht für Personenschäden auf den Höchstbetrag von 85 Mio. € beschränkt ist (§ 10 Abs. 1 Prod-
HaftG). Diese Haftungshöchstgrenze gilt als Gesamtschadenssumme für Personenschäden in einem Haftungsfall. Im Fall der Sachbeschädigung hat der
Geschädigte einen Schaden bis zur Höhe von 500 € selbst zu tragen (§ 11 Prod-
HaftG).

Die **Verjährungsfrist** für Ansprüche aus § 1 ProdHaftG beträgt **3 Jahre** von dem   078
Zeitpunkt an, in dem der Geschädigte von dem Schaden und der Person des Er-
satzpflichtigen Kenntnis erlangt. Verhandlungen über die Höhe des Schadensersatzanspruches hemmen den Lauf der Verjährungsfrist, § 12 ProduktHG. Das
Produkthaftungsgesetz enthält eine **Ausschlussfrist von 10 Jahren**, beginnend
mit dem Zeitpunkt des Inverkehrbringens des Produktes durch den Hersteller. Die
Ersatzpflicht des Herstellers darf im Voraus weder ausgeschlossen noch beschränkt werden. Entgegenstehende Vereinbarungen sind nichtig (§ 14 Prod-
HaftG). Von dem Anwendungsbereich des Produkthaftungsgesetzes sind alle
diejenigen Produkte ausgenommen, die vor dem 01.01.1990 in den Verkehr gebracht worden sind.

5. Wiederholungsfragen

1. Eine Bank überweist eine Zahlung zu Lasten eines Girokontos, obwohl der
   Dauerauftrag bereits storniert ist. Welche Rechte hat der Kontoinhaber?

2. Eine Kaufpreisforderung wird abgetreten, doch zahlt der Schuldner trotz Mitteilung von der Abtretung versehentlich an den Zedenten. Nach welcher
   Rechtsvorschrift kann der Schuldner den Kaufpreis zurückfordern?

3. Jemand veräußert Raubkopien eines Computerprogramms. Kann der Urheberrechtsinhaber Herausgabe des Lizenzerlöses verlangen?

4. Ein Hersteller hat durch Leasingvertrag die Nutzung einer Maschine übertragen, die der Leasingnehmer an einen gutgläubigen Erwerber weiterveräußert. Kann der Hersteller vom Leasingnehmer Herausgabe des Veräußerungserlöses verlangen?

5. Ein Fuhrunternehmen hat in einer Woche Pech, da zwei Fahrzeuge durch Fremdverschulden in einen Unfall verwickelt worden sind. Ein Lkw steht im Eigentum des Fuhrunternehmens, ein anderes wurde geleast. Wer hat gegen wen Schadensersatzansprüche und welche Anspruchsgrundlagen sind anzuwenden?

6. Bei einem Straßenverkehrsunfall erleidet ein Fußgänger durch das Verschulden eines Motorradfahrers leichte Verletzungen. Besteht ein Schmerzensgeldanspruch gegen den Schädiger?

7. Durch Schadstoffimmissionen, die von einem Unternehmen auf dem Nachbargrundstück ausgehen, droht die Gefahr von Beeinträchtigungen für das Gebäude und evtl. auch für die Gesundheit Ihrer Arbeitnehmer. Was können Sie tun?

8. Vor den Eingängen eines Zeitungsunternehmens werden Blockaden eingerichtet, die den Arbeitnehmern, Kunden und Zulieferern den Zugang zu dem Grundstück und zu dem Gebäude versperren. Bestehen Schadensersatz- und Unterlassungsansprüche gegen die Blockierer?

9. Ein Schaden tritt dadurch ein, dass die Gebrauchsanleitung für ein Gerät nicht in deutscher Sprache mitgeliefert wird. Kann der Geschädigte von dem Gerätehersteller Schadensersatz verlangen?

10. Wen kann der Geschädigte nach dem Produkthaftungsgesetz für einen Schaden zur Verantwortung ziehen, wenn das fehlerhafte Produkt nicht in Deutschland hergestellt wurde und der Hersteller nicht erkennbar ist, vermutlich aber aus einem Land außerhalb des europäischen Wirtschaftsraumes stammt?

1. Es handelt sich um eine Geschäftsführung ohne Auftrag, §§ 677 ff. BGB, wobei die Geschäftsführung nicht dem Interesse und dem Willen des Kontoinhabers entsprach. Dieser hat einen Herausgabeanspruch gegen die Bank gem. §§ 684, 812 BGB nach den Rechtsgrundsätzen der ungerechtfertigten Bereicherung. Die Bank muss ihre Rückforderung gegen den Zahlungsempfänger abtreten.

2. Es liegen die Voraussetzungen einer Leistungskondiktion vor; der Rückforderungsanspruch ergibt sich aus § 812 Abs. 1, Satz 1, 1. Alt. BGB.

3. Ja, denn das Urheberrechtsgesetz enthält einen bereicherungsrechtlichen Anspruch auf Herausgabe des Erlöses aus dem Vertrieb der Raubkopien, vgl. § 102 Satz 3 UrhG. Es handelt sich um einen Sonderfall der Eingriffskondiktion.

4. Ja, nach § 816 Abs. 1 Satz 1 BGB ist der Leasingnehmer als Nichtberechtigter zur Herausgabe des Veräußerungserlöses verpflichtet.

5. Die Beschädigung des im Eigentum des Fuhrunternehmens stehenden Lkw stellt eine Rechtsgutverletzung gem. § 823 Abs. 1 BGB dar. Das Fuhrunternehmen hat danach einen Schadensersatzanspruch gegen den Schädiger. Wegen des geleasten Fahrzeugs besteht ein Schadensersatzanspruch des Leasinggebers gegen das Fuhrunternehmen aus positiver Vertragsverletzung und gegen den Schädiger gem. § 823 Abs. 1 BGB. Auch das Fuhrunternehmen hat wegen des Schadens an dem geleasten LKW einen Anspruch, der z. B. den Nutzungsausfall einschließt. Dieser Schadensersatzanspruch richtet sich gegen den Schädiger und ist gem. § 823 Abs. 2 BGB begründet, falls der Unfallverursacher gegen Straßenverkehrsregeln verstoßen hat.

6. Ja, gem. §§ 823 Abs. 1, 253 Abs. 2 BGB.

7. Es besteht ein Anspruch auf Unterlassung und ggf. auch auf Beseitigung bereits eingetretener Schäden gem. §§ 823, 1004 BGB.

8. Ja, gem. §§ 823, 1004 BGB. Es handelt sich um einen Eingriff in den eingerichteten und ausgeübten Gewerbebetrieb. Die gewerbliche Betätigungsfreiheit ist als sonstiges Recht im Sinne des § 823 Abs. 1 BGB geschützt, da es sich um einen Bestandteil des allgemeinen Persönlichkeitsrechtes gem. Art. 2 GG handelt.

9. Ja, der Hersteller haftet nach den Grundsätzen der Produzentenhaftung gem. § 823 Abs. 2 BGB auch für Informationsfehler.

10. Sofern eine Firma, eine Marke oder ein sonstiges Kennzeichen auf dem Produkt angebracht ist, haftet der Firmen-, Marken- oder Kennzeicheninhaber als sog. Quasihersteller. Andernfalls ist der Drittstaaten-Importeur verantwortlich, der das Produkt in einen Mitgliedstaat der EU eingeführt hat, und wenn sich der Importeur nicht feststellen lässt, haftet der Lieferant oder der Händler, vgl. § 4 ProdHaftG.

E. Grundbegriffe des Sachenrechts

Das Sachenrecht regelt die Rechte an **unbeweglichen Sachen** (Immobilien) und 001
an **beweglichen Sachen** (alle sonstigen körperlichen Gegenstände). Rechtlich ist
jeder körperliche Gegenstand eine Sache, z. B. gilt eine Ware als einzelne bewegliche Sache und ein Warenlager oder eine Produktionsanlage als Sachgesamtheit,
die aus einzelnen beweglichen Sachen besteht, Gebäude sind Bestandteile eines
Grundstücks und deshalb unbewegliche Sachen, vgl. §§ 90 ff. BGB.

Der zentrale Begriff des Sachenrechts ist das **Eigentum**. Das Eigentum ist die Zu- 002
ordnung einer Sache zu einem Rechtssubjekt, sodass dem Eigentümer **ein absolutes Recht** an der Sache zusteht. Während im Schuldrecht relative Rechte entstehen, die nur im Rechtsverhältnis zwischen Gläubiger und Schuldner eines
Anspruchs gelten, kann der Eigentümer als Inhaber eines absoluten Herrschafts-
rechts jeder anderen Person gegenüber Schutz beanspruchen.

▶ Der Eigentümer einer Sache kann mit ihr nach Belieben verfahren und andere 003
   Personen von jeder Einwirkung ausschließen, § 903 BGB.

▶ Dem Eigentümer steht ein gesetzlicher **Herausgabeanspruch** zu, sodass er jederzeit die Herausgabe der Sache von dem Besitzer verlangen kann, § 985 BGB.

▶ Der Eigentümer hat bei Beeinträchtigungen des Eigentums einen **Beseitigungs-
   und Unterlassungsanspruch**, § 1004 BGB.

▶ Der Eigentümer hat die Verfügungsbefugnis über sein Eigentum, d. h. er kann
   es mit Rechten belasten (Hypothek, Grundschuld) oder er kann das Eigentum
   an einer Sache auf einen Erwerber übertragen. Eine Verfügung über das Eigentum kann sowohl zu Lebzeiten erfolgen als auch von Todes wegen durch ein
   Testament.

Aus **wirtschaftlicher Sicht** kann der Eigentümer vor allem die Nutzungen aus der 004
Sache ziehen, indem er sie verwertet, z. B. durch Belastung eines Grundstücks
zum Zweck der Kreditbeschaffung, durch Bestellung eines Pfandrechts an einer
beweglichen Sache zu Sicherungszwecken[1] oder durch die entgeltliche Gebrauchsüberlassung im Wege eines Miet- oder Pachtvertrages.

Die **Eigentumsgarantie des Art. 14 GG** schützt den Bestand des Privateigentums 005
in den Grenzen der Sozialbindung, d. h. es sind Raumordnungs-, Flächennut-
zungs- und Baubestimmungen zu beachten, der Natur-, Emissions- und Denkmalschutz, Verfügungsbeschränkungen bei Grundstücken oder im Außenhandel
mit Waren, Mitbestimmungsrechte der Arbeitnehmer hinsichtlich des Eigentums
an Produktionsmitteln, Gemeingebrauch an öffentlichen Wegen, Gewässern,
Waldbeständen und ähnliche Interessen. Die **Schranken des Eigentums** ergeben
sich aus dem Sozialstaatsprinzip, aus dem Schutz fremder Rechte und aus rechtsgeschäftlichen Vereinbarungen.

---

[1] Vgl. Abschnitt C.4.3 zu den Pfandrechten.

1. Eigentum und Besitz

006 Der Eigentümer kann von dem Besitzer die **Herausgabe der Sache** verlangen, § 985 BGB. Dieser sachenrechtliche Herausgabeanspruch des Eigentümers gegen den Besitzer richtet sich im Unterschied zu einem schuldrechtlichen Herausgabeanspruch gegen jeden Besitzer der Sache.

007 **Eigentümer** ist derjenige, dem die Sache rechtlich zugeordnet wird und der infolgedessen das absolute Herrschaftsrecht über die Sache ausüben kann. **Besitzer** ist derjenige, der die tatsächliche Gewalt über die Sache ausübt, § 854 BGB. Im gewerblichen Bereich fallen Eigentum und Besitz häufig auseinander.

Beispiel

E ist Eigentümer eines Kraftfahrzeugs. Er kann das Fahrzeug an B für die Dauer von 50 Tagen vermieten. B erlangt den unmittelbaren Besitz an dem Fahrzeug durch die Übergabe, ohne dass das Eigentum des E berührt wird. Nach Ablauf der vereinbarten Frist hat E einen schuldrechtlichen Rückgabeanspruch aus dem Mietvertrag gem. § 546 BGB gegen den Mieter und einen sachenrechtlichen Herausgabeanspruch gem. § 985 BGB gegen den Besitzer. Die Herausgabeansprüche des E als Vermieter und Eigentümer des Fahrzeugs aus dem Schuldrecht und aus dem Sachenrecht richten sich gegen verschiedene Anspruchsgegner:

Der mietrechtliche Anspruch auf Herausgabe der Mietsache nach Ablauf der Mietzeit richtet sich gegen den Mieter. Dagegen besteht der sachenrechtliche Herausgabeanspruch aus dem Eigentum gegenüber jedem – unberechtigten – Besitzer der Sache. Sofern B das Kraftfahrzeug verliehen hätte oder es ihm gestohlen worden wäre, könnte der mietrechtliche Rückgabeanspruch nicht greifen, weil der Mieter sich nicht mehr im Besitz der Sache befindet. Dagegen bliebe der sachenrechtliche Herausgabeanspruch gegenüber jedem Besitzer des Fahrzeugs erhalten, also auch gegen den – unberechtigten – Entleiher oder gegen den Dieb. Selbst wenn der Dieb das Fahrzeug inzwischen weiterveräußert hätte, könnte E von dem Erwerber die Sache herausverlangen, weil ein gutgläubiger Erwerb gestohlener Sachen ausgeschlossen ist, vgl. § 935 Abs. 1 Satz 1 BGB.

008 Der Eigentümer kann gleichzeitig im Besitz der Sache sein, indem er die tatsächliche Sachherrschaft ausübt, dann ist er **unmittelbarer Besitzer** der Sache, § 854 BGB. Sofern er den Gebrauch der Sache einem anderen überlässt, z. B. durch einen Miet-, Leih- oder Leasingvertrag, wird der Vertragspartner unmittelbarer Besitzer der Sache. Da dieser von dem Eigentümer sein Besitzrecht erhält, bleibt der Eigentümer **mittelbarer Besitzer** der Sache. Zwischen dem Eigentümer und dem unmittelbaren Besitzer der Sache liegt ein Besitzmittlungsverhältnis vor. Ein **Besitzmittlungsverhältnis** besteht beispielsweise zwischen dem Eigentümer und dem Mieter, Pächter, Verwahrer, Entleiher oder Leasingnehmer, ebenso zwischen dem Absender einer Ware und dem Frachtführer, der Bahn oder dem Spediteur.

Der **Besitzdiener** übt zwar auch die tatsächliche Gewalt über eine Sache aus, doch   009
befindet er sich zu dem Besitzer in einem abhängigen Rechtsverhältnis. Der Arbeitnehmer ist Besitzdiener des Arbeitgebers, der Auftragnehmer ist Besitzdiener
des Auftraggebers und der Hausverwalter ist Besitzdiener des Hauseigentümers.

Der Eigentümer kann über sein **Eigentum selbst dann verfügen**, wenn er nicht   010
den unmittelbaren Besitz an der Sache hat. Ein Grundstückseigentümer kann das
Eigentum seines Grundstücks unbeschadet der bestehenden Mietverhältnisse an
einen Erwerber veräußern. Der Erwerber tritt als neuer Grundstückseigentümer
an die Stelle des bisherigen Eigentümers mit der Folge, dass ihm bei Beendigung
der Mietverhältnisse neben dem schuldrechtlichen Rückgabeanspruch auch der
sachenrechtliche Herausgabeanspruch gem. § 985 BGB zusteht. Dieser Anspruch
ist insbesondere dann von Bedeutung, wenn sich ein anderer im Besitz der Sache
befindet. Da der Erwerber mit dem Eigentumsübergang noch nicht in die Rechtsposition des Vermieters eintritt, vielmehr die Rechte aus dem bestehenden Mietvertrag durch schuldrechtliche Vereinbarung auf den Erwerber übertragen werden, ist auch der schuldrechtliche Herausgabeanspruch mit dem
Grundstückserwerb noch nicht gegeben. Insbesondere die Gestaltungsrechte wie
das Kündigungsrecht gehen erst durch Vertrag auf den Erwerber über.

2. Eigentumserwerb durch Gesetz

Der Erwerb des Eigentums kann sowohl durch das Gesetz als auch durch Rechts-   011
geschäft erfolgen. In der Wirtschaft sind die gesetzlichen Formen des Eigentum-
serwerbs durch **Verbindung, Vermischung oder Verarbeitung mit anderen Sachen**
von Bedeutung, §§ 946 ff. BGB.

Wird eine bewegliche Sache mit einem Grundstück dergestalt verbunden, dass   012
sie wesentlicher Bestandteil des Grundstücks wird, erstreckt sich das Eigentum
an dem Grundstück auch auf diese Sache, § 946 BGB. Der Eigentumsübergang
durch **Verbindung mit einem Grundstück** erfolgt bei Bauleistungen, z. B. beim
Einbau von Fenstern, Türen, Heizkörpern und Sanitäreinrichtungen in ein Gebäude. Der Eigentumserwerb ist aber ausgeschlossen, wenn die Verbindung nur zu
einem vorübergehenden Zweck erfolgt. Eine entgegenstehende Vereinbarung ist
unbeachtlich, sodass der Eigentumsvorbehalt des Werkunternehmers entfällt,
wenn die eingebauten Sachen mit dem Gebäude fest verbunden wurden. Der
Bauunternehmer kann zur Sicherung des Anspruchs auf die Vergütung seiner
Leistung aus dem Werkvertrag die Einräumung einer Sicherungshypothek verlangen, § 647 BGB.[1]

Auch durch **Verbindung beweglicher Sachen** kann eine Eigentumsübertragung   013
stattfinden. Sofern mehrere bewegliche Sachen zu einer einheitlichen Sache zusammengefügt werden, erwirbt entweder der Eigentümer des Hauptbestandteils das **Alleineigentum** an der verbundenen Sache oder, falls gleichwertige Be-

---

[1] Vgl. Abschnitt C.5 zum Werkvertrag.

standteile zusammengefügt werden, entsteht **Miteigentum** der ursprünglichen Eigentümer, § 947 BGB. In diesen Fällen geht der Eigentumsvorbehalt eines Zulieferbetriebes verloren,[1] denn vertragliche Vereinbarungen können die Rechtsfolge des Eigentumsübergangs nicht verhindern.

014 Werden bewegliche Sachen miteinander untrennbar vermischt oder vermengt, wird ebenfalls der Eigentümer des Hauptbestandteils Alleineigentümer oder bei gleichwertigen Bestandteilen entsteht Miteigentum, § 948 BGB. Diese Vorschrift über den **Eigentumserwerb durch Verbindung** betrifft vor allem die Herstellung von chemischen Verbindungen oder Lösungen, die sich materiell nicht mehr trennen lassen, und gelegentlich auch Fälle wirtschaftlicher Verbindung, wenn die Kosten einer Trennung unverhältnismäßig hoch im Vergleich zum Wert der Sache sind. Eine Ausnahme bildet die Vermengung von Geld, wodurch kein Eigentumsübergang stattfindet, da der Wert nach Anteilen feststeht.

015 Wer durch Verarbeitung und Umbildung eines Stoffes oder mehrerer Stoffe eine neue bewegliche Sache herstellt, erwirbt das Eigentum an der neuen Sache, sofern nicht der Wert der Verarbeitung oder der Umbildung erheblich geringer ist als der Wert des Stoffes, § 950 BGB. Dieser **Eigentumserwerb durch Verarbeitung** betrifft die Herstellung einer neuen Sache. Bei der Herstellung neuer Sachen werden verschiedene bewegliche Sachen, die teils aus Zulieferbetrieben, teils aus eigener Produktion stammen, verarbeitet oder umgebildet. Im Unternehmen ist als Hersteller der Eigentümer der Produktionsmittel anzusehen, nicht der weisungsgebundene Arbeitnehmer (= Besitzdiener). Im Werkvertrag wird der Besteller als Hersteller angesehen und deshalb Eigentümer, im Werklieferungsvertrag über vertretbare Sachen der Lieferant. Durch elektromagnetische Aufzeichnungen, z. B. auf Tonbändern oder Video, durch Computeraufzeichnungen oder sonstige Dokumentationen entstehen in aller Regel keine neuen Sachen, da der Datenträger nicht verändert wird. Sowohl der Datenträger als auch die Aufzeichnungen können verschiedenen Eigentümern zugeordnet werden.

016 Wer infolge der §§ 946 - 950 BGB einen Rechtsverlust erleidet, kann von dem Begünstigten Geldersatz nach den Vorschriften über die **Herausgabe einer ungerechtfertigten Bereicherung** verlangen. Dagegen kann die Wiederherstellung des früheren Zustandes — Rückübertragung des Eigentums — nicht verlangt werden, § 951 BGB.

3. Eigentumsübertragung durch Rechtsgeschäft

017 Die rechtsgeschäftliche Eigentumsübertragung erfolgt nicht bereits mit dem Abschluss des Kaufvertrags, sondern erst durch ein abstraktes **Verfügungsgeschäft**, dessen Wirksamkeit von dem schuldrechtlichen Verpflichtungsgeschäft unabhängig ist (= **Abstraktionsprinzip**). Sofern das Eigentum an unbeweglichen Sachen übertragen werden soll, geschieht dies durch Einigung und Eintragung der

---

[1] Vgl. Abschnitt C.4.1 zum Eigentumsvorbehalt.

Rechtsänderung in das Grundbuch, § 873 BGB. Die Übertragung des Eigentums an beweglichen Sachen erfolgt nach den Vorschriften der §§ 929 ff. BGB. Danach sind **drei Möglichkeiten der rechtsgeschäftlichen Eigentumsübertragung** gegeben:

- Einigung und Übergabe der Sache gem. § 929 BGB
- Einigung und Vereinbarung eines Besitzkonstituts gem. § 930 BGB
- Einigung und Abtretung des Herausgabeanspruchs gem. § 931 BGB.

Eine **Einigung zwischen Veräußerer und Erwerber** hinsichtlich der Änderung der rechtlichen Zuordnung der Sache ist bei jeder Eigentumsübertragung erforderlich. Obwohl die sachenrechtliche Einigung in der Praxis meist mit der Vereinbarung eines schuldrechtlichen Vertrags zusammenfällt, also zeitgleich mit dem Abschluss eines Kaufvertrages stattfindet, ist sie rechtlich von dem Verpflichtungsgeschäft unabhängig. Das **Abstraktionsprinzip**, das in der Unabhängigkeit von Verfügungs- und Verpflichtungsgeschäft zum Ausdruck kommt, ist von besonderer Bedeutung in den Fällen der Unwirksamkeit des Verpflichtungsgeschäfts und der Vereinbarung von Sicherungseigentum oder eines Eigentumsvorbehalts zur Sicherung eines schuldrechtlichen Anspruchs.[1]

018

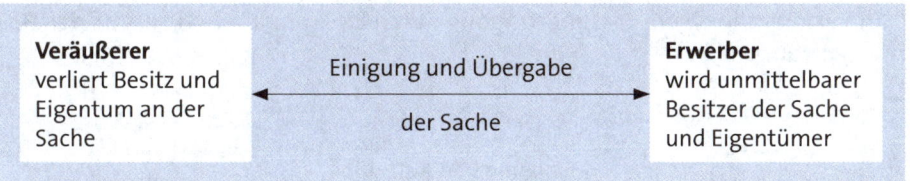

| Veräußerer verliert Besitz und Eigentum an der Sache | Einigung und Übergabe der Sache | Erwerber wird unmittelbarer Besitzer der Sache und Eigentümer |

Abb. 13: Eigentumsübertragung gem. § 929 BGB

Die **Übergabe der Sache** vom Veräußerer an den Erwerber ist nur bei der Eigentumsübertragung gem. § 929 BGB erforderlich und kann bei anderer Interessenlage ersetzt werden durch die **Vereinbarung eines Besitzkonstituts** gem. § 930 BGB oder durch die **Abtretung des Herausgabeanspruchs** gem. § 931 BGB.

019

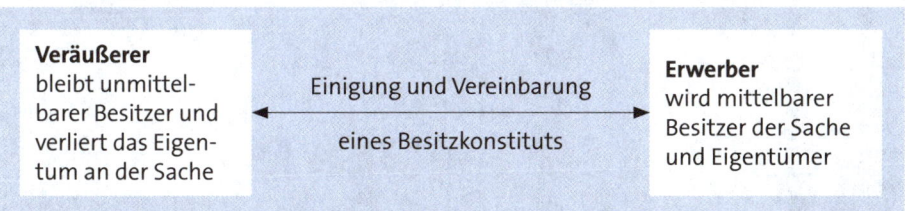

| Veräußerer bleibt unmittelbarer Besitzer und verliert das Eigentum an der Sache | Einigung und Vereinbarung eines Besitzkonstituts | Erwerber wird mittelbarer Besitzer der Sache und Eigentümer |

Abb. 14: Eigentumsübertragung gem. § 930 BGB

Sofern die Übertragung des Eigentums an einer beweglichen Sache durch Einigung und **Vereinbarung eines Besitzkonstituts** (auch: Besitzmittlungsverhältnis)

020

---

[1] Vgl. Abschnitt C.4.1 zum Eigentumsvorbehalt und 4.2 zum Sicherungseigentum.

erfolgen soll, erlangt der Erwerber das Eigentum und den mittelbaren Besitz, nicht aber den unmittelbaren Besitz an der Sache, § 868 BGB.

Beispiel

E hat für sein Büro eine neue EDV-Anlage bestellt und findet einen Käufer für die vorhandenen Schreibmaschinen. Da die neue EDV-Anlage erst in 2 Monaten geliefert werden soll, will E für diesen Zeitraum seine alten Schreibmaschinen noch behalten und nutzen. Trotzdem kann er sie sofort verkaufen und an den Käufer übereignen. E vereinbart mit dem Käufer ein **Besitzkonstitut**, indem er zwar das Eigentum, nicht aber den unmittelbaren Besitz überträgt. Die Parteien einigen sich darüber, dass E dem Käufer die Schreibmaschinen übereignet und ihm für 2 Monate ein vertragliches **Recht zum Besitz** einräumt, z. B. durch Vereinbarung eines Leih- oder Mietvertrages.

021   Der Eigentümer ist an der Verfügung über sein Eigentum nicht dadurch gehindert, dass sich die Sache im Besitz eines anderen befindet, weil z. B. ein Mieter infolge eines Mietvertrags bis zur Vertragsbeendigung ein Recht zum Besitz hat. Dann erfolgt die Eigentumsübertragung durch Einigung und **Abtretung des Herausgabeanspruchs**.

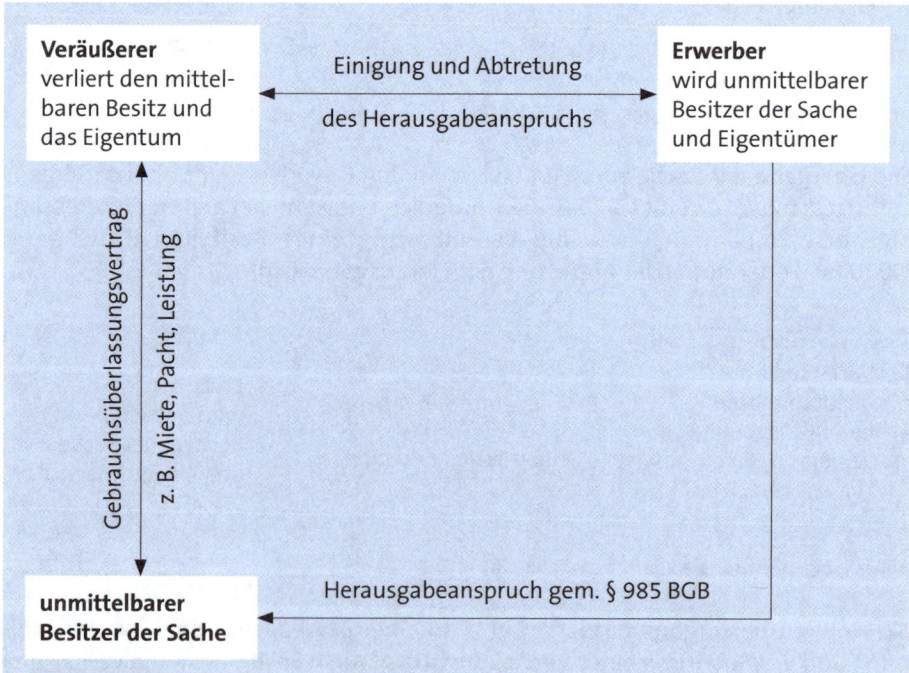

Abb. 15: Eigentumsübertragung gem. § 931 BGB

Beispiel

E betreibt ein Mietwagenunternehmen. Am 01.06. verkauft er zehn seiner Fahrzeuge, obwohl eines davon noch bis zum 15.08. vermietet ist. E kann dennoch das Eigentum an allen Fahrzeugen wirksam auf den Erwerber übertragen, denn er hat gegenüber dem Mieter einen **Anspruch auf Herausgabe** des Fahrzeugs. Zwar hat der Mieter ein **Recht zum Besitz** und kann deshalb bis zum Ablauf der Mietzeit die Herausgabe verweigern. Doch wird E dem Käufer anstelle der Übergabe des Kaufgegenstandes den **Herausgabeanspruch aus dem Eigentum abtreten**. Nach Ablauf der Mietzeit kann E das Fahrzeug von dem Mieter herausverlangen.

Im Bürgerlichen Recht ist **der gute Glaube des Erwerbers an das Eigentum des Veräußerers** geschützt, indem der gutgläubige Erwerber auch dann Eigentümer wird, wenn die Sache nicht dem Veräußerer gehört, § 932 BGB. Zu Gunsten des Besitzers einer Sache wird vermutet, dass er Eigentümer der Sache sei, § 1006 BGB. Allerdings gibt es keinen gutgläubigen Erwerb von gestohlenen oder dem Eigentümer auf andere Weise abhanden gekommenen Sachen, § 935 BGB.

022

Im Handelsrecht wird der gutgläubige Erwerb erleichtert, indem unter Kaufleuten **der gute Glaube des Erwerbers an die Verfügungsbefugnis des Veräußerers** für die Eigentumsübertragung ausreicht, § 366 HGB. Denn im Handelsverkehr verfügen Kaufleute häufig über Sachen, die nicht in ihrem Eigentum stehen, die sie aber aufgrund vertraglicher Vereinbarung veräußern dürfen. Zu den Verträgen, die dem Vertrieb der Waren des Herstellers dienen, gehören der Handelsvertretervertrag, der Kommissionsvertrag, der Kommissionsagentenvertrag, der Vertragshändlervertrag, aber auch der Franchisevertrag und ähnliche Vertragsformen.[1] Diese Hilfspersonen der Kaufleute haben durch Rechtsgeschäft die **Verfügungsbefugnis über Sachen** erlangt, die im Eigentum des Herstellers stehen. Deshalb erfolgt im Handelsverkehr die Eigentumsübertragung bereits aufgrund des guten Glaubens des Erwerbers an die Verfügungsbefugnis des Veräußerers.

023

Beispiel

Ein Handelsvertreter vertreibt die Waren des Herstellers zu vereinbarten Konditionen, häufig auch in einem bestimmten Bezirk. Es erübrigt sich, das Eigentum an den Waren vom Hersteller auf den Handelsvertreter und weiter auf den Kunden zu übertragen, zumal dadurch mit Zeit- und Geldverlusten zu rechnen ist. Infolgedessen erhält der Handelsvertreter die **Verfügungsbefugnis**, d. h. das Recht, im Namen des Herstellers über dessen Eigentum zu verfügen. Der Kunde erwirbt das Eigentum durch Einigung und Übergabe gem. § 929 BGB, obwohl offensichtlich ist, dass der Handelsvertreter nicht Eigentümer der Waren ist, sondern über fremdes Eigentum verfügt, denn **der gute Glaube des Kunden an die**

---

[1] Vgl. Abschnitt F.5 zum Vertrieb über selbstständige Hilfspersonen des Kaufmanns.

Verfügungsbefugnis des Handelsvertreters über das Eigentum des Herstellers reicht für den Eigentumserwerb aus.

024 Der Eigentümer wird im Falle einer **unberechtigten Verfügung** über sein Eigentum wegen des Rechtsverlusts durch gutgläubigen Erwerb nach den Vorschriften der ungerechtfertigten Bereicherung gem. § 816 BGB entschädigt. Danach ist der Nichtberechtigte, der ohne Erlaubnis des Eigentümers über das Eigentum an einer Sache verfügt, zur Herausgabe des Erlangten verpflichtet. Im Fall der unberechtigten Veräußerung einer Sache muss der Erlös herausgegeben werden, und im Fall der Schenkung ist der Erwerber bereichert und muss deshalb die Sache herausgeben.[1]

4. Eigentumsschutz

025 Das Eigentum wird gesetzlich gegen Entziehung oder gegen die Vorenthaltung des Besitzes geschützt sowie gegen anderweitige Beeinträchtigungen. Von erheblicher Bedeutung ist der **Herausgabeanspruch aus dem Eigentum gem. § 985 BGB**. Danach kann der Eigentümer von dem Besitzer die Herausgabe der Sache verlangen.

Beispiel

Der Hersteller verkauft dem Unternehmer eine Maschine unter Eigentumsvorbehalt. Der Hersteller kann den sachenrechtlichen Herausgabeanspruch auch im Insolvenzfall geltend machen, denn aufgrund seines Eigentums hat er ein Aussonderungsrecht gem. § 47 InsO.

026 Dem Herausgabeanspruch des Eigentümers kann der Besitzer häufig ein schuldrechtliches **Recht zum Besitz** der Sache gem. § 986 BGB entgegenhalten. Denn der Besitzer kann die **Herausgabe verweigern**,

- ► wenn er dem Eigentümer gegenüber zum Besitz berechtigt ist
- ► oder wenn der mittelbare Besitzer, von dem er sein Recht zum Besitz ableitet, dem Eigentümer gegenüber zum Besitz berechtigt ist.

027 Ein **Recht zum Besitz** ergibt sich aus schuldrechtlichen Verträgen, die eine Gebrauchsüberlassung zum Inhalt haben, beispielsweise aus einem Miet- oder Leasingvertrag oder auch aus einem Kaufvertrag unter Eigentumsvorbehalt bis zum Eintritt der aufschiebenden Bedingung der Kaufpreiszahlung.

---

[1] Vgl. Abschnitt D.2.3 zu den Bereicherungsansprüchen.

Beispiel

Der Kaufmann K hat mit dem Hersteller einen Leasingvertrag über eine EDV-Anlage mit einer Laufzeit von 6 Jahren abgeschlossen. Das Operating-Leasing richtet sich nach den Regeln des Mietvertrages. Vor Ablauf der Mietzeit kann der Leasingnehmer die Herausgabe der Sache verweigern, weil ihm ein **Recht zum Besitz** zusteht, das ihm der Eigentümer durch den Leasingvertrag eingeräumt hat. Nach Ablauf der Mietzeit kann der Eigentümer die Herausgabe der Sache verlangen, weil das Recht zum Besitz entfallen ist.

Der **Herausgabeanspruch** gem. § 985 BGB steht dem jeweiligen Eigentümer der Sache zu. Sofern der Eigentümer die Sache während der Dauer eines Gebrauchs-überlassungsvertrags an einen Erwerber durch Einigung und Abtretung des Herausgabeanspruches veräußert, kann der Erwerber die Herausgabe der Sache verlangen.   028

Der Herausgabeanspruch gem. § 985 BGB richtet sich gegen den jeweiligen Besitzer, der kein Recht zum Besitz der Sache hat, § 986 BGB. Sofern ein Besitzmittlungsverhältnis vereinbart wurde, besteht der Herausgabeanspruch des Eigentümers darin, dass er von dem unberechtigten Besitzer die Herausgabe der Sache nicht an sich selbst, sondern an den berechtigten Besitzer verlangen kann.   029

Beispiel

Der Eigentümer E hat für die Dauer von 5 Jahren Geschäftsräume an die Firma F vermietet und dabei die Erlaubnis zur Untervermietung ausgeschlossen. Wegen Betriebsverlegung vermietet die Firma F ohne Einwilligung des E die Geschäftsräume für die Restlaufzeit des Mietvertrags an die Firma B.

E hat infolge der unberechtigten Untervermietung einen **Herausgabeanspruch gem. § 985 BGB** gegen die Firma B. Doch kann E nicht die Herausgabe an sich selbst verlangen, weil die Firma F für die Dauer des Mietvertrages noch zum Besitz der Sache berechtigt ist. E kann aber von der Firma B die Herausgabe der Sache an die Firma F verlangen.

Der sachenrechtliche Herausgabeanspruch aus dem Eigentum entfällt, wenn das Eigentum infolge eines gutgläubigen Erwerbs verlorengeht. Dieser Rechtsverlust wird nach den Vorschriften der ungerechtfertigten Bereicherung gem. § 816 BGB entschädigt.   030

Wird das Eigentum in anderer Weise als durch Entziehung oder Vorenthaltung des Besitzes beeinträchtigt, kann der Eigentümer von dem Störer die Beseitigung der Beeinträchtigung verlangen. Dann besteht ein **Beseitigungsanspruch des Eigentümers** gem. § 1004 Abs. 1 Satz 1 BGB.

031 Eine **Beeinträchtigung des Eigentums** liegt in der Verletzung der Sachsubstanz, in der Gebrauchsbehinderung, im Gebrauchsentzug oder in Dispositionsbeeinträchtigungen. Zu den Verletzungen der Sachsubstanz gehören beispielsweise die Zerstörung, Verunstaltung oder Beschädigung der Sache, aber auch sachbezogene Funktionsstörungen, die Veränderung des Aggregatzustandes und Störungen der Datenverarbeitung durch Veränderung oder Vernichtung von Datenträgern. Der Hauptanwendungsbereich des Beseitigungsanspruchs ist bei Beeinträchtigungen des Eigentums an Grundstücken gegeben, z. B. durch Immissionen infolge der Zuführung unwägbarer Stoffe gem. § 906 BGB, infolge gefahrdrohender Anlagen gem. § 907, infolge drohenden Gebäudeeinsturzes gem. § 908 BGB, infolge von Bodenvertiefungen, Überhängen von Bäumen, Hinüberfallen von Früchten gem. §§ 909 - 911 BGB oder infolge einer Überbauung der Grundstücksgrenze gem. § 912 BGB.

032 Besteht die Gefahr einer zukünftigen Beeinträchtigung (= Erstbegehungsgefahr) oder weiterer Beeinträchtigungen (= Wiederholungsgefahr), dann entsteht ein **Unterlassungsanspruch des Eigentümers** gegen den Störer gem. § 1004 Abs. 1 Satz 2 BGB.

033 In allen Fällen der Eigentumsverletzung ist neben dem Beseitigungs- und Unterlassungsanspruch ein **Schadensersatzanspruch des Eigentümers** gegen den Schädiger aus unerlaubter Handlung gem. § 823 Abs. 1 BGB gegeben.[1] In analoger Anwendung des § 1004 BGB wird ein Anspruch des Geschädigten auf Unterlassung und auf Beseitigung angenommen, wenn nicht das Eigentum, sondern ein anderes absolutes Recht schuldhaft verletzt wurde. Daher kann dieser Anspruch auch bei einer Verletzung des Rechts am eingerichteten und ausgeübten Gewerbebetrieb geltend gemacht werden.

5. Eigentümer-Besitzer-Verhältnis

034 Das Sachenrecht enthält zahlreiche Ansprüche im Rechtsverhältnis des Eigentümers zum Besitzer, vgl. §§ 987 ff. BGB, die aber gegenüber vertraglichen Anspruchsgrundlagen zurücktreten. Sofern keine vertragliche Regelung im Sinne eines Besitzmittlungsverhältnisses zwischen dem Eigentümer und dem Besitzer besteht, handelt es sich um unberechtigten Besitz. Denn der Besitzer vermag sein Recht zum Besitz nur vom Eigentümer herzuleiten, z. B. aufgrund eines Kaufvertrags, eines Miet- oder Pachtvertrags, eines Leihvertrags oder einer Schenkung. Diese Rechtslage – der Besitzer hat kein Recht zum Besitz – wird auch als **Vindikationslage** bezeichnet, eine tatsächliche Situation, auf welcher der eigentumsrechtliche Herausgabeanspruch beruht, §§ 985, 986 BGB. Der Eigentümer kann

---

[1] Vgl. Abschnitt D.3 zu den Ansprüchen aus unerlaubter Handlung.

neben der Sache auch die vom Besitzer gezogenen Nutzungen herausverlangen und hat im Einzelfall sogar einen Schadensersatzanspruch.

Der **Herausgabeanspruch des Eigentümers** gem. § 985 BGB richtet sich gegen   035
jeden Besitzer, der kein Recht zum Besitz gem. § 986 BGB hat. Dieser Anspruch betrifft aber nicht nur die Sache selbst, sondern auch die Nutzungen, welche der Besitzer nach Rechtshängigkeit zieht, vgl. §§ 987, 988 BGB. Die Rechthängigkeit bedeutet Zustellung einer auf Herausgabe der Sache gerichteten Klage.

Der **Schadensersatzanspruch des Eigentümers** betrifft die Verantwortlichkeit des   036
Besitzers dafür, dass die Sache nach Rechtshängigkeit durch sein Verschulden beschädigt wird, untergeht oder aus anderen Gründen nicht herausgegeben werden kann. Sofern dem Besitzer bei Erwerb des Besitzes an der Sache bekannt war, dass er zum Besitz nicht berechtigt ist, gilt er als bösgläubiger Besitzer und haftet vom Zeitpunkt des Erwerbs auf Schadensersatz und auf Herausgabe der gezogenen Nutzungen. Der unberechtigte Besitzer haftet in gleicher Weise, sobald er von der fehlenden Berechtigung zum Besitz erfährt und damit bösgläubig wird, vgl. § 990 BGB. Der bösgläubige Besitzer hat auch für die Verzugsfolgen einzustehen, vgl. §§ 990 Abs. 2, 280, 286 BGB.

Die **Haftung des deliktischen Besitzers**, der durch verbotene Eigenmacht oder   037
durch eine Straftat in den Besitz der Sache gelangt ist, richtet sich nach dem Recht der unerlaubten Handlung, §§ 823 ff. BGB.

Der redliche Besitzer hat die gezogenen Früchte, d. h. den wirtschaftlichen Ertrag   038
der Sache, lediglich nach Bereicherungsregeln herauszugeben, § 993 BGB. Dagegen ist er weder zur Herausgabe von Nutzungen noch zum Schadensersatz verpflichtet.

Im Eigentümer-Besitzer-Verhältnis besteht aber auch ein Anspruch des Besitzers   039
gegen den Eigentümer auf **Ersatz der notwendigen Verwendungen**, z. B. Reparatur-, Instandhaltungs- und Aufbewahrungskosten. Die vom Besitzer erbrachten Eigenleistungen gehören nur dann zu dem Verwendungsersatzanspruch, soweit ihm andere Einnahmen entstanden sind.

6. Wiederholungsfragen

1. Der Eigentümer einer Produktionsmaschine kann diese günstig verkaufen, möchte sie jedoch bis zur Ersatzbeschaffung in drei Monaten noch weiterhin in seinem Betrieb nutzen. Wie erfolgt in diesem Fall die Eigentumsübertragung?

2. Ein Fuhrunternehmer möchte einen Teil seiner Fahrzeuge veräußern, die sich zurzeit aber auf europäischen Autobahnen befinden. Kann er das Eigentum auf den Erwerber übertragen, obwohl er die Fahrzeuge noch nicht übergeben kann?

3. Der Hersteller einer Maschine veräußert diese unter Eigentumsvorbehalt. Der Käufer zahlt zwar nicht den Kaufpreis, doch veräußert er die Maschine an einen Dritten. Welche Ansprüche hat der Hersteller?

4. Der Eigentümer hat sein Fahrzeug zur Nutzung für 5 Jahre an ein Mietwagenunternehmen überlassen. Das Fahrzeug wird von einem Mieter entwendet und an einen Dritten veräußert. Welche Ansprüche hat der Eigentümer?

5. Ein Hauseigentümer hat Geschäftsräume an eine GmbH vermietet, dabei aber die Erlaubnis zur Untervermietung oder Weitervermietung ausdrücklich ausgeschlossen. Kann der Eigentümer Herausgabe verlangen, wenn die GmbH die Räume untervermietet?

1. Die Übereignung erfolgt durch Einigung und Vereinbarung eines Besitzkonstituts gem. § 930 BGB. Das Produktionsunternehmen behält das Recht zum Besitz der Maschine durch Miet- oder Leihvertrag, während der Erwerber Eigentümer wird.

2. Ja, gem. § 931 BGB kann die Übereignung auch durch Einigung und Abtretung des Herausgabeanspruches erfolgen. Der Erwerber wird Eigentümer und kann die auf den Straßen Europas befindlichen Fahrzeuge herausverlangen.

3. Der Hersteller könnte von dem Dritten die Herausgabe seiner Maschine verlangen, § 985 BGB. Zwar hat er sich das Eigentum unter der aufschiebenden Bedingung vollständiger Kaufpreiszahlung vorbehalten, auch ist die Bedingung noch nicht eingetreten, doch hat der Dritte gutgläubig das Eigentum an der Maschine erworben. Daher besteht lediglich ein Anspruch gem. § 816 BGB gegen den ersten Käufer auf Herausgabe des Veräußerungserlöses.

4. Der Eigentümer kann von dem Besitzer gem. § 985 BGB Herausgabe verlangen. Da weder das Mietwagenunternehmen noch der Mieter sich im Besitz des Fahrzeugs befinden, richtet sich dieser Anspruch gegen den Dritten. Ein gutgläubiger Eigentumserwerb scheidet aus, vgl. § 935 BGB.

5. Der Hauseigentümer hat gegen den Untermieter einen Herausgabeanspruch aus dem Eigentum gem. § 985 BGB. Der Anspruch richtet sich aber auf Herausgabe an die GmbH, da ein Gebrauchsüberlassungsvertrag besteht, aufgrund dessen die GmbH zum Besitz der Geschäftsräume berechtigt ist.

F. Handelsrecht

Die rechtlichen Rahmenbedingungen für Kaufleute werden insbesondere nicht   001
nur durch das Bürgerliche Gesetzbuch, sondern insbesondere auch durch das
Handelsgesetzbuch vorgegeben. Das Bürgerliche Recht enthält u. a. die Grundregeln für Rechtsgeschäfte natürlicher und juristischer Personen. Das Handelsrecht
betrifft die speziellen Bedingungen für die **Rechtsverhältnisse der Kaufleute**, weil
diese Erfahrung im Abschluss von Handelsgeschäften haben und daher flexibler
und schneller agieren wollen, andererseits aber auch weniger schutzbedürftig
sind. Zum Handelsrecht gehören alle Normen, die das kaufmännische Unternehmen und seine Stellung im Wirtschaftsverkehr regeln. Rechtsgrundlagen sind das
Handelsgesetzbuch (HGB) und zahlreiche Wirtschaftsgesetze aus den Bereichen
des Wettbewerbs- und Kartellrechts, des Gesellschaftsrechts, des gewerblichen
Rechtsschutzes und des Urheberrechts, des Steuerrechts, des Versicherungs-
rechts sowie des Bank- und Börsenrechts. Das Handelsrecht umfasst im Wesentlichen die folgenden kaufmännischen Tätigkeiten:

▸ den Umsatz von Waren

▸ die Herstellung, Verarbeitung und Bearbeitung von Produkten

▸ das Anbieten und Erbringen von Dienstleistungen.

Das Handelsrecht ist als **Sonderprivatrecht der Kaufleute** dem Bürgerlichen Recht   002
im weiteren Sinne zuzuordnen. Deshalb enthält das Handelsgesetzbuch für den
Rechts- und Geschäftsverkehr unter Kaufleuten sowohl zusätzliche als auch abändernde Bestimmungen zu den Vorschriften des Bürgerlichen Gesetzbuches. Als
zusätzliche Regeln für Kaufleute sind z. B. die Vorschriften über die Firma, das
Handelsregister und die Handelsbücher anzusehen, ebenso Handelsbräuche und
Handelsklauseln. Als **abändernde Regeln** gelten die Sonderbestimmungen über
den Annahmeverzug beim Handelskauf, das Fixgeschäft, das kaufmännische Zurückbehaltungsrecht, die kaufmännische Untersuchungs- und Rügepflicht, den
gutgläubigen Eigentumserwerb usw. Die Anwendung des Handelsgesetzbuches
erfolgt daher nicht unabhängig von den Vorschriften des Bürgerlichen Rechts.
Vielmehr enthält das BGB die Grundregeln für das Zustandekommen, die Durchführung und die Beendigung von Rechtsgeschäften, während das HGB diese
Grundregeln den Bedürfnissen des Handelsverkehrs entsprechend ändert und
ergänzt.

Beispiele

A verkauft B seinen Pkw. Es liegt ein Kaufvertrag gem. § 433 BGB vor. Falls der Pkw
mangelhaft ist, ergeben sich die Rechtsfolgen der Sachmängelgewährleistung im
Kaufvertrag aus den §§ 434 ff. BGB.

Falls A und B Kaufleute sind, handelt es sich ebenfalls um einen Kaufvertrag gem.
§ 433 BGB. Die Rechtsfolgen der Sachmängelgewährleistung ergeben sich aus
den §§ 434 ff. BGB, ergänzt durch die kaufmännische Untersuchungs- und Rügepflicht gem. § 377 HGB, weil ein beiderseitiger Handelskauf vorliegt. Daher müss-

te der Käufer B den Pkw unverzüglich untersuchen und etwaige Mängel unverzüglich rügen. Die fehlende oder nicht rechtzeitige Rüge hat den Verlust der Mängelgewährleistungsansprüche zur Folge.

Das Handelsrecht sieht auch einen erleichterten gutgläubigen Eigentumserwerb vor, da Kaufleute, z. B. Kommissionäre, über fremdes Eigentum verfügen. Angenommen A ist Gebrauchtwagenhändler und damit Kaufmann. Sofern B einen Pkw bei ihm kauft, erwirbt er das Eigentum an dem Fahrzeug auch dann, wenn im Kfz.-Brief ein Dritter als Eigentümer eingetragen ist. Gemäß § 366 HGB reicht für den Eigentumserwerb der gute Glaube an die Verfügungsmacht des A aus, während nach §§ 929, 932 BGB ein gutgläubiger Erwerb ausgeschlossen wäre, weil A erkennbar nicht Eigentümer des Pkw ist, sodass der gute Glaube an das Eigentum entfällt.

003 Kaufleute gelten als erfahren im täglichen Umgang mit Rechtsgeschäften; zudem ist im Handelsverkehr eine zügige und flexible Abwicklung der Geschäfte erforderlich. Da Kaufleute weniger schutzbedürftig als Verbraucher sind, legt das **Handelsgesetzbuch** den Beteiligten strengere Verpflichtungen auf als das Bürgerliche Gesetzbuch. Im Handelsrecht gibt es daher weniger Schutzvorschriften als im Bürgerlichen Recht:

► Entbehrlichkeit der Schriftform gem. § 350 HGB

► keine Herabsetzung von Vertragsstrafen gem. § 348 HGB

► keine Einrede der Vorausklage gem. § 349 HGB.

004 Im Handelsrecht wird auf schnelle Reaktionen Wert gelegt. Bei Abschluss und Ausführung von Handelsgeschäften muss der Kaufmann **unverzüglich** seine Rechte geltend machen, um keinen Rechtsverlust zu erleiden:

► **Schweigen** gilt in einigen Fällen als Annahme eines vorhergehenden Vertragsangebotes oder als Akzeptieren der Allgemeinen Geschäftsbedingungen des Vertragspartners, §§ 362, 346 HGB.

► Im Handelskauf besteht eine **unverzügliche Untersuchungs- und Rügepflicht** hinsichtlich bestellter Waren, bei deren Nichteinhaltung die Geltendmachung von Gewährleistungsrechten ausgeschlossen wird, § 377 Abs. 2 HGB.

005 Im Handelsrecht entstehen Kosten für die Erbringung kaufmännischer Dienstleistungen. Die **Entgeltlichkeit der Leistungen** eines Kaufmanns wird auch dann angenommen, wenn keine Vereinbarung zwischen den Beteiligten vorliegt:

► Vergütungsvereinbarung durch Stillschweigen bei der Übernahme von Geschäftsbesorgungs- und Dienstleistungen, § 354 HGB.

006 Im Handelsrecht besteht eine **Typisierung der Vertretungsmacht** gem. §§ 48 ff. HGB. Das im Bürgerlichen Gesetzbuch enthaltene Vertretungsrecht wird ergänzt

und modifiziert. Die handelsrechtlichen Vollmachten sind die Prokura, die Handlungsvollmacht und die Rechtsscheinvollmacht des Ladenangestellten.

Im Handelsrecht sind Veröffentlichungspflichten der Kaufleute gegeben. Den besonderen Publizitätserfordernissen des Handelsverkehrs dient u. a. die Einrichtung des Handelsregisters. Die verpflichtenden **Eintragungen in das Handelsregister** haben eine Rechtsscheinwirkung, d. h. der Geschäftspartner kann sich auf das Bestehen und die Richtigkeit der eingetragenen Tatsachen verlassen und darf auch darauf vertrauen, dass nicht eingetragene Tatsachen nicht vorhanden sind. 007

Zudem sind im Handelsgesetzbuch typische Verträge des Handelsverkehrs geregelt, so der Handelsvertretervertrag, der Kommissionsvertrag, der Handelsmaklervertrag, das Fracht-, Speditions- und Lagergeschäft. 008

Die **Internationalisierung** des Handelsverkehrs hat auch im deutschen Handelsrecht Auswirkungen gezeigt. Durch die Umsetzung Europäischer Richtlinien wurden das elektronische Handelsregister, das Genossenschaftsregister und das Unternehmensregister eingeführt und das Handelsvertreterrecht den europäischen Vorgaben angepasst. Auch die internationalen Handelsklauseln haben große Bedeutung im Handelsverkehr, insbesondere im Außenhandel. 009

1. Der Kaufmann

Die Anwendung des Handelsgesetzbuches (HGB) erfordert eine Definition der Kaufmannseigenschaft. Die **Abgrenzung von Kaufleuten und Nichtkaufleuten** wird durch Anwendung der §§ 1 ff. HGB vorgenommen. Die Entstehung der Kaufmannseigenschaft ist davon abhängig, ob ein Handelsgewerbe betrieben wird. Kaufmann ist grds. jeder **Gewerbetreibende** (Istkaufmann). Ausgenommen bleiben lediglich solche Betriebe, deren Unternehmen nach Art und Umfang eine kaufmännische Einrichtung nicht erfordert. Kleingewerbetreibende haben aber die Möglichkeit, durch eine Eintragung in das Handelsregister die Kaufmannseigenschaft zu erlangen (Kannkaufmann). 010

Als Kaufmann gilt nach § 1 Abs. 1 HGB, wer ein **Handelsgewerbe** betreibt. Unter den verschiedenen Formen wirtschaftlicher Tätigkeiten sind zunächst gewerbliche und nichtgewerbliche Bereiche zu trennen. Ein Gewerbe ist nach allgemein anerkannter Definition eine **erlaubte, planmäßige und dauerhafte Tätigkeit** zum Zweck der Gewinnerzielung. Die nichtselbstständige Erwerbstätigkeit fällt deshalb ebenso wenig unter den Anwendungsbereich des Handelsgesetzbuches wie der nicht gewerbliche Bereich. Die freien Berufe, wissenschaftliche und künstlerische Tätigkeiten sowie die Land- und Forstwirtschaft sind traditionell nicht als Handelsgewerbe anzusehen. 011

012 Der Kaufmannsbegriff wird nach den handelsrechtlichen Bestimmungen der §§ 1 ff. HGB anders definiert als der Begriff des Unternehmers in § 14 BGB. Danach wird als Unternehmer in Unterscheidung zum Verbraucher im Sinne des § 13 BGB eine natürliche oder juristische Person oder eine Personengesellschaft angesehen, die bei Abschluss eines Rechtsgeschäfts in Ausübung ihrer gewerblichen oder selbstständigen beruflichen Tätigkeit handelt. Dagegen ist Kaufmann, wer ein Handelsgewerbe betreibt, vgl. § 1 HGB. Der Unternehmerbegriff des Bürgerlichen Rechts, der für den Verbraucherschutz hinzugezogen wird, ist somit weiter gefasst als die Kaufmannseigenschaft, von der die Anwendung der Vorschriften des Handelsgesetzbuches abhängt.

013 Die Kaufmannseigenschaft entsteht entweder **kraft Gesetzes** für Ist- und Formkaufleute **oder durch Eintragung in das Handelsregister** bei den übrigen Kaufleuten, vgl. die Übersicht 07.

Übersicht 07: Die Kaufmannseigenschaft		
Kaufmannsbegriff	**Voraussetzungen**	**Entstehung**
Istkaufmann	Handelsgewerbe, das nach Art oder Umfang eine kaufmännische Richtung erfordert, § 1 HGB, Registeranmeldung obligatorisch	kraft Gesetzes (Eintragung in das Handelsregister hat deklaratorische Wirkung)
Kannkaufmann	Gewerbetreibende gem. § 2 HGB, Registeranmeldung freiwillig	kraft Eintragung in das Handelsregister (konstitutive Wirkung)
Kannkaufmann (Land- und Fortstwirtschaft, uneigentlicher Kaufmann)	Gewerbetreibende gem. § 3 HGB, Registeranmeldung freiwillig	kraft Eintragung des Nebengewerbes in das Handelsregister (konstitutive Wirkung)
Formkaufmann	Handelsgesellschaften gem. § 6 HGB, Registeranmeldung obligatorisch	kraft Gesetzes
Scheinkaufmann (Fiktivkaufmann)	Rechtsschein der Kaufmannseigenschaft entsteht durch die Eintragung in das Handelsregister	Rechtsschein gem. § 5 HGB
Scheinkaufmann	Rechtsschein der Kaufmannseigenschaft entsteht durch entsprechendes Auftreten im Handelsverkehr	Rechtsschein gem. § 242 BGB in analoger Anwendung des § 5 HGB
Anmerkung: Nach dem Entstehungstatbestand gelten Ist- und Formkaufleute als Kaufleute kraft Gesetzes. Dagegen entsteht die Kaufmannseigenschaft der Kannkaufleute kraft Eintragung in das Handelsregister. Scheinkaufleute werden infolge eines zurechenbaren Rechtsscheins (des Handelsregisters oder aus anderen zurechenbaren Umständen) als Kaufleute behandelt.		

1.1 Istkaufmann

Die Kaufmannseigenschaft entsteht kraft Gesetzes, sobald ein Handelsgewerbe   014
betrieben wird, das nach Art oder Umfang eine kaufmännische Einrichtung erfordert. Es handelt sich um einen Istkaufmann. Die Eintragung in das Handelsregister hat daher auch nur deklaratorische Wirkung.

Der **Istkaufmann** betreibt ein Handelsgewerbe im Sinne der allgemein anerkann-   015
ten Definition des Gewerbes. Er übt eine erlaubte, planmäßige, dauerhafte und
auf Gewinnerzielung ausgerichtete Tätigkeit aus. Die freien Berufe (Rechtsanwälte, Steuerberater, Ärzte) werden bei der Definition des Gewerbebetriebes ausgenommen. Allein durch das Betreiben eines Handelsgewerbes wird äußerlich erkennbar, dass jemand Kaufmann ist.

Zum Betreiben eines Handelsgewerbes ist erforderlich, dass der Inhaber im eige-   016
nen Namen tätig wird. Kaufmann ist derjenige, in dessen Namen das Gewerbe
betrieben wird. Auch der Pächter, Nießbraucher, Treuhänder oder Franchisenehmer und sogar die Strohperson als vorgeschobener Geschäftsführer gelten als
Kaufmann.[1] Bei einer gemischten Tätigkeit ist der Schwerpunkt zu ermitteln. Der
Begriff des Gewerbes dient somit der Abgrenzung der Gewerbetreibenden von
Arbeitnehmern und freiberuflich Tätigen.[2]

Der Gewerbebetrieb muss eine kaufmännische Einrichtung erfordern, um als   017
Handelsgewerbe zu gelten. Als Voraussetzungen für den Istkaufmann gelten somit

▸ **Betreiben eines Handelsgewerbes**

▸ **Erforderlichkeit einer kaufmännischen Einrichtung.**

Die Kaufmannseigenschaft entsteht für Istkaufleute gem. § 1 HGB bereits mit   018
der **Aufnahme des Handelsgewerbes**. Dies ist der Zeitpunkt des ersten Vertragsabschlusses für das Unternehmen. Dabei kommt es nicht auf die Art des Geschäftsabschlusses an. Es können Geschäftsräume angemietet, ein Druckauftrag
für Geschäftspapier oder Werbebroschüren gegeben, die Homepage im Internet
eingerichtet, die erste Warenlieferung bestellt oder die erste Dienstleistung erbracht werden. Aus diesem Grund ist der Istkaufmann als ein **Kaufmann kraft
Gesetzes** anzusehen, für ihn gelten die Bestimmungen des Handelsrechts auch
schon vor der Eintragung in das Handelsregister.

Der **Istkaufmann** ist aufgrund seiner Kaufmannseigenschaft gem. § 29 HGB zur   019
Eintragung seiner Firma in das Handelsregister verpflichtet. Die Eintragung in das
Handelsregister erfolgt in aller Regel zu einem späteren Zeitpunkt als die Aufnah-
me des Handelsgewerbes. Da die Kaufmannseigenschaft bereits kraft Gesetzes

---

[1] *Roth* in: *Koller/Roth/Mock*, a. a. O., § 1 Rn. 18.

[2] Zum Arbeitnehmerbegriff vgl. *Steckler/Strauss/Büßer*, Arbeitsrecht, a. a. O., Abschnitt I.1.

besteht, hat die **Eintragung deklaratorische Wirkung**, denn sie bekundet eine Tatsache, die auch ohne die Eintragung bereits bestanden hat.

Beispiel

Die Bürgschaftserklärung eines Nichtkaufmanns bedarf zu ihrer Wirksamkeit der Schriftform, § 766 BGB. Sie ist formnichtig, wenn sie nur mündlich, beispielsweise telefonisch, abgegeben wird, § 125 BGB. Gibt ein Kaufmann eine Bürgschaftserklärung ab, ist aber die Schriftform entbehrlich, § 350 HGB. Deshalb wird die mündliche Bürgschaftserklärung des Kaufmanns mit dem Zugang beim Erklärungsempfänger wirksam. Betreibt jemand ein Handelsgewerbe, kann er sich nicht darauf berufen, dass seine Kaufmannseigenschaft nicht bestehe, weil er nicht im Handelsregister eingetragen sei. Seine Bürgschaftserklärung ist formlos wirksam.

020   Der nach **Art und Umfang in kaufmännischer Weise eingerichtete Gewerbebetrieb** ist für die Entstehung der Kaufmannseigenschaft bei Istkaufleuten von herausragender Bedeutung. Andere Gewerbetreibende gelten als Kannkaufleute; ihre Kaufmannseigenschaft entsteht erst mit der Eintragung in das Handelsregister. Sofern es sich um Formkaufleute handelt, existieren sie als juristische Personen ohne Registereintragung nicht. Daher ist für Istkaufleute zu prüfen, ob ihr Gewerbebetrieb nach Art oder Umfang einen in kaufmännischer Weise eingerichteten Geschäftsbetrieb erfordert, vgl. § 1 Abs. 2 HGB. Der Gesetzgeber hat die Kleingewerbetreibenden vor den Folgen der Anwendung des Handelsgesetzbuches schützen wollen. Es muss daher nach den Indizien für die Erforderlichkeit einer kaufmännischen Einrichtung eine Abgrenzung vorgenommen werden.

021   Das Merkmal der nach Art oder Umfang erforderlichen kaufmännischen Einrichtung schließt sowohl **qualitative** als auch **quantitative Kriterien** ein. Qualitativ sind die Organisation des Unternehmens, insbesondere Größe und Zahl der Betriebsstätten, Zahl und Funktion der Beschäftigten, Art der gewerblichen Tätigkeit, Vielfalt der Produkte und Dienstleistungen, Internationalität der Geschäftsbeziehungen, Teilnahme am Wechselverkehr und ähnliche Indizien zu berücksichtigen. Die kaufmännische Einrichtung kann sich auch aus dem Umfang des Handelsgewerbes ergeben. Als quantitative Kriterien werden u. a. das Umsatzvolumen herangezogen, aber auch das Anlage- und Betriebskapital. Für die Abgrenzung des Istkaufmanns vom Nichtkaufmann ist das gesamte Erscheinungsbild des Gewerbebetriebes zu betrachten. Es kommt daher auch auf die Geschäftsbeziehungen insgesamt an, Zahl der Lieferanten und Abnehmer und der Radius der unternehmerischen Tätigkeit.

Beispiel

Ein geringer Umsatz von jährlich unter 100.000 € ist ein Indiz für einen Gewerbebetrieb, der keine kaufmännische Einrichtung erfordert. Der Umsatz ist aber kein starres Abgrenzungsmerkmal. So könnten z. B. ein Kantinenbetrieb mit 500.000 € Jahresumsatz und einem Kunden oder ein Süßwarengeschäft mit 180.000 € Umsatz und wenigen, bar zahlenden Kunden als Nichtkaufleute angesehen werden. In aller Regel werden Einzelhandelsgeschäfte aber eine kaufmännische Einrichtung erfordern.[1]

Wenn zwar ein Handelsgewerbe betrieben wird, aber eine kaufmännische Einrichtung nicht erforderlich ist, besteht auch keine Pflicht zur Eintragung in das Handelsregister. Die **Anmeldepflicht** besteht nur für kaufmännische Unternehmen im Sinne des § 1 HGB (Istkaufleute). Allerdings können andere Gewerbetreibende sich freiwillig in das Handelsregister eintragen lassen und dadurch die Kaufmannseigenschaft erwerben (Kannkaufleute). Die Kaufmannseigenschaft endet mit der tatsächlichen Einstellung des Betriebes. Infolge der Eintragungspflicht ist der Rechtsschein des Handelsregisters gem. § 15 HGB zu beachten.

022

1.2 Kannkaufmann

Unternehmer, deren Gewerbebetrieb nach Art und Umfang keine kaufmännische Organisation erfordert, sind keine Kaufleute. Diese Kleingewerbetreibenden können sich dennoch auf **freiwilliger Basis** in das Handelsregister eintragen lassen, vgl. § 2 HGB. Eine Verpflichtung zur Eintragung besteht jedoch nicht.

023

Beispiele

Als **Kannkaufleute** werden u. a. Hotels, Sanatorien, Kinos, Theater und Zirkus, private Bildungseinrichtungen, Auskunfteien, Wachunternehmen, Detekteien, Inkassobüros, Patent- und Werbeagenturen, Treuhandbüros, Ehevermittler, private Arbeitsvermittler, Bauunternehmer, Bauhandwerker, Bergbau, Steinbrüche, Ziegeleien und ähnliche Betriebe des Dienstleistungsgewerbes in das Handelsregister eingetragen.

Erst mit der Eintragung in das Handelsregister erwirbt der Gewerbetreibende die Kaufmannseigenschaft. Er unterliegt dann uneingeschränkt dem Handelsrecht. Die Eintragung in das Handelsregister hat **konstitutive Wirkung**, weil in diesen Fällen die Kaufmannseigenschaft erst durch die Eintragung zur Entstehung gelangt.

024

---

[1] *Hopt* in: *Baumbach/Hopt*, a. a. O., § 1, Rn. 24.

1.3 Land- und Forstwirtschaft

025 Ein **land- und forstwirtschaftlicher Betrieb** ist in aller Regel nicht als Kaufmann anzusehen, vgl. § 3 Abs. 1 HGB. Doch kann ein land- oder forstwirtschaftliches Unternehmen in das Handelsregister eingetragen werden, falls nach Art und Umfang eine kaufmännische Einrichtung erforderlich ist. Unter der Voraussetzung einer kaufmännischen Einrichtung hat der Land- oder Forstwirt das Recht, nicht aber die Pflicht, zur Eintragung ins Handelsregister, § 3 Abs. 2 HGB. Ein land- oder forstwirtschaftlicher Betrieb gilt daher als Kannkaufmann.

026 Die Vorschrift des § 3 HGB privilegiert die Land- und Forstwirtschaft, da derartige Betriebe in aller Regel ein Handelsgewerbe betreiben und somit als Istkaufleute anzusehen wären. Sie sind von der Anwendung des § 1 HGB aber ausdrücklich ausgenommen.

Beispiele

Zur Landwirtschaft gehört die eigene Bodennutzung, z. B. der Anbau von Getreide, Obst, Gemüse, Tabak, Hopfen und Wein in Freilandkultur oder Gewächshäusern, einschließlich des Verkaufs eigener Produkte. Ebenso gehört auch die Viehzucht sowie die Erzeugung und Verarbeitung tierischer Produkte wie Fleisch, Milch und Eier zur Landwirtschaft. Auch Gärtnereien und Baumschulen betreiben Landwirtschaft, nicht dagegen Molkereien, sofern sie hauptsächlich fremde Erzeugnisse verarbeiten. Mangels Bodennutzung sind Fisch-, Hunde- und Vogelzuchtbetriebe nicht der Landwirtschaft zuzuordnen. Auch Betriebe zur Gewinnung von Kies, Torf oder Mineralien gehören als Urproduktion nicht zur Landwirtschaft.

Als Forstwirtschaft gilt die wirtschaftliche Nutzung von Wäldern durch planmäßigen Anbau und Abholzen, d. h. die Holzgewinnung steht im Vordergrund.

Bei gemischten Betrieben, wie Handelsgärtnereien, die fremde Pflanzen kaufen, züchten und vertreiben, kommt es darauf an, ob Bereiche der Land- oder Forstwirtschaft dem Unternehmen das Gepräge geben. Falls dies nicht der Fall ist, ist § 3 HGB nicht anzuwenden; es gelten die §§ 1 oder 2 HGB.

027 Auch wenn ein Land- oder Forstwirt ein **Handelsgewerbe als Nebengewerbe** betreibt, besteht das landwirtschaftliche Privileg fort. Zu den landwirtschaftlichen Nebengewerben gehören regelmäßig solche Betriebe, in denen die Erzeugnisse der Land- und Forstwirtschaft verwertet werden, z. B. Molkereien, Brauereien, Brennereien, Mühlen, Tiermästereien, Vogelzucht- und Geflügelfarmen, Fischwirtschaft und -zucht und die Gewinnung anorganischer Bodenbestandteile in Kies- und Sandgruben oder deren Verarbeitung in einer Ziegelei. Das Nebengewerbe ist eintragungsfähig, nicht jedoch eintragungspflichtig, solange es neben der Land- oder Forstwirtschaft betrieben wird. Dies setzt voraus, dass der Inhaber

identisch ist und den Nebenbetrieb in Abhängigkeit von dem land- oder forstwirtschaftlichen Hauptbetrieb unterhält. Ein höherer Umsatz des Nebenerwerbs
schadet nicht; es reicht vielmehr aus, dass eine Verwertung der Produkte des
Hauptbetriebs stattfindet oder dieser gefördert wird. Dagegen entfällt das Privileg des Nebenbetriebes, wenn die dort verarbeiteten Produkte überwiegend von
Dritten bezogen werden.

1.4 Schein- und Fiktivkaufmann

Die Kaufmannseigenschaft kann auch durch den zurechenbaren **Rechtsschein**   028
des Handelsregisters infolge einer vom Kaufmann veranlassten Registereintragung entstehen. Jeder im Handelsregister eingetragene Gewerbebetrieb gilt
auch dann noch als Kaufmann, wenn die Voraussetzungen für die Eintragung
fortgefallen sind. Da das Handelsregister öffentlichen Glauben genießt und seine
Eintragungen als richtig gelten, handelt es sich um einen **Fiktivkaufmann**. Die im
Handelsregister eingetragenen Personen oder Unternehmen können nicht einwenden, dass das unter ihrer Firma betriebene Gewerbe kein Handelsgewerbe
sei, vgl. § 5 HGB. Für alle eingetragenen Kaufleute bewirkt der Rechtsschein des
Handelsregisters, dass die Kaufmannseigenschaft besteht und deshalb das Handelsrecht Anwendung findet. Sofern sich die tatsächlichen Umstände ändern, ist
der Kaufmann gehalten, das Handelsregister entsprechend zu berichtigen. Er gilt
solange als Kaufmann, bis die Löschung im Handelsregister eingetragen wurde.

Beispiel

Karlo König lässt seine Werbeagentur unter der Firma „Karlo König, Druck und
Grafik" in das Handelsregister eintragen. Jeder Vertrag, den er unter seiner Firma
abschließt, gilt als Handelsgeschäft mit der Folge, dass die Vorschriften des HGB
über Handelsgeschäfte anzuwenden sind. Karlo König kann z. B. im Fall der ver-
säumten Rüge einer mangelhaften Warenlieferung nicht einwenden, die kaufmännische Untersuchungs- und Rügepflicht gelte für ihn nicht, weil er kein Handelsgewerbe betreibe. Er verliert seine Mängelgewährleistungsrechte gem. § 377
Abs. 2 HGB.

Der Anwendungsbereich des Rechtsscheins für die Kaufmannseigenschaft gem.   029
§ 5 HGB betrifft insbesondere die Fälle der Änderung des Geschäftszwecks oder
des Herabsinkens auf das Niveau eines Kleingewerbetreibenden. Bei der Einstellung des Handelsunternehmens ist dagegen der Rechtsschein des Handelsregisters gem. § 15 HGB vorrangig anzuwenden.

Die Kaufmannseigenschaft kann auch durch einen Rechtsschein außerhalb des   030
Handelsregisters entstehen, den der Gewerbetreibende selbst hervorgerufen hat,
insbesondere durch sein **Auftreten im Handelsverkehr**. In diesem Fall gilt er als
Scheinkaufmann dadurch, dass er in zumutbarer Weise einen Rechtsschein für

das Vorhandensein der Kaufmannseigenschaft setzt, für den er nach dem Grundsatz von Treu und Glauben einzustehen hat. Da der Rechtsschein für das Vorhandensein der Kaufmannseigenschaft nicht durch eine Eintragung im Handelsregister hervorgerufen wird, müssen die allgemeinen Grundsätze des Rechtsscheins gem. § 242 BGB herangezogen werden. Die Kaufmannseigenschaft ergibt sich aus § 242 BGB in Verbindung mit § 5 HGB analog.[1]

Beispiel

Karlo König hat eine freiberufliche Tätigkeit bei einer Unternehmensberatung aufgenommen und bearbeitet Werbeaufträge im eigenen Namen nur noch nebenberuflich und in geringem Umfang. Seine Firma hat er inzwischen im Handelsregister löschen lassen. Sofern er aber z. B. das Geschäftspapier seiner früheren Werbeagentur im Rechtsverkehr weiterverwendet und dadurch wie ein Kaufmann auftritt, gilt er als Scheinkaufmann.

031 Der Scheinkaufmann muss sich gegenüber **gutgläubigen Dritten**, die auf den Rechtsschein seiner Kaufmannseigenschaft vertrauen, als Kaufmann behandeln lassen, wenn ihm der Rechtsschein zugerechnet werden kann. Auch auf den Scheinkaufmann ist deshalb im Einzelfall das Handelsrecht anzuwenden.

1.5 Formkaufmann

032 Die Kaufmannseigenschaft entsteht für Handelsgesellschaften durch die Wahl der **Rechtsform** kraft Gesetzes, § 6 HGB. Zu den Handelsgesellschaften gehören die Offene Handelsgesellschaft (OHG), die Kommanditgesellschaft (KG), die Gesellschaft mit beschränkter Haftung (GmbH), die Aktiengesellschaft (AG), die Kommanditgesellschaft auf Aktien (KGaA), die eingetragene Genossenschaft (e. G.) und die GmbH & Co. KG.

033 Es ist zwischen der Entstehung der Gesellschaft und der Begründung der Kaufmannseigenschaft zu unterscheiden. Die Körperschaften (GmbH, AG, KGaA, e. G.) entstehen erst mit ihrer **Eintragung im Handelsregister**, daher fällt die Erlangung der Kaufmannseigenschaft mit ihrer Entstehung zusammen. Dagegen entstehen die Personenhandelsgesellschaften (OHG, KG, GmbH & Co. KG) bereits durch den Abschluss eines Gesellschaftsvertrages. Sofern die Gesellschafter den Betrieb ihres Handelsgewerbes schon vor der Eintragung der Gesellschaft im Handelsregis-

---

[1] Nach dem Wortlaut des § 5 HGB ist für die Entstehung der Kaufmannseigenschaft der Rechtsschein des Handelsregisters erforderlich. Das Bürgerliche Recht leitet die Rechtsscheinwirkung aus dem Grundsatz von Treu und Glauben gem. § 242 BGB her. Diese Grundsätze können in Verbindung mit einer analogen Anwendung des § 5 HGB die Kaufmannseigenschaft begründen, wenn der Rechtsschein sich nicht aus der Registereintragung, sondern aus dem zurechenbaren Verhalten des Gewerbetreibenden ergibt.

ter aufnehmen, sind die Vorschriften des Handelsrechts anzuwenden, vgl. § 123 Abs. 2 HGB.[1]

2. Die Firma

Die Firma eines Kaufmanns ist der Name, unter dem er im Handel seine Geschäf- 034
te betreibt und die Unterschrift abgibt, § 17 HGB. Die Firma hat **Namens- und Kennzeichnungsfunktion**. Der Kaufmann tritt im Handelsverkehr unter seiner Firma auf, kann unter seiner Firma klagen und verklagt werden, erwirbt Forderungen und geht Verbindlichkeiten unter seiner Firma ein. Die Übertragung der Firma ist nur zusammen mit dem Unternehmen zulässig, § 23 HGB. Eine Leerübertragung der Firma ohne das Handelsunternehmen ist wegen der Täuschung des Handelsverkehrs verboten. Allerdings wäre ein Erwerb der Firma mit der Rechtsperson als sog. Mantelkauf erlaubt.

Die Firma ist ein bedeutender Teil des Unternehmens, weil sich Kunden- und Lie- 035
ferantenbeziehungen ebenso wie die Vorstellungen der Verbraucher von der Tradition und Qualität der Produkte und Dienstleistungen an der Firma orientieren. Die Namens- und Werbefunktion der Firma wird wegen langjähriger und kostenintensiver unternehmerischer Bemühungen als Bestandteil des eingerichteten und ausgeübten Gewerbebetriebs wie ein absolutes Recht nach § 823 Abs. 1 BGB geschützt.[2]

Kaufleute sind zur Eintragung ihrer Firma gem. § 29 HGB in das Handelsregister 036
verpflichtet, müssen eine Firma nach den Vorschriften des Handelsgesetzbuches wählen und dabei auch das Gewerbe-, Namens- und Markenrecht beachten, insbesondere eine Verwechslungsgefahr mit bestehenden Geschäftskennzeichen vermeiden.[3]

Das Firmenrecht wurde im Hinblick auf den europäischen Markt und die zuneh- 037
mende Internationalisierung der Wirtschaftsbeziehungen vereinfacht und für Einzelkaufleute, Personenhandelsgesellschaften und Körperschaften einheitlich gestaltet. Für alle Kaufleute sind gleichermaßen Personen-, Sach- oder Fantasienamen als aussagekräftige und werbewirksame Firmen zulässig. Dem Informationsinteresse der Öffentlichkeit und des Handelsverkehrs wird durch den obligatorischen Hinweis auf die Rechtsform sowie durch Pflichtangaben auf den Geschäftsbriefen genügt. Wegen Täuschungsgefahr ist eine Firma nur dann von der Eintragung in das Handelsregister ausgeschlossen, wenn sie Angaben erhält, die ersichtlich geeignet sind, über wesentliche geschäftliche Verhältnisse irrezuführen.

---

[1] Vgl. Abschnitt G.1.2 zur OHG.

[2] Vgl. Abschnitt D.3.1 zum Recht am Unternehmen.

[3] Vgl. Abschnitt A.1.3 zum Schutz von Unternehmenskennzeichen und F.2.1 zu den Grundsätzen der Firmenbildung.

038 Das Firmenrecht wurde konsequent an drei wesentlichen Funktionen der Firma ausgerichtet:

- **Unterscheidungskraft der Firma und der damit zusammenhängenden Kennzeichnungswirkung**
- **Ersichtlichkeit des Gesellschaftsverhältnisses**
- **Offenlegung der Haftungsverhältnisse.**

039 **Pflichtangaben auf Geschäftsbriefen** machen die Rechtsform und die Haftungsverhältnisse im Rechtsverkehr transparent. Kaufleute haben auf allen Geschäftsbriefen, die an einen bestimmten Empfänger gerichtet sind, die Firma, die Bezeichnung nach § 19 Abs. 1 Nr. 1 HGB, den Ort der Handelsniederlassung, das Registergericht und die Nummer der Registereintragung anzugeben, vgl. § 37a HGB.

2.1 Grundsätze der Firmenbildung

040 Die handelsrechtlichen Erfordernisse der Firmenbildung ergeben sich für Einzelkaufleute und Handelsgesellschaften gleichermaßen aus den §§ 17 ff. HGB. Die Firma muss zur Kennzeichnung des Kaufmanns geeignet sein, Unterscheidungskraft besitzen und darf keine irreführenden Angaben enthalten, § 18 BGB.

041 Bei der Eintragung ihrer Firma in das Handelsregister haben Kaufleute folgende firmenrechtliche Grundsätze zu berücksichtigen:

- **Grundsatz der Firmenwahrheit**
- **Grundsatz der Firmenbeständigkeit**
- **Grundsatz der Firmeneinheit**
- **Grundsatz der Firmenausschließlichkeit (auch: Firmenunterscheidbarkeit)**
- **Grundsatz der Firmenöffentlichkeit.**

042 Der **Grundsatz der Firmenwahrheit** bedeutet, dass die Firma nicht nur den gesetzlichen Anforderungen entsprechen soll, sondern auch den tatsächlichen Gegebenheiten und keine täuschenden Zusätze enthalten darf. Dem Grundsatz der Firmenwahrheit entsprechend müssen Kaufleute bei der Firmenwahl die handelsrechtlichen Vorschriften einhalten. Das Handelsrecht verpflichtet zur Aufnahme obligatorischer Zusätze in die Firma, aus denen sich die Haftungsverhältnisse ergeben:

043 - **Einzelkaufmann:** Bezeichnung „eingetragener Kaufmann", „eingetragene Kauffrau" oder eine allgemein verständliche Abkürzung, insbesondere „e. K.", „e. Kfm.", „e. Kffr.", § 19 Abs. 1 Nr. 1 HGB

- **Offene Handelsgesellschaft (OHG):** Bezeichnung „Offene Handelsgesellschaft" oder eine allgemein verständliche Abkürzung, § 19 Abs. 1 Nr. 2 HGB

- **Kommanditgesellschaft (KG):** Bezeichnung „Kommanditgesellschaft" oder eine allgemein verständliche Abkürzung, § 19 Abs. 1 Nr. 3 HGB

- **GmbH & Co. KG:** Die Aufnahme der Haftungsbeschränkung „GmbH & Co." in die Firma ist zwingend erforderlich, § 19 Abs. 2 HGB.

- **GmbH:** Bezeichnung „Gesellschaft mit beschränkter Haftung" oder eine allgemein verständliche Abkürzung, § 4 GmbHG

- **Unternehmergesellschaft (UG):** Bezeichnung „Unternehmergesellschaft (haftungsbeschränkt" oder „UG (haftungsbeschränkt)", § 5a GmbHG

- **AG, KGaA:** Bezeichnung „Aktiengesellschaft" bzw. „Kommanditgesellschaft auf Aktien" oder eine allgemein verständliche Abkürzung dieser Bezeichnung, §§ 4, 279 AktG

- **e. G.:** Bezeichnung „eingetragene Genossenschaft" oder die Abkürzung „e. G.", § 3 GenG.

Bei der Firmenwahl ist zu berücksichtigen, dass sie zur Kennzeichnung des Kaufmanns geeignet ist, Unterscheidungskraft besitzt und keine irreführenden Angaben enthält. Kapitalgesellschaften, Personenhandelsgesellschaften und Einzelkaufleute können sowohl Personen-, Sach- als auch Fantasienamen wählen.   044

Beispiel

Die Firma muss einen obligatorischen Hinweis auf die Rechtsform und die Haftungsverhältnisse enthalten. Der Einzelkaufmann wird daher mit der Bezeichnung „eingetragener Kaufmann" oder „e. K.", „e. Kfm.", „e. Kffr." firmieren. Er kann z. B. die Firma „Internet-Buchhandlung e. K." führen.

Zusätze, die auf den Gegenstand des Handelsgeschäfts hinweisen, sind zulässig, soweit sie den Verkehr nicht über Art und Umfang des Geschäfts täuschen, § 18 Abs. 2 HGB. Eine Täuschungsgefahr wird bei der Irreführung eines nicht unbeachtlichen Teils der durch die Firma angesprochenen Verkehrskreise angenommen, z. B. Kunden, Lieferanten und andere Geschäfts- und Vertragspartner, darunter auch Banken etc. Die irreführende Wirkung einer Bezeichnung kann durch geografische Zusätze ebenso hervorgerufen werden wie durch Hinweise auf die Art des Betriebs, auf die Marktstufe, auf Größe und Bedeutung, auf Spezialisierungen, Branchen oder Qualifikationen. Der Prüfungsmaßstab für die Irreführungsgefahr ist durch die Handelsrechtsreform reduziert worden. Eine Firma ist nur dann von der Eintragung in das Handelsregister ausgeschlossen, wenn sie Angaben enthält, die ersichtlich geeignet sind, über geschäftliche Verhältnisse irrezuführen, die für die angesprochenen Verkehrskreise wesentlich sind.   045

Beispiel

Arne Andersen eröffnet einen Textileinzelhandel. Er gilt als Istkaufmann, weil er ein Handelsgewerbe betreibt, das nach Art und Umfang eine kaufmännische Einrichtung erfordert. Deshalb ist er zur Eintragung seiner Firma ins Handelsregister verpflichtet. Dem Grundsatz der Firmenwahrheit entsprechend kann er die Firma „Textilhandlung Andersen e. K." wählen, wobei er seinem persönlichen Namen einen Sachzusatz hinzufügt. Die Bezeichnung „e. K." ist obligatorisch, um den Textilhandel als einzelkaufmännisches Handelsgeschäft erkennen zu lassen. Die Bezeichnungen „Andersen, Internationaler Textilhandel e. K." oder „Europäischer Textilhandel e. Kfm." wären wegen Täuschung unzulässig, wenn das Geschäft keine internationalen oder europaweiten Handelsbeziehungen unterhält.

046 Die Firma einer Kapitalgesellschaft wird in der Regel dem **Gegenstand des Unternehmens** entnommen (= Sachfirma) und muss den entsprechenden Gesellschaftszusatz enthalten, z. B. „AG" oder „GmbH". Häufig werden Mischfirmen gebildet, die sowohl einen Gesellschafternamen als auch eine Sachbezeichnung enthalten. Diese Möglichkeiten der Firmenbildung aus Namen und Sachbegriffen stehen auch den Einzelkaufleuten offen.

Beispiel

Falls Arne Andersen eine GmbH gründet, könnte er firmieren unter „Arne Andersen GmbH" (= Personenfirma), „Textil GmbH" (= Sachfirma) oder „Andersen, Textil GmbH" (= Mischfirma). Im Fall eines einzelkaufmännischen Handelsgeschäfts wäre statt der Bezeichnung „GmbH" der Haftungshinweis „e. K." oder „e. Kfm." erforderlich.

047 Der **Grundsatz der Firmenbeständigkeit** beinhaltet ein Veräußerungsverbot gem. § 23 HGB, wonach die Firma nicht ohne das Handelsgeschäft, für welches sie geführt wird, veräußert werden kann. Aus der Verbindung von Firma und Unternehmen folgt die Beibehaltung der Firma bei Namensänderung des Inhabers, bei einem Inhaberwechsel oder bei dem Ein- und Austreten von Gesellschaftern.

- ► Falls der Geschäftsinhaber seinen Namen durch Eheschließung ändert, kann die bisherige Firma fortgeführt werden, § 21 HGB.

- ► Die Firmenfortführung im Fall des Inhaberwechsels bedarf eines Einverständnisses des bisherigen Inhabers, § 22 Abs. 1 HGB. Dies gilt unabhängig von der dem Erwerb zu Grunde liegenden Vertragsform, sowohl im Fall des Kaufs, des Nießbrauchs, der Pacht etc.

- ► In den Fällen des Eintretens und Ausscheidens von Gesellschaftern kann die bisherige Firma fortgeführt werden, § 24 Abs. 1 HGB. Sofern der Name eines ausscheidenden Gesellschafters in der Firma enthalten ist, erfordert die Fortführung der Firma allerdings dessen Einverständnis, § 24 Abs. 2 HGB.

048 Die Firma gibt nach diesen Veränderungen nicht mehr die tatsächliche Situation wieder, sodass durch die Firmenbeständigkeit der Grundsatz der Firmenwahrheit

durchbrochen wird. Die Fortführung der Firma nach dem Grundsatz der Firmenbeständigkeit ist nur ausnahmsweise wegen **Täuschungsgefahr** untersagt. Ein gesetzliches Beispiel hierfür ist die Firmenfortführung durch Umwandlung in eine GmbH & Co. KG. Die Änderung der Haftung muss nach außen für den Handelsverkehr erkennbar werden, sodass der Zusatz „GmbH & Co. KG" als Kennzeichnung der Haftungsbeschränkung in die Firma aufgenommen werden muss, § 19 Abs. 2 HGB.

Auch in vielen anderen Fällen der Täuschungsgefahr wird der Konflikt zwischen den Grundsätzen der **Firmenbeständigkeit** und der **Firmenwahrheit** im Interesse des Handelsverkehrs zu Gunsten des Vorrangs der Firmenwahrheit gelöst. Insbesondere darf ein Einzelkaufmann keine Zusätze in die Firma aufnehmen, die ein Gesellschaftsverhältnis andeuten, so z. B. das „Firmen-Und" (&), weil hierdurch eine Täuschung über die Haftungsverhältnisse entsteht. Sofern der Einzelkaufmann seinen Geschäftsbetrieb durch Aufnahme eines Gesellschafters in eine Personenhandelsgesellschaft umwandelt, darf er die Firma nach dem Grundsatz der Firmenbeständigkeit unverändert fortführen. Der Handelsverkehr wird nicht über die Haftungsverhältnisse getäuscht, weil in einer Personenhandelsgesellschaft ebenfalls natürliche Personen für die Verbindlichkeiten unbeschränkt haften. Nur bei Entstehung einer GmbH & Co. KG ist der Hinweis auf die Haftungsbeschränkung zwingend erforderlich. Im Fall der Umwandlung einer Personenhandelsgesellschaft in einen einzelkaufmännischen Betrieb darf die Firma ebenfalls wegen Täuschungsgefahr über die Haftungsverhältnisse nicht fortgeführt werden, da die Bezeichnungen „OHG" oder „KG" auf das Vorhandensein mehrerer persönlich haftender Gesellschafter hinweisen, während bei einem Einzelkaufmann nur noch eine natürliche Person für die Verbindlichkeiten des Handelsgeschäfts haftet.

049

Der **Grundsatz der Firmeneinheit** bedeutet, dass der Kaufmann für dasselbe Handelsgeschäft nur eine Firma führen darf. Auch diese aus § 17 HGB hergeleitete Regel dient dem Interesse des Handelsverkehrs an der Vermeidung einer Täuschungsgefahr. Allerdings sind mehrere Ausnahmen vom Grundsatz der Firmeneinheit anerkannt:

050

▶ Ein Kaufmann erwirbt ein zweites Handelsgeschäft, das er neben seinem ersten Unternehmen unter der ursprünglichen Firma fortführt, § 22 HGB.

▶ Auch wenn ein Kaufmann mehrere organisatorisch selbstständige Unternehmen führt, darf er jedes Unternehmen unter einer eigenen Firma in das Handelsregister eintragen.

▶ Die firmenrechtliche Behandlung von Zweigniederlassungen ist umstritten. Sofern das Filialunternehmen organisatorisch vom Hauptgeschäft getrennt ist und die Zusammengehörigkeit in den unterschiedlichen Firmen deutlich gemacht wird, ist der Grundsatz der Firmeneinheit gewahrt und eine abweichende Firma für die Zweigniederlassung ist zulässig. Dies geschieht in aller Regel durch die Hinzufügung der Ortsnamen.

051　Der **Grundsatz der Firmenausschließlichkeit oder -unterscheidbarkeit** bedeutet, dass sich jede neue Firma von allen an demselben Ort bereits bestehenden und in das Handelsregister eingetragenen Firmen deutlich unterscheiden muss, § 30 HGB. In diesem firmenrechtlichen Grundsatz kommt der Gedanke der **Vermeidung von Täuschungen im Handelsverkehr** am deutlichsten zum Ausdruck. Der Kaufmann muss bei der Wahl der Firma für ein neu zu gründendes Handelsgeschäft die Eintragungen des Handelsregisters beachten, weil diese Priorität haben.

052　Probleme treten vor allem bei **Namensgleichheit** auf. Nach dem Grundsatz der Firmenausschließlichkeit muss sich die neue Firma von den bereits eingetragenen Firmenbezeichnungen unterscheiden. Bei der Wahl der Firma muss dem Grundsatz der Firmenwahrheit entsprechend eine Bezeichnung aufgenommen werden, die einen Abstand zu bestehenden Firmen wahrt. Sofern bereits eine gleichnamige Firma im Handelsregister eingetragen ist, muss der nachfolgende Anmelder die Täuschungsgefahr vermeiden.

053　Da es auf die **Priorität der Eintragung in das Handelsregister** ankommt, bleibt die bereits eingetragene Firma unverändert bestehen, während in eine neu einzutragende Firma unterscheidende Zusätze aufzunehmen sind. Ein anderer Vorname oder eine andere Sachbezeichnung genügt im Einzelfall bereits dem Grundsatz der Firmenunterscheidbarkeit. In den Fällen der Gleichnamigkeit wird eine trotz allem verbleibende Verwechslungsgefahr hinzunehmen sein.

Beispiel

Jens Jensen will einen Lebensmittelgroßhandel in der Rechtsform einer Kommanditgesellschaft eröffnen und unter der Firma „Jensen KG" in das Handelsregister eintragen lassen. Falls bereits eine gleichnamige Firma eingetragen ist, muss er einen unterscheidenden Zusatz hinzufügen, z. B. den Vornamen „Jens Jensen KG" oder einen auf den Gegenstand des Unternehmens hinweisenden Sachzusatz „Jensen, Lebensmittel KG" oder eine Ortsbezeichnung „Jensen, Bielefelder Lebensmittel KG".

054　Neben den handelsrechtlichen Grundsätzen der Firmenbildung muss der Kaufmann insbesondere in den Fällen der **Verwechslungsgefahr** auch namens- und markenrechtliche Vorschriften beachten.

055　Der **Grundsatz der Firmenöffentlichkeit** bedeutet, dass die Firma bekannt gegeben werden muss. Dies geschieht in handelsüblicher Weise durch die gesetzliche Verpflichtung des Kaufmanns zur **Eintragung der Firma in das Handelsregister** gem. § 29 HGB.

2.2 Der Firmenschutz

Der **Gebrauch der Firma** gehört zur gewerblichen Betätigungsfreiheit als Be- 056
standteil des grundgesetzlich geschützten allgemeinen Persönlichkeitsrechts
gem. Art. 2 GG. Die Verletzung des Firmenrechts zieht Unterlassungs- und Schadensersatzansprüche nach sich.

Das Registergericht hat einen **öffentlich-rechtlichen Anspruch** auf Unterlassung 057
des Firmengebrauchs gegen denjenigen, der eine ihm nicht zustehende Firma im
Handelsverkehr verwendet. Dieser Anspruch kann mit einer Festsetzung von Ord-
nungsgeld durchgesetzt werden, § 37 Abs. 1 HGB.

Derjenige, der durch den unbefugten Firmengebrauch in seinen Rechten verletzt 058
wird, hat einen **privatrechtlichen Unterlassungsanspruch**, der sich aus § 37
Abs. 2 HGB ergibt. Hierbei handelt es sich um einen Anspruch des verletzten Firmeninhabers gegen den Verletzer auf Unterlassung des Gebrauchs der Firma.
Dieser Anspruch kann im Wege der zivilrechtlichen Unterlassungsklage und bei
Eilbedürftigkeit auch durch einen Antrag auf Einstweilige Verfügung vor den Zi-
vilgerichten durchgesetzt werden.

Verletzungstatbestand ist in beiden Fällen **der unbefugte Firmengebrauch**, mit- 059
hin der Gebrauch der Firma entgegen den firmenrechtlichen Grundsätzen der
§§ 17 ff. HGB. Die größte Rolle spielen Verletzungen des firmenrechtlichen Grund-
satzes der Unterscheidbarkeit gem. § 30 HGB. Der Schutzbereich des § 37
Abs. 2 HGB erfasst nur die Verletzung der eingetragenen Firma. Die Verletzungshandlung selbst kann aber sowohl durch Kaufleute als auch durch Nichtkaufleute erfolgen. Denn andere Gewerbetreibende unterliegen zwar nicht den Vorschriften über die Firma, können aber den Kaufmann in seinen Firmenrechten
verletzen.

Eine weitere Einschränkung des Anwendungsbereichs der beiden **firmenrechtli-** 060
chen Unterlassungsansprüche gem. § 37 Abs. 1 und Abs. 2 HGB ergibt sich aus
dem Zuständigkeitsbereich des Registergerichts. Sowohl der öffentlich-rechtliche
Anspruch als auch der zivilrechtliche Anspruch des verletzten Firmeninhabers
setzen voraus, dass die Verletzungshandlung innerhalb des Bezirks des Handelsregisters geschieht. Die Vorschrift des § 37 HGB hat nur eine regionale Bedeutung. Sie dient dem Zweck, Kaufleute zur Beachtung der firmenrechtlichen
Grundsätze anzuhalten und beschränkt sich daher in ihrer Anwendung auf den
Registerbezirk.

In der Formulierung des § 37 Abs. 2 Satz 2 HGB ist bereits ein Hinweis auf weite- 061
re Ansprüche enthalten, indem es heißt: *„Ein nach sonstigen Vorschriften begrün-*
deter Anspruch auf Schadensersatz bleibt unberührt“. Die Verletzung der Firma
kann nach anderen Rechtsgrundlagen zu **zivilrechtlichen Schadensersatzfolgen**
und weiteren Ansprüchen führen. Je nach Lage des Einzelfalles wird die Lösung
einer firmenrechtlichen Frage in folgenden Rechtsgebieten zu finden sein:

- ► Markenrecht gem. §§ 15 Abs. 4 und 5 MarkenG
- ► Namensrecht gem. § 12 BGB
- ► Unternehmensrecht gem. §§ 823 Abs. 1, 1004 BGB
- ► Internet Domain Recht analog kennzeichenrechtlicher Vorschriften.

062 **Markenrecht:** In den Fällen der unbefugten Benutzung einer fremden Geschäftsbezeichnung entsteht ein markenrechtlicher Unterlassungs- und Schadensersatzanspruch gem. §§ 15 Abs. 4 und 5 MarkenG.[1] Das Markenrechtsgesetz erfasst die Verwendung von Marken, geschäftlichen Bezeichnungen und geografischen Herkunftsangaben, mithin auch die Firma und die sonstigen Geschäftsbezeichnungen. Dazu gehören auch Unternehmenskennzeichen und Werktitel. Unternehmenskennzeichen sind Zeichen, die im geschäftlichen Verkehr als Name, als Firma oder als besondere Bezeichnung eines Geschäftsbetriebs oder eines Unternehmens benutzt werden.

063 Das **Ausschließlichkeitsrecht** des Inhabers einer Marke oder einer geschäftlichen Bezeichnung gem. §§ 14, 15 MarkenG entsteht entweder mit der Eintragung in das Markenrechtsregister oder durch die Benutzung des Zeichens im Geschäftsverkehr, soweit es Verkehrsgeltung erworben hat. Sobald ein Unternehmenskennzeichen innerhalb beteiligter Verkehrskreise als Kennzeichen des Geschäftsbetriebs bekannt geworden ist, mithin Namensfunktion erlangt hat, entsteht ein Rechtsschutz gegen die Verwendung verwechslungsfähiger Unternehmenskennzeichen. Dabei kommt es nicht unbedingt auf den identischen Gebrauch der fremden Geschäftsbezeichnung an, vielmehr genügt bereits die unbefugte Verwendung in abweichender Form, falls dadurch eine Verwechslungsgefahr oder eine Verwässerungsgefahr hervorgerufen wird.[2]

064 Der **Rechtsschutz des Unternehmenskennzeichens** nach §§ 5, 15 MarkenG ist umfassender als der handelsrechtliche Schutz, denn es wird auch der Gebrauch der Geschäftsbezeichnung eingeschlossen, der Gebrauch eines Firmenbestandteils, einer Firmenabkürzung, eines Druckschriftentitels, einer fremden Telefonnummer und die Verwendung sämtlicher unterscheidungskräftiger Kennzeichnungen, beispielsweise auch eines Werbeslogans. Voraussetzung ist jedoch, dass sich die Bezeichnung als Kennzeichen für den Gewerbebetrieb durchgesetzt hat, mithin eine Namensfunktion dargelegt werden kann. Die markenrechtliche Verwechslungsgefahr setzt mindestens Branchenüberschneidungen voraus. Falls weder die Kennzeichen, noch die Produkte oder ihre Vertriebswege im geschäftlichen Verkehr Berührungspunkte aufweisen, kommt ein markenrechtlicher Kennzeichenschutz unter dem Gesichtspunkt der Verwässerungsgefahr infrage. Auch ohne Ähnlichkeit der Waren oder Dienstleistungen, für welche das Kennzeichen im geschäftlichen Verkehr verwendet wird, kann eine Beeinträchtigung der Unterscheidungskraft oder der Wertschätzung des Kennzeichens eintreten.

---

[1] Vgl. Abschnitt I.1.3 zu den Marken und Unternehmenskennzeichen.

[2] Vgl. Abschnitt A.4.7 zum Schutz geschäftlicher Bezeichnungen.

Namensrecht: Der unbefugte Firmengebrauch in identischer Form lässt gleich-   065
zeitig auch einen zivilrechtlichen Unterlassungsanspruch aus dem Namensrecht
gem. § 12 BGB entstehen, denn die Firma ist gem. § 17 HGB der Name des Kaufmanns. Die namensrechtliche Vorschrift hat den Vorteil, dass sie einen weitrei-
chenden Schutz gegen die unbefugte Führung einer identischen Firma auch außerhalb des Registerbezirks gewährt. Außerhalb der Firmenidentität kommt nur
der Rechtsschutz nach dem Markenrecht oder dem allgemeinen Zivilrecht infrage.

Unternehmensrecht: Einen Auffangtatbestand bildet der deliktische Unterlas-   066
sungs- und Schadensersatzanspruch gem. §§ 823 Abs. 1, 1004 BGB infolge der
Verletzung des Rechts am Unternehmen (Recht am eingerichteten und ausgeübten Gewerbebetrieb) durch den unbefugten Gebrauch einer fremden Firma. Dieser Anspruch setzt nach dem Recht der unerlaubten Handlung[1] voraus:

▸ Rechtsgutverletzung (geschütztes Rechtsgut ist die Firma als bedeutender Bestandteil des Rechts am Unternehmen)

▸ Kausalität zwischen Verletzungshandlung und Schaden

▸ Rechtswidrigkeit

▸ Verschulden.

Danach werden alle unbefugten Eingriffe in ein fremdes Firmenrecht erfasst, die   067
nicht sondergesetzlich durch das Handelsrecht, das Namensrecht oder das Markenrecht geregelt sind. Der Anspruch aus unerlaubter Handlung ist aber verschuldensabhängig, sodass der Eingriff in fremde Firmenrechte mindestens fahrlässig erfolgen muss.

Internet Domain Recht: Mit der Zunahme des elektronischen Geschäftsverkehrs   068
häufen sich Fälle, in denen ein Kaufmann eine Internet-Präsentation eröffnen
möchte, aber die gewünschte Internet Adresse bereits vergeben ist. Es entsteht
mit dem Anspruch auf Freigabe der Internet Domain zunächst die Frage des anzuwendenden Rechts. Streitigkeiten auf der Ebene „.de" werden nach deutschem
Namens-, Firmen- und Kennzeichenrecht entschieden. Im Fall der Kollision von
Namens- und Kennzeichenrechten wird bei Namensgleichheit auf allgemeine
Rechtsgrundsätze zurückgegriffen.

Beispiel

Eine Online-Agentur wurde als Einzelkaufmann mit der Firma „W. E. Krupp Kommunikation" im Handelsregister eingetragen und hatte die Domain „krupp.de"
registriert. Das weltbekannte Stahlverarbeitungsunternehmen hat die Freigabe
der Domain erfolgreich durchgesetzt. Der Anspruch war mit dem Namensrecht
gem. § 12 BGB begründet worden, da der Internet Domain auch Namensfunktion
zukomme. Nach dieser Vorschrift kann der Namensberechtigte von dem, der sei-

---

[1] Vgl. Abschnitt D.3.1 zum Recht am Unternehmen.

ne Interessen an der ungestörten Namensführung verletzt, Beseitigung der Beeinträchtigung und Unterlassung der Namensführung verlangen. Nach dem Recht der Gleichnamigkeit kommt es nicht auf die Priorität der Registrierung an; vielmehr muss ein Interessenausgleich gefunden werden, der beiden Namensträgern ein kennzeichnungskräftiges Auftreten im Internet ermöglicht. Das Firmenschlagwort „Krupp" genießt eine überragende Verkehrsgeltung und steht für eine ganze Epoche deutscher Industriegeschichte. Daher war die Domain freizugeben.[1]

In einem anderen Fall wurde das Markenrecht für den Anspruch auf Freigabe der Internet Domain herangezogen. Eine Werbeagentur hatte etwa 200 Namen und Begriffe als Domain Adressen mit der Endung „.de" registrieren lassen. Die deutsche Tochtergesellschaft der japanischen Seiko Epson Corporation begehrte die Freigabe der Domain „epson.de". Diesem Anspruch wurde unter Hinweis auf §§ 4, 14 MarkenG stattgegeben.[2] Die Entscheidung ist juristisch umstritten, weil die spekulative Domain-Registrierung noch keine markenrechtliche Nutzung darstellt. Der Freigabeanspruch hätte auch mit einem Verstoß gegen die Grundsätze des lauteren Wettbewerbs begründet werden können, vgl. § 3 UWG.[3]

---

069 Da aufgrund der **Registrierung als Internet-Adresse** keine Rechte des Domain-Inhabers entstehen, kann nach internationalen Rechtsgrundsätzen die Freigabe der Internet Domain verlangt werden, wenn jemand ein stärkeres Recht geltend machen kann. Die Firma oder der Handelsname bedarf internationaler Bekanntheit. Im Allgemeinen begründet aber nur eine eingetragene Marke die Freigabe der gewünschten Domain, weil die Marke infolge der internationalen Anerkennung durch mehrstaatliche Abkommen als stärkeres Recht akzeptiert wird.[4]

2.3 Haftung bei Inhaberwechsel

070 Nach den handelsrechtlichen Grundsätzen ist Kaufmann, wer ein **Handelsgewerbe** betreibt. Hierunter ist der Gewerbebetrieb oder das Unternehmen eines Kaufmanns zu verstehen. Das Handelsgesetzbuch verwendet im Firmenrecht den Begriff des Handelsgeschäfts für das kaufmännische Unternehmen. Allerdings ist der Sprachgebrauch des Handelsgesetzbuches insoweit nicht einheitlich. Im Firmenrecht wird unter „Handelsgeschäft" das Unternehmen oder Handelsgewerbe verstanden, vgl. z. B. §§ 22 ff. HGB.

---

[1] OLG Hamm, CR 1998, 241 - krupp.de.

[2] LG Düsseldorf, CR 1998, 165 - epson.de.

[3] Die spekulative Registrierung von Domain-Adressen verstößt als „Domain Grabbing" unter dem Gesichtspunkt der Behinderung gegen § 1 UWG; vgl. zum Wettbewerbsrecht unten Abschnitt I.3.

[4] *Steckler*, IT-Recht, Abschnitt VIII.3. Rechtsschutz für Internet-Adressen.

Unter der Überschrift „Handelsgeschäfte" sind gem. §§ 343 ff. HGB die einzelnen   071
Rechtsgeschäfte der Kaufleute zu verstehen. In anderen Wirtschaftsgesetzen tritt
an die Stelle des Handelsgewerbes der **Begriff des Unternehmens**, gelegentlich
wird für das Handelsgewerbe auch die Bezeichnung als Handelsgeschäft oder
Handelsbetrieb verwendet. Der Unternehmensbegriff schließt jede Form gewerblicher Tätigkeit ein und ist deshalb weiter als die Definition des Handelsgewerbes. Da der Unternehmensbegriff vor dem Hintergrund der mehrdeutigen
Wortwahl des Handelsgesetzbuches zum Begriff „Handelsgeschäft" weniger
missverständlich ist, wird im Folgenden der Inhaberwechsel eines Handelsgeschäfts als Unternehmensveräußerung bezeichnet.

Ein Unternehmen kann ganz oder teilweise **veräußert** werden. Der Inhaber eines   072
einzelkaufmännischen Unternehmens kann z. B. durch **Erbfolge** wechseln. Bei
Gesellschaften kann sich eine Veränderung des Gesellschafterbestandes durch
Eintritt oder Ausscheiden von Gesellschaftern ergeben. Ein Einzelkaufmann kann
mit einem oder mehreren Partnern eine Handelsgesellschaft gründen. Diese Veränderungen im Bereich der Inhaberschaft am Unternehmen, bewirken im Zusammenhang mit der Firmenfortführung auch eine Änderung der Haftungsverhältnisse.

Die **Firma ist mit dem Unternehmen verbunden**, denn sie kann nicht ohne das   073
Handelsgeschäft, für welches sie geführt wird, veräußert werden, vgl. § 23 HGB.
Andererseits kann das Unternehmen ohne die Firma veräußert werden, sofern
der Inhaber beabsichtigt, unter der bestehenden Firma ein anderes Unternehmen zu betreiben. Aus wirtschaftlicher Sicht stellt die Firma einen wertvollen
Bestandteil des Unternehmens dar, der untrennbar mit der Außenwirkung und
dem Ansehen verbunden ist. Deshalb wird in den Fällen der Unternehmensveräußerung die Übernahme einer eingeführten Unternehmensbezeichnung den
Kaufpreis maßgeblich beeinflussen.

Aus handelsrechtlicher Sicht wirkt sich die **Firmenfortführung** vor allem im Be-   074
reich der Haftungsverhältnisse aus. Das Handelsrecht regelt die **Haftung des Erwerbers** eines Unternehmens und die Haftung des in eine bestehende Gesellschaft neu eintretenden Gesellschafters in den §§ 25 - 28 HGB.

Die Veräußerung eines Unternehmens erfolgt nach den Regeln des Bürgerlichen   075
Rechts durch einen Unternehmenskauf- oder Pachtvertrag oder durch ein ähnliches Rechtsgeschäft unter Lebenden. Ein Unternehmen kann auch durch Erbfolge von dem Nachfolger übernommen werden. Da das Unternehmen eine **Sachgesamtheit** darstellt, finden bei der Veräußerung durch Kaufvertrag die Regeln
der **Sach- und Rechtsmängelhaftung** des Kaufrechts Anwendung, vgl. §§ 433 ff.
BGB. Als Besonderheit des Handelsrechts ist zu beachten, dass der Veräußerer
oder dessen Erben in die Fortführung der Firma ausdrücklich einwilligen müssen,
vgl. § 22 HGB.

Im Unterschied zum Kaufvertrag über eine einzelne Sache werden bei der **Unter-   076
nehmensveräußerung** nicht ausschließlich körperliche Gegenstände übertragen.

Aufgrund der vorangegangenen wirtschaftlichen Tätigkeit sind mit dem Unternehmen im Zeitpunkt der Veräußerung auch eine Vielzahl von Verträgen verbunden, beispielsweise Arbeits- und Dienstverträge, Mietverträge über Grundstücke oder Geschäftsräume, Leasingverträge über Maschinen, Geräte und Bürokommunikationsmittel, Kauf- und Werkverträge aus Handelsgeschäften, Finanzierungsverträge, Lizenzverträge über Patent-, Muster- Marken- oder Urheberrechte etc. Aus diesen Verträgen sind Gestaltungsrechte und Erfüllungsansprüche entstanden, ferner vertragliche oder gesetzliche Unterlassungs- und Schadensersatzansprüche und vieles mehr. Deshalb tritt bei der Unternehmensveräußerung die Frage auf, welche Rechtsfolgen sich durch den Inhaberwechsel für die Gläubiger der jeweiligen Verbindlichkeiten und die Schuldner der Forderungen ergeben, die im Unternehmen entstanden sind.

077 Das Bürgerliche Recht enthält nur Regeln für einzelne Forderungen und Verbindlichkeiten, z. B. die Abtretung gem. §§ 398 ff. BGB oder die Schuldübernahme durch Vertrag mit dem Gläubiger gem. §§ 414 ff. BGB. Daher bietet das BGB für den Rechtsübergang des Unternehmens als Sachgesamtheit einschließlich der darin begründeten Forderungen und Verbindlichkeiten keine geeigneten Lösungsmöglichkeiten an.

078 Die **Anspruchsgrundlage** im Fall einer Unternehmensveräußerung ist dem bürgerlichen Recht zu entnehmen, weil dort Kauf-, Pacht- und Mietverträge etc. mit den Haupt- und Nebenleistungspflichten der Vertragsparteien einschließlich der Gewährleistungspflichten geregelt sind. Die Haftungsfolgen der Unternehmensveräußerung ergeben sich dagegen aus dem Handelsrecht.

Beispiele

Kaufmann K betreibt einen Großhandel mit Textilien. Von seinem Lieferanten L bezieht er 100 Ballen Stoff. Aus dem Kaufvertrag entsteht eine Kaufpreisforderung des L gegen K. Die Anspruchsgrundlage ist dem Kaufvertragsrecht zu entnehmen, vgl. § 433 Abs. 2 BGB.

K veräußert seinen Textilgroßhandel an E, der das Unternehmen unter der bisherigen Firma fortführt. Aufgrund der Unternehmensveräußerung und der Firmenfortführung haftet E für die Kaufpreisforderung des Lieferanten. **Haftungsgrundlage ist § 25 Abs. 1 Satz 1 HGB.** Nach wie vor handelt es sich aber um einen Anspruch auf Kaufpreiszahlung aus dem Kaufvertrag, sodass die Lieferanten nunmehr Zahlung von E verlangen können, vgl. §§ 433 Abs. 2 BGB, 25 Abs. 1 Satz 1 HGB.

079 Die handelsrechtlichen Grundsätze der Haftungsfolgen bei der Unternehmensveräußerung orientieren sich an der **Firmenfortführung** und am **Haftungszusammenhang**. Aus der Sicht der Gläubiger ist die Identität des Unternehmens mit der

Haftungsmasse verbunden. Deshalb stellt das Handelsrecht sicher, dass mit dem Unternehmen auch die rechtlichen und wirtschaftlichen Folgen der im Geschäftsbetrieb begründeten Rechtsverhältnisse von dem Erwerber zu tragen sind. Die im Unternehmen begründeten Forderungen und Verbindlichkeiten gehen kraft Gesetzes insgesamt auf den Erwerber über.

In den Fällen des rechtsgeschäftlichen Erwerbs eines Unternehmens regelt § 25   080
Abs. 1 HGB die Haftungsfolgen für den Erwerber. Diese Vorschrift setzt voraus:

- **Kaufleute**

- **Veräußerung eines Unternehmens oder eines selbstständigen Unternehmensteiles (Zweigniederlassung)**

- **durch Vertrag**

- **Firmenfortführung.**

Die Regelung des § 25 HGB setzt die Firmenfortführung ausdrücklich voraus. Die-   081
se Vorschrift betrifft nur die **Veräußerung eines Unternehmens** oder eines selbstständigen Unternehmensteils. Sie regelt nicht die Veräußerung unselbstständiger Außenstellen ohne eigene Buchführung und Konten, weil in diesen Fällen der wirtschaftliche Haftungszusammenhang der Hauptniederlassung erhalten bleibt. Die Rechtsnatur des Unternehmensveräußerungsvertrags ist gesetzlich nicht festgelegt; es kann sich z. B. um einen Kauf-, Miet- oder Pachtvertrag handeln. Ein Eigentümerwechsel ist für die Haftungsfolgen nicht unbedingt erforderlich.

Die Voraussetzung der **Firmenfortführung** ist für die Haftungsfolgen aber von   082
erheblicher Bedeutung, denn das Handelsrecht schützt den Handelsverkehr im Glauben an die Identität des Unternehmens. Diese wird nach außen durch die Fortführung der im Handelsregister eingetragenen Firma erkennbar.

Die **Rechtsfolgen der Unternehmensveräußerung gem. § 25 Abs. 1 HGB** betreffen   083
sämtliche Verbindlichkeiten und Forderungen, die vor dem Zeitpunkt der Veräußerung in dem Unternehmen entstanden sind. Sie wurden aber für die Verbindlichkeiten und Forderungen unterschiedlich geregelt:

- **Der Veräußerer und der Erwerber haften gesamtschuldnerisch für die Verbindlichkeiten, die in dem Unternehmen begründet wurden.**

- **Die Forderungen gehen auf den Erwerber über, falls der Veräußerer in die Firmenfortführung eingewilligt hat.**

Verbindlichkeiten sind z. B. Zahlungsverpflichtungen aus laufenden Geschäften   084
wie Mietzins, Leasingraten, ferner Verpflichtungen, die aus Kaufverträgen, Werk- und Werklieferungsverträgen, Darlehensverträgen etc. entstanden sind, ebenso auch Schadensersatzpflichten aus Gewährleistungsrecht, aus Verzug, aus Vertragsverletzung, aus unerlaubter Handlung oder aus unlauterem Wettbewerb. Die Haftung des Erwerbers für die Verbindlichkeiten aus der Unternehmensver-

äußerung stellt einen gesetzlichen Schuldbeitritt dar. Infolgedessen ist das Schicksal der Verbindlichkeiten unabhängig von der Firmenfortführung, denn der Gläubiger des Unternehmens erhält für seinen Anspruch einen zweiten Schuldner.

085 **Forderungen** sind im Wesentlichen Ansprüche aus Rechtsgeschäften, die in dem Unternehmen durch den Veräußerer begründet worden sind. Es gehören aber auch Ansprüche aus gesetzlichen Schuldverhältnissen dazu. Die Forderungen gehen nur dann mit der Unternehmensveräußerung auf den Erwerber über, wenn der bisherige Inhaber oder seine Erben in die Fortführung der Firma eingewilligt haben. Andernfalls müssen sie einzeln durch Abtretung auf den Erwerber übertragen werden.[1]

086 Bei der Anwendung des § 25 Abs. 1 HGB ist zu beachten, dass diese Vorschrift nur die Haftung für die Verbindlichkeiten und Forderungen regelt, nicht dagegen einen Eintritt des Erwerbers in bestehende Rechtsverhältnisse bewirkt. Die **Rechtsstellung der Vertragspartei** kann nur durch besondere Vereinbarung mit Zustimmung des Vertragspartners übertragen werden. Gesetzliche Sonderbestimmungen bestehen z. B. für den Mietvertrag gem. § 565 BGB, für den Arbeitsvertrag gem. § 613a BGB und für den Versicherungsvertrag gem. § 151 Abs. 2 VVG.

087 Nach dem Grundsatz der Vertragsfreiheit können die Parteien bei der **Unternehmensveräußerung mit Firmenfortführung** auch von § 25 Abs. 1 HGB abweichende Vereinbarungen treffen, insbesondere vertraglich bestimmen, dass der Erwerber weder für Verbindlichkeiten haftet noch die Forderungen auf ihn übergehen.

088 Die **Vereinbarung eines Haftungsausschlusses** ist Dritten gegenüber nur wirksam, wenn sie in das Handelsregister eingetragen und bekannt gemacht oder wenn sie von dem Erwerber oder dem Veräußerer dem Dritten mitgeteilt worden ist. Der Haftungsausschluss stellt eine **eintragungsfähige Tatsache** dar. Eine Eintragungspflicht zum Handelsregister besteht allerdings nicht, weil nach dem Gesetzeswortlaut eine Bekanntmachung auch auf andere Weise erfolgen kann. § 25 Abs. 2 HGB setzt voraus:

089 ▸ **Kaufleute**

▸ **Veräußerung eines Unternehmens oder eines Unternehmensteiles (Zweigniederlassung)**

▸ **durch Vertrag**

▸ **eine von § 25 Abs. 1 HGB abweichende Vereinbarung eines Haftungsausschlusses**

▸ **Eintragung dieser Vereinbarung in das Handelsregister und Bekanntmachung oder Mitteilung an den Dritten**

▸ **Firmenfortführung.**

---

[1] Vgl. Abschnitt B.5.1 zur Abtretung.

Aus der Anwendung von § 25 Abs. 2 HGB ergeben sich für den Schuldner folgen- 090
de Möglichkeiten, eine Forderung des Handelsunternehmens mit **schuldbefreiender Wirkung** zu erfüllen:

▸ Zahlt der Schuldner an den Erwerber, dann leistet er ohne Rücksicht auf die
  Kenntnis von dem Haftungsausschluss mit befreiender Wirkung, § 25 Abs. 1
  Satz 2 HGB.

▸ Zahlt der Schuldner an den Veräußerer, obwohl ihm der Haftungsausschluss
  bekannt ist, kann die befreiende Wirkung der Leistung nicht eintreten; der
  Schuldner bleibt zur Zahlung an den Erwerber verpflichtet. Infolge der Leistung
  ohne Rechtsgrund hat er einen Herausgabeanspruch gem. § 812 BGB gegen
  den Veräußerer.

▸ Zahlt der Schuldner an den Veräußerer ohne Kenntnis von der Unternehmensveräußerung und ohne dass die Eintragung des Haftungsausschlusses in das
  Handelsregister erfolgt ist, dann leistet er mit befreiender Wirkung, § 407 BGB.

▸ Zahlt der Schuldner an den Veräußerer ohne Kenntnis von der Unternehmensveräußerung, obwohl die Eintragung und Bekanntmachung zum Handelsregister erfolgt ist, kann die befreiende Wirkung seiner Leistung nicht eintreten. Der
  Schuldner bleibt weiterhin zur Zahlung an den Gläubiger verpflichtet.

Es ist deshalb für die erwünschte **Rechtsfolge des Erlöschens der Forderung** ohne 091
Bedeutung, an wen der Schuldner leistet, wenn ihm die von der gesetzlichen
Regelung abweichende Vereinbarung über die Haftung nicht durch Mitteilung
oder Handelsregister-Eintragung bekannt gegeben wurde. In diesem Fall kann
der Schuldner mit befreiender Wirkung sowohl an den Veräußerer als auch an
den Erwerber des Unternehmens leisten. Die **Wirkung einer von § 25 Abs. 1 HGB
abweichenden Vereinbarung** bei der Unternehmensveräußerung hängt somit
ausschließlich von deren **Bekanntmachung** ab.

Die Haftung des Erwerbers eines Unternehmens setzt gem. § 25 Abs. 1 und 092
2 HGB die Firmenfortführung voraus. Deshalb bestimmt § 25 Abs. 3 HGB, dass
die Haftung des Erwerbers in Fällen der **Unternehmensveräußerung ohne Fortführung der Firma** einen besonderen Verpflichtungsgrund erfordert. Ein besonderer Haftungsgrund ergibt sich vor allem aus der Bekanntmachung der Haftungsübernahme in handelsüblicher Weise, also durch Eintragung ins
Handelsregister und Bekanntmachung oder durch Mitteilung an alle Gläubiger
des Unternehmens. Ferner kann sich ein besonderer Verpflichtungsgrund aus
dem Unternehmensveräußerungsvertrag ergeben, wenn eine Schuldübernahme,
ein Schuldbeitritt oder ein Schuldversprechen vereinbart worden ist.[1]

Die **Ansprüche der Gläubiger** gegen den Veräußerer des Unternehmens verjähren 093
mit Ablauf von fünf Jahren, falls die Verjährung nicht nach allgemeinen Vorschriften früher eintritt, beispielsweise bei einer Kaufpreis- oder Werklohnforderung

---

[1] Vgl. Abschnitt B.4.2 zur Schuldübernahme und zum Schuldbeitritt und § 780 BGB zum Schuldversprechen.

in drei Jahren gem. § 195 BGB. Die fünfjährige Verjährung beginnt mit dem Ende des Tages, an welchem der neue Inhaber der Firma in das Handelsregister eingetragen wurde, § 26 HGB.

094 Eine gesetzliche Haftungsregelung besteht auch im **Fall des Eintritts eines Gesellschafters in das Geschäft eines Einzelkaufmanns**. § 28 HGB enthält Haftungsfolgen, die der Vorschrift des § 25 HGB entsprechen, sofern jemand als persönlich haftender Gesellschafter oder als Kommanditist in ein einzelkaufmännisches Unternehmen eintritt. Durch den Eintritt einer Person oder mehrerer Personen in das Geschäft eines Einzelkaufmanns entsteht eine OHG oder eine KG. Die Voraussetzungen der Haftung für die entstehende Gesellschaft sind § 28 HGB zu entnehmen:

095 ► **Kaufmann**

► **Eintritt eines persönlich haftenden Gesellschafters oder eines Kommanditisten in das Handelsgeschäft.**

096 Als Rechtsfolge des § 28 HGB **haftet die Gesellschaft**, die durch den Eintritt eines persönlich haftenden Gesellschafters oder eines Kommanditisten entsteht, für alle im einzelkaufmännischen Unternehmen entstandenen Verbindlichkeiten. Damit haftet die Gesellschaft kraft Gesetzes für die im einzelkaufmännischen Handelsgeschäft bereits vorhandenen Altverbindlichkeiten. Die Gesellschaft haftet auch dann, wenn die frühere Firma nicht fortgeführt wird. Es handelt sich um eine Regelung zum Schutz der Gläubiger. Die im Unternehmen begründeten Forderungen gelten dem Schuldner gegenüber als auf die Gesellschaft übergegangen, d. h. ein Schuldner kann mit befreiender Wirkung an die Gesellschaft leisten.

Beispiele

K betreibt einen Baustoffhandel unter der Firma „Kuhn, Baustoffhandlung e. K.". Von seinem Lieferanten L bezieht er 50 Säcke Zement. Aus dem Kaufvertrag entsteht eine **Kaufpreisforderung** des L gegen K, also eine Verbindlichkeit im Handelsgeschäft des K. Nun entschließt sich K, einen Geschäftspartner (P) in sein Unternehmen aufzunehmen. Durch die Aufnahme des P ist eine OHG entstanden, vgl. §§ 105, 124 HGB. Als Rechtsfolge des § 28 HGB haftet die OHG für die Verbindlichkeiten des K unabhängig von einer Änderung der Firma. Deshalb kann L seine Kaufpreisforderung nicht nur gegen K, sondern auch gegen die OHG geltend machen. In einer OHG haften alle Gesellschafter persönlich, unbeschränkt und gesamtschuldnerisch für die Verbindlichkeiten der Gesellschaft, vgl. §§ 105, 128 HGB, sodass auch der eintretende Gesellschafter P persönlich für die Altverbindlichkeiten haftet.

K hat 8.000 Dachpfannen an seinen Abnehmer A verkauft. Aus dem Kaufvertrag entsteht ein Anspruch auf Kaufpreiszahlung des K gegen A. Infolge der Gründung einer OHG ist die Kaufpreisforderung gem. § 28 HGB auf die Gesellschaft übergegangen. Deshalb ist die OHG Gläubigerin der Forderung gegen A; sie hat gem. § 124 HGB Teilrechtsfähigkeit und könnte ihre Forderung erfolgreich gegen A einklagen.

Die Vertragsparteien können in den Fällen des Eintritts eines persönlich haftenden Gesellschafters in ein einzelkaufmännisches Unternehmen Haftungsvereinbarungen treffen, die von den Rechtsfolgen des § 28 HGB abweichen. In aller Regel handelt es sich um eine Vereinbarung, wonach der eintretende Gesellschafter nicht für die Altverbindlichkeiten des Einzelkaufmanns haftet. Dieser Haftungsausschluss müsste in das Handelsregister eingetragen werden, um im Handelsverkehr gegenüber Dritten wirksam zu werden, vgl. § 28 Abs. 2 HGB.   097

Fall 17: Haftung für alte Schulden > Seite 474

Im Gesellschaftsrecht gibt es **zwei Haftungsregelungen**, die in ihren Rechtsfolgen denen des § 28 HGB entsprechen. Während § 28 HGB den Fall regelt, dass ein Gesellschafter in ein einzelkaufmännisches Unternehmen eintritt, enthält das Gesellschaftsrecht Haftungsregeln für die Fälle, in denen ein Gesellschafter in eine bereits bestehende OHG oder KG eintritt. Gem. § 130 HGB haftet der eintretende Gesellschafter für die vor seinem Eintritt begründeten Verbindlichkeiten der Gesellschaft unabhängig von einer eventuellen Firmenänderung. Diese Haftungsregel betrifft den Eintritt eines persönlich haftenden Gesellschafters in eine OHG ebenso wie in eine KG. Auch ein Komplementär oder ein Kommanditist, der in eine KG eintritt, haftet für die vor seinem Eintritt begründeten Verbindlichkeiten der Gesellschaft unabhängig von einer Firmenänderung; allerdings ist die Haftung des Kommanditisten auf die Kommanditeinlage beschränkt, vgl. §§ 173, 171 ff. HGB.[1]   098

Sofern der **Unternehmensübergang durch Erbfolge** eintritt, regelt § 27 HGB die Haftung des oder der Erben: 099

- ▶ **Wird das Unternehmen fortgeführt, gilt die Haftungsregelung des § 25 HGB entsprechend für den Erben.**

- ▶ **Wird das Unternehmen nicht fortgeführt, haftet der Erbe nach den Regeln des Erbrechts.**

Der Erbe kann die Erbschaft gem. § 1944 BGB binnen sechs Wochen nach Kenntnis von dem **Erbfall ausschlagen** mit der Folge, dass seine Haftung für Verbindlichkeiten eines zur Erbmasse gehörenden Handelsunternehmens entfällt.   100

Der Erbe kann gem. § 27 Abs. 2 HGB innerhalb von drei Monaten nach Kenntnis von dem Erbfall den **Geschäftsbetrieb einstellen** mit der Folge, dass seine Haftung sich nach erbrechtlichen Bestimmungen richtet. Für die Einstellung des Un-   101

---

[1] Vgl. Abschnitt G.1.2 zum Recht der OHG und G.1.3 zum Recht der KG.

ternehmens durch den Erben reicht bereits eine Firmenänderung aus. Dann ist die Haftung des Erben auf den Nachlass beschränkbar, §§ 1922, 1942 ff., 1967 ff. BGB. Ein Haftungsausschluss kann auch durch Erbvertrag gem. § 2274 BGB eintreten.

102   Der Erbe kann die unbeschränkte Haftung durch einseitige Erklärung ausschließen, wenn er seinen **Haftungsausschluss** in das Handelsregister eintragen und bekannt machen lässt, vgl. § 25 Abs. 2 HGB. Seine Haftung ist dann gem. § 27 Abs. 2 HGB in Verbindung mit den erbrechtlichen Bestimmungen des BGB auf den Nachlass beschränkt.

3. Das Handelsregister

103   Das Handelsregister ist ein öffentliches Register, das von den Gerichten elektronisch geführt wird, §§ 8 ff. HGB. Eine Eintragung in das Handelsregister wird wirksam, sobald sie in den für die Handelsregistereintragungen bestimmten Datenspeicher aufgenommen ist und auf Dauer inhaltlich unverändert in lesbarer Form wiedergegeben werden kann. Die Eintragungen im Handelsregister werden neben denjenigen im Genossenschafts- und Partnerschaftsregister sowie weiteren Bekanntmachungen und Mitteilungen über die Internetseite des Unternehmensregisters (**http://www.unternehmensregister.de**) zugänglich gemacht, § 8b HGB.

104   Das Handelsregister hat gem. § 9 Abs. 1 HGB in erster Linie **Publizitätswirkung**, indem die wichtigen Rechtsverhältnisse der Kaufleute offengelegt werden und jedem ohne den Nachweis einer Berechtigung die Einsicht gestattet ist. Diese Publizität hat im Handelsverkehr eine große Bedeutung, da Kaufleute auf die Richtigkeit des Handelsregisters vertrauen können, vgl. § 15 HGB.

105   Ferner hat das Handelsregister auch **Publikationswirkung**, weil der Kaufmann durch die Eintragung Mitteilungen an seine Geschäftspartner vornehmen kann. Dies ist z. B. gegeben, wenn der Erwerber im Fall der Unternehmensfortführung einen Haftungsausschluss bekanntgibt, § 25 Abs. 2 HGB, oder die in ein einzelkaufmännisches Unternehmen eintretende Person ihre gesetzliche Haftung für Altverbindlichkeiten ausschließen möchte, § 28 Abs. 2 HGB.

106   Hinsichtlich der Rechtsverhältnisse, die in das Handelsregister eingetragen werden, sind **eintragungspflichtige und eintragungsfähige Tatsachen** zu unterscheiden. Denn nur von den eintragungspflichtigen Tatsachen geht der dem Kaufmann zurechenbare Rechtsschein des Handelsregisters aus.

107   Eine **eintragungspflichtige Tatsache** (auch: **einzutragende Tatsache**) liegt vor, wenn eine gesetzliche Verpflichtung des Kaufmanns besteht, diese Tatsache zur Eintragung ins Handelsregister anzumelden. Hierzu gehören unter anderem folgende Tatsachen:

- Eintragung der Firma, § 29 HGB

- Erteilung der Prokura, § 53 Abs. 1 HGB

- Erlöschen der Prokura, § 53 Abs. 3 HGB

- Eintragung der OHG gem. § 106 HGB

- Eintragung der KG gem. § 162 HGB

- Eintragung des Ausschlusses eines persönlich haftenden Gesellschafters von der Vertretung, § 125 Abs. 4 HGB

- Eintragung von Eintreten und Ausscheiden der Gesellschafter einer OHG oder KG, §§ 107, 143 Abs. 2 HGB.

Das Gesetz verpflichtet den Kaufmann zur Eintragung bestimmter Tatsachen in das Handelsregister. Kommt der Kaufmann seiner Rechtspflicht zur Anmeldung nicht nach, kann das Registergericht ihn durch **Androhung und Festsetzung eines Zwangsgeldes** dazu anhalten, § 14 HGB. Mit Ausnahme der Eröffnung des Insolvenzverfahrens gem. § 32 HGB gibt es keine Tatsachen, die von Amts wegen eingetragen werden. 108

Eine **eintragungsfähige Tatsache** liegt vor, wenn keine Rechtspflicht zur Anmeldung besteht, doch das Gesetz eine Möglichkeit zur freiwilligen Eintragung ausdrücklich vorsieht. Zu den eintragungsfähigen Tatsachen gehören: 109

- Eintragung des Nebengewerbes eines land- oder forstwirtschaftlichen Betriebes gem. § 3 Abs. 3 HGB

- Eintragung von Haftungsausschlüssen gem. §§ 25 Abs. 2 oder 28 Abs. 2 HGB.

In aller Regel haben die Eintragungen zum Handelsregister **deklaratorische (= rechtsbekundende) Wirkung**, indem sie Rechtsverhältnisse offenlegen, die bereits vor der Eintragung ins Handelsregister wirksam geworden sind. 110

Beispiele

Der Istkaufmann entsteht durch das Betreiben eines Handelsgewerbes, das nach Art oder Umfang einer kaufmännischen Einrichtung bedarf, kraft Gesetzes gem. § 1 HGB. Die Eintragung der Firma eines Istkaufmanns in das Handelsregister hat deshalb deklaratorische Wirkung.

Die Prokura wird mit ihrer Erteilung wirksam, §§ 48 HGB, 164 ff. BGB. Der Prokurist hat Vertretungsmacht und kann deshalb im Namen des Kaufmanns tätig werden, z. B. Verträge abschließen, gestalten und beenden. Die Eintragung der Prokura in das Handelsregister gem. § 53 HGB wirkt deklaratorisch, indem die bestehende Vollmacht offengelegt wird.

111 In anderen Fällen hat die Eintragung zum Handelsregister **konstitutive (= rechtsbegründende) Wirkung**, weil die Rechtsverhältnisse erst mit der Eintragung in das Handelsregister entstehen.

Beispiele

Die Kaufmannseigenschaft der Kannkaufleute gem. §§ 2 und 3 HGB entsteht erst mit Eintragung in das Handelsregister.

Die GmbH und die AG entstehen als juristische Personen erst mit der Eintragung in das Handelsregister, §§ 11 Abs. 1 GmbHG, 41 Abs. 1 AktG.

112 Die Publizitätswirkung des Handelsregisters tritt nicht schon mit der Eintragung ein, sondern erst mit der **Bekanntmachung der eingetragenen Tatsachen** über die Internetseite des Unternehmensregisters, § 10 HGB.

113 Durch die **Eintragung und Bekanntmachung** der handelsrechtlich erheblichen Tatsachen in das öffentliche Handelsregister wird ein Rechtsschein erzeugt, nämlich eine Vermutung für das Vorhandensein und die Richtigkeit der eingetragenen und bekanntgemachten Tatsachen.

114 Diese **Rechtsscheinwirkung des Handelsregisters** geht auch von unrichtigen Eintragungen aus, denn die Tatsachen sind auf Antrag des Kaufmanns eingetragen und bekannt gemacht worden, sodass der Kaufmann für ihre Richtigkeit einzustehen hat. Die am Geschäftsverkehr teilnehmenden Personen können darauf vertrauen, dass die eingetragenen Tatsachen bestehen (= **positive Publizität**) und dass die nicht eingetragenen Tatsachen nicht bestehen (= **negative Publizität**).

115 In Ergänzung zu dem besonderen Rechtsschein des Handelsregisters haftet der Kaufmann nach allgemeinen Rechtsscheingrundsätzen auch für die Richtigkeit der Bekanntmachung. Der **gute Glaube an die Richtigkeit des Handelsregisters** ist gesetzlich durch § 15 HGB geschützt.

116 **§ 15 Abs. 1 HGB betrifft die negative Publizität des Handelsregisters.** Danach gilt eine eintragungspflichtige Tatsache als nicht vorhanden, wenn sie nicht im Handelsregister eingetragen ist. Deshalb kann derjenige, in dessen Angelegenheiten sie einzutragen war, regelmäßig der Kaufmann, die Tatsache einem Dritten nicht entgegenhalten. Sofern die eintragungspflichtige Tatsache dem Dritten aus anderen Informationsquellen bekannt ist, kommt es auf die fehlende Eintragung im Handelsregister nicht an. Nach § 15 Abs. 1 HGB sind folgende Voraussetzungen erforderlich:

117 ▸ **eintragungspflichtige Tatsache**

   ▸ **keine Eintragung im Handelsregister und keine Bekanntmachung**

   ▸ **keine Kenntnis des Dritten.**

Rechtsfolge: Der Kaufmann kann sich auf die Tatsache nicht berufen. Derjenige, 118
in dessen Angelegenheiten die Tatsache einzutragen war, z. B. der Kommanditist
bei der Herabsetzung seiner Kommanditeinlage, kann sich ohne Eintragung und
Bekanntmachung nicht auf diese Tatsache berufen.

Der Dritte ist nach dem Sprachgebrauch des Gesetzes eine außerhalb des Han- 119
delsbetriebes stehende Person, in der Regel ein Vertragspartner. Diesem steht ein
Wahlrecht zu; er kann sich auf die fehlende Registereintragung und -bekanntma-
chung oder auch auf die materielle Rechtslage berufen.

§ 15 Abs. 2 HGB betrifft die positive Publizität des Handelsregisters. Danach wird 120
der Handelsverkehr im guten Glauben an den Rechtsschein des Handelsregisters
geschützt, indem die Tatsache, die in das Handelsregister eingetragen ist und
bekanntgemacht wurde, als vorhanden gilt. Es müssen folgende Voraussetzungen vorliegen:

► **eintragungspflichtige Tatsache** 121

► **Eintragung im Handelsregister und Bekanntmachung**

► **Ablauf von 15 Tagen seit der Bekanntmachung.**

Rechtsfolge: Jeder Dritte muss die eingetragene Tatsache gegen sich gelten las- 122
sen. Dies gilt jedoch uneingeschränkt erst nach **Ablauf von 15 Tagen** seit der
Bekanntmachung. Innerhalb dieser Schonfrist kann der Dritte den Nachweis erbringen, dass er die Tatsache weder kannte noch kennen musste. Der **Einwand
unverschuldeter Unkenntnis** von der eingetragenen Tatsache wird selten zu begründen sein, z. B. wenn der Dritte seinen Unternehmenssitz im Ausland und
keinen Zugang zum Internet hat. Da ein ordentlicher Kaufmann verpflichtet ist,
die Bekanntmachungen im Handelsregister regelmäßig zu lesen, wird ihm der
Einwand unverschuldeter Unkenntnis nur in ungewöhnlichen Ausnahmefällen
gelingen.

Fall 18: Der Kauf eines Laser-Druckers > Seite 474

§ 15 Abs. 3 HGB betrifft die Fälle unrichtiger Bekanntmachung eintragungs- 123
pflichtiger Tatsachen. Auch von einer unrichtigen Bekanntmachung geht die
Rechtsscheinwirkung des Handelsregisters (= positive Publizität) aus. Es sind folgende Voraussetzungen zu beachten:

► **eintragungspflichtige Tatsache** 124

► **unrichtige Bekanntmachung**

► **keine Kenntnis des Dritten von der Unrichtigkeit.**

Rechtsfolge: Jeder Dritte kann sich auf die Bekanntmachung berufen, ungeachtet 125
dessen, dass hierdurch die tatsächliche Lage nicht wiedergegeben wird. In diesem
Fall kommt es entscheidend darauf an, dass dem Dritten die Unrichtigkeit der

Tatsache nicht bekannt war, denn dann wäre er nicht gutgläubig und könnte auf den Rechtsschein des Handelsregisters nicht vertrauen.

126 Es gibt noch weitere Fälle der **positiven Publizität**, die den Regelungsbereich des § 15 Abs. 3 HGB aus allgemeinen Rechtsscheingrundsätzen ergänzen. Diese gewohnheitsrechtlichen Ergänzungssätze der Rechtsscheinhaftung betreffen folgende Sachverhalte:

- **Eine eintragungspflichtige Tatsache ist falsch eingetragen und wird versehentlich nicht bekannt gemacht.**

- **Die richtige Bekanntmachung einer eintragungspflichtigen Tatsache weicht von der falschen Eintragung im Handelsregister ab.**

127 Diese Möglichkeiten sind im Gesetz nicht ausdrücklich geregelt, weil dort die unrichtige Eintragung nicht erwähnt wird. Der Wortlaut des § 15 Abs. 3 HGB bezieht sich nur auf die unrichtige Bekanntmachung einer Tatsache, nicht dagegen auf deren Eintragung im Handelsregister. Sofern deshalb eine unrichtige Eintragung erfolgt, die entweder nicht oder nicht in inhaltlicher Übereinstimmung bekannt gemacht wurde, gelten die **gewohnheitsrechtlichen Ergänzungssätze:**

128 - **Wer im Handelsverkehr öffentlich eine Erklärung abgibt oder abgeben lässt (z. B. durch Anmeldung einer Tatsache zum Handelsregister), haftet entsprechend dieser Erklärung.**

- **Wer im Handelsverkehr eine scheinbar von ihm stammende Erklärung (z. B. unrichtige Eintragung im Handelsregister) schuldhaft nicht beseitigt, haftet entsprechend dieser Erklärung.**

129 Der Kaufmann ist infolgedessen **verantwortlich für den Rechtsschein**, der von unrichtigen Eintragungen und Bekanntmachungen von Tatsachen ausgeht, die sein Unternehmen betreffen. Dies gilt nicht nur im ersteren Fall, wonach er durch Anmeldung der Tatsache zum Handelsregister die Erklärung selbst abgibt oder abgeben lässt, sondern auch im letzteren Fall, wonach er eine unrichtige Eintragung oder Bekanntmachung beseitigen muss, auch wenn sie nicht von ihm veranlasst wurde.

4. Die besondere Vertretung des Kaufmanns

130 Ein Kaufmann wird nicht sämtliche in seinem Unternehmen anfallenden Rechtsgeschäfte selbst abschließen und ausführen, sondern sich der Hilfe anderer Personen bedienen, die in seinem Namen im Handelsverkehr auftreten, Verträge abschließen und gestalten.

131 Das Bürgerliche Gesetzbuch enthält die Grundregeln der rechtsgeschäftlichen Vertretung in den §§ 164 ff. BGB, während im Handelsrecht die Besonderheiten der Vertretung von Kaufleuten geregelt sind. Dabei ist zwischen den selbstständigen und unselbstständigen Hilfspersonen des Kaufmanns zu unterscheiden.

Die **unselbstständigen Hilfspersonen des Kaufmanns** sind Arbeitnehmer, die in   132
einem abhängigen Dienstverhältnis zum Kaufmann stehen. Deren Rechtsbeziehung zum Kaufmann (= Innenverhältnis) wird im Wesentlichen durch das Arbeitsrecht festgelegt.[1] Im Außenverhältnis des Kaufmanns zu Geschäfts- und
Vertragspartnern gelten neben den Vertretungsregeln des Bürgerlichen Rechts
die Sonderbestimmungen des Handelsrechts über die Vertretungsmacht; dazu
gehören die Prokura, die Handlungsvollmacht und die Ladenvollmacht.

Die **selbstständigen Hilfspersonen des Kaufmanns** stehen nicht in einem Arbeits-   133
verhältnis zum kaufmännischen Unternehmen, sondern sind selbstständige Kaufleute mit eigenen unternehmerischen Zielen, die mit dem Kaufmann regelmäßig
durch einen Geschäftsbesorgungsvertrag oder durch einen speziellen handelsrechtlichen Vertrag verbunden sind. Hierzu gehören vor allem Vertriebsverträge
und Dienstleistungsverträge, z. B. Handelsvertreterverträge, Kommissionsverträge, Vertragshändlerverträge oder Franchise-Verträge, aber auch Fracht-, Spedi-
tions-, und Lagergeschäfte.

4.1 Prokura

Die Prokura ist eine handelsrechtlich ausgestaltete **Vollmacht**. Deshalb gilt zu-   134
nächst uneingeschränkt das Vertretungsrecht des Bürgerlichen Gesetzbuches,
das durch einige handelsrechtliche Sonderbestimmungen modifiziert und ergänzt wird.

Die **Erteilung der Prokura** erfolgt gem. § 48 Abs. 1 HGB durch eine **ausdrückliche**   135
Erklärung des Inhabers des Handelsgeschäfts; dagegen kennt das Bürgerliche
Gesetzbuch auch die konkludente Vollmachterteilung. Die Prokura wird einer
einzelnen Person (Einzelprokura) oder auch mehreren Personen gemeinsam erteilt (Gesamtprokura). Prokurist kann jede natürliche Person sein, mit Ausnahme
des Inhabers des Handelsgeschäfts, eines von der Vertretung ausgeschlossenen
persönlich haftenden Gesellschafters und eines stillen Gesellschafters. Der Prokurist zeichnet im Schriftverkehr mit „ppa"; dadurch wird das Handeln im fremden Namen deutlich. Dies entspricht dem Offenkundigkeitsprinzip in § 164
Abs. 2 BGB, und zusätzlich wird der Umfang der Vertretungsmacht im Sinne einer
handelsrechtlichen Prokura erkennbar. Handlungsbevollmächtigte ohne Prokura
zeichnen mit „i. A." oder „i. V.".

Die Prokura erlischt durch **Widerruf**, § 52 Abs. 1 HGB, während die bürgerlich-   136
rechtliche Vollmacht regelmäßig mit Abschluss des Rechtsgeschäfts erlischt, im
Einzelfall auch durch Widerruf, durch Veräußerung oder Einstellung des Unternehmens und durch die Eröffnung des Insolvenzverfahrens. Die Prokura ist nicht
übertragbar, § 52 Abs. 2 HGB, während nach bürgerlich-rechtlichen Regeln Untervollmacht erteilt werden kann. Ein Prokurist darf jedoch Handlungsvollmacht

---

[1] *Steckler/Bachert/Strauß*, Arbeitsrecht und Sozialversicherung, a. a. O., Abschnitt II. zum Arbeitsver-
tragsrecht.

erteilen. Danach ist die Prokura auf Dauer angelegt und wird als langfristige Vollmacht im Handelsunternehmen eingesetzt.

137 Die **Erteilung der Prokura** ist eine **eintragungspflichtige Tatsache**, § 53 Abs. 1 HGB, doch hat ihre Eintragung in das Handelsregister nur deklaratorische Wirkung, weil die Prokura bereits mit der Erteilung entsteht. Das **Erlöschen der Prokura** ist eine selbstständige eintragungspflichtige Tatsache, § 53 Abs. 3 HGB. Diese Eintragungspflicht besteht auch dann, wenn die Eintragung der Prokuraerteilung versehentlich unterblieben ist. Aufgrund der negativen Publizität des Handelsregisters geht auch von der fehlenden Eintragung des Erlöschens der Prokura ein Rechtsschein aus. Der Kaufmann kann sich im Handelsverkehr ohne entsprechende Registereintragung auf das Erlöschen der Prokura nicht berufen, vgl. § 15 Abs. 1 HGB.

138 Der **Umfang der Prokura** ist in den §§ 49, 50 HGB für das Außenverhältnis zwingend vorgeschrieben. Danach ist der Prokurist zu allen Arten von gerichtlichen und außergerichtlichen Geschäften und Rechtshandlungen ermächtigt, die der Betrieb eines Handelsgewerbes mit sich bringt. Er kann im Namen des Kaufmanns jedes Rechtsgeschäft abschließen, das der **Betrieb irgendeines Handelsgewerbes** mit sich bringt, daher auch Personal einstellen und entlassen, Handlungsvollmacht erteilen, Darlehen aufnehmen, Schenkungen machen, Grundstücke erwerben und verpachten, Forderungen abtreten, neue Branchen erschließen, den Geschäftssitz verlegen, Prozesse führen und vieles mehr.

139 Die **gesetzliche Beschränkung der Prokura** durch die **Immobiliarklausel** des § 49 Abs. 2 HGB betrifft ausschließlich die Veräußerung und Belastung von Betriebsgrundstücken; hierzu benötigt der Prokurist eine besondere Befugnis des Kaufmanns.

Beispiel

Der Prokurist erwirbt im Namen des Kaufmanns ein Grundstück zum Preis von 1.700.000 €. Vereinbarungsgemäß werden 700.000 € bar angezahlt und eine Restkaufpreishypothek über 1 Mio. € in das Grundbuch eingetragen. Der Kaufmann ist an den von seinem Prokuristen abgeschlossenen Vertrag gebunden. Es handelt sich um einen Grundstückskaufvertrag, auf den die Immobiliarklausel des § 49 Abs. 2 HGB nicht anzuwenden ist. Denn der Prokurist belastet kein vorhandenes Betriebsgrundstück; vielmehr stellt die Grundstücksbelastung eine Kaufmodalität zur Sicherung der restlichen Kaufpreiszahlung dar.

140 Aus der gesetzlichen Regelung der Prokura, die sich auf den Abschluss von Handelsgeschäften beschränkt, ergibt sich, dass Privatgeschäfte des Kaufmanns ebenso wie Prinzipalgeschäfte von der Vertretungsmacht ausgenommen sind. Die Rechtsprechung hat die **Beschränkung der Prokura** auch auf **Grundlagenge-**

schäfte ausgedehnt, sodass der Prokurist folgende Geschäfte nicht abschließen darf:

▸ **Veräußerung und Belastung von Grundstücken (= Immobiliarklausel gem.**   141
  § 49 HGB)

▸ **Privatgeschäfte des Kaufmanns**

▸ **Prinzipalgeschäfte (z. B. Bilanzunterzeichnung, Prokuraerteilung, Anmeldungen zum Handelsregister)**

▸ **Rechtsgeschäfte im Namen des Kaufmanns mit sich selbst (= Selbstkontrahieren)**

▸ **Einstellung und Veräußerung des Unternehmens**

▸ **Firmenänderung**

▸ **Aufnahme von Gesellschaftern**

▸ **Antrag auf Eröffnung des Insolvenzverfahrens.**

Eine **rechtsgeschäftliche Beschränkung** des Umfangs der Prokura Dritten gegen-   142
über ist unwirksam, § 50 Abs. 1 HGB. Vertragliche Gestaltungen der Prokura wirken daher nur im Innenverhältnis. Die Beschränkung der Vollmacht für bestimmte Geschäfte (= Einzelvollmacht) oder die Vollmacht für bestimmte Arten von Geschäften (= Artenvollmacht), ebenso eine zeitlich oder örtlich begrenzte Vollmacht sind im Außenverhältnis unwirksam. Der einzige Ausnahmefall ist die **Filialprokura**, wodurch die Prokura auf eine Zweigniederlassung beschränkt werden kann, wenn diese unter anderer Firma geführt wird, § 50 Abs. 3 HGB.

Beispiele

Ein Kaufmann betreibt die Unternehmen „Computer GmbH, Frankfurt", „Computer GmbH, Hamburg" und „Computer GmbH, Düsseldorf" und könnte für jede seiner Niederlassungen einen Filialprokuristen bestellen. Dessen Vollmacht wäre auf die Vertretung des Geschäftsbetriebs seiner Filiale beschränkt.

Würde der Kaufmann die Vollmacht seines für die „Computer GmbH Frankfurt" zuständigen Prokuristen auf Geschäfte im Umfang von 50.000 € beschränken, kann diese Vereinbarung nur im Innenverhältnis Wirkung entfalten.

Den **Missbrauch der Prokura** regeln die Vertretungsvorschriften im Bürgerlichen   143
Recht. Fehlt die Vertretungsmacht, gelten die §§ 177, 179 BGB mit der Folge, dass der Prokurist auf Schadensersatz haftet, falls der Kaufmann das Rechtsgeschäft nicht nachträglich genehmigt. Sofern der Prokurist seine Vertretungsmacht missbraucht, z. B. indem er den ihm im Innenverhältnis vertraglich eingeräumten Handlungsspielraum überschreitet, ist er dem Kaufmann gem. § 280 BGB zum Schadensersatz verpflichtet. Bei der Bemessung des Umfanges des Schadensersatzes ist ein eventuelles Mitverschulden des Dritten zu berücksichtigen.

144 Falls ein Arbeitsverhältnis besteht, hat der Kaufmann infolge der schuldhaften Vertragsverletzung ein Recht zur außerordentlichen Kündigung aus wichtigem Grund, § 626 BGB.

4.2 Handlungsvollmacht

145 Als Handlungsvollmacht gilt jede von einem Kaufmann im Rahmen seines Handelsgewerbes erteilte **Vollmacht, die nicht Prokura ist**, vgl. § 54 Abs. 1 HGB. Die Handlungsvollmacht kann durch den Inhaber des Handelsgeschäfts oder auch durch einen Bevollmächtigten gem. §§ 167, 171 BGB erteilt werden. Daher kann auch ein Prokurist Handlungsvollmacht (Untervollmacht) erteilen; ebenso könnte ein Handlungsbevollmächtigter Untervollmacht erteilen. Handlungsvollmacht erhalten insbesondere die selbstständigen Handelsvertreter, aber auch die Angestellten des Kaufmanns. Handlungsbevollmächtigte zeichnen Schriftverkehr mit „i. A." (im Auftrag) oder „i. V." (in Vertretung). Die Handlungsvollmacht kann wie jede andere Vollmacht jederzeit widerrufen werden. Eine Eintragung in das Handelsregister entfällt.

146 Der Handlungsbevollmächtigte ist zur Vornahme aller Geschäfte und Rechtshandlungen berechtigt, die der Betrieb eines „derartigen" Handelsgewerbes „gewöhnlich" mit sich bringt. Damit ist der **Umfang der Handlungsvollmacht** gesetzlich auf branchenübliche und gewöhnliche Geschäfte beschränkt. Gem. § 54 HGB ist der Handlungsbevollmächtigte zur Vornahme folgender Geschäfte nicht berechtigt:

147 ► branchenunübliche Rechtsgeschäfte

► ungewöhnliche Rechtsgeschäfte

► Veräußerung und Belastung von Grundstücken

► Eingehung von Wechselverbindlichkeiten

► Aufnahme von Darlehen

► Prozessführung.

148 Darüber hinaus ist der **Handlungsbevollmächtigte** nicht berechtigt, diejenigen Grundlagengeschäfte abzuschließen, die auch der Prokurist nicht vornehmen kann, wie z. B. die Veräußerung oder Einstellung des Unternehmens, Prinzipalgeschäfte, Firmenänderung, Aufnahme von Gesellschaftern und ähnliche Geschäfte, die den Bestand des Unternehmens berühren.

Beispiele

Ein **branchenunübliches Rechtsgeschäft** für den Handlungsbevollmächtigten einer Baustoffgroßhandlung ist der Einkauf von Bürogeräten und -material, selbst wenn diese Gegenstände im Betrieb Verwendung finden. Der Kaufvertrag wäre schwebend unwirksam und folgt den Regeln der Vertretung ohne Vertretungsmacht gem. §§ 177, 179 BGB. Branchenüblich in einem „derartigen" Handelsgeschäft sind Baumaterialien.

Ein **ungewöhnliches Rechtsgeschäft** für den Handlungsbevollmächtigten einer Baustoffgroßhandlung ist der Kauf eines Transportfahrzeugs. Selbst wenn der Lkw im Betrieb dringend benötigt würde, gehört ein Vertragsabschluss dieser Art nicht zu den täglichen Geschäftsabschlüssen im Baustoffgewerbe, sondern zu den Investitionen, für welche der Handlungsbevollmächtigte einer gesonderten Vollmacht bedarf.

Im Unterschied zur Prokura kann die Handlungsvollmacht vertraglich mit Außenwirkung beschränkt werden, wenn dem Dritten die **Beschränkungen der Handlungsvollmacht** mitgeteilt werden, vgl. § 54 Abs. 3 HGB. Die Handlungsvollmacht lässt sich deshalb wie jede bürgerlich-rechtliche Vertretungsmacht als Generalhandlungsvollmacht, als Arthandlungsvollmacht oder als Spezialhandlungsvollmacht gestalten. Infolgedessen ist die Handlungsvollmacht die übliche Form der Vertretungsmacht im Wirtschaftsunternehmen, indem den leitenden Angestellten für ihren jeweiligen Aufgabenbereich – Einkauf, Verkauf, Personal etc. – Vollmacht erteilt wird. 149

Auf die **Scheinhandlungsvollmacht** sind die Grundsätze der Anscheins- und Duldungsvollmacht anzuwenden. Danach gelten auch diejenigen Personen als bevollmächtigt, denen der Kaufmann Aufgaben überträgt, zu deren Erfüllung Vollmachten unerlässlich sind, beispielsweise Filialleiter, Bankgeschäftsstellenleiter, Innendienstangestellte mit Verkaufstätigkeit oder Schalterangestellte, Einkaufsleiter, Vertriebsleiter, Personalleiter und Angestellte in vergleichbaren Positionen. 150

Als Besonderheit gilt für **Handelsvertreter** eine **Vermutung für die Abschlussvollmacht** gem. § 55 HGB. Die dem Handelsvertreter erteilte Vollmacht betrifft jedoch nicht Änderungen von Verträgen, insbesondere die Gewährung von Zahlungsfristen. Auch bedarf die Entgegennahme von Zahlungen einer besonderen Inkassovollmacht des Handelsvertreters. Allerdings kann der Handelsvertreter Mängelanzeigen und ähnliche Erklärungen entgegennehmen. 151

4.3 Ladenvollmacht

Das Handelsgesetzbuch stellt für den Angestellten im Laden oder Warenlager eine **gesetzliche Vermutung seiner Vertretungsmacht** für Verkäufe und Empfangnahmen auf, die in einem derartigen Laden oder Warenlager gewöhnlich geschehen, § 56 HGB. 152

Als Laden gilt **jede Verkaufsstätte**, zu der die Kunden freien Zutritt haben und die zum Geschäftsabschluss bestimmt ist. Dazu gehören auch Verkaufsstände auf Messen und Ausstellungen oder ein Großhandelslager mit Verkaufsmöglichkeit, nicht dagegen Fabrikations- und Lagerhallen oder Büroräume. Angestellt ist jede Person, die mit Kenntnis des Kaufmanns an der Verkaufstätigkeit mitwirkt. Es handelt sich nicht nur um Arbeitnehmer, sondern auch um Familienmitglieder 153 und gelegentlich tätige Aushilfspersonen. Der Begriff der „gewöhnlichen Verkäufe oder Entgegennahmen" schließt die Entgegennahme von Mängelanzeigen ein, ferner auch die sachenrechtliche Übereignung sowie die Vermittlung von Werk- und Lieferungsverträgen, nicht dagegen den Einkauf, den Rücktritt vom Vertrag oder einen Umtausch von Waren.

154 Die gesetzliche Vermutung der Ladenvollmacht kann durch einen ausdrücklichen Hinweis ausgeschlossen werden, wie beispielsweise mit der Anbringung eines Schildes *„Zahlung nur an der Kasse"* oder *„Reklamationen nur im Büro"*.

5. Der Vertrieb über selbstständige Hilfspersonen

155 Unternehmer sind in vielen Funktionen wirtschaftlich tätig und benötigen Hilfspersonen als **Absatz- und Umsatzmittler**. Hierzu gehören u. a.

- ► Handelsvertreter
- ► Kommissionäre
- ► Kommissionsagenten
- ► Vertragshändler
- ► Franchisenehmer
- ► Handelsmakler.

156 Diese Vertriebspersonen sind als selbstständige Kaufleute für einen anderen Unternehmer tätig. Ihre Tätigkeit besteht darin, Verträge zwischen dem Unternehmer und Kunden zu vermitteln oder im fremden oder eigenen Namen abzuschließen. Die Hilfspersonen des Kaufmanns verfolgen eigene unternehmerische Ziele. Sie stehen nicht in einem Arbeitsverhältnis zum Unternehmer, sondern betreiben ein eigenes Handelsgewerbe im Sinne des § 1 HGB.

157 Ihr Rechtsverhältnis zum Unternehmer ist überwiegend als entgeltlicher **Geschäftsbesorgungsvertrag** anzusehen, vgl. §§ 675 ff. BGB. Das vereinbarte Entgelt besteht in einer Provision, die aus den von ihnen vermittelten bzw. abgeschlossenen Geschäften nach dem jeweiligen Umsatz berechnet wird. Die Vorschriften des Handelsgesetzbuches für den jeweiligen Vertrag gehen als Spezialnormen den allgemeinen Vorschriften des Bürgerlichen Gesetzbuches vor.

5.1 Handelsvertretervertrag

158 Handelsvertreter ist, wer als selbstständiger Gewerbebetreibender ständig damit betraut ist, für einen anderen Unternehmer Geschäfte zu vermitteln oder in dessen Namen abzuschließen, § 84 HGB.[1] Der Handelsvertreter ist ein **Kaufmann**

---

[1] Das Handelsvertreterrecht wurde durch die Umsetzung der EG-Richtlinie 86/653 EWG zur Koordinierung der Rechtsvorschriften der Mitgliedstaaten betreffend die selbstständigen Handelsvertreter im Wirtschaftsraum der Europäischen Union harmonisiert.

gem. § 1 HGB. Er wird von einem Handelsunternehmen als Umsatzmittler eingesetzt, in die Vertriebsorganisation eingegliedert und übt eine **Tätigkeit im fremden Namen** aus. Wesentlich für die Tätigkeit des Handelsvertreters sind folgende Merkmale:

- **selbstständiger Gewerbetreibender**   159
- **ständige Betrauung mit Vermittlungs- oder Abschlusstätigkeit**
- **Handeln im fremden Namen und für fremde Rechnung.**

Der Handelsvertreter ist in aller Regel selbstständig; ausgenommen sind ange-   160
stellte Einfirmenvertreter gem. § 84 Abs. 2 HGB, für die arbeitsrechtliche Regelungen gelten. Die Selbstständigkeit des Handelsvertreters wird durch die Übernahme des Unternehmerrisikos deutlich, indem er keine feste Vergütung erhält, sondern einen erfolgsorientierten **Provisionszahlungsanspruch**. Der Handelsvertreter hat meist eigene Geschäftsräume, die er auf seine Kosten personell und sachlich ausstattet. Er lässt seine Firma im Handelsregister eintragen, verwendet sie auf seinen Geschäftsbriefen und ist zum Führen von Handelsbüchern verpflichtet.

Den Handelsvertreter trifft eine **Vermittlungs- oder Abschlusspflicht** gem. § 84   161
Abs. 1 Satz 1 HGB. Die Vermittlungstätigkeit geht über die bloße Werbung hinaus und beinhaltet die Akquisition potenzieller Kunden für den Unternehmer mit dem Ziel des Herbeiführens eines Vertragsabschlusses. In diesem Fall werden die Vertragskonditionen nach den Vorgaben des vertretenen Unternehmens ausgehandelt und die Vertragsunterlagen vorbereitet. Doch erfolgt der spätere Abschluss der Verträge unmittelbar zwischen dem Unternehmer und dem Kunden. Der **Vermittlungsvertreter** ist an den Vertragsvorbereitungen maßgeblich beteiligt, hat jedoch keine Abschlussvollmacht. Dagegen beinhaltet die Abschlusstätigkeit die Abgabe und Entgegennahme der Willenserklärungen (Angebot und Annahme) für den Vertragsabschluss. Daher ist der **Abschlussvertreter** rechtlich als Stellvertreter im Sinne der §§ 164 ff. BGB anzusehen, denn er schließt Verträge im Namen des Kaufmanns mit dritten Personen (Kunden). Neben den allgemeinen Vertretungsregeln des Bürgerlichen Rechts gilt für Handelsvertreter § 91a HGB. Danach wird der Mangel der Vertretungsmacht geheilt, wenn der Unternehmer nicht unverzüglich widerspricht.

In aller Regel umfasst die Tätigkeit des Handelsvertreters eine **Mehrfirmenvertre-**   162
tung, wenn ihm von mehreren Unternehmern Vertretungsmacht erteilt worden ist. Sofern er lediglich als **Einfirmenvertreter** tätig wird, steht er unter dem besonderen Schutz arbeitsrechtlicher Bestimmungen, vgl. § 92a HGB. Nach jeweiliger Vertragsauslegung gilt der Handelsvertreter im Einzelfall als Angestellter oder als freier Mitarbeiter des Unternehmers oder auch als selbstständiger Auftragnehmer.

Die **ständige Betrauung** eines Handelsvertreters mit der Vermittlungs- und Ab-   163
schlusstätigkeit für einen Unternehmer wird auf der Grundlage eines Handelsvertretervertrages erreicht. Der **Handelsvertretervertrag** ist ein Geschäftsbesor-

gungsvertrag über eine Dienstleistung, auf den teilweise Auftrags- und teilweise Dienstvertragsrecht anzuwenden ist, vgl. § 675 BGB. Die besonderen **Pflichten des Handelsvertreters** sind spezialgesetzlich im Handelsgesetzbuch geregelt:

164 ▸ **Tätigkeitspflicht gem. § 86 Abs. 1 HGB (Vermittlungs- oder Abschlusstätigkeit oder beides)**

▸ **Pflicht zur Interessenwahrnehmung, § 86 Abs. 1 HGB**

▸ **Benachrichtigungspflicht, § 86 Abs. 2 HGB**

▸ **Sorgfaltspflicht, § 86 Abs. 3 HGB**

▸ **Auskunfts- und Rechenschaftspflicht, § 666 BGB**

▸ **Verschwiegenheitspflicht, § 90 HGB**

▸ **Wettbewerbsverbot, § 90a HGB.**

165 Der Handelsvertreter hat seine Pflichten mit der **Sorgfalt eines ordentlichen Kaufmanns** wahrzunehmen. Daraus folgt beispielsweise die Verpflichtung zur Prüfung der Kreditwürdigkeit eines Kunden bei Kreditvergabe, die Weitergabe der Kundenwünsche, die sorgfältige Beachtung der Richtlinien des Unternehmers für Werbung und Mustervorführung, die Abrechnungspflicht und ähnliche Sorgfaltspflichten.

166 **Rechte des Handelsvertreters (Pflichten des Unternehmers):**

▸ **Provisionsansprüche, §§ 87, 86b, 354 HGB**

▸ **Ausgleichsanspruch bei Vertragsbeendigung, § 89b HGB**

▸ **Aufwendungsersatz nur bei Vereinbarung, § 87d HGB**

▸ **Karenzentschädigung bei schriftlicher Wettbewerbsabrede für höchstens zwei Jahre, § 90a Abs. 1 Satz 3 HGB**

▸ **Schadensersatzansprüche aus allgemeinen Vorschriften, z. B. wegen Verzugs, Unmöglichkeit, positiver Vertragsverletzung des Handelsvertretervertrags, und aus dem Recht der unerlaubten Handlung**

▸ **Unterstützung, § 86a HGB**

▸ **Zurückbehaltungsrechte, §§ 88a, 369 HGB, 273 BGB.**

167 Zu den bedeutsamsten Rechten des Handelsvertreters gehören seine **Ansprüche auf Provisionszahlungen**. Denn die Provision ist das Entgelt für seine Vermittlungs- und Abschlusstätigkeit. Im Handelsvertretervertrag können nach dem Grundsatz der Vertragsfreiheit auch noch weitere Formen der Vergütung vereinbart werden, z. B. ein festes Entgelt, eine Umsatzbeteiligung, eine Gewinnbeteiligung und Kombinationen aus verschiedenen Entgeltformen. Daneben besteht der gesetzliche Provisionsanspruch des Handelsvertreters für alle während des Handelsvertreterverhältnisses abgeschlossenen Geschäfte, die auf seine Tätigkeit zurückzuführen sind und nicht bereits einem ausgeschiedenen oder nachfolgenden Handelsvertreter zustehen, § 87 HGB.

Die **Voraussetzungen der Abschlussprovision** sind: 168

▸ Abschluss eines Geschäfts während des Bestehens des Handelsvertreterverhältnisses

▸ Mitursächlichkeit der Tätigkeit des Handelsvertreters für den Geschäftsabschluss oder für die Nachbestellung (= Kausalität)

▸ kein Anspruch des ausgeschiedenen oder nachfolgenden Handelsvertreters.

Provisionspflichtig sind danach alle Geschäfte, die auf die Tätigkeit des Handelsvertreters zurückzuführen sind, unabhängig davon, ob der Handelsvertreter auch Abschlussvollmacht hatte oder nur eine Vermittlungstätigkeit ausübte. Für die **Abschlussprovision des Bezirksvertreters** entfällt das Merkmal der Kausalität zwischen Tätigkeit und Vertragsabschluss, denn gem. § 87 Abs. 2 HGB hat ein Bezirksvertreter Anspruch auf Provisionszahlung auch für die Geschäfte, die ohne seine Mitwirkung mit Personen seines Bezirks oder Kundenkreises abgeschlossen worden sind. 169

Bei dem **Eintreten** oder **Ausscheiden** eines Handelsvertreters in die Vertriebsorganisation des Unternehmers ist zu berücksichtigen, dass der Unternehmer die Provision nur einmal zahlen muss, sodass es zu Überhangprovisionen bei Beendigung des Handelsvertretervertrages kommen kann. Sofern ein Abschluss überwiegend auf die Tätigkeit des ausgeschiedenen Handelsvertreters zurückzuführen ist, gilt § 87 Abs. 3 HGB mit der Folge, dass diesem die Provision zusteht. 170

Der Anspruch auf **Delkredereprovision** entsteht gem. § 86b HGB, wenn der Handelsvertreter eine schriftliche Erklärung abgibt, worin er sich verpflichtet, für die Erfüllung der Verbindlichkeit aus einem Geschäft einzustehen. Die Erklärung bedarf zu ihrer Wirksamkeit der Schriftform und muss sich auf ein bestimmtes Geschäft oder auf einen bestimmten Geschäftspartner beziehen. Es handelt sich regelmäßig um eine Bürgschaftsübernahme, gelegentlich kann aber auch ein Schuldbeitritt oder ein selbstständiges Garantieversprechen vorliegen. Der Handelsvertreter hat einen gesetzlichen Anspruch auf die Delkredereprovision, weil er mit seiner Verpflichtung, für die Zahlungsfähigkeit des Vertragspartners einzustehen, ein zusätzliches Haftungsrisiko übernommen hat. 171

Sofern der Handelsvertreter auch die Einziehung von Zahlungen übernommen hat, entsteht ein besonderer Anspruch auf die **Inkassoprovision** gem. § 87 Abs. 4 HGB. 172

Für die Übernahme weiterer **Geschäftsbesorgungen oder Dienstleistungen**, die nicht bereits vertraglich geschuldet sind, kann der Handelsvertreter die **allgemeine Provision eines Kaufmanns aus § 354 HGB** beanspruchen. Diese fällt z. B. infolge außergewöhnlich hoher Belastungen im Bereich der sog. After-Sales-Services an, wenn ein erheblicher Aufwand durch die Bearbeitung von Kundenreklamationen und Mängelrügen in Gewährleistungsfällen entsteht. 173

174 Die **Beendigung des Handelsvertretervertrages** erfolgt durch

▸ ordentliche Kündigung, § 89 HGB

▸ außerordentliche Kündigung, § 89a HGB

▸ Zeitablauf bei befristetem Vertrag analog § 620 Abs. 1 BGB

▸ Aufhebungsvertrag, § 311 BGB

▸ Tod des Handelsvertreters, §§ 675, 673 BGB

▸ Insolvenz des Unternehmers, §§ 115, 116 InsO.

175 Die **ordentliche Kündigung** ist nur bei einem auf unbestimmte Zeit abgeschlossenen Handelsvertretervertrag unter Beachtung der in § 89 HGB genannten Fristen zulässig. Dagegen erfordert die **außerordentliche Kündigung** das Vorliegen eines wichtigen Grundes gem. § 89a HGB. Ein wichtiger Grund zur außerordentlichen Kündigung des Handelsvertretervertrages durch den Unternehmer liegt z. B. vor, wenn der Handelsvertreter trotz vertraglichen Wettbewerbsverbotes für einen Konkurrenten tätig wird, bei einem schweren Vertrauensbruch, bei Unterschlagung von eingezogenen Geldbeträgen oder bei Kreditschädigung. Ein Grund zur außerordentlichen Kündigung durch den Handelsvertreter ist bei häufiger Lieferung mangelhafter Ware, bei Abwerbung seiner Stammkunden durch den Unternehmer und bei falschen Angaben über Nachbestellungen gegeben.

176 Nach Beendigung des Handelsvertretervertrages entsteht ein **Ausgleichsanspruch des Handelsvertreters** gem. § 89b HGB. Dabei handelt es sich um eine Entschädigung für den zu erwartenden Provisionsverlust aus Geschäften mit geworbenen Kunden bis zur Höhe einer Jahresprovision. Der Ausgleichsanspruch ist ausgeschlossen, wenn der Handelsvertreter seinen Vertrag selbst gekündigt oder den Anlass für die Kündigung durch schuldhaftes Verhalten gegeben hat oder aufgrund einer Vereinbarung über einen Nachfolger. Der Ausgleichsanspruch steht dem nebenberuflichen Handelsvertreter nicht zu, vgl. § 92b HGB.

177 Die im Handelsvertreterrecht enthaltene **Wettbewerbsabrede** für die Zeit nach Beendigung des Handelsvertretervertrages setzt voraus, dass ein schriftliches Wettbewerbsverbot für längstens zwei Jahre getroffen und eine Karenzentschädigung vereinbart wird, vgl. § 90a HGB. Diese Regelung ist zwingend, d. h. mündliche Vereinbarungen wären gem. § 125 BGB formnichtig. Der Unternehmer kann bis Vertragsende auf die Wettbewerbsbeschränkung verzichten. Falls der Handelsvertretervertrag aus wichtigem Grund gekündigt wird, kann die andere Vertragspartei sich von der Verpflichtung aus der Wettbewerbsabrede lossagen. Die Voraussetzungen und Rechtsfolgen der Wettbewerbsabrede haben große Bedeutung über den Handelsvertretervertrag hinaus, insbesondere für Wettbewerbsklauseln in anderen Vertriebsverträgen (Franchising, Vertragshändlerverträge etc.).

178 In der Wirtschaftspraxis treten **besondere Arten von Handelsvertretern** in Erscheinung, darunter z. B. Versicherungs- und Bausparkassenvertreter gem. § 92 HGB, arbeitnehmerähnliche Einfirmenvertreter, Handelsvertreter im Neben-

beruf, § 92b HGB, Handelsvertreter im Ausland innerhalb und außerhalb der Europäischen Union und Schifffahrtsvertreter, vgl. § 92c HGB.

Nach dem Grundsatz der Vertragsfreiheit können in Großunternehmen verzweig- 179
te Vertriebssysteme durch **Generalvertreter und Untervertreter** gebildet werden.
Die Vereinbarung einer echten Untervertretung erfolgt in der Weise, dass der
Unternehmer einen Geschäftsbesorgungsvertrag mit einem Generalvertreter
abschließt, dieser wiederum Verträge mit den jeweiligen Untervertretern. Die
Vereinbarung einer unechten Untervertretung betrifft dagegen ein Vertriebssystem, in dem sämtliche Geschäftsbesorgungsverträge mit Generalvertretern und
Untervertretern unmittelbar von dem Unternehmer abgeschlossen werden. In
den Verträgen mit den Untervertretern wird vereinbart, dass diese der Aufsicht
und den Weisungen des jeweils zuständigen Generalvertreters unterstehen, sodass das Vertriebssystem eine hierarchische Struktur erhält. In aller Regel haben
weder Generalvertreter noch Untervertreter Abschlussvollmacht, sondern üben
lediglich eine Vermittlungstätigkeit aus, indem sie die Konditionen aushandeln
und vorbereitete Vertragsformulare – ausgefüllt und mit der Unterschrift des
jeweiligen Kunden versehen – an das Unternehmen weiterleiten.

5.2 Kommissionsvertrag

Der Kommissionär übernimmt gewerbsmäßig, Waren oder Wertpapiere **für Rech-** 180
nung eines anderen (= Kommittent) in eigenem Namen zu kaufen oder zu verkaufen. Er ist Kaufmann gem. § 1 HGB. Die Bedeutung des Kommissionsgeschäfts
ist für den Vertrieb von Waren durch die zunehmende Verbreitung von Handelsvertretern, Vertragshändlern und moderner Vertriebsformen wie Franchising
weitgehend zurückgegangen. Kommissionsverträge finden sich heute im Wesentlichen für den Handel mit Wertpapieren (Effektenkommission), aber auch im
Auslandsgeschäft, z. B. beim Warenimport und -export, ferner branchentypisch
u. a. im Weinhandel, im Kunsthandel, im Textilhandel und im Buchhandel. Abgesehen von Einkäufen und Verkäufen übernimmt der Kommissionär gelegentlich
auch Geschäftsbesorgungen, wie z. B. die Inkassokommission, die Exportkommis-
sion, die Filmverleih- und Theateraufführungskommission oder die Anzeigen und
Werbungskommission belegen. Den Kommissionsvertrag kennzeichnen folgende
Merkmale:

► **Kauf oder Verkauf von Waren oder Wertpapieren, gelegentlich auch Geschäfts-** 181
besorgungen

► **gewerbsmäßige Übernahme (Ausnahme: Gelegenheitskommisssion gem.**
§ 406 HGB)

► **Handeln im eigenen Namen für fremde Rechnung.**

Im Unterschied zum Handelsvertreter, der im fremden Namen tätig wird, schließt 182
der Kommissionär die **Geschäfte im eigenen Namen** ab. Der Kommissionär wird
damit selbst Vertragspartner. Er handelt jedoch **für Rechnung des Kommittenten**,
dem das wirtschaftliche Ergebnis des Vertragsabschlusses zukommt. Der Kom-

missionsvertrag kann gem. § 383 HGB als Einkaufs- oder als Verkaufskommission abgeschlossen werden. Der Einkaufskommissionär kauft für Rechnung des Kommittenten Waren oder Wertpapiere, während der Verkaufskommissionär für Rechnung des Kommittenten Waren oder Wertpapiere verkauft.

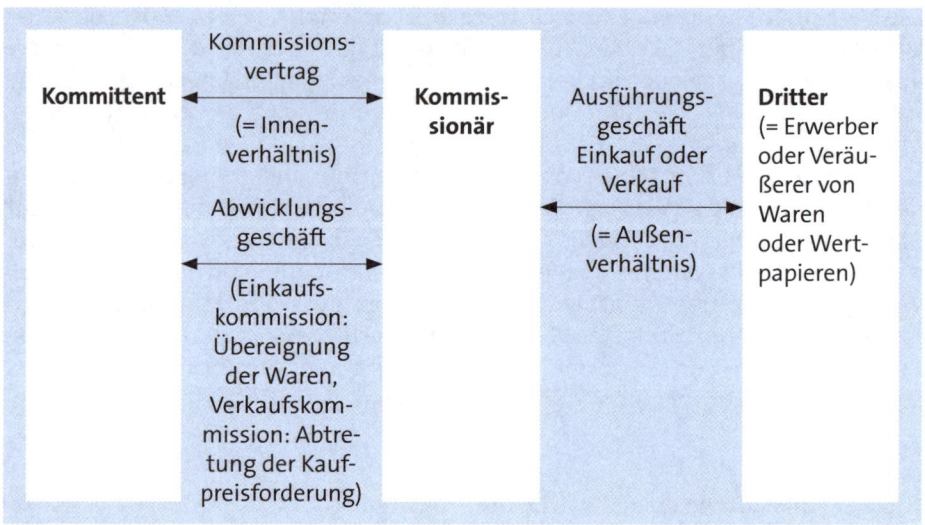

Abb. 16: Der Kommissionsvertrag

183 Im Kommissionsgeschäft muss das Innenverhältnis zwischen dem Kommissionär und dem Kommittenten von dem Außenverhältnis zwischen dem Kommissionär und dem Dritten unterschieden werden. Zudem ergibt sich die Verpflichtung des Kommissionärs, das aus der Ausführung Erlangte (Sachen und Rechte) an den Kommittenten herauszugeben, da er für fremde Rechnung tätig wird, vgl. § 384 Abs. 2 HGB.

184 Es entstehen **drei Rechtsverhältnisse**:

▶ der **Kommissionsvertrag** zwischen dem Kommissionär und dem Kommittenten, durch den sich der Kommissionär zur Ausführung des übernommenen Geschäfts verpflichtet (= Innenverhältnis)

▶ das **Ausführungsgeschäft** zwischen dem Kommissionär und dem Dritten (= Außenverhältnis)

▶ das **Abwicklungsgeschäft** zwischen dem Kommissionär und dem Kommittenten, wonach der Kommissionär die aus dem Ausführungsgeschäft erlangten Rechte und Sachen auf den Kommittenten überträgt (= Innenverhältnis).

185 Im Abwicklungsgeschäft richten sich die **Pflichten des Kommissionärs** nach der Art des Kommissionsvertrags. Falls eine Einkaufskommission vereinbart wurde, ist der Kommissionär zur Übereignung der erworbenen Waren verpflichtet, im Fall der Verkaufskommission zur Abtretung der Kaufpreisforderung an den Kommittenten.

Pflichten des Kommissionärs: 186

- **Ausführungspflicht**, § 384 Abs. 1, 1. Hs. HGB

- **Interessenwahrungspflicht**, § 384 Abs. 1, 2. Hs. HGB (Aushandeln günstiger Bedingungen für Preise, Rabatte, und Kreditmöglichkeiten, Rechtewahrung des Kommittenten bei Verlust, Beschädigung oder Mängeln der Ware, keine eigenmächtige Gewährung von Vorschüssen und Krediten)

- **Weisungsgebundenheit**, § 384 Abs. 1, 2. Hs. HGB, z. B. bei Vereinbarung von Liefer- und Zahlungsbedingungen

- **Benachrichtigungspflicht**, § 384 Abs. 2, 1. Hs. HGB

- **Rechenschafts- und Rechnungslegungspflicht**, § 384 Abs. 2, 2. Hs. HGB

- **Herausgabepflicht des Erlangten**, § 384 Abs. 2, 3. Hs. HGB

- **Haftung für das Kommissionsgut**, § 390 HGB

- **Delkrederehaftung nach Vereinbarung oder Handelsbrauch**, § 394 HGB.

Sofern der Kommissionär die Weisungen des Kommittenten nicht befolgt, kann 187 der Kommittent **Schadensersatz** verlangen und braucht das Geschäft nicht für seine Rechnung gelten zu lassen, § 385 HGB. Bei Preisabweichungen muss der Kommittent allerdings sofort reagieren und das Geschäft unverzüglich zurückweisen, sonst gilt es ungeachtet der abweichenden Vereinbarung als für seine Rechnung abgeschlossen (limitierte Verkaufs- oder Einkaufskommission).

Rechte des Kommissionärs (Pflichten des Kommittenten): 188

- **Ausführungsprovision**, § 396 Abs. 1 HGB, im Einzelfall auch bei Nichtausführung, wenn der Grund in der Person des Kommittenten liegt

- **Auslieferungsprovision** als Vergütung für die Empfangnahme, Verwahrung und Weiterleitung des Kommissionsgutes, § 396 Abs. 1 HGB

- **Delkredereprovision**, § 394 Abs. 2 HGB

- **Aufwendungsersatz** für Transport, Versicherung, Lagerung und Verpackung des Kommissionsgutes, für Werbung, Porto, Telefon usw., § 670 BGB

- **Vorschuss**, § 669 BGB.

Fall 19: Der Weinhändler als Kommissionär > Seite 474

Im Kommissionsvertrag entstehen zur Sicherung der Forderungen des Kommissionärs gegen den Kommittenten besondere Sicherungsrechte. Dazu gehören ein **Pfandrecht am Kommissionsgut**, § 397 HGB und Befriedigungsrechte gem. §§ 398, 399 HGB, die den Zugriff auf das Kommissionsgut ermöglichen oder auf die Forderungen, die durch das für Rechnung des Kommittenten geschlossene Geschäft begründet sind. 189

Ferner erlangt der Kommissionär ein **Selbsteintrittsrecht** ohne Verlust seines Provisionsanspruchs gem. §§ 400, 403 HGB, sofern dies nicht vertraglich ausge- 190 schlossen wurde und es sich um Waren oder Wertpapiere handelt, die einen Börsen- oder Marktpreis haben.

191 Sofern im Ausführungsgeschäft **Leistungsstörungen** auftreten, beispielsweise Verzug, dann kann das Abwicklungsgeschäft nicht wie vorgesehen erfüllt werden. Der Kommissionär ist Vertragspartner des Dritten und hat deshalb einen vertraglichen Schadensersatzanspruch gem. § 280 BGB gegen den in Verzug befindlichen Dritten. Der Schaden tritt allerdings nicht beim Kommissionär, sondern beim Kommittenten ein, weil der Kommissionär auf dessen Rechnung handelt. Anspruch und Schaden fallen nach dieser Sachlage auseinander.

Beispiel

Der Kommissionär kauft eine Ware für den Kommittenten bei einem Verkäufer ein, doch gerät dieser in Lieferverzug. Der Kommissionär hat aus dem Kaufvertrag einen vertraglichen Anspruch auf Ersatz des Verzugsschadens gegen den Verkäufer gem. §§ 280, 286 BGB, aber keinen Schaden. Der Kommittent hat zwar einen Schaden, aber keinen Schadensersatzanspruch, weil nicht er der Vertragspartner des Verkäufers ist, sondern der Kommissionär.

192 Es wäre unbillig, wenn der Schädiger dadurch von der Haftung befreit würde, dass Anspruchsberechtigung und Schaden auseinanderfallen. Diese Situation wird durch die Konstruktion der **Drittschadensliquidation** gelöst, vgl. §§ 285, 249 BGB. Der Kommissionär kann unter diesen Voraussetzungen den Schaden des Kommittenten im Wege der Drittschadensliquidation bei dem Dritten (Verkäufer) geltend machen. Andererseits könnte der Kommittent aber auch die Abtretung des Schadensersatzanspruchs von dem Kommissionär verlangen, um den Schaden selbst bei dem Dritten (Verkäufer) geltend zu machen.

5.3 Kommissionsagentenvertrag

193 Der Kommissionsagent ist als selbstständiger Gewerbetreibender von einem Unternehmer ständig damit betraut, **für dessen Rechnung, aber im eigenen Namen** Waren oder Wertpapiere zu verkaufen. Er ist somit Kaufmann gem. § 1 HGB. Seine Tätigkeit ist in das Vertriebssystem eines Unternehmens eingegliedert, das Preise und Konditionen der vom Kommissionsagenten abzuschließenden Kaufverträge vorgibt.

194 Der **Kommissionsagentenvertrag** ist ein Rahmenvertrag, der formfrei abgeschlossen wird. Er ist gesetzlich nicht geregelt und folgt dem Grundsatz der Privatautonomie, § 311 BGB. Es handelt sich um einen Vertragstypus zwischen dem Kommissionsvertrag und dem Handelsvertretervertrag. Der Kommissionsagent unterscheidet sich vom Kommissionär dadurch, dass seine Tätigkeit ausschließlich auf den **Verkauf** ausgerichtet ist und eine **dauerhafte Geschäftsverbindung**

begründet wird. Daraus ergibt sich eine besondere Schutzbedürftigkeit des Kommissionsagenten. Auf den Kommissionsagentenvertrag finden neben dem Recht des Kommissionsvertrags auch einzelne Bestimmungen des Handelsvertreterrechts Anwendung.

Pflichten des Kommissionsagenten: 195

- **Tätigkeitspflicht** analog §§ 86 Abs. 1, 384 Abs. 1 HGB

- **Pflicht zur Interessenwahrnehmung**, §§ 86 Abs. 1, 384 Abs. 1 HGB

- **Sorgfalts-, Mitteilungs- und Herausgabepflichten** wie für den Handelsvertreter bzw. Kommissionär.

Rechte des Kommissionsagenten (Pflichten des Unternehmers): 196

- **Provisionszahlungsansprüche** nach dem Recht des Kommissionärs, § 396 Abs. 1 HGB

- **Anspruch auf Unterstützung**, § 86a HGB

- **Schutz des Kommissionsagenten** durch die analoge Anwendung des Handelsvertreterrechts auf die Kündigung gem. §§ 89, 89a HGB, den Ausgleichsanspruch gem. § 89b HGB und die Wettbewerbsabrede gem. § 90a HGB.

Darüber hinaus unterliegt der Kommissionsagentenvertrag dem Grundsatz der Vertragsfreiheit. Er kann unter Berücksichtigung der jeweiligen Interessenlage des Einzelfalles gestaltet werden. 197

5.4 Vertragshändlervertrag

Der Vertragshändler ist ein Kaufmann, dessen Unternehmen in die Vertriebsorganisation eines Herstellers von Markenwaren eingegliedert ist. Durch Vertrag mit dem Hersteller oder einem Zwischenhändler ist der Vertragshändler dazu verpflichtet, ständig **im eigenen Namen und auf eigene Rechnung** die Waren des Herstellers zu vertreiben und ihren Absatz zu fördern. Die Kaufmannseigenschaft entsteht gem. § 1 HGB. 198

Der **Vertragshändlervertrag** ist ein gesetzlich nicht geregelter Rahmenvertrag über Bezugs- und Vertriebsrechte der Waren des Herstellers. Im Unterschied zum Kommissionsagenten handelt der Vertragshändler auf eigene Rechnung und übernimmt dadurch auch ein eigenes unternehmerisches Risiko. Der Vertrags- oder Eigenhändler beschafft die Waren durch Kaufverträge von dem Hersteller und veräußert diese Waren wiederum an die Abnehmer der Markenware. Es entsteht durch die Vorgaben des Herstellers im Hinblick auf die Weiterveräußerung und den Kundendienst eine besondere Kundenbindung an die Markenware. 199

Das **Vertriebssystem durch Vertragshändler** ist regelmäßig auf ein bestimmtes Vertriebsgebiet bezogen. Der Vertragshändler erhält ein **Alleinvertriebsrecht**, wonach er in dem ihm zugewiesenen Gebiet von dem Hersteller allein mit Vertrags- 200 ware beliefert wird. Mit dieser Vereinbarung wird häufig eine **Bezugsbindung des Vertragshändlers** verknüpft. Das Alleinvertriebsrecht beinhaltet üblicherweise keinen absoluten Gebietsschutz in dem Sinne, dass der Hersteller sämtliche Abnehmer verpflichtet, nicht in das Gebiet des Vertragshändlers zu liefern. Der Vertragshändlervertrag enthält neben den Hauptleistungspflichten des Warenbezugs vom Hersteller und einer Vertriebspflicht des Vertragshändlers weitere Regelungen über Preisfestsetzungen oder Preisempfehlungen, die Übernahme der Werbung für das Produkt des Herstellers und die Verpflichtung, neben der eigenen Firma auch das Herstellerzeichen im Handelsverkehr werbend herauszustellen.

201   Da keine gesetzlichen Vorschriften für Vertragshändlerverträge vorhanden sind, ist das Handelsvertreterrecht analog anzuwenden:

▸ **Kündigung des Vertragshändlervertrags** analog §§ 89, 89a HGB

▸ **Schadensersatzanspruch** bei Verletzung des im Vertragshändlervertrag vereinbarten Alleinvertriebsrechts bei Lieferungen des Herstellers an andere Händler im Vertriebsgebiet analog § 87 Abs. 2 HGB

▸ **Ausgleichsanspruch** nach Vertragsbeendigung analog § 89b HGB.

202   Ein **Ausgleichsanspruch** entsteht nur, wenn der Vertragshändler in die Vertriebsorganisation des Herstellers derart eingebunden ist, dass er wirtschaftlich in erheblichem Umfang Aufgaben zu erfüllen hat, die mit denen des Handelsvertreters vergleichbar sind, und wenn seine Stellung auch rechtlich der des Handelsvertreters entspricht. Dies ist z. B. anzunehmen, wenn der Vertragshändler den Weisungen des Herstellers oder Lieferanten unterworfen ist, keine Konkurrenzprodukte vertreiben darf und auf einen bestimmten Bezirk oder auf bestimmte Abnehmer beschränkt ist. Aus tatsächlichen Gründen vergleichbar ist seine Situation mit der des Handelsvertreters, wenn der Vertragshändler mit geringem eigenen Kapitaleinsatz arbeitet und bei Beendigung des Vertragshändlervertrags dem Lieferanten den eingeworbenen und betreuten Kundenstamm überlassen muss.

203   Die Vertriebsorganisation mit Vertragshändlern kann gestaffelt werden, indem **Vertragshändler erster Stufe** durch Vertragshändlervertrag mit dem Hersteller verbunden sind, während als **Vertragshändler zweiter Stufe** Händler in ähnlichem Vertragsverhältnis zum Vertragshändler nachgeschaltet werden.

5.5 Franchise-Vertrag

204   Das Franchising ist ein in den USA entwickeltes Vertriebssystem, das sich für Waren und Dienstleistungen gleichermaßen eignet. Franchisenehmer sind Kaufleute gem. § 1 HGB. Durch den Franchise-Vertrag erhält der Franchisenehmer gegen eine Franchisegebühr die **Vertriebsrechte** vom Franchisegeber, und es werden noch zahlreiche weitere Vereinbarungen getroffen. Das Franchising ist im Unterschied zu Vertragshändlerverträgen auch im Dienstleistungsbereich anzutreffen.

Beispiele

Franchising findet sich in vielen Branchen, wie in der Gastronomie und Hotellerie, in der Getränkeabfüllung, bei Pizza-Bringdiensten, im Textil- und Drogeriehandel, bei Computer und IT-Dienstleistungen, Fitness- und Kosmetik-Studios, Pflege- diensten, Beratung und Finanzdienstleistung etc.

Die **Rahmenvereinbarung des Franchising** ist ein Vertrag über ein vertikales Ver-   205
triebssystem, in dem ein Unternehmer (= Franchisegeber), der ein Erzeugnis oder eine Service-Leistung oder beides zusammen unter Verwendung einer gemein- samen Kennzeichnung entwickelt hat, seinen Franchisenehmern, die ihrerseits selbstständige Unternehmer sind, den Vertrieb von Produkten oder Service-Leis- tungen überträgt. Es sind zwei Arten des Franchising zu unterscheiden:

Das **Product Distribution Franchising (Waren-Franchising)** ist ein Vertriebssys-   206
tem, das weitgehend dem Vertragshändlervertrag entspricht, jedoch eine Bin- dung des Händlers über den Vertrieb hinaus beinhaltet. Der Franchisenehmer ist insbesondere zur Umsetzung eines vorgegebenen Marketingkonzepts verpflich- tet.

Das **Business Format Franchising (Absatzprogramm-Franchising)** beinhaltet eine   207
Lizenzierung der Marke, der Geschäftsbezeichnung, des Know-how im gesamten System für den Vertrieb von Waren oder Dienstleistungen, und entwickelte sich weltweit zu einer bedeutenden Marketing-Funktion.

Die Franchising-Vereinbarung kann in der **Form eines Betriebsvertrags** abge-   208
schlossen werden, wodurch dem Franchisenehmer das Betreiben eines oder mehrerer Ladengeschäfte erlaubt wird, ohne dass er Unterlizenzen vergeben darf. Sofern die Vertragsparteien die **Form eines Bezirksvertrags** wählen, wird dem Franchisenehmer der Alleinvertrieb für ein bestimmtes Gebiet garantiert, und er kann in diesem Gebiet auch Unterlizenzen vergeben.

Im Unterschied zum **Vertragshändlervertrag** enthält der **Franchise-Vertrag** ein bis   209
ins einzelne geregeltes Organisationssystem einschließlich des Marketing- und Werbungskonzepts, das alle Vertriebsstellen betreut, ferner wird die laufende Unterstützung und Beratung des Franchisenehmers und häufig auch dessen Aus- bildung für das System geregelt. Der Franchise-Vertrag enthält regelmäßig fol- gende Vereinbarungen:

▸ **Lizenzgebühr,** bestehend aus einer einmaligen Grundgebühr und/oder einer   210
   Umsatzbeteiligung.

▸ **Zusagen an den Franchisenehmer,** z. B. hinsichtlich eines Gebietes unter Zusi- cherung der Wettbewerbsfreiheit oder der Festlegung einer finanziellen Hilfe zur Geschäftseröffnung etc.

- **Kontrollrechte des Franchisegebers** beziehen sich z. B. auf die Einkaufsquellen, den Kundendienst, die Befolgung baulicher und organisatorischer Richtlinien und das Sortiment der Waren bzw. das Spektrum der zu erbringenden Dienstleistungen.

- **Buchhaltung und Abrechnung** werden nach einem einheitlichen und verbindlichen System für alle Franchisenehmer durchgeführt, z. B. durch den Einsatz elektronischer Registriersysteme, die alle verkauften Artikel oder erbrachten Dienstleistungen erfassen und an die Abrechnungsstelle des Franchisegebers zur Auswertung weiterleiten.

211 Die **Stärken des Franchisesystems** liegen in der kostensparenden einheitlichen Organisation und dem internationalen Image, das die Konsumenten verschiedener Nationen unter einem gleichen Symbol und Lebensstil verbindet. Der Kunde findet unter der entsprechenden Marke weltweit die gleiche Umgebung vor. Zusätzlich erlangen beide Vertragsparteien betriebswirtschaftliche Vorteile durch Kapitaleinsparungseffekte, Marktüberwachung und Mitbenutzung gewerblicher Schutzrechte.

212 Als **betriebswirtschaftliche Vorteile für den Franchisegeber** ergeben sich die Schaffung eines gesicherten Vertriebsweges, eine höherer Produktivität, ein direkter Marktzugang und die gleichmäßige Marktabdeckung. Franchising ist ein wirksames Organisations- und Führungsinstrument zur Verwirklichung der Unternehmensziele, das zudem kostengünstiger ist als Filialsysteme. Der Franchisegeber übernimmt Sortimentsgestaltung, Werbung, Ladenaufbau, Rechnungs- und Buchhaltungstätigkeit sowie sonstige Verwaltungsaufgaben. Der Franchisenehmer leistet eine Franchisegebühr, und ihm verbleiben die Funktionen des Verkaufs, der Kreditbeschaffung, der Kundenberatung und Kundenbetreuung und beim Produkt-Franchising die Transport- und Lagerfunktion.

213 Der **betriebswirtschaftliche Vorteil für den Franchisenehmer** besteht in erster Linie im Kapitaleinsparungseffekt, denn finanzwirtschaftlich erhält er eine Marketingkonzeption zu einem Preis, der erheblich unter den Kosten liegt, die er zu tragen hätte, wenn er einen ähnlichen Geschäftsbetrieb eröffnen würde. Er profitiert vom Know-how und von der langjährigen Erfahrung des Systems, von der Werbung und der Mitbenutzung gewerblicher Schutzrechte, wie Firmen- und Markenrechte, Patente, Gebrauchsmuster und Design. Ferner erhält er laufende Beratung und Schulung in der Unternehmens- und Personalführung, insbesondere in der erfolgreichen Verkaufs-, Angebots- und Verwaltungstechnik und genießt die Vorteile des Großeinkaufs durch das System.

214 Zu den **einstufigen Erscheinungsformen** des Franchising-Systems gehören Verträge zwischen Hersteller und Großhändler, zwischen Hersteller und Einzelhändler und zwischen Großhändler und Einzelhändler. Im mehrstufigen System kann ein Franchise-Vertrag zwischen dem Hersteller und dem Großhändler und zwischen letzterem und dem Einzelhändler vereinbart werden.

Die **rechtliche Behandlung des Franchise-Vertrags** ist nicht ganz einfach, weil es   215
sich um einen atypischen Vertrag mit Elementen aus dem Kauf-, Pacht-, Werk-,
Dienst-, Lizenz- und Gesellschaftsvertrag handelt. Vielfach wird in Ermangelung
besonderer Vorschriften das **Handelsvertreterrecht analog** angewandt. Der Ausgleich von Nachteilen bei Beendigung des Franchise-Vertrags erfolgt durch Entschädigung für die Dauer des Wettbewerbsverbots analog § 90a HGB, durch einen Ausgleich für die Werbung neuer Kunden analog § 89b HGB und eventuell
durch die handelsrechtlichen Kündigungsfristen, falls keine vertraglichen Sonder-
vereinbarungen vorliegen.

5.6 Handelsmaklervertrag

Der Handelsmakler ist gewerbsmäßig mit der Vermittlung von Verträgen über   216
die Anschaffung oder Veräußerung von Waren oder Wertpapieren, über Versicherungen, Güterbeförderungen, Schiffsmiete oder sonstige Gegenstände des Handelsverkehrs betraut, § 93 HGB. Er ist selbstständiger **Kaufmann gem. § 1 HGB**.
Seine Tätigkeit unterscheidet sich von der eines Handelsvertreters mit Vermitt-
lungsaufgaben dadurch, dass er nicht in ständiger Geschäftsbeziehung zum Unternehmer steht. Besonders wichtig ist, dass er nicht nur die Interessen seines
Auftraggebers zu wahren hat, sondern diejenigen beider Parteien. Dies entspricht
der Vorstellung vom ehrlichen Makler.

Die **Abgrenzung des Handelsmaklers zum Zivilmakler** erfolgt nach dem Gegen-   217
stand der Vermittlung. Die von einem Handelsmakler vermittelten Geschäfte
betreffen **Gegenstände des Handelsverkehrs** und sind damit Handelsgeschäfte
im Sinne von § 343 HGB, doch brauchen die Vertragsparteien keine Kaufleute zu
sein. Der Handelsmakler vermittelt überwiegend folgende Geschäfte:

- **Verträge über die Anschaffung und Weiterveräußerung von Waren (= Waren-**   218
  makler) oder Wertpapieren (= Börsen- oder Effektenmakler)
- **Bankgeschäfte und Kredite (= Finanzmakler)**
- **Versicherungen (= Versicherungsmakler)**
- **Güterbeförderungen**
- **Lizenzverträge über gewerbliche Schutzrechte**
- **Gesellschaftsbeteiligungen**
- **Schiffschartverträge.**

Im Unterschied zum Handelsmakler übernimmt der Zivilmakler die Vermittlung   219
oder den bloßen Nachweis von Grundstücks- und Mietverträgen, Unternehmens-
veräußerungen, Kreditverträgen, Arbeitsverträgen und die Ehevermittlung. Ein
Zivilmakler kann die Kaufmannseigenschaft durch Eintragung ins Handelsregister erwerben, doch wird er dadurch nicht zum Handelsmakler. Ebenso wenig wird
ein Handelsmakler zum Zivilmakler, wenn er im Einzelfall auch einen Unterneh-
menskauf oder einen Kredit vermittelt. Aus dem HGB ergeben sich folgende
Rechte und Pflichten des Handelsmaklers:

220 ▸ Vermittlungstätigkeit, § 93 HGB

▸ Wahrung der Interessen beider Parteien (Treuepflicht)

▸ Schlussnote nach Geschäftsabschluss, § 94 HGB

▸ Haftung gegenüber beiden Parteien, § 98 HGB

▸ Provisionsanspruch (Maklerlohn) gegen beide Parteien, mangels abweichender Vereinbarungen je zur Hälfte, § 99 HGB

▸ Führung eines Tagebuchs, § 100 HGB

▸ Aufwendungsersatzanspruch bei ausdrücklicher Vereinbarung, § 652 Abs. 2 BGB

▸ Treuepflicht, beispielsweise Pflicht zur Mitteilung eines anderweitigen Geschäftsabschlusses an die Parteien

▸ allgemeiner Provisionsanspruch gem. § 354 HGB

▸ Sorgfaltspflicht eines ordentlichen Kaufmanns gem. § 347 HGB.

221 Der **Handelsmakler** ist anders als der **Zivilmakler** nicht zum Tätigwerden verpflichtet, es sei denn, er handelt im Alleinauftrag oder im Festauftrag. Doch hat der Handelsmakler einen Vertragsabschluss zu vermitteln und nicht bloß nachzuweisen. Nach handelsrechtlichen Regeln gilt sein Schweigen auf einen Geschäftsbesorgungsantrag als Annahmeerklärung, vgl. § 362 HGB. Den Handelsmakler trifft eine weitreichende Interessenwahrungs- und Treuepflicht. Dazu gehören auch die Schweigepflicht und umfangreiche Informationspflichten. Der Handelsmakler ist zudem für beide Vertragsparteien als Vermittler tätig; er ist deshalb zu strenger Unparteilichkeit verpflichtet. In aller Regel hat er keine Inkassovollmacht, § 97 HGB, doch entsteht bei entsprechender Vereinbarung ein Provisionsanspruch gem. § 354 HGB. In einzelnen Tätigkeitsfeldern sind Sondergesetze zu beachten, z. B. das Börsengesetz für den Börsenmakler.

6. Die allgemeinen Regeln für Handelsgeschäfte

222 Die Rechtsgeschäfte der Kaufleute — gleich welcher Vertragstyp gegeben ist — unterliegen den Regeln des Handelsrechts. Handelsgeschäfte sind alle Geschäfte des Kaufmanns, die zum Betrieb seines Handelsgewerbes gehören, § 343 HGB. Die Voraussetzungen des Handelsgeschäfts sind:

223 ▸ **Rechtsgeschäft**

▸ **Beteiligung eines Kaufmanns**

▸ **Zugehörigkeit des Rechtsgeschäfts zum Handelsbetrieb.**

224 Da sich im Handelsverkehr nicht ohne Weiteres feststellen lässt, ob das Rechtsgeschäft zum Betrieb des Handelsgewerbes eines Kaufmanns gehört, wird in § 344 HGB eine **gesetzliche Vermutung** aufgestellt, wonach jedes Geschäft eines Kaufmanns als Handelsgeschäft gilt. Es ist Sache des Kaufmanns, diese Vermutung des Gesetzes im Einzelfall zu widerlegen.

Schuldscheine des Kaufmanns, darunter Verpflichtungsscheine, Wechsel, Lager- 225
scheine, Darlehensbekenntnisse, Bürgschaftserklärungen, Schuldversprechen,
Schuldanerkenntnisse, Schecks, Konnossemente, Ladescheine, Transportversicherungspolicen und Namensaktien, gelten als im Betrieb seines Handelsgewerbes
gezeichnet. Der Beweis dafür, dass sie auf Privatgeschäften beruhen, muss sich
aus der Urkunde selbst ergeben, vgl. § 344 Abs. 2 HGB. Nur bei offensichtlichen
Privatgeschäften, z. B. bei einem Mietvertrag über die Wohnung des Kaufmanns,
gilt die gesetzliche Vermutung für ein Handelsgeschäft nicht. Deshalb sind grds.
alle Rechtsgeschäfte, die ein Kaufmann abschließt, als Handelsgeschäfte anzusehen, für die die Regeln des Handelsgesetzbuches gelten.

Beispiel

Bei Verhandlungen über die Lieferung von Baumaterial an einen Bauunternehmer, die zu später Stunde in einem Lokal stattfinden, erklärt ein nicht an dem
Vertrag beteiligter Kaufmann im Gespräch, für die Zahlungsfähigkeit des Lieferanten könne er einstehen. Es handelt sich um eine Bürgschaftserklärung im Sinne des § 765 BGB, die von einem Kaufmann abgegeben wurde und – mangels
entgegenstehender Hinweise – zum Betrieb seines Handelsgewerbes gehört,
§ 344 Abs. 1 BGB. Somit sind die Regeln des Handelsgesetzbuches anzuwenden.
Das Schriftformerfordernis der Bürgschaft gem. § 766 Abs. 1 BGB schützt nur den
nichtkaufmännischen Bürgen, daher ist die mündlich abgegebene Bürgschaftserklärung gem. § 350 BGB wirksam. Ferner steht dem kaufmännischen Bürgen
die Einrede der Vorausklage gem. § 771 BGB nicht zu; er hat sich selbstschuldnerisch verbürgt, vgl. § 349 BGB. Im Fall der Zahlungsunfähigkeit des Lieferanten
wird der Käufer daher mit Erfolg den Kaufmann aus der Bürgschaft in Anspruch
nehmen können.

Es sind **einseitige und beiderseitige Handelsgeschäfte** danach zu unterscheiden, 226
ob auf einer oder beiden Vertragsseiten Kaufleute beteiligt sind. Grundsätzlich
ist das Handelsrecht gleichermaßen für ein- und beiderseitige Handelsgeschäfte
anzuwenden. Ausnahmsweise setzen aber einige Vorschriften, darunter z. B. die
kaufmännische Untersuchungs- und Rügepflicht gem. §§ 377, 378 HGB, ausdrücklich ein beiderseitiges Handelsgeschäft voraus.

Handelsgeschäfte sind **Rechtsgeschäfte im Sinne des BGB** und folgen deshalb 227
hinsichtlich ihres Zustandekommens und Beendigung, der Gestaltung und der
Mängelgewährleistung den Regeln des Bürgerlichen Rechts. Allerdings sind zusätzlich folgende Besonderheiten des Handelsrechts zu berücksichtigen, welche
die Vorschriften des Bürgerlichen Gesetzbuches abändern oder ergänzen:

▶ **Kaufmännische Sorgfaltspflicht gem. § 347 HGB:** 228
   Der Kaufmann hat aus Handelsgeschäften für die **Sorgfalt eines ordentlichen
   Kaufmanns** einzustehen, § 347 HGB. Die kaufmännische Sorgfaltspflicht ent-
   steht als **gesetzliche Nebenleistungspflicht** in allen Rechtsgeschäften und

umfasst im Einzelnen die Verpflichtung zur Wahrheit, zur Vollständigkeit, zur Klarheit, zur Prüfung bei der Übernahme fremder Angaben, zur Berichtigung von unrichtig gewordenen Mitteilungen, zur Priorität des Empfängerinteresses bei Interessenkollisionen, zur Warnung vor drohenden Schäden und gegebenenfalls zur Weitergabe von Informationen.

229 Eine **Verpflichtung zur sorgfältigen Geschäftsausführung** ergibt sich insbesondere für die Geschäftsbesorgungskaufleute aus den von ihnen jeweils abgeschlossenen Geschäftsbesorgungsverträgen, beispielsweise aus dem Handelsvertretervertrag, dem Kommissionsvertrag, dem Kommissionsagentenvertrag, dem Vertragshändlervertrag, dem Franchise-Vertrag und dem Handelsmaklervertrag. Auch in anderen Handelsgeschäften kann sich eine besondere Verpflichtung des Kaufmanns zur sorgfältigen Erteilung von Rat, Auskunft, Aufklärung, zur Abgabe eines wahrheitsgemäßen Zeugnisses und zur Erstellung eines über die wesentlichen Umstände aufklärenden Prospekts ergeben. Die Haftung des Kaufmanns wegen unvollständiger oder unrichtiger Beratung und Aufklärung besteht insbesondere bei **Bankgeschäften**, bei **Anlageempfehlungen und Börsendiensten** und im Bereich der Beratungs- und Gutachtertätigkeit, z. B. für **Unternehmens- oder Werbeberatung** und für die **Erstellung von Gutachten**.

230 Die Rechtsgrundlage für **Schadensersatzansprüche** wegen Verletzung der kaufmännischen Sorgfaltspflichten ist § 280 BGB.[1]

231 ▸ **Handelsbräuche, § 346 HGB:**
Im Handelsverkehr unter Kaufleuten gelten zahlreiche Gewohnheiten und Gebräuche, die auf Branchen oder Regionen beschränkt sind.[2]

232 ▸ **Zustandekommen von Handelsgeschäften:**
Beim Abschluss von Handelsgeschäften sind in Ergänzung zu den vertraglichen Bestimmungen des BGB die **Lehre vom kaufmännischen Bestätigungsschreiben** gem. § 346 HGB und das **Schweigen auf ein Geschäftsbesorgungsangebot** gem. § 362 HGB zu beachten.[3]

233 ▸ **Vertragsstrafen:**
Zudem gibt es in Abänderung der Regelungen zu Vertragsstrafeversprechen (§§ 336, 343 BGB) keine Herabsetzung der von einem Kaufmann versprochenen Vertragsstrafe. Es bleibt lediglich die Möglichkeit bestehen, dass das Vertragsstrafeversprechen gem. §§ 134, 138 BGB nichtig ist, § 348 HGB.

234 ▸ **Formfreiheit für Bürgschaft, Schuldversprechen und Schuldanerkenntnis, § 350 HGB:**
Diese Rechtsgeschäfte bedürfen der Schriftform, vgl. §§ 766, 780, 781 BGB. Gibt ein Kaufmann eine mündliche Bürgschaftserklärung oder ein Schuldversprechen oder ein Schuldanerkenntnis ab, ist diese Erklärung gem. § 350 BGB wirksam. Ferner steht dem kaufmännischen Bürgen die Einrede der Vorausklage nach § 771 BGB nicht zu, vgl. § 349 BGB. Jede Bürgschaftserklärung eines Kaufmanns

---

[1] Vgl. Abschnitt B.2.4 zum Schadensersatz wegen Pflichtverletzung.

[2] Vgl. Abschnitt F.6 zu den Handelsbräuchen.

[3] Vgl. Abschnitte F.6.3 zum kaufmännischen Bestätigungsschreiben und F.6.4 zum Schweigen auf ein Geschäftsbesorgungsangebot.

ist daher selbstschuldnerisch; er haftet ohne Weiteres für den Zahlungsausfall des Schuldners.[1]

▶ **Grundsatz der Entgeltlichkeit, §§ 352 - 354 HGB:**　　235
Bei der Übernahme von Geschäftsbesorgungen und Dienstleistungen durch Kaufleute gilt eine Vergütung als stillschweigend vereinbart, und es entsteht ein **gesetzlicher Provisionsanspruch**, z. B. für die Kapitalbeschaffung, für die Lagerung von Waren oder die Inzahlungnahme eines Gebrauchtwagens beim Erwerb eines Neufahrzeugs. Auch ohne besondere Vereinbarung sind Kaufleute berechtigt, **Fälligkeitszinsen** für ihre Forderungen aus beiderseitigen Handelsgeschäften zu fordern. Der gesetzliche Zinssatz beträgt 5 % über dem Basiszinssatz. Anders als nach §§ 286, 288 BGB ist für die Verzinsung einer Geldschuld kein Verzug erforderlich.

▶ **Leistungszeit, §§ 358, 359 HGB:**　　236
Bei Handelsgeschäften kann die Leistung nur während der gewöhnlichen Geschäftszeiten bewirkt und gefordert werden, z. B. während der Schalterstunden der Banken oder zu den üblichen Ladenöffnungszeiten. Die Bedeutung unbestimmter Zeitangaben ist durch Handelsbrauch zu ermitteln.

▶ **Handelsgut mittlerer Art und Güte, § 360 HGB:**　　237
Ist als Leistungsgegenstand eine Gattungsschuld vereinbart, muss der Verkäufer Durchschnittsware liefern, wie im Handelsverkehr üblich.

▶ **Kontokorrent, §§ 355 ff. HGB:**　　238
Bei lange andauernden ständigen Geschäftsverbindungen kann durch Kontokorrentabrede aus Gründen der Zeit- und Kostenersparnis darauf verzichtet werden, einzelne Ansprüche mit unterschiedlicher Fälligkeit, Verzinsung und Verjährung gesondert zu überwachen, abzurechnen und einzuziehen. Stattdessen werden die aus dieser Geschäftsverbindung entstehenden Ansprüche in eine **laufende Rechnung (= Kontokorrent)** gestellt und nach Zeitabschnitten saldiert.[2]

▶ **Erweiterter Gutglaubensschutz beim Eigentums- und Pfandrechtserwerb, §§ 366 ff. HGB:**　　239
Der Eigentumserwerb vom Nichtberechtigten erfordert nach den Regeln des BGB den guten Glauben des Erwerbers an das Eigentum des Veräußerers. Ist der Kaufvertrag ein Handelsgeschäft des Verkäufers, reicht für den Eigentumserwerb der gute Glaube des Erwerbers an die Verfügungsbefugnis des Kaufmanns über die Sache aus.[3]

Beispiel

Im Zuge seiner Geschäftsauflösung brachte Erikson (E) sein Firmenfahrzeug zu dem Autohändler Anderson (A), um es schätzen zu lassen, wollte es dann aber selbst verkaufen. A veräußerte das Fahrzeug ohne Befragen des E zu einem

---

[1] Vgl. Abschnitt C.4.6 zur Bürgschaft.

[2] Vgl. Abschnitt F.6.4 zur Kontokorrentabrede.

[3] Vgl. Abschnitt E.3 zur Eigentumsübertragung durch Rechtsgeschäft.

günstigen Preis im eigenen Namen an den Kunden Karlson (K) und übergab ihm auch den Kfz.-Brief, in dem E als Halter des Fahrzeugs ausgewiesen war. Der gutgläubige Eigentumerwerb vom Nichtberechtigten gem. §§ 929, 932 Abs. 1 BGB ist ausgeschlossen, weil E im Kfz.-Brief Karlson als Eigentümer eingetragen war. Nach § 366 HGB reicht jedoch der gute Glaube an die Verfügungsbefugnis des Veräußerers (A) für den Eigentumserwerb aus. Diese handelsrechtliche Vorschrift ermöglicht einen gutgläubigen Erwerb beweglicher Sachen auch dann, wenn der Veräußerer befugt ist, über fremdes Eigentum zu verfügen. Denn ein Kaufmann veräußert (oder verpfändet) im Betrieb seines Handelsgewerbes typischerweise – z. B. als Kommissionär – ihm nicht gehörende bewegliche Sachen. Der Kunde K darf aufgrund des Umstands, dass der Autohändler A im Besitz des Kfz.-Briefs ist, darauf vertrauen, dass dieser eine entsprechende Ermächtigung durch einen Dritten (E) hat, daher gem. § 185 I BGB zur Veräußerung berechtigt und damit verfügungsbefugt ist. Er ist daher Eigentümer des Fahrzeugs geworden.

240 ▸ **Kaufmännisches Zurückbehaltungsrecht, § 369 HGB:**
Der Kaufmann hat wegen Geldforderungen aus Handelsgeschäften ein Zurückbehaltungs- und Verwertungsrecht an beweglichen Sachen und Wertpapieren des Schuldners.[1] Mit Ausnahme dieser Besonderheiten gelten für alle Handelsgeschäfte grds. die Vorschriften des Bürgerlichen Rechts. Ist das Handelsgeschäft ein Kaufvertrag, sind ferner die besonderen Regeln über den Handelskauf zu beachten.

6.1 Handelsbräuche und Handelsklauseln

241 Unter Kaufleuten ist in Ansehung der Bedeutung und Wirkung von Handlungen und Unterlassungen auf die im Handelsverkehr geltenden Gewohnheiten und Gebräuche Rücksicht zu nehmen, § 346 HGB. Handelsbräuche sind die **kaufmännischen Verkehrssitten**, die für Kaufleute als verbindlich gelten, selbst wenn sie nicht vereinbart sind. Allerdings gelten sie nicht allgemein wie die Handelsgesetze, sondern beschränkt auf Branchen, Regionen und Börsenplätze (Platz-Usancen). Dennoch ist ihre Geltung im jeweiligen Handelsgeschäft unabhängig von der Kenntnis der Parteien. Wer sich einem bestehenden Handelsbrauch nicht unterwerfen will, muss ihn ausdrücklich ausschließen.

242 Die **Entstehung von Handelsbräuchen** bedarf eines längeren Zeitraums, der Zustimmung aller Beteiligten und der tatsächlichen Übung. Streitigkeiten über das Bestehen und die Auslegung von Handelsbräuchen können z. B. durch ein Gutachten der Industrie- und Handelskammer oder der Handwerkskammer beigelegt werden. **Beispiele für anerkannte Handelsbräuche** sind

---

[1] Vgl. Abschnitt F.6.5 zum kaufmännischen Zurückbehaltungsrecht.

▶ **das kaufmännische Bestätigungsschreiben**[1]   243

▶ **Gewohnheiten unter Kaufleuten**, wie die Unzulässigkeit von Nachnahmesendungen ohne Vereinbarung und ohne Benachrichtigung

▶ **nationale und internationale Handelsklauseln**.

Einige **Handelsbräuche** werden im Folgenden dargestellt, darunter das kaufmännische Bestätigungsschreiben und die nationalen und internationalen Handelsklauseln, die im Außenhandel eine erhebliche Bedeutung für die Beurteilung kaufmännischer Pflichten haben. Handelsklauseln (Trade Terms) sind unter Kaufleuten verbindlich, wenn sie vertraglich vereinbart wurden, unabhängig von der Kenntnis ihrer Bedeutung.[2] Es genügt bereits die Angabe der Handelsklausel oder deren übliche Abkürzung im Vertrag.[3]   244

Fall 20: Kasse gegen Dokumente > Seite 475

Im **nationalen Handelsverkehr** werden zahlreiche gebräuchliche Handelsklauseln vereinbart, deren Auslegung nicht einheitlich ist, sondern sich aus den **kaufmännischen Verkehrssitten gem. § 346 HGB** ergibt. Auch die nationalen Handelsklauseln werden durch Einbeziehung in einen Vertrag für den Kaufmann bindend. Dies gilt selbst für die gebräuchlichen Abkürzungen.   245

▶ **Angebot „fest bis …":** Der Erklärende ist bis zum benannten Termin an sein **Vertragsangebot** gebunden, sodass das Angebot nur innerhalb dieser Frist angenommen werden kann.   246

▶ **Angebot „freibleibend" oder „ohne obligo":** Der Erklärende ist an sein Angebot nicht gebunden und entscheidet erst nach **Eingang der Annahmeerklärung** über den Vertragsabschluss.   247

Dagegen beinhalten die Klauseln **„Preise freibleibend"** oder **„Lieferung freibleibend"** ein bindendes Vertragsangebot, in dem die Höhe des Preises oder der Umfang der Lieferung noch bestimmt werden soll.   248

▶ **Kauf „wie besichtigt":** Die Gewährleistung für solche **Sachmängel** des Kaufgegenstandes wird ausgeschlossen, die bei der Besichtigung erkennbar waren.   249

▶ **Lieferung „auf Abruf":** Der Käufer bestimmt den **Fälligkeitszeitpunkt** der Leistung, muss die Ware jedoch innerhalb einer angemessenen Frist abrufen (Saison).   250

▶ **Lieferung „Frachtfrei" oder „Franko":** Der Verkäufer trägt die Transportkosten abweichend von § 448 BGB. Der Erfüllungsort bleibt jedoch unverändert, weil die Kostenregelung die Frage des Gefahrübergangs nicht berührt, vgl. §§ 446, 447 BGB.   251

---

[1] Vgl. Abschnitt F.6.2 zum kaufmännischen Bestätigungsschreiben.

[2] *Roth* in: *Koller/Roth/Morck*, a. a. O., § 346 Rn. 1 ff.

[3] Vgl. Abschnitt K.5 zu den internationalen Handelsklauseln (Incoterms).

252 ▶ **„Selbstbelieferung vorbehalten":** Der Verkäufer wird von seiner Lieferpflicht frei, wenn er von seinem eigenen Lieferanten nicht beliefert wird, muss jedoch dem Käufer die Rechte aus dem Deckungsgeschäft mit dem Lieferanten abtreten. Der Kaufvertrag steht unter der auflösenden Bedingung der Belieferung des Verkäufers. Sofern dieser keinen Deckungskauf abgeschlossen hat, ist die Selbstbelieferungsklausel unwirksam.

253 ▶ **Zahlung „netto Kasse":** Die Kasse-Klausel beinhaltet grds. die Verpflichtung zur Barzahlung ohne Abzug von Skonto. Es handelt sich um eine Fälligkeitsregelung, wonach bei der Dokumentenvorlage durch den Verkäufer die Zahlungspflicht des Käufers entsteht. In der Form **„Kasse gegen Rechnung und Verladepapiere"** (cash against documents) wird die Barzahlungsverpflichtung unter Ausschluss von Aufrechnungs- und Zurückbehaltungsrechten vereinbart. Der Käufer ist zur Vorleistung verpflichtet und kann erst nach Kaufpreiszahlung die Ware überprüfen und bei Mängeln eventuelle Gewährleistungsrechte geltend machen.

254 ▶ **„Zwischenverkauf vorbehalten":** Das Angebot des Verkäufers steht unter der auflösenden Bedingung des anderweitigen Verkaufs der Ware vor der Annahme des Vertragsangebotes durch den Käufer.

255 Die Liste der aufgeführten **Handelsklauseln** ist keinesfalls abschließend, sondern vermittelt nur einen kleinen Einblick in einige Vertragsformeln, die im Handelsverkehr häufig verwendet werden. Für den Erwerb vertiefender Kenntnisse der Handelsklauseln muss auf die Spezialliteratur verwiesen werden.[1]

6.2 Das kaufmännische Bestätigungsschreiben

256 Ein Handelsbrauch ist auch die Übung unter Kaufleuten, vorausgegangene mündliche Vertragsvereinbarungen anschließend schriftlich zu bestätigen. Die **Lehre vom kaufmännischen Bestätigungsschreiben** findet keine Anwendung, wenn bereits der Vertrag schriftlich abgeschlossen wurde, denn ein schriftlicher Vertrag bedarf keiner weiteren Bestätigung. Da nach mündlichen Verhandlungen ein Bedarf zur Dokumentation des Vertragsinhalts besteht, kommt dem kaufmännischen Bestätigungsschreiben **Festlegungs- und Beweisfunktion** im Handelsverkehr zu. Der Inhalt eines zuvor nur mündlich abgeschlossenen Vertrags wird darin festgelegt. Falls der Empfänger einem kaufmännischen Bestätigungsschreiben nicht unverzüglich nach Erhalt widerspricht, gilt der Inhalt des Schreibens als Vertragsinhalt und kann in einer Auseinandersetzung als Beweisurkunde vorgelegt werden. Die Voraussetzungen des kaufmännischen Bestätigungsschreibens sind folgende:

257 ▶ **Kaufleute oder gleichgestellte Personen**

▶ **mündlicher Vertragsabschluss**

▶ **zusammenfassende schriftliche Bestätigung**

▶ **unmittelbare Absendung des Bestätigungsschreibens**

---

[1] Weitere nationale und internationale Handelsklauseln in den Kommentierungen zu § 346 HGB, z. B. bei *Baumbach/Hopt*, a. a. O., § 346 Anm. 5.

▸ **Redlichkeit des Absenders**

▸ **Schweigen des Empfängers.**

Das **kaufmännische Bestätigungsschreiben** ist ein Brauch unter Kaufleuten, der   258
auch bei einer kaufmannsähnlichen Teilnahme am Geschäftsverkehr anzuwenden ist. Daher können auch Freiberufler, Landwirte oder Kleingewerbetreibende
Absender oder Empfänger kaufmännischer Bestätigungsschreiben sein. Für beide
Teile muss der Vertrag ein Handelsgeschäft oder ein in die berufliche Sphäre fal-
lendes Geschäft sein.[1]

In einem kaufmännischen Bestätigungsschreiben wird auf vorausgegangene Ver-   259
handlungen mit dem **Ergebnis des mündlichen Vertragsabschlusses** Bezug genommen. Es müssen telefonische oder persönliche Gespräche vorausgegangen
sein. Ein Schreiben im Verlauf der Verhandlungen kann ein schriftliches Vertragsangebot, eine Bezugnahme auf einen vorausgegangenen Antrag kann eine
Vertragsannahme sein. Dagegen enthält das kaufmännische Bestätigungsschreiben die schriftliche **Zusammenfassung des zuvor mündlich vereinbarten Vertragsinhalts**, sodass aus dem Schreiben die Bezugnahme auf die vorangegangene
Einigung der Vertragsparteien hervorgeht. Lässt das Schreiben erkennen, dass in
einem Punkt noch keine Einigung erzielt wurde, handelt es sich nicht um ein
kaufmännisches Bestätigungsschreiben.

In der betrieblichen Praxis ist das kaufmännische Bestätigungsschreiben sowohl   260
von der **„Bestellung"** als auch von der **„Auftragsbestätigung"** abzugrenzen. Es
handelt sich bei der Bestellung und häufig auch bei der Auftragsbestätigung um
Willenserklärungen einer Vertragspartei. Beide Erklärungen sind rechtlich als Angebot bzw. Annahme anzusehen, sodass nach vorausgegangener Bestellung erst
durch die Auftragsbestätigung der Vertrag zu Stande kommt. Eine Abweichung
der Auftragsbestätigung von dem in der Bestellung enthaltenen Angebot hat die
Bedeutung einer Ablehnung verbunden mit einem neuen Angebot und müsste
von dem Vertragspartner erst angenommen werden, um den Vertragsabschluss
zu bewirken, § 150 BGB. Das kaufmännische Bestätigungsschreiben enthält dagegen eine Zusammenfassung des Inhalts eines zuvor mündlich abgeschlossenen Vertrags; es bezieht sich daher auf die bereits bestehende Einigung. Da im
Einzelfall auch ein mündlich erzieltes Verhandlungsergebnis bestätigt werden
kann, muss insoweit zwischen einem deklaratorischen und einem konstitutiven
Bestätigungsschreiben unterschieden werden.

Es entspricht dem Handelsbrauch, das Bestätigungsschreiben **unmittelbar nach**   261
den Vertragsverhandlungen abzusenden. Die Wirkungen des kaufmännischen
Bestätigungsschreibens können erst mit dem Zugang beim Empfänger eintreten,
doch kommt es dabei nicht auf die tatsächliche Kenntnisnahme an, sondern auf
den Eingang des Schreibens im Unternehmen. Die Lehre vom kaufmännischen
Bestätigungsschreiben wird dabei auch angewandt, wenn der Absender zwar

---

[1] *Roth* in: *Koller/Roth/Morck*, a. a. O., § 346 Rn. 24.

nicht Kaufmann ist, aber gleich einem Kaufmann am Handels- und Geschäftsleben teilnimmt.

262 Der Absender des Bestätigungsschreibens wird nur dann in seinem **Vertrauen auf das Schweigen des Empfängers** geschützt, wenn er sich selbst redlich verhält. Unredlich handelt insbesondere ein Kaufmann, der wider besseres Wissen einen noch nicht zu Stande gekommenen Vertragsabschluss bestätigt oder bewusst Änderungen oder Ergänzungen des Vertragsinhalts wiedergibt. Abweichungen des kaufmännischen Bestätigungsschreibens von den vorangegangenen mündlichen Vereinbarungen sind nur bindend, wenn sie geringfügig oder dem Absender nicht bewusst sind. Sofern die Vertragsverhandlungen von einem Vertreter geführt wurden, kommt es auf dessen Redlichkeit an, denn der Kaufmann muss sich die Arglist seines Vertreters zurechnen lassen und kann sich nicht auf seine eigene Unkenntnis berufen.

Beispiel

Der Käufer bestätigt durch ein Schreiben folgende telefonische Vertragsvereinbarung: *„Kaufvertrag über … (Leistungsgegenstand) … zum Preis von … (Kaufpreis) … abzüglich 3 % Skonto … Lieferung am … (Leistungszeit) … nach … (Leistungsort)".* Vorausgesetzt, der Empfänger ist Kaufmann, wird der Inhalt des kaufmännischen Bestätigungsschreibens zum Vertragsinhalt, wenn er nicht unverzüglich widerspricht.

263 Da beide Parteien an die **Festlegungs- und Beweisfunktion** gebunden sind, können auch Abweichungen von den mündlichen Vereinbarungen Vertragsinhalt werden. Falls der mündliche Vertragsabschluss unwirksam war, gilt er nun mit dem Inhalt des kaufmännischen Bestätigungsschreibens als erfolgt. Im Einzelfall kommt dem Bestätigungsschreiben somit konstitutive Wirkung zu. Es ist aber darauf zu achten, dass die **Wirkungen des kaufmännischen Bestätigungsschreibens** nur dann eintreten, wenn der Empfänger nicht unverzüglich widerspricht:

▸ **Das Schweigen des Empfängers auf ein kaufmännisches Bestätigungsschreiben gilt als Einverständnis mit dessen Inhalt.**

264 Der Kaufmann kann die Rechtsfolge des kaufmännischen Bestätigungsschreibens ausschließen, indem er unverzüglich widerspricht. Der im Handelsgesetzbuch häufig auftretende Begriff **„unverzüglich"** bedeutet **„ohne schuldhaftes Zögern"**, vgl. § 121 BGB. Danach muss der Kaufmann durch die Organisation seines Betriebes dafür sorgen, dass ihm die Schreiben im ordentlichen Geschäftsablauf vorgelegt werden. Im Fall von Geschäftsreisen, Urlaub oder Erkrankungen und in größeren Unternehmen sind für die zügige Erledigung der Geschäfte im Handelsverkehr geeignete Vertreter zu bestellen. Zwar kann die unverzügliche

Reaktionszeit im Einzelfall unterschiedlich lang sein; länger als ein bis zwei Tage ist sie üblicherweise nicht. Der Widerspruch ist nicht formgebunden und kann daher auch mündlich erfolgen. Doch ist zu beachten, dass ein verspäteter Widerspruch die bereits eingetretenen Wirkungen des kaufmännischen Bestätigungsschreibens nicht mehr beseitigen kann.

Ausnahmsweise ist der **Widerspruch entbehrlich bei Arglist des Absenders oder** 265 **erheblichen Abweichungen**, die regelmäßig der Arglist gleichstehen. Auch zwei sich kreuzende kaufmännische Bestätigungsschreiben sind unbeachtlich, wenn sie sich inhaltlich widersprechen. Im Interesse der Rechtssicherheit und um zeit- und kostenintensive Rechtsstreitigkeiten zu vermeiden, ist dem Kaufmann zu raten, im Zweifel einem kaufmännischen Bestätigungsschreiben unverzüglich zu widersprechen.

6.3 Schweigen auf einen Geschäftsbesorgungsantrag

Als Besonderheit des Handelsverkehrs gilt das **Schweigen eines Kaufmanns auf** 266 **einen Antrag zur Geschäftsbesorgung** als Annahme des Vertragsantrags. Durch einen Antrag auf Geschäftsbesorgung und das Schweigen des kaufmännischen Empfängers kommt ein Geschäftsbesorgungsvertrag mit dem Inhalt des Antrags zu Stande, falls die Voraussetzungen des § 362 HGB vorliegen. Diese Vorschrift ist auf zwei unterschiedliche Sachverhalte anzuwenden:

► **Im ersten Fall geht es um die Wirkung des Schweigens eines Geschäftsbesor-** 267 **gungskaufmanns bei bestehender Geschäftsverbindung gem. § 362 Abs. 1 Satz 1 HGB.**

Voraussetzungen: 268

- **Geschäftsbesorgungskaufmann**
- **Geschäftsverbindung**
- **Antrag auf eine Geschäftsbesorgung (Angebot)**
- **Schweigen des Geschäftsbesorgungskaufmanns.**

Geschäftsbesorgungskaufleute sind mit der Wahrnehmung fremder Interessen 269 beauftragt. Dabei handelt es sich beispielsweise um Banken, Finanzierungsgesellschaften, Personalberater, Werbeberater und andere Unternehmensberater, Handelsvertreter, Kommissionäre, Kommissionsagenten, Handelsmakler, Spediteure und Lagerhalter. Eine **Geschäftsverbindung** setzt eine gewisse Dauer voraus, sodass der Antrag auf eine Geschäftsbesorgung nur von einem Kunden des Geschäftsbesorgungskaufmanns ausgehen kann.

Beispiel

Der Kaufmann unterhält ein Wertpapierdepot bei seiner Bank und beauftragt diese, für ihn bestimmte Aktien zu kaufen. Durch das Schweigen der Bank kommt ein Geschäftsbesorgungsvertrag zu Stande.

270　Der **Antrag auf die Geschäftsbesorgung** muss sich auf solche Geschäfte beziehen, die in dem Handelsgewerbe üblicherweise vorkommen, z. B. Antrag auf Übernahme einer Beförderung an einen Spediteur, Antrag auf Übernahme einer Kommission an einen Kommissionär, Antrag auf Finanzierungsberatung an eine Finanzierungsgesellschaft etc.

271　Als Rechtsfolge des § 362 BGB gilt das **Schweigen** des Geschäftsbesorgungskaufmanns als **Annahme des Antrags**. Der Geschäftsbesorgungskaufmann kann diese Rechtsfolge nur vermeiden, wenn er dem Angebot unverzüglich widerspricht. Durch sein Schweigen kommt ein Geschäftsbesorgungsvertrag zu Stande, sodass der Geschäftsbesorgungskaufmann schadensersatzpflichtig wird, wenn er das Geschäft nicht ausführt.

272　▸ **Im zweiten Fall geht es um die Wirkung des Schweigens eines Kaufmanns nach vorherigem Erbieten einer Geschäftsbesorgung gem. § 362 Abs. 1 Satz 2 HGB.**

273　Voraussetzungen:

- **Kaufmann**

- **Erbieten einer Geschäftsbesorgung**

- **Antrag auf die erbotene Geschäftsbesorgung (= Vertragsangebot)**

- **Schweigen des Kaufmanns.**

274　Nach dem Wortlaut des § 362 Abs. 1 Satz 2 HGB wird bei dieser Sachlage einem Kaufmann unabhängig vom Gegenstand seines Handelsgewerbes eine Geschäftsbesorgung angeboten. Das **Erbieten einer Geschäftsbesorgung** ist keine Willenserklärung und damit auch kein Antrag auf einen Vertragsabschluss, sondern bloße invitatio ad offerendum. Es muss darin hinreichend konkret zum Ausdruck gebracht werden, dass eine bestimmte Geschäftsbesorgung ausgeführt werden kann. Dies geschieht bereits durch Zusendung einer Werbedrucksache oder ähnliche tatsächliche Angebote einer Dienstleistung. Wenn der Empfänger aufgrund dieses Vorgangs einen **Vertragsantrag hinsichtlich der erbotenen Geschäftsbesorgung** macht, ist der Kaufmann verpflichtet, darauf unverzüglich zu reagieren.

Beispiel

Karl Kaufmann erhält die Werbebroschüre einer Speditionsfirma, in der für Speditionsaufträge im Umkreis von 100 km des Firmensitzes besondere Vertragskonditionen offeriert werden. Daraufhin erteilt Karl Kaufmann der Spedition einen Auftrag. Auch wenn die Spedition schweigt, kommt der Geschäftsbesorgungsvertrag gem. §§ 453, 362 Abs. 1 Satz 2 HGB zu Stande; führt sie den Speditionsauftrag nicht aus, wird sie schadensersatzpflichtig, § 280 BGB.

Das **Schweigen des Kaufmanns**, dem der Antrag auf die erbotene Geschäftsbesorgung zugeht, gilt als **Annahme** des Vertragsangebotes. Damit ist der Geschäftsbesorgungsvertrag durch Angebot und das Schweigen als handelsrechtliche Fiktion der Annahme zu Stande gekommen. Der Kaufmann hat die **Möglichkeit des unverzüglichen Widerspruchs**, um der vertraglichen Bindungswirkung mit den daraus entstehenden Leistungspflichten oder den Schadensersatzfolgen bei Nichtausführung der Geschäftsbesorgung zu entgehen.

275

6.4 Die Kontokorrentabrede

Im kaufmännischen Geschäftsverkehr wird durch die Vereinbarung einer Kontokorrentabrede vermieden, dass jede Forderung einzeln abgerechnet wird. Der Zeit- und Kostenaufwand durch Abrechnung, Überwachung und Durchsetzung vieler einzelner Forderungen und ihre unterschiedliche Behandlung nach Fälligkeit, Verzinsung und Verjährung ist nicht unerheblich. Deshalb werden bei umfangreichen Geschäftsverbindungen durch eine **Kontokorrentabrede** die Forderungen nur buchmäßig erfasst, am Ende eines vereinbarten Zeitabschnittes verrechnet (= **Saldierung**) und durch eine einzige neue Forderung (= **Saldo**) ersetzt.

276

Es sind in der Praxis zwei Erscheinungsformen der Kontokorrentabrede zu unterscheiden, das **Periodenkontokorrent** und das **Staffelkontokorrent**. § 355 HGB betrifft das Periodenkontokorrent, wonach die in Rechnung gestellten Ansprüche und Leistungen nach bestimmten Zeitabschnitten saldiert werden. Dagegen wird beim Staffelkontokorrent laufend jede Gut- und Lastschrift verrechnet, sodass nur eine Saldoforderung der Partei besteht, zu Gunsten derer die Saldierung einen Überschuss ergeben hat.

277

Ein **beiderseitiges Handelsgeschäft** ist nicht erforderlich, sodass ein Kontokorrent auch in einer Geschäftsverbindung zwischen einem Kaufmann und einem Nichtkaufmann vereinbart werden kann. Der häufigste Anwendungsfall ist das Bankkontokorrent (Girovertrag) zwischen einer Bank und ihren Privat- oder Geschäftskunden. Voraussetzungen der Kontokorrentabrede gem. § 355 HGB:

278

▸ **Kaufmann auf einer Vertragsseite**

279

▸ **Geschäftsverbindung (Giro- oder Kreditverbindung)**

▸ **Kontokorrentabrede.**

280 Eine **Kontokorrentabrede** ist die Vereinbarung darüber, dass die beiderseitigen Ansprüche und Leistungen zunächst nur als Rechnungsposten zu behandeln und erst nach bestimmten Zeitabständen zu verrechnen sind. Die gesetzliche **Rechnungsperiode** beträgt ein Jahr, doch sind abweichende Vereinbarungen möglich. Nach Ablauf der vereinbarten Abrechnungsperiode ist der **Überschuss (= Saldo)** festzustellen und der Gegenseite zur Anerkennung mitzuteilen.

281 Neben der Abrechnungsperiode können in der Kontokorrentabrede Vereinbarungen über Verzinsung, Kündigung und Sicherheiten getroffen werden. Eine Kontokorrentabrede kann in jedem Vertrag vereinbart werden, üblicherweise erfolgt sie in Verträgen zwischen dem Hersteller und den Vertriebs- oder Transportpersonen, z. B. in Handelsvertreterverträgen oder in Speditionsverträgen.

282 Die **Rechtsfolgen der Kontokorrentabrede** sind danach zu unterscheiden, ob der Zeitraum während der Rechnungsperiode oder nach Abschluss der Rechnungsperiode betrachtet wird. Die Wirkungen des Kontokorrents während der Rechnungsperiode, also im Zeitabschnitt zwischen zwei Rechnungsabschlüssen, sind folgende:

283 ▸ **Der Gläubiger kann über die Forderungen nicht verfügen,** d. h. er kann sie weder einklagen noch abtreten, verpfänden oder aufrechnen und die Forderungen unterliegen auch nicht der Pfändung durch einen Dritten.

▸ **Der Verzug des Schuldners ist ausgeschlossen** und die Erfüllungswirkung kann nicht eintreten.

▸ **Die Verjährung der Forderung ist gehemmt.**

284 Nach Abschluss der Rechnungsperiode erfolgt eine **Verrechnung und Feststellung des Saldos** durch die kontoführende Vertragspartei und eine Mitteilung des Saldos, verbunden mit der Bitte um Anerkennung oder Widerspruch. Die **Saldomitteilung** ist rechtlich als Antrag auf Abschluss eines Schuldanerkenntnisvertrags anzusehen. Dieser Antrag wird durch eine formfreie **Saldoanerkennung** angenommen, für den Kaufmann gem. § 350 HGB und für den Nichtkaufmann gem. § 782 BGB, da die Erklärung aufgrund einer Abrechnung erfolgt. Die Wirkungen des Kontokorrents nach Abschluss der Rechnungsperiode sind folgende:

285 ▸ **Verrechnung und Feststellung des Saldos**

▸ **Saldomitteilung (= Antrag)**

▸ **Saldoanerkennung (= Annahme)**

▸ **durch Antrag und Annahme ist ein konstitutives Schuldanerkenntnis der Saldoforderung erfolgt.**

Durch Saldomitteilung und Saldoanerkennung entsteht ein **Anspruch aus einem konstitutiven Schuldanerkenntnisvertrag**. Die konstitutive Wirkung des Schuldanerkenntnisvertrages liegt darin, dass der Schuldgrund für die Saldoforderung durch den Vertragsabschluss geschaffen wurde, sodass es auf die Anspruchsgrundlagen für die ursprünglichen Forderungen – z. B. aus Kaufverträgen oder Speditionsverträgen – nicht mehr ankommt. Allerdings bestehen die Sicherheiten für die früheren Einzelforderungen fort, wie Bürgschaft, Sicherungszession oder Sicherungsübereignung.   286

Fehler bei der Verrechnung können vor der Saldoanerkennung uneingeschränkt geltend gemacht werden. Nach der Saldoanerkennung gibt es bei Buchungs- und Rechenfehlern nur noch die Möglichkeiten der Nichtigkeit oder Anfechtung des Vertrags.[1] Ein Irrtum über die Vollständigkeit und Richtigkeit des Saldos berechtigt allerdings nicht zur Anfechtung, sondern lediglich ein Irrtum über Umstände, die zu Buchungs- und Rechenfehlern geführt haben. Ein Rückforderungsanspruch kann aber auch außerhalb des Vertrags nach den Rechtsgrundsätzen der ungerechtfertigten Bereicherung bestehen.[2]   287

Das Kontokorrent endet mit der Geschäftsverbindung, durch Insolvenz, durch Kündigung oder durch Aufhebungsvereinbarung. Eine Kündigung des Kontokorrents ist jederzeit möglich, auch während der Dauer einer Rechnungsperiode, § 355 Abs. 3 HGB. Der Saldoanspruch aus dem konstitutiven Schuldanerkenntnisvertrag unterliegt der allgemeinen Verjährungsfrist von drei Jahren.   288

6.5 Das kaufmännische Zurückbehaltungsrecht

Im Handelsverkehr gibt das kaufmännische Zurückbehaltungsrecht dem Kaufmann ein bedeutendes **Sicherungsrecht** im Rahmen von Geschäftsverbindungen, in denen andere Sicherungsformen, z. B. die Sicherungsübereignung oder die Sicherungszession, als Misstrauen empfunden werden. Das kaufmännische Zurückbehaltungsrecht gem. § 369 HGB ist ein **Leistungsverweigerungsrecht**, das für den Kaufmann neben das Zurückbehaltungsrecht gem. § 273 BGB tritt.[3]   289

Während das bürgerlich-rechtliche Zurückbehaltungsrecht die Konnexität voraussetzt, indem der fällige Anspruch des Schuldners aus demselben rechtlichen Verhältnis wie die Forderung des Gläubigers stammen muss, ist für das kaufmännische Zurückbehaltungsrecht eine **Konnexität entbehrlich**. Ein kaufmännischer Werkunternehmer hat ein Zurückbehaltungsrecht an den Gegenständen, die durch den Werkvertrag in seinen Besitz gelangt sind, auch hinsichtlich einer Forderung aus einem anderen Vertrag mit seinem Kunden.   290

---

[1] Vgl. Abschnitt B.1.4 zu den Willensmängeln.

[2] Vgl. Abschnitt D.2 zur ungerechtfertigten Bereicherung.

[3] Vgl. Abschnitt C.4.4 zum Zurückbehaltungsrecht.

291   Die **Rechtsfolgen des kaufmännischen Zurückbehaltungsrechts** sind vorteilhafter als nach Bürgerlichem Recht, denn neben dem Leistungsverweigerungsrecht steht dem Kaufmann auch ein Verwertungsrecht zu. Voraussetzungen des kaufmännischen Zurückbehaltungsrechts gem. § 369 HGB:

- ▸ **Kaufleute**

- ▸ **fällige Geldforderung aus beiderseitigem Handelsgeschäft**

- ▸ **Besitzerlangung an beweglichen Sachen oder Wertpapieren mit Willen des Schuldners aus beiderseitigem Handelsgeschäft.**

292   Danach entsteht das kaufmännische Zurückbehaltungsrecht nur wegen fälliger **Geldforderungen aus beiderseitigen Handelsgeschäften**. Allerdings ist keine Konnexität erforderlich, d. h. der Gegenstand des Zurückbehaltungsrechts und die Geldforderung können aus verschiedenen Handelsgeschäften stammen.

Beispiel

Der Kaufmann K bringt sein Betriebsfahrzeug zur Reparatur in die Werkstatt der Firma Schnell GmbH. Die Reparaturwerkstatt ist gem. § 6 HGB Formkaufmann. Nach Beendigung der Reparatur macht sie die Herausgabe des Fahrzeugs davon abhängig, dass eine noch offene Rechnung aus einem vorhergehenden Reparaturauftrag bezahlt wird. Dies ist ein Leistungsverweigerungsrecht wegen einer Geldforderung aus einem beiderseitigen Handelsgeschäft gem. § 369 HGB.

293   Das **kaufmännische Zurückbehaltungsrecht** kann durch Gesetz oder durch vertragliche Vereinbarung ausgeschlossen sein. Kraft Gesetzes ist das Zurückbehaltungsrecht ausgeschlossen, wenn ein Dritter einen Herausgabeanspruch an der Sache hat, wenn die Zurückbehaltung missbräuchlich wäre oder wenn der Schuldner eine andere Sicherheit stellt, vgl. § 369 Abs. 2 - 4 HGB.

Beispiel

Das reparierte Betriebsfahrzeug ist nicht Eigentum des K, sondern steht unter dem Eigentumsvorbehalt eines Vertragshändlers, von dem K den Lkw erworben hat. Die Werkstatt Schnell GmbH hat zwar ein kaufmännisches Zurückbehaltungsrecht wegen des Zahlungsanspruchs gegen K, nicht jedoch gegen den Vertragshändler. Sofern K seine fälligen Kaufpreisraten aus dem Kaufvertrag über den Lkw nicht zahlt und der Vertragshändler von seinem Eigentumsvorbehalt Gebrauch macht, ist die Schnell GmbH zur Herausgabe des Fahrzeugs an den Vertragshändler (Eigentümer des Lkw) verpflichtet, § 985 BGB.

Die **Rechtsfolgen des kaufmännischen Zurückbehaltungsrechts** ergeben sich aus § 371 HGB: 294

▶ **Leistungsverweigerungsrecht (= Einrede):** Der berechtigte Gläubiger kann gegenüber dem Schuldner die Herausgabe der Sache verweigern.

▶ **Verwertungsrecht:** Der berechtigte Gläubiger kann entweder die Geldforderung einklagen und aus dem Zahlungstitel die Zwangsvollstreckung betreiben, indem er den zurückbehaltenen Gegenstand pfänden und verkaufen lässt, oder er kann aus einem Vollstreckungstitel (Urteil oder vollstreckbare Urkunde) vorgehen, indem er den Gegenstand verkaufen lässt (durch öffentliche Versteigerung, freihändigen Verkauf oder durch einen Gerichtsvollzieher).

Das Zurückbehaltungsrecht gibt dem Kaufmann **im Fall der Insolvenz** seines Vertragspartners ein Absonderungsrecht. Der absonderungsberechtigte Gläubiger erhält im Insolvenzverfahren wegen seiner Geldforderung aus der Verwertung des zurückbehaltenen Gegenstands ein Recht zur abgesonderten Befriedigung, vgl. §§ 165 ff., 170 InsO.   295

7. Der Handelskauf

Ein Handelskauf ist jeder **Kaufvertrag über Waren oder Wertpapiere**, sofern eine Vertragspartei die Kaufmannseigenschaft hat. Der Handelskauf ist ein spezieller Vertragstyp, der zu den Handelsgeschäften gehört. Es finden neben den allgemeinen bürgerlich-rechtlichen Vorschriften der §§ 433 ff. BGB über den Kaufvertrag zusätzlich die Bestimmungen in den §§ 373 ff. HGB Anwendung. Die handelsrechtlichen Vorschriften gelten als lex specialis gegenüber dem Bürgerlichen Recht. Darin finden sich ergänzende und abändernde Regelungen für Kaufverträge, an denen Kaufleute beteiligt sind.   296

7.1 Annahmeverzug

Die Voraussetzungen und **Rechtsfolgen des Annahmeverzugs** (= Gläubigerverzug) ergeben sich auch im Handelskauf wie für alle anderen Verträge grds. aus den §§ 293 ff. BGB. Danach kommt der Käufer in Verzug, wenn er die ihm ordnungsgemäß angebotene Leistung nicht annimmt.[1] In Ergänzung zu den Rechtsfolgen des BGB hat der Verkäufer im Handelskauf gem. § 373 HGB folgende Möglichkeiten: 297

▶ **ein erweitertes Recht zur Hinterlegung**   298

▶ **ein erweitertes Recht zum Selbsthilfeverkauf**

▶ **ein Wahlrecht zwischen Hinterlegung und Selbsthilfeverkauf.**

Nach den Vorschriften des BGB kann der Verkäufer die Sachen beim Amtsgericht hinterlegen, sofern sie **hinterlegungsfähig** sind (Geld, Wertpapiere, Urkunden   299

---

[1] Vgl. Abschnitt B.3.2 zum Verzug.

und Kostbarkeiten). Er kann die Sachen – sofern sie nicht hinterlegungsfähig sind – im Wege des Selbsthilfeverkaufs versteigern lassen und den Erlös hinterlegen. Nach § 373 HGB werden diese Rechte erweitert. Der Verkäufer im Handelskauf kann nach seiner Wahl

300 ▸ **jede Ware auf Gefahr und Kosten des Käufers in sicherer Weise hinterlegen oder**

▸ **jede Ware an jedem geeigneten Ort öffentlich versteigern oder freihändig verkaufen.**

301 Die **Hinterlegung** kann bei allen Gegenständen des Handelskaufs erfolgen, und zwar entweder in einem öffentlichen Lagerhaus oder an einer sicheren Hinterlegungsstelle, beispielsweise bei einem privaten Lagerhalter[1] oder in eigenen Lagerräumen. Gefahr und Kosten der Hinterlegung trägt der Käufer. Bei der Verwahrung durch den Verkäufer in eigenen Lagerräumen entsteht ein Aufwendungsersatzanspruch gem. §§ 670, 683 BGB. Der Verkäufer hat dem Käufer die Hinterlegung anzuzeigen.

302 Der **Selbsthilfeverkauf** ist nur **nach vorheriger Androhung** zulässig. Die Androhung kann unterbleiben, wenn die Ware dem Verderb ausgesetzt oder Gefahr im Verzug ist oder andere Gründe entgegenstehen. Die Durchführung des Selbsthilfeverkaufs erfolgt gem. § 373 Abs. 5 HGB. Danach muss der Verkäufer vorher den Käufer von Zeit und Ort der Versteigerung und nachher über den Verkauf benachrichtigen. Im Fall der öffentlichen Versteigerung können Käufer und Verkäufer mitbieten. Ein freihändiger Verkauf ist nur bei Waren oder Wertpapieren möglich, die einen Börsen- oder Marktpreis haben. **Rechtsfolgen** des Selbsthilfeverkaufs:

303 ▸ Der Selbsthilfeverkauf erfolgt für Rechnung des Käufers; damit tritt die **Erfüllung** der Leistungspflicht des Verkäufers ein.

▸ Der **Kaufpreisanspruch** des Verkäufers gegenüber dem Käufer bleibt bestehen.

▸ Der Käufer hat Anspruch auf **Herausgabe des Erlöses** aus dem Selbsthilfeverkauf.

304 Danach kann der Verkäufer mit seinem Kaufpreisanspruch gegen den Anspruch des Käufers auf Herausgabe des Erlöses aufrechnen. Da der **Selbsthilfeverkauf** nicht nur für Rechnung, sondern auch im Auftrag des Käufers erfolgt, entsteht ein Aufwendungsersatzanspruch des Verkäufers gem. § 670 BGB.

7.2 Spezifikationshandelskauf

305 Ein Spezifikationshandelskauf (= **Bestimmungskauf**) liegt vor, wenn in einem Kaufvertrag über eine bewegliche Sache dem Käufer die nähere Bestimmung über Form, Maß oder ähnliche Verhältnisse des Kaufgegenstandes vorbehalten wird, § 375 HGB.

---

[1] Vgl. Abschnitt F.8.2 zum Lagervertrag.

Eine derartige Vereinbarung wird häufig im **Textil-, Papier-, Holz- und Kunststoff-** 306
handel getroffen. Insbesondere auf Märkten, die starken Schwankungen unterliegen, bietet sich diese Vertragsgestaltung an, weil bei fest vereinbartem Preis
und Warenmenge der Käufer auf die Anforderungen der Branche noch kurzfristig
reagieren kann, z. B. auf die Saisonfarben der Mode oder auf saisonbedingte star-
ke Nachfrage. Dadurch vermindert sich für den Käufer das Absatz- und Beschaf-
fungsrisiko und die Preis- und Kostenkalkulation wird erleichtert.

Die Verpflichtung des Käufers, durch Erklärung gegenüber dem Verkäufer die nä- 307
here Bestimmung zu treffen, ist eine Hauptleistungspflicht im Spezifikationshandelskauf. Deshalb regelt das Gesetz die **Rechtsfolgen des Verzugs** des Käufers mit
der Spezifikationspflicht in § 375 Abs. 2 HGB:

- **Selbstspezifikation** 308

- **Schadensersatz statt der Leistung**

- **Rücktritt vom Vertrag**

- **Recht zur Hinterlegung**

- **Recht zum Selbsthilfeverkauf**

- **Ersatz des Verzögerungsschadens.**

Der **Eintritt des Verzugs** setzt grds. eine **Mahnung** voraus, vgl. § 286 BGB. Die 309
Mahnung ist entbehrlich, wenn eine Leistungszeit nach dem Kalender bestimmt
ist, was beim Spezifikationshandelskauf regelmäßig zutrifft.

Als Rechtsfolge des Verzugs des Käufers mit der Spezifikationspflicht kann der 310
Verkäufer gem. § 375 HGB durch **Selbstspezifikation** die erforderliche Bestim-
mung selbst vornehmen. Die Selbstspezifikation bindet beide Vertragsparteien.
Falls der Käufer die Sache nicht abnimmt, gerät er in Annahmeverzug.

Anstelle der Selbstspezifikation kann der Verkäufer gem. § 281 BGB **Schadenser-** 311
satz statt der Leistung verlangen oder gem. § 323 BGB von dem Vertrag zurücktreten. Der Verkäufer muss dem Käufer zur Erfüllung der Spezifikationspflicht
eine Frist setzen, verbunden mit einer Ablehnungsandrohung, falls nicht ein In-
teressewegfall eingetreten ist.

Falls der Käufer sich nicht nur wegen der fehlenden Spezifikation im Schuldner- 312
verzug, sondern auch mit der Abnahme der Kaufsache im Gläubigerverzug (=
Annahmeverzug) befindet, entstehen auch die Rechtsfolgen des § 373 HGB mit
den Möglichkeiten der Hinterlegung und des Selbsthilfeverkaufs.

7.3 Fixhandelskauf

In einem Handelskaufvertrag kann eine **Fixklausel** gem. § 376 HGB in dem Sinne 313
vereinbart werden, dass der Bestand des Vertrags vom **Leistungszeitpunkt** abhängen soll. Ein Fixhandelskauf entsteht nicht schon durch ein besonderes Inte-

resse an einer bestimmten Fristeinhaltung für die Leistung oder durch die Vereinbarung eines Liefertermins. Vielmehr muss aus der Vereinbarung hervorgehen, dass die Nichteinhaltung des Termins die Verzugsfolgen ohne Mahnung auslöst. Besondere Erscheinungsformen des Fixhandelskaufs sind beispielsweise Börsen- und Devisentermingeschäfte.

Beispiele

Fixklauseln sind z. B. die Vereinbarungen *„fix zum … (Datum/Kalenderwoche/Monat)"*, *„genau …"*, *„Nüsse zu Weihnachten"*, *„Hochzeitstorte zur Feier"*, *„Osterhasen zu Ostern"*, die Abholklauseln im Handelskauf, d. h. ein Vermerk von Ort und Zeit der Verladung der Ware durch den Absender. Einige internationale Handelsklauseln, wie FOB (free on board), CFR (cost and freight) und CIF (cost, insurance and freight) werden nach Handelsbrauch als Fixgeschäft angesehen.[1]

Dagegen beinhalten die Vereinbarungen *„ohne Nachfrist"*, *„binnen kürzester Frist"*, *„täglich"*, *„sofort"*, *„spätestens bis Ende des Monats (der Kalenderwoche)"* keine Fixklausel. Zweifel wirken gegen die Auslegung als Fixgeschäft.

314 In der betrieblichen Praxis sind im Hinblick auf die Rechtsfolgen **absolute** und **relative Fixgeschäfte** zu unterscheiden. Sofern die Leistung nur zu einer bestimmten Zeit erbracht werden kann, während nach Ablauf der Leistungszeit der Leistungszweck nicht mehr erreicht werden kann, liegt ein absolutes Fixgeschäft vor.

315 Die Bestellung einer Taxe zum Flughafen, um ein bestimmtes Flugzeug zu erreichen, ist ein **absolutes Fixgeschäft**; ebenso Kauf- oder Werkverträge über Saisonartikel, Theater- oder Konzertveranstaltungen und die meisten Dauerschuldverhältnisse wie Raummiete, Dienstverträge, Energielieferungsverträge etc., weil die Leistung nach Verstreichen des Leistungszeitraums nicht nachholbar ist. Es kann keine ordnungsgemäße Vertragserfüllung eintreten, nachdem die Leistungszeit vorüber ist. Im absoluten Fixgeschäft geht die Leistungspflicht mit Erreichen des Fixtermins unter, sodass die Rechtsfolgen der Unmöglichkeit gegeben sind, vgl. § 275 BGB.

316 In **relativen Fixgeschäften** werden ebenfalls Fixklauseln vereinbart, doch ist auch nach Ablauf des Erfüllungszeitraumes die Leistung noch möglich. Kaufmännische Verträge mit Fixklauseln sind überwiegend als relative Fixgeschäfte zu qualifizieren. Solange das kaufmännische Unternehmen fortbesteht, kann die vereinbarte Leistung auch nach Erreichen des Leistungstermins mit Erfüllungswirkung erbracht werden. Daher sind auf das relative Fixgeschäft bei Erreichen der Leistungszeit die Vorschriften über den Verzug anzuwenden, §§ 280 ff. BGB.

---

[1] Vgl. Abschnitt K.5 zu den internationalen Handelsklauseln.

Die Vertragsabwicklung wird durch die **Rechtsfolgen des § 376 HGB** beschleu- 317
nigt:

► Der Käufer hat ein **Rücktrittsrecht**, ohne dass Verzug des Verkäufers erforderlich
  wäre (verschuldensunabhängiges Rücktrittsrecht).

► Der Erfüllungsanspruch des Käufers bleibt nur bei sofortiger Anzeige erhalten.

► Im Verzugsfall hat der Käufer die Wahl zwischen **Rücktritt oder Schadensersatz
  wegen Nichterfüllung**, ohne dass es einer Fristsetzung bedarf.

Die Schadensberechnung kann nach Wahl des Käufers konkret oder abstrakt er- 318
folgen. Die **konkrete Schadensberechnung** wird aufgrund eines Deckungskaufs
oder -verkaufs vorgenommen. Bei Waren mit Börsen- oder Marktpreis muss das
Deckungsgeschäft sofort nach dem Ablauf der bedungenen Leistungszeit oder
der Leistungsfrist bewirkt werden. Das Deckungsgeschäft wird in öffentlicher
Versteigerung, durch einen Handelsmakler oder durch einen Versteigerer vorgenommen, vgl. § 376 Abs. 3 HGB. Die **abstrakte Schadensberechnung** ergibt sich
durch die Differenz zwischen dem Kaufpreis und dem Börsen- oder Marktpreis
oder dem voraussichtlichen Deckungsverkaufserlös zurzeit und am Ort der geschuldeten Leistung, vgl. § 376 Abs. 2 HGB.

7.4 Untersuchungs- und Rügepflicht

Die kaufmännische Untersuchungs- und Rügepflicht ist in der betrieblichen Pra- 319
xis von erheblicher Bedeutung. Falls der **Kaufvertrag für beide Teile ein Handelsgeschäft** ist, hat der Käufer die Ware unverzüglich nach der Ablieferung durch den
Verkäufer, soweit dies „nach ordnungsmäßigem Geschäftsgang tunlich ist", zu
untersuchen und, wenn sich ein Mangel zeigt, dem Verkäufer unverzüglich Anzeige zu machen, § 377 Abs. 1 HGB.

Diese Verpflichtung besteht sowohl in Kaufverträgen über **Waren** und **Wertpa-** 320
piere, als auch im **(Werk-)Lieferungsvertrag**, vgl. § 381 HGB. Dagegen gibt es in
anderen Verträgen oder in einem Kaufvertrag über ein Grundstück keine derartigen Rechtspflichten. Die kaufmännische Untersuchungs- und Rügepflicht dient
der Beschleunigung des Warenumsatzes und soll den Verkäufer in die Lage ver-
setzen, auf fehlerhafte Lieferungen unverzüglich zu reagieren, indem er in seinem
Betrieb organisatorische Maßnahmen zur Fehlervermeidung trifft, beispielsweise die Qualitätssicherung oder die Kontrollen der Vorlieferanten verändert. **Voraussetzungen** der kaufmännischen Untersuchungs- und Rügepflicht:

► **beiderseitiger Handelskauf oder (Werk-)Lieferungsvertrag** 321

► **Waren oder Wertpapiere**

► **Ablieferung der Waren durch den Verkäufer**

► **Mangelhaftigkeit der Ware (Qualitäts-, Quantitäts- oder Artabweichungen)**

► **kein arglistiges Verschweigen des Mangels durch den Verkäufer**

► **kein Ausschluss durch Vereinbarung.**

322 Die **Voraussetzung des beiderseitigen Handelsgeschäfts** bedeutet, dass beide Vertragsparteien im Zeitpunkt des Vertragsabschlusses Kaufleute sein müssen und das Geschäft zum Betrieb ihres Handelsgewerbes gehört. Die Kaufmannseigenschaft ist gem. §§ 1 ff. HGB zu überprüfen, während die Zugehörigkeit des Kaufvertrags zum Gewerbebetrieb gem. § 344 HGB vermutet wird.

323 Die **kaufmännische Untersuchungs- und Rügepflicht** in beiderseitigen Handelskaufverträgen und Werklieferungsverträgen betrifft die Überprüfung der gelieferten Waren auf Abweichungen von der vertraglich geschuldeten Leistung hinsichtlich

- **Qualität (= Sachmangel)**
- **Quantität (= Minderlieferung)**
- **Aliud- oder Falschlieferung (= Artabweichung).**

324 Für den **Qualitätsmangel** ist der Begriff des Sachmangels im Kaufvertrag gem. § 434 Abs. 1 BGB heranzuziehen. Die Sache ist mangelfrei, wenn sie bei Gefahrübergang die vereinbarte Beschaffenheit hat. Ein Qualitätsmangel liegt somit vor, wenn die gelieferte Ware nicht die vereinbarte Beschaffenheit aufweist. Soweit die Beschaffenheit nicht vereinbart ist, ist die Sache mangelfrei, wenn sie sich für die nach dem Vertrag vorausgesetzte Verwendung eignet oder wenn sie sich für die gewöhnliche Verwendung zwar eignet und eine Beschaffenheit aufweist, die bei Sachen der gleichen Art üblich ist und die der Käufer nach der Art der Sache erwarten kann § 434 Abs. 2 BGB erweitert den Sachmangelbegriff auf unsachgemäße Montage durch den Verkäufer und auf mangelhafte Montageanleitungen.

325 Eine **Minderlieferung** ist dann gegeben, wenn eine geringere als die vertraglich vereinbarte Menge von Waren geliefert wird. Im Kaufvertragsrecht wird nur die Minderlieferung dem Mangel gleichgestellt, vgl. § 434 Abs. 3, 2. Alt. BGB. Daher ist nur bei einer Minderlieferung die kaufmännische Rügepflicht unstreitig gegeben. Allerdings ist davon auszugehen, dass Kaufleute aufgrund ihrer besonderen Sorgfaltspflicht gem. § 347 HGB auch bei Feststellung einer Mehrlieferung zur Rüge verpflichtet sind. Denn im kaufmännischen Geschäftsverkehr werden nicht nur Waren für den Handel geliefert, die bei Mehrlieferungen höhere Lagerkosten verursachen können, sondern auch Teile, Vorprodukte und Materialien für die Produktion, sodass jede Quantitätsabweichung der Lieferung von der Bestellung sich auf den Fertigungsprozess auswirken kann. Im Fall einer Mehrlieferung hat die fehlende oder verspätete Mängelrüge keine Genehmigungsfiktion zur Folge, sondern stellt eine Vertragsverletzung dar.

326 Eine **Falschlieferung** liegt vor, wenn eine andere als die vertraglich vereinbarte Art der Ware geliefert wird, vgl. § 434 Abs. 3, 1. Alt BGB. Die **Aliud-Lieferung (= Artabweichung)** unterliegt grds. auch der kaufmännischen Untersuchungs- und Rügepflicht.

Beispiele

Im Kaufvertrag wurde die Lieferung von 100 Kartons zu je 6 Flaschen „Großbott-warer Riesling" eines bestimmten Jahrgangs vereinbart.

Beispiel 1
Beim Eintreffen der Weinlieferung stellt der Käufer Verfärbungen fest und öffnet probehalber eine Flasche. Der Wein ist verdorben. Selbst wenn der Wein noch trinkbar wäre und sich damit für die nach dem Vertrag vorausgesetzte Verwendung eignete, weist er nicht die für Sachen der gleichen Art übliche Beschaffenheit auf, die der Käufer erwarten kann. Der Begriff des Sachmangels gem. § 434 Abs. 1 Nr. 2 BGB ist erfüllt und die Qualitätsabweichung daher unverzüglich zu rügen.

Beispiel 2
Beim Eintreffen der Weinlieferung stellt der Käufer fest, dass der Jahrgang von der Bestellung abweicht. Es handelt sich um eine Artabweichung (Aliud) gem. § 434 Abs. 3 BGB, sodass den Käufer die unverzügliche Rügepflicht trifft. Versäumt er die Mängelanzeige, verliert er seine Gewährleistungsansprüche aus dem Kaufvertrag, denn die Ware gilt als genehmigt.

Beispiel 3
Beim Eintreffen der Weinlieferung stellt der Käufer fest, dass nicht 100, sondern nur 98 Kartons der bestellten Weinsorte geliefert wurden. Es liegt eine Minderlieferung und damit ein Mangel gem. § 434 Abs. 3 BGB vor. Auch in diesem Fall besteht die kaufmännische Pflicht zur unverzüglichen Rüge; ein Versäumnis kann zur Genehmigung der Minderlieferung führen, während der vereinbarte Kaufpreis für 100 Kartons zu zahlen ist.

Inhalt und Umfang der kaufmännischen Untersuchungsobliegenheit bestimmen 327
sich nach den Umständen des Einzelfalls. Von Bedeutung sind

- die Art der gelieferten Ware
- die Warenmenge
- die Branchenüblichkeit
- die technischen Möglichkeiten des Käufers
- die finanzielle Zumutbarkeit.

Nach **Art der gelieferten Ware** können Fehler der Kaufsache durch eine Untersu- 328
chung des äußeren Zustandes festgestellt werden, z. B. bei Möbeln, Einrichtungs-gegenständen und Baumaterialien. Falls die gelieferten Stoffe bei ihrer Verwendung besonderer Belastung ausgesetzt sind wie z. B. Autolackfarben, sind Belastungsproben auf Licht- und Farbechtheit oder Säurebeständigkeit zu nehmen. Sofern Maschinen und technische Geräte geliefert werden, sind sie anzuschließen, und es ist ein Probelauf durchzuführen. Bei technisch komplizierten Geräten wird eine längere Untersuchung nötig sein. Bei Chemikalien, Textilien

und anderen Waren sind Sachverständige für die Material- und Beschaffenheits-
überprüfung hinzuzuziehen.

329 Wird eine größere **Warenmenge** geliefert, sollten Stichproben gemacht werden.
Bei einer Lieferung geringfügigen Umfangs genügt eine Überprüfung der äußeren Beschaffenheit auf Verfalldatum, Qualitäts-, Mengen- und Gewichtsangaben
und eventuellen Transportschäden.

Beispiel

Nach einem Handelskaufvertrag werden zwölf Konservendosen geliefert. In diesem Fall ist das Öffnen einer Dose nicht zumutbar, weil der Verlust in keinem
Verhältnis zum Umfang der Lieferung steht. Es wäre ausreichend, die Ware auf
äußerlich erkennbare Transportschäden zu untersuchen und das Verfallsdatum
zu prüfen. Werden 100 Kartons zu je 12 Dosen geliefert, sind Stichproben durch
Öffnen einer oder mehrerer Dosen aus verschiedenen Kartons erforderlich.

330 Auch die **Branchenüblichkeit** spielt eine Rolle. So ist es z. B. im Textilhandel unüb-
lich, gelieferte Stoffballen nachzumessen, weil durch das Auf- und Einrollen per
Hand das äußere Erscheinungsbild der maschinell gewickelten Stoffe leidet. Nur
bei geringen Liefermengen ist deshalb das Nachmessen erforderlich, andernfalls
reicht die Überprüfung der Mengenangaben auf dem Lieferschein aus.

331 Die **Untersuchungsfrist** ist kurz, denn der Käufer hat die Ware **unverzüglich** nach
der Ablieferung zu untersuchen. Auch die Untersuchungsfrist hängt von den Umständen des Einzelfalls ab, beispielsweise von

- der Art des Mangels
- der Art und Beschaffenheit der Ware
- Art und Dauer der notwendigen Untersuchung
- der Branchenübung.

332 Falls die Mängel bereits durch äußeres Anschauen erkennbar sind, muss der Käufer keine weiteren Untersuchungen vornehmen und kann den Mangel dem Verkäufer sofort anzeigen. Ergeben sich die Mängel erst durch Belastungsproben,
Hinzuziehung von Sachverständigen oder durch den Gebrauch, muss dem Käufer
eine **angemessene Untersuchungsfrist** zugebilligt werden. Doch ist der Käufer
verpflichtet, im ordnungsgemäßen Ablauf seines Handelsunternehmens dafür
zu sorgen, dass die Untersuchung unverzüglich eingeleitet wird. In aller Regel
geschieht dies mit der Wareneingangsprüfung.

333 Der **Inhalt und Umfang der kaufmännischen Rügepflicht** ist gesetzlich dahingehend bestimmt, dass der Käufer nach Abschluss der Untersuchung dem Verkäufer **unverzüglich Anzeige** zu erstatten hat, § 377 Abs. 1 HGB. Diese Mängelrüge

bedarf keiner besonderen Form, muss aber substantiiert sein, d. h. der Verkäufer muss Art und Umfang der gerügten Mängel erkennen können.

Beispiel

Der Käufer beschwert sich nach Erhalt der Ware telefonisch, indem er in einem Wutanfall äußert, die Sachen seien vollkommen unbrauchbar. Dies ist keine substantiierte Mängelrüge. Sagt er dagegen *„das Verfalldatum der Konserven ist überschritten"* oder *„die gelieferten Äpfel sind überwiegend angefault"* oder *„die Textilien weisen Farbabweichungen auf"*, ist er seiner Verpflichtung zur substantiierten Anzeige des Mangels nachgekommen.

Zur Wahrung seiner Rechte genügt die rechtzeitige **Absendung der Anzeige (= Mängelrüge) durch den Käufer**, § 377 Abs. 4 HGB. Die Gefahr einer verzögerten Zustellung oder des Verlusts der Anzeige hat der Verkäufer zu tragen. Zwar ist eine besondere Form nicht vorgeschrieben, aus Beweisgründen empfiehlt sich aber die Schriftform der Mängelrüge. Die Pflicht zur unverzüglichen Mängelrüge bedeutet für den Käufer, dass er dem Verkäufer einen Mangel ohne schuldhaftes Zögern, also unmittelbar nach der Entdeckung des Mangels, anzeigen muss.   334

Die **Frist zur unverzüglichen Rüge** beginnt, wenn sich ein Mangel im Zuge der ordnungsgemäßen Untersuchung zeigt, vgl. § 377 Abs. 1 HGB. Infolgedessen müssen **offensichtliche Mängel**, die ohne längere Untersuchung bereits nach außen erkennbar sind, sofort nach Erhalt der Ware gerügt werden. Um **verborgene Mängel** handelt es sich, wenn diese bei ordnungsgemäßer Untersuchung nicht erkennbar sind. Verborgene Mängel sind erst zu rügen, wenn sie entdeckt werden.   335

Beispiele

Der Käufer hat 100 Kartons mit je zwölf Dosen Rindfleisch erhalten und diese ordnungsgemäß untersucht, indem er fünf Stichproben gemacht hat, die einwandfrei waren. Erst nach dem Weiterverkauf, als mehrere Wochen verstrichen sind, stellt sich heraus, dass ein Teil der Ware verdorben war. Der Käufer genügt seiner Pflicht zur unverzüglichen Mängelrüge, wenn er dem Verkäufer diesen Umstand mitteilt, sofort nachdem er selbst durch seine Kunden davon erfahren hat.

Gegenstand des Kaufvertrags ist ein Computerprogramm für die Lohn- und Gehaltsabrechnung. Der Käufer lässt die Software in seinem Betrieb installieren, doch zeigen die Probeläufe nicht die erwarteten Ergebnisse. Erst nach acht Monaten stellt sich unter Hinzuziehung eines Sachverständigen heraus, dass die Fehler in der Lohn- und Gehaltsabrechnung nicht auf die Unkenntnis der Mitarbeiter, sondern auf einen Programmierfehler zurückzuführen sind. Erst zu diesem Zeitpunkt entsteht die unverzügliche Rügepflicht des Käufers.

336 Da die kaufmännische Untersuchungspflicht gesetzlich nicht zwingend geregelt ist, können die Parteien **einzelvertragliche Abweichungen** vereinbaren.

337 Die **Untersuchungsobliegenheit** kann durch Qualitätssicherungsvereinbarungen vom Käufer auf den Verkäufer (Zulieferer) verlagert werden, indem dieser die Qualitätssicherung und -kontrolle in seinem Betrieb durchführt. Die Wareneingangsuntersuchung ist eine Obliegenheit des Kaufmanns, die auch durch andere Personen erfolgen kann, z. B. durch Spezialeinrichtungen bei der Stichprobenkontrolle angelieferter Chemikalien. Die Unterlassung der Wareneingangsuntersuchung stellt sich aber als Verletzung der allgemeinen Verkehrssicherungspflicht dar und kann im Schadensfall Produkthaftungsansprüche zur Folge haben. Stichprobenartige Eingangsprüfungen sind daher zu empfehlen; eine zweite Qualitätsuntersuchung muss dagegen nicht erfolgen, weil hierfür ein doppelter technischer und personeller Aufwand erforderlich wäre.

Beispiel

Eine Vereinbarung in dem Sinne „der Zulieferer übernimmt die Qualitätssicherung unter Verzicht des Bestellers auf die Wareneingangsprüfung" hätte sowohl handelsrechtliche als auch produkthaftungsrechtliche Folgen. Dagegen kann die spezifizierte Verpflichtung des Zulieferers zur Einrichtung eines Qualitätssicherungssystems, ergänzt um Informations- und Dokumentationspflichten diese Haftungsrisiken minimieren.

338 Die **kaufmännische Rügepflicht** kann nicht vollständig ausgeschlossen, wohl aber eingeschränkt oder erweitert werden, indem z. B. nur offensichtliche Mängel der sofortigen Anzeige unterliegen,[1] eine schriftliche Mängelanzeige verlangt oder eine vertragliche Rügefrist bestimmt wird. Um branchen- oder unternehmensbezogene Vereinbarungen zu erreichen, wird von der vertraglichen Gestaltungsfreiheit Gebrauch gemacht, wobei der Regelungsgehalt des § 377 erhalten bleiben muss.

Beispiel

„Mängelrügen sind nur wirksam, wenn sie schriftlich erhoben werden. Wird eine Teillieferung beanstandet, beschränkt sich die Wirkung der Mängelrüge nur auf diese Teillieferung. Die Verpflichtung zur Abnahme der weiteren Teillieferungen bleibt hiervon unberührt."

---

[1] Im Hinblick auf die Folgen für die Produzentenhaftung sollte der Kaufmann sich nicht vollständig auf die Qualitätssicherung beim Lieferanten oder Zulieferer verlassen, sodass der völlige Verzicht auf die Durchführung einer Wareneingangskontrolle nicht geraten ist. Transportschäden und äußerlich erkennbare Mängel sind in jedem Fall zu rügen.

Die **Rechtsfolge der ordnungsgemäßen Untersuchung und Rüge** ist der Erhalt der 339
Mängelgewährleistungsrechte aus dem Kaufvertrag gem. §§ 434 ff. BGB. Dabei
knüpft der Gesetzgeber an die unterlassene Untersuchung der Waren noch keine
Folgen. Die für eine ordnungsgemäße Untersuchung aufzuwendende Zeit bestimmt vielmehr die Rügefrist. Erst die verspätete oder unterlassene Mängelrüge
löst die **Genehmigungsfiktion** für Qualitäts-, Quantitäts- und Artabweichungen
der gelieferten von der bestellten Ware gem. § 377 Abs. 2 HGB aus.

Im Einzelnen folgt daraus für die Rechte des Käufers auf die vereinbarte Erfüllung 340
des Vertrags oder auf Mängelgewährleistung:

▶ **Ordnungsgemäße Mängelrüge:** 341
Der Käufer behält seine Ansprüche gem. §§ 434 ff. BGB auf Nacherfüllung und
die weiteren Mängelgewährleistungsrechte. Er kann zunächst nach seiner
Wahl gem. § 439 BGB Mängelbeseitigung oder Lieferung einer mangelfreien
Sache verlangen. Bei einer **Mehrlieferung** besteht die Rügepflicht aufgrund der
allgemeinen kaufmännischen Sorgfaltspflicht gem. § 347 HGB, sodass die Genehmigungsfiktion des § 377 Abs. 2 HGB zwar nicht eintritt, die unterlassene
Rüge jedoch eine Vertragspflichtverletzung darstellt. Der Käufer muss die zu
viel gelieferte Warenmenge an den Verkäufer zurückerstatten. Ihn trifft eine
Aufbewahrungspflicht, und bei verderblicher Ware muss er für einen Notverkauf sorgen, vgl. § 379 HGB. Die Kosten für Aufbewahrung und Notverkauf hat
der Verkäufer zu tragen.

▶ **Fehlende unverzügliche Mängelrüge:** 342
Die **gesetzliche Genehmigungsfiktion** gem. § 377 Abs. 2 HGB wirkt sich als Aus-
schlusstatbestand für die Gewährleistungsansprüche des Käufers aus. Die
Ware gilt als genehmigt, d. h. in der von der Bestellung abweichenden Qualität,
Art oder Menge. Damit verliert der Käufer die ihm nach den Grundsätzen der
Sachmängelhaftung im Kaufvertrag gem. §§ 434 ff. BGB zustehenden Gewähr-
leistungsrechte. Der Anspruch auf Nacherfüllung kann nicht mehr geltend ge-
macht werden.

Der Käufer bleibt bei fehlender **unverzüglicher Mängelrüge** zur Zahlung des ver- 343
einbarten Kaufpreises verpflichtet. Er muss daher für die gelieferten Waren den
vollen Kaufpreis zahlen, obwohl sie einen Mangel aufweisen.

Im **Fall der nicht gerügten Minderlieferung** hängt seine Zahlungspflicht davon 344
ab, ob es sich um eine offene oder versteckte Minderlieferung handelt. Liegt eine
offene Minderlieferung vor und ergibt sich die Mengenabweichung aus dem Lieferschein, der Rechnung oder sonstigen Mitteilungen des Verkäufers, muss der
Käufer nur die tatsächliche (Minder-) Lieferung zahlen. Ist eine **versteckte Minderlieferung** gegeben, indem die Mengenabweichungen sich nicht aus den äußeren Umständen ergeben, bleibt der Käufer zur Zahlung des vertraglich vereinbarten Kaufpreises verpflichtet. In diesem Fall der versteckten Minderlieferung
realisiert sich das Risiko der fehlenden Mängelrüge.

Fall 21: Thunfisch in Dosen > Seite 475

345 Der Käufer entgeht seiner Pflicht zur ordnungsgemäßen Untersuchung und Rüge nicht durch einen Weiterverkauf. Im **Fall eines Streckengeschäfts** liefert der Verkäufer den Kaufgegenstand unmittelbar an den Abnehmer des Käufers. Dennoch hat der Käufer sicherzustellen, dass er seiner kaufmännischen Untersuchungs- und Rügepflicht nachkommen kann, indem er dafür sorgt, dass die ordnungsgemäße Untersuchung der Ware durch den Abnehmer vorgenommen wird und ihm eventuelle Mängel unverzüglich mitgeteilt werden. Insofern bleibt die Verpflichtung zur unverzüglichen Mängelanzeige weiterhin bei dem Käufer, während sich beim Streckengeschäft nur die Rügefrist um die für die Übermittlung der Mängelanzeige des Abnehmers erforderliche Zeit verlängert. In diesem Fall empfiehlt sich die vertragliche Verlängerung der Rügefrist.

346 Die kaufmännische **Untersuchungs- und Rügepflicht** entfällt, wenn der Verkäufer den Mangel arglistig verschwiegen hat, vgl. § 377 Abs. 5 HGB. Arglist des Verkäufers wird angenommen, wenn er den Mangel kennt oder mindestens einen Mangel vermutet, den der Käufer beanstanden könnte.

Übersicht 08: Die kaufmännische Untersuchungs- und Rügepflicht		
Qualitätsmangel	**Falschlieferung (Aliud)**	**Minderlieferung**
Art und Umfang der Untersuchungspflicht:		
Wareneingangsprüfung nach Einzelfall und Handelsbrauch	Wareneingangsprüfung nach Einzelfall und Handelsbrauch	Warenmenge nachzählen, messen oder wiegen
Art und Umfang der kaufmännischen Rügepflicht:		
unverzügliche Anzeige durch substantiierte Beschreibung des Sachmangels	**unverzügliche Anzeige** durch substantiierte Beschreibung der Falschlieferung	**unverzügliche Anzeige** durch substantiierte Beschreibung der Mängelabweichung
Rechtsfolgen der ordnungsgemäßen Rüge:		
Sachmängelgewährleistungsansprüche gem. §§ 434 ff. BGB bleiben erhalten	Sachmängelgewährleistungsansprüche gem. §§ 434 ff. BGB bleiben erhalten	Sachmängelgewährleistungsansprüche gem. §§ 434 ff. BGB bleiben erhalten
Rechtsfolgen der nicht ordnungsgemäßen Rüge:		
Ware gilt als genehmigt	**Ware gilt als genehmigt**	**Ware gilt als genehmigt**
Anmerkung: Die Kaufpreiszahlung ergibt sich unverändert aus dem Kaufvertrag wie bei einer mangelfreien Lieferung und reduziert sich nur bei einer offenen Minderlieferung.		

7.5 Sukzessivlieferungsvertrag

347 Zur Durchführung **langfristiger Liefer- und Bezugsvereinbarungen** kann ein Sukzessivlieferungsvertrag abgeschlossen werden. Es handelt sich um einen Kauf-

oder Werklieferungsvertrag, der als Dauerschuldverhältnis ausgestaltet ist, indem die Leistung in zeitlich aufeinanderfolgenden Raten erbracht werden soll. Diese Ratenlieferungsverträge werden in aller Regel über einen längeren bestimmten oder unbestimmten Zeitraum abgeschlossen und durch Kündigung beendet. Nach dem Grundsatz der Vertragsfreiheit kann vereinbart werden, dass die Abnahmemenge sich nach dem jeweiligen Bedarf richtet, z. B. bei Energielieferungsverträgen, oder dass eine bestimmte Abnahmemenge in vorgegebener Zeit (Monat, Quartal, Jahr) abgerufen werden muss.

Beispiele

Beispiel 1
In einem Getränkelieferungsvertrag wird eine Bezugsbindung mit dem Inhalt vereinbart, dass der Gastwirt wöchentlich eine feste Mindestmenge bestimmter Getränke abzunehmen hat.

Beispiel 2
Im industriellen Einkauf wird die regelmäßige Belieferung mit Komponenten für die Produktion vereinbart.

Der Sukzessivlieferungsvertrag (auch: **Ratenlieferungsvertrag** oder **Ratenbezugs-**   348
vertrag) enthält eine Rahmenvereinbarung, wonach Teilmengen aus einer Gesamtbestellung in festen Zeiträumen abgerufen werden. Infolgedessen ergeben sich für den Sukzessivlieferungsvertrag folgende Mindestbestandteile:

- **Gesamtbestellung**

- **Teilmengen**

- **feste Abrufzeiträume bzw. -termine.**

Die **betriebswirtschaftlichen Vorteile** für den Käufer bestehen darin, dass ihm die   349
Rahmenvereinbarung eine flexible Abwicklung trotz langfristiger Bindung infolge des Abrufs nach Bedarf garantiert, dass die Zahlung nach jeweiliger Einzellieferung erfolgt, dass er Mengenrabatt nach dem Gesamtvolumen der bestellten Ware erhält und dass er eine Bezugsbindung des Verkäufers erhält. Die Interessenlage für den Verkäufer besteht in der Möglichkeit der Steuerung der Produktions- und Absatzmengen, der Erleichterung der Produktionsplanung und der Bindung des Käufers.

Infolge der **Besonderheiten der Sukzessivlieferung** sollten neben den branchen-   350
üblichen Geschäftsbedingungen die Möglichkeiten allgemeiner Regelungen, zugeschnitten auf die jeweiligen betrieblichen Bedürfnisse, vorgesehen werden, soweit diese nach dem den Vorschriften über Allgemeine Geschäftsbedingungen zulässig sind:

- Festlegung von Warenart und -umfang (Gesamtumfang/Teillieferungen)
- Abruf der ersten Teillieferung zu einem festen Zeitpunkt
- Abruf der Folgelieferungen nach entsprechenden Zeitabschnitten oder Vereinbarung von Fixterminen (= Fixklausel)
- Preise und Preisanpassungsklauseln (= Preisgleitklauseln)[1]
- Vertragsnebenkosten (Montage, Vorleistungen, Entwürfe)
- Zahlungsbedingungen (Nachnahme, Bankeinzug, Rechnung, Skonto)
- Transport und Verpackung
- Schriftformklauseln, insbesondere für Mängelrügen.

351 Die **Abrufklausel** hat die rechtliche Bedeutung, dass der Käufer durch seinen Abruf die Fälligkeit der Leistung bestimmt. Mit dem Abruf (= fälligkeitsbegründende Handlung) wird regelmäßig eine Mahnung (= verzugsbegründende Handlung) verbunden, falls nicht schon im Rahmenvertrag entsprechende Fixklauseln enthalten sind. Der Verkäufer gerät aber nur dann in Verzug, wenn er die Lieferverzögerung auch zu vertreten hat, vgl. § 286 BGB. Der Hinweis des Schuldners bzw. Verkäufers, das für die Herstellung notwendige Material sei ihm von seinem Vorlieferanten nicht geliefert worden, ist nicht ausreichend, um das Vertretenmüssen und damit die Verzugsfolgen auszuschließen. Auch eventuelle Liquiditätsschwierigkeiten hat der Schuldner zu vertreten.

Beispiele

Die **Fälle der sog. höheren Gewalt** wie totale Sperrung des Verkehrsweges oder zeitweise Stillegung des Betriebs infolge von Kriegshandlungen schließen die Verzugsfolgen aus.

Andererseits hat der Schuldner **Streikfolgen** regelmäßig zu vertreten, daher werden Freizeichnungsklauseln für Leistungshindernisse infolge von Arbeitskämpfen vereinbart (= Streikklausel).

352 Die **Vereinbarung von Fixklauseln** hinsichtlich der einzelnen Teillieferungen lässt das Rücktrittsrecht gem. § 376 HGB entstehen.[2] Dadurch ergibt sich für den Käufer der Vorteil, dass er die Teillieferung zurückweisen kann und erst zur Abnahme der nächsten Teillieferung verpflichtet ist. Fixtermine sind für den Käufer insoweit günstiger, als er ohne Verzug und ohne Fristsetzung zum Rücktritt gem. § 323 Abs. 2 Nr. 2 BGB einen Ersatzlieferanten einschalten kann, während der Verkäufer zur Reduzierung der Liefermenge verpflichtet ist. Der Eintritt des Verzugs wird durch die in der Fixklausel enthaltene Fälligkeitsabrede erleichtert, so-

---

[1] BGH, NJW 1985, 426.

[2] Vgl. Abschnitt F.7.3 zum Fixhandelskauf.

dass im Falle des Verschuldens neben dem Erfüllungsanspruch der Ersatz des Verzögerungsschadens gem. §§ 280, 286 BGB geltend gemacht werden kann.

Wenn bei einem Sukzessivlieferungsvertrag der Schuldner mit einzelnen Raten in Verzug gerät, handelt es sich um einen **Teilverzug** einer Warenlieferung. Der Gläubiger bzw. Käufer kann nach § 323 BGB grds. nur hinsichtlich derjenigen Raten vorgehen, mit denen der Schuldner der Teillieferung in Verzug geraten ist. Nur wenn infolge des Schuldnerverzugs das Interesse des Gläubigers an der Vertragsdurchführung insgesamt entfällt, kann er vom Vertrag zurücktreten und Schadensersatz verlangen, nachdem eine Frist zur Leistung oder Nacherfüllung erfolglos abgelaufen ist. Dabei betrifft der Rücktritt in aller Regel den noch nicht abgewickelten Vertragsteil, während der Vertrag, soweit er schon durchgeführt wurde, nicht mehr betroffen wird. 353

8. Einzelne Handelsgeschäfte

Das Handelsgesetzbuch enthält neben den allgemeinen Vorschriften für Handelsgeschäfte und den besonderen Bestimmungen für den Handelskauf auch einzelne Handelsgeschäfte, die den Vertrieb, den Transport und die Lagerhaltung betreffen. 354

Im internationalen Handel haben sich z. B. durch das Franchising Vertriebssysteme entwickelt, die aus dem Grundsatz der Vertragsfreiheit über die nach deutschem Handelsrecht bestehenden Formen des Handelsvertreter- und des Kommissionsvertrags hinausgehen. Die Grundformen der Transport- und Lagerverträge – **Fracht-, Speditions- und Lagervertrag** – sind in handelsrechtlichen Sondervorschriften enthalten. 355

8.1 Frachtgeschäft

Der Frachtvertrag gem. §§ 407 ff. HGB ist ein Werkvertrag, durch den der Frachtführer die Güterbeförderung für den Absender übernimmt. Durch den Frachtvertrag wird der Frachtführer verpflichtet, das Frachtgut zum Bestimmungsort zu befördern und dort an dem Empfänger abzuliefern. Der Absender wird verpflichtet, die vereinbarte Fracht zu zahlen. Somit übernimmt der Frachtführer gewerbsmäßig die Beförderung von Gütern zu Lande, auf Binnengewässern und in der Luft; er ist in aller Regel Kaufmann gem. § 1 HGB. Sofern sein Betrieb keine kaufmännische Einrichtung erfordert, sind dennoch die Vorschriften über Handelsgeschäfte anzuwenden, ausgenommen die §§ 348 - 350 HGB. Die Güterbeförderung zur See ist nicht Gegenstand des Frachtvertrags und wird in Sondervorschriften zum Seehandel gem. §§ 476 ff. HGB geregelt. Für den Frachtvertrag gelten neben den Vorschriften des Handelsgesetzbuchs auch das Güterkraftverkehrsgesetz, die Kraftverkehrsordnung, die AGB für den Güternahverkehr mit Kraftfahrzeugen (AGNB), das Übereinkommen über den Beförderungsvertrag im internationalen 356

Straßengüterverkehr (CMR) und das Binnenschifffahrtsgesetz. Aus dem HGB ergeben sich folgende **Pflichten des Frachtführers**:

357 ▶ **Beförderungspflicht gem. § 407 Abs. 1 HGB**

▶ **Pflicht zur Befolgung der Weisungen des Absenders, §§ 418 ff. HGB.**

358 Der Frachtführer haftet für Schäden, die durch Verlust oder Beschädigung des Gutes in der Zeit von der Übernahme zur Beförderung bis zur Ablieferung oder durch Überschreitung der Lieferzeit entstehen, es sei denn, dass der Verlust, die Beschädigung oder die Überschreitung der Lieferfrist auf Umständen beruht, die durch die Sorgfalt eines ordentlichen Frachtführers nicht abgewendet werden konnten, § 425 HGB. Allerdings bestehen gesetzliche Haftungsausschlussgründe gem. §§ 425, 427 HGB. Die Ansprüche gegen den Frachtführer aus einer Beförderung verjähren in einem Jahr – im Verschuldensfall in drei Jahren – vom Zeitpunkt der Ablieferung des Frachtgutes an, falls die Verjährungsfrist nicht vertraglich verlängert wurde, § 439 HGB.

359 Als **Rechte des Frachtführers (= Pflichten des Absenders)** sind zu nennen:

▶ **Anspruch auf Zahlung der Fracht, § 407 Abs. 2, 354 Abs. 1 HGB, 631 ff. BGB**

▶ **Aufwendungsersatz, §§ 675, 670 BGB**

▶ **Ausstellung von Frachtbrief und Begleitpapieren, §§ 408, 413 HGB**

▶ **Frachtführerpfandrecht, § 440 HGB mit Vorrang vor anderen Pfandrechten, § 442 HGB.**

360 Der Frachtführer kann über die Verpflichtung zur Auslieferung des Frachtgutes einen **Ladeschein** ausstellen, §§ 444 ff. HGB, der vor allem in der Binnenschifffahrt Bedeutung hat. Der Ladeschein gehört zu den kaufmännischen Orderpapieren, §§ 447, 448 HGB.

361 Sondervorschriften für den Frachtvertrag ergeben sich bei der Beförderung von Umzugsgut gem. §§ 451 ff. HGB und im Fall der Beförderung mit verschiedenartigen Beförderungsmitteln gem. §§ 452 ff. HGB.

8.2 Speditionsgeschäft

362 Durch den Speditionsvertrag wird der Spediteur verpflichtet, Güterversendungen zu besorgen, § 453 Abs. 1 HGB. Der Versender wird verpflichtet, die vereinbarte Vergütung zu zahlen, § 453 Abs. 2 HGB. Der Speditionsvertrag ist ein Geschäftsbesorgungsvertrag zwischen dem Spediteur und dem Versender, der z. B. in seiner Eigenschaft als Hersteller oder Großhändler den Versand der Güter nicht selbst durchführt, sondern das Speditionsgeschäft, verbunden mit Transportrisiken, Versicherungen und den Zollformalitäten bei Auslandsgeschäften dem Spediteur überlässt. Der Spediteur ist gewerblich tätig und Kaufmann gem. § 1 HGB; allerdings ist § 453 Abs. 3 HGB zu beachten. Er handelt im eigenen Namen und wird damit selbst Vertragspartner des Frachtführers, mit dem er die Frachtverträge

abschließt. Doch handelt er auf fremde Rechnung, nämlich auf Rechnung des Versenders, dem das wirtschaftliche Ergebnis des Gütertransports zugutekommt.

Gegenstand des Speditionsvertrags ist die Organisation der Güterversendung, insbesondere die Bestimmung des Beförderungsmittels und des Beförderungswegs, die Auswahl ausführender Unternehmer, der Abschluss der für die Versendung erforderlichen Fracht-, Lager- und Speditionsverträge sowie die Erteilung von Informationen und Weisungen an die ausführenden Unternehmer und die Sicherung von Schadensersatzansprüchen des Versenders. Deshalb ist der Speditionsvertrag zwischen dem Versender und dem Spediteur von dem Frachtvertrag (= Ausführungsgeschäft) zwischen dem Spediteur und dem Frachtführer zu unterscheiden.

363

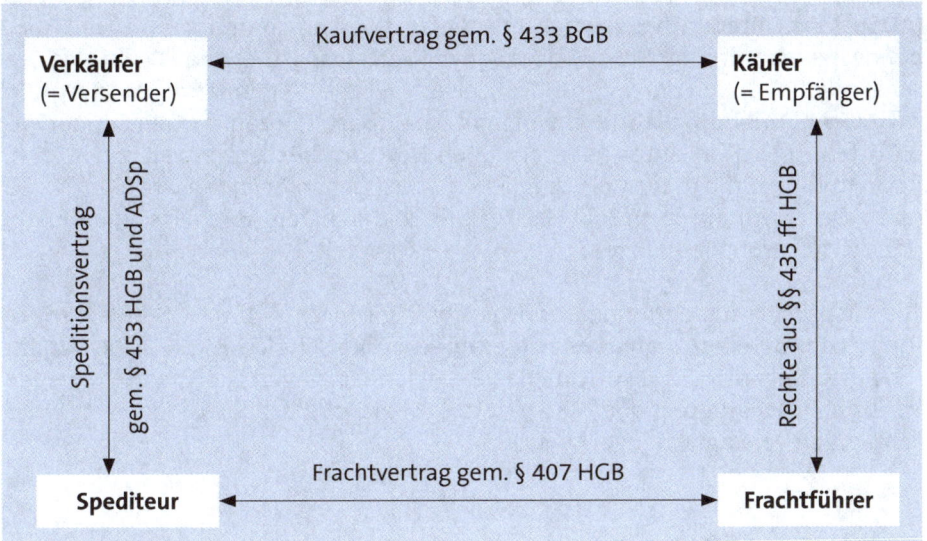

Abb. 17: Speditions- und Frachtgeschäft

Zu den **Pflichten des Spediteurs** gehören:

364

▸ **Besorgung der Versendung des Gutes, §§ 453 Abs. 1, 454 HGB**

▸ **Pflicht zur Versicherung und Verpackung des Gutes, seine Kennzeichnung und die Zollbehandlung, § 454 Abs. 2 HGB**

▸ **Pflicht zur Interessenwahrnehmung und zur Befolgung von Weisungen des Versenders, z. B. bei der Wahl des Transportmittels und -weges, § 454 Abs. 4 HGB**

▸ **Sorgfaltspflichten, § 455 HGB.**

365 Der Spediteur haftet für den Schaden, der durch Verlust oder Beschädigung des in seiner Obhut befindlichen Gutes entsteht, gem. § 461 HGB. Als **Rechte des Spediteurs (= Pflichten des Versenders)** ergeben sich:

366 ▸ **Anspruch auf Vergütung gem. § 453 Abs. 2, 354 Abs. 1 HGB, Fälligkeit bei Übergabe des Gutes, § 456 HGB**

▸ **Anspruch auf Aufwendungsersatz gem. §§ 675, 670 BGB, z. B. für Versicherung, Zollgebühren, Lagerkosten usw.**

▸ **Pfandrecht am Speditionsgut gem. § 464 HGB**

▸ **Selbsteintrittsrecht gem. § 458 HGB.**

367 Im Speditionsvertrag gelten neben den Vorschriften des HGB die Bestimmungen des Transportrechts, z. B. die **Allgemeinen Deutschen Spediteurbedingungen (ADSp)**, das Güterkraftverkehrsgesetz, die Kraftverkehrsordnung und die Eisenbahnverkehrsordnung. Die ADSp binden die Vertragspartner wie Allgemeine Geschäftsbedingungen nur aufgrund einzelvertraglicher Vereinbarung, doch gelten sie **unter Kaufleuten als stillschweigend vereinbart**. Die zahlreichen Sondervorschriften enthalten unter anderem auch **Haftungshöchstgrenzen** in Nr. 22 ff. ADSp und die Pflicht zur unverzüglichen schriftlichen Schadensanzeige, Nr. 28 ADSp. Der Spediteur kann sein Haftungsrisiko durch den Abschluss einer Speditionsversicherung reduzieren.

368 Für Ansprüche aus dem Speditionsgeschäft gilt gem. § 463 HGB eine Verjährungsfrist von einem Jahr, bzw. drei Jahren im Verschuldensfall. Diese Verjährungsfrist betrifft z. B. die Ansprüche des Versenders gegen den Spediteur wegen Verlusts, Beschädigung oder verspäteter Ablieferung des Speditionsgutes und kann durch Vertrag verlängert werden.

8.3 Lagergeschäft

369 Durch den Lagervertrag wird der Lagerhalter verpflichtet, das Gut zu lagern und aufzubewahren, § 467 HGB. Der Lagerhalter ist Kaufmann gem. § 1 HGB, allerdings ist § 467 Abs. 3 HGB zu beachten. Zu den **Pflichten des Lagerhalters** gehören:

370 ▸ **Lagerhaltung und Aufbewahrung, § 467 Abs. 1 HGB**

▸ **Erteilung eines Lagerscheins gem. § 475c HGB**

▸ **Behandlung des Lagergutes, Kennzeichnung und Begleitpapiere gem. § 468 HGB**

▸ **Empfang des Gutes und Anzeige von Schäden, § 470 HGB**

▸ **Gewährung des Zugangs zum Lagergut zum Zweck der Besichtigung, der Entnahme von Proben und von Erhaltungsmaßnahmen durch den Einlagerer, § 471 HGB**

- ▸ **Versicherung des Lagergutes, § 472 HGB**

- ▸ **Herausgabepflicht gem. § 473 HGB.**

Der Ladeschein gehört zu den kaufmännischen Orderpapieren, vgl. § 475d HGB.   371
Bei Verlust oder Beschädigung des Gutes haftet der Lagerhalter gem. § 475 HGB.
Es bestehen folgende **Rechte des Lagerhalters (= Pflichten des Einlagerers):**

- ▸ **Anspruch auf Vergütung gem. § 467 Abs. 2 HGB**

- ▸ **Aufwendungsersatz gem. § 474 HGB**

- ▸ **Pfandrecht gem. § 475b HGB.**

Das Handelsrecht geht grds. von der **Einzellagerung** aus, daneben gibt es die La-   372
gerformen der Sammellagerung gem. § 469 HGB nach ausdrücklicher Vereinbarung. In den Fällen der **Sammellagerung** wird das Lagergut mit anderen Sachen
von gleicher Art und Güte gemischt, die Eigentümer des Gutes werden zu Mitei-
gentümern nach Bruchteilen, und der Lagerhalter ist zur Aussonderung und Auslieferung der Anteile der Miteigentümer befugt. Die Summenlagerung, bei der
der Lagerhalter das Eigentum am Lagergut erwirbt, ist kein handelsrechtliches
Lagergeschäft, sondern eine Verwahrung nach den Regeln des Bürgerlichen
Rechts. Danach ist der Verwahrer verpflichtet, nach den Vorschriften über den
Darlehensvertrag Sachen von gleicher Art, Güte und Menge zurück zu gewähren,
vgl. § 700 BGB.

Im Rahmen langfristiger Bezugs- und Liefervereinbarungen kann ein **Konsignati-**   373
onslagervertrag abgeschlossen werden. Danach richtet der Hersteller und Lieferant beim Händler ein sog. Konsignationslager ein. Die darin eingelagerten Waren stehen regelmäßig unter verlängertem oder erweitertem Eigentumsvorbehalt.[1]
Die Vereinbarung eines Konsignationslagers enthält neben dem Eigentum weitere Absprachen über die Einlieferung, Entnahme und Bestandsüberwachung der
Konsignationsware, Umfang des Lagers (Abfüllpunkt und Maximalbestand), Ab-
füllzeiten, Abrechnung und Vergütung, Haftung, Schadensersatz und Versicherung.

Eine weitere Möglichkeit der Sicherung eines Warenbestandes im Rahmen einer   374
Dauerbelieferung unter Kaufleuten ist der **Fremdbevorratungsvertrag**. Danach
richtet der Hersteller und Lieferant ein Vorratslager für den Abnehmer ein, wobei
eine Spezifizierung der lagernden Materialien, des Umfangs, der Auffüllung und
Überwachung, der Abruffristen und Lieferzeiten erfolgt. Diese Form des Lager-
vertrags wird häufig als Zusatzvereinbarung zum Sukzessivlieferungsvertrag abgeschlossen.

---

[1] Vgl. Abschnitt C.4.1 zum Eigentumsvorbehalt.

9. Die kaufmännischen Orderpapiere

375 Die Übertragung von Sachen und Rechten erfolgt nach den Regeln des Bürgerlichen Rechts durch **Eigentumsübertragung** oder durch **Abtretung**. Im kaufmännischen Geschäftsverkehr entsteht bei der Eigentumsübertragung durch Einigung und Übergabe ein erheblicher Zeit- und Kostenverlust, bei der Eigentumsübertragung durch Einigung und Abtretung des Herausgabeanspruchs wie auch bei der Abtretung von Rechten die Unsicherheit, ob die abgetretene Forderung besteht, ob sie dem Gläubiger auch zusteht und ob die Forderung den behaupteten Inhalt hat. Abgesehen von der Gefahr der Unwirksamkeit der Übereignungsverträge durch die mehrfache Veräußerung kann der Schuldner Einreden und Einwendungen aus den Schuldnerschutzvorschriften des Abtretungsrechts geltend machen.

376 Eine **erhöhte Verkehrsfähigkeit von Rechten** wird durch Urkunden erreicht, die das Bestehen des Rechts verbriefen. Die Vorteile der Wertpapiere liegen in folgenden Besonderheiten:

▸ **Beweisfunktion (= Garantiefunktion):** Die Urkunde garantiert für den Bestand des Rechtes.

▸ **Legitimationsfunktion:** Die Urkunde weist den Inhaber als Berechtigten aus.

▸ **Transportfunktion:** Durch die Übertragung der Urkunde wird das darin verbriefte Recht übertragen.

„Das Recht aus dem Papier folgt dem Recht am Papier."

377 Die kaufmännischen Orderpapiere bewirken eine **Erleichterung des Güterumlaufs**, denn die Übertragung des im Orderpapier verbrieften Rechts ersetzt die Übertragung des Eigentums an den Waren. Das Recht aus dem Papier, beispielsweise der Herausgabeanspruch auf das Lager- oder Frachtgut, folgt dem Recht am Papier. Damit kann der Berechtigte durch Vorlage des Orderpapiers die Herausgabe der Wirtschaftsgüter verlangen. Der verpflichtete Lagerhalter, Frachtführer oder eine andere Person kann im guten Glauben an die Berechtigung aus dem Orderpapier mit befreiender Wirkung die Waren herausgeben. Durch die rechtswirksame Übertragung des Orderpapiers wird das Eigentum an den Wirtschaftsgütern übertragen, sodass die Wertpapiere im Warenumlauf an die Stelle der Güter treten.

Beispiel

Die Import-GmbH erhält eine Schiffsladung Rum aus Westindien, der bis zum Weiterverkauf und der Veredelung in einem Hamburger Lagerhaus aufbewahrt wird. Der Lagerhalter stellt einen **Lagerschein (= Orderpapier)** aus. Die Übertragung des Eigentums an dem Lagerschein hat die Wirkung der Eigentumsübertragung an dem Lagergut, sodass die Import- GmbH den Westindien-Rum durch eine Orderklausel auf dem Lagerschein veräußern kann, ebenso wie der Erwerber durch eine weitere Orderklausel auf dem Lagerschein das Recht am Lagergut weiterveräußern kann, vgl. § 475d HGB.

Zu den Orderpapieren gehören neben Wechsel, Namensscheck und Namensaktie auch die kaufmännischen Papiere des § 363 HGB, wenn sie an Order lauten: **378**

- **Anweisungen auf einen Kaufmann über Geld, Wertpapiere oder vertretbare Sachen**
- **Verpflichtungsscheine des Kaufmanns über die Leistung von Geld, Wertpapieren oder anderen vertretbaren Sachen**
- **Konnossemente der Verfrachter im Seehandel**
- **Ladescheine der Frachtführer**
- **Lagerscheine der Lagerhalter**
- **Transportversicherungspolicen.**

Diese kaufmännischen Wertpapiere werden durch eine Orderklausel zu Orderpapieren und daher als **gekorene Orderpapiere** bezeichnet. Im Unterschied dazu sind Wechsel, Scheck und Namensaktie ohne Weiteres Orderpapiere (= geborene Orderpapiere). Allerdings kann bei einem Wechsel oder einem Scheck die Übertragbarkeit durch eine negative Orderklausel *„nicht an Order"* ausgeschlossen werden. Ein Scheck kann auch durch Überbringerklausel auf den Inhaber gestellt werden.   **379**

Orderpapiere lauten auf eine namentlich benannte Person oder deren Order. Zur Legitimation muss der Berechtigte außer der Vorlage des Papiers auch die namentliche Bezeichnung auf dem Papier vorweisen. Durch die **Orderklausel** erhält der namentlich Benannte die Möglichkeit, die verbriefte Leistung an einen anderen zu „beordern". Dies geschieht durch **Indossament**, einen unterschriebenen Vermerk auf dem Papier. Das Indossament bewirkt die Übertragung der Rechte aus dem Papier auf den Indossatar, § 364 HGB.   **380**

Durch **Einigung, Übergabe und Indossament** wird das in dem Orderpapier verbriefte Recht auf einen Erwerber übertragen, ähnlich wie beim Eigentumserwerb, nur kommt zu der mündlichen Einigung bei der Übertragung eines verbrieften Rechtes das Indossament hinzu. Deshalb wird das in einem Orderpapier verbriefte Recht nicht nach den Vorschriften der Abtretung gem. §§ 398 ff. BGB, sondern nach den Bestimmungen über den Eigentumsübergang gem. §§ 929 ff. BGB übertragen.   **381**

10. Wiederholungsfragen

1. In welcher Weise sind die Vorschriften des Handelsgesetzbuches im Verhältnis zu denen des Bürgerlichen Gesetzbuches anzuwenden?

2. Definieren Sie den Kaufmannsbegriff!

3. Der Kaufmann Hans Müller ist unter der Firma „Hans Müller, Media Versand" im Handelsregister des Registerbezirks Bielefeld eingetragen. Könnte der gleichnamige Hans Müller ebenfalls unter seinem Namen eine einzelkaufmännische Firma für den Medien-Versand anmelden?

4. Meier veräußert sein unter der Firma „Meier OHG" betriebenes Handelsunternehmen an Müller. Unter welchen Voraussetzungen könnte Müller die Firma fortführen? Haftet Müller für die vor der Geschäftsübernahme begründeten Altverbindlichkeiten der „Meier OHG"?

5. König, Inhaber der König KG, hat Harm Harmsen Prokura erteilt. Im Handelsregister wurde die Prokura versehentlich für Paul Paulsen eingetragen, obwohl der Antrag der König KG auf Harm Harmsen lautete. Darf Paul Paulsen im Namen der König KG ein Darlehen aufnehmen? Dürfte Harm Harmsen dies tun? Wer ist Prokurist? Wer muss ggf. die Kredite tilgen?

6. Hein Heinrichsen ist Inhaber eines Fischgeschäfts an der Ostsee. Als Kannkaufmann gem. § 2 HGB ist er nicht im Handelsregister eingetragen. Er erteilt seinem Mitarbeiter Menno Menderson Prokura. Menderson kauft einen Fischkutter. Heinrichsen weigert sich, den Kaufpreis zu zahlen. Mit Recht?

7. Ein Handelsvertreter mit Abschlussvollmacht hat für den Inhaber des Handelsgeschäfts eine größere Zahl von Kaufverträgen abgeschlossen. Im Hinblick auf die zweifelhafte Zahlungsfähigkeit eines Käufers erklärt der Handelsvertreter mündlich, er werde in jedem Fall für dessen Zahlungsfähigkeit einstehen. Welche Provisionsansprüche stehen dem Handelsvertreter zu? Ist die Bürgschaftserklärung wirksam?

8. Welche Verpflichtung trifft den Kommissionär gegenüber dem Kommittenten aus dem Abwicklungsgeschäft im Fall einer Verkaufskommission?

9. Ein Franchise-Vertrag wird ordnungsgemäß durch Kündigung beendet. Hat der Franchisenehmer einen Entschädigungsanspruch gegen den Franchisegeber zum Ausgleich für die geworbenen Kunden und Geschäftsbeziehungen, die dem Franchisegeber nach Vertragsbeendigung verbleiben?

10. Worin besteht die rechtliche Bedeutung der Handelsklausel „Angebot freibleibend"? Spielt es eine Rolle, ob ein Kaufmann die handelsübliche Auslegung dieser Klausel kennt?

11. Der Käufer bestätigt ein ihm per Brief zugegangenes Verkaufsangebot schriftlich, wobei er eine abweichende Lieferzeit nennt. Der Verkäufer meldet sich nicht. Welche Lieferzeit – die des Verkäufers oder die des Käufers – ist nach der Lehre vom kaufmännischen Bestätigungsschreiben einschlägig?

12. Zwei Handelspartner stellen ihre gegenseitigen Forderungen in ein Kontokorrent, das monatlich abgerechnet wird. Welche Folge hat diese Vereinbarung

für die Verjährung der Forderungen? Was geschieht nach der Saldoanerkennung mit den einzelnen Forderungen? Bestehen eventuelle Bürgschaften weiter?

13. In einem Handelskaufvertrag vereinbaren die Vertragspartner, dass die Lieferung der Waren „fix" zu einem bestimmten Datum erfolgen solle. Welche Ansprüche hat der Käufer, wenn die Lieferung nicht eintrifft?

14. Im beiderseitigen Handelskauf ist die Lieferung mangelhaft. Dies wird vom Käufer aber erst bei der Auslieferung an seinen Kunden bemerkt. Kann der Käufer Nacherfüllung gem. § 439 BGB verlangen?

15. Der Käufer erhält eine Warenlieferung, die im Umfang geringfügig von der Bestellung abweicht. Die Abweichung ist aus dem Lieferschein erkennbar. Wie ist die Rechtslage im Fall einer Minderlieferung; wie im Fall einer Mehrlieferung?

1. Das Handelsrecht ist das Sonderprivatrecht für Kaufleute. Die Vorschriften des Handelsgesetzbuches sind daher Spezialbestimmungen zu den Regelungen des Bürgerlichen Gesetzbuches. Nach dem Grundsatz, dass das spezielle Recht Vorrang vor dem allgemeinen Recht hat, werden im Handelsrecht die Regelungen des HGB vorrangig und diejenigen des BGB subsidiär angewendet.

2. Kaufmann ist, wer ein Handelsgewerbe betreibt. Danach sind die Voraussetzungen des Gewerbebegriffs zu erfüllen (Gewerbe ist jede erlaubte, planmäßige, dauerhafte und auf Gewinnerzielung ausgerichtete Tätigkeit). Handelsgewerbe ist jeder Gewerbebetrieb, der nach Art und Umfang einen in kaufmännischer Weise eingerichteten Gewerbebetrieb erfordert, vgl. § 1 HGB.

3. Ja, sofern der gleichnamige Hans Müller den firmenrechtlichen Grundsatz der Unterscheidbarkeit gem. § 30 HGB beachtet. Dies könnte er durch das Hinzufügen seines Vornamens oder eines Sachzusatzes tun.

4. Die Firmenfortführung wäre nur dann zulässig, wenn Meier ausdrücklich einwilligt, § 22 Abs. 2 HGB. Nur im Fall der Firmenfortführung haftet Müller für die Altverbindlichkeiten der „Meier OHG" gem. § 25 Abs. 1 Satz 1 HGB.

5. Harm Harmsen ist durch Erteilung der Prokura berechtigt, im Namen der König KG ein Darlehen aufzunehmen, §§ 48, 49 HGB, 164 ff. BGB. Paul Paulsen ist keine Prokura erteilt worden, und er ist daher nicht Prokurist. Doch gilt im Außenverhältnis die positive Publizität des Handelsregisters gem. § 15 Abs. 2 HGB. Paulsen darf für die König KG einen Darlehensvertrag abschließen. In beiden Fällen ist die König KG zur Rückzahlung der Kredite verpflichtet. Allerdings kann die König KG von Paulsen Schadensersatz wegen der Pflichtverletzung verlangen, vgl. § 280 BGB.

6. Ja, denn die Prokuraerteilung an Menderson ist unwirksam, vgl. § 48 HGB, und wird deshalb gem. § 139 BGB in eine Handlungsvollmacht umgedeutet. Der Handlungsbevollmächtigte ist zum Kauf eines Fischkutters nicht berechtigt, weil es sich um ein ungewöhnliches Geschäft handelt, vgl. § 54 Abs. 1 HGB. Da Heinrichsen den schwebend unwirksamen Kaufvertrag nicht genehmigt hat, ist dieser endgültig unwirksam geworden, § 177 BGB. Nicht Heinrichsen, sondern Menderson ist verpflichtet, den Kaufpreis zu zahlen, §§ 433 Abs. 2, 179 BGB.

7. Dem Handelsvertreter stehen die Ansprüche auf Abschlussprovisionen gem. § 87 HGB zu. Einen Anspruch auf die zusätzliche Delkredereprovision hat der Handelsvertreter nicht, weil die mündliche Übernahme des Delredere-Risikos unwirksam ist, §§ 125 BGB, 86b HGB. Die Bürgschaftserklärung ist jedoch wirksam, da der Handelsvertreter Kaufmann ist und sich deshalb auch mündlich verbürgen kann, § 350 HGB.

8. Die Verpflichtung zur Abtretung der Kaufpreisforderung, § 384 Abs. 2 HGB.

9. Ja, in analoger Anwendung des § 89b HGB. Der Franchise-Vertrag ist zwar im Handelsgesetzbuch nicht geregelt, doch wird in diesem Fall die Vorschrift über den Ausgleichsanspruch des Handelsvertreters analog angewandt, weil die Interessenlage im Franchise-Vertrag derjenigen im Handelsvertreterrecht vergleichbar ist.

10. Der Erklärende ist an sein Angebot nicht gebunden und entscheidet erst nach Eingang der Annahmeerklärung über den Vertragsabschluss. Ein Kaufmann kann sich

nicht auf seine Unkenntnis der Handelsklausel berufen, da ein Handelsbrauch vorliegt, vgl. § 346 HGB.

11. Die Lehre vom kaufmännischen Bestätigungsschreiben findet keine Anwendung, weil dieser Handelsbrauch an einen vorangegangenen mündlichen Vertragsabschluss anknüpft, § 346 HGB. Das Kaufvertragsangebot per Brief ist aber schriftlich erfolgt. Die schriftliche Bestätigung des Käufers ist eine vom Kaufvertragsangebot abweichende Willenserklärung. Es liegt daher kein Kaufvertrag vor.

12. Die Verjährung ist gehemmt, solange die Forderungen im Kontokorrent stehen. Nach der Saldoanerkennung ist ein neuer Anspruch aus einem konstitutiven Schuldanerkenntnisvertrag entstanden. Die ursprünglichen Forderungen sind in diesen Anspruch eingegangen. Allerdings bestehen Bürgschaften und andere Sicherheiten fort, § 355 HGB.

13. Der Käufer kann gem. § 376 HGB nach seiner Wahl Rücktritt oder Schadensersatz statt Erfüllung verlangen, ohne dass es einer Fristsetzung gem. §§ 281 Abs. 2, 323 Abs. 2 BGB bedarf. Erfüllung kann er nur bei unverzüglicher Anzeige seines Erfüllungsinteresses verlangen.

14. Nein, denn er hat die Ware ungeachtet des Mangels genehmigt, § 377 Abs. 2 HGB. Durch die unterlassene unverzügliche Mängelanzeige sind Gewährleistungsansprüche grds. ausgeschlossen. Ausnahmsweise kann auch später noch eine Mängelrüge erfolgen, wenn es sich um einen versteckten Mangel handelt, der bei einer ordnungsgemäßen Untersuchung nicht hätte erkannt werden können, § 377 Abs. 3 HGB.

15. Im Fall einer Minderlieferung müsste der Käufer die Quantitätsabweichung unverzüglich rügen. Versäumt er die Mängelrüge, gilt die Warenmenge als genehmigt, § 377 Abs. 2 HGB. Bei einer Minderlieferung verliert der Käufer den Anspruch auf restliche Erfüllung und bleibt in aller Regel weiterhin zur Zahlung des vereinbarten Kaufpreises verpflichtet. Doch handelt es sich vorliegend um eine offene Minderlieferung, die aus dem Lieferschein erkennbar ist. Da der Verkäufer nicht schutzbedürftig ist, reduziert sich der Kaufpreis ausnahmsweise auf die tatsächliche Lieferung.

Auch im Fall der Mehrlieferung besteht eine Verpflichtung des Käufers zur Anzeige, die sich jedoch aus der allgemeinen kaufmännischen Sorgfaltspflicht gem. § 347 HGB ergibt, sodass die Genehmigungsfiktion des § 377 Abs. 2 HGB nicht eintreten kann. Der Kaufpreiszahlungsanspruch bleibt bestehen. Der Käufer muss die zuviel gelieferte Warenmenge an den Verkäufer zurückerstatten. Ihn trifft eine Aufbewahrungspflicht, und bei verderblicher Ware muss er für einen Notverkauf sorgen, vgl. § 379 HGB. Die Kosten für Aufbewahrung und Notverkauf hat der Verkäufer zu tragen.

G. Gesellschaftsrecht

Jede durch Vertrag begründete Personenvereinigung zur Verfolgung eines gemeinsamen Zwecks ist eine Gesellschaft. Der Vielgestaltigkeit der Lebensbedürfnisse entsprechend werden Gesellschaften mit unterschiedlicher Zielsetzung gegründet, sowohl für wirtschaftliche als auch für ideelle Zwecke. Bei einem Wirtschaftsunternehmen ist der Gesellschaftszweck regelmäßig auf den **Betrieb eines Handelsgewerbes** gerichtet, doch gibt es auch Zusammenschlüsse für andere Zwecke, z. B. Kartelle, Werbegemeinschaften, Ladenpassagen oder Unternehmensverbindungen zum Erreichen überregionaler Ziele.

001

Auch für den Abschluss eines Gesellschaftsvertrages gilt der Grundsatz der Vertragsfreiheit, der aber durch einen gesetzlichen Typenzwang, den **Numerus Clausus der Gesellschaftsformen**, eingeschränkt wird. Die Gesetze regeln insofern die Arten der Gesellschaftstypen abschließend, sodass die Gründungsgesellschafter gezwungen sind, zur Verfolgung ihrer Ziele eine der zulässigen Gesellschaftsformen zu wählen, vgl. die Übersicht 09.

002

Bei der **Wahl der betrieblichen Rechtsform** sind die Haftungsverhältnisse sowie die Fragen der Steuer- und Kostenbelastung von größerer Bedeutung. Zu den Regelungsbereichen des Gesellschaftsvertrages gehören u. a. folgende Aspekte:

003

- Wahl der Gesellschaftsform

004

- Zweck, Sitz, Firma

- Gesellschafter und ihre Haftung

- Einlagen, Beteiligung und Nachschusspflichten

- Gewinn- und Verlustverteilung

- Geschäftsführung und Vertretung

- Tätigkeitsvergütung

- Stimm-, Informations-, Kontrollrechte

- Eintreten und Ausscheiden von Gesellschaftern

- Kündigungsmöglichkeiten

- Wettbewerbsverbot

- Liquiditätsfragen.

Während die Gesellschafter im **Außenverhältnis** durch den Numerus Clausus der Gesellschaftsformen in der Rechtswahl eingeschränkt sind, können sie ihr **Innenverhältnis** durch Gesellschaftsvertrag gestalten. Allerdings sind auch dem Grundsatz der Vertragsfreiheit durch die gesetzlichen Vorschriften für die einzelnen Gesellschaften – insbesondere im Bereich der Körperschaften – Grenzen gesetzt. Dagegen ist der vertragliche Gestaltungsspielraum bei den Personengesellschaften erheblich größer.

005

Übersicht 09: Gesellschaftsformen	
Personengesellschaften	
Gesellschaft bürgerlichen Rechts (GbR)	Die Gesellschafter verpflichten sich durch Gesellschaftsvertrag zur Förderung eines gemeinsamen (beliebigen) Zweckes.
Partnerschaftsgesellschaft (PartG)	Die Partnerschaft ist eine Sonderform der GbR, in der sich Angehörige freier Berufe zur Ausübung ihrer Berufe zusammenschließen.
Offene Handelsgesellschaft (OHG)	Der Gesellschaftsvertrag ist auf den Betrieb eines Handelsgeschäfts unter gemeinschaftlicher Firma gerichtet, wobei alle Gesellschafter den Gesellschaftsgläubigern gegenüber unbeschränkt, persönlich und gesamtschuldnerisch haften.
Kommanditgesellschaft (KG)	Der Gesellschaftsvertrag ist auf den Betrieb eines Handelsgeschäfts unter gemeinschaftlicher Firma gerichtet, wobei die Haftung der Kommanditisten auf den Betrag einer bestimmten Kommanditeinlage beschränkt ist, während die Komplementäre unbeschränkt haften.
Stille Gesellschaft	Der Vertrag ist auf die Beteiligung des stillen Gesellschafters an einem Handelsgeschäft gerichtet. Die Einlage des stillen Gesellschafters geht in das Vermögen des Geschäftsinhabers über, während der stille Gesellschafter eine Gewinnbeteiligung erhält.
GmbH & Co. KG	Es handelt sich um eine Kommanditgesellschaft mit einer GmbH als Komplementärin.
Körperschaften	
Verein	Der Personenzusammenschluss in der Rechtsform des Vereins ist auf einen beliebigen Zweck gerichtet und erhält Rechtsfähigkeit durch die Eintragung in das Vereinsregister erhält.
Gesellschaft mit beschränkter Haftung (GmbH)	Die Gesellschaft ist auf einen beliebigen gesetzlich zulässigen Zweck gerichtet und entsteht als juristische Person durch die Eintragung in das Handelsregister. Die Gesellschafter sind mit Einlagen auf das in Stammanteile zerlegte Stammkapital beteiligt.
Unternehmergesellschaft (UG) haftungsbeschränkt	Es handelt sich um eine GmbH mit geringerem Stammkapital.
Aktiengesellschaft (AG)	Die Gesellschaft ist auf einen beliebigen gesetzlich zulässigen Zweck gerichtet und entsteht als juristische Person durch die Eintragung in das Handelsregister. Ihr Grundkapital ist in Aktien zerlegt. Die Gesellschafter sind durch Übernahme der Aktien an der Aktiengesellschaft beteiligt.

Übersicht 09: Gesellschaftsformen	
Körperschaften	
Genossenschaft	Der Zweck besteht in der Förderung der wirtschaftlichen, sozialen oder kulturellen Zielsetzung ihrer Mitglieder oder deren soziale oder kulturelle Belange. Die Genossenschaft erhält Rechtsfähigkeit durch Eintragung in das Genossenschaftsregister.
Kommanditgesellschaft auf Aktien (KG a. A.)	Die Gesellschaft hat ein in Aktien zerlegtes Grundkapital, an dem die Kommanditaktionäre beteiligt sind, und einen persönlich haftenden Gesellschafter.

Bei der Wahl der Gesellschaftsform ist grds. zwischen Personengesellschaften und Körperschaften zu unterscheiden. Zu den **Personengesellschaften** gehören u. a. die Gesellschaft des bürgerlichen Rechts (Grundform), ferner auch die Partnerschaftsgesellschaft, die Offene Handelsgesellschaft, die Kommanditgesellschaft, die stille Gesellschaft und die GmbH & Co. KG (Mischform). Dagegen gehören zu den **Körperschaften** u. a. der Verein (Grundform), die Stiftung, die Gesellschaft mit beschränkter Haftung, die Aktiengesellschaft, die Genossenschaft, die bergrechtliche Gewerkschaft, der Versicherungsverein auf Gegenseitigkeit und die KGaA (Mischform).   006

Der grundlegende Unterschied zwischen Personengesellschaften und Körperschaften besteht darin, dass in einer **Personengesellschaft die Gesellschafter Träger aller gesellschaftlichen Rechte und Pflichten** sind, während die Körperschaft eine **juristische Person** ist, die Rechtsfähigkeit erlangt und unabhängig von ihren Mitgliedern durch ihre Organe im Rechtsverkehr tätig wird. Während in der körperschaftlichen Organisation die Möglichkeit des Mitgliederwechsels besteht, sind die Gesellschafter einer Personengesellschaft nicht beliebig austauschbar und prägen deren Identität.   007

Für die Personengesellschaft besorgen die Gesellschafter selbst die Geschäftsführung und Vertretung (= **Selbstorganschaft**), während für die Körperschaft die Geschäftsführung und Vertretung von den Mitgliedern losgelöst und auf besondere Organe (Mitgliederversammlung, Vorstand, Aufsichtsrat) übertragen wird (= **Fremdorganschaft**).   008

Aus dem Umstand, dass die Körperschaft eine juristische Person ist, ergeben sich haftungs- und vermögensrechtliche Konsequenzen für ihre Mitglieder. Die juristische Person ist selbst Träger von Rechten und Pflichten und wird deshalb **Eigentümerin des Gesellschaftsvermögens**. Den Gesellschaftsgläubigern gegenüber haftet nur die Gesellschaft mit ihrem Gesellschaftsvermögen.   009

Dagegen bildet die Personengesellschaft ein **Gesamthandsvermögen**, über das die Gesellschafter nur gesamthänderisch verfügen können. Es handelt sich dabei um ein Sondervermögen, das den Gesellschaftern zur gesamten Hand zugeordnet ist und haftungsrechtlich vom Privatvermögen der einzelnen Gesellschafter zu trennen ist. Im Unterschied zur juristischen Person haften die Gesellschafter   010 der Personengesellschaften gegenüber den Gesellschaftsgläubigern auch mit ihrem Privatvermögen und mit Ausnahme der Kommanditisten einer Kommanditgesellschaft unbeschränkt.

011   Es sollte nicht übersehen werden, dass Unternehmensgründer auch die Rechtsform des Einzelunternehmens wählen können. Soweit sie ein Handelsbewerbe betreiben, müssen (Istkaufleute) oder können (Kannkaufleute) sich als Kaufmann in das Handelsregister eintragen lassen, vgl. § 29 HGB. Sie haften unbeschränkt mit ihrem Geschäfts- und Privatvermögen. Im Fall des Eintritts eines Geschäftspartners in das einzelkaufmännische Unternehmen entsteht – je nach der Haftungsvereinbarung im Gesellschaftsvertrag – eine OHG oder eine KG, vgl. § 28 HGB.

012   Die folgende Darstellung beschränkt sich auf die Grundformen der Gesellschaften (GbR und Verein) und die wirtschaftlich relevanten Handelsgesellschaften.

1. Personengesellschaften

013   Als Organisationsform für **kleine und mittelständische Unternehmen** bietet sich die Form einer Personenhandelsgesellschaft an, die sich vor allem im Handel und im Dienstleistungsgewerbe bewährt hat. Die Gesellschafter der Personenhandelsgesellschaften haben hohe Einfluss- und Kontrollmöglichkeiten hinsichtlich der Geschäftsführung und Vertretung. Die Gestaltung des Innenverhältnisses durch Gesellschaftsvertrag ist weitgehend frei und die Haftung der Gesellschafter im Außenverhältnis kann durch die Bildung einer Kommanditgesellschaft teilweise beschränkt werden. Die Personenhandelsgesellschaft ist eine Personengesellschaft, deren Zweck auf das Betreiben eines Handelsgewerbes gerichtet ist.

1.1 Gesellschaft bürgerlichen Rechts (GbR)

014   Die Grundform der Personengesellschaft ist die Gesellschaft bürgerlichen Rechts. Sie wird durch einen **Gesellschaftsvertrag** gegründet, in welchem sich die Gesellschafter verpflichten, die Erreichung eines – beliebigen – gemeinsamen Zwecks in der durch den Vertrag bestimmten Weise zu fördern, insbesondere die vereinbarten Beiträge zu leisten.

015   **Merkmale der Gesellschaft bürgerlichen Rechts:**

- **vertraglicher Zusammenschluss**
- **fehlende Rechtsfähigkeit**
- **gemeinschaftliche Zweckverfolgung**
- **beliebiger Gesellschaftszweck**
- **keine Haftungsbeschränkung der Gesellschafter**
- **kein Betrieb eines Handelsgewerbes (dann: OHG oder KG).**

Die Gesellschaft bürgerlichen Rechts entsteht durch den vertraglichen Zusammenschluss mehrerer Gesellschafter. Der **Gesellschaftsvertrag** ist formlos wirksam und kann daher auch mündlich oder konkludent abgeschlossen werden. Formerfordernisse sind nur ausnahmsweise zu beachten, beispielsweise die notarielle Beurkundung, wenn Grundstücke eingebracht werden gem. § 311b BGB.   016

Der Zweck ist beliebig, daher kann eine Gesellschaft bürgerlichen Rechts der Durchführung einer gemeinsamen Reise oder Theaterveranstaltung dienen, der Gründung einer Galerie oder einer Hochschule, dem Führen eines Prozesses und allen **Zwecken, die nicht auf den Betrieb eines Handelsgewerbes gerichtet sind**. Die Rechtsform der GbR bietet sich für Bürogemeinschaften oder Zusammenschlüsse von Freiberuflern an, z. B. für Rechtsanwaltssozietäten, Steuerberaterbüros, Arztgemeinschaftspraxen und Partnerschaften bei Architekten. Für diese Personengruppe besteht aber auch die Möglichkeit der Bildung einer Partnerschaftsgesellschaft.   017

Dagegen sind **Erbengemeinschaften**, eheliche **Gütergemeinschaften** und **Bruchteilgemeinschaften** nicht in der Rechtsform der GbR organisiert. Den Beteiligten stehen nur die Vermögensrechte gemeinsam zu, doch sind sie weder vertraglich verbunden noch zur Förderung eines gemeinsamen Zwecks verpflichtet.   018

In der Wirtschaft eignet sich die Rechtsform der GbR u. a. für   019

▸ **Arbeitsgemeinschaften im Baugewerbe**

▸ **überbetriebliche Zusammenschlüsse wie Kartelle, Konzerne, Werbegemeinschaften und sonstige gewerbliche Interessengemeinschaften**

▸ **Holding-Gesellschaften als Zusammenschluss mehrerer Unternehmen in einer Verwaltungs- oder Koordinationsgesellschaft, sofern diese nicht die Rechtsform der Personenhandelsgesellschaft vorziehen**

▸ **Zusammenschlüsse von Kleingewerbetreibenden, Land- oder Forstwirten, sofern diese nicht die Rechtsform der Personenhandelsgesellschaft oder der GmbH oder UG (haftungsbeschränkt) vorziehen.**

Die Gesellschaft bürgerlichen Rechts kann zur Verfolgung eines jeden beliebigen Gesellschaftszwecks gegründet werden, darf aber **kein Handelsgewerbe** i. S. des § 1 HGB betreiben (Istkaufmann). Infolge des Typenzwangs im Gesellschaftsrecht sind in diesen Fällen die Rechtsformen der Offenen Handelsgesellschaft oder Kommanditgesellschaft zwingend vorgeschrieben. Allerdings steht den **Vermögensverwaltungsgesellschaften** auch die Möglichkeit offen, eine Personenhandelsgesellschaft zu bilden.   020

Die **Rechtsfolgen fehlerhafter Gesellschaftsverträge** unterliegen besonderen, in Lehre und Rechtsprechung entwickelten Grundsätzen. Die Anfechtbarkeit und Nichtigkeit eines Vertrages wegen Formmängeln, Willensmängeln (Irrtum, Täuschung oder Drohung) oder wegen sittenwidriger Übervorteilung wirkt gem. § 142 BGB auf den Zeitpunkt des Vertragsabschlusses zurück. Diese Rechtsfolge   021 kann für den Gesellschaftsvertrag und für das Eintreten und Ausscheiden von Gesellschaftern nicht uneingeschränkt gelten, denn der Gesellschaftsvertrag ist einer Rückabwicklung nach Aufnahme der Geschäfte durch die Gesellschafter nicht ohne Weiteres zugänglich, weil die erbrachten Leistungen nicht ohne Rechtsverlust zurückgefordert werden können. Die Gesellschafter haben Einlagen auf den gemeinsamen Gesellschaftszweck in verschiedener Form erbracht, z. B. als Sach- oder Geldleistungen, in Form von Rechten, insbesondere gewerblichen Schutzrechten. Sie haben Dienstleistungen erbracht, z. B. durch eine Tätigkeit als Geschäftsführer und Vertreter der Gesellschaft. Im weiteren Verlauf des Gesellschaftsverhältnisses werden Mitgliedschaftsrechte ausgeübt, Gesellschafter treten ein und aus, entscheiden über den Abschluss zahlreicher Folgeverträge, z. B. Kauf, Miete oder Leasing von Geschäftsräumen, Grundstücken, Inventar, Verbrauchsmaterial und Waren, Abschluss von Verträgen mit Arbeitnehmern und Kunden, Lieferanten, Abnehmern oder Geschäftspartnern zur Planung und Durchführung unterschiedlicher Geschäfte. Auch eine fehlerhafte Gesellschaft genießt daher Bestandsschutz.

022 Nach der **Lehre von der fehlerhaften Gesellschaft** werden deshalb die Gesellschaften, die bereits in Vollzug gesetzt wurden, rückwirkend wie fehlerfreie Gesellschaften behandelt. Der fehlerhafte Gesellschaftsvertrag hat nur Rechtsfolgen für die Zukunft, indem jeder Gesellschafter berechtigt ist, die Auflösung der Gesellschaft zu verlangen. Diese besondere Rechtsfolge fehlerhafter Gesellschaftsverträge kann im Ausnahmefall ausgeschlossen sein, wenn wichtige Einzelmaßnahmen oder Interessen der Allgemeinheit entgegenstehen. Ein Gesellschaftsvertrag, der gegen geltendes Recht verstößt, z. B. gegen kartellrechtliche Vorschriften, ist bereits mit dem Abschluss nichtig, § 134 BGB. Auch wenn die Gesellschaft noch nicht im Rechtsverkehr tätig geworden ist oder die Nichtigkeit das Ausscheiden eines Gesellschafters betrifft, bleibt es bei der in § 142 BGB vorgesehenen Rückwirkung der Nichtigkeit auf den Zeitpunkt des Vertragsabschlusses.

023 **Rechtsfolgen der Gründung einer Gesellschaft bürgerlichen Rechts:**

- **Pflichten der Gesellschafter zur Förderung des Gesellschaftszwecks, § 705 BGB**

- **Prinzip der Gesamtgeschäftsführung und Gesamtvertretung**

- **gesamthänderische Bindung des Gesellschaftsvermögens**

- **gesamtschuldnerische Haftung der Gesellschafter.**

024 Die **Führung der Geschäfte** im Innenverhältnis steht allen Gesellschaftern gemeinschaftlich zu. Danach bedarf jede Entscheidung über die Angelegenheiten der Gesellschaft der Zustimmung aller Gesellschafter (= **positives Konsensprinzip**). Im Gesellschaftsvertrag können von der Gesamtgeschäftsführung abweichende Regelungen getroffen werden. Sofern zwar alle Gesellschafter geschäftsführungsbefugt sind, sie jedoch auch einzeln handeln dürfen, steht den anderen ein **Widerspruchsrecht** zu (= **negatives Konsensprinzip**), § 711 BGB. Sind Gesellschafter von der Geschäftsführung ausgeschlossen, bestehen **Kontrollrechte** (In-

formations- und Einsichtsrechte) gem. § 716 BGB, die vertraglich erweitert werden können.

Die **Vertretungsbefugnis** im Außenverhältnis ist grds. mit der Geschäftsführungsbefugnis verbunden, § 714 BGB. Danach sind alle Gesellschafter gemeinschaftlich zur Vertretung der Gesellschaft berechtigt. Daraus folgt, dass wirksame Willenserklärungen für die Gesellschaft nur abgegeben werden können, wenn sämtliche Gesellschafter mitwirken. Schriftliche Verträge sind von allen Gesellschaftern zu unterzeichnen, bei mündlichen Vertragsabschlüssen müssen alle Gesellschafter anwesend sein. In der Praxis werden deshalb häufig von der Gesamtvertretung abweichende Regelungen getroffen, die jedoch mit der Geschäftsführungsbefugnis übereinstimmen müssen, vgl. § 715 BGB.   025

Das **Gesellschaftsvermögen** unterliegt einer gesamthänderischen Bindung; es wird gemeinschaftliches Vermögen der Gesellschafter, §§ 718 ff. BGB. Die Gesellschafter können über ihren Anteil am Gesellschaftsvermögen nicht verfügen und ein Gesellschaftsgläubiger kann nicht gegen eine Forderung, die zum Gesellschaftsvermögen gehört, mit einer ihm gegen einen einzelnen Gesellschafter zustehende Forderung aufrechnen.   026

Die Gesellschafter haften für die Verbindlichkeiten der Gesellschaft gegenüber den Gesellschaftsgläubigern persönlich und unbeschränkt als Gesamtschuldner.   027

▸ Die **persönliche Haftung der Gesellschafter** bewirkt, dass ein Gesellschaftsgläubiger sich wegen seines Zahlungsanspruchs unmittelbar an jeden Gesellschafter wenden und von diesem die Zahlung der Gesellschaftsverbindlichkeit verlangen kann.

▸ Die **unbeschränkte Haftung der Gesellschafter** bewirkt, dass die Gesellschafter für Gesellschaftsverbindlichkeiten nicht nur mit ihrem Anteil am Gesellschaftsvermögen haften, sondern auch mit ihrem Privatvermögen.

▸ Die **gesamtschuldnerische Haftung der Gesellschafter** bewirkt, dass jeder von ihnen gegenüber dem Gesellschaftsgläubiger zur Zahlung der Gesamtsumme der Gesellschaftsverbindlichkeit verpflichtet ist. Im Innenverhältnis entsteht ein Ausgleichsanspruch gegenüber den übrigen Gesellschaftern aus dem Gesamtschuldverhältnis gem. § 426 BGB.[1]

Die gesetzliche **Gewinn- und Verlustbeteiligung** erfolgt gem. §§ 721, 722 BGB nach gleichen Anteilen, doch können die Gesellschafter erst nach der Auflösung der Gesellschaft Rechnungslegung, Gewinn- und Verlustbeteiligung verlangen. Im Gesellschaftsvertrag werden regelmäßig anderweitige Vereinbarungen getroffen.   028

Die **Gesellschafterstellung** ist grds. nicht übertragbar, § 717 BGB. Das Ausscheiden von Gesellschaftern und der Eintritt neuer Gesellschafter kann im Gesellschaftsvertrag geregelt werden. In den Fällen des einvernehmlichen Ausschei-   029

---

[1] Vgl. Abschnitt B.5.4 zum Gesamtschuldverhältnis.

dens oder der Ausschließung eines Gesellschafters besteht die Gesellschaft mit den übrigen Gesellschaftern fort. Sofern ein Gesellschafter durch Kündigung, Tod oder Insolvenz ausscheidet, wird die Gesellschaft aufgelöst, falls keine anderweitigen Vereinbarungen im Gesellschaftsvertrag getroffen worden sind.

030 Scheidet ein Gesellschafter aus der GbR aus, wächst sein Anteil am Gesellschaftsvermögen den übrigen Gesellschaftern zu, § 738 BGB. Nach dem gesetzlichen **Prinzip der Anwachsung** erübrigt sich, alle mit der Mitgliedschaft verbundenen Rechte einzeln zu übertragen, alle bestehenden Forderungen abzutreten und über das Eigentum zu verfügen. Der ausscheidende Gesellschafter wird für den Rechtsverlust entschädigt, indem er **Abfindungsansprüche** erhält. Er kann von den übrigen Gesellschaftern die Herausgabe der Gegenstände verlangen, die er der Gesellschaft zur Nutzung übertragen hat, ferner die Befreiung von den gemeinschaftlichen Schulden; darüber hinaus hat er einen Abfindungsanspruch in Höhe seines Anteils am Auseinandersetzungsguthaben, unterstellt, die Gesellschaft würde im Zeitpunkt seines Ausscheidens aufgelöst.

031 Eine **Kündigung der Gesellschaft bürgerlichen Rechts** kann jederzeit form- und fristlos von jedem Gesellschafter ausgesprochen werden, § 723 BGB. Bei einem befristeten Gesellschaftsvertrag kann allerdings nur eine außerordentliche Kündigung aus wichtigem Grund zur vorzeitigen Auflösung der Gesellschaft führen.

032 Die **Auflösung und Liquidation** der GbR ist erforderlich infolge

- ▸ vertraglicher Vereinbarung
- ▸ Zeitablaufs
- ▸ Kündigung durch einen Gesellschafter oder durch einen Privatgläubiger, §§ 723, 725 BGB
- ▸ Tod oder Insolvenz eines Gesellschafters, §§ 727, 728 BGB.

033 Nach der **gesetzlichen Liquidationsregelung** werden Gegenstände, die der Gesellschaft zur Nutzung überlassen wurden, zurückgegeben, Schulden der Gesellschaft bezahlt und Einlagen an die Gesellschafter zurückerstattet. Ergibt sich ein Überschuss, wird er im Verhältnis der Gewinnanteile verteilt; für einen Fehlbetrag haben die Gesellschafter im Verhältnis ihrer Verlustbeteiligung aufzukommen, §§ 730 ff. BGB.

1.2 Partnerschaftsgesellschaft

034 In einer Partnerschaft können sich **Angehörige freier Berufe** zusammenschließen. Die Rechtsform der Partnerschaft beruht auf dem Partnerschaftsgesellschaftsgesetz (PartGG) und kommt den Bedürfnissen der Freiberufler nach interprofessioneller Zusammenarbeit entgegen.

035 Die Partnerschaftsgesellschaft übt kein Handelsgewerbe aus. Gesellschafter können nur natürliche Personen sein, die eine freiberufliche Tätigkeit ausüben.

§ 1 Abs. 2 PartGG enthält eine nicht abschließende **Aufzählung der freien Berufe** der Ärzte, Zahnärzte, Tierärzte und anderer Heilberufe, Rechtsanwälte, Steuerberater, Wirtschaftsprüfer, Ingenieure, Architekten, Journalisten, Wissenschaftler und ähnliche selbstständige Tätigkeiten. Die jeweiligen Standesrichtlinien bleiben durch den Zusammenschluss der Freiberufler in einer Partnerschaft unberührt.

Auf die Partnerschaft finden, soweit im Partnerschaftsgesetz keine anderweitigen Regelungen enthalten sind, die Vorschriften über die Gesellschaft bürgerlichen Rechts gem. §§ 705 ff. BGB Anwendung. Infolgedessen ist die Partnerschaft eine **Sonderform der Gesellschaft bürgerlichen Rechts**. Sie beruht auf einem Gesellschaftsvertrag der beteiligten Partner, verfügt über ein gesamthänderisch gebundenes Vermögen, unterliegt dem Grundsatz der Selbstorganschaft und setzt die Beteiligung von mindestens zwei Partnern voraus. Der Unterschied zur GbR besteht nur im Gesellschaftszweck, der bei der Partnerschaftsgesellschaft auf die gemeinsame freiberufliche Tätigkeit ausgerichtet ist.   036

Der **Name der Partnerschaft** muss den Namen mindestens eines Partners und den Zusatz „und Partner" oder „Partnerschaft" sowie die Berufsbezeichnungen aller in der Partnerschaft vertretenen Berufe enthalten. Insoweit sind auch interprofessionelle Partnerschaften möglich. Allerdings sind die firmenrechtlichen Grundsätze des Handelsrechts gem. §§ 18 ff. HGB anzuwenden, vgl. § 2 PartGG.   037

Die Partnerschaft entsteht durch einen Gesellschaftsvertrag der beteiligten natürlichen Personen. Dieser **Partnerschaftsvertrag** muss gem. § 3 PartGG mindestens folgende Bestandteile enthalten: 038

▶ Name und Sitz der Partnerschaft

▶ Namen, Beruf und Wohnort jedes Partners

▶ Gegenstand der Partnerschaft.

Die Eintragung erfolgt in das **Partnerschaftsregister** nach den Vorschriften des Handelsrechts, vgl. §§ 4, 5 PartGG. Im Verhältnis zu Dritten wird die Partnerschaftsgesellschaft erst mit ihrer Eintragung in das Partnerschaftsregister wirksam, vgl. § 7 PartGG mit Verweis auf die entsprechenden Regelungen des HGB.   039

Die Partnerschaftsgesellschaft ist beschränkt rechtsfähig, §§ 7 Abs. 2 PartGG, 124 HGB. Das Rechtsverhältnis der Partner untereinander bestimmt sich nach dem Partnerschaftsvertrag. Die Partner erbringen ihre beruflichen Leistungen unter Beachtung des für sie geltenden Berufs- und Standesrechts. Einzelne Partner können aber im Partnerschaftsvertrag von der Führung der sonstigen Geschäfte ausgeschlossen werden. Es gilt **das Prinzip der Einzelgeschäftsführung mit Widerspruchsrecht der anderen Partner** als gesetzliche Regel, §§ 6 PartGG, 110 ff. HGB.   040

Für **Verbindlichkeiten der Partnerschaft** haften den Gläubigern neben dem Vermögen der Gesellschaft auch die Partner als Gesamtschuldner, vgl. §§ 8 PartGG,   041

129, 130 HGB. Haftungshöchstgrenzen können vereinbart werden, soweit das Haftungsrisiko für Ansprüche aus Schäden wegen fehlerhafter Berufsausübung durch eine Berufshaftpflichtversicherung getragen wird.

042 Auf das **Ausscheiden eines Partners** und die **Auflösung der Partnerschaft** sind die handelsrechtlichen Vorschriften der §§ 131 ff. HGB anzuwenden. Dadurch wird bei Veränderungen im Gesellschafterbestand der Fortbestand der Partnerschaft gesichert. Allerdings hat der Tod eines Partners, die Kündigung eines Partners oder eines Privatgläubigers eines Partners nur das Ausscheiden des jeweiligen Partners aus der Partnerschaft zur Folge. Auch wenn ein Partner die erforderliche Zulassung zu seinem in der Partnerschaft ausgeübten freien Beruf verliert, scheidet er aus der Gesellschaft aus. Die Beteiligung an einer Partnerschaft ist zwar grds. nicht vererblich, doch kann der Partnerschaftsvertrag eine Regelung vorsehen, wonach Erben, die ebenfalls Freiberufler sind, durch Rechtsnachfolge in die Partnerschaft eintreten oder andernfalls ihren Austritt aus der Partnerschaft erklären. Für die **Liquidation der Partnerschaftsgesellschaft** sind die handelsrechtlichen Vorschriften über die Liquidation der Offenen Handelsgesellschaft entsprechend anzuwenden, § 10 PartGG.

1.3 Offene Handelsgesellschaft (OHG)

043 Die Offene Handelsgesellschaft ist auf den **Betrieb eines Handelsgewerbes** unter gemeinschaftlicher Firma gerichtet, wobei die Gesellschafter den Gesellschaftsgläubigern gegenüber persönlich, unbeschränkt und gesamtschuldnerisch haften, §§ 105 Abs. 1, 128 HGB.

044 Die OHG ist eine Sonderform der Personengesellschaft, die wegen des gewerblichen Zwecks als **Personenhandelsgesellschaft** bezeichnet wird. Auf die OHG finden neben §§ 105 ff. HGB ergänzend die Vorschriften der §§ 705 ff. BGB Anwendung, sofern im Handelsgesetzbuch keine Sonderregelungen vorhanden sind. Dies gilt z. B. für das Prinzip der Anwachsung und für den Abfindungsanspruch des ausscheidenden Gesellschafters.

045 Im Unterschied zur GbR erhält die OHG die **Teilrechtsfähigkeit kraft Gesetzes**, § 124 HGB. Da die OHG aufgrund ihres Gesellschaftszwecks im Wirtschaftsverkehr tätig wird, muss sie den handelsrechtlichen Erfordernissen entsprechend unverzüglich agieren und reagieren können. Die Voraussetzung effektiver und flexibler Teilnahme am Handelsverkehr könnte eine Personengesellschaft nicht erfüllen, wenn sie nicht rechtlich selbstständig und abweichend von den Grundsätzen der Gesamtgeschäftsführung und Gesamtvertretung organisiert wäre.

046 **Inhalte der Teilrechtsfähigkeit der Offenen Handelsgesellschaft:**

- **Die OHG kann unter ihrer Firma Rechte erwerben und Verbindlichkeiten eingehen.**

- **Die OHG kann insbesondere Eigentum erwerben und wird dadurch grundbuchfähig.**

- Die OHG kann vor Gericht klagen und verklagt werden.

- Über das Vermögen der OHG kann ein Insolvenzverfahren eröffnet werden.

- In das Vermögen der OHG kann die Zwangsvollstreckung stattfinden.

- Die OHG haftet für ein deliktisches Verhalten ihrer Gesellschafter gem. § 31 BGB (= Organhaftung).

Als **Folge der rechtlichen Selbstständigkeit der OHG** ergibt sich ihre Haftung aus Verträgen und Vertragsverletzungen sowie aus unerlaubter Handlung. Sofern ein Vertragspartner mit der OHG, vertreten durch einen Gesellschafter, einen Vertrag abgeschlossen hat, richtet sich sein Erfüllungsanspruch gegen die OHG, ebenso wie Ansprüche wegen Pflichtverletzungen, Mängelgewährleistungsansprüche, Rücktritts- oder Kündigungserklärungen, Aufrechnungserklärungen und andere Willenserklärungen im Hinblick auf das Zustandekommen, die Abwicklung und die Beendigung von Verträgen.

047

Die Offene Handelsgesellschaft haftet für Pflichtverletzungen der Gesellschafter oder anderer Hilfspersonen als Erfüllungsgehilfen gem. § 278 BGB aus Vertrag und für Verstöße ihrer Verrichtungsgehilfen aus unerlaubter Handlung gem. § 831 BGB. Daneben gilt die Organhaftung der juristischen Person auch für die Personenhandelsgesellschaften, sodass die OHG analog § 31 BGB auch für Schäden haftet, die durch ein Verschulden ihrer Repräsentanten entstehen. Diese **Haftung für Organverschulden** ist unabhängig von der Vertretungsbefugnis oder Weisungsgebundenheit und ergibt sich ausschließlich aus der Stellung einer Person innerhalb des Unternehmens, z. B. als Filialleiter, Abteilungsleiter oder Sachbearbeiter mit eigener Entscheidungskompetenz. Daraus folgt eine Verantwortlichkeit für Organisationsmängel, denn die Körperschaften und die Personenhandelsgesellschaften sind verpflichtet, ihre unternehmerische Tätigkeit so zu organisieren, dass für alle Aufgabenbereiche ein Vertreter zuständig ist, der die erforderlichen Entscheidungen sachgemäß treffen kann. Entspricht die Organisation diesen Anforderungen nicht, haftet sie für alle daraus entstehenden Schäden ohne Entlastungsmöglichkeit. Während im Rahmen der bürgerlichrechtlichen Haftung aus unerlaubter Handlung der Exkulpationsnachweis gem. § 831 BGB geführt werden kann, haftet die Gesellschaft gem. § 31 BGB auch für strafbare Handlungen ihrer „Organe". Obwohl die OHG nicht organschaftlich organisiert ist, muss sie in Analogie zur Organhaftung für deliktische Handlungen ihrer Gesellschafter und anderer Personen, denen sie Entscheidungsbefugnisse einräumt, einstehen.

048

Beispiel

Eine OHG haftet für betrügerische Handlungen ihres Filialleiters, die er unter Ausnutzung seiner Stellung den Kunden gegenüber vornimmt, analog § 31 BGB (Organhaftung des Vereins).

049 Die Rechtsform der Offenen Handelsgesellschaft eignet sich für **kleine und mittelständische Unternehmen**, insbesondere für Familienbetriebe. Sie ist z. B. im Groß- und Einzelhandel zu finden, in der Fertigungswirtschaft und im Dienstleistungsbereich. Auch Kleingewerbetreibende können eine OHG gründen, ferner Kannkaufleute gem. § 2 HGB und land- und forstwirtschaftliche Betriebe gem. § 3 HGB.

050 **Merkmale der Offenen Handelsgesellschaft:**

- ► **Gesellschaftsvertrag, § 705 BGB**

- ► **Betrieb eines Handelsgewerbes unter gemeinschaftlicher Firma, gem. § 105 Abs. 1 HGB oder Eintragung eines Gewerbebetriebs in das Handelsregister gem. § 105 Abs. 2 HGB**

- ► **keine Haftungsbeschränkung der Gesellschafter**

- ► **Anmeldungspflicht zum Handelsregister, § 106 HGB.**

051 **Im Verhältnis der Gesellschafter zueinander (= Innenverhältnis) entsteht die Offene Handelsgesellschaft mit Abschluss des Gesellschaftsvertrags.**

052 Da der **Gesellschaftsvertrag formlos wirksam** ist, reicht bereits die Aufnahme eines Geschäftspartners in das bestehende Handelsgeschäft eines Einzelkaufmanns oder die Vereinbarung zweier Personen, ein Handelsgeschäft unter gemeinsamer Firma betreiben zu wollen, vgl. § 105 HGB. In diesen Fällen entsteht eine Offene Handelsgesellschaft, sofern keine Haftungsbeschränkung vereinbart wurde. Haben die beteiligten Gesellschafter für einen von ihnen die Haftung auf eine bestimmte Vermögenseinlage beschränkt, entsteht eine Kommanditgesellschaft, vgl. § 161 HGB. Die Haftungsfolgen für den Eintritt eines Gesellschafters in das Geschäft eines Einzelkaufmanns regelt § 28 HGB.[1]

053 **Im Verhältnis zu Dritten entsteht die Offene Handelsgesellschaft mit dem Zeitpunkt der Eintragung in das Handelsregister oder durch die Aufnahme eines Handelsgewerbes im Einverständnis aller Gesellschafter gem. § 123 HGB**

Fall 22: Gründung der IT-Beratung > Seite 476

054 Die **Aufnahme eines Handelsgewerbes** erfolgt bereits durch die Bestellung von Geschäftspapier, Visitenkarten oder den Auftrag zur Erstellung eines Internet-Auftritts, ebenso durch den Abschluss eines Mietvertrags über Geschäftsräume, die Einstellung eines Mitarbeiters, den ersten Wareneinkauf, den Ankauf von Geschäftsfahrzeugen, Einrichtungsgegenständen, Maschinen. Das erste Rechtsgeschäft, das einvernehmlich im Namen der OHG abgeschlossen wird, bewirkt deren Entstehung im Außenverhältnis. Durch die Aufnahme eines Handelsgewerbes kann die Offene Handelsgesellschaft bereits vor ihrer Eintragung im Handelsregister entstehen. Die zeitlich der Gründung und Geschäftsaufnahme nachfolgen-

---

[1] Vgl. Abschnitt F.2.3 zur Haftung bei Inhaberwechsel.

de Eintragung der Gesellschaft in das Handelsregister hat nur **deklaratorische (= rechtsbekundende) Wirkung**.

Nach der Gründung einer Offenen Handelsgesellschaft durch Gesellschaftsver-   055
trag sind die Gesellschafter verpflichtet, diese zur **Eintragung in das Handelsregister** bei dem Gericht anzumelden, in dessen Bezirk sie ihren Sitz hat, § 106 HGB.
Die Anmeldung muss folgende Angaben enthalten, wobei die firmenrechtlichen
Grundsätze gem. §§ 17 ff. HGB zu beachten sind:

- **Name, Vorname, Beruf und Wohnort jedes Gesellschafters**   056

- **die Firma der Gesellschaft, der Ort des Geschäftssitzes und die inländische Geschäftsanschrift**

- **der Zeitpunkt, mit welchem die Gesellschaft begonnen hat.**

Im Innenverhältnis der Gesellschafter untereinander gilt der Grundsatz der Pri-   057
vatautonomie mit der Folge, dass der Gesellschaftsvertrag in seinen Regelungen
von den §§ 110 - 122 HGB abweichen kann, vgl. § 109 HGB.

Einer **gesellschaftsvertraglichen Regelung** bedürfen Vereinbarungen, die zwar für   058
die Entstehung der OHG nicht unbedingt erforderlich sind, doch bei entsprechender Gestaltung Rechtsstreitigkeiten vermeiden können:

- Geschäftsführung und Vertretung

- Gewinn- und Verlustverteilung

- Voraussetzungen der Vertragsänderung

- Aufnahme und Ausscheiden von Gesellschaftern

- Fortsetzungs- oder Nachfolgeklauseln,

- Aufgaben der Gesellschafterversammlung (Einberufung, Beschlussfähigkeit,
  Stimmrechte, Mehrheiten...).

Zu den **Rechtspflichten der Gesellschafter** gehören neben der Förderung der Ge-   059
sellschaftszwecke insbesondere durch die Wahrnehmung von Geschäftsfüh-
rungs- und Vertretungsaufgaben:

- **Beitragspflicht**, §§ 105 Abs. 2 HGB, 705 BGB, z. B. Geldleistung, Sach- und   060
  Dienstleistungen, Einbringung von gewerblichen Schutzrechten,

- **Treuepflicht**, § 242 BGB, z. B. Interessenwahrnehmung, Wahrung von Betriebs-   061
  geheimnissen, Unterlassen von geschäftsschädigenden Handlungen,

- **Wettbewerbsverbot**, § 112 HGB, wonach der Gesellschafter ohne die Einwilli-   062
  gung der anderen Gesellschafter weder in dem Handelszweig der Gesellschaft
  Geschäfte machen noch an einer anderen gleichartigen Handelsgesellschaft
  als persönlich haftender Gesellschafter teilnehmen darf. Die Einwilligung zur
  Teilnahme an einer anderen Gesellschaft gilt als erteilt, wenn den übrigen Gesellschaftern bei Eingehung der Gesellschaft dieser Umstand bekannt ist, § 112
  Abs. 2 HGB.

063 **Rechtsfolgen eines Verstoßes gegen die Pflichten der Gesellschafter:**

▶ **Unterlassungsansprüche**

▶ **Schadensersatzansprüche**

▶ **Eintrittsrecht der OHG** in Geschäfte, die der Gesellschafter entgegen dem Wettbewerbsverbot auf eigene Rechnung abschließt.

064 Im Unterschied zur GbR, welche im Grundsatz die Gesamtgeschäftsführung vorsieht, gilt bei der OHG das **Prinzip der Einzelgeschäftsführung.** Gemäß §§ 114, 115 HGB sind alle Gesellschafter einer OHG zur Führung der Geschäfte berechtigt und verpflichtet, und zwar ist jeder allein zu handeln berechtigt. Mit dem Prinzip der Einzelgeschäftsführung ist ein **Vetorecht der geschäftsführungsbefugten Gesellschafter** verbunden. Falls ein Gesellschafter eine Handlung vorzunehmen beabsichtigt, ein anderer geschäftsführungsbefugter Gesellschafter jedoch widerspricht, muss die Handlung unterbleiben, § 115 Abs. 1 HGB. Demzufolge gilt als gesetzliche Regelung der Geschäftsführungsbefugnis bei der Offenen Handelsgesellschaft das **Prinzip der Einzelgeschäftsführung aller mit Widerspruchsrecht der geschäftsführungsbefugten Gesellschafter**, vgl. Abbildung 18.

065 Da die gesetzlichen Vorschriften zum Innenverhältnis der OHG dispositiv sind, können im Gesellschaftsvertrag **abweichende Geschäftsführungsregeln** vereinbart werden:

▶ **Einzelgeschäftsführung aller Gesellschafter ohne Widerspruchsrecht**

▶ **Einzelgeschäftsführung mehrerer Gesellschafter mit oder ohne Widerspruchsrecht**

▶ **Gesamtgeschäftsführung mehrerer Gesellschafter**

▶ **Gesamtgeschäftsführung aller Gesellschafter.**

066 Die letztgenannte Alternative entspricht den Geschäftsführungsregeln der GbR und ist für die OHG nicht empfehlenswert, weil die Gesellschaft für das im Handelsverkehr erforderliche unverzügliche Handeln zu schwerfällig und unflexibel würde. Dagegen erleichtert die gesetzliche Grundform der **Einzelgeschäftsführung aller Gesellschafter** zwar die Entscheidungsfähigkeit der OHG, birgt jedoch auch die Gefahren eigenmächtiger Geschäftsabschlüsse der geschäftsführungsbefugten Gesellschafter oder einer Lähmung der Handlungsfähigkeit durch übertriebene Ausübung des Widerspruchsrechts mit sich, vor allem bei einer größeren Zahl von Gesellschaftern.

067 Deshalb werden die Gesellschafter einer OHG eine flexible, doch kontrollierbare Geschäftsführungsregelung anstreben und entweder die Gesamtgeschäftsführung einiger Gesellschafter wählen oder die Einzelgeschäftsführung mehrerer Gesellschafter mit Widerspruchsrecht, wobei durch Gesellschaftsvertrag die übrigen Gesellschafter von der Geschäftsführung ausgeschlossen sind. Die **Gesamtgeschäftsführung** erfordert eine gemeinsame Beratung der geschäftsführungsbefugten Gesellschafter vor jeder Entscheidung. Ein geschäftsführungsbefugter

Gesellschafter darf nicht gegen den Widerspruch eines anderen geschäftsführungsbefugten Gesellschafters handeln. Der Widerspruch ist ausschließlich im Gesellschaftsinteresse auszuüben und bei einer Verletzung des Gesellschaftsinteresses unbeachtlich.

Gemäß § 115 Abs. 2 HGB besteht ein **Recht zur Notgeschäftsführung** der zur Gesamtgeschäftsführung berechtigten Gesellschafter, die bei Gefahr im Verzug auch einzeln und ohne Zustimmung der übrigen gesamtgeschäftsführungsbefugten Gesellschafter handeln dürfen.   068

Beispiele

Die fünf Gesellschafter A, B, C, D und E gründen eine OHG. Im Gesellschaftsvertrag vereinbaren sie, dass A und B gemeinsam zur Geschäftsführung berechtigt sein sollen. Es liegt eine **Gesamtgeschäftsführungsbefugnis** vor, wonach A und B sich beraten und gemeinsam entscheiden müssen, ausgenommen bei Gefahr im Verzug.

Angenommen, A, B, C, D und E haben in ihrem Gesellschaftsvertrag vereinbart, dass A und B zur Geschäftsführung berechtigt sein sollen. Mangels weiterer Ausgestaltung der Geschäftsführungsbefugnis greift das gesetzliche **Prinzip der Einzelgeschäftsführung** ein, mit der Folge, dass A und B einzeln über gesellschaftliche Belange entscheiden können, wobei der andere Gesellschafter ein Widerspruchsrecht hat.

A, B, C, D und E können im Gesellschaftsvertrag auch vereinbaren, dass A und B Einzelgeschäftsführungsbefugnis erhalten. A wünscht eine Erweiterung des Sortiments. Falls B widerspricht, muss diese Maßnahme unterbleiben. Sollte E widersprechen, ist sein Widerspruch unbeachtlich, da er als nicht geschäftsführungsbefugter Gesellschafter kein Widerspruchsrecht hat.

Der **Umfang der Geschäftsführungsbefugnis** erstreckt sich auf alle Handlungen, die der gewöhnliche Betrieb des Handelsgewerbes der OHG mit sich bringt. Zur Vornahme von Handlungen, die darüber hinausgehen, ist ein Beschluss sämtlicher Gesellschafter erforderlich, § 116 HGB.   069

Gewöhnliche Geschäfte sind alle Geschäfte, die den Gegenstand des Unternehmens betreffen, im Bereich von Beschaffung, Produktion, Absatz, Marketing, Rechnungs- und Personalwesen; beispielsweise der An- und Verkauf von Waren, die Einstellung und Kündigung von Mitarbeitern, die Vornahme von Kredit- und Finanzierungsgeschäften und Versicherungsabschlüsse.   070

Außergewöhnliche Geschäfte überschreiten nach Art, Inhalt, Bedeutung und Risiko den Rahmen des gewöhnlichen Geschäftsbetriebs und bedürfen deshalb   071

eines Beschlusses sämtlicher Gesellschafter, auch der nicht geschäftsführungsbefugten Gesellschafter. Zu den außergewöhnlichen Geschäften gehören beispielsweise:

- **Einrichtung einer Zweigniederlassung**
- **Baumaßnahmen auf dem Geschäftsgrundstück**
- **Ersteigern von Grundstücken**
- **Übertragung des Gesellschaftsvermögens**
- **Verkauf von Wertpapieren**
- **Aufnahme von stillen Gesellschaftern.**

072 Die **Erteilung der Prokura** ist ein gewöhnliches Geschäft, bedarf aber gem. § 116
Abs. 3 HGB der Zustimmung aller geschäftsführungsbefugten Gesellschafter,
während der Widerruf der Prokura durch jeden geschäftsführungsbefugten Gesellschafter erfolgen kann.

Beispiel

Die fünf Gesellschafter A, B, C, D und E haben im Gesellschaftsvertrag vereinbart,
dass A und B zur Geschäftsführung berechtigt sein sollen. Jeder von ihnen hat
deshalb Einzelgeschäftsführungsbefugnis mit Widerspruchsrecht des anderen.
Die OHG betreibt einen Gemüsegroßhandel. Falls A eine Zweigniederlassung errichten will, muss er einen gemeinsamen Entschluss aller Gesellschafter herbeiführen, da es sich um ein außergewöhnliches Geschäft handelt. Falls A einen
Prokuristen bestellen möchte, braucht er nur die Zustimmung des B. Dagegen
darf er über gewöhnliche Geschäfte wie den An- und Verkauf von Gemüse aufgrund seiner Einzelgeschäftsführungsbefugnis allein entscheiden.

073 Die nicht geschäftsführungsbefugten Gesellschafter haben **Kontrollrechte** gem.
§ 118 HGB. Danach können sie sich von den Angelegenheiten der Gesellschaft
persönlich unterrichten, die Handelsbücher und die Papiere der Gesellschaft einsehen und sich aus ihnen eine Bilanz und einen Jahresabschluss anfertigen. Die
Kontrollrechte können vertraglich ausgeschlossen werden, allerdings nicht für
den Fall des Verdachts unredlicher Geschäftsführung. Zur Ausübung seiner Kontrollrechte darf der Gesellschafter die Geschäftsräume betreten, Anlagen und
Einrichtungen besichtigen, die Handelsbücher und sonstigen Papiere (Verträge,
Korrespondenz, Akten) einsehen, gegebenenfalls weitere Auskunft verlangen
und sich aus den Unterlagen eine Bilanz erstellen. Er darf zur sachgerechten Information auch geeignete Sachverständige hinzuziehen, die beruflich zur Ver-
schwiegenheit verpflichtet sind wie Steuerberater, Wirtschaftsprüfer oder
Rechtsanwälte.

Fall 23: Streit um die Geschäftsführung > Seite 476

Die **Entziehung der Geschäftsführungsbefugnis** erfolgt gem. § 117 HGB auf An- 074
trag aller übrigen Gesellschafter durch gerichtliche Entscheidung, wenn ein wichtiger Grund vorliegt, beispielsweise bei Nichtbeachtung der Mitwirkungspflichten anderer Gesellschafter oder bei der Begehung von Straftaten. Ein
geschäftsführungsbefugter Gesellschafter kann die Geschäftsführung auch aus
wichtigem Grund niederlegen, §§ 105 Abs. 2 HGB, 712 BGB.

Gesellschafterbeschlüsse bedürfen der Zustimmung aller zur Mitwirkung bei der 075
Beschlussfassung berufenen Gesellschafter, wobei die Mehrheit der Stimmen
nach Zahl der Gesellschafter entscheidet. Ein Beschluss aller Gesellschafter ist
beispielsweise erforderlich bei Entscheidungen über

▸ **Änderungen des Gesellschaftsvertrags** 076

▸ **außergewöhnliche Geschäfte**

▸ **Ansprüche bei Verletzung des Wettbewerbsverbots, § 113 Abs. 2 HGB**

▸ **Entziehung der Geschäftsführungsbefugnis oder der Vertretungsmacht, §§ 117, 127 HGB**

▸ **Ausschließung eines Gesellschafters, § 140 HGB**

▸ **Auflösung der Gesellschaft, § 131 Nr. 2 HGB.**

Die **Gewinn- und Verlustverteilung** erfolgt mangels anderweitiger Regelung im 077
Gesellschaftsvertrag gem. §§ 120, 121 HGB für jeden Gesellschafter in Höhe von
4 % seines Kapitalanteils, höhere Gewinne werden zu gleichen Anteilen verteilt.
Dabei wird nach dem **Prinzip der variablen Kapitalanteile** verfahren, indem der
einem Gesellschafter zukommende Gewinn seinem Kapitalanteil zugeschrieben
und der auf ihn entfallende Verlust sowie das während des Geschäftsjahres auf
den Kapitalanteil entnommene Geld davon abgeschrieben wird. **Entnahmen** sind
mangels entgegenstehender Vertragsabrede gem. § 122 HGB bis zu einem Betrag
von 4 % des für das letzte Geschäftsjahr festgestellten Kapitalanteils des Gesellschafters zulässig. Soweit der Gesellschaft kein Schaden entsteht, kann ein Gesellschafter auch die Auszahlung seines den bezeichneten Betrag übersteigenden
Anteils am Gewinn des letzten Jahres verlangen.

Das **Gesellschaftsvermögen** der OHG ist wie bei der GbR ein gesamthänderisch 078
gebundenes Sondervermögen, allerdings ist Vermögensträger die OHG unter ihrer Firma, unter der sie im Handelsverkehr auftritt. Die OHG ist insoweit rechtsfähig, § 124 HGB. Da die OHG eine Personenhandelsgesellschaft ist, sind auch die
Gesellschafter Träger des Gesellschaftsvermögens, doch ergeben sich Beschränkungen der Verfügungsmacht durch die Mitberechtigung der anderen Gesellschafter. Dies bedeutet für den einzelnen Gesellschafter, dass er weder über seinen Anteil am Gesellschaftsvermögen, noch über die einzelnen Gegenstände
verfügen kann. Ferner kann er außerhalb der Auseinandersetzung eine Teilung
des Gesellschaftsvermögens nicht verlangen, §§ 105 Abs. 3 HGB, 719 BGB.

079 Der **Kapitalanteil des einzelnen Gesellschafters** ist das auf dem Kapitalkonto ausgewiesene Guthaben des Gesellschafters, das sich aus seiner Einlage und den gutgeschriebenen Gewinnen, vermindert um Abschreibungen, Entnahmen und Verluste, zusammensetzt. Eine Bedeutung hat der Kapitalanteil insbesondere für den Wert der Einlage, den Umfang der Mitgliedschaftsrechte und den Abfindungsanspruch des einzelnen Gesellschafters. Da der Kapitalanteil auch zum Privatvermögen des Gesellschafters gehört, kann ein Privatgläubiger des Gesellschafters wegen eines vollstreckbaren Schuldtitels nach erfolgloser Zwangsvollstreckung in das bewegliche Vermögen des Gesellschafters die Pfändung und Überweisung dieses Kapitalanteils vornehmen und ist aus diesem Grund zur Kündigung der Gesellschaft berechtigt, § 135 HGB.

080 Aus dem Gesellschaftsverhältnis ergeben sich **Sozialansprüche der Gesellschaft** gegen die Gesellschafter, beispielsweise auf

- ► Zahlung der Beiträge

- ► Unterlassen von Wettbewerb

- ► Schadensersatzleistungen bei Verletzung von Geschäftsführungspflichten.

081 Ferner bestehen **Sozialverpflichtungen der Gesellschaft** gegen die Gesellschafter:

- ► Beteiligung am Gewinn und Verlust

- ► Kontrolle der Geschäftsführung

- ► Aufwendungsersatz.

082 Jeder Gesellschafter hat gem. § 110 HGB einen **Aufwendungsersatzanspruch gegen die Gesellschaft**. Dieser Anspruch ist mit dem Aufwendungsersatzanspruch des Auftragnehmers oder des Geschäftsbesorgers zu vergleichen (§ 670 BGB). Die Gesellschafter haben im Einzelnen Anspruch auf Ersatz aller Aufwendungen für die Gesellschaft wie Geldauslagen, Übertragung von Gegenständen, Dienstleistungen außerhalb der Geschäftsführerpflichten, Geschäftsreisen usw., Anspruch auf Ersatz bei Zahlung von Verbindlichkeiten der Gesellschaft, Anspruch auf Verzinsung von Geldauslagen, Anspruch auf Auslagenvorschuss, Anspruch auf Schadensersatz für Schäden, die in Erfüllung der Geschäftsführungsaufgaben entstehen. Einen Anspruch auf die Vergütung der Geschäftsführungstätigkeit hat der Geschäftsführer jedoch nicht, eventuelle Vergütungsansprüche muss er durch den Abschluss eines Dienstvertrags mit der OHG regeln.

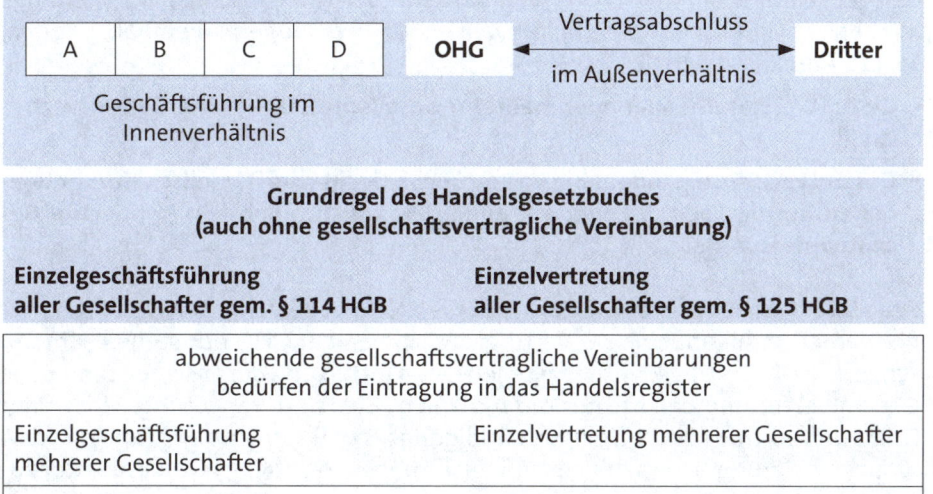

Abb. 18: Geschäftsführung und Vertretung bei der OHG

Im **Außenverhältnis der Offenen Handelsgesellschaft** oder der Gesellschafter zu Dritten sieht das HGB **Vertretungs- und Haftungsregeln** vor. Die gesetzlichen Vorschriften sind überwiegend zwingend, und soweit Abweichungen zulässig sind, müssen diese zum Schutz des Handelsverkehrs in das Handelsregister eingetragen werden. Ferner sind bestimmte Mindestangaben auf den Geschäftsbriefen erforderlich, z. B. die Rechtsform und der Sitz der Gesellschaft, das Registergericht und die Nummer, unter der die Gesellschaft in das Handelsregister eingetragen ist, vgl. § 125a HGB. Auch der geschäftsmäßige Internet-Auftritt muss gesetzliche Mindestinformationen enthalten, vgl. § 5 TMG. 083

Die **Vertretung der Offenen Handelsgesellschaft** betrifft den **Abschluss von Rechtsgeschäften** durch einen Gesellschafter im Namen der Gesellschaft mit der Folge, dass die OHG Vertragspartei wird, sofern der handelnde Gesellschafter vertretungsbefugt ist. Denn die OHG kann aufgrund ihrer Rechtsfähigkeit Rechte erwerben und Verbindlichkeiten eingehen, vgl. § 124 HGB. Im Unterschied zu den Vertretungsregeln der GbR ist die Vertretungsmacht bei der OHG nicht von der Geschäftsführungsregelung abhängig und kann deshalb flexibler gestaltet werden. Die Gesellschafter der OHG können deshalb im Gesellschaftsvertrag die Geschäftsführungs- und Vertretungsbefugnis in der Weise regeln, dass sie einen oder mehrere Gesellschafter zur Geschäftsführung, andere zur Vertretung der OHG bestimmen. 084

Das Handelsgesetzbuch geht vom **Prinzip der Einzelvertretung aller Gesellschafter** aus, § 125 HGB. Falls keine gesellschaftsvertragliche Regelung getroffen wird, 085 darf jeder Gesellschafter im Namen der OHG Verträge abschließen. Allerdings können im Gesellschaftsvertrag abweichende Regelungen vereinbart werden, §§ 125 Abs. 2 und 3 HGB:

086   ► **Gesamtvertretung aller oder mehrerer Gesellschafter (= echte Gesamtvertretung)**

     ► **Gesamtvertretung, indem die vertretungsberechtigten Gesellschafter entweder zusammen oder einzeln mit einem Prokuristen handeln (= unechte Gesamtvertretung).**

087   Im **Fall der Gesamtvertretung** dürfen die vertretungsberechtigten Gesellschafter nur gemeinsam handeln, z. B. Verträge im Namen der OHG nur gemeinsam abschließen. Der Vertrag kommt zwischen dem Dritten und der OHG zu Stande. Die Gesamtvertretung betrifft nur die Aktivnicht die Passivvertretung. Sofern der Dritte den Vertrag kündigt, gilt die Kündigung als wirksam erfolgt, wenn die Kündigungserklärung einem der gesamtvertretungsberechtigten Gesellschafter zugeht.

088   Der besondere **Fall der unechten Gesamtvertretung** ist nur zusätzlich zu einer bestehenden Einzelvertretung oder neben einer echten Gesamtvertretung zulässig. Denn es heißt im Wortlaut des § 125 Abs. 3 HGB, *„wenn nicht mehrere zusammen handeln"*, soll eine Vereinbarung möglich sein, wonach ein gesamtvertretungsbefugter Gesellschafter auch zusammen mit einem Prokuristen vertretungsberechtigt ist.

Beispiele

Beispiel 1
Die fünf Gesellschafter A, B, C, D und E gründen eine OHG und vereinbaren im Gesellschaftsvertrag, dass A und B gemeinsam zur Vertretung der OHG berechtigt sind, wogegen C, D und E von der Vertretung ausgeschlossen sein sollen. Diese Regelung im Gesellschaftsvertrag enthält eine **echte Gesamtvertretung**.

Beispiel 2
A, B, C, D und E haben in ihrem Gesellschaftsvertrag neben der Gesamtvertretung von A und B folgende Vereinbarung getroffen: *„Falls A und B nicht gemeinsam handeln, dürfen sie die OHG nur in Gemeinschaft mit dem Prokuristen P vertreten."* Dabei handelt es sich um den **Fall der unechten Gesamtvertretung**. Die Vertretungsregelung ist gem. § 125 Abs. 3 HGB, die Erteilung der Prokura gem. § 53 Abs. 1 HGB zur **Eintragung in das Handelsregister** anzumelden. Vertretungsberechtigt sind danach entweder **A und B** gemeinsam oder **A und P** oder **B und P**.

Beispiel 3
A, B, C, D und E vereinbaren im Gesellschaftsvertrag, dass A und B in der Weise zur Vertretung der OHG berechtigt sein sollen, dass A auch allein, B jedoch nur gemeinsam mit dem Prokuristen P handeln darf. Diese Regelung wäre ebenfalls eine zulässige **Form der unechten Gesamtvertretung**.

Beispiel 4

Angenommen, A, B, C, D und E vereinbaren im Gesellschaftsvertrag, A und B sollten in der Weise zur Vertretung der OHG berechtigt sein, dass jeder von ihnen nur gemeinsam mit dem Prokuristen P handeln darf. Diese Regelung wäre **unzulässig**, denn sie verstieße gegen § 125 Abs. 3 HGB und damit gegen den Grundsatz der Selbstorganschaft. Denn die OHG wäre nicht mehr von den Gesellschaftern vertreten, sondern ausschließlich unter Mitwirkung des Prokuristen als Nichtgesellschafter.

Fall 24: Die elektronische Hebevorrichtung > Seite 477

Der **Umfang der Vertretungsmacht** erstreckt sich auf alle gerichtlichen und außergerichtlichen Geschäfte und Rechtshandlungen einschließlich der Veräußerung und Belastung von Grundstücken sowie der Erteilung und des Widerrufs der Prokura, § 126 Abs. 1 HGB.   089

Eine **Beschränkung des Umfangs der Vertretungsmacht** Dritten gegenüber ist unwirksam, § 126 Abs. 2 HGB. Die in der betrieblichen Praxis häufig vereinbarten gesellschaftsvertraglichen Beschränkungen der Vertretungsmacht auf bestimmte Arten von Geschäften oder auf bestimmte Zeitdauer oder auf Zweigniederlassungen haben **nur im Innenverhältnis** Wirkung. Die Verletzung einer solchen vertraglichen Vertretungsvereinbarung löst im Innenverhältnis Schadensersatzansprüche der OHG gegen den Gesellschafter wegen Pflichtverletzung aus, § 280 BGB. Im Außenverhältnis dagegen sind Beschränkungen der Vertretungsmacht ohne Wirkung, sodass Rechtsgeschäfte auch dann wirksam zu Stande kommen, wenn der Gesellschafter seine Vertretungsmacht überschritten hat. Missbrauch und Überschreitung der Vertretungsmacht wirken sich ausschließlich im Innenverhältnis aus.   090

Die einzige gesetzlich zulässige Möglichkeit der Beschränkung der Vertretungsmacht im Außenverhältnis ist die **Form der Filialprokura**, wenn die Niederlassungen unter verschiedenen Firmen betrieben werden, §§ 126 Abs. 3, 50 Abs. 3 HGB.   091

Die Vertretungsmacht findet ihre **Grenze bei den Grundlagengeschäften**, denn sie erstreckt sich nicht auf solche Geschäfte, die das Innenverhältnis der Gesellschafter betreffen. Deshalb kann ein vertretungsberechtigter Gesellschafter nicht den Gesellschaftsvertrag ändern, anderen Gesellschaftern die Geschäftsführungsbefugnis oder die Vertretungsmacht entziehen, neue Gesellschafter aufnehmen, bisherige Gesellschafter ausschließen oder die OHG auflösen.   092

Der **Entzug der Vertretungsmacht** erfolgt aus wichtigem Grund auf Antrag der übrigen Gesellschafter durch gerichtliche Entscheidung, so bei grober Pflichtverletzung oder Unfähigkeit zur ordnungsgemäßen Vertretung der Gesellschaft, § 127 HGB.   093

094   Im **Außenverhältnis** kann die Offene Handelsgesellschaft mit wirksamer Vertretung durch vertretungsberechtigte Gesellschafter Verträge abschließen und dadurch Rechte erwerben und Verbindlichkeiten eingehen, § 124 HGB. Sofern ein Gesellschaftsgläubiger einen Anspruch gegen die OHG hat, beispielsweise auf Kaufpreiszahlung aus einem Kaufvertrag gem. § 433 Abs. 2 BGB, kann er diesen Anspruch sowohl gegen die OHG als auch gegen jeden Gesellschafter persönlich geltend machen.

095   Für die **Verbindlichkeiten der Gesellschaft haftet die OHG** mit ihrem Gesellschaftsvermögen, da sie rechtlich selbstständig ist, §§ 124, 105 Abs. 2 HGB, 718 BGB. Daneben haften auch die **Gesellschafter der OHG persönlich, unbeschränkt und gesamtschuldnerisch** für die Verbindlichkeiten der Gesellschaft, §§ 105 Abs. 1, 128 HGB.

096   ▸ Die **persönliche (= unmittelbare) Haftung** bedeutet, dass der Gesellschaftsgläubiger unmittelbar den Gesellschafter auf Zahlung in Anspruch nehmen kann.

097   ▸ Die **unbeschränkte Haftung** bedeutet, dass der Gesellschafter mit seinem ganzen Vermögen, einschließlich seines Privatvermögens, zur Zahlung für die Gesellschaftsverbindlichkeiten herangezogen werden kann.

098   ▸ Die **gesamtschuldnerische Haftung** bedeutet, dass der Gesellschafter die Forderung des Gesellschaftsgläubigers in voller Höhe zahlen muss und im Innenverhältnis einen anteiligen **Ausgleichsanspruch gegen die übrigen Gesellschafter aus dem Gesamtschuldverhältnis** entsteht, § 426 BGB. Infolge der Zahlung einer Gesellschaftsschuld entsteht auch ein **Anspruch des Gesellschafters auf Aufwendungsersatz gegen die OHG** gem. § 110 HGB.

099   Infolgedessen kann der **Gesellschaftsgläubiger** seine Forderung aus einem Vertrag mit der OHG nach seiner Wahl entweder von der OHG oder von jedem der Gesellschafter unmittelbar und in voller Höhe verlangen. Sofern ein Gesellschafter diese Zahlung leistet, kann er entweder den vollen Betrag von der OHG als Aufwendungsersatz verlangen, § 110 HGB, oder einen Ausgleich von den übrigen Gesellschaftern aus dem Gesamtschuldverhältnis fordern, § 426 BGB. Nach dem gesamtschuldnerischen Ausgleich sind die Gesellschafter einander zu gleichen Teilen verpflichtet, soweit nicht ein anderes vereinbart ist. Falls im Gesellschaftsvertrag eine Haftungsregelung enthalten ist, richtet sich die Höhe des Ausgleichsanspruchs im Innenverhältnis nach der vertraglichen Vereinbarung.

Beispiel

Die ABC-OHG wurde von den Gesellschaftern A, B und C gegründet. Sie hat, vertreten durch A, mit V einen Kaufvertrag abgeschlossen, aus dem ein Anspruch des V auf Kaufpreiszahlung in Höhe von 900 € entstanden ist. V kann Zahlung in Höhe von 900 € von der OHG verlangen, §§ 433 Abs. 2 BGB, 124 HGB.

V könnte aber stattdessen die Zahlung des vollen Kaufpreises von A verlangen, §§ 433 Abs. 2 BGB, 105, 128 HGB. A wäre aufgrund seiner unmittelbaren Haftung für die Verbindlichkeiten der OHG zur Zahlung der 900 € an V verpflichtet. Danach könnte A von B und C je 300 € verlangen. Wurde im Gesellschaftsvertrag allerdings ein Haftungsausschluss zu Gunsten des C vereinbart, könnte A von B 450 € verlangen, § 426 BGB.

Der Gesellschafter kann dem Gesellschaftsgläubiger **Einwendungen und Einreden** entgegenhalten, die in seiner Person begründet wurden oder die der Gesellschaft zustehen, § 129 HGB. Danach kann der Gesellschafter z. B. einwenden, der Gläubiger habe ihm die Forderung gestundet. Dies wäre eine persönliche Einwendung, die dem Gesellschafter, nicht aber der Gesellschaft zusteht. Der Gesellschafter kann aber auch die Einwendungen der OHG geltend machen, beispielsweise die Nichtigkeit des Rechtsgeschäfts infolge Formmangels. Darüber hinaus kann der Gesellschafter die Zahlung der Gesellschaftsverbindlichkeiten verweigern, wenn der OHG das Recht zur Anfechtung oder Aufrechnung mit einer Gegenforderung zusteht.

100

Ein Gesellschafter kann wie ein Dritter mit der OHG einen **Vertrag abschließen**, z. B. ein Grundstück an die OHG verkaufen oder vermieten. In diesem Fall schuldet ihm die OHG den vollen Kaufpreis oder den vollen Mietzins aus dem jeweiligen Vertrag. Aufgrund der gesellschaftsvertraglichen Treuepflicht muss der Gesellschafter zunächst versuchen, Zahlung aus dem Gesellschaftsvermögen zu erlangen, bevor er sich an die Mitgesellschafter wendet. Erst wenn die OHG zahlungsunfähig ist, besteht der Anspruch des Gesellschafters gegen die übrigen Gesellschafter, dann aber unter Anrechnung seines eigenen (Verlust-)Anteils. Insoweit ist ein Gesellschafter als Gläubiger der OHG in der Reihenfolge der Wahl seines Anspruchsgegners bei der Geltendmachung der Forderung eingeschränkt.

101

Die **Haftung eines in eine OHG eintretenden Gesellschafters** erstreckt sich auch auf Altschulden, d. h. auf Verbindlichkeiten der Gesellschaft, die im Zeitpunkt des Eintretens bereits bestanden haben. Wer in eine bestehende Gesellschaft eintritt, haftet gleich den anderen Gesellschaftern für die vor seinem Eintritt begründeten Verbindlichkeiten der Gesellschaft, ohne Unterschied, ob die Firma eine Änderung erleidet oder nicht, § 130 Abs. 1 HGB.

102

Diese Haftungsregelung entspricht der des § 28 HGB für den in das Geschäft eines Einzelkaufmanns eintretenden Gesellschafter bei Gründung einer OHG. Im Unterschied zu § 28 HGB ist die Möglichkeit eines Haftungsausschlusses für den in eine bestehende OHG eintretenden Gesellschafter allerdings nicht gegeben. Denn **§ 130 Abs. 2 HGB bestimmt, dass eine der Haftung für Altschulden entgegenstehende Vereinbarung (= Haftungsausschluss) Dritten gegenüber unwirksam ist**. Der in das Geschäft eines Einzelkaufmanns eintretende Gesellschafter kann einem vertraglich vereinbarten Haftungsausschluss durch Eintragung ins Handelsregister oder Mitteilung an den Gläubiger eine Außenwirkung zukommen lassen und sich damit von der Haftung für Altschulden befreien. Diese Mög-

103

lichkeit hat ein Gesellschafter nicht, der in eine bestehende OHG eintritt. Zwar kann im Innenverhältnis durchaus ein Haftungsausschluss vereinbart werden, doch hat dieser wegen § 130 Abs. 2 HGB keine Außenwirkung.

Fall 25: Ein folgenschwerer Abschied > Seite 477

104   Die **Haftung des aus einer OHG ausscheidenden Gesellschafters** wirkt noch bis zur Eintragung seines Ausscheidens in das Handelsregister und der Bekanntmachung nach dem Rechtsschein des Handelsregisters gem. §§ 15 Abs. 2, 143 Abs. 2 HGB. Für alle Verbindlichkeiten der Gesellschaft, die zurzeit seiner Gesellschafterstellung in der OHG entstanden sind, haftet er bis zum Ablauf der Verjährungsfrist von 5 Jahren nach seinem Ausscheiden, sofern nicht kürzere Verjährungsfristen eingreifen, § 159 HGB.

105   Der **Eintritt und das Ausscheiden der Gesellschafter einer OHG** bedürfen vertraglicher Regelung. Fehlt eine entsprechende Vereinbarung im Gesellschaftsvertrag, können die Gesellschafter über den Eintritt eines neuen Gesellschafters einstimmig beschließen. Die Änderung ist gem. § 107 HGB zur Eintragung in das Handelsregister anzumelden.

106   Für den **Todesfall eines Gesellschafters** sollte der Gesellschaftsvertrag eine Nachfolgeklausel vorsehen, obwohl die Auflösung der Gesellschaft nicht gesetzlich vorgesehen ist. Möglichkeiten der Gestaltung von Nachfolgeklauseln sind:

107   ▶ **Fortsetzungsklausel:** Die Gesellschaft wird unter den verbliebenen Gesellschaftern fortgesetzt. Den Erben des verstorbenen Gesellschafters steht ein Abfindungsanspruch zu.

108   ▶ **Eintrittsklausel:** Ein Nichtgesellschafter erhält das Recht, durch Erklärung in die Gesellschafterstellung des Verstorbenen einzurücken.

109   ▶ **Nachfolgeklausel:** Im Todesfall rückt eine andere Person in die Gesellschafterstellung des Verstorbenen ein. Dieser Eintritt kann sich durch rechtsgeschäftliche oder durch erbrechtliche Nachfolge vollziehen. Eine erbrechtliche Nachfolgeklausel kann z. B. alle Erben einschließen (einfache erbrechtliche Nachfolgeklausel) oder nur einen Erben bzw. einen Teil der Erben (qualifizierte erbrechtliche Nachfolgeklausel).

110   Die gesellschaftsvertraglichen **Nachfolgeklauseln für die OHG** enthalten häufig eine Regelung, wonach im Todesfall eines Gesellschafters dessen Erbe die **Kommanditistenstellung** in der Gesellschaft erhält. Diese Vereinbarung entspricht der gesetzlichen Regelung in § 139 HGB für die Fälle der einfachen erbrechtlichen Nachfolgeklausel. Sie ist bei entsprechender Interessenlage vorteilhaft, denn dadurch tritt für den Erben eine Haftungsbeschränkung ein, während die verbleibenden Gesellschafter die unternehmerischen Entscheidungsbefugnisse behalten, da der Kommanditist von der Geschäftsführung und Vertretung der Gesellschaft ausgeschlossen ist. Es entsteht eine Kommanditgesellschaft.

Die **Ausschließung eines Gesellschafters aus der OHG** kann durch Gesetz oder   111
durch Vertrag erfolgen. Tritt in der Person eines Gesellschafters ein Umstand ein,
der nach § 133 HGB für die übrigen Gesellschafter das Recht begründet, die Auflösung der OHG zu verlangen, kann auf Antrag der übrigen Gesellschafter vom
Gericht statt der Auflösung die Ausschließung dieses Gesellschafters aus der Gesellschaft ausgesprochen werden. Die Ausschließung eines Gesellschafters erfolgt aus wichtigem Grund nach Antrag der übrigen Gesellschafter durch gerichtliche Entscheidung, z. B. wegen vorsätzlicher oder grob fahrlässiger Verletzung
der Gesellschafterpflichten.

Die **Auflösung und Liquidation (= Abwicklung)** der Offenen Handelsgesellschaft   112
erfolgt bei Vorliegen eines der in § 131 HGB genannten Auflösungsgründe:

- **Zeitablauf**
- **Gesellschafterbeschluss**
- **Eröffnung des Insolvenzverfahrens über das Vermögen der OHG**
- **gerichtliche Entscheidung.**

Die Auflösung der OHG ist gem. § 143 Abs. 1 HGB zur Eintragung in das Handels-   113
register anzumelden. Die Gesellschaft erhält den Zusatz „i. L." und wird liquidiert.
Mangels einer gesellschaftsvertraglichen Regelung erfolgt die Liquidation durch
sämtliche Gesellschafter. Den Liquidatoren obliegt die Beendigung der laufenden
Geschäfte, die Einziehung der Forderungen, die Umsetzung des übrigen Vermögens in Geld und die Befriedigung der Gläubiger, § 149 HGB. Nach dem Abschluss
der Liquidation ist das Erlöschen der Firma von den Liquidatoren zur Eintragung
in das Handelsregister anzumelden, § 157 HGB.

1.4 Kommanditgesellschaft (KG)

Die Kommanditgesellschaft ist eine Personenhandelsgesellschaft, deren Gesell-   114
schaftszweck wie bei der Offenen Handelsgesellschaft auf den **Betrieb eines Handelsgewerbes** unter gemeinschaftlicher Firma gerichtet ist. Doch unterscheidet
sich die KG von der OHG durch die **Haftungsverhältnisse** ihrer Gesellschafter. Bei
einem Gesellschafter oder einigen Gesellschaftern der Kommanditgesellschaft
ist die Haftung gegenüber den Gesellschaftsgläubigern auf den Betrag einer bestimmten Vermögenseinlage beschränkt (Kommanditisten), während bei dem
anderen Teil der Gesellschafter eine Beschränkung der Haftung nicht stattfindet
(persönlich haftende Gesellschafter oder Komplementäre). Infolgedessen ist die
KG eine Sonderform der OHG, auf die das Recht der Offenen Handelsgesellschaft
nachrangig anzuwenden ist, § 161 Abs. 2 HGB.

Merkmale der Kommanditgesellschaft: 115

- **Gesellschaftsvertrag, § 705 BGB**
- **Betrieb eines Handelsgewerbes unter gemeinschaftlicher Firma, § 161
  Abs. 1 HGB**

> ► **Haftungsverhältnisse der Gesellschafter:** Komplementäre haften unbeschränkt, die Kommanditisten beschränkt. Alle Gesellschafter haften persönlich und gesamtschuldnerisch.

> ► **Anmeldungspflicht zum Handelsregister, § 162 HGB.**

116 Die **Komplementäre einer KG** haften unbeschränkt, persönlich und gesamtschuldnerisch, genau wie die Gesellschafter einer OHG. Dagegen haften die Kommanditisten beschränkt auf eine bestimmte Vermögenseinlage (Hafteinlage).

117 Die **Kommanditistenstellung** ermöglicht eine Beteiligung an einer Personenhandelsgesellschaft mit einem beschränkten Haftungsrisiko. Gleichzeitig sind aber auch die Mitwirkungsrechte eingeschränkt, weil die Kommanditisten von der Geschäftsführung und Vertretung der KG ausgeschlossen sind. Die Gesellschaftsform der Kommanditgesellschaft tritt häufig bei mittelständischen Unternehmen und bei Familienbetrieben in Erscheinung. Die haftungsrechtlichen Vorteile der KG liegen in der Kalkulierbarkeit des Haftungsrisikos für die Kommanditisten.

118 Die Kommanditgesellschaft entsteht durch den **Abschluss eines Gesellschaftsvertrages**. Dieser unterliegt der Vertragsfreiheit, so dass die Gesellschafter ihre Rechtsverhältnisse entsprechend ihrer jeweiligen Interessenlage gestalten können. Im **Innenverhältnis** der Gesellschafter untereinander kann von den gesetzlichen Vorschriften abgewichen werden, beispielsweise kann dem Kommanditisten entgegen § 164 HGB die Geschäftsführungsbefugnis erteilt werden. Im **Außenverhältnis** sind die Vorschriften des Handelsgesetzbuches zwingend, sodass ein Kommanditist die KG nicht wirksam vertreten kann, es sei denn, ihm wird Prokura erteilt.

119 Die Kommanditgesellschaft ist zur **Eintragung in das Handelsregister** anzumelden, § 162 HGB. Bei der Registeranmeldung entsprechen die denen der OHG und zusätzlich sind die

> ► **Bezeichnung der Kommanditisten**

> ► **und der Betrag der Einlage eines jeden Kommanditisten als ziffernmäßig ausgewiesene Geldsumme**

anzugeben. In der Bekanntmachung ist nur die Zahl der Kommanditisten enthalten, nicht dagegen ihre Namen, Berufe, Anschriften und die Höhe der Kommanditeinlage. Der Kommanditist wird aber regelmäßig ein besonderes Interesse daran haben, seine Haftungsbeschränkung zu veröffentlichen. Daher ist meistens auch die Kommanditeinlage im Handelsregister verzeichnet.

120 Die Vorschriften für die Kommanditgesellschaft betreffen im Wesentlichen die Rechtsstellung des Kommanditisten und verweisen im Übrigen auf die Vorschriften für die Offene Handelsgesellschaft, vgl. § 161 Abs. 2 HGB, diese wiederum auf die Vorschriften über die Gesellschaft bürgerlichen Rechts, vgl. § 105 Abs. 2 HGB.

Die **Rechtsstellung des Kommanditisten** ist gekennzeichnet durch: 121

- **Haftungsbeschränkung, §§ 171 ff. HGB**
- **fehlende Geschäftsführungs- und Vertretungsbefugnis, §§ 164, 170 HGB**
- **Widerspruchsrecht bei außergewöhnlichen Geschäften, § 164 HGB**
- **kein Wettbewerbsverbot, § 165 HGB**
- **Kontrollrechte gem. § 166 HGB**
- **Anspruch auf Gewinn- und Verlustverteilung, §§ 167, 168, 169 HGB.**

Die Kommanditisten sind auf eine **kapitalistische Beteiligung an der KG** be- 122
schränkt. Nach den durch Gesellschaftsvertrag abdingbaren Vorschriften des
Handelsgesetzbuches sind die Kommanditisten grds. von der Geschäftsführung
und Vertretung der KG ausgeschlossen und haben **kein Widerspruchsrecht**,
§ 164 HGB.

Ein **Widerspruchsrecht des Kommanditisten** entsteht nur **bei ungewöhnlichen** 123
Geschäften, denn falls Entscheidungen getroffen werden, die über den gewöhnlichen Betrieb des Handelsgewerbes hinausgehen, wird ihre Kapitalbeteiligung
berührt. Als außergewöhnliche Maßnahmen gelten die im Zusammenhang mit
dem Widerspruchsrecht des nichtgeschäftsführungsbefugten Gesellschafters
einer OHG dargestellten Geschäfte, beispielsweise die Errichtung einer Zweigniederlassung oder bauliche Maßnahmen. Die Erteilung und der Widerruf der Prokura gehören nicht zu den ungewöhnlichen Geschäften, sodass der Kommanditist insoweit kein Widerspruchsrecht hat, vgl. §§ 164 Satz 2, 116 Abs. 3 HGB.

Durch Gesellschaftsvertrag können dem Kommanditisten Geschäftsführungsbe- 124
fugnisse eingeräumt werden, beispielsweise zur Führung der Personal- oder der
Revisionsabteilung. Der Kommanditist hat geringere Kontrollrechte als die geschäftsführungsbefugten Gesellschafter der OHG, § 166 HGB. Seine **Kontroll-**
rechte beinhalten

- **Mitteilung des Jahresabschlusses in Abschrift** 125
- **Einsicht in Bücher und Papiere**
- **ein außerordentliches Überwachungsrecht aus wichtigem Grund.**

Die gesetzlichen Kontrollrechte des Kommanditisten können durch gesellschafts- 126
vertragliche Vereinbarungen erweitert oder eingeschränkt werden. Auf Antrag
des Kommanditisten kann das zuständige Gericht ein außerordentliches Überwachungsrecht anordnen, insbesondere bei Verdacht unredlicher Geschäfts-
oder nicht ordnungsmäßiger Buchführung, das beispielsweise auch die Aufklärung über sonstige Angelegenheiten und die Vorlegung der Bücher und Papiere
einschließt.

Das **Gesellschaftsvermögen** der Kommanditgesellschaft unterliegt der gesamt- 127
schuldnerischen Bindung wie bei der Offenen Handelsgesellschaft. Die **Gewinn-**

und Verlustverteilung erfolgt hinsichtlich des 4 % überschreitenden Überschusses nicht nach Köpfen, sondern nach dem **Prinzip der Angemessenheit**, §§ 167 - 169 HGB. Der Kommanditist erhält eine Gewinnauszahlung erst, wenn die Höhe seiner Einlage erreicht ist und nimmt am Verlustausgleich nur bis zur Höhe seiner Einlage teil.

128 Im **Außenverhältnis** gilt die zwingende Regelung des § 170 HGB, wonach der Kommanditist nicht zur Vertretung der KG berechtigt ist. Diese Vorschrift betrifft jedoch nur die **Vertretung der KG** und hindert die Gesellschafter nicht, durch Gesellschaftsvertrag zu vereinbaren, dass dem Kommanditisten wie ein Angestellter für einzelne Handlungen oder für bestimmte betriebliche Abteilungen **rechtsgeschäftliche Vollmacht** erteilt wird. Eine zulässige Regelung ist deshalb auch die **Erteilung der Prokura oder der Handlungsvollmacht** an einen Kommanditisten, der im Handelsgeschäft mitarbeitet.

129 Bei der gesellschaftsvertraglichen Gestaltung der Vertretungsregelung ist das **Verbot der Fremdorganschaft** für Personengesellschaften zu beachten. Sofern eine unechte Gesamtvertretung vereinbart wird, darf der gesamtvertretungsberechtigte Gesellschafter, wenn er nicht mit dem anderen vertretungsberechtigten Gesellschafter gemeinsam handelt, die Gesellschaft nur zusammen mit einem Prokuristen vertreten. Diese Regelung ist sowohl für die OHG als auch für die KG zulässig, vgl. §§ 161 Abs. 2, 125 Abs. 3 HGB. Dagegen wäre eine Vertretungsregelung unzulässig, wonach ein Gesellschafter die Gesellschaft nur gemeinsam mit einem Prokuristen vertreten darf. Diese Grundsätze finden auch dann Berücksichtigung, wenn einem Kommanditisten Prokura erteilt wird.

Beispiele

Die Gesellschafter A, B und C gründen die ABC-KG mit K als Kommanditisten. Im Gesellschaftsvertrag wird vereinbart, dass A und B zur Vertretung der ABC-KG berechtigt sein sollen. Nach dem gesetzlichen Prinzip der Einzelvertretung können A und B die ABC-KG jeweils allein vertreten, §§ 161 Abs. 2, 125 Abs. 1 HGB, während K von der Vertretung ausgeschlossen ist, § 170 HGB.

Die Gesellschafter der ABC-KG mit K als Kommanditisten vereinbaren, dass A und B gesamtvertretungsberechtigt sein sollen und erteilen K Prokura. Dies ist eine zulässige Vertretungsregelung gem. §§ 161 Abs. 2, 125 Abs. 2 HGB (= **Gesamtvertretung**). Der Gesellschaftsvertrag könnte auch vorsehen, dass A und B, falls sie nicht zusammen handeln, jeweils nur mit K die ABC-KG vertreten dürfen, §§ 162 Abs. 2, 125 Abs. 3 HGB (= **unechte Gesamtvertretung**). Unzulässig wäre dagegen eine Regelung im Gesellschaftsvertrag, die vorsähe, dass die KG nur durch einen Komplementär (A oder B) zusammen mit K vertreten wird.

Die **Haftung der Gesellschafter der KG im Außenverhältnis** gegenüber den Gläu-   130
bigern der Gesellschaft entspricht der Regelung der OHG, wobei die Kommanditistenstellung Berücksichtigung findet. Für die **Verbindlichkeiten der Gesellschaft**
haftet die KG mit ihrem Gesellschaftsvermögen, da sie rechtlich selbstständig ist,
§§ 161 Abs. 2, 124 HGB, daneben haften auch die Komplementäre persönlich.

Die **Komplementäre** haften wie die Gesellschafter der Offenen Handelsgesell-   131
schaft gem. §§ 161 Abs. 2, 128 HGB **persönlich, unbeschränkt und gesamtschuldnerisch.**

Die **Kommanditisten** haften ebenfalls persönlich und gesamtschuldnerisch, je-   132
doch nicht unbeschränkt, sondern **bis zur Höhe ihrer Kommanditeinlagen gem.
§§ 171 ff. HGB**. Um den Umfang der Haftung eines Kommanditisten zu bestimmen, ist grundsätzlich zwischen der Hafteinlage und der Pflichteinlage zu unterscheiden. Im Außenverhältnis ergibt sich der Haftungsumfang aus dem Betrag
der im Handelsregister eingetragenen **Hafteinlage**. Im Innenverhältnis ist die
Pflichteinlage des Kommanditisten dem Gesellschaftsvertrag zu entnehmen Die
Gesellschafter sind verpflichtet, ihre Einlage in der Weise zu erbringen, wie im
Gesellschaftsvertrag vereinbart, beispielsweise durch

- Leistung von Geldbeträgen
- Übernahme von Gesellschaftsverbindlichkeiten
- Einbringung von Sachen oder Rechten
- Dienstleistungen
- stehen gelassene Gewinne
- Übernahme eines Gesellschaftsanteils.

Pflicht- und Hafteinlage müssen daher nicht übereinstimmen. Falls der Komman-   133
ditist seine **Pflichteinlage nach dem Gesellschaftsvertrag** nicht durch die Einzahlung eines der Hafteinlage entsprechenden Geldbetrages erbringt, weicht sie
zwangsläufig von der **Hafteinlage nach dem Handelsregister** ab. Aus Gründen
des Gläubigerschutzes ist der Kommanditist aber von der Haftung für Gesellschaftsverbindlichkeiten nur insoweit ausgeschlossen, als er die Einlage bereits
geleistet hat, vgl. § 171 Abs. 1 HGB.

Beispiel

Im Gesellschaftsvertrag wird vereinbart, dass der Kommanditist eine **Pflichteinlage** von 60.000 € in der Weise zu erbringen hat, dass er 30.000 € bar einzahlt und
für drei Monate der KG die Nutzung von Geschäftsräumen in einem ihm gehörenden Haus überlässt. Ab dem vierten Monat soll die KG eine Miete in Höhe von
10.000 € monatlich entrichten. Im Handelsregister wird als **Hafteinlage** des Kommanditisten der Betrag von 60.000 € eingetragen. Vor der Bareinzahlung und vor
der Geschäftsraumnutzung haftet der Kommanditist in Höhe von 60.000 €.

Nach der Bareinzahlung und vor der Geschäftsraumnutzung haftet der Kommanditist bis 30.000 €.

Nach der Bareinzahlung und nach Ablauf eines Monats haftet der Kommanditist in Höhe von 20.000 €, nach zwei Monaten in Höhe von 10.000 € und erst nach Ablauf von drei Monaten ist die Haftung ausgeschlossen.

134   Wird die **Pflichteinlage** nicht in der Form von Bareinzahlungen geleistet, sondern nach gesellschaftsvertraglicher Vereinbarung in Form von Sachen, Rechten, Dienstleistungen oder in anderer Weise, muss sie bewertet werden. Denn nur durch eine Bewertung kann festgestellt werden, ob ein Haftungsausschluss des Kommanditisten eingetreten ist. Im Fall der Überbewertung gilt die Einlage als nicht erbracht, vgl. § 171 Abs. 1 HGB.

Beispiel

Im Gesellschaftsvertrag wird vereinbart, dass der Kommanditist seine Pflichteinlage erbringt, indem er der KG einen Lieferwagen übereignet. Im Handelsregister wird als Hafteinlage der Betrag von 150.000 € eingetragen. Stellt sich heraus, dass der Lieferwagen im Zeitpunkt der Übereignung nur einen Wert von 120.000 € hatte, haftet der Kommanditist persönlich gegenüber den Gesellschaftsgläubigern bis zur Höhe von 30.000 €.

135   Im Grundsatz entfällt die Haftung des Kommanditisten nur insoweit, als er seine Einlage bereits geleistet hat, § 171 HGB. Falls die **Einlage eines Kommanditisten zurückbezahlt** wird, gilt sie den Gläubigern gegenüber als nicht geleistet mit der Folge, dass der Kommanditist wieder bis zur Höhe seiner im Handelsregister eingetragenen Hafteinlage persönlich haftet, § 172 Abs. 4 HGB. Auch wenn der Kapitalanteil des Kommanditisten durch **Gewinnentnahme** unter den Betrag der Hafteinlage gebracht wird, haftet der Kommanditist persönlich, weil die Minderung der Kommanditeinlage wirtschaftlich der Einlagenrückgewähr gleichsteht.

Beispiel

In einem OHG-Gesellschaftsvertrag wird eine Nachfolgeklausel dergestalt vereinbart, dass im Fall der rechtsgeschäftlichen Veräußerung eines Gesellschaftsanteils der Erwerber als Kommanditist in die Gesellschaft eintritt. Dadurch wird erreicht, dass die Gesellschafter die Geschäftsführungs- und Vertretungsrechte behalten und das Gesellschaftsvermögen erhalten bleibt. Die OHG wird im Nachfolgefall in eine KG umgewandelt. Der eintretende Kommanditist ist von der Haftung für Gesellschaftsverbindlichkeiten nur dann befreit, wenn er seinen Geschäftsanteil stehen lässt. Gewinnentnahmen richten sich nach dem

Gesellschaftsvertrag, dürfen aber die Hafteinlage nicht berühren; andernfalls lebt die persönliche Haftung des Kommanditisten wieder auf, vgl. § 172 Abs. 4 HGB. Die gesetzlichen Haftungsregelungen sind insoweit zwingend, vgl. § 173 HGB.

Die **Erhöhung oder Herabsetzung der Kommanditeinlage** ist den Gläubigern gegenüber erst mit der Eintragung in das Handelsregister oder bei handelsüblicher Bekanntmachung wirksam, §§ 174, 175 HGB.   136

Eine Kommanditgesellschaft kann nach Abschluss des Gesellschaftsvertrages und **vor der Handelsregistereintragung** bereits den Betrieb eines Handelsgewerbes aufnehmen. In diesem Fall ist auch die Haftungsbeschränkung des Kommanditisten noch nicht im Handelsregister eingetragen, sodass er gegenüber den Gesellschaftsgläubigern unbeschränkt haftet. Gleiches gilt im Fall des Eintritts eines Kommanditisten in eine bestehende Handelsgesellschaft für die Verbindlichkeiten, die im Zeitpunkt zwischen seinem Eintritt und der Eintragung der Haftungsbeschränkung in das Handelsregister begründet werden, vgl. § 173 HGB.   137

Im Übrigen gelten für den **Eintritt und das Ausscheiden von Gesellschaftern** einer KG die Regeln der OHG, §§ 161 Abs. 2, 130, 128 HGB. Auch der eintretende Kommanditist haftet für die vor seinem Eintritt entstandenen Verbindlichkeiten der KG, § 173 HGB. Aus einer Kommanditgesellschaft können alle Kommanditisten austreten oder ausgeschlossen werden, ohne dass nach dem Grundsatz der Firmenbeständigkeit eine Änderung der Firma erforderlich wäre, § 24 Abs. 1 HGB. Sofern dagegen der einzige Komplementär einer KG aus der Gesellschaft ausscheidet, muss diese aufgelöst werden, weil in einer Personenhandelsgesellschaft ein unbeschränkt haftender Gesellschafter vorhanden sein muss, § 161 HGB.   138

Eine Besonderheit gilt für den **Fall des Kommanditistenwechsels** unter gleichzeitiger Übertragung der Geschäftsanteile. Rechtlich tritt das Problem auf, dass der ausgeschiedene Kommanditist gem. § 172 Abs. 4 HGB haftet, weil ihm seine Einlage von dem eintretenden Kommanditisten zurückerstattet wird. Aus wirtschaftlicher Sicht hat sich für die Gesellschaftsgläubiger nichts geändert, da ihnen die Kommanditeinlage nach wie vor als Haftungssumme zur Verfügung steht. Deshalb entfällt bei der Übertragung von Kommanditanteilen ohne Herabsetzung ihrer Höhe eine Haftung des ausscheidenden Kommanditisten.   139

Die **Auflösung der Kommanditgesellschaft** erfolgt aus den gleichen Gründen wie die Auflösung der OHG, §§ 162 Abs. 2, 131 HGB. Beim Tod eines Kommanditisten wird die KG mangels abweichender vertraglicher Regelungen mit den Erben fortgesetzt, § 177 HGB. Auch auf die **Liquidation der Kommanditgesellschaft** sind die für die Offene Handelsgesellschaft geltenden Vorschriften anzuwenden, §§ 162 Abs. 2, 145 ff. HGB.   140

1.5 Stille Gesellschaft

141 Die stille Gesellschaft ist eine nicht rechtsfähige Personengesellschaft, gehört aber nicht zu den Handelsgesellschaften, sondern ist eine **Beteiligungsform am Handelsgewerbe eines Kaufmanns** mit Kontrollrechten, Gewinn- und Verlustbeteiligung, die ausschließlich als Innengesellschaft betrieben wird.

142 Wer sich als stiller Gesellschafter an dem Handelsgewerbe, das ein anderer betreibt, mit einer **Vermögenseinlage** beteiligt, hat die Einlage so zu leisten, dass sie in das Vermögen des Inhabers des Handelsgeschäfts übergeht, § 230 HGB. Danach ist die stille Gesellschaft eine zweigliedrige Gesellschaft, die durch Vertrag zwischen dem Inhaber eines Handelsgeschäfts und dem stillen Gesellschafter entsteht. Die besonderen **Merkmale der stillen Gesellschaft** sind:

143 ► **Gesellschaftsvertrag**

► **Beteiligung am Handelsgewerbe eines Kaufmanns**

► **fehlende Rechtsfähigkeit**

► **Kontrollrechte des stillen Gesellschafters**

► **Gewinnbeteiligung**

► **Verlustbeteiligung, begrenzt auf die Einlage.**

144 Stiller Gesellschafter kann jede natürliche und jede juristische Person sein. Dagegen wird bei dem tätigen Gesellschafter vorausgesetzt, dass er ein Handelsgewerbe betreibt, folglich muss er die **Kaufmannseigenschaft** besitzen. In der Praxis ist die Rechtsform der stillen Gesellschaft typischerweise mit einem Einzelkaufmann, einer OHG, einer KG oder einer GmbH anzutreffen.

145 Als **Form der Kapitalbeteiligung** ist die stille Gesellschaft von ähnlichen Rechtsverhältnissen abzugrenzen.[1]

146 Im **Unterschied zur Gesellschaft bürgerlichen Rechts** wird als Gesellschaftszweck der stillen Gesellschaft die Beteiligung am Handelsgewerbe eines Kaufmanns in der Weise vereinbart, dass die **Verlustbeteiligung** auf die Einlage begrenzt ist, § 232 Abs. 2 HGB, während die Mitgliedschaftsrechte auf die Kontrollrechte des § 233 HGB beschränkt werden.

147 Von einer **OHG oder KG** unterscheidet sich die stille Gesellschaft dadurch, dass kein Handelsgewerbe unter gemeinschaftlicher Firma betrieben wird und keine Eintragung in das Handelsregister erfolgt.

148 Anders als bei einer **Unterbeteiligung** ist der stille Gesellschafter am Gewinn des Kaufmanns, der OHG, KG oder GmbH beteiligt und nicht nur am Kapitalanteil eines Gesellschafters.

---

[1] Im Einzelfall ergeben sich Abgrenzungsschwierigkeiten der stillen Gesellschaft zur GbR, zur OHG und zur KG, aber auch zum Darlehensvertrag, zum Arbeitsvertrag, zu einem Treuhandverhältnis oder zu einer Unterbeteiligung.

Im Unterschied zum **Treuhandverhältnis** wird der stille Gesellschafter nicht Inhaber des Handelsgeschäfts und des Firmenrechts wie z. B. der Testamentsvollstrecker.

149

Im Unterschied zum Darlehens- oder Arbeitsvertrag wird bei der stillen Gesellschaft kein gegenseitiger Vertrag vereinbart, in dem jede Vertragspartei eigene Interessen verfolgt, vielmehr besteht ein gemeinsames Interesse am Betrieb eines Handelsgewerbes. Die Vereinbarung einer festen Zinszahlung oder einer festen Vergütung für Dienstleistungen kann ein Indiz für den Abschluss eines Darlehens- oder Arbeitsvertrages sein, dagegen spricht die Vereinbarung von Mitwirkungsrechten und einer Gewinn- und Verlustbeteiligung für die stille Gesellschaft.

150

Die **Motive zur Gründung einer stillen Gesellschaft** liegen vor allem bei der Stärkung der Kapitalbasis durch die Einlage des stillen Gesellschafters ohne Handelsregister-Eintragung, ohne unmittelbare Haftung des stillen Gesellschafters und ohne das der stille Gesellschafter Geschäftsführungs- und Vertretungsrechte erhält. Infolge der Geheimhaltung der stillen Gesellschaft durch die fehlende Publikationspflicht wird dem stillen Gesellschafter eine wirtschaftliche Beteiligung ermöglicht, die andernfalls wegen Verstoßes gegen Wettbewerbsverbote unzulässig sein könnte oder am Nichtvorhandensein einer gewerberechtlichen oder berufsrechtlichen Konzession scheitern würde. Auch familienrechtliche Gesichtspunkte können eine Rolle spielen, wenn als Gegenleistung für die Mitarbeit im verwandtschaftlichen Handelsbetrieb über die arbeitsrechtliche Vergütung hinaus auch eine Gewinnbeteiligung vereinbart wird. Ebenso können steuerrechtliche Überlegungen die Verteilung des Gewinns auf mehrere Personen günstig erscheinen lassen.

151

Die **atypische stille Gesellschaft** ist dadurch gekennzeichnet, dass eine zusätzliche Beteiligung an den stillen Reserven vereinbart wird. Dadurch erzielt der stille Gesellschafter wie ein Mitunternehmer Einkünfte aus dem Gewerbebetrieb nach dem Einkommensteuergesetz. Eine besondere Form der stillen Gesellschaft ist die Beteiligung an einer GmbH. Geschäftsinhaber ist allein die GmbH, sodass im Außenverhältnis das Recht der GmbH anzuwenden ist, während im Innenverhältnis das Recht der stillen Gesellschaft gilt.

152

Der **Gesellschaftsvertrag einer stillen Gesellschaft** ist formfrei wirksam, doch können sich im Einzelfall gesetzliche Formerfordernisse ergeben. Sofern die Einlage als Schenkung erfolgen soll, ist gem. § 518 BGB die notarielle Beurkundung erforderlich, oder falls Minderjährige als stille Gesellschafter beteiligt werden, ergibt sich die Notwendigkeit vormundschaftsgerichtlicher Genehmigung. Die **Rechte und Pflichten der stillen Gesellschafter** bestimmen sich wie folgt:

153

▶ **keine Vertretungsmacht**

154

▶ **keine Haftung für Gesellschaftsverbindlichkeiten**

▶ **Geschäftsführung nur bei Vereinbarung**

▶ **Kontrollrechte**

▶ **Gewinn- und Verlustbeteiligung.**

155 Der stille Gesellschafter hat **keine Vertretungsbefugnis**, da die Gesellschaft nicht im Außenverhältnis tätig wird. Allerdings ist die Erteilung einer rechtsgeschäftlichen Vollmacht, insbesondere Prokura oder Handlungsvollmacht, möglich und insbesondere dann üblich, wenn der stille Gesellschafter im Handelsgeschäft des Kaufmanns mitarbeitet.

156 Eine **Geschäftsführungsbefugnis** des stillen Gesellschafters ist im HGB nicht vorgesehen, kann jedoch im Einzelfall vertraglich vereinbart werden. Stattdessen stehen dem stillen Gesellschafter **gesetzliche Kontrollrechte** zu. Er kann verlangen:

157 ► **Mitteilung des Jahresabschlusses in Abschrift**

► **Einsicht in Bücher und Papiere**

► **außerordentliches Kontrollrecht aus wichtigem Grund auf Antrag durch gerichtliche Anordnung.**

158 Diese gesetzlichen Überwachungsrechte des **stillen Gesellschafters** entsprechen denen des Kommanditisten. Sie können durch Gesellschaftsvertrag erweitert oder eingeschränkt werden.

159 Der stille Gesellschafter **haftet nicht für die Verbindlichkeiten des Kaufmanns**. Gemäß § 230 Abs. 2 HGB wird der Inhaber des Handelsgeschäfts aus den im Betrieb geschlossenen Geschäften allein berechtigt und verpflichtet. Der stille Gesellschafter ist lediglich zur **Leistung seiner Einlage** verpflichtet. Dies ist eine Sozialverpflichtung des stillen Gesellschafters gegenüber dem Kaufmann, die bei Zahlungsunfähigkeit des Unternehmens von den Gesellschaftsgläubigern gepfändet werden kann.

160 Sofern der Gesellschaftsvertrag keine **Regelung der Gewinnbeteiligung** enthält, gilt ein, den Umständen nach angemessener Anteil, als vereinbart, regelmäßig eine Verzinsung nach der Höhe der Einlage. Der Gewinn wird dem stillen Gesellschafter am Schluss jedes Geschäftsjahres ausgezahlt, § 232 Abs. 1 HGB. Nicht ausgezahlte Gewinne erhöhen nicht die Einlage, sondern werden zur Deckung eines eventuellen Verlusts verwendet, bis die Einlage die vereinbarte Höhe erreicht hat.

161 Die **Rechtsstellung des stillen Gesellschafters** ist grds. nicht übertragbar, § 717 BGB, sodass ein Wechsel im Gesellschafterbestand nicht eintreten kann. Sofern der Kaufmann weitere Beteiligungen vergeben will, muss er jeweils einzelne Gesellschaftsverträge in der Form der stillen Gesellschaft abschließen.

162 Die **Auflösung der stillen Gesellschaft** erfolgt durch

► **Aufhebungsvertrag** oder

► **Kündigung.**

Auf die **Kündigung der stillen Gesellschaft** finden die Vorschriften über die Kün-   163
digung der OHG Anwendung, § 234 HGB. Danach kann die stille Gesellschaft aus
den in § 131 HGB genannten Gründen mit einer Frist von sechs Monaten zum
Abschluss des Geschäftsjahres ordentlich gekündigt werden. Die ordentliche
Kündigung kann durch Gesellschaftsvertrag ausgeschlossen werden, wogegen
die Möglichkeit einer außerordentlichen Kündigung aus wichtigem Grund bei der
stillen Gesellschaft wie bei allen Dauerschuldverhältnissen bestehen bleibt.

Nach ihrer Auflösung erfolgt die **Liquidation der stillen Gesellschaft** unter Fort-   164
dauer der Beteiligung des stillen Gesellschafters, §§ 234, 235 HGB. Die zur Zeit
der Auflösung schwebenden Geschäfte werden von dem Inhaber des Handelsgeschäfts abgewickelt. Der stille Gesellschafter nimmt teil an dem Gewinn und
Verlust, der sich aus diesen Geschäften ergibt.

2. Körperschaften

Die Wahl einer körperschaftlichen Struktur bietet sich für eine Gesellschaft an,   165
deren Bestand und Funktionieren von den Mitgliedern unabhängig sein soll. We-
sensmerkmale der Körperschaft sind ihre **Rechtsfähigkeit als juristische Person**,
der Mitgliederwechsel und die Möglichkeit der Fremdorganschaft. Die Rechtsfähigkeit hat zur Folge, dass die Gesellschaft Trägerin ihres Vermögens wird und
insoweit gegenüber den Gesellschaftsgläubigern haftet, während die Gesellschafter von der Haftung ausgeschlossen sind. Aus Gründen des Gläubigerschutzes gelten strenge gesetzliche Vorschriften zur Kapitalaufbringung und -erhal-
tung, während der Grundsatz der Vertragsfreiheit durch die gesetzliche
Festlegung des gesellschaftsvertraglichen Mindestinhalts (Satzung) eingeschränkt wird.

2.1 Verein

Die Grundform der Körperschaft ist der Verein. Da für wirtschaftliche Zwecke die   166
GmbH und die AG als spezielle Rechtsformen zur Verfügung stehen, wird am
Beispiel des Vereins nur die körperschaftliche Struktur dargestellt. Der Verein erlangt Rechtsfähigkeit durch die **Eintragung in das Vereinsregister** und wird damit
zu einer juristischen Person. Der seltenere Wirtschaftsverein, beispielsweise eine
Taxi-Zentrale, eine Schauspielbühne oder ein Verein zur Personenbeförderung
mit Seilbahnen, erlangt Rechtsfähigkeit durch **staatliche Konzession**, §§ 21,
22 BGB. Die Gründung eines Vereins geschieht zur Verfolgung eines beliebigen
ideellen, also nichtwirtschaftlichen Zwecks, der unabhängig von den Gründungs-
mitgliedern von nachfolgenden wechselnden Vereinsmitgliedern getragen wird.
Als Beispiele für Idealvereine sind Sport- und Kulturvereine, Haus- und Grundbe-
sitzervereine, Berufs- und Interessenvereine zu nennen.

167   Die **Struktur ist körperschaftlich**, d. h. der Verein handelt im Rechtsverkehr durch Organe. Notwendige **Vereinsorgane** sind

► **der Vorstand**

► **die Mitgliederversammlung.**

168   Der **Vorstand** ist das vertretungsberechtigte Organ des Vereins, das im Rechtsverkehr für den Verein auftritt, § 26 BGB. Die **Mitgliederversammlung** trifft die Entscheidungen über die Angelegenheiten des Vereins durch Mehrheitsbeschluss, § 32 BGB. Der Name, die Ziele des Vereins und die einzelnen Rechte und Pflichten der Organe sind in der **Vereinssatzung** niedergelegt.

169   Das **Vereinsvermögen** ist ein dem Verein zugeordnetes Sondervermögen. Der Verein haftet den Gläubigern gegenüber als juristische Person mit seinem Vermögen, während die Mitglieder nicht haften, abgesehen von den Ausnahmefällen der Durchgriffshaftung auf die Mitglieder wegen vorsätzlicher Gläubigerschädigung.

170   Die **Organhaftung gem. § 31 BGB** betrifft die Haftung des Vereins für ein Verschulden seiner Organe. Der Verein ist für den Schaden verantwortlich, den der Vorstand, ein Mitglied des Vorstands oder ein anderer verfassungsmäßig berufener Vertreter durch eine in Ausführung der ihm zustehenden Verrichtung begangene, zum Schadensersatz verpflichtende Handlung einem Dritten zufügt. Die Organhaftung umfasst jede Schadensherbeiführung durch Vertragsverletzungen oder außervertragliche Verletzungshandlungen, insbesondere die Haftung für Vertragspflichtverletzungen gem. §§ 280 ff. BGB und für Schäden aus unerlaubter Handlung gem. §§ 823 ff. BGB.

2.2 Gesellschaft mit beschränkter Haftung (GmbH)

171   Die GmbH ist eine juristische Person, die zu jedem gesetzlich zulässigen Zweck durch eine oder mehrere Personen errichtet werden kann und für deren Verbindlichkeiten den Gläubigern gegenüber nur das Gesellschaftsvermögen haftet, vgl. §§ 1, 13 Abs. 2 GmbHG. Die **GmbH gilt als Handelsgesellschaft im Sinne des Handelsgesetzbuchs**, obwohl ihr Unternehmenszweck nicht auf den Betrieb eines Handelgewebes beschränkt ist. Sie ist daher Formkaufmann gem. §§ 13 Abs. 3 GmbHG, 6 HGB.

172   Der geringe Kapitalaufwand, die Haftungsbegrenzung auf das Gesellschaftsvermögen und die flexible Gestaltung im Innenverhältnis sind **Gründungsmotive** für die Rechtsform der GmbH, die sie zu einer idealen Gesellschaftsform für kleine und mittlere Unternehmen macht, welche ohne größeres Risiko am Wirtschaftsverkehr teilnehmen. Ihrer zahlreichen Vorzüge wegen eignet sich die GmbH für Einpersonen- oder Familienbetriebe, zur Übernahme der Komplementärstellung in einer KG oder als Unternehmensform für die öffentliche Hand gleichermaßen wie für Holding-Gesellschaften als Verwaltungsorganisationen für Konzerne.

Das Gesetz zur Modernisierung des GmbH-Rechts und zur Bekämpfung von Miss-   173
bräuchen (MoMiG) hat 2008 zu einer umfassenden Reform geführt.

► Die GmbH-Novelle führte zu einer Erleichterung und Beschleunigung von Un-   174
ternehmensgründungen. Es wurde ein Musterprotokoll für unkomplizierte
GmbH- Standardgründungen vorgegeben. Wird es verwendet, muss der Gesellschaftsvertrag zwar notariell beurkundet werden – bei niedrigem Stammkapital aber zu geringeren Gebühren. Zudem wurde die Registereintragung beschleunigt. Die Standardgründung mit dem Musterprotokoll ist nur zulässig,
wenn die GmbH höchstens drei Gesellschafter und einen Geschäftsführer hat
und wenn der Gründungsvertrag keine vom GmbHG abweichenden Bestimmungen enthält.

► Die Unternehmergesellschaft (haftungsbeschränkt) kommt gem. § 5a GmbHG   175
als neue Form der GmbH ohne Mindeststammkapital aus. Diese GmbH-Varian-
te eröffnet allen kleineren Existenzgründern eine flexible und preiswerte Möglichkeit der Unternehmensgründung, darf aber ihre Gewinne nicht voll aus-
schütten und spart dadurch das Mindeststammkapital von 25.000 € an.

► Die Gesellschafter können individuell über die jeweilige Höhe ihrer Stammein-   176
lagen bestimmen. Jeder Geschäftsanteil muss auf einen Betrag von mindestens
einem Euro lauten; vorhandene Geschäftsanteile können aufgeteilt, zusam-
mengelegt oder übertragen werden.

► Eine verdeckte Sacheinlage liegt vor, wenn zwar formell eine Bareinlage verein-   177
bart und geleistet wird, die Gesellschaft bei wirtschaftlicher Betrachtung aber
einen Sachwert erhalten soll. Die Anrechnung des Wertes der geleisteten Sache
auf die Bareinlageverpflichtung des Gesellschafters erfolgt erst nach der Eintragung in das Handelsregister. Bei der Sachgründung ist jedoch die Überbewertung der Sacheinlagen zu vermeiden, § 9 GmbHG.

► Der Verwaltungssitz der GmbH kann vom Satzungssitz gem. § 4a GmbHG ab-   178
weichend im Ausland liegen. Dadurch wurden ein Wettbewerbsnachteil beseitigt und der GmbH größere Spielräume für Auslandsaktivitäten eingeräumt.

► Für Transparenz bei den Geschäftsanteilen sorgt eine Gesellschafterliste; sie   179
lässt die Struktur der Anteilseigner erkennen und dient auch der Verhinderung
von Missbräuchen.

► Die Gesellschafterliste gem. § 40 GmbHG ermöglicht den gutgläubigen Erwerb   180
von Gesellschaftsanteilen. Der Inhalt der Liste gilt dem Erwerber gegenüber als
richtig, wenn eine Person mindestens drei Jahre als Gesellschafter verzeichnet
ist.

► Zudem wurde eine Rechtsgrundlage für das bei der Konzernfinanzierung ge-   181
bräuchliche Cash-Pooling im Bereich der Kapitalaufbringung und -erhaltung
geschaffen. Zum Zweck des Liquiditätsausgleichs werden Mittel von der Tochtergesellschaft an die Muttergesellschaft weitergeleitet; im Gegenzug erhält
die Tochtergesellschaft Rückzahlungsansprüche, § 30 Abs. 1 GmbHG.

► Das Kapitalersatzrecht (kapitalersetzende Gesellschafterdarlehen gem. §§ 32a   182
und 32b GmbHG a. F.) ist entfallen. Die Änderungen zur Verbesserung der Sa-

nierungsfähigkeit der GmbH in der Krise sind in das Insolvenzrecht aufgenommen worden.

183 ▸ Zur Bekämpfung von Missbräuchen wurde die Rechtsverfolgung gegenüber den Gesellschaften beschleunigt. Dies gilt auch für Aktiengesellschaften, Einzelkaufleute, Personenhandelsgesellschaften sowie Zweigniederlassungen.

184 Die GmbH wird durch einen **notariellen Gesellschaftsvertrag** gegründet, dessen Mindestgehalt gesetzlich vorgeschrieben ist, § 3 GmbHG:

▸ **Firma und Sitz der Gesellschaft**

▸ **Gegenstand des Unternehmens**

▸ **Betrag des Stammkapitals (mindestens 25.000 €)**

▸ **Zahl- und Nennbeträge der Geschäfsteile, die jeder Gesellschafter gegen Einlage auf das Stammkapital (Stammeinlage) übernimmt.**

185 Die **Firma der GmbH** muss die Bezeichnung „mit beschränkter Haftung" oder „mbH" enthalten. Falls die Gesellschaft unmittelbar steuerbegünstigte Zwecke verfolgt, kann die Abkürzung „gGmbH" lauten. Wird bei der Gründung das Mindeststammkapital unterschritten, muss in der Firma die Bezeichnung „Unternehmergesellschaft (haftungsbeschränkt)" geführt werden.

186 Nach dem Grundsatz der Vertragsfreiheit kann der **Gesellschaftsvertrag** über den Mindestinhalt hinaus noch weitere Regelungen enthalten. In der Praxis werden häufig **unechte Satzungsbestandteile** vereinbart, die zwar tatsächlich, nicht aber rechtlich Bestandteil des Gesellschaftsvertrages sind, vor allem besondere Regelungen mit Wirkung zwischen den GmbH-Gesellschaftern.

187 Das **Stammkapital** ist die **Summe aller Stammeinlagen** und nur im Gründungsstadium mit dem Gesellschaftsvermögen identisch, welches sich nach Lage der Geschäfte verändert. Der **Erhaltung des Stammkapitals** dienen zahlreiche Gläubigerschutzvorschriften im GmbHG:

188 ▸ **Ausfallhaftung der Mitgesellschafter, § 24 GmbHG**

▸ **Verbot der Einlagenrückgewähr, § 30 GmbHG**

▸ **eingeschränkter Erwerb eigener Anteile, § 33 GmbHG.**

189 Die **Stammeinlage** kann für die einzelnen Gesellschafter verschieden hoch sein. Sie setzt sich aus der Zahl und den Nennbeträgen der Geschäftsanteile zusammen. Sie muss auf einen bestimmten Geldbetrag lauten und ihr Gesamtbetrag muss mit dem Stammkapital übereinstimmen, § 5 GmbHG. Die Höhe der Stammeinlage bestimmt den **Geschäftsanteil des Gesellschafters**, § 14 GmbHG, dieser wiederum das Stimmrecht, die Gewinnverteilung und einen etwaigen Liquidationserlös.

190 Im Zeitpunkt der Anmeldung der GmbH zum Handelsregister muss eine **Mindesteinzahlung von 25 % des Nennbetrags auf jeden Geschäftsanteil** erfolgt sein,

vgl. § 7 GmbHG. In den Fällen der **Sachgründung** können die Gesellschafter Sachwerte in Form von Sachen, Rechten oder Forderungen einbringen, deren Geldwert im Gesellschaftsvertrag festgesetzt werden muss. Entspricht der Wert der Sacheinlage nicht der Bewertung im Gesellschaftsvertrag, hat der Gesellschafter in Höhe des Fehlbetrags eine Einlage in Geld zu leisten, § 9 Abs. 1 GmbHG. Die **Kapitalaufbringung im Gründungsstadium** wird durch die strengen Haftungsregeln des GmbHG gesichert:

▸ **Differenzhaftung bei Minderwertigkeit der Sacheinlage, § 9 GmbHG**   191

▸ **Differenzhaftung für Vorbelastungen in Analogie zu § 9 GmbHG**

▸ **Schadensersatzpflicht bei Falschangaben, § 9a Abs. 1 GmbHG**

▸ **Schadensersatzpflicht bei Einlageschädigungen, § 9a Abs. 2 GmbHG.**

Erst mit ihrer **Eintragung in das Handelsregister** entsteht die GmbH als juristische   192
Person. Vor der Eintragung in das Handelsregister besteht die GmbH als solche nicht. Ist vor der Eintragung im Namen der Gesellschaft gehandelt worden, so haften die Handelnden persönlich und solidarisch, § 11 GmbHG.

Für die **Haftung der Beteiligten im Gründungsstadium** einer GmbH sind deshalb   193
die Phasen ihrer Entstehung als juristische Person zu unterscheiden:

▸ **Errichtung der GmbH durch notariellen Gesellschaftsvertrag**

▸ **Entstehung der GmbH durch Eintragung in das Handelsregister.**

In der Phase vor dem Abschluss des notariellen GmbH-Vertrags besteht eine **Vor-**   194
gründungsgesellschaft. Vor der Errichtung der GmbH gelten die allgemeinen Regeln der Gesellschaft bürgerlichen Rechts und, falls ein Handelsgewerbe betrieben wird, die Vorschriften über die Offene Handelsgesellschaft. Die Vorgründungsgesellschaft endet mit der Errichtung der GmbH durch den Abschluss eines notariellen Gesellschaftsvertrages.

In der Phase zwischen dem Abschluss des notariellen GmbH-Vertrags und der   195
Eintragung in das Handelsregister besteht eine **Vor-GmbH**, da die Firma, das Stammkapital, die Stammeinlagen und die Organe bereits die Organisationsform der GmbH erkennen lassen. In Analogie zu § 24 GmbHG haften die Gesellschafter der Vor-GmbH beschränkt auf die Höhe ihrer Einlage. Ihre Haftung erlischt mit der Eintragung der GmbH in das Handelsregister. Die **Haftung des für eine Vor-GmbH Handelnden** gem. § 11 Abs. 2 GmbHG ist im Einzelnen umstritten:

▸ Als **Handelnde** sind grds. nur Organe der zukünftigen GmbH anzusehen.   196

▸ Erforderlich ist ein **Handeln im Namen der künftigen GmbH** oder der Vor-GmbH.

▸ Die **Haftung des Handelnden** steht neben der Haftung der Vor-GmbH und deren Gesellschafter.

▸ Das **Erlöschen der Haftung** erfolgt mit der Eintragung der GmbH in das Handelsregister.

Fall 26: Handlungshaftung bei der Vor-GmbH > Seite

197 Der Organe einer GmbH müssen nicht notwendig aus Gesellschaftern gebildet werden, denn bei Körperschaften ist eine **Fremdorganschaft** zulässig, § 6 Abs. 3 GmbHG. Zu den Organen der GmbH gehören:

- **Geschäftsführer**

- **Gesellschafterversammlung**

- **Aufsichtsrat.**

198 Der **Geschäftsführer** ist das vertretungsberechtigte Organ der GmbH, §§ 35 ff. GmbHG. Ähnlich wie die Prokura ist die **Vertretungsmacht der Geschäftsführer einer GmbH** im Außenverhältnis nicht beschränkbar, kann aber im Innenverhältnis durch Vereinbarung beschränkt werden. Bei Verletzung der Vertretungsmacht durch die Geschäftsführer ergeben sich Schadensersatzansprüche gem. § 43 Abs. 2 GmbHG, und die Ernennung zum Geschäftsführer kann widerrufen werden, § 38 GmbHG.

199 Die **Gesellschafterversammlung** ist das oberste Gesellschaftsorgan, in welchem die Willensbildung der GmbH durch formlosen Beschluss mit einfacher Kapitalmehrheit erfolgt. Satzungsänderungen bedürfen der notariellen Form und einer Mehrheit von 3/4 der abgegebenen Stimmen, § 53 GmbHG. Zu den **Aufgaben der Gesellschafterversammlung** gehören gem. § 46 GmbHG:

200 - **Feststellung des Jahresabschlusses und Gewinnverteilung**

- **Einforderung von Einzahlungen auf die Stammeinlage**

- **Rückzahlung von Nachschüssen**

- **Teilung oder Einziehung von Geschäftsanteilen**

- **Bestellung und Abberufung von Geschäftsführern sowie deren Entlastung**

- **Maßregeln zur Prüfung und Überwachung der Geschäftsführung**

- **Bestellung von Prokuristen und von Handlungsbevollmächtigten zum gesamten Geschäftsbetrieb**

- **Geltendmachung von Ersatzansprüchen, welche der Gesellschaft gegen Geschäftsführer oder Gesellschafter zustehen**

- **Vertretung der Gesellschaft in Prozessen, welche sie gegen die Geschäftsführer zu führen hat.**

201 Der **Aufsichtsrat** ist ein fakultatives Organ der GmbH und erst bei Unternehmen mit mehr als 500 Arbeitnehmern gesetzlich vorgeschrieben. Nach den Vorschriften des Betriebsverfassungsgesetzes stellen die Arbeitnehmer 1/3 der Mitglieder des Aufsichtsrates und nach den Mitbestimmungsgesetzen folgt in Betrieben ab 2.000 Arbeitnehmern eine paritätische Mitbestimmung.

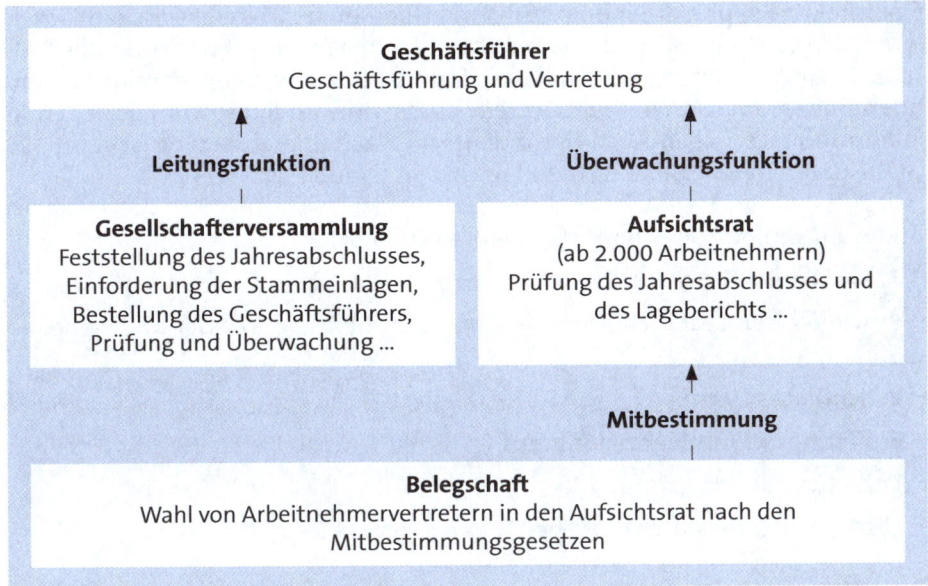

Abb. 19: Organisationsmodell der GmbH

Die **Rechtsstellung der Gesellschafter** richtet sich nach dem Gesellschaftsvertrag   202
und nach den §§ 45 ff. GmbHG. Ihr Geschäftsanteil, verkörpert im Mitgliedschaftsrecht, ist gem. § 15 GmbHG grundsätzlich frei übertragbar und kann unter
besonderen Voraussetzungen eingezogen werden, § 34 GmbHG. Darüber hinaus
kann ein Gesellschafter aus wichtigem Grund aus der GmbH ausgeschlossen
werden. Die Gesellschafter haben folgende Rechte und Pflichten:

▸ **Pflicht der Kapitalaufbringung**, insbesondere Einlagepflicht, § 14 GmbHG   203

▸ **Pflicht zur Kapitalerhaltung**, insbesondere Rückgewährverbot von Einlagen,
  § 30 ff. GmbHG

▸ **Nachschusspflichten**, sofern durch die Satzung vorgesehen, §§ 26 ff. GmbHG

▸ **Mitverwaltungsrechte**, §§ 45 ff. GmbHG, insbesondere Stimmrecht in der Gesellschafterversammlung

▸ **Vermögensrechte**, insbesondere Dividendenansprüche, § 29 Abs. 1 GmbHG

▸ **Auskunfts- und Einsichtsrecht**, § 51a GmbHG

▸ **Minderheitsrechte**, § 50 GmbHG

▸ Sonderrechte aus dem Gesellschaftsvertrag

▸ grundsätzlich **keine Haftung für Gesellschaftsverbindlichkeiten** mit Ausnahme
  der Durchgriffshaftung.

Die **Satzungsänderung** bedarf eines notariell beurkundeten Beschlusses der Ge-   204
sellschafterversammlung mit 3/4 Mehrheit der abgegebenen Stimmen und einer
Eintragung im Handelsregister, §§ 53, 54 GmbHG. Zu den wichtigsten Satzungsänderungen gehören die Kapitalerhöhung und -herabsetzung.

205 Eine **effektive Kapitalerhöhung** erfolgt mit Übernahme weiterer Geschäftsanteile von den bisherigen Gesellschaftern oder durch den Beitritt neuer Gesellschafter, § 55 GmbHG. Nach dem Kapitalerhöhungsgesetz kann eine **nominelle Kapitalerhöhung** aus Gesellschaftsmitteln durch Umwandlung von Rücklagen in Stammkapital erfolgen. Auch eine **ordentliche Kapitalherabsetzung** ist gem. § 58 GmbHG durch Herabsetzung des Stammkapitals zulässig.

206 Auflösungsgründe der GmbH sind gem. § 60 GmbHG:

- **Ablauf der im Gesellschaftsvertrag bestimmten Zeit**

- **Beschluss der Gesellschafter mit einer Mehrheit von 3/4 der abgegebenen Stimmen**

- **gerichtliches Urteil**

- **Eröffnung des Insolvenzverfahrens**

- **Verfügung des Registergerichts**

- **Löschung der Gesellschaft wegen Vermögenslosigkeit.**

207 Die **Auflösung der GmbH** ist zur Eintragung in das Handelsregister anzumelden, § 65 GmbHG. Sodann erfolgt die Liquidation der GmbH durch die Geschäftsführer, § 66 GmbHG. Die Liquidatoren haben die laufenden Geschäfte zu beenden, die Verpflichtungen der aufgelösten Gesellschaft zu erfüllen, die Forderungen einzuziehen und das Vermögen der Gesellschaft in Geld umzusetzen, § 70 GmbHG. Nach Ablauf eines Sperrjahres erfolgt die Verteilung eines etwaigen Liquidationserlöses, §§ 73, 74 GmbHG. Ist die Liquidation beendet, erfolgt eine Eintragung in das Handelsregister und die Gesellschaft ist zu löschen, § 74 GmbHG.

2.3 Aktiengesellschaft (AG)

208 Die Aktiengesellschaft ist eine juristische Person, die ihre **Rechtsfähigkeit** durch die Eintragung in das Handelsregister erlangt. Infolgedessen haftet für die Verbindlichkeiten der AG nur das Gesellschaftsvermögen, § 1 AktG.

209 Die **AG gilt als Handelsgesellschaft im Sinne des Handelsgesetzbuches**, auch wenn der Gegenstand des Unternehmens nicht im Betrieb eines Handelsgewerbes besteht, § 3 AktG. Sie ist daher **Formkaufmann gem. § 6 HGB** mit der Folge, dass das Handelsrecht Anwendung findet.

210 Als Kapitalgesellschaft hat die AG **ein in Aktien zerlegtes Grundkapital**, § 1 Abs. 2 AktG. Die Summe der Aktien ist daher mit dem Grundkapital identisch. Das **Gesellschaftsvermögen** entspricht nur im Zeitpunkt der Gründung dem Grundkapital und ändert sich mit der späteren Gewinnentwicklung. Das **Grundkapital ist eine feste Rechnungsgröße**, dessen Höhe grds. nur durch Satzungsänderung im Wege der Kapitalerhöhung gem. §§ 182 ff. AktG oder der Kapitalherabsetzung gem. §§ 222 ff. AktG geändert werden kann, abgesehen von dem Ausnahmefall des ge-

nehmigten Kapitals durch Ausgabe neuer Aktien gegen Einlagen bis zu fünf Jahren nach der Eintragung der Gesellschaft, § 202 AktG. Der Mindestnennbetrag des Grundkapitals ist 50.000 €, § 7 AktG. Die Aktien dürfen nicht für einen geringeren Betrag als den Nennbetrag ausgegeben werden (Unterpari-Emission), dagegen ist die Ausgabe für einen höheren Betrag (Überpari-Emission) zulässig, § 9 AktG.

Der **Gläubigerschutz** durch die Regelungen der Kapitalaufbringung und -erhaltung ist im AktG stark ausgeprägt. Aktionäre unterliegen folgenden Verpflichtungen: 211

- ► beschränkte Zahlungsmodalität, § 54 Abs. 3 AktG

- ► kein Erlass der Einzahlungspflicht, § 66 AktG

- ► Ausschluss (Kaduzierungsverfahren) bei nicht rechtzeitiger Einzahlung, § 64 AktG

- ► Verbot der Einlagenrückgewähr, § 57 AktG

- ► eingeschränkter Erwerb eigener Aktien, § 71 AktG

- ► Bilanzvorschriften, §§ 152, 158 AktG.

Die **Aktie ist ein Bruchteil des Grundkapitals (Nennwertaktie)**. Sie verbrieft das   212
Mitgliedschaftsrecht (Mitverwaltungsrecht, Dividendenanspruch) in Form von Stammaktien und Vorzugsaktien, §§ 11, 12 AktG. Aktien sind vor allem **Wertpapiere**, die entweder als Nennbetragsaktien oder als Stückaktien begründet werden, §§ 8 ff. AktG. Dadurch wird den Aktiengesellschaften in den Mitgliedstaaten der Europäischen Union die Umstellung der Währung erleichtert. Aktien können auf den Inhaber (Inhaberaktien) oder auf den Namen (Namensaktien) lauten, vgl. § 10 AktG. Für Inhaber- und Namensaktien gilt der wertpapierrechtliche Grundsatz: **„Das Recht aus dem Papier folgt dem Recht am Papier."**

Inhaberaktien lauten auf den Inhaber, § 10 Abs. 1 AktG. Sie weisen den jeweiligen   213
Inhaber als berechtigt aus, das in dem Papier verbriefte Recht geltend zu machen. Dabei genügt die Vorlage des Papiers zur Geltendmachung des Rechts. Die Übertragung eines Inhaberpapiers erfolgt nach den Vorschriften der Eigentumsübertragung von beweglichen Sachen, §§ 929 ff. BGB. Nach den Grundsätzen des Wertpapierrechts ist auch ein gutgläubiger Erwerb möglich. Neben den Inhaberaktien gelten auch Schecks mit Überbringerklausel, Inhaberschuldverschreibungen, Briefmarken, Eintritts- und Fahrkarten als Inhaberpapiere.

Namensaktien sind Orderpapiere, die eine namentlich bezeichnete Person als   214
berechtigt ausweisen, das im Papier verbriefte Recht geltend zu machen. Die Übertragung von Orderpapieren erfolgt durch **Einigung, Übergabe und Indossament**. Ein Indossament ist der Vermerk des Berechtigten, durch den er erklärt, dass die Leistung an einen anderen erfolgen soll (Orderklausel). Für die Geltendmachung des in dem Papier verbrieften Rechts ist neben der Vorlage des Papiers auch eine ununterbrochene Reihe von Indossamenten erforderlich, die den Letztgenannten als Berechtigten ausweisen. Die **Namensaktie ist ein geborenes Orderpapier**, ebenso wie der Wechsel und der Scheck ohne Überbringerklausel, während gekorene Orderpapiere nur dann als Orderpapiere gelten, wenn sie die Orderklausel enthalten, z. B. die kaufmännischen Orderpapiere.

215   Die AG ist nach ihrer Struktur eine Gesellschaftsform für Großunternehmen. Sie hat vor allem **Kapitalansammlungsfunktion**, während das Risiko ihrer Mitglieder auf den Verlust der jeweiligen Kapitalbeteiligung beschränkt bleibt und besondere kaufmännische Fähigkeiten nicht erforderlich sind. Die häufigste Erscheinungsform der AG ist deshalb die **Publikumsgesellschaft**, an der eine Vielzahl von Aktionären mit geringem Kapitaleinsatz beteiligt sind. Nach der unterschiedlichen Aktienstreuung ergeben sich majorisierte Aktiengesellschaften, deren Aktien sich im Besitz eines oder mehrerer Großaktionäre befinden und gelegentlich auch Familiengesellschaften, deren Aktien im Familienbesitz gehalten werden.

216   **Die AG handelt im Rechts- und Wirtschaftsverkehr durch ihre Organe, die gesetzlich zwingend vorgeschrieben sind:**

▸ **Vorstand**

▸ **Aufsichtsrat**

▸ **Hauptversammlung.**

217   Der **Vorstand**, dessen Mitglieder in der Satzung festgelegt sind, hat die Leitung der AG, insbesondere die Aufgaben der **Geschäftsführung und Vertretung der AG**, §§ 76 ff. AktG. Die Vertretungsbefugnis des Vorstands im Außenverhältnis ist unbeschränkt, § 82 AktG und kann nur im Innenverhältnis beschränkt werden. Die **Aufgaben und Pflichten des Vorstands** sind:

218   ▸ Geschäftsführung und Vertretung, §§ 77, 78 AktG

▸ Berichterstattung an den Aufsichtsrat, § 90 AktG

▸ Sorgfaltspflicht, § 93 Abs. 1 AktG

▸ Schadensersatzpflicht, § 93 Abs. 2 und 3 AktG

▸ Pflichten bei Verlusten, Überschuldung oder Zahlungsunfähigkeit, § 92 AktG.

219   Der **Aufsichtsrat ist das Kontrollorgan der AG**, er hat die Geschäftsführung zu überwachen. Die Zahl der Aufsichtsratsmitglieder richtet sich nach der Höhe des Grundkapitals, § 95 AktG, seine Zusammensetzung nach Aktien- und Mitbestimmungsrecht.

▸ **Betriebe mit unter 500 Arbeitnehmern:** Der Aufsichtsrat besteht aus Vertretern der Anteilseigner.

▸ **Betriebe mit 500 - 2.000 Arbeitnehmern:** Der Aufsichtsrat besteht zu 1/3 aus Arbeitnehmervertretern und zu 2/3 aus Anteilseignern.

▸ **Betriebe mit über 2.000 Arbeitnehmern:** Der Aufsichtsrat besteht je zur Hälfte aus Arbeitnehmervertretern und Anteilseignern.

220   Aktiengesellschaften (auch: GmbH und bergrechtliche Gesellschaft), deren Zweck in der Förderung von Stein- und Braunkohle oder Eisenerzen und deren Aufbereitung liegt, unterfallen dem **Montanmitbestimmungsgesetz (MontanMitbestG)**. Zurzeit gibt es etwa 30 - 40 Unternehmen in Deutschland, in denen dieses Gesetz gilt. Der Aufsichtsrat besteht aus fünfzehn Mitgliedern, davon je sieben Vertreter der Anteilseigner und der Arbeitnehmer sowie ein weiteres Mitglied.

Abb. 20: Organisationsmodell der Aktiengesellschaft

Aufgaben und Pflichten des Aufsichtsrats: 221

▸ Bestellung und Abberufung des Vorstands, § 84 AktG

▸ Überwachung der Geschäftsführung, § 111 AktG, verbunden mit Informations-, Einsichts- und Prüfungsrechten

▸ Prüfung und Feststellung des Jahresabschlusses, §§ 170 ff. AktG

▸ Sorgfaltspflicht, §§ 116, 93 AktG.

Die **Hauptversammlung** ist das Organ der Aktiengesellschaft, das den Aktionären   222
zur Ausübung ihrer Mitgliedschaftsrechte zur Verfügung steht, §§ 118 ff. AktG.
Aufgaben der Hauptversammlung:

▸ Bestellung der Mitglieder des Aufsichtsrats

▸ Verwendung des Bilanzgewinns

▸ Entlastung der Mitglieder des Vorstands und des Aufsichtsrats

▸ Bestellung des Abschlussprüfers

▸ Satzungsänderungen

▸ Maßnahmen der Kapitalbeschaffung und der Kapitalherabsetzung

▸ Bestellung von Prüfern zur Prüfung von Vorgängen bei der Gründung oder der
Geschäftsführung

▸ Auflösung der Gesellschaft.

Jedem Aktionär ist auf Verlangen in der Hauptversammlung vom Vorstand **Aus-**   223
kunft über Angelegenheiten der Gesellschaft zu geben, soweit sie zur sachgemäßen Beurteilung des Gegenstands der Tagesordnung erforderlich ist. Die Auskunftspflicht erstreckt sich auch auf die rechtlichen und geschäftlichen

Beziehungen der Gesellschaft zu einem verbundenen Unternehmen, § 131 AktG. Das Stimmrecht in der Hauptversammlung wird nach Aktiennennbeträgen ausgeübt, § 134 AktG. Die Rechnungslegung erfolgt gem. §§ 150 ff. AktG, 242, 264 ff. HGB.

3. Kommanditgesellschaft auf Aktien (KGaA)

224 Die Kommanditgesellschaft auf Aktien ist eine Gesellschaft mit eigener Rechtsfähigkeit, bei der mindestens ein Gesellschafter den Gesellschaftsgläubigern unbeschränkt haftet (persönlich haftender Gesellschafter = Komplementär) und die übrigen an dem in Aktien zerlegten Grundkapital beteiligt sind, ohne persönlich für die Verbindlichkeiten der Gesellschaft zu haften (Kommanditaktionäre), vgl. §§ 278 ff. AktG. Danach stellt die KGaA eine **Grundtypenvermischung** dar, die Elemente der Kommanditgesellschaft und der Aktiengesellschaft verbindet. Infolge ihrer Struktur ist die KGaA eine juristische Person; sie wird daher Inhaberin ihres Gesellschaftsvermögens.

225 Die KGaA hat zwei Arten von Gesellschaftern, nämlich **persönlich haftende Gesellschafter (= Komplementäre)**, für die das Recht der Kommanditgesellschaft anzuwenden ist, ferner **Aktionäre**, die mit Aktien am Grundkapital beteiligt sind. Die **persönlich haftenden Gesellschafter** sind Geschäftsführer und Vertreter der KGaA, sodass auf sie sinngemäß die für den Vorstand der AG geltenden Vorschriften anzuwenden sind, vgl. § 283 AktG. Die **Aktionäre** sind in der **Hauptversammlung** vertreten, während die persönlich haftenden Gesellschafter dort nur ein Stimmrecht für ihre Aktien haben, vgl. § 285 AktG.

226 Die **Beschlüsse der Hauptversammlung** bedürfen der Zustimmung der persönlich haftenden Gesellschafter, soweit sie Angelegenheiten betreffen, für die bei einer Kommanditgesellschaft das Einverständnis der persönlich haftenden Gesellschafter und der Kommanditisten erforderlich ist, § 285 Abs. 2 AktG. Dabei handelt es sich um ungewöhnliche Geschäfte, wie Baumaßnahmen, Errichtung von Zweigniederlassungen und ähnliche Entscheidungen. Die **Firma der KGaA** muss die Bezeichnung „Kommanditgesellschaft auf Aktien" oder „KGaA" enthalten, § 279 AktG.

4. GmbH & Co. KG

227 Die GmbH & Co. KG ist eine gesetzlich nicht geregelte Form der Grundtypenvermischung. Es handelt sich um eine Kommanditgesellschaft, an der eine GmbH als Komplementärin beteiligt ist.

228 Die Kommanditgesellschaft ist eine Personenhandelsgesellschaft mit einem oder mehreren persönlich haftenden Gesellschaftern (= Komplementäre). Wird die Komplementärstellung von einer GmbH eingenommen, entsteht die haftungsrechtliche Besonderheit, dass in der Rechtsform der Personenhandelsgesellschaft

keine natürliche Person, sondern die GmbH als juristische Person die unbeschränkte Haftung übernimmt. Auch die Möglichkeit der Fremdorganschaft ist damit gegeben, denn die GmbH kann ihre Geschäftsführung und Vertretung an Nichtgesellschafter übertragen. Neben steuerlichen Gesichtspunkten hat diese Typenvermischung von Personengesellschaft und Körperschaft vor allem gesellschaftsrechtliche Vorteile:

▸ **Haftungsbeschränkung durch die GmbH als Komplementärin**   229

▸ **Fremdorganschaft**

▸ **Kapitalbeschaffung durch den Zugang zum Finanz- und Kapitalmarkt**

▸ **Beherrschung ohne Kapitalmehrheit**

▸ **Lösung des Nachfolgeproblems, da die GmbH nicht sterben kann**

▸ **freie Gestaltung des Innenverhältnisses**

▸ **Entnahmerecht ohne Gewinnerwirtschaftung**

▸ **Vermeidung der Mitbestimmung der Arbeitnehmer im Aufsichtsrat.**

Die **Entstehung einer GmbH & Co. KG** durch Neugründung vollzieht sich in zwei   230
Stufen. Zunächst wird eine GmbH errichtet, die nach ihrer Entstehung durch Eintragung in das Handelsregister mit einem oder mehreren Kommanditisten einen Gesellschaftsvertrag zur Gründung einer Kommanditgesellschaft abschließt. Eine GmbH & Co. KG kann auch durch den Eintritt einer bereits bestehenden GmbH in eine bestehende Kommanditgesellschaft unter Ausscheiden des bisherigen Komplementärs gegründet werden. Häufiger ist aber die erstgenannte Gründungsmodalität, wonach die GmbH den einzigen Gesellschaftszweck verfolgt, Komplementärin der KG zu sein.

Die **Firmen** müssen den jeweiligen firmenrechtlichen Vorschriften entsprechen,   231
§ 4 GmbHG und §§ 17 ff. HGB. In der Firma der GmbH & Co. KG muss die Haftungsbeschränkung zwingend enthalten sein, § 19 Abs. 5 HGB.

Rechte und Pflichten der Gesellschafter einer GmbH & Co. KG bestimmen sich   232
nach dem Recht der Kommanditgesellschaft. Auch für die GmbH in ihrer Eigenschaft als Komplementärin der KG im Verhältnis zur Kommanditgesellschaft gelten die Vorschriften über die KG, während für die GmbH im Übrigen das GmbH-Gesetz anzuwenden ist.

Inhaberin des Handelsgeschäfts und Eigentümerin des Gesellschaftsvermögens   233
ist die Kommanditgesellschaft. Die **Vertretung der KG** kann organschaftlich durch die GmbH vorgenommen werden oder auch rechtsgeschäftlich geregelt sein. Ein Prokurist der GmbH kann für die GmbH handeln und damit auch für die KG. Die Kommanditisten können entgegen § 170 HGB Prokura oder Vollmacht für die KG erhalten. Das Problem des Selbstkontrahierens gem. § 181 BGB wird durch gesellschaftsvertragliche Regelungen gelöst.

234 Die GmbH & Co. KG tritt nach der Verschiedenheit ihrer Gründungsmotive in unterschiedlichen Erscheinungsformen auf:

- **Einpersonen-GmbH & Co. KG**

- **nicht personen- und beteiligungsgleiche GmbH & Co. KG, gelegentlich als sternförmige GmbH & Co. KG oder als kapitalistische GmbH & Co. KG**

- **Publikums-GmbH & Co. KG mit Anlagegesellschaftern oder Arbeitnehmern als Kommanditisten**

- **wechselseitig beteiligte GmbH & Co. KG (= Einheits-GmbH & Co. KG)**

- **doppelstöckige GmbH & Co. KG.**

235 Die **Einpersonen-GmbH & Co. KG** wird von einer natürlichen Person gegründet. Diese errichtet zunächst die GmbH und übernimmt darin die Stellung des Geschäftsführers. Sodann gründet sie als Geschäftsführer der GmbH mit sich selbst als Kommanditistin die Kommanditgesellschaft. Nach wirtschaftlicher Betrachtungsweise ist ein Einzelunternehmen mit beschränkter Haftung entstanden.

236 Bei der **nicht personen- und beteiligungsgleichen GmbH & Co. KG** sind die Gesellschafter der GmbH und die Kommanditisten der Kommanditgesellschaft verschiedene Personen oder ihre Beteiligungen weichen voneinander ab. Sofern eine GmbH in mehreren Kommanditgesellschaften als Komplementärin fungiert, entsteht durch gesellschaftsrechtliche Verflechtungen eine **sternförmige GmbH & Co. KG**. Die nicht personengleiche GmbH & Co. KG kann vom Normalfall der Personengesellschaft durch die Gestaltung des Gesellschaftsvertrags erheblich abweichen, indem sie ein kapitalistisches Gepräge dadurch erhält, dass die Kommanditisten als Geldgeber die Kommanditgesellschaft beherrschen.

237 Besonderheiten gelten für die **Publikums-KG (auch: Massen-KG)**, die zur Kapitalbeschaffung eine unbestimmte Vielzahl kapitalistisch beteiligter Kommanditisten als Anlagegesellschafter aufnimmt. Aus wirtschaftlicher Sicht handelt es sich um eine Kapitalgesellschaft in der Form einer Personengesellschaft. Die rechtliche Behandlung der GmbH & Co. KG wirft eine ganze Reihe von Problemen auf. Die Gründungsgesellschafter, meist die Gesellschafter der GmbH, behalten in aller Regel die Geschäftsführungs- und Vertretungsbefugnis innerhalb der Kommanditgesellschaft, während die Kommanditisten auf Kontrollrechte beschränkt werden, häufig über einen Beirat oder einen Kommanditistenvertreter. Die Beteiligung der Kommanditisten als Anlage-Gesellschafter erfolgt regelmäßig durch Formular-Aufnahmeverträge, die von der GmbH abgeschlossen werden. Unter Berücksichtigung ihrer Besonderheiten hat sich für die Publikums-KG ein Sonderrecht herausgebildet:

238 - **Im Fall einer arglistigen Täuschung des beitretenden Kommanditisten** durch die GmbH bzw. ihren Geschäftsführer ist der Getäuschte weder zur Anfechtung noch nach den Grundsätzen der fehlerhaften Gesellschaft zur Auflösungsklage gem. § 133 HGB berechtigt, sondern er erhält ein **Recht zur fristlosen außeror-**

dentlichen Kündigung mit Wirkung seines sofortigen Ausscheidens aus der Kommanditgesellschaft.

▶ Nach den **Grundsätzen der Prospekthaftung** bei Unvollständigkeit oder Unrichtigkeit der Werbeprospekte und Vertriebsangaben entsteht ein **Schadensersatzanspruch** gegen die GmbH und darüber hinaus gegen alle das Management bildenden Initiatoren, Gestalter und Gründer der Gesellschaft, die Einfluss ausüben und Mitverantwortung tragen. Die Kommanditgesellschaft und deren Kommanditisten sind nicht haftbar, da ihnen die arglistige Täuschung durch die GmbH nicht zuzurechnen ist. 239

▶ Die an diesen Finanzierungsgeschäften beteiligten Banken, Kreditinstitute und Anlageberater treffen **Warn- und Hinweispflichten** mit der Folge, dass sie aus dem Rechtsgrundsatz culpa in contrahendo auf Schadensersatz haften, falls sie ihren vertraglichen Nebenleistungspflichten nicht nachgekommen sind, § 311 Abs. 2 BGB. 240

Die **Fragen des Anlegerschutzes** sind im Zusammenhang mit der Gründung und Tätigkeit einer GmbH & Co. KG zu beachten. Darüber hinaus eröffnet der Abschluss von Formular-Gesellschaftsverträgen Möglichkeiten der Inhaltskontrolle nach den Grundsätzen des § 242 BGB. Danach werden die Rechte und Pflichten der Kommanditisten, beispielsweise Nachschusspflichten, Pflicht zur Bürgschaftsübernahme, Einlage- und Darlehenspflicht, weitere Pflicht zu stillen Beteiligungen und Kontrollrechte auf ihre Zulässigkeit gerichtlich überprüft. Ein weiteres Problem stellt das **Kapitalmarktrecht** dar, weil der Vertrieb von Vermögensanlagen insbesondere hinsichtlich der Vertriebspublizität unzureichend geregelt ist. Auch das **Steuerrecht** ist für die Publikumsgesellschaft von Bedeutung, sofern sie als Abschreibungsgesellschaft gegründet wird, um die steuerlichen Vorteile der Investitionsförderung in bestimmten Gebieten auszunutzen. 241

Bei der **wechselseitig beteiligten GmbH & Co. KG (Einheits-GmbH & Co. KG)** besteht die nach dem Gesellschaftsvertrag zu erbringende Einlage der Kommanditisten in ihren Anteilen an der GmbH. Dadurch wird die Kommanditgesellschaft Alleingesellschafterin der GmbH, also ihrer Komplementärin. Diese Konstruktion kann im Einzelfall gegen die Grundsätze der Kapitalaufbringung und -erhaltung des GmbH-Gesetzes verstoßen. 242

Bei einer **doppelstöckigen GmbH & Co. KG** ist die Komplementärin der Kommanditgesellschaft nicht eine GmbH, sondern eine weitere GmbH & Co. KG. Die Komplementärin einer GmbH & Co. KG übernimmt die Geschäftsführung und Vertretung bei der zweiten GmbH & Co. KG. Die natürlichen Personen, die Geschäftsführer der GmbH sind und mit dieser eine Komplementär-GmbH gründen, haben in dieser Kommanditgesellschaft regelmäßig auch die Kommanditistenstellung. Wird dann in der nächsten Gründungsstufe die zweite GmbH & Co. KG gegründet, sind häufig dieselben natürlichen Personen Gesellschafter der GmbH und Kommanditisten der Kommanditgesellschaft. Die derart komplizierte rechtliche Konstruktion ist in der Praxis weit einfacher zu handhaben, als es den 243

Anschein hat. Ihre Gründungsmotive erklären sich vor allem durch die Ausschöpfung steuerlicher Vorteile.

5. Verbundene Unternehmen

244 Die wirtschaftlichen und rechtlichen Möglichkeiten einer Verflechtung verschiedener rechtlich selbstständiger Unternehmen sind im Aktiengesetz definiert:

- **Mehrheitsbeteiligungen, § 16 AktG**
- **abhängige und herrschende Unternehmen, § 17 AktG**
- **Konzern und Konzernunternehmen, § 18 AktG**
- **wechselseitig beteiligte Unternehmen, § 19 AktG**
- **Unternehmensverträge im Sinne der §§ 291, 292 AktG.**

245 Eine **Mehrheitsbeteiligung** liegt vor, wenn die Mehrheit der Anteile – d. h. mindestens 51 % – eines rechtlich selbstständigen Unternehmens einem anderen Unternehmen gehört. Welcher Teil der Anteile einem Unternehmen gehört, bestimmt sich bei Kapitalgesellschaften nach dem Verhältnis des Gesamtnennbetrags der ihm gehörenden Anteile zum Nennkapital. Welcher Teil der Stimmrechte einem Unternehmen zusteht, bestimmt sich nach dem Verhältnis der Zahl der Stimmrechte, die es aus den ihm gehörenden Anteilen ausüben kann, zur Gesamtzahl aller Stimmrechte, § 16 AktG.

246 **Abhängige und herrschende Unternehmen** entstehen dadurch, dass ein rechtlich selbstständiges Unternehmen auf ein anderes Unternehmen unmittelbar oder mittelbar einen beherrschenden Einfluss ausüben kann. Die Einflussmöglichkeit ist über die Organe, regelmäßig durch die Geschäftsführung, gegeben. Sie ist daher nicht von zufälligen Markteinflüssen abhängig, sondern muss sich rechtlich in der Unternehmensstruktur institutionalisiert haben. Solche Mittel der Einflussnahme sind Mehrheitsbeteiligungen, Satzungsbestimmungen oder schuldrechtliche Verträge der Unternehmen untereinander. Von einem in Mehrheitsbesitz stehenden Unternehmen wird vermutet, dass es von dem an ihm mit Mehrheit beteiligten Unternehmen abhängig ist, § 17 AktG.

247 Ein **Konzern** entsteht durch die Zusammenfassung eines herrschenden und eines oder mehrerer abhängiger Unternehmen unter der einheitlichen Leitung des herrschenden Unternehmens. Die einzelnen Unternehmen werden **Konzernunternehmen**. Besteht zwischen den Unternehmen ein Beherrschungsvertrag oder ist ein Unternehmen in ein anderes eingegliedert, sind diese als unter einheitlicher Leitung zusammengefasste Konzernunternehmen anzusehen. Von einem abhängigen Unternehmen wird vermutet, dass es mit dem herrschenden Unternehmen einen Konzern bildet, § 18 AktG. In einem **Gleichordnungskonzern** sind zwei Unternehmen unter einheitlicher Leitung zusammengefasst, § 319 AktG. In einem **Unterordnungskonzern** wird die einheitliche Leitung durch ein drittes, herrschendes Unternehmen ausgeübt, § 291 AktG.

Wechselseitig beteiligte Unternehmen sind Unternehmen in der Rechtsform ei- 248
ner Kapitalgesellschaft, die dadurch verbunden sind, dass jedem Unternehmen
mehr als 25 % der Anteile des anderen Unternehmens gehört. In diesem Fall liegt
eine einfache wechselseitige Beteiligung vor, § 19 Abs. 1 AktG. Sofern einem
wechselseitig beteiligten Unternehmen an dem anderen Unternehmen eine
Mehrheitsbeteiligung gehört oder das eine auf das andere Unternehmen unmittelbar oder mittelbar einen beherrschenden Einfluss ausüben kann, ist das eine
als herrschendes, das andere als abhängiges Unternehmen anzusehen, § 19
Abs. 2 AktG. In diesem Fall ist ein **Beherrschungsverhältnis bei wechselseitiger
Beteiligung** in der Weise gegeben, dass das abhängige Unternehmen mehr als
25 % der Anteile des herrschenden Unternehmens hält, während dieses mehr als
50 % der Anteile des abhängigen Unternehmens hält. Gehört jedem der wechselseitig beteiligten Unternehmen an dem anderen Unternehmen eine Mehrheitsbeteiligung oder kann jedes auf das andere unmittelbar oder mittelbar einen beherrschenden Einfluss ausüben, so gelten beide Unternehmen als
beherrschend und als abhängig, § 19 Abs. 3 AktG. Diese **beiderseitig herrschende
und abhängige Beteiligung** entsteht, wenn jedes Unternehmen mehr als 50 %
der Anteile des anderen Unternehmens hält.

Verbundene Unternehmen entstehen auch durch besondere Arten von Unter- 249
nehmensverträgen, die Bestandteil umfangreicher Unternehmensvereinbarun-
gen sein können, vgl. §§ 291, 292 AktG:

► **Beherrschungsvertrag**

► **Gewinnabführungsvertrag**

► **Gewinngemeinschaftsvertrag**

► **Teilgewinnabführungsvertrag**

► **Betriebsüberlassungsvertrag.**

Die Ausgestaltung der verbundenen Unternehmen und die diesen wirtschaftli- 250
chen Handlungsmöglichkeiten zu Grunde liegenden Verträge unterliegen gegebenenfalls der Missbrauchsaufsicht und der Fusionskontrolle der Kartellbehörden nach dem Gesetz gegen Wettbewerbsbeschränkungen (GWB) und den
europäischen Wettbewerbsregeln der Art. 81 ff. EG-Vertrag.

6. Wiederholungsfragen

1. Angenommen, eine aus A, B und C bestehende Gesellschaft bürgerlichen
   Rechts hat eine neue Telefon-Anlage beschafft. Bei Vertragsabschluss sind A
   und B für die Gesellschaft aufgetreten. C war nicht mit der Beschaffung der
   Telefon-Anlage einverstanden und widerspricht. Ist der Kaufvertrag wirksam? Welche Ansprüche hat der Verkäufer?

2. Worin liegt die rechtliche Bedeutung des Gesamthandsvermögens einer Personengesellschaft?

3. Die Selbstorganschaft ist ein wesentliches Merkmal, durch das sich Personen-gesellschaften von den Körperschaften unterscheiden. Im Gesellschaftsver-trag einer OHG wird vereinbart, dass die Gesellschaft, wenn sie nicht von beiden Gesellschaftern A und B gemeinsam vertreten wird, auch von A oder B jeweils zusammen mit einem Prokuristen vertreten werden kann. Ist diese Regelung zulässig?

4. In einer OHG zur Herstellung und zum Vertrieb von IT-Produkten haben die drei Gesellschafter A, B und C keine besondere Vereinbarung über die Ge-schäftsführung und Vertretung getroffen.

   a) A möchte die Geschäftsverbindung mit einem langjährigen guten Kun-den wegen persönlicher Differenzen aufgeben. B und C widersprechen der Kündigung der Geschäftsverbindung. Wie ist die Rechtslage?

   b) A kauft einen neuen Geschäftswagen. Ist die Zustimmung der Mitgesell-schafter erforderlich? Wäre der Vertrag auch ohne das Einverständnis von B und C wirksam?

   c) C scheidet aus der OHG aus. Er verlangt die IT-Anlage zurück, die er bei Eintritt in die Gesellschaft dieser zur Nutzung überlassen hat.

5. Die ABC-OHG, deren Gesellschafter A, B und C sind, hat einen Mietvertrag über Geschäftsräume im Haus des A abgeschlossen. Die OHG kann die mo-natliche Miete nicht aufbringen. Es stehen 60.000 € an Mietzahlungen aus.

   a) Von wem und in welcher Höhe kann A die Zahlung der Miete verlangen?

   b) Kommt es darauf an, ob die Gesellschafter vereinbart haben, dass A für Gesellschaftsverbindlichkeiten nur zu einem Anteil von 10 % haftet?

6. In der ABC-KG hat C eine Kommanditeinlage von 100.000 € übernommen. Die Gesellschafter haben vereinbart, dass C 50.000 € in bar erbringt und sei-nen Pkw der Luxusklasse als Geschäftswagen zur Verfügung stellt. Kurze Zeit später stellt sich heraus, dass der Pkw nur 45.000 € wert war. Ein Kunde ver-langt Zahlung einer offenen Rechnung über 8.000 €. Wer muss zahlen und in welcher Höhe?

7. Ein Kommanditist übernimmt eine Kommanditeinlage von 50.000 €. Als der Kommanditist in persönlichen Schwierigkeiten ist, lässt er sich von der KG ein Darlehen über 50.000 € geben. Welche Auswirkungen kann die Auszahlung der Darlehensvaluta auf die Haftung des Kommanditisten haben?

8. Wie haften die Gesellschafter einer GmbH?

9. Nachdem der Gesellschaftsvertrag einer GmbH notariell beurkundet wurde, aber noch vor der Eintragung der GmbH in das Handelsregister, kauft der Geschäftsführer im Namen der GmbH einen Geschäftswagen im Wert von 70.000 €. Von wem kann der Verkäufer Zahlung verlangen? Was ändert sich durch die Eintragung der GmbH in das Handelsregister?

10. Heino Heinze gründet eine Einpersonen-GmbH und mit dieser eine GmbH & Co. KG. Wie sehen die Haftungsverhältnisse in dieser GmbH & Co. KG aus?

1. Die Vertretungsbefugnis im Außenverhältnis ist bei der GbR grds. mit der Geschäftsführungsbefugnis im Innenverhältnis verbunden, § 714 BGB. Danach sind alle Gesellschafter gemeinschaftlich zur Vertretung der Gesellschaft berechtigt. A und B konnten die Gesellschaft nicht wirksam verpflichten, da sie bei der Beschaffung der Telefonanlage ohne die Zustimmung des C tätig geworden sind (= positives Konsensprinzip). Nach den Vertretungsregeln ist der Kaufvertrag schwebend unwirksam, § 177 BGB. Da C der Beschaffung widerspricht, wird der Vertrag endgültig unwirksam. A und B haften dem Verkäufer nach seiner Wahl auf Erfüllung oder auf Schadensersatz, § 179 BGB.

2. Die Gesellschafter einer Personengesellschaft können über das von ihnen gebildete Vermögen nur gesamthänderisch verfügen. Das Gesamthandsvermögen ist ein Sondervermögen, das den Gesellschaftern zur gesamten Hand zugeordnet und haftungsrechtlich vom Privatvermögen der einzelnen Gesellschafter zu trennen ist. Ein Privatgläubiger müsste die Gesellschaft zunächst kündigen, um wegen seiner Forderung in den Anteil eines einzelnen Gesellschafters am Gesamthandsvermögen vollstrecken zu können.

3. Ja, das Prinzip der Selbstorganschaft der OHG ist gewahrt. Der Gesellschaftsvertrag sieht ein Gesamtvertretungsrecht der Gesellschafter A und B vor. Zusätzlich kann die Gesellschaft auch von A oder B jeweils zusammen mit einem Prokuristen vertreten werden. Dadurch ist sichergestellt, dass die OHG in jedem Fall von ihren Gesellschaftern vertreten wird, vgl. § 125 Abs. 3 HGB.

4. a) Die Frage betrifft das Innenverhältnis der Gesellschafter untereinander. In einer OHG gilt der Grundsatz der Einzelgeschäftsführungsbefugnis aller Gesellschafter mit Widerspruchsrecht, §§ 114 ff. HGB. Auf den Widerspruch von B und C müsste die Kündigung der Geschäftsverbindung unterbleiben. Kündigt A den Vertrag ungeachtet des Widerspruchs seiner Mitgesellschafter, besteht im Innenverhältnis infolge des Verstoßes gegen den Gesellschaftsvertrag ein Anspruch wegen Pflichtverletzung gem. § 280 BGB.

   b) Die Frage betrifft das Außenverhältnis der OHG zu dem Verkäufer. In einer OHG gilt der Grundsatz der Einzelvertretung aller Gesellschafter, § 125 HGB. A kann daher auch ohne Zustimmung von B und C handeln. Mit dem Prinzip der Einzelgeschäftsführung ist ein Vetorecht der anderen geschäftsführungsbefugten Gesellschafter verbunden. Wenn B ein Veto einlegt, müsste der Vertragsabschluss unterbleiben. Schließt A den Vertrag dennoch ab, wäre dieser im Außenverhältnis wirksam.

   c) Der ausscheidende Gesellschafter kann die Gegenstände, welche er der Gesellschaft zur Nutzung überlassen hat, nach Kündigung der Nutzungsvereinbarung – Leihe, Miete, Leasing etc. – herausverlangen. Die IT-Anlage ist nicht Bestandteil des Gesamthandsvermögens geworden.

5. a) A kann sich gem. § 535 BGB wegen seines Zahlungsanspruches an die ABC-OHG wenden. Von der ABC-OHG kann A den vollen Mietzins in Höhe von 60.000 € verlangen. Da die ABC-OHG Zahlungsschwierigkeiten hat, könnte sich A auch an die Mitgesellschafter B und C wenden, die persönlich, unbeschränkt und gesamtschuldnerisch für die Mietzinsverbindlichkeit der ABC-OHG haften.

Von B und C kann A aber nur jeweils 20.000 € verlangen, da er seinen eigenen Haftungsanteil selbst tragen muss.

b) Ja, in diesem Fall haben die Gesellschafter als Gesamtschuldner eine von der gesetzlichen Ausgleichspflicht abweichende Vereinbarung getroffen, § 426 BGB. A würde für die Gesellschaftsverbindlichkeit über 60.000 € nur in Höhe von 10 % haften, d. h. er trägt nur einen Haftungsanteil von 6.000 €. Von B und C könnte er in diesem Fall jeweils 27.000 € verlangen.

6. Für den Zahlungsanspruch des Kunden haftet zunächst die ABC-KG in voller Höhe. Der Kunde könnte sich aber auch unmittelbar an A oder an B wenden. Die Komplementäre haften persönlich und unbeschränkt, d. h. der Kunde könnte von A oder von B Zahlung in voller Höhe verlangen. A und B müssten im Innenverhältnis den gesamtschuldnerischen Ausgleich gem. § 426 BGB geltend machen. Zuletzt könnte sich der Kunde auch an den Kommanditisten C wenden. Dieser haftet, soweit er seine Einlage von 100.000 € nicht erbracht hat, d. h. nachdem die Sacheinlage nicht 50.000 €, sondern nur 45.000 € wert war, in Höhe von 5.000 €, vgl. § 171 BGB.

7. Grundsätzlich ist die Haftung des Kommanditisten ausgeschlossen, soweit die Einlage geleistet ist, § 171 Abs. 1 HGB. Die Auszahlung der Darlehensvaluta kann als Rückgewähr der Einlage ausgelegt werden, § 172 Abs. 4 HGB, mit der Folge, dass die Haftung des Kommanditisten wieder auflebt.

8. Eine GmbH ist eine rechtsfähige juristische Person, § 13 GmbHG. Daher besteht keine Haftung der Gesellschafter. Den Gläubigern gegenüber haftet allein die GmbH.

9. Da die GmbH zwar errichtet, aber noch nicht entstanden ist, besteht der Zahlungsanspruch gegen die Vor-GmbH. Nach der Eintragung der GmbH in das Handelsregister übernimmt diese die Verbindlichkeiten der Vor-GmbH, sodass der Verkäufer seinen Zahlungsanspruch auch gegen die GmbH durchsetzen könnte. Falls die GmbH zahlungsunfähig wäre, könnte sich der Verkäufer auch an den Geschäftsführer wenden. Dieser muss nach den Grundsätzen der Handlungshaftung gem. § 11 Abs. 2 GmbHG für den Kaufpreiszahlungsanspruch einstehen.

10. Die GmbH ist Komplementärin und haftet für Verbindlichkeiten der Gesellschaft unbeschränkt gem. §§ 161, 105 HGB. Dagegen haftet Heino Heinze als Kommanditist nur bis zur Höhe seiner in das Handelsregister eingetragenen Kommanditeinlage, soweit er diese nicht erbracht hat, §§ 171 ff. HGB.

H. Insolvenzrecht

Das Insolvenzverfahren dient dazu, die Gläubiger eines Schuldners gemein-   001
schaftlich zu befriedigen, indem dessen Vermögen verwertet und der Erlös verteilt oder in einem **Insolvenzplan** zum Erhalt des Unternehmens geregelt wird.
Hierdurch soll insbesondere dem redlichen Schuldner Gelegenheit gegeben werden, sich von seinen restlichen Verbindlichkeiten zu befreien, vgl. § 1 InsO. Ziele
des Insolvenzverfahrens sind die Förderung der außergerichtlichen Sanierung in
einem einheitlichen Verfahren, die Stärkung der Gläubigerautonomie und die
Erhöhung der Verteilungsgerechtigkeit. Nach dem früheren Konkursrecht bedeu-
tete die Liquidation das Ende des schuldnerischen Unternehmens. Die geschaf-
fenen wirtschaftlichen Werte – Betriebsstätte, Arbeitsplätze – gingen ebenso
verloren wie das kaufmännische und technische Wissen und die langjährigen
Geschäftsverbindungen. Die Insolvenzrechtsreform hat 1999 zu einer besseren
Abstimmung von Liquidation und Sanierung geführt. Zudem wurde die Verbrau-
cherinsolvenz mit der Möglichkeit einer Restschuldbefreiung eingeführt.

Ein **Insolvenzverfahren** kann eröffnet werden   002

▶ über das Vermögen jeder natürlichen und juristischen Person

▶ über das Vermögen einer Gesellschaft ohne Rechtspersönlichkeit (Offene Handelsgesellschaft, Kommanditgesellschaft, Gesellschaft des bürgerlichen Rechts,
Partenreederei, Europäische wirtschaftliche Interessenvereinigung)

▶ über einen Nachlass, über das Gesamtgut einer fortgesetzten Gütergemeinschaft oder über das Gesamtgut einer Gütergemeinschaft, das von den Ehegat-
ten gemeinschaftlich verwaltet wird.

Als **Insolvenzgericht** ist das Amtsgericht am Sitz des Landgerichts für den gesam-   003
ten Landgerichtsbezirk ausschließlich zuständig. Die örtliche Zuständigkeit orientiert sich an dem Gerichtsstand des Schuldners, vgl. §§ 2, 3 InsO. Für das Insolvenzverfahren gelten die Vorschriften der Zivilprozessordnung. Das
Insolvenzgericht hat von Amts wegen alle Umstände zu ermitteln, die für das
Insolvenzverfahren von Bedeutung sind. Die Anhörung des Schuldners kann unterbleiben, wenn er sich im Ausland aufhält oder eine übermäßige Verzögerung
des Verfahrens einträte. Die Entscheidungen des Gerichts können ohne mündliche Verhandlungen ergehen. Zustellungen erfolgen von Amts wegen durch Aufgabe zur Post und bei unbekanntem Aufenthaltsort des Empfängers auch an den
Vertreter. Das Insolvenzgericht kann auch eine öffentliche Bekanntmachung veranlassen.

Das Insolvenzverfahren wird auf **Antrag eines Gläubigers oder des Schuldners**   004
eröffnet. Bei Gesellschaften liegt das Antragsrecht auch bei den Mitgliedern der
Vertretungsorgane oder bei persönlich haftenden Gesellschaftern oder im Liqui-
ditätsfall bei den Abwicklern (Liquidatoren). Bei einer juristischen Person ist im
Fall der Führungslosigkeit auch jeder Gesellschafter, bei einer Aktiengesellschaft
oder einer Genossenschaft zudem auch jedes Mitglied des Aufsichtsrats zur An-
tragstellung berechtigt.

005 Eine **Antragspflicht** besteht bei juristischen Personen und Gesellschaften ohne Rechtspersönlichkeit, die zahlungsunfähig oder überschuldet sind. In diesen Fällen haben die Mitglieder des Vertretungsorgans oder die Abwickler ohne schuldhaftes Zögern, spätestens aber drei Wochen nach Eintritt der Zahlungsunfähigkeit oder Verschuldung, einen Insolvenzantrag zu stellen, vgl. § 15a InsO.

006 Die Eröffnung des Insolvenzverfahrens setzt voraus, dass einer der nachfolgend aufgeführten **Eröffnungsgründe** gegeben ist, vgl. §§ 16 ff. InsO:

▸ Die **Zahlungsunfähigkeit** liegt vor, wenn der Schuldner nicht in der Lage ist, seine fälligen Zahlungspflichten zu erfüllen, insbesondere, wenn er seine Zahlungen eingestellt hat.

▸ Die **drohende Zahlungsunfähigkeit** ist als Eröffnungsgrund nur gegeben, wenn der Schuldner selbst den Eröffnungsantrag stellt, weil er voraussichtlich nicht in der Lage sein wird, die bestehenden Zahlungspflichten im Zeitpunkt der Fälligkeit zu erfüllen.

▸ Die **Überschuldung** ist als Eröffnungsgrund nur bei juristischen Personen anerkannt. Sie liegt vor, wenn das Vermögen des Schuldners die bestehenden Verbindlichkeiten nicht mehr deckt. Dabei sind Forderungen auf Rückgewähr von Gesellschafterdarlehen oder aus Rechtshandlungen, die einem solchen Darlehen wirtschaftlich entsprechen, nicht zu berücksichtigen, vgl. § 19 Abs. 2 InsO.

007 Das Insolvenzgericht wird alle **Sicherungsmaßnahmen** treffen, die erforderlich erscheinen, um eine den Gläubigern nachteilige Veränderung in der Vermögenslage des Schuldners zu verhindern. Danach wird das Gericht insbesondere einen vorläufigen **Insolvenzverwalter** bestellen, einen vorläufigen **Gläubigerausschuss** einsetzen und dem Schuldner ein **Verfügungsverbot** auferlegen. Es kann auch anordnen, dass Verfügungen nur mit Zustimmung des vorläufigen Insolvenzverwalters wirksam sind. Das Gericht kann ferner Maßnahmen der Zwangsvollstreckung gegen den Schuldner untersagen oder einstweilen einstellen, soweit nicht unbewegliche Gegenstände betroffen sind. Zudem kann es eine **Postsperre** verhängen und verlangen, dass Gegenstände, die einer abgesonderten Verwertung unterliegen oder deren Aussonderung verlangt werden kann, vom Gläubiger nicht verwertet werden. Sofern diese Maßnahmen nicht ausreichen, kann das Gericht auch die zwangsweise Vorführung des Schuldners zur Anhörung und seine Haft anordnen. Die Anordnung der Haft betrifft bei juristischen Personen die organschaftlichen Vertreter, vgl. § 21 InsO.

008 Mit der Bestellung eines vorläufigen Insolvenzverwalters und der Anordnung eines allgemeinen Verfügungsverbotes an den Schuldner geht die **Verwaltungs- und Verfügungsbefugnis des Schuldners** auf den vorläufigen Insolvenzverwalter über. Der Schuldner wird in ein Schuldnerverzeichnis eingetragen. Der vorläufige Insolvenzverwalter hat folgende Rechtspflichten:

▸ **Sicherung und Erhaltung des Vermögens des Schuldners**

▸ **Fortführung eines Unternehmens, das vom Schuldner betrieben wird, bis zur Eröffnung des Insolvenzverfahrens**

> **Prüfung, ob das Vermögen des Schuldners die Kosten des Verfahrens decken wird.**

Das Insolvenzgericht weist den Antrag auf Eröffnung des Insolvenzverfahrens mangels Masse ab, wenn das Vermögen des Schuldners voraussichtlich nicht ausreichen wird, um die Kosten des Verfahrens zu decken. Andernfalls eröffnet das Insolvenzgericht das Verfahren und ernennt einen Insolvenzverwalter. Im **Eröffnungsbeschluss** sind die Gläubiger aufzufordern, ihre **Forderungen** innerhalb einer bestimmten Frist anzumelden und dem Insolvenzverwalter mitzuteilen, welche **Sicherungsrechte** sie an beweglichen Sachen oder Rechten des Schuldners in Anspruch nehmen. Der Eröffnungsbeschluss wird öffentlich bekanntgegeben und im Handels-, Genossenschafts- oder Vereinsregister, ggf. auch im Grundbuch oder Schiffsregister eingetragen.   009

Das Insolvenzverfahren erfasst das gesamte Vermögen, das dem Schuldner zur Zeit der Eröffnung des Verfahrens gehört, und das er während des Verfahrens erlangt (= **Insolvenzmasse**), §§ 35 ff. InsO. Gegenstände, die nicht der Zwangsvollstreckung unterliegen (unpfändbare Gegenstände) gehören nicht zur Insolvenzmasse. Die Insolvenzmasse dient zur Befriedigung der persönlichen Gläubiger, die einen zur Zeit der Eröffnung des Insolvenzverfahrens begründeten Vermögensanspruch gegen den Schuldner haben (= **Insolvenzgläubiger**), §§ 38 ff. InsO.   010

Nach der Novelle des GmbH-Rechts im Jahr 2008 werden Gesellschafter einer Gesellschaft, die weder eine natürliche Person noch eine Gesellschaft als persönlich haftenden Gesellschafter haben, unter bestimmten Voraussetzungen hinsichtlich ihrer Forderungen nicht als Insolvenzgläubiger angesehen. Erwirbt ein Gläubiger bei drohender oder eingetretener Zahlungsunfähigkeit der Gesellschaft oder bei Überschuldung Anteile zum Zweck ihrer Sanierung, gilt er bis zur nachhaltigen Sanierung nicht als nachrangiger Insolvenzgläubiger gem. § 39 Abs. 1 Nr. 5 InsO. Seine Forderungen aus bestehenden oder neu gewährten Darlehen oder auf Forderungen aus Rechtshandlungen, die einem solchen Darlehen wirtschaftlich entsprechen, kann er daher nicht geltend machen, § 39 Abs. 4 und 5 InsO. Befriedigung kann er nur dann anteilsmäßig aus der Insolvenzmasse verlangen, wenn das Darlehen gesichert war und er bei der Inanspruchnahme der Sicherheit oder des Bürgen ausgefallen ist, § 44a InsO.   011

Wer aufgrund eines dinglichen oder persönlichen Rechts geltend machen kann, dass ein Gegenstand nicht zur Insolvenzmasse gehört, ist kein Insolvenzgläubiger und muss seinen Anspruch aus den allgemeinen Gesetzen geltend machen (= **Aussonderungsrecht**). Gläubiger, denen ein Recht auf Befriedigung aus Gegenständen zusteht, die der Zwangsvollstreckung in das unbewegliche Vermögen unterliegen (unbewegliche Gegenstände), sind zur abgesonderten Befriedigung berechtigt (= **Absonderungsrecht**). Absonderungsberechtigt sind auch Pfandgläubiger und Gläubiger, denen ein Eigentumsvorbehalt oder ein Zurückbehaltungsrecht an der Sache zusteht oder denen der Schuldner ein Recht übertragen hat, §§ 47 ff. InsO. Aus der Insolvenzmasse sind die Kosten des Insolvenzverfahrens und die sonstigen Masseverbindlichkeiten vorweg zu befriedigen, § 53 InsO.   012

Beispiel

Ein Zulieferer hat der Schuldner-GmbH Materialien unter Eigentumsvorbehalt geliefert. Soweit diese Materialien noch im Betrieb der Schuldner-GmbH lagern, hat der Zulieferer ein Aussonderungsrecht.

Die Schuldner-GmbH hat ein Grundstück erworben und zur Sicherung des Kaufpreises zu Gunsten der kreditgebenden Bank eine Hypothek in das Grundbuch eintragen lassen. Der Bank steht nach der Verwertung des Grundstücks ein Recht zur abgesonderten Befriedigung an dem Erlös aus der Grundstücksveräußerung zu.

Ein Recht zur abgesonderten Befriedigung besteht für einen kreditgebenden Gläubiger auch dann, wenn er den Kredit durch Bestellung eines Pfandrechtes, z. B. an einer Produktionsmaschine der Schuldner-GmbH, abgesichert hat.

013   Durch die **Eröffnung des Insolvenzverfahrens** geht das Recht des Schuldners, das zur Insolvenzmasse gehörende Vermögen zu verwalten und darüber zu verfügen, auf den Insolvenzverwalter über, §§ 80 ff. InsO. Verfügungen, die der Schuldner nach Eröffnung des Insolvenzverfahrens trifft, sind unwirksam. Sofern an den Schuldner Leistungen erbracht werden, obwohl die Verbindlichkeit zur Insolvenzmasse zu erfüllen war, tritt die befreiende Wirkung nur ein, wenn die Eröffnung des Verfahrens nicht kannte.

014   Die Bestellung und Haftung des Insolvenzverwalters, die Organe der Gläubiger – Gläubigerausschuss, Gläubigerversammlung – und die **Befugnisse des Insolvenzverwalters** sind ebenfalls in der Insolvenzordnung geregelt. Der Insolvenzverwalter übernimmt verschiedene Rechtsbefugnisse des Schuldners. Er kann u. a. bestehende Verträge erfüllen bzw. Erfüllung anstelle des Schuldners verlangen und andere vertragliche Rechte geltend machen, §§ 103 ff. InsO. Auch hat der Insolvenzverwalter anstelle des Schuldners **arbeitsrechtliche Befugnisse** gegenüber dem Betriebsrat in Hinblick auf Betriebsvereinbarungen, den Interessenausgleich bei Betriebsänderungen und den Sozialplan, §§ 120 ff. InsO.

015   Es besteht auch die Möglichkeit der **Insolvenzanfechtung** durch den Insolvenzverwalter betreffend Rechtshandlungen, die vor der Eröffnung des Insolvenzverfahrens vorgenommen worden sind und die Insolvenzgläubiger benachteiligen, §§ 129 ff. InsO.

016   Besondere Aufgaben hat der Insolvenzverwalter im Bereich der **Verwaltung und Verwertung der Insolvenzmasse** gem. §§ 148 ff. InsO. Er nimmt das gesamte zur Insolvenzmasse gehörende Vermögen des Schuldners in Besitz und hat es zu verwalten. Es ist ein **Verzeichnis der Massegegenstände, ein Gläubigerverzeichnis und eine Vermögensübersicht** aufzustellen und bei dem Insolvenzgericht zu hinterlegen.

Im **Berichtstermin** hat der Insolvenzverwalter über die wirtschaftliche Lage des   017
Schuldners und ihre Ursachen zu berichten, §§ 156 ff. InsO. Er hat auch darzule-
gen, ob das Unternehmen des Schuldners ganz oder in Teilen erhalten werden
kann und welche Möglichkeiten für einen Insolvenzplan bestehen. Dem Gläubiger, dem Gläubigerausschuss und dem Betriebsrat sowie dem Sprecherausschuss
der leitenden Angestellten ist im Berichtstermin Gelegenheit zur Stellungnahme
zu geben. Die Gläubigerversammlung beschließt darüber, ob das Unternehmen
des Schuldners stillgelegt oder vorläufig fortgeführt werden soll. Sie kann auch
dem Insolvenzverwalter aufgeben, einen **Insolvenzplan** aufzustellen. Nach dem
Berichtstermin hat der Insolvenzverwalter unverzüglich das zur Insolvenzmasse
gehörende Vermögen zu verwerten, wobei er in besonderen Fällen die Zustimmung der Gläubigerversammlung einholen muss. Einem speziellen Verfahren
unterliegt die Verwertung von Gegenständen mit Absonderungsrechten,
§§ 165 ff. InsO.

Die **Befriedigung der Insolvenzgläubiger erfolgt** in dem gesetzlich vorgesehenen   018
Verfahren nach Feststellung der Forderungen im Prüfungstermin, vgl. §§ 174 ff.
InsO. Die Befriedigung der absonderungsberechtigten Gläubiger und der Insolvenzgläubiger, die Verwertung der Insolvenzmasse und deren Verteilung an die
Beteiligten sowie die Haftung des Schuldners nach der Beendigung des Insolvenzverfahrens können aber auch in einem **Insolvenzplan abweichend von den Vorschriften der Insolvenzordnung** vorgenommen werden. Dieser Insolvenzplan
wird dem Insolvenzgericht von dem Schuldner und dem Insolvenzverwalter vorgelegt, vgl. §§ 217 ff. InsO. In dem Insolvenzplan können insbesondere die Fortführung des Unternehmens und die Rechte der Insolvenzgläubiger sowie eine
Aussetzung von Verwertung und Verteilung geregelt werden.

In einem **Erörterungs- und Abstimmungstermin des Insolvenzgerichts** können   019
die Gläubiger über den Insolvenzplan beschließen. Nach der Annahme des Insolvenzplans durch die Gläubiger und der Zustimmung des Schuldners bedarf der
Plan der Bestätigung durch das Insolvenzgericht. Mit der Rechtskraft der Bestätigung des Insolvenzplans treten die im gestaltenden Teil festgelegten Wirkungen
für und gegen alle Beteiligten ein, vgl. §§ 254 ff. InsO.

Die **Möglichkeit der Eigenverwaltung** besteht für Verbraucherinsolvenzen und   020
kleinere Insolvenzfälle gem. §§ 270 ff. InsO. Danach ist der Schuldner berechtigt,
unter der Aufsicht eines Sachverwalters die Insolvenzmasse zu verwalten und
über sie zu verfügen, wenn das Insolvenzgericht in dem Beschluss über die Eröffnung des Insolvenzverfahrens die Eigenverwaltung anordnet. Hierzu bedarf es
eines Antrags des Schuldners, dem die Gläubiger zugestimmt haben. Außerdem
muss zu erwarten sein, dass die Anordnung weder zu einer Verzögerung des Verfahrens noch zu sonstigen Nachteilen für die Gläubiger führen wird.

Die **Restschuldbefreiung** gem. §§ 286 ff. InsO kann auf Antrag des Schuldners und   021
unter der Voraussetzung seiner Redlichkeit nach Anhörung der Insolvenzgläubiger gerichtlich angeordnet werden. Der Schuldner muss für die Dauer von sieben
Jahren seine Arbeitskraft nutzen (**Erwerbsobliegenheit**) und den pfändbaren Teil

seines Einkommens auf einen Treuhänder übertragen. Nach Fristablauf wird die Restschuldbefreiung erteilt.

022 Personen, die keine oder nur eine geringfügige selbstständige wirtschaftliche Tätigkeit ausüben, können im Insolvenzfall mit dem Eröffnungsantrag einen **Schuldenbereinigungsplan** vorlegen. Nehmen die Gläubiger diesen an, hat der Schuldenbereinigungsplan die Wirkung eines Prozessvergleichs. Lehnen sie ihn ab, wird ein vereinfachtes Insolvenzverfahren eröffnet, vgl. §§ 304 ff. InsO.

1. Wiederholungsfragen

1. Welches sind die Eröffnungsgründe für ein Insolvenzverfahren nach der Insolvenzordnung?

2. Nach Eröffnung des Insolvenzverfahrens veräußert der Schuldner ein zum Betriebsvermögen gehörendes Fahrzeug. Wie ist die Rechtslage?

3. Die V-GmbH hat der K-GmbH eine Produktionsmaschine im Wert von 150.000 € unter Eigentumsvorbehalt verkauft. Die Teilzahlungsvereinbarung im Kaufvertrag sieht vor, dass alle drei Monate 50.000 € gezahlt werden. Nachdem zwei Teilzahlungen geleistet waren, wurde über das Vermögen der K-GmbH das Insolvenzverfahren eröffnet. Welche Möglichkeiten bestehen für die V-GmbH hinsichtlich seiner Restforderung? Was könnte sie veranlassen, wenn die K-GmbH vor Eröffnung des Insolvenzverfahrens wegen ihrer Liquiditätsprobleme die Maschine an die X-KG veräußert hätte?

4. Angenommen, ein Zulieferer hat dem Besteller vor Eröffnung des Insolvenzverfahrens Waren unter Eigentumsvorbehalt geliefert. Welche rechtlichen Möglichkeiten hat der Zulieferer im Fall der Insolvenz des Bestellers? Kommt es darauf an, ob ein einfacher oder ein verlängerter Eigentumsvorbehalt vereinbart wurde?

5. Worin liegt die Bedeutung eines Insolvenzplans?

1. Zahlungsunfähigkeit ist grds. als Eröffnungsgrund anzusehen. Im Fall einer drohenden Zahlungsunfähigkeit kann der Schuldner selbst einen Eröffnungsantrag stellen und die Überschuldung kommt als Eröffnungsgrund nur für juristische Personen in Frage.

2. Der Schuldner verliert durch die Eröffnung des Insolvenzverfahrens die Verwaltungs- und Verfügungsbefugnisse über sein Vermögen, das zur Insolvenzmasse gehört. Diese Befugnisse gehen auf den Insolvenzverwalter über, § 80 InsO. Der Schuldner könnte nur dann das Fahrzeug wirksam veräußern, wenn gerichtlich die Eigenverwaltung angeordnet worden wäre, §§ 270 ff. InsO. Der Schuldner hätte also das Fahrzeug nicht veräußern dürfen, obwohl er Eigentümer geblieben ist. Seine Verfügung (Eigentumsübertragung auf einen Dritten) ist absolut unwirksam, § 81 InsO. Der Insolvenzverwalter kann daher das Fahrzeug als zur Insolvenzmasse gehörend von dem Dritten herausverlangen.

3. Die V-GmbH ist im Zeitpunkt der Eröffnung des Insolvenzverfahrens immer noch Eigentümerin der Produktionsmaschine, da die aufschiebende Bedingung für den Eigentumsübergang (vollständige Kaufpreiszahlung) noch nicht eingetreten ist, § 449 BGB. Aufgrund des Eigentums hat die V-GmbH gem. § 47 InsO ein Aussonderungsrecht an der Maschine. Sie kann daher gem. § 985 BGB die Herausgabe verlangen. Falls die K-GmbH die Produktionsmaschine anderweitig veräußert hätte, wäre die X-KG durch gutgläubigen Erwerb Eigentümerin geworden, §§ 929, 932 BGB, 366 HGB. In diesem Fall kann die V-GmbH gem. § 48 InsO die Abtretung des Kaufpreisanspruchs verlangen.

4. Der Zulieferer hat im Insolvenzfall ein Aussonderungsrecht gem. § 47 InsO, sofern die Waren noch im Betrieb des Bestellers lagern. Sofern die Waren weiterveräußert wurden, ist das Eigentum des Zulieferers durch den gutgläubigen Erwerb des Dritten verloren gegangen. Ein Herausgabeanspruch bezüglich des Erlöses aus dem Weiterverkauf der Waren bzw. ein Abtretungsanspruch bezüglich entstandener Kaufpreisforderungen des Schuldners besteht gem. § 48 InsO nur, soweit die Zahlung durch den Dritten noch aussteht. Andernfalls gehört seine Kaufpreisforderung zur Insolvenzmasse. Wurde dagegen ein verlängerter Eigentumsvorbehalt vereinbart, bleibt das Eigentum des Zulieferers auch im Fall der Weiterveräußerung der Waren erhalten. Er kann daher Herausgabe der Waren von dem Dritten gem. § 985 BGB verlangen oder – nach der Kaufpreiszahlung – die Abtretung des Kaufpreiszahlungsanspruchs von dem Insolvenzverwalter.

5. Abweichend von den Vorschriften der Insolvenzordnung können in einem Insolvenzplan die Befriedigung der absonderungsberechtigten Gläubiger und der Insolvenzgläubiger, die Verwertung der Insolvenzmasse und deren Verteilung an die Beteiligten sowie die Haftung des Schuldners nach Beendigung des Insolvenzverfahrens geregelt werden, §§ 217 ff. InsO.

I. Gewerblicher Rechtsschutz und Wettbewerbsrecht

Die verfassungsrechtlich garantierte gewerbliche Handlungsfreiheit kann sich   001
nur auf der Grundlage eines **freien Wettbewerbs** entfalten. Der freie Leistungswettbewerb wird durch allgemeine Regelungen des öffentlichen und privaten
Wirtschaftsrechts geschützt, darunter im Wesentlichen

- das Gesetz gegen Wettbewerbsbeschränkungen (GWB), Art. 81, 82 EGV
- und das Gesetz gegen den unlauteren Wettbewerb (UWG).

Im gewerblichen Rechtsschutz sichern **Spezialgesetze** dem jeweiligen Rechtsin-   002
haber die gewerbliche Nutzung seiner Arbeitsergebnisse – Patente, Muster, Marken etc. – für eine bestimmte Zeit und geben ihm dadurch einen Vorsprung im
Wettbewerb. Während die Nutzung und die Verwertung gewerblicher Schutzrechte die Innovationsfähigkeit von Wirtschaft und Wissenschaft indizieren, regelt das Wettbewerbsrecht die Rahmenbedingungen freien wirtschaftlichen
Handelns, schützt Verbraucher und sonstige Marktteilnehmer und gewährt einen ergänzenden Leistungsschutz bei Wettbewerbsverstößen.

Das **Urheberrecht** hat im Zeitalter der Informationstechnologie an wirtschaftli-   003
cher Bedeutung zugenommen, insbesondere da die Digitalisierung urheberrechtlich geschützter Werke die Nutzung im Internet ermöglicht. z. B. Nach dem Urheberrechtsgesetz (UrhG) sind Persönlichkeitsrechte und Verwertungsrechte des
Urhebers zu unterscheiden. Letztere geben dem Urheber die Möglichkeit wirtschaftlicher Nutzung der Werke durch Lizenzierung, z. B. im Bereich der Medien.

Im System des Gewerblichen Rechtsschutzes und Wettbewerbsrechts sind die   004
Spezialgesetze vor den Wettbewerbsgesetzen anzuwenden, wobei die gewerblichen Schutzrechte und das Urheberrecht sich ausschließen. Das Urheberrecht
schützt den Urheber in seinen geistigen und persönlichen Beziehungen zum
Werk. Im Mittelpunkt stehen daher der Mensch und seine schöpferische Leistung
im Bereich von Literatur, Wissenschaft und Kunst. Dagegen beziehen sich die gewerblichen Schutzrechte auf überwiegend technische Arbeitsergebnisse in Forschung und Entwicklung, die wirtschaftlich genutzt werden. Ergänzend kann ein
Wettbewerbsschutz im gewerblichen Bereich infrage kommen, falls einzelne
geschäftliche Handlungen unlauter sind oder in fremde Rechte eingreifen. Das
Recht der gewerblichen Schutzrechte wird durch den wettbewerblichen Leistungsschutz gem. §§ 3, 4 UWG, durch das Recht am eingerichteten und ausgeübten Gewerbebetrieb gem. § 823 Abs. 1 BGB und die sittenwidrige vorsätzliche
Schädigung gem. § 826 BGB ergänzt.

1. Gewerbliche Schutzrechte

Die Gegenstände des gewerblichen Rechtsschutzes sind keine körperlichen Sa-   005
chen, sondern **Immaterialgüter**, also Rechte am Ergebnis einer geistigen Leistung
auf naturwissenschaftlich-technischem Gebiet oder Kennzeichenrechte. Diese
Schutzrechte entstehen in aller Regel durch **Anmeldung und Eintragung** in ein

öffentliches Register, nachdem ein formales verwaltungsrechtliches Erteilungs-
verfahren durchlaufen wurde. Es sind folgende Schutzrechte geregelt:

006 ▸ **Patente (Patentgesetz)**

▸ **Gebrauchsmuster (Gebrauchsmustergesetz)**

▸ Topographien von Halbleitererzeugnissen (Halbleiterschutzgesetz),

▸ **Design (früher: Geschmacksmuster (Designgesetz))**

▸ Typographien (Schriftzeichengesetz)

▸ **Marken** (Markengesetz)

▸ Pflanzensorten (Sortenschutzgesetz).

007 Im Folgenden werden die Grundlagen einiger ausgewählter gewerblicher Schutzrechte (Patent, Gebrauchsmuster, Design und Marken) sowie des Urheberrechts
und des Wettbewerbsrechts dargestellt.

1.1 Patente, Gebrauchsmuster und Arbeitnehmererfindungen

008 Patente werden für Erfindungen erteilt, die neu sind, auf einer erfinderischen
Tätigkeit beruhen und gewerblich anwendbar sind, § 1 Abs. 1 PatG. Das Patent ist
durch die Pariser Verbandsübereinkunft zum Schutz des gewerblichen Eigentums
(PVÜ) international anerkannt. Neben der Patentanmeldung bei dem Deutschen
Patent- und Markenamt (DPMA) besteht die Möglichkeit der Erlangung eines Patents beim Europäischen Patentamt (EPA) oder nach dem internationalen Patent-
zusammenarbeitsvertrag (PCT), jeweils mit Benennung des Bestimmungslandes
für das Patent. Die Voraussetzungen für die Erteilung eines Patents sind:

009 ▸ **Erfindung (Erzeugnis oder Verfahren)**

▸ **Neuheit (Stand der Technik)**

▸ **gewerbliche Anwendungsmöglichkeit**

▸ **erfinderische Tätigkeit (Erfindungshöhe).**

010 Die **Erfindung** ist eine naturwissenschaftlich-technische Leistung; sie stellt eine
Lehre oder Anweisung zum technischen Handeln dar, z. B. Schaltungen, Maschi-
nen, Verfahren, Vorrichtungen und Apparate. Eine neue betriebswirtschaftliche
Lehre oder Erkenntnis wäre deshalb keine Erfindung. Ferner muss die Erfindung
als **Neuheit** gelten, indem sie nicht zum bisherigen Stand der Technik gehört. Der
Stand der Technik umfasst alle Kenntnisse, die vor dem für den **Zeitdrang der
Anmeldung** maßgeblichen Tag durch schriftliche oder mündliche Beschreibung
(Publikationen, Kongressbeiträge etc.), durch Benutzung oder in sonstiger Weise
der Öffentlichkeit zugänglich gemacht worden sind, § 3 PatG. Eine Erfindung gilt
als **gewerblich anwendbar**, wenn ihr Gegenstand auf irgendeinem gewerblichen
Gebiet einschließlich der Landwirtschaft hergestellt oder benutzt werden kann,
§ 5 PatG.

Da die Erfindung auf einer erfinderischen Tätigkeit beruhen muss, kommt es da-   011
rauf an, dass sie eine **Erfindungshöhe** erreicht, die über dem Durchschnittskön-
nen der Fachleute auf dem einschlägigen technischen Gebiet liegt. Fehlt die Erfindungshöhe, beispielsweise bei unwesentlicher Veränderung des Materials, der
Abmessungen oder der Formen kommt für das Arbeitsergebnis allenfalls der Erwerb eines Gebrauchsmusterrechts infrage.

Im Patentrecht gilt das **Prioritätsprinzip**. Das Patent steht demjenigen Erfinder zu,   012
der es zuerst beim Patentamt angemeldet hat. Das formale **Anmeldeverfahren**
wird durch **Offenlegung** und durch ein umfangreiches Prüfungs- und Erteilungs-
verfahren ergänzt, auf das noch **Einspruch** und **Beschwerde** erfolgen können,
§§ 34 ff. PatG. Da das Patentrecht in der Person des Erfinders entsteht, ist die **Erfinderbenennung** von besonderer Bedeutung. Der Erfinder ist aber nur selten mit dem
Patentinhaber identisch. Die meisten Erfindungen werden nicht von Einzelperso-
nen, sondern von Entwicklungsteams im Rahmen von Forschungs- und Entwick-
lungsprojekten gemacht, so das als Patentinhaber vielfach das Unternehmen eingetragen wird, welches die Erfindung oder das Verfahren über viele Jahre finanziert
und zur Marktreife gebracht hat. Die Erteilung des Patents und die Patenschrift
werden im Patentblatt veröffentlicht. Mit der Veröffentlichung entsteht das Patent
und entfaltet Rechtswirkungen.

Aufgrund des **Ausschließlichkeitsrechts** gem. § 9 PatG ist es jedem Dritten verbo-   013
ten, ohne die Zustimmung des Patentinhabers

▶ ein Erzeugnis, das Gegenstand des Patents ist, herzustellen, anzubieten, in Verkehr zu bringen oder zu gebrauchen oder zu den genannten Zwecken entweder
einzuführen oder zu besitzen

▶ ein Verfahren, das Gegenstand des Patents ist, anzuwenden oder, wenn der
Dritte weiß oder es aufgrund der Umstände offensichtlich ist, dass die Anwen-
dung des Verfahrens ohne Zustimmung des Patentinhabers verboten ist, zur
Anwendung anzubieten

▶ das durch ein Verfahren, das Gegenstand des Patents ist, unmittelbar hergestelltes Erzeugnis anzubieten, in Verkehr zu bringen oder zu gebrauchen oder
zu den genannten Zwecken entweder einzuführen oder zu besitzen.

Der Patentinhaber hat gegen jeden, der entgegen § 9 PatG eine patentierte Erfin-   014
dung benutzt, einen **Unterlassungsanspruch** und bei vorsätzlicher oder fahrlässiger Handlung auch einen **Schadensersatzanspruch**, vgl. § 139 PatG. Es bestehen
noch weitere zivilrechtliche Ansprüche auf Auskunft, Vernichtung der rechtswid-
rigen Erzeugnisse, Herausgabe der Bereicherung und ein einstweiliger Rechtsschutz, §§ 140 ff. PatG. Ferner enthält § 142 PatG einen **Straftatbestand**, wonach
derjenige, der ohne die erforderliche Zustimmung des Patentinhabers ein Erzeugnis, das Gegenstand des Patents ist, herstellt oder anbietet, in Verkehr bringt,
gebraucht oder zu einem der genannten Zwecke entweder einführt oder besitzt
oder ein Verfahren, das Gegenstand des Patents ist, anwendet oder zur Anwendung anbietet, mit Freiheits- oder Geldstrafe bestraft wird. Die Patentverletzung
kann auch eine zollrechtliche Beschlagnahme bei der Ein- oder Ausfuhr zur Folge
haben, § 142a PatG.

015   Der Patentinhaber kann durch **Lizenzvertrag** einem Dritten die beschränkte Nutzung seines Patentrechts gestatten, z. B.

  ▸ **Herstellungslizenz:** Der Lizenznehmer erhält das Recht der Herstellung des patentierten Erzeugnisses oder der Herstellung nach einem patentierten Verfahren in dem bezeichneten Gebiet für die vereinbarte Zeit.

  ▸ **Vertriebslizenz:** Der Lizenznehmer erhält das Recht, in dem bezeichneten Gebiet für die vereinbarte Zeit ein patentiertes Erzeugnis oder Verfahren in den Verkehr zu bringen.

  ▸ **Gebrauchslizenz:** Der Lizenznehmer erhält das Recht, in dem bezeichneten Gebiet für die vereinbarte Zeit ein patentiertes Erzeugnis zu gebrauchen oder ein patentiertes Verfahren anzuwenden.

016   Durch eine **ausschließliche Lizenz** erwirbt der Lizenznehmer das alleinige Recht, die Erfindung in der vereinbarten Art und Weise zu verwerten. Falls der Lizenznehmer eine ausschließliche Herstellungslizenz für ein patentiertes Erzeugnis in einem bestimmten Gebiet vergibt, kann der Lizenznehmer jedem anderen, selbst dem Patentinhaber selbst, die Herstellung der Erfindung in dem Vertragsgebiet untersagen. Eine **einfache Lizenz** ist ein nicht ausschließliches Nutzungsrecht, das an mehrere Lizenznehmer in demselben Gebiet nebeneinander vergeben werden kann und lediglich Rechte und Pflichten der Vertragspartner begründet, nicht dagegen das Recht, einen anderen von der Nutzung auszuschließen und auch nicht die Pflicht, das Patent zu nutzen.

017   Die **Wirkungen des Patents** erlöschen durch Widerruf, Nichtzahlung der Gebühren, Nichtigerklärung oder mit Ablauf der Schutzfrist, spätestens in 20 Jahren. Aufgrund der raschen technischen Entwicklung und der jährlich ansteigenden Gebühren erlöschen Patente regelmäßig in kürzerer Zeit und werden dann frei für die Allgemeinheit.

018   Das **Gebrauchsmuster** ist ebenfalls ein technisches Schutzrecht, das auch als „kleines Patent" bezeichnet wird, weil die Schutzvoraussetzungen für technische Erzeugnisse denen des Patents entsprechen, bei der Gebrauchsmusteranmeldung aber das patentrechtliche Prüfverfahren entfällt. Auch die Schutzwirkungen entsprechen denjenigen des Patents, doch gibt es Unterschiede, die nicht nur das Anmelde- und Prüfverfahren, sondern auch den Schutzgegenstand und die Höchstschutzdauer betreffen. Als Gebrauchsmuster werden Erfindungen geschützt, die auf einem erfinderischen Schritt beruhen und gewerblich anwendbar sind, § 1 GebrMG. Voraussetzungen des Gebrauchsmusterschutzes sind:

019   ▸ **Erfindung (nur Erzeugnisse, keine Verfahren)**

  ▸ **Neuheit**

  ▸ **erfinderischer Schritt**

  ▸ **gewerbliche Anwendungsmöglichkeit.**

Der **Gebrauchsmusterschutz** erfasst nur Neuerungen an Gegenständen, nicht   020
dagegen Verfahren; diese sind patent-, aber nicht gebrauchsmusterschutzfähig.
Der Gegenstand eines Gebrauchsmusters gilt als neu, wenn er nicht zum Stand
der Technik gehört, § 3 GebrMG. Nach Anmeldung bei dem DPMA erfolgt ein Prü-
fungs- und Eintragungsverfahren, in dessen Verlauf eine Prüfung des Gegenstandes der Anmeldung auf Neuheit, erfinderischen Schritt und gewerbliche An-
wendbarkeit nicht stattfindet, § 8 GebrMG. Es entsteht ein ungeprüftes
Schutzrecht für technische Erzeugnisse, zwar ohne internationale Anerkennung
aber mit hoher Bedeutung für kleine und mittelständische Unternehmen.

Der Rechtsschutz eines Gebrauchsmusters wird einfacher, schneller und kosten-   021
günstiger erreicht als der des Patents und gibt dem Schutzrechtsinhaber die Möglichkeit, das Erzeugnis zeitnah zu vermarkten. Der Nachteil dieses ungeprüften
Schutzrechts besteht darin, dass im Fall von Rechtsverletzungen das Gebrauchsmuster gerichtlich in einem späteren Verletzungsprozess oder auf Antrag in einem Löschungsverfahren auf Neuheit und Erfindungshöhe überprüft werden
kann. Sofern jemand geltend macht, dass das Gebrauchsmuster nicht neu sei
oder keine Erfindungshöhe habe, wird er beim DPMA einen Löschungsantrag stellen und es kommt zu einem nachträglichen Prüfungsverfahren, das demjenigen
bei der Patenterteilung entspricht.

Die **Rechtswirkungen** des Gebrauchsmusters bestehen in der Begründung eines   022
Ausschließlichkeitsrechts gem. § 11 GebrMG. Der Inhaber des Gebrauchsmusters
ist allein befugt, den Gegenstand des Gebrauchsmusters zu benutzen. Jedem
Dritten ist es verboten, ohne seine Zustimmung ein Erzeugnis, das Gegenstand
des Gebrauchsmusters ist, herzustellen, anzubieten, in Verkehr zu bringen oder
zu gebrauchen oder zu den genannten Zwecken entweder einzuführen oder zu
besitzen.

Im Fall von Gebrauchsmusterverletzungen entstehen Unterlassungs- und Scha-   023
densersatzansprüche § sowie weitere Ansprüche auf Vernichtung rechtswidrig
hergestellter Erzeugnisse, Auskunft etc., §§ 24 ff. GebrMG. Die Gebrauchsmuster-
verletzung kann gem. § 25 GebrMG strafrechtlich verfolgt werden und rechtsver-
letzende Erzeugnisse unterliegen der zollrechtlichen Beschlagnahme, § 25a
GebrMG.

Der Inhaber eines Gebrauchsmusters kann dieses veräußern oder durch Lizenz-   024
vertrag einem Dritten zur beschränkten Nutzung übertragen. Der Gebrauchsmusterschutz endet nach drei Jahren, kann einmal um weitere drei Jahre und
zweimal um je zwei Jahre bis zu einer **Höchstschutzdauer von 10 Jahren** verlängert werden.

Die **Rechte an Erfindungen und technischen Verbesserungsvorschlägen**, die wäh-   025
rend eines Arbeitsverhältnisses entstehen, sind im **Arbeitnehmererfindungsgesetz (ArbErfG)** geregelt. Danach ist grds. zwischen Diensterfindungen, freien Erfindungen und technischen Verbesserungen zu unterscheiden. Diensterfindungen
sind gebundene Erfindungen, die entweder

026 ▶ aus der dem Arbeitnehmer im Betrieb oder in der öffentlichen Verwaltung obliegenden Tätigkeit entstanden sind oder

▶ maßgeblich auf Erfahrungen oder Arbeiten des Betriebs oder der öffentlichen Verwaltung beruhen.

027 **Diensterfindungen** stehen grds. dem Arbeitgeber zu. Der Arbeitnehmer hat Diensterfindungen unverzüglich dem Arbeitgeber in Textform zu melden, § 5 ArbErfG. Der Arbeitgeber hat grds. die Wahl, ob er die Diensterfindung in Anspruch nimmt oder freigibt, § 6 ArbErfG. Die Inanspruchnahme der Diensterfindung gilt als erklärt, wenn der Arbeitgeber sie nicht innerhalb von vier Monaten nach Eingang der Meldung durch Erklärung in Textform freigibt. Mit der Inanspruchnahme gehen alle vermögenswerten Rechte an der Diensterfindung auf den Arbeitgeber über, vgl. § 7 ArbErfG. Das Recht der Erfinderbenennung verbleibt jedoch bei dem Arbeitnehmer, da es sich um ein Persönlichkeitsrecht handelt.

028 Der Arbeitgeber ist berechtigt und auch verpflichtet und auch allein berechtigt, eine Schutzrechtsanmeldung im Inland vorzunehmen, §§ 13, 14 ArbErfG. Er erhält somit das Recht zur Patent- oder Gebrauchsmusteranmeldung und das ausschließliche Recht zur Nutzung der Diensterfindung. Der Arbeitgeber ist ferner berechtigt, eine Schutzrechtsanmeldung im Ausland vorzunehmen; eine Verpflichtung hierzu besteht jedoch nicht.

029 Im Fall der Inanspruchnahme einer Diensterfindung durch den Arbeitgeber entsteht ein Anspruch des Arbeitnehmers auf **Zahlung einer angemessenen Vergütung** gem. §§ 9 ff. ArbErfG. Diese Vergütung soll nach Art und Höhe in angemessener Frist nach der Inanspruchnahme der Diensterfindung durch eine Vereinbarung zwischen dem Arbeitgeber und dem Arbeitnehmer festgesetzt werden. Die Höhe des Vergütungsanspruchs richtet sich nach der wirtschaftlichen Verwertbarkeit der Diensterfindung, nach den Aufgaben und der Stellung des Arbeitnehmers im Betrieb und nach seinem Anteil am Zustandekommen der Erfindung.

030 Sonstige Erfindungen von Arbeitnehmern gelten als **freie Erfindungen**, unabhängig davon, ob die erfinderische Leistung während des Arbeitsverhältnisses und am Arbeitsplatz gemacht wurde. Freie Erfindungen stehen dem Arbeitnehmer zu, jedoch besteht eine **Mitteilungspflicht** gem. § 18 ArbErfG und eine **Anbietungspflicht** gem. § 19 ArbErfG gegenüber dem Arbeitgeber.

031 **Technische Verbesserungsvorschläge des Arbeitnehmers**, die wegen mangelnder Erfindungshöhe weder patent noch gebrauchsmusterfähig sind, kann der Arbeitgeber gegen Zahlung einer angemessenen Vergütung verwerten, § 20 ArbErfG. Regelungen über die Verwertung technischer Verbesserungsvorschläge können auch in Tarifverträgen oder in Betriebsvereinbarungen enthalten sein.

032 In allen **Streitfällen** zwischen Arbeitgeber und Arbeitnehmer, insbesondere beim Streit über die Höhe der Vergütung, kann die Schiedsstelle beim DPMA angerufen

werden, §§ 28 ff. ArbErfG. Erst nach Abschluss des gebührenfreien Schiedsverfahrens können Ansprüche im Wege der Klage geltend gemacht werden, §§ 37 ff. ArbErfG.

Zur Förderung von Verbesserungsvorschlägen sowohl technischer als auch nichttechnischer Art haben viele Unternehmen Grundsätze für das betriebliche Vorschlagswesen entwickelt. Diese unterliegen der zwingenden Mitbestimmung des Betriebsrates, sodass in Unternehmen, in denen ein Betriebsrat besteht, umfangreiche Betriebsvereinbarungen abgeschlossen werden. Sofern kein Betriebsrat vorhanden ist, kann ein Arbeitgeber Grundsätze für das betriebliche Vorschlagswesen festlegen, um den Arbeitnehmern durch Sonderzahlungen einen Anreiz für innovative Ideen zu bieten. 033

1.2 Design und Typografien

Das Design ist eine zwei- oder dreidimensionalen Formgestaltung eines Erzeugnisses oder eines Teils davon; es ist von den technischen Schutzrechten abzugrenzen, da nicht die Funktionalität als Ausdruck einer technischen Idee, sondern die ästhetische Gestaltung eines Erzeugnisses im Vordergrund steht, § 1 DesignG. 034

Als Erzeugnis ist jeder industrielle oder handwerkliche Gegenstand zu verstehen, für den ein Design entwickelt werden kann, einschließlich der Verpackung, Ausstattung, grafischer Symbole und typografischer Schriftzeichen. 035

Beispiele

Form- und Farbgestaltungen von Erzeugnissen wie Stoffe und Tapeten, Lederwaren, Kleiderschnitte, Schmuckstücke, Etiketten, Zierschriften, Vasen, Flaschen, Bestecke, Lampen, Keramikwaren und einzelne Möbelstücke, ebenso Spielzeug. Auch die Erscheinungsformen technischer Erzeugnisse können Designschutz erlangen, wie z. B. Automobile und deren Teile wie Kotflügel und Radkappen, ferner die Gestaltungen von Rechnern, Notebooks, Tablet-PCs, Smartphones, Navigationsgeräten, Kaffeemaschinen, Kühlschränken und alle anderen erdenklichen Gegenstände des täglichen Gebrauchs.

Der **Designschutz (früher: Geschmacksmusterschutz)** beinhaltet ein gewerbliches Schutzrecht, das unter folgenden Voraussetzungen gegeben ist, vgl. § 2 DesignG: 036

- ▶ **Design**
- ▶ **Neuheit**
- ▶ **Eigenart.**

037 **Erscheinungsformen** sind alle äußeren Merkmale eines Erzeugnisses, wie Linien und Konturen, Farben, Gestalt, Raumform, Oberflächenstruktur und Verzierungen, § 1 Abs. 1 DesignG. Soweit eine Formgebung ausschließlich technisch bedingt ist, entfällt die Designfähigkeit; hierfür besteht der Patent- oder Gebrauchsmusterschutz. Als **neu** gilt ein Design, wenn vor dem Anmeldetag kein identisches Design offenbart worden ist, § 2 Abs. 2 DesignG.

038 Der Designschutz entsteht durch Eintragung in das Register beim DPMA, § 11 ff. DesignG. Die **Rechtswirkungen** des Designs sind folgende:

039 ► **Ausschließlichkeitsrecht, § 38 DesignG:**
Das Design gewährt dem Schutzrechtsinhaber ein absolutes Schutzrecht auf Benutzung (positives Benutzungsrecht) sowie ein entsprechendes Verbietungsrecht gegenüber jedem Dritten (negatives Verbietungsrecht). Die Benutzung umschließt insbesondere die Herstellung, das Anbieten, das Inverkehrbringen, die Einfuhr, die Ausfuhr, den Gebrauch eines Erzeugnisses, in das das Design aufgenommen oder bei dem es verwendet wird, und den Besitz eines solchen Erzeugnisses zu den genannten Zwecken.

► **Beseitigungs-, Unterlassungs- und Schadensersatzansprüche, § 42 DesignG; weitere Ansprüche auf Vernichtung, Rückruf und Überlassung gem. § 43 DesignG.**

► **Strafrechtlicher Schutz, § 51 DesignG.**

► **Zollrechtliche Maßnahmen, § 55 DesignG.**

040 **Gegenstand des Designschutzes** sind diejenigen Merkmale des Designs, die in der Anmeldung sichtbar wiedergegeben werden, § 37 Abs. 1 DesignG. Das Designrecht steht dem Entwerfer zu und dauert maximal 25 Jahre. Handlungen im privaten Bereich zu nichtgewerblichen Zwecken, zu Versuchszwecken, Zitate und Wiedergaben zu Zwecken der Lehre u. a. sind zulässig, § 40 DesignG.

041 Der **Schutz typografischer Schriftzeichen** ergibt sich aus dem Schriftzeichengesetz, wonach für neue und eigenartige Schriftzeichen ein Rechtsschutz nach dem Designgesetz gewährt wird, § 61 DesignG.

1.3 Marken, Unternehmenskennzeichen und Herkunftsangaben

042 Viele Unternehmen versehen ihre Waren und Dienstleistungen mit Marken, um sie von den Waren oder Dienstleistungen anderer Hersteller zu unterscheiden. Die **Kennzeichnungs- und Unterscheidungsfunktionen** hinsichtlich der Herkunft der Ware oder Dienstleistung sind die wichtigsten Merkmale des Markenschutzes, denn hierbei handelt es sich um Eintragungsvoraussetzungen, welche zur Entstehung des Schutzrechts führen. Darüber hinaus hat die Marke aber auch erhebliche Bedeutung für die Werbung und den Absatz, indem sie einem Produkt oder einer Dienstleistung den **Charakter eines Markenartikels** oder einer qualitativ hochwertigen Leistung verleiht. Im Unterschied zu den anonymen No-Name-Produkten wird dem Kunden die Möglichkeit gezielter Wiederholungs-

käufe gegeben (= Markenwahl), während der Anbieter mit dem Marketing seiner Waren oder Dienstleistungen versucht, ein bestimmtes Image aufzubauen (= Markenpolitik) und Produktpräferenzen zu schaffen (= Markentreue).

Unter Berücksichtigung der betriebswirtschaftlichen Markenpolitik lässt sich die   043 Kennzeichnungs- und Unterscheidungsfunktion dahingehend erweitern, dass der Marke auch eine Garantie- und Werbefunktion zukommt. Die **Garantiefunktion** des Kennzeichens hinsichtlich der Beschaffenheit der Ware ist für den guten Ruf eines Herstellerunternehmens von nicht zu unterschätzender Bedeutung, denn die Gütevorstellung des Verkehrs von Markenartikeln bezieht sich auf gleich bleibende Güte und Qualität der Waren. Daraus folgt eine **Werbefunktion**, indem der Verkehr mit steigendem Bekanntheitsgrad der Marke die gekennzeichneten Waren oder Dienstleistungen als **Markenprodukte** erkennt. Der Verbraucher wird die mit einer außergewöhnlich berühmten Marke gekennzeichneten Waren weiterhin kaufen und Dienstleistungen weiterhin in Anspruch nehmen, weil er eine bestimmte Vorstellung von Güte und Qualität mit dem Produkt verbindet.

Die **Reform des Markenrechts** führte zu einer Harmonisierung des Markenschut-   044 zes in der Europäischen Union. Nach dem MarkenG werden folgende Kennzeichen geschützt:

▸ **Marken**   045

▸ **geschäftliche Bezeichnungen**

▸ **und geografische Herkunftsangaben.**

Als **Marke** können alle Zeichen geschützt werden, die geeignet sind, Waren oder   046 Dienstleistungen eines Unternehmers von denjenigen anderer Unternehmer zu unterscheiden. Damit steht die Unterscheidungsfunktion als Eintragungsvoraussetzung im Vordergrund für den Erwerb des Markenrechtsschutzes. Der Markenschutz kann für **Wort-, Bild- und Kombinationszeichen** erlangt werden, aber auch Zahlen und Buchstaben, dreidimensionale Gestaltungen einschließlich der Form einer Ware und ihrer Verpackung sowie sonstige Aufmachungen einschließlich Farben und Farbzusammenstellungen und sogar Hörzeichen sind schutzfähig, § 3 MarkenG.

Als **geschäftliche Bezeichnungen** werden Unternehmenskennzeichen und Werk-   047 titel geschützt. Unternehmenskennzeichen sind Zeichen, die im geschäftlichen Verkehr als Name, als Firma oder als besondere Bezeichnung eines Geschäftsbetriebs oder eines Unternehmens benutzt werden. Dazu gehören auch sonstige zur Unterscheidung des Geschäftsbetriebs verwendete Zeichen mit Namensfunktion (z. B. Logos), welche innerhalb beteiligter Verkehrskreise als Kennzeichen des Geschäftsbetriebs gelten, § 5 MarkenG. Nach dieser Regelung sind auch die Geschäftsbezeichnungen von Kleingewerbetreibenden geschützt, die nicht im Handelsregister eingetragen sind. Werktitel sind insbesondere Bezeichnungen von Druckschriften, Filmwerken, Tonwerken, Bühnenwerken oder sonstigen vergleichbaren Werken.

048 Als **geografische Herkunftsangaben** können die Namen von Orten, Gegenden, Gebieten oder Ländern sowie sonstige Angaben oder Zeichen schutzfähig sein, die im geschäftlichen Verkehr zur Kennzeichnung der geografischen Herkunft von Waren oder Dienstleistungen benutzt werden, vgl. § 126 MarkenG. Hierbei kommt es auf den Sprachgebrauch und die Verkehrsdurchsetzung an, denn Gattungsbezeichnungen, die ihre ursprüngliche Bedeutung als geografische Herkunftsangabe verloren haben, sind dem Markenschutz nicht zugänglich. Im Einzelfall ist deshalb zu prüfen, ob die Kennzeichnung ihre Namensfunktion für Waren oder Dienstleistungen verloren hat und nunmehr als Angabe der Art, der Beschaffenheit, der Sorte oder sonstiger Eigenschaften der angebotenen Produkte dient.

049 **Der Markenschutz entsteht gem. § 4 MarkenG**

- ▸ durch die Eintragung eines Zeichens als Marke in das vom DPMA geführte Register

- ▸ oder durch die Benutzung eines Zeichens im geschäftlichen Verkehr, soweit das Zeichen innerhalb beteiligter Verkehrskreise als Marke Verkehrsgeltung erlangt hat

- ▸ oder durch die notorische Bekanntheit einer Marke im Sinne des Artikels 6bis der Pariser Verbandsübereinkunft zum Schutz des gewerblichen Eigentums.

050 Eine Marke ist eintragungsfähig, wenn sie grafisch darstellbar ist und Unterscheidungskraft besitzt, § 8 MarkenG. Die **Unterscheidungskraft** einer Marke von den Kennzeichen anderer Unternehmen ist die wichtigste Voraussetzung der Eintragung in das Markenregister. Denn es besteht ein **Freihaltebedürfnis** bezüglich der Zeichen ohne Unterscheidungskraft und dreidimensionaler Gestaltungen, die durch die Art der Ware oder durch technische Vorgaben bedingt sind, § 3 Abs. 2 MarkenG. Zudem enthält das Markengesetz absolute und relative **Schutzhindernisse**, welche entweder von Amts wegen bei der Eintragung berücksichtigt werden oder aufgrund des Einspruchs eines Dritten, der sich auf ältere Rechte beruft. Zu den absoluten Schutzhindernissen, die der Eintragung schutzfähiger Zeichen entgegenstehen, gehört die fehlende Unterscheidungskraft. Es werden aber solche Zeichen nicht eingetragen, die ausschließlich allgemeine Merkmale enthalten, wenn z. B. Zahlen oder Worte des allgemeinen Sprachgebrauchs verwendet werden, wenn das Zeichen täuschenden Charakter hat, gegen die öffentliche Ordnung verstößt, Staatswappen, Staatsflaggen oder andere Hoheitszeichen verwendet werden und vieles mehr, § 8 MarkenG.

051 Dagegen gehört zu den relativen Schutzhindernissen die Identität oder die Verwechslungsgefahr mit bereits angemeldeten oder eingetragenen Marken, ebenso die „Verwässerungsgefahr" in dem Sinne, dass die Wertschätzung einer bekannten Marke beeinträchtigt würde, vgl. § 9 MarkenG.

052 Die Anmeldung der Marke bestimmt ihren Zeitrang, vgl. § 6 MarkenG, falls nicht eine ausländische Priorität oder eine Ausstellungspriorität in Anspruch genommen wird, §§ 34, 35 MarkenG. Der **Prioritätsgrundsatz** kommt insbesondere auch

dadurch zum Ausdruck, dass die Entstehung des Markenschutzes im Wesentlichen auf der Eintragung des Zeichens beruht. Der Rechtsschutz entsteht durch Anmeldung, Prüfung, Eintragung in das Markenregister und Bekanntmachung.

Soweit ein Kennzeichen mit Namensfunktion im geschäftlichen Verkehr benutzt wird und Verkehrsgeltung erlangt, entsteht der Markenschutz auch ohne Eintragung; ebenso bei notorischer Bekanntheit der Marke, vgl. § 4 MarkenG. Der Rechtsschutz geschäftlicher Bezeichnungen und geografischer Herkunftsangaben entsteht ohnehin durch die Benutzung im geschäftlichen Verkehr, §§ 5, 129 MarkenG.   053

Die **Rechtswirkungen der Marke** und des Unternehmenskennzeichens liegen in erster Linie in der Entstehung eines Ausschließlichkeitsrechts gem. §§ 14, 15 MarkenG.   054

► **Ausschließlichkeitsrecht**
Der Inhaber einer Marke oder einer geschäftlichen Bezeichnung erhält ein ausschließliches Recht. Dieses hat die Wirkung, dass allein dem Rechtsinhaber das Recht zusteht, ein mit der Marke identisches Zeichen zu benutzen, ein ähnliches Zeichen zu benutzen, falls dadurch eine Verwechslungsgefahr besteht oder soweit die Wertschätzung des Zeichens beeinträchtigt wird, § 14 Abs. 1 und 2 MarkenG. Das Ausschließlichkeitsrecht des Inhabers einer geschäftlichen Bezeichnung hat zur Folge, dass dieser allein das Unternehmenskennzeichen oder den Werktitel oder verwechslungsfähige Bezeichnungen nutzen darf, § 15 Abs. 1 und 2 MarkenG.   055

► **Unterlassungsanspruch** bei Schutzrechtsverletzungen

► **Schadensersatzanspruch** bei vorsätzlichen oder fahrlässigen Schutzrechtsverletzungen

► **Strafrechtlicher Schutz, §§ 143 ff. MarkenG**

► **Zollrechtliche Maßnahmen, §§ 146 MarkenG.**

Danach sind Marken und geschäftliche Bezeichnungen gegen die Verwendung eines identischen oder verwechslungsfähigen Zeichens geschützt, unabhängig von der Branchengleichartigkeit der Unternehmen. Die Garantie- und Werbefunktion wird durch den Schutz des Markengesetzes in gleicher Weise erfasst wie auch die Unterscheidungsfunktion der Marke oder der geschäftlichen Bezeichnung. Das markenrechtliche Ausschließlichkeitsrecht des Zeicheninhabers bezieht sich im Wesentlichen auf folgende Handlungen, vgl. § 14 MarkenG: 056

► **Kennzeichnungsrecht**   057

► **Anbietungs-, Besitz- und Vertriebsrecht**

► **Erbringung von Dienstleistungen unter dem geschützten Zeichen**

► **Ein- und Ausfuhr von Waren unter dem geschützten Zeichen**

► **Benutzung des Zeichens auf Geschäftspapieren oder in der Werbung.**

058 Das ausschließliche **Kennzeichnungsrecht** betrifft die Verbindung von Ware und Zeichen. Es bedarf der Zustimmung des Zeicheninhabers, wenn jemand im geschäftlichen Verkehr ein mit der Marke identisches oder ähnliches Zeichen auf Aufmachungen oder Verpackungen oder auf Etiketten, Anhängern oder dergleichen anbringt. Ebenfalls zustimmungsbedürftig ist es, Aufmachungen, Verpackungen oder Kennzeichnungsmittel, die mit einem mit der Marke identischen oder ähnlichen Zeichen versehen sind, anzubieten, in den Verkehr zu bringen oder zu den genannten Zwecken zu besitzen.

059 Die Zeichenrechte unterliegen dem **Erschöpfungsgrundsatz**, wonach der Zeicheninhaber nicht das Recht hat, den Vertrieb der gekennzeichneten Ware zu untersagen, nachdem er es im Inland oder innerhalb der Europäischen Union oder im Europäischen Wirtschaftsraum in den Verkehr gebracht hat, vgl. § 24 MarkenG. Dem Zeicheninhaber steht insofern nur das Erstvertriebsrecht zu. Sofern er die mit dem geschützten Zeichen versehene Ware in den Verkehr gebracht hat, unterliegt der Handel in der EU oder im Europäischen Wirtschaftsraum keinen markenrechtlichen Vertriebsbeschränkungen. Der Reimport von Markenware aus außereuropäischen Staaten ist allerdings unzulässig. Im Einzelfall wird in das Kennzeichnungsrecht eingegriffen, wenn die Originalware in andere Verpackungen oder Verpackungsgrößen umgefüllt wird oder die mit dem geschützten Zeichen versehenen Verpackungen für eine andere Ware verwendet werden.

060 Das Markenrecht ermöglicht die **freie Übertragbarkeit** der Kennzeichenrechte auf einen Dritten oder den Abschluss ausschließlicher oder einfacher Lizenzverträge, vgl. §§ 27 ff. MarkenG. Lizenzbeschränkungen können hinsichtlich der Dauer, der Verwendung der Markenform, der Art der Waren oder Dienstleistungen, des Gebiets oder der Qualität vereinbart werden, vgl. § 30 MarkenG. Damit wird auch die Qualitätsfunktion eines Zeichens geschützt, sodass der Zeicheninhaber gegen einen Lizenznehmer vorgehen kann, der den Qualitätsanforderungen der Lizenzvereinbarung nicht genügt. Lizenzen werden beispielsweise in Vertriebsvertägen (Franchise-Verträge oder in Vertragshändlerverträge) vereinbart oder auch bei überbetrieblichen Produktionsverträgen. Das Markenrecht wird als Vermögensgegenstand behandelt und kann nicht nur übertragen, sondern auch verpfändet werden; ebenso ist die Zwangsvollstreckung möglich.

061 Ein indirekter **Benutzungszwang** ergibt sich dadurch, dass der Markeninhaber aus nicht benutzten Zeichen keine Ansprüche herleiten kann. Er kann sich auf eine Markenverletzung nicht berufen, wenn er das Zeichen fünf Jahre nicht benutzt hat, § 25 MarkenG. Ein Widerspruch im Eintragungsverfahren oder eine Klage auf Löschung ist ebenfalls nur aus benutzten Zeichen möglich, §§ 43, 55 MarkenG. Ein Verfall des Zeichenrechts ist nach fünfjähriger Nichtbenutzung gegeben, sodass auf Antrag eine Löschung erfolgt, § 49 MarkenG. Diese Regelung ist insbesondere bei Anmeldung von Vorratszeichen oder von Agentenmarken zu beachten.

062 Die **Schutzdauer** beträgt bei eingetragenen Marken zunächst 10 Jahre und kann unbeschränkt um jeweils weitere 10 Jahre verlängert werden, § 47 MarkenG. Eine

Verwirkung von Ansprüchen kann dadurch eintreten, dass der Zeichenrechtsinhaber wissentlich die rechtswidrige Benutzung der Marke über einen Zeitraum von fünf Jahren duldet, § 21 MarkenG. Die **Verjährung** der Zeichenansprüche tritt mit Ablauf von drei Jahren nach der Kenntniserlangung von der Person des Markenrechtsverletzers ein.

2. Urheberrechtsschutz

Das Urheberrecht schützt den Urheber in seinen geistigen und persönlichen Beziehungen zum Werk und in der Nutzung des Werkes, § 11 UrhG. Der Urheberrechtsschutz entsteht ohne formales Verfahren in der Person des Urhebers, ohne Zahlung von Gebühren und ohne Urheberrechtsvermerk.[1] Die Schutzdauer endet 70 Jahre nach dem Tod des Urhebers. Der Urheberrechtsschutz ist weltweit anerkannt und durch internationale Abkommen abgesichert, z. B. durch die Berner Übereinkunft und das Welturheberrechtsabkommen. Gemäß § 2 UrhG sind Werke der Literatur, Wissenschaft und Kunst urheberrechtlich geschützt, insbesondere   063

▸ Sprachwerke, wie Schriftwerke, Reden und Computerprogramme   064

▸ Werke der Musik, der Pantomime und der Tanzkunst

▸ Werke der bildenden Künste einschließlich der Werke der Baukunst und der angewandten Kunst

▸ Lichtbild- und Filmwerke

▸ Darstellungen wissenschaftlicher oder technischer Art.

Da das Urheberrecht **in der Person des Urhebers** entsteht, ist weder eine Übertragung noch ein Verzicht möglich. Der Urheber kann aber durch Lizenzvertrag anderen Personen einfache oder ausschließliche Nutzungsrechte einräumen. Der Rechtsschutz von Computerprogrammen ist in §§ 69a ff. UrhG besonders geregelt.[2]   065

Im Allgemeinen entstehen nach dem Urheberrechtsgesetz folgende Rechte: 066

▸ **Urheberpersönlichkeitsrechte**, §§ 12 ff. UrhG: Veröffentlichungsrecht, Anerkennung der Urheberschaft und Bezeichnungsrecht, Unterlassungsanspruch wegen Entstellung des Werkes.

---

[1] In den USA ist das Urheberrecht an den Copyright-Vermerk gebunden.

[2] *Steckler*, Grundzüge des IT-Rechts, a. a. O. Abschnitt V.

067 ► **Urheberverwertungsrechte**, §§ 15 ff. UrhG: **Vervielfältigungsrecht**, § 16 UrhG, gewährt einen Kopier- und Nachbildungsschutz, der auch die unbefugte Speicherung oder Verfilmung einschließt.[1]

Verbreitungsrecht, § 17 UrhG, betrifft das Anbieten und Inverkehrbringen.[2]

Ausstellungsrecht, § 18 UrhG, bezieht sich auf unveröffentlichte Werke.

Rechte der öffentlichen Wiedergabe, §§ 19 ff. UrhG, betreffen Vortrags-, Aufführungs- und Vorführungsrechte, ferner auch das Recht der öffentlichen Zugänglichmachung, das Senderecht sowie das Recht der Wiedergabe durch Bild- oder Tonträger von Funksendungen und von öffentlicher Zugänglichmachung.

068 ► **Bearbeitungs- und Umgestaltungsrechte**, § 23 UrhG

069 ► **Einräumung von Nutzungsrechten** durch Vergabe von Lizenzen (einfache oder ausschließliche Lizenzen, die räumlich, zeitlich oder inhaltlich beschränkt ausgeübt werden können).

070 Der Urheberrechtsschutz **gewährt dem Rechtsinhaber** die Möglichkeit, im Rahmen der ihm zustehenden Verwertungsrechte Lizenzverträge über einzelne Nutzungsarten abzuschließen. Die unberechtigte Vervielfältigung bzw. sonstige Nutzung eines geschützten Werkes hat Unterlassungs- und Schadensersatzansprüche sowie Herausgabeansprüche bei ungerechtfertigter Bereicherung durch Lizenzbehinderung zur Folge und kann im Einzelfall auch zur strafrechtlichen Verfolgung führen. Im Bereich der IT-Branche und infolge zunehmender Kommerzialisierung des Internets sind urheberrechtliche Fragen auch für die Wirtschaft von Interesse.

3. Der unlautere Wettbewerb

071 Das Gesetz gegen den unlauteren Wettbewerb (UWG) dient dem Schutz der Mitbewerber, der Verbraucherinnen und Verbraucher sowie der sonstigen Marktteilnehmer vor unlauterem Wettbewerb. Es schützt zugleich das Interesse der Allgemeinheit an einem unverfälschten Wettbewerb, vgl. § 1 UWG. Der Anwendungsbereich dieses Gesetzes umfasst das Verbot unlauterer geschäftlicher Handlungen mit Fallbeispielen im Anhang, darüber hinaus die irreführende und vergleichende Werbung sowie unzumutbare Belästigungen.

---

[1] Vervielfältigungen, die nur mit Zustimmung des Urhebers zulässig sind, erfolgen nicht nur durch einfache Kopie, sondern z. B. auch durch maschinelle Übersetzungen von Computerprogrammen (Quellenprogramm in Objektprogramm), Aufzeichnung auf einen anderen Datenträger, Kopie der Programmbeschreibung oder Datenfernübertragung in den Arbeitsspeicher eines anderen Computers.

[2] Das Angebot ist nicht vertraglich, sondern wirtschaftlich zu verstehen, sodass bereits Vorbereitungshandlungen erfasst werden, z. B. Werbemaßnahmen durch Inserate, Kataloge und Prospekte, gelegentlich auch die konzerninterne Verbreitung des Computerprogramms und das Ausstellen auf Messen.

Die allgemeinen Regelungen für die Werbung umfassen u. a.

072

- ► Verbot unlauterer geschäftlicher Handlungen gem. § 3 UWG

- ► Rechtsbruch gem. § 3a UWG

- ► Mitbewerberschutz gem. § 4 UWG

- ► aggressive geschäftliche Handlungen gem. § 4a UWG

- ► irreführende und vergleichende Werbung gem. §§ 5, 5a, 6 UWG

- ► unzumutbare Belästigungen gem. § 7 UWG

- ► Regeln über Preisangaben nach der PAngV

- ► branchenbezogene Werberegeln, z. B. für Arznei- und Heilmittel, Lebens- und Futtermittel, Bedarfsgegenstände und Tabakerzeugnisse sowie für die Medien.

In erster Linie dient die Werbung der Förderung des eigenen Angebots an Waren und Dienstleistungen. An diesem Ziel des freien Leistungswettbewerbs – Werbung mit der Qualität der eigenen Leistung – orientieren sich die Regelungen der Unlauterkeit. Im Einzelfall sind geschäftliche Handlungen unlauter, wenn sie nicht der unternehmerischen Sorgfalt entsprechen und dazu geeignet sind, das wirtschaftliche Verhalten des Verbrauchers wesentlich zu beeinflussen.

073

Als **geschäftliche Handlung** gilt jedes Verhalten einer Person mit dem Ziel, den Absatz oder Bezug von Waren oder die Erbringung oder den Bezug von Dienstleistungen zu Gunsten des eigenen oder eines fremden Unternehmens zu fördern, § 2 Abs. 1 Nr. 1 UWG.

074

Maßnahmen der Werbung und Verkaufsförderung können daher auch auf die Förderung fremder Unternehmen ausgerichtet sein. Dies gilt u. a. für die Darstellung gewerblicher Leistungen in den Medien oder auch für den Substitutionswettbewerb. Dieser liegt vor, wenn erst durch die spezielle Werbemaßnahme ein Eingriff in ein fremdes Unternehmen gegeben ist. Die Verbraucher werden z. B. aufgefordert, eine Ware oder Dienstleistung durch die eigene zu ersetzen.

075

Beispiele

Beispiel 1

Zwischen Kaffeeröstereien und dem Blumenfachhandel besteht kein Wettbewerbsverhältnis. Als jedoch ein Werbeslogan aufforderte „... *XXX-Kaffee können Sie getrost statt Blumen verschenken ...*" hat der Fachverband des Blumenhandels erfolgreich die Unterlassung dieser Werbung durchgesetzt.

Beispiel 2

Auch zwischen Urlaubsorten an der See und im Gebirge besteht kein Wettbewerbsverhältnis. Der Fremdenverkehrsverband einer bayerischen Gemeinde warb mit dem Slogan: „*Die Nordsee ist tot. Verbringen Sie Ihren Urlaub am oberbayerischen See ... und genießen das klare Gebirgswasser.*" Der Fremdenverkehrsverband Schleswig-Holstein machte zu Recht einen Unterlassungsanspruch geltend.

076   Weitere Begriffsdefinitionen finden sich in § 2 UWG:

„Marktteilnehmer" sind neben Mitbewerbern und Verbrauchern alle Personen, die als Anbieter oder Nachfrager von Waren oder Dienstleistungen tätig sind.

„Mitbewerber" ist jeder Unternehmer, der mit einem oder mehreren Unternehmern als Anbieter oder Nachfrager von Waren oder Dienstleistungen in einem konkreten Wettbewerbsverhältnis steht.

Für den Verbraucherbegriff und den Unternehmerbegriff gelten die §§ 13 und 14 BGB entsprechend.

3.1 Verbot unlauterer geschäftlicher Handlungen

077   Nach den Regeln der Generalklausel des Gesetzes gegen den unlauteren Wettbewerb sind unlautere geschäftliche Handlungen unzulässig, vgl. § 3 UWG.

078   Geschäftliche Handlungen gegenüber Verbrauchern sind unlauter, wenn sie nicht der für den Unternehmer geltenden fachlichen Sorgfalt entsprechen und dazu geeignet sind, die Fähigkeit des Verbrauchers, sich aufgrund von Informationen zu entscheiden, wesentlich zu beeinträchtigen und ihn damit zu einer geschäftlichen Entscheidung zu veranlassen, die er andernfalls nicht getroffen hätte. Dabei ist auf den durchschnittlichen Verbraucher oder, wenn sich die geschäftliche Handlung an eine bestimmte Gruppe von Verbrauchern wendet, auf ein durchschnittliches Mitglied dieser Gruppe abzustellen. Auf die Sicht eines durchschnittlichen Mitglieds einer aufgrund von geistigen oder körperlichen Gebrechen, Alter oder Leichtgläubigkeit besonders schutzbedürftigen und eindeutig identifizierbaren Gruppe von Verbrauchern ist abzustellen, wenn für den Unternehmer vorhersehbar ist, dass seine geschäftliche Handlung nur diese Gruppe betrifft.

079   Diese Generalklausel verbietet geschäftliche Handlungen mit abstrakter Eignung zur Beeinträchtigung; eine konkrete Beeinträchtigung muss nicht stattgefunden haben.

080   Eine Liste unzulässiger geschäftlicher Handlungen, die so genannte „Blacklist", befindet sich im Anhang zum UWG. Darin werden Handlungen aufgeführt, wie z. B. unwahre und irreführende Angaben, die in jedem Fall die Grenzen des fairen Wettbewerbs überschreiten und stets unzulässig sind.

Die Analyse zahlreicher Einzelfallentscheidungen zum Begriff der unlauteren ge- 081
schäftlichen Handlung führte zur Typisierung verschiedener Sachverhalte.

Rechtsbruch: 082
Gemäß § 3a UWG handelt unlauter, wer einer gesetzlichen Vorschrift zuwiderhandelt, die auch dazu bestimmt ist, im Interesse der Marktteilnehmer das
Marktverhalten zu regeln, und der Verstoß geeignet ist, die Interessen von Verbrauchern, sonstigen Marktteilnehmern oder Mitbewerbern spürbar zu beeinträchtigen.

Im Wettbewerb soll die Werbung dem Unternehmen einen Vorsprung vor den 083
Mitbewerbern geben. Doch widerspricht es dem freien Leistungswettbewerb,
wenn ein Gewerbetreibender einen Wettbewerbsvorteil dadurch erlangt, dass er
gesetzliche oder vertragliche Bindungen verletzt. Als Rechtsbruch ist das bewuss-
te und planmäßige Ausnutzen der Gesetzes- oder Vertragstreue der Konkurrenten. Der Verstoß gegen Gesetze und Verordnungen, Wettbewerbs- und Standes-
regeln gehört ebenso dazu wie die Verletzung vertraglicher Bindungen.

Fall 27: Datenerhebung zu Werbezwecken > Seite 478

Bei der Verletzung von Gesetzen ergibt sich ein Verstoß gegen § 3a UWG, wenn 084
die betreffenden Vorschriften sich auf den Schutz des Wettbewerbs und des Verbrauchers beziehen, z. B. bei Verstößen gegen das Werberecht, gegen Datenschutzgesetze, Arznei- und Lebensmittelgesetze u. a.

Beispiel

Die Ermittlung des Kunden- und Nutzerverhaltens mittels Computerprogrammen (Cookies) ohne Einwilligung der Betroffenen ist datenschutzwidrig, wenn
personenbezogene Daten erhoben und verarbeitet werden und verstößt unter
dem Aspekt des Rechtsbruchs gegen §§ 3, 4 Nr. 11 UWG. Es müsste eine Information der betroffenen Personen über den Umfang der erhobenen personenbezo-
genen Daten und deren vorgesehene Nutzung erfolgen und deren Einwilligung
eingeholt werden. Andernfalls muss die Erhebung und Verarbeitung personenbezogener Daten unterbleiben.

Geschäftliche Handlungen sind marktbezogen, denn sie fördern Vertragsab- 085
schlüsse mit Anbietern und Nachfragern; damit wirken sich erfolgreiche Maßnahmen der Werbung und Verkaufsförderung in aller Regel auch auf die übrigen
Marktteilnehmer aus. Eine wettbewerbswidrige Marktstörung erfordert, dass in
die Freiheit von Angebot und Nachfrage eingegriffen oder Mitbewerber verdrängt
werden. Dafür reicht die individuelle Behinderung einzelner Mitbewerber nicht
aus. Vielmehr muss sich eine allgemeine Behinderung aller Mitbewerber auf einem bestimmten Markt ergeben, z. B. durch Massenverteilung von Originalware,

Gratislieferung von Presseerzeugnissen, Preiskampfmethoden u. a. Einzelfälle unlauterer Marktstörung liegen im Grenzbereich zwischen Wettbewerbs- und Kartellrecht.

086 **Mitbewerberschutz:**
Gemäß § 4 UWG handelt unlauter, wer

087 1. die Kennzeichen, Waren, Dienstleistungen, Tätigkeiten oder persönlichen oder geschäftlichen Verhältnisse eines Mitbewerbers herabsetzt oder verunglimpft

088 2. über die Waren, Dienstleistungen oder das Unternehmen eines Mitbewerbers oder über den Unternehmer oder ein Mitglied der Unternehmensleitung Tatsachen behauptet oder verbreitet, die geeignet sind, den Betrieb des Unternehmens oder den Kredit des Unternehmers zu schädigen, sofern die Tatsachen nicht erweislich wahr sind; handelt es sich um vertrauliche Mitteilungen und hat der Mitteilende oder der Empfänger der Mitteilung an ihr ein berechtigtes Interesse, so ist die Handlung nur dann unlauter, wenn die Tatsachen der Wahrheit zuwider behauptet oder verbreitet wurden

089 3. Waren oder Dienstleistungen anbietet, die eine Nachahmung der Waren oder Dienstleistungen eines Mitbewerbers sind, wenn er

    a) eine vermeidbare Täuschung der Abnehmer über die betriebliche Herkunft herbeiführt

    b) die Wertschätzung der nachgeahmten Ware oder Dienstleistung unangemessen ausnutzt oder beeinträchtigt oder

    c) die für die Nachahmung erforderlichen Kenntnisse oder Unterlagen unredlich erlangt hat

090 4. Mitbewerber gezielt behindert.

091 Der Mitbewerberschutz enthält die Einzelfälle der Nachahmung gem. § 4 Nr. 3 UWG und der Behinderung gem. § 4 Nr. 4 UWG.

Nachahmung:
092 Das geschäftliche Handeln im Wettbewerb erfolgt auf der Grundlage der allgemeinen wissenschaftlichen, gesellschaftlichen und wirtschaftlichen Erkenntnisse und soll den Kunden einen Fortschritt oder Vorsprung gegenüber den Waren oder Leistungen der Mitbewerber aufzeigen. Deshalb ist nicht jede Übernahme einer fremden Leistung wettbewerbswidrig, sondern nur die aufgeführten Fälle a) der vermeidbaren Herkunftstäuschung, b) der Ausnutzung oder Beeinträchtigung der Wertschätzung und c) die unredliche Erlangung von Kenntnissen oder Unterlagen für die Nachahmung.

093 Unlauter ist daher die unmittelbare Übernahme eines fremden Arbeitsergebnisses oder die Anlehnung an den guten Ruf eines Konkurrenten. Es handelt sich um die Ausbeutung eines fremden Arbeitsergebnisses oder des guten Rufs eines Mitbewerbers durch sklavische Nachahmung (Kopie). Denn die unter Einsatz von

Zeit, Mühe und Kosten gewonnene unternehmerische Leistung ist als schutzfähiger wettbewerbsrechtlicher Besitzstand allgemein anerkannt.

Da der Rechtsschutz aus dem Marken-, Muster-, Patent- oder Urheberrecht vorrangig ist, besteht ein ergänzender wettbewerbsrechtlicher Leistungsschutz gegen Nachahmung nur in solchen Fällen, die von den Spezialgesetzen nicht erfasst werden. Ein gewerbliches Arbeitsergebnis ist in aller Regel durch die Gesetze des gewerblichen Rechtsschutzes ausreichend geschützt. Jedoch sind gewerbliche Leistungen und Arbeitsergebnisse auf nichttechnischem Gebiet nicht patent- oder gebrauchsmusterfähig, sodass sie bei Hinzutreten unlauterer Umstände in den Schutzbereich des UWG fallen können.

094

Fall 28: Ausbeinmesser im Wettbewerb > Seite 478

Computerprogramme und Datenbanken werden durch das Urheberrecht geschützt. Die Spezialregelungen des Urheberrechts haben Vorrang vor dem ergänzenden wettbewerbsrechtlichen Leistungsschutz. Doch ist zum Beispiel die nicht autorisierte Kopie eines Computerprogramms auch dann zu unterlassen, wenn kein Urheberrechtsschutz besteht. Denn § 4 Nr. 3 UWG schützt ein gewerblich nutzbares Arbeitsergebnis gegen Ausbeutung im Wettbewerb.

095

Behinderung:
Geschäftliche Handlungen im Wettbewerb sind häufig geeignet, den Mitbewerber in seiner freien gewerblichen Tätigkeit, im Streben nach Geschäftsabschlüssen und Gewinnen zu beeinträchtigen. Infolgedessen betreffen die Fälle der unlauteren Behinderung nur solche Maßnahmen, die den Bestand des freien Leistungswettbewerbs dadurch gefährden, dass ein Mitbewerber gezielt in der Ausübung seiner gewerblichen Tätigkeit gehindert wird.

096

Unlautere Behinderung ist nur dann gegeben, wenn der Wettbewerber bewusst und zielgerichtet daran gehindert wird, seine Waren oder Dienstleistungen anzubieten. Die Fälle der Absatz-, Bezugs-, Werbe- und Lizenzbehinderung sowie auch Diskriminierung und herabsetzende vergleichende Werbung fallen hierunter.

097

Die Unlauterkeit infolge einer wettbewerbswidrigen Behinderung erfordert erhebliche und deutliche Eingriffe in die Gewerbefreiheit der Kaufleute, z. B. bei einer Betriebsstörung, durch systematische Preisunterbietung und Boykott. Ferner sind Fälle der Diskriminierung bekannt geworden, z. B. durch Eigenunterbietung, Abschlusszwang, Liefer- und Bezugssperren.

098

Die Preisunterbietung ist grds. eine zulässige Form des Handelns im Wettbewerb. Jeder Unternehmer darf seine Preise frei gestalten, Einführungspreise und Sonderangebote präsentieren und günstigere Preise als seine Konkurrenten anbieten. Erfolgt ein Verkauf aber unter dem Selbstkosten- oder Einstandspreis und durch systematisches Unterbieten der Preise des Wettbewerbers, um diesen vom

099

Markt zu verdrängen oder zu vernichten, liegt ein Fall der Behinderung und damit ein Verstoß gegen §§ 3, 4 Nr. 10 UWG vor.

Aggressive geschäftliche Handlungen:

100 Gemäß § 4a UWG handelt unlauter, wer eine aggressive geschäftliche Handlung vornimmt, die geeignet ist, den Verbraucher oder sonstigen Marktteilnehmer zu einer geschäftlichen Entscheidung zu veranlassen, die dieser andernfalls nicht getroffen hätte. Eine geschäftliche Handlung ist aggressiv, wenn sie im konkreten Fall unter Berücksichtigung aller Umstände geeignet ist, die Entscheidungsfreiheit des Verbrauchers oder sonstigen Marktteilnehmers erheblich zu beeinträchtigen durch

1. Belästigung

2. Nötigung einschließlich der Anwendung körperlicher Gewalt oder

3. unzulässige Beeinflussung.

101 Eine unzulässige Beeinflussung liegt vor, wenn der Unternehmer eine Machtposition gegenüber dem Verbraucher oder sonstigen Marktteilnehmer zur Ausübung von Druck, auch ohne Anwendung oder Androhung von körperlicher Gewalt, in einer Weise ausnutzt, die die Fähigkeit des Verbrauchers oder sonstigen Marktteilnehmers zu einer informierten Entscheidung wesentlich einschränkt.

Kundenfang:

102 Viele geschäftliche Handlungen dienen der Einwirkung auf potenzielle Kunden und Interessenten. Denn eine Absatzförderung kann nur durch Werbemaßnahmen erreicht werden, die den Verbraucher zum Erwerb der angebotenen Waren oder zur Inanspruchnahme der umworbenen Dienstleistungen bewegen. Infolgedessen ist nicht bereits die Kundenbeeinflussung als solche wettbewerbswidrig, sondern erst der Einsatz unlauterer Mittel wie Druck, Menschenverachtung, Unsachlichkeit, Unangemessenheit. Maßnahmen, die sich auf die Entscheidungsfreiheit der Verbraucher oder Marktteilnehmer in der Weise auswirken, dass deren Willensbildung beeinträchtigt oder sogar ausgeschlossen wird.

103 Zu dieser Fallgruppe gehören die Nötigung potenzieller Kunden zum Vertragsabschluss durch Zwang, Bedrohung oder psychischen Druck und die Zusendung unbestellter Waren. Hinzu kommen auch die Verlockung bzw. Kundenbestechung durch Wertreklame, ferner unentgeltliche Zuwendungen, Warenproben, Koppelungsgeschäfte und Vorspannangebote sowie die Werbung mit aleatorischen Reizen, z. B. durch Ausnutzung der Spiellust, Preisausschreiben, Gratisverlosungen, Gewinnspiele, Gefühls- und Vertrauensausnutzung und Laienwerbung. Auch die Täuschung durch irreführende Werbung, Lockvogelangebote, Tarnung von Verkaufs- und Werbemaßnahmen, redaktionelle Werbung etc. fallen in diese Kategorie.

Beispiele

Beispiel 1

Die Werbung einer Fluggesellschaft, die im Rahmen ihres Kundenbindungssystems den interessierten Verkehrskreisen für mit dieser Gesellschaft geflogenen Meilen Prämien versprochen werden, stellt kein unlauteres, weil übertriebenes Anlocken im Sinne von § 4aUWG dar. Die „Miles-and-more"-Werbung ist daher nicht zu beanstanden.

Beispiel 2

In der Rundfunk- und Fernsehwerbung sowie in Zeitungsanzeigen werden Mobiltelefone angeboten. Die blickfangmäßige Werbung für Mobiltelefone, die kostenlos oder zu einem symbolischen Preis im Zusammenhang mit dem Abschluss eines Netzkartenvertrags angeboten werden, ist wettbewerbsrechtlich zulässig. Allerdings entspricht eine solche Werbung den Grundsätzen des lauteren Wettbewerbs nur unter der Voraussetzung, dass alle entscheidenden Vertragsbedingungen des Netzkartenvertrags – die Anschlusskosten, die monatliche Grundgebühr, die Mindestlaufzeit des Vertrages und alle Gesprächstarife – ebenfalls in deutlich erkennbarer Form dargestellt werden.

3.2 Irreführende, vergleichende und belästigende Werbung

Das Gesetz gegen den unlauteren Wettbewerb enthält neben der Generalklausel unlauteren Wettbewerbs in § 3 UWG und den folgenden Vorschriften einige Spezialtatbestände, z. B.:   104

- ▸ irreführende geschäftliche Handlungen gem. §§ 5, 5a UWG
- ▸ vergleichende Werbung gem. § 6 UWG
- ▸ unzumutbare Belästigungen gem. § 7 UWG.

Irreführende geschäftliche Handlungen gem. § 5 UWG: Unlauter handelt, wer eine irreführende geschäftliche Handlung vornimmt, vgl. § 5 Abs. 1 UWG.   105

Bei der Beurteilung der Frage, ob eine geschäftliche Handlung irreführend ist, sind alle ihre Bestandteile zu berücksichtigen, insbesondere in ihr enthaltene Angaben über: 106

1. die wesentlichen Merkmale der Ware oder Dienstleistung wie Verfügbarkeit, Art, Ausführung, Zusammensetzung, Verfahren und Zeitpunkt der Herstellung oder Erbringung, die Zwecktauglichkeit, Verwendungsmöglichkeit, Menge, Beschaffenheit, die geografische oder betriebliche Herkunft oder die von der Verwendung zu erwartenden Ergebnisse oder die Ergebnisse und wesentlichen Bestandteile von Tests der Waren oder Dienstleistungen

2. den Anlass des Verkaufs und den Preis oder die Art und Weise, in der er berechnet wird, und die Bedingungen, unter denen die Waren geliefert oder die Dienstleistungen erbracht werden

3. die Person, Eigenschaften oder Rechte des Unternehmers wie Identität, Vermögen einschließlich der Rechte des geistigen Eigentums, den Umfang von Verpflichtungen, Befähigung, Status, Zulassung, Mitgliedschaften oder Beziehungen, Auszeichnungen oder Ehrungen, Beweggründe für die geschäftliche Handlung oder die Art des Vertriebs

4. Aussagen oder Symbole, die im Zusammenhang mit direktem oder indirektem Sponsoring stehen oder sich auf eine Zulassung des Unternehmers oder der Waren oder Dienstleistungen beziehen

5. die Notwendigkeit einer Leistung, eines Ersatzteils, eines Austauschs oder einer Reparatur

6. die Einhaltung eines Verhaltenskodexes, auf den sich der Unternehmer verbindlich verpflichtet hat, wenn er auf diese Bindung hinweist, oder

7. Rechte des Verbrauchers, insbesondere solche aufgrund von Garantieversprechen oder Gewährleistungsrechte bei Leistungsstörungen.

107 Es wird vermutet, dass es irreführend ist, mit der Herabsetzung eines Preises zu werben, sofern der Preis nur für eine unangemessen kurze Zeit gefordert worden ist. Ist streitig, ob und in welchem Zeitraum der Preis gefordert worden ist, so trifft die Beweislast denjenigen, der mit der Preisherabsetzung geworben hat, § 5 Abs. 4 UWG.

Beispiel

Ein Fall der wettbewerbswidrigen Irreführung gem. §§ 5 UWG ist gegeben, wenn die angekündigte Ware entgegen der Verbrauchererwartung am ersten Tag nach Erscheinen der Werbung im Geschäft nicht zum Verkauf steht. Es wird ein übertriebener Anlockeffekt erzeugt, wenn die Verbraucher über den Preis oder über die vorrätige Menge irregeführt werden (Lockvogel-Werbung).

108 Diese Grundsätze der irreführenden Werbung lassen sich nicht auf die Online-Bestellmöglichkeiten im Internet übertragen. Bietet ein Filialunternehmen im Internet eine Online-Bestellmöglichkeit (Internet-Shop) an, so muss der Verkehr daraus nicht zwingend schließen, dass die dort beworbene Ware auch in den regionalen Filialen zur sofortigen Mitnahme bereitsteht. Allerdings muss das Unternehmen bei einer Bestellung im Internet lieferbereit sein.

Beispiel

Ein Unternehmen bot im Internet einen *„Shop" unter der Überschrift „Willkommen im Internet-Shop ..."* an. Gleichzeitig betrieb das Unternehmen eine Handelskette mit Filialbetrieb. Ein Kunde, der das Online-Warenangebot besichtigt hat, betrat eine Filiale des Unternehmens in Frankfurt am Main und stellte fest, dass die im Internet beworbenen Waren dort nicht erhältlich waren.

In diesem Fall konnten die Grundsätze irreführender Werbung auf die Online-Bestellmöglichkeiten im Internet nicht übertragen werden. Die Kunden, die das Angebot im Internet-Shop vorfinden, können dort bestellen und erwarten, dass das Unternehmen lieferbereit ist. Sie können aber nicht erwarten, die im Internet beworbenen Waren in den regionalen Filialen der Handelskette vorzufinden (OLG Frankfurt, NJW-CoR 1998, 366 – Warenvorrat in den Filialen bei Online-Bestellmöglichkeit im „Internet-Shop").

Irreführung durch Unterlassen: Bei der Beurteilung der Frage, ob das Verschweigen einer Tatsache irreführend ist, sind insbesondere deren Bedeutung für die geschäftliche Entscheidung nach der Verkehrsauffassung sowie die Eignung des Verschweigens zur Beeinflussung der Entscheidung zu berücksichtigen, § 5a Abs. 1 UWG.   109

Unlauter handelt, wer die Entscheidungsfähigkeit von Verbrauchern im Sinne des § 3 Abs. 2 UWG dadurch beeinflusst, dass er eine Information vorenthält, die im konkreten Fall unter Berücksichtigung aller Umstände einschließlich der Beschränkungen des Kommunikationsmittels wesentlich ist, § 5a Abs. 2 UWG. Eine Irreführung durch Verschweigen liegt auch vor, wenn wesentliche Merkmale der angebotenen Waren oder Dienstleistungen und Preisangaben für den Verbraucher nicht ersichtlich sind, § 5a Abs. 3 UWG.   110

Unlauter handelt auch, wer den kommerziellen Zweck einer geschäftlichen Handlung nicht kenntlich macht, sofern sich dieser nicht unmittelbar aus den Umständen ergibt, und das Nichtkenntlichmachen geeignet ist, den Verbraucher zu einer geschäftlichen Entscheidung zu veranlassen, die er andernfalls nicht getroffen hätte.   111

Fall 29: Werbung mit einem Testergebnis > Seite 479

Vergleichende Werbung gem. § 6 UWG: Hierzu gehört jede Werbung, die unmittelbar oder mittelbar einen Mitbewerber oder die von einem Mitbewerber angebotenen Waren oder Dienstleistungen erkennbar macht, § 6 Abs. 1 UWG.   112

113 Unlauter handelt, wer vergleichend wirbt, wenn der Vergleich

1. sich nicht auf Waren oder Dienstleistungen für den gleichen Bedarf oder dieselbe Zweckbestimmung bezieht

2. nicht objektiv auf eine oder mehrere wesentliche, relevante, nachprüfbare und typische Eigenschaften oder den Preis dieser Waren oder Dienstleistungen bezogen ist

3. im geschäftlichen Verkehr zu Verwechslungen zwischen dem Werbenden und einem Mitbewerber oder zwischen den von diesen angebotenen Waren oder Dienstleistungen oder den von ihnen verwendeten Kennzeichen führt

4. den Ruf des von einem Mitbewerber verwendeten Kennzeichens in unlauterer Weise ausnutzt oder beeinträchtigt

5. die Waren, Dienstleistungen, Tätigkeiten oder persönlichen oder geschäftlichen Verhältnisse eines Mitbewerbers herabsetzt oder verunglimpft oder

6. eine Ware oder Dienstleistung als Imitation oder Nachahmung einer unter einem geschützten Kennzeichen vertriebenen Ware oder Dienstleistung darstellt.

114 Bezieht sich der Vergleich auf ein Angebot mit einem besonderen Preis oder anderen besonderen Bedingungen, so sind der Zeitpunkt des Endes des Angebots und, wenn dieses noch nicht gilt, der Zeitpunkt des Beginns des Angebots eindeutig anzugeben. Gilt das Angebot nur so lange, wie die Waren oder Dienstleistungen verfügbar sind, so ist darauf hinzuweisen.

115 Infolgedessen ist die vergleichende Werbung nicht grds. unlauter, sondern nur unter den besonderen im Gesetz aufgeführten Voraussetzungen. Systemvergleiche und Vergleiche im Kundengespräch auf Nachfrage der Kunden sind wettbewerbsrechtlich zulässig. Wenn die direkte oder indirekte Bezugnahme auf einen Wettbewerber leistungsbezogen ist, würde sie dem Werberecht entsprechen. Die Herabsetzung der Waren, Dienstleistungen oder Kennzeichen des Mitbewerbers, das Herbeiführen einer Verwechslungsgefahr und das Abweichen von einer sachlichen objektiven Darstellung sind dagegen wettbewerbswidrig.

Beispiele

Eine Verbraucherzentrale veröffentlichte im Internet einen Preisvergleich unter dem Titel *„Wo ist was am billigsten?"* Es fehlt an einer Wettbewerbsförderungsabsicht, weil die Veröffentlichung ausschließlich im Interesse der Verbraucherinformation erfolgt.

Auch Tests von Waren oder Dienstleistungen sind wettbewerbsrechtlich nicht zu beanstanden, sofern der Vergleich Produkte aus einem Bereich neutral und objektiv darstellt. Sofern der Test von einem der Hersteller finanziert wird oder wesentliche Merkmale der Ware oder Dienstleistung nicht getestet werden, kann dagegen eine irreführende Werbung vorliegen.

Zahlreiche Werbemaßnahmen offenbaren einen Bezug zu den Waren oder Dienstleistungen eines anderen Unternehmens oder lassen den Wettbewerber erkennen. Dies ist abhängig von dem Markt, auf dem sich die Aktivität abspielt.
116

Fall 30: Cola-Geschmacks-Test > Seite 479

Unzumutbare Belästigungen gem. § 7 UWG: Eine geschäftliche Handlung, durch die ein Marktteilnehmer in unzumutbarer Weise belästigt wird, ist unzulässig. Dies gilt insbesondere für Werbung, obwohl erkennbar ist, dass der angesprochene Marktteilnehmer diese Werbung nicht wünscht, § 7 Abs. 1 UWG.
117

Eine unzumutbare Belästigung ist stets anzunehmen
118

1. bei Werbung unter Verwendung eines in den Nummern 2 und 3 nicht aufgeführten, für den Fernabsatz geeigneten Mittels der kommerziellen Kommunikation, durch die ein Verbraucher hartnäckig angesprochen wird, obwohl er dies erkennbar nicht wünscht

2. bei Werbung mit einem Telefonanruf gegenüber einem Verbraucher ohne dessen vorherige ausdrückliche Einwilligung oder gegenüber einem sonstigen Marktteilnehmer ohne dessen zumindest mutmaßliche Einwilligung

3. bei Werbung unter Verwendung einer automatischen Anrufmaschine, eines Faxgerätes oder elektronischer Post, ohne dass eine vorherige ausdrückliche Einwilligung des Adressaten vorliegt, oder

4. bei Werbung mit einer Nachricht,

   a) bei der die Identität des Absenders, in dessen Auftrag die Nachricht übermittelt wird, verschleiert oder verheimlicht wird oder

   b) bei der gegen § 6 Abs. 1 TMG verstoßen wird oder in der der Empfänger aufgefordert wird, eine Website aufzurufen, die gegen diese Vorschrift verstößt, oder

   c) bei der keine gültige Adresse vorhanden ist, an die der Empfänger eine Aufforderung zur Einstellung solcher Nachrichten richten kann, ohne dass hierfür andere als die Übermittlungskosten nach den Basistarifen entstehen.

Fall 31: Keine Werbung in Plastiktüten > Seite 479

Als unlautere Belästigung wird in aller Regel das plötzliche und unerwartete Ansprechen von Passanten auf öffentlichen Straßen und Plätzen zu Werbe- und Verkaufszwecken angesehen. Ein Kunde, der unvorbereitet in ein Verkaufsge-
119

spräch verwickelt wird, wird überrumpelt und vermag sich der entstandenen Zwangslage nur schwer zu entziehen.

Beispiel

Die Akquisition von Pre-Selection-Kunden für Telefondienstleistungen auf öffentlichen Straßen, Plätzen, Märkten etc. ist ein Beispiel der unlauteren Belästigung. Doch ist das gezielte individuelle Ansprechen von Passanten in öffentlichen Verkehrsräumen zu Werbezwecken – Akquisition von Telefonkunden – nur bei Vorliegen besonderer Umstände sittenwidrig ist. Denn nach heutiger Verkehrsauffassung entsteht keine Zwangslage der Verbraucher, wenn diese durch kurze abwehrende Bemerkungen ausweichen können.

120 Unerbetene Telefonanrufe im Privatbereich zu Werbezwecken verstoßen grds. gegen die guten Sitten im Wettbewerb. Daher sind auch als Meinungsbefragung getarnte Telefonanrufe wettbewerbswidrig, mit denen der Gewerbetreibende erfahren will, wie der Angerufene eine ihm zuvor übersandte Printwerbung beurteilt. Im Geschäftsbereich gilt die Telefonwerbung nur dann als wettbewerbsrechtlich zulässig, wenn eine Geschäftsbeziehung bereits besteht oder aufgrund gleicher Branche hergestellt werden soll.

121 Die Unlauterkeit durch Belästigung wurde durch die Gerichte mehrfach auch zur Telefax-Werbung festgestellt. Zudem erfolgt die Werbung per Fax auf Kosten des Beworbenen, da dessen Telefonanschluss, Zeit und Material (Papier, Druckerpatronen etc.) für Ziele des Werbetreibenden verwendet werden. Diese Rechtsprechung ist dadurch fortgeführt worden, dass auch die unverlangte E-Mail-Werbung als unzumutbare Belästigung angesehen wird, vgl. § 7 Abs. 2 Nr. 3 UWG. Das Gesetz sieht jedoch Ausnahmen vor, z. B. falls ein Unternehmer die E-Mail-Adresse aufgrund eines vorhergehenden Kundenkontaktes erhalten hat, vgl. § 7 Abs. 3 UWG.

3.3 Preisangaben und Werbeverbote in Sondergesetzen

122 Zum Recht des unlauteren Wettbewerbs gehören neben dem UWG einige weitere wichtige Gesetze. Die Preisangabenverordnung (PAngV) enthält spezielle Verpflichtungen zu Preisangaben im Bereich des gewerbs- oder geschäftsmäßigen Angebots von Waren und Leistungen an letzte Verbraucher. Es sind die Bruttopreise einschließlich der Umsatzsteuer und sonstiger Preisbestandteile anzugeben, wenn die Werbung für das Angebot von Waren und Leistungen an Endverbraucher gerichtet ist (Endpreise ohne Rabatte). In aller Regel sind auch die Verkaufs- oder Leistungseinheiten und die Gütebezeichnungen anzugeben, auf die sich die Preise beziehen. Auf die Verhandlungsbereitschaft über den Preis kann hingewiesen werden, vgl. § 1 PAngV.

Die Preisangaben müssen der allgemeinen Verkehrsauffassung und den Grund- 123
sätzen von Preisklarheit und Preiswahrheit entsprechen. Sie müssen dem Angebot oder der Werbung eindeutig zugeordnet, leicht erkennbar und deutlich lesbar
oder sonst gut wahrnehmbar sein. Bei der Aufgliederung von Preisen sind die
Endpreise hervorzuheben, vgl. § 1 Abs. 5 PAngV.

Beispiel

Das Verbot der Werbung mit Nettopreisen gegenüber Privatpersonen gilt auch
im Internet. Ein Handelsunternehmen bietet im Internet Waren an, welche von
den Nutzern auf elektronischem Wege bestellt werden können. In den Preisangaben ist die gesetzliche Umsatzsteuer nicht enthalten. Der gegen diese Werbung gerichtete Unterlassungsanspruch war erfolgreich.

Das Werberecht ist vom Verbraucherschutz geprägt. Daher sind Sonderbereiche 124
u. a. zur Werbung für Heil- und Arzneimittel (HeilmittelwerbeG, ArzneimittelG),
zur Werbung für Lebensmittel und Bedarfsgegenstände (Lebensmittel-, Bedarfs-
gegenstände- und FuttermittelG) und die berufsständische Werbung z. B. für
Ärzte und Rechtsanwälte zu beachten. Zudem bestehen weitere Werbeverbote,
wie z. B. das Verbot der Tabakwerbung in Presse, Hörfunk und Fernsehen.

Beispiel

Der Werbeprospekt eines Unternehmens der IT-Branche enthielt eine eingekleb-
te Kopfschmerztablette (in Folie verschweißt) und folgenden Text: *„Sollten Ihnen
Ihre Datenübertragungsprobleme Kopfschmerzen bereiten, so können Sie diese Ta-
blette nehmen – oder aber mit uns über dauerhafte Lösungen sprechen."* Nehmen
Sie eine wettbewerbsrechtliche Bewertung dieser Werbung vor.

Die Werbemaßnahme gilt den Leistungen des IT-Unternehmens, nicht dem Kopf-
schmerzmittel. Es handelt sich insofern tatsächlich um eine Form der Aufmerksamkeitswerbung durch Sprachwitz und einen besonderen Werbegag. Doch dürfen Arzneimittel nur durch einen pharmazeutischen Unternehmer in den Verkehr
gebracht werden dürfen. Zudem müssen in der Packungsbeilage bestimmte Mindestangaben enthalten sein. Die einzelne Kopfschmerztablette ohne Packung
und Beilage in den Verkehr zu bringen, stellt auch bei unentgeltlicher Verteilung
zu Werbezwecken für eine IT-Leistung einen Verstoß gegen die Vorschriften des
ArzneimittelG dar. Die Wettbewerbsverletzung ist unter dem Aspekt des Rechtsbruchs gegeben, vgl. §§ 3, 4 Nr. 11 UWG.

Das Gesetz über die Werbung auf dem Gebiet des Heilwesens (HeilmittelwerbeG) 125
enthält zahlreiche Werbeverbote für Arzneimittel sowie für andere Mittel, z. B.

kosmetische Mittel und Gegenstände zur Körperpflege, vgl. § 1 HeilmittelwerbeG. Sondervorschriften für die Werbung bestehen insbesondere in folgenden Situationen:

126 ► Werbeverbot für die irreführende Werbung, vgl. § 3 HeilmittelwerbeG

► Werbeverbot für nicht zugelassene Arzneimittel, vgl. § 3a HeilmittelwerbeG

► Pflichtangaben bei der Arzneimittelwerbung u. a., vgl. § 4 HeilmittelwerbeG

► Werbeverbot in der Packungsbeilage, vgl. § 4a HeilmittelwerbeG

► Werbeverbot für homöopathische Arzneimittel mit Anwendungsgebieten, vgl. § 5 HeilmittelwerbeG

► Werbeverbot mit Gutachten unberufener Personen, vgl. § 6 HeilmittelwerbeG

► Verbot von Zuwendungen und sonstigen Werbegaben (Waren oder Leistungen), ausgenommen berufsbezogene wissenschaftliche Veranstaltungen für im Gesundheitswesen tätige Personen, vgl. § 7 HeilmittelwerbeG

► Werbeverbot per Teleshopping für den Versand apothekenpflichtiger Arzneimittel, vgl. § 8 Abs. 1 HeilmittelwerbeG

► Werbeverbot für den Bezug von Arzneimitteln im Teleshopping und bei Einzeleinfuhr, vgl. § 8 Abs. 2 HeilmittelwerbeG

► Werbeverbot mit Fernbehandlung von Krankheiten u. a., vgl. § 9 HeilmittelwerbeG

► Werbeverbot für verschreibungspflichtige Arzneimittel außerhalb der Fachkreise, vgl. § 10 HeilmittelwerbeG

► Werbeverbot außerhalb der Fachkreise mit Gutachten, Zeugnissen, Empfehlungen u. a., mit der Wiedergabe von Krankengeschichten, mit der bildlichen Darstellung von Personen in der Berufskleidung des Heilgewerbes u. a., mit der bildlichen Darstellung von Krankheiten oder der Wirkung eines Arzneimittels, mit fremd- oder fachsprachlichen Bezeichnungen, unter Ausnutzung von Angstgefühlen, gegenüber Kindern unter 14 Jahren, mit Preisausschreiben u. a., vgl. § 11 HeilmittelwerbeG

► Werbeverbot bei bestimmten Krankheiten, vgl. § 12 HeilmittelwerbeG

► Werbeverbot für ausländische Unternehmen mit Sitz außerhalb der Europäischen Union oder des Europäischen Wirtschaftsraumes, vgl. § 13 HeilmittelwerbeG.

127 Neben den Werbeverboten enthält das Heilmittelwerbegesetz verschiedene Bestimmungen hinsichtlich der irreführenden Werbung für Heil- und Arzneimittel. Die irreführende Werbung für Arzneimittel, kosmetische Mittel, Verfahren, Behandlungen und Gegenstände zur Körperpflege ist unzulässig. Eine Irreführung im Sinne von § 3 HeilmittelwerbeG liegt insbesondere dann vor,

128 ► wenn Arzneimitteln, Medizinprodukten, Verfahren, Behandlungen, Gegenständen oder anderen Mitteln eine therapeutische Wirksamkeit oder Wirkungen beigelegt werden, die sie nicht haben

- wenn fälschlich der Eindruck erweckt wird, dass ein Erfolg mit Sicherheit erwartet werden kann oder keine schädlichen Wirkungen eintreten

- wenn unwahre oder zur Täuschung geeignete Angaben über die Zusammensetzung oder Beschaffenheit von Heil- oder Arzneimitteln oder über die Person des Herstellers, Erfinders oder der für sie tätigen Personen gemacht werden.

Jede Werbung für Arzneimittel muss bestimmte Mindestangaben enthalten, vgl. § 4 HeilmittelwerbeG. Diese Angaben müssen mit denjenigen übereinstimmen, die nach dem ArzneimittelG für die Packungsbeilage vorgeschrieben sind. 129

Bei einer Werbung außerhalb der Fachkreise ist der Text *„Zu Risiken und Nebenwirkungen lesen Sie die Packungsbeilage oder fragen Sie Ihren Arzt oder Apotheker"* gut lesbar und von den übrigen Werbeaussagen deutlich abgesetzt und abgegrenzt anzugeben. 130

Das **Gesetz über den Verkehr mit Lebensmitteln, Bedarfsgegenstände und Futtermittel (LFGB)** enthält ebenfalls Vorschriften für die Werbung. Dazu gehören insbesondere 131

- das Verbot der gesundheitsbezogenen Werbung für Lebensmittel in § 13 LFGB,

- Verbote zum Schutz der Gesundheit für kosmetische Mittel gem. § 27 LFGB,

- Verbote zum Schutz der Gesundheit für sonstige Bedarfsgegenstände gem. § 33 LFGB.

Das **Werbe- und Sponsoringverbot für Tabakerzeugnisse** in Presse, Hörfunk und Fernsehen ist Gegenstand des vorläufigen Tabakgesetzes, vgl. §§ 21a, 21b, § 22). Weitere Sondervorschriften für die Werbung, deren Missachtung zu einem Wettbewerbsverstoß im Sinne des Rechtsbruchs gem. §§ 3, 4 Nr. 11 UWG führt, finden sich im Medienrecht und in anderen Spezialgesetzen. 132

3.4 Geschäfts- und Betriebsgeheimnisse

Das Gesetz gegen den unlauteren Wettbewerb schützt den Unternehmer auch vor dem Verrat oder der Verwertung von Geschäfts- und Betriebsgeheimnissen. Dieser Schutz ist strafrechtlich ausgestaltet. Gem. §§ 17, 18 UWG wird mit Freiheits- oder Geldstrafe derjenige bestraft, der ein Geschäfts- oder Betriebsgeheimnis verletzt. 133

Gegenstand des wettbewerbsrechtlichen Schutzes von Unternehmensgeheimnissen ist das **Geheimhaltungsinteresse** eines Gewerbetreibenden oder eines Unternehmers; dieses stellt einen selbstständigen Vermögenswert dar und ist häufig wertvoller als gewerbliche Schutzrechte. 134

Beispiel

Geheimhaltung der Porzellanherstellung durch die Meißener Porzellanmanufaktur, des Herstellungsverfahrens von Kölnisch Wasser oder der Zusammensetzung von Coca-Cola.

135 Geschäfts- und Betriebsgeheimnisse sind sehr häufig Herstellungsverfahren, Konstruktions-, Planungs- und Kalkulationsunterlagen, Computerprogramme, Kundenlisten, Entwürfe, Muster und Modelle, Verfahren, beabsichtigte oder getätigte Vertragsabschlüsse, Marketingkonzepte und das unternehmerische Know-how. Der Schutz des Betriebs- oder Geschäftsgeheimnisses ist für die Wirtschaft, insbesondere für den Export, von großer Bedeutung.

136 Als Geschäfts- oder Betriebsgeheimnis wird jede Tatsache angesehen,

▸ die im Zusammenhang mit dem eigenen Unternehmen steht

▸ nur einem begrenzten Personenkreis bekannt ist

▸ nach dem Willen des Betriebsinhabers geheim bleiben soll

▸ und an deren Geheimhaltung ein berechtigtes wirtschaftliches Interesse des Betriebsinhabers besteht.

137 Die **geheim zuhaltende Tatsache** muss einen Zusammenhang mit dem Unternehmen haben, d. h. entweder unmittelbar aus dem Betrieb stammen oder einen Bezug zum Unternehmen aufweisen. Hierfür genügt es, wenn zwar die Tatsache bekannt ist – ein Produkt oder eine Methode – aber geheim bleiben soll, dass das Unternehmen sich dieses Verfahrens bedient oder dieses Produkt zur Herstellung eigener Erzeugnisse verwendet. Ferner darf die geheim zuhaltende Tatsache nur einem begrenzten Personenkreis bekannt sein, also nicht veröffentlicht worden oder einem unbegrenzten Zugriff ausgesetzt sein.

Beispiel

Als geheim zuhaltende Tatsachen gelten auch ohne Kennzeichnung beispielsweise Agenturverzeichnisse, Computerprogramme, Jahresabschluss, Kalkulationsunterlagen, Kundenlisten, Modelle, Musterbücher, Preisberechnungen, Zahlungsbedingungen und sämtliche betrieblichen Unterlagen für die Betriebs-, Absatz- und Vertriebsorganisation einschließlich der Marketingkonzepte, Werbemethoden und ähnlicher Verfahren.

138 Der **Geheimhaltungswille** des Betriebsinhabers macht die Tatsache erst zu einem Unternehmensgeheimnis. Zwar kann sich der Geheimhaltungswille aus den Umständen ergeben, doch ist es zweckmäßig, die geheim zuhaltenden Tatsachen

ausdrücklich als solche zu kennzeichnen. Das wirtschaftliche Interesse ergibt sich regelmäßig daraus, dass die Tatsache eine **wettbewerbliche Bedeutung** hat; die Benutzung des Geheimnisses ist hierfür nicht erforderlich. Die redlich erlangte Kenntnis von Geschäfts- und Betriebsgeheimnissen ist grds. frei, daher können freie Mitarbeiter und Arbeitnehmer ihre erworbenen Kenntnisse nach Beendigung des Vertragsverhältnisses verwerten, indem sie diese in einem Konkurrenzunternehmen oder im eigenen Betrieb einsetzen. Der strafrechtliche Vorwurf begründet sich noch nicht durch Ausnutzung des Betriebsgeheimnisses, sondern erst durch den Einsatz wettbewerbswidriger Mittel.

Die **Verletzung eines Betriebs- oder Geschäftsgeheimnisses** erfolgt durch verschiedene Handlungen nach näherer Maßgabe der §§ 17, 18 UWG. Es ist insbesondere darauf zu achten, ob die Verletzungshandlung durch Beschäftigte oder durch außenstehende Personen vorgenommen wird.   139

▶ **Geheimnisverrat durch unbefugte Mitteilung Beschäftigter:** Ein Angestellter, Arbeiter oder Auszubildender teilt einem Dritten unbefugt ein Unternehmensgeheimnis mit, das ihm während des Dienstverhältnisses anvertraut wurde oder zugänglich geworden ist. Diese Weitergabe des Geheimnisses kann zu Wettbewerbszwecken erfolgen, ferner auch aus Eigennutz oder zu Gunsten des Dritten oder in der Absicht, den Betriebsinhaber zu schädigen, § 17 Abs. 1 UWG.   140

▶ **Geheimnisverrat durch unbefugte Aneignung:** Jemand (auch Personen, die nicht im Betrieb tätig sind), verschafft sich aus den gleichen Motiven heraus unbefugt ein Unternehmensgeheimnis durch Anwendung technischer Mittel, durch Herstellung einer Kopie oder durch Wegnahme einer Sache, in der das Geheimnis verkörpert ist, § 17 Abs. 2 Nr. 1 UWG.   141

▶ **Geheimnisverrat durch unbefugte Verwertung oder Weitergabe:** Ein durch unbefugte Aneignung erlangtes Unternehmensgeheimnis wird unbefugt verwertet oder jemandem mitgeteilt, § 17 Abs. 2 Nr. 2 UWG.   142

▶ **Geheimnisverrat durch unbefugte Verwertung oder Weitergabe anvertrauter Unternehmensgeheimnisse:** Dieser Tatbestand ist gegeben, wenn jemand die ihm im geschäftlichen Verkehr anvertrauten Vorlagen oder Vorschriften technischer Art, insbesondere Zeichnungen, Modelle, Schablonen, Schnitte, Rezepte, zu Zwecken des Wettbewerbs oder aus Eigennutz unbefugt verwertet oder an jemanden mitteilt, § 18 UWG.   143

Die **gesetzliche Geheimhaltungspflicht** z. B. wird in der betrieblichen Praxis regelmäßig zusätzlich vertraglich abgesichert, oft gekoppelt mit einer **Vertragsstrafe** für den Verletzungsfall. Die zusätzliche Vertragsabrede ergänzt den wettbewerbsrechtlichen Schutz in sinnvoller Weise, um den Beschäftigten den Geheimhaltungswillen mitzuteilen und sie über die Folgen der Verletzungshandlung zu informieren.   144

Die Vertragsparteien können nach dem Grundsatz der Vertragsfreiheit auch eine **nachwirkende Verschwiegenheitspflicht** über die Vertragslaufzeit hinaus – bis zu fünf Jahren – vereinbaren. Sofern diese sich in der Praxis aber in der Weise auswirkt, dass sie die berufliche Entwicklung des früheren Mitarbeiters einschränkt   145 oder dieser sogar an der Ausübung seiner Tätigkeit gehindert wird, entspricht die Vertragsabrede über nachwirkende Geheimhaltungspflichten einem Wettbewerbsverbot.

146 Ein **vertragliches Wettbewerbsverbot** muss den Anforderungen der §§ 74 ff. HGB genügen. Die Vereinbarung muss daher eine Karenzentschädigung in der gesetzlich vorgegebenen Mindesthöhe enthalten (50 % der Arbeitsvergütung) und darf den zeitlichen Rahmen von zwei Jahren nicht überschreiten. Auch darf die Wettbewerbsabrede nicht in der Weise gestaltet werden, dass sie für den Arbeitgeber unverbindlich ist, während der Arbeitnehmer aus der Vereinbarung verbindlich verpflichtet wird.

Beispiel

Aus Gründen des Wettbewerbsschutzes kann das Unternehmen den Mitarbeiter bei Austritt verpflichten, für die Dauer von zwei Jahren nach Beendigung des Arbeitsverhältnisses in Deutschland nicht für ein Konkurrenzunternehmen tätig zu werden sowie weder mittelbar noch unmittelbar an der Gründung oder im Betrieb eines solchen Unternehmens mitzuwirken. Für die Dauer des Wettbewerbsverbots verpflichtet sich die Firma, 50 % der zuletzt gewährten vertragsmäßigen Leistung zu zahlen.

147 Diese Formulierung wäre unwirksam, weil dem Arbeitgeber freisteht, ob er den Arbeitnehmer nach Beendigung des Arbeitsverhältnisses aus dem Wettbewerbsverbot verpflichtet, während der Arbeitnehmer an die Vereinbarung gebunden ist. Es handelt sich um ein einseitig bindendes und daher unzulässiges Wettbewerbsverbot.

Beispiel

Ein angestellter Verkaufsfahrer macht sich nach seinem Ausscheiden aus dem Unternehmen in derselben Branche selbstständig, zieht den gesamten früheren Kundenkreis an sich und vernichtet die wirtschaftliche Grundlage seines früheren Arbeitgebers.

148 Ohne Arbeitnehmer zu sein wird derjenige bestraft, der sich ein Geschäfts- oder Betriebsgeheimnis durch Anwendung technischer Mittel, Herstellung einer verkörperten Wiedergabe des Geheimnisses oder Wegnahme einer Sache, in der das Geheimnis verkörpert ist, unbefugt verschafft, sichert, verwertet oder jemandem mitteilt. Damit werden die Fälle der Verletzung von Geschäftsgeheimnissen durch Diebstahl oder **Betriebsspionage**, beispielsweise auch durch die Möglichkeit der unbefugten Nutzung von IT-Anlagen, erfasst.

Beispiel

Der geschäftsführende Gesellschafter einer KG handelt wettbewerbswidrig, wenn er nach seinem Ausscheiden Verhandlungen über Geschäftsabschlüsse fortsetzt und mit den geworbenen Kunden für sein neu gegründetes Unternehmen zum Abschluss bringt.

Gemäß § 18 UWG **macht sich strafbar**, wer die ihm im geschäftlichen Verkehr   149
anvertrauten Vorlagen oder Vorschriften technischer Art, insbesondere Zeichnungen, Modelle, Schablonen, Schnitte, Rezepte, zu Zwecken des Wettbewerbs oder aus Eigennutz unbefugt verwendet oder jemandem mitteilt.

3.5 Rechtsfolgen unlauteren Wettbewerbs

Im Fall eines Verstoßes gegen Vorschriften des Gesetzes gegen den unlauteren   150
Wettbewerb ergeben sich sowohl zivilrechtliche als auch strafrechtliche Folgen. In zivilrechtlicher Hinsicht können aus einer Wettbewerbsverletzung folgende Ansprüche gegen den Verletzen entstehen:

- ► Beseitigungsanspruch gem. § 8 Abs. 1 UWG   151

- ► Unterlassungsanspruch gem. § 8 Abs. 1 UWG

- ► Schadensersatzanspruch gem. § 9 UWG

- ► Anspruch auf Gewinnabschöpfung gem. § 10 UWG.

Der **Beseitigungsanspruch** setzt eine fortdauernde Beeinträchtigung voraus. Dies   152
ist z. B. der Fall, wenn eine irreführende Werbemaßnahme andauert, eine Preisangabe fehlerhaft ist, eine unzumutbare Belästigung durch unaufgeforderte E-Mail-Werbung besteht, eine Behinderung gegeben ist oder die Verschleierung von Werbemaßnahmen fortbesteht.

Der **Unterlassungsanspruch** erfordert eine Erstbegehungs- oder Wiederholungs-   153
gefahr. Der Wettbewerbsverstoß muss unmittelbar bevorstehen, z. B. in den Medien angekündigt sein, oder es ist zu erwarten, dass die unlautere Zuwiderhandlung erneut vorgenommen wird.

Ein Verschulden – Vorsatz oder Fahrlässigkeit – ist für die Ansprüche auf Beseiti-   154
gung und Unterlassung gem. § 8 UWG nicht erforderlich. Daher sind diese Ansprüche auch dann begründet, wenn der Verletze einwendet, die Unlauterkeit seines Verhaltens nicht zu kennen. Da das Wettbewerbsrecht in den Bereich des Rechts unerlaubter Handlungen und somit zum Deliktsrecht gehört, ist es den Werbetreibenden zuzumuten, ihre Handlungen rechtlich zu prüfen, bevor sie an die Öffentlichkeit gehen.

155   Werden die Zuwiderhandlungen gegen Vorschriften des UWG in einem Unternehmen von einem Mitarbeiter oder Beauftragten begangen, so sind der Unterlassungsanspruch und der Beseitigungsanspruch auch gegen den Inhaber des Unternehmens begründet, vgl. § 8 Abs. 2 UWG.

156   Zudem sieht § 8 Abs. 3 UWG das Verbandsklagerecht vor. Die Ansprüche auf Beseitigung und Unterlassung stehen zu:

1.   jedem Mitbewerber

2.   rechtsfähigen Verbänden zur Förderung gewerblicher oder selbstständiger beruflicher Interessen, soweit ihnen eine erhebliche Zahl von Unternehmern angehört, die Waren oder Dienstleistungen gleicher oder verwandter Art auf demselben Markt vertreiben, soweit sie insbesondere nach ihrer personellen, sachlichen und finanziellen Ausstattung imstande sind, ihre satzungsmäßigen Aufgaben der Verfolgung gewerblicher oder selbstständiger beruflicher Interessen tatsächlich wahrzunehmen und soweit die Zuwiderhandlung die Interessen ihrer Mitglieder berührt

3.   qualifizierten Einrichtungen im Sinne von § 4 des Unterlassungsklagengesetz (UKlaG), z. B. Verbraucherschutzverbände oder Wettbewerbsverbände

4.   den Industrie- und Handelskammern oder den Handwerkskammern.

157   Indem die Aktivlegitimation auch für Vereine und Verbände gegeben ist, besteht ein wirksamer Verbraucherschutz bei Verstößen gegen das UWG. Dem Missbrauch dieser Instrumente zum Schutz des lauteren Wettbewerbs z. B. durch Abmahnvereine wird durch die Regelung in § 8 Abs. 4 UWG entgegengewirkt.

158   Ein **Schadensersatzanspruch** ist gem. § 9 UWG nur dann gegeben, wenn die Verletzungshandlung vorsätzlich oder fahrlässig erfolgt. Dieser Unterschied zum Beseitigungs- und Unterlassungsanspruch ist von großer praktischer Bedeutung. Denn bereits die (unverschuldete) Verletzungshandlung begründet den Unterlassungsanspruch, sodass eine eventuelle anwaltliche Abmahnung kostenpflichtig ist. Nur im Falle des Verschuldens ist ein Schadensersatzanspruch gegeben.

159   Ein Anspruch auf **Gewinnabschöpfung** gem. § 10 UWG setzt voraus, dass durch die Zuwiderhandlung gegen § 3 UWG oder § 7 UWG zu Lasten einer Vielzahl von Abnehmern ein Gewinn erzielt wird. Die Herausgabe dieses Gewinns erfolgt an den Bundeshaushalt.

160   Die Ansprüche aus §§ 8, 9 und 12 Abs. 1 Satz 2 UWG verjähren in sechs Monaten. Die Verjährungsfrist beginnt, wenn

1.   der Anspruch entstanden ist und

2.   der Gläubiger von den Anspruch begründenden Umständen und der Person des Schuldners Kenntnis erlangt oder ohne grobe Fahrlässigkeit erlangen müsste.

Schadensersatzansprüche verjähren ohne Rücksicht auf die Kenntnis oder grob fahrlässige Unkenntnis in zehn Jahren von ihrer Entstehung, spätestens in 30 Jahren von der den Schaden auslösenden Handlung an. Andere Ansprüche verjähren ohne Rücksicht auf die Kenntnis oder grob fahrlässige Unkenntnis in drei Jahren von der Entstehung an.

161

4. Das Kartellverbot

Zur Sicherung eines freien Wettbewerbs enthält das Gesetz gegen Wettbewerbsbeschränkungen (GWB) ein grds.es Kartellverbot. **Vereinbarungen zwischen Unternehmen, Beschlüsse von Unternehmensvereinigungen und aufeinander abgestimmte Verhaltensweisen, die eine Verhinderung, Einschränkung oder Verfälschung des Wettbewerbs bezwecken oder bewirken, sind verboten**, § 1 GWB. Diese Regelung wurde den Anforderungen des Gemeinsamen Marktes in der Europäischen Union angepasst. Danach betrifft das Kartellverbot folgende Merkmale:

162

▶ **Vereinbarungen, Beschlüsse oder aufeinander abgestimmte Verhaltensweisen**

163

▶ **zwischen Unternehmen oder von Unternehmensvereinigungen**

▶ **die eine Verhinderung, Einschränkung oder Verfälschung des Wettbewerbs bezwecken oder bewirken.**

Als **Kartell** gilt eine Vereinbarung zweier oder mehrerer Unternehmen, Beschlüsse von Unternehmensvereinigungen und abgestimmte Verhaltensweisen, die auf eine Wettbewerbsbeeinträchtigung ausgerichtet sind. Es ist nicht erforderlich, dass die Wettbewerbsbeschränkung tatsächlich festgestellt werden kann; vielmehr ist es ausreichend, wenn die Vereinbarung oder das Verhalten einen entsprechenden Zweck verfolgt. Hierunter sind nach dem Wortlaut des Gesetzes insbesondere die Verhinderung, die Einschränkung oder die Verfälschung des Wettbewerbs zu verstehen.

164

Eine **Wettbewerbsbeschränkung** liegt vor, wenn ein Unternehmen infolge der vertraglichen Bindung sein Verhalten auf dem Markt im Rahmen seines Aktionsparameters nicht mehr frei bestimmen kann. Im Einzelfall haben sich in der Praxis wettbewerbsbeschränkende Wirkungen aufgrund von Kooperationsvereinbarungen, Gebietsaufteilungen, Preis-, Ausschließlichkeits- und Vertriebsbindungen ergeben, aber auch im Bereich der Investitionen und Angebote in der Bauwirtschaft, in Forschungs- und Entwicklungsvereinbarungen etc. Die **Marktbeeinflussung** ist aber außerordentlich schwer festzustellen, weil sich der örtliche, zeitliche und sachliche Bereich, in dem sich Angebot und Nachfrage begegnen, kaum abgrenzen lässt. Falls ein Kartell geeignet ist, den Verkehr mit Waren oder gewerblichen Leistungen und damit den freien Wettbewerb zu beeinflussen, ist es unwirksam. Sofern es sich um ein erlaubtes Kartell handelt, ist es bis zur Entscheidung der Kartellbehörde schwebend unwirksam.[1]

165

---

[1] Zum vertiefenden Studium des Kartellrechts wird auf *Emmerich*, Kartellrecht, a. a. O. verwiesen.

166   Ausgenommen vom grds. Kartellverbot sind

▸ **bestimmte Vertikalvereinbarungen** gem. § 2 GWB

▸ und **Mittelstandskartelle** gem. § 3 GWB.

167   Das Gesetz gegen Wettbewerbsbeschränkungen enthält ferner Vorschriften über Marktbeherrschung und sonstiges Wettbewerbsbeschränkendes Verhalten gem. §§ 18 ff. GWB, Wettbewerbsregeln gem. §§ 24 ff. GWB, Sonderregeln für bestimmte Wirtschaftsbereiche gem. §§ 28 ff. GWB, Befugnisse und Sanktionen der Kartellbehörden gem. §§ 32 ff. GWB, die Fusionskontrolle gem. §§ 35 ff. GWB und die Aufgaben der Monopolkommission gem. §§ 44 ff. GWB sowie Verfahrensvorschriften gem. §§ 54 ff. GWB und das Vergaberecht für öffentliche Aufträge gem. §§ 97 ff. GWB.

168   Das europäische Wettbewerbsrecht genießt bei grenzüberschreitenden Sachverhalten Vorrang gegenüber dem deutschen Kartellrecht. Diese Darstellung beschränkt sich auf Art. 81 EGV (Verbot von Wettbewerbsbeschränkungen) und 82 EGV (Missbrauch einer marktbeherrschenden Stellung). Für Vereinbarungen zwischen Unternehmen, Beschlüsse von Unternehmensvereinigungen und aufeinander abgestimmte Verhaltensweisen im Sinne des Art. 101 Abs. 1 AEUV besteht eine Öffnungsklausel, welche die Anwendung des nationalen Rechts ermöglicht, falls der Handel zwischen den Mitgliedstaaten der Europäischen Union nicht beeinträchtigt wird, vgl. § 22 GWB.

169   Gemäß **Art. 81 EGV** sind mit dem Gemeinsamen Markt unvereinbar und verboten alle Vereinbarungen zwischen Unternehmen, Beschlüsse von Unternehmensvereinigungen und aufeinander abgestimmte Verhaltensweisen, welche den Handel zwischen Mitgliedstaaten zu beeinträchtigen geeignet sind und eine Verhinderung, Einschränkung oder Verfälschung des Wettbewerbs innerhalb des Gemeinsamen Marktes bezwecken oder bewirken. Dazu gehören insbesondere

170   a) die unmittelbare oder mittelbare Festsetzung der An- oder Verkaufspreise oder sonstiger Geschäftsbedingungen

b) die Einschränkung oder Kontrolle der Erzeugung, des Absatzes, der technischen Entwicklung oder der Investitionen

c) die Aufteilung der Märkte oder Versorgungsquellen

d) die Anwendung unterschiedlicher Bedingungen bei gleichwertigen Leistungen gegenüber Handelspartnern, wodurch diese im Wettbewerb benachteiligt werden

e) die an den Abschluss von Verträgen geknüpfte Bedingung, dass die Vertragspartner zusätzliche Leistungen annehmen, die weder sachlich noch nach Handelsbrauch in Beziehung zum Vertragsgegenstand stehen.

171   Von herausragender Bedeutung für den Wettbewerb in der Europäischen Union sind die Freistellungsvereinbarungen von dem Kartellverbot gem. Art. 81 Abs. 3 EGV.

Gemäß **Art. 82 EGV** ist mit dem Gemeinsamen Markt unvereinbar und verboten 172 die missbräuchliche Ausnutzung einer beherrschenden Stellung auf dem Gemeinsamen Markt oder auf einem wesentlichen Teil desselben durch ein oder mehrere Unternehmen, soweit dies dazu führen kann, den Handel zwischen Mitgliedstaaten zu beeinträchtigen. Dieser Missbrauch kann insbesondere in Folgendem bestehen:

a) der unmittelbaren oder mittelbaren Erzwingung von unangemessenen Einkaufs- oder Verkaufspreisen oder sonstigen Geschäftsbedingungen

b) der Einschränkung der Erzeugung, des Absatzes oder der technischen Entwicklung zum Schaden der Verbraucher

c) der Anwendung unterschiedlicher Bedingungen bei gleichwertigen Leistungen gegenüber Handelspartnern, wodurch diese im Wettbewerb benachteiligt werden

d) der an den Abschluss von Verträgen geknüpften Bedingung, dass die Vertragspartner zusätzliche Leistungen annehmen, die weder sachlich noch nach Handelsbrauch in Beziehung zum Vertragsgegenstand stehen.

Verstöße gegen Art. 81, 82 EGV ziehen Unterlassungs- und Schadensersatzan- 173 sprüche nach sich. Auch können die nationalen Kartellbehörden einschreiten.

5. Wiederholungsfragen

1. Worin liegt die wirtschaftliche Bedeutung gewerblicher Schutzrechte?

2. Angenommen, der Inhaber eines patentierten Erzeugnisses gewährt einem Vertriebsunternehmen innerhalb eines bestimmten Gebiets und für einen beschränkten Zeitraum eine ausschließliche Vertriebslizenz. Könnte der Patentinhaber den Vertrieb des patentierten Erzeugnisses selbst aufnehmen, falls die Verkaufszahlen nicht seinen Vorstellungen entsprechen?

3. Worin unterscheidet sich das Gebrauchsmuster vom Patent?

4. Worin unterscheidet sich das Design von einem Urheberrecht?

5. Sind Film- und Buchtitel oder Bezeichnungen von Computerprogrammen markenrechtlich schutzfähig?

6. Ein Händler hat einen größeren Posten Markenjeans (Originalware) erworben, die sich jedoch wegen ihrer rosa Farbe nicht absetzen lassen. Daher lässt er die Jeans in einer aktuellen Farbe einfärben und bringt sie unter der unveränderten Marke in den Handel. Liegt eine Verletzung des Markenrechts vor?

7. Eine Kaffeerösterei wirbt mit dem Slogan: *„X-Kaffee können Sie getrost statt Blumen verschenken!"*. Besteht ein Unterlassungsanspruch des wirtschaftlichen Interessenverbandes der Blumenhändler?

8. Woran müssen die Anbieter von Verkaufs- und Werbefahrten denken, wenn sie ihre Leistungen als Ausflugsfahrten oder Wochenendreisen ankündigen?

9. Ist die E-Mail-Werbung im Internet nach deutschem Wettbewerbsrecht eine zulässige Form der Werbung?

10. Im Rundfunk wird für Eierteigwaren, die aus Trockenei hergestellt werden, mit Hühnergegacker geworben. Kann ein Verbraucherschutzverein Unterlassung verlangen?

11. Die Aufforderung eines Kraftfahrzeughändlers in der Werbung für schnelle Sportwagen lautet „... *machen Sie eine Probefahrt und vergleichen unsere Fahrzeuge mit den Modellen der Konkurrenz ...*". Ist diese Werbung zulässig?

12. Im Internet hat sich jemand über 500 Domain-Adressen eintragen lassen, die Firmen, Geschäftsbezeichnungen oder Marken bekannter Unternehmen enthalten, darunter Banken, Versicherungen, Markenartikelhersteller, Hotel- und Restaurantketten, Einzelhändler etc. Wie wäre dieses Verhalten nach den Regeln des unlauteren Wettbewerbs zu beurteilen?

1. Die gewerblichen Schutzrechte – Patente, Marken, Muster und Design – gewähren dem Schutzrechtsinhaber ein Ausschließlichkeitsrecht. Für eine gesetzlich festgelegte Zeit kann der Schutzrechtsinhaber das jeweilige Recht wirtschaftlich verwerten, dadurch die Entwicklungskosten amortisieren und einen Wettbewerbsvorsprung halten. Das Ausschließlichkeitsrecht gewährt neben der (positiven) Verwertungsmöglichkeit durch Lizenzierung auch ein (negatives) Verbietungsrecht, um das gewerbliche Schutzrecht gegen Eingriffe Dritter zu verteidigen.

2. Nein, aufgrund der Vergabe einer ausschließlichen Lizenz hat der Lizenznehmer das Recht des Vertriebs und könnte auch den Schutzrechtsinhaber innerhalb des vereinbarten Gebiets und Zeitraums von der vertraglich übertragenen Nutzungsbefugnis ausschließen. Sollten aber Vertragsverletzungen vorliegen, könnte ein Anspruch auf Schadensersatz geltend gemacht und der Lizenzvertrag gekündigt werden.

3. Ein Gebrauchsmuster kann nur für Erzeugnisse erteilt werden, während das Patent auch für Verfahren erteilt werden kann. Da Neuheit und Erfindungshöhe im Eintragungsverfahren nicht geprüft werden, ist das Gebrauchsmuster einfach und kostengünstig zu erreichen, kann aber wegen fehlender Schutzvoraussetzungen wieder vernichtet werden. Die Schutzdauer beträgt nur 3 Jahre und kann bis maximal 10 Jahre verlängert werden, während die Höchstschutzdauer des Patents bis 20 Jahre währt.

4. Das Design ist ein gewerbliches Schutzrecht, das für zwei- oder dreidimensionale Erscheinungsformen eines Erzeugnisses oder eines Teils davon erteilt wird und durch Registeranmeldung beim DPMA entsteht. Dagegen entsteht das Urheberrecht an bestimmten urheberrechtsschutzfähigen Werken infolge einer eigenschöpferischen Leistung in der Person des Urhebers. Im Unterschied zum Geschmacksmuster und anderen gewerblichen Schutzrechten ist das Urheberrecht deshalb nicht übertragbar.

5. Ja, gem. § 5 MarkenG sind Bezeichnungen von Druckschriften, Filmwerken, Tonwerken, Bühnenwerken etc. markenschutzfähig.

6. Ja, es liegt eine Verletzung des Kennzeichnungsrechts gem. § 14 Abs. 3 MarkenG vor, weil die Herkunftsfunktion der Marke beeinträchtigt wird. Das Kennzeichnungsrecht betrifft die ausschließliche Befugnis des Markeninhabers, im geschäftlichen Verkehr Waren der angemeldeten Art mit seiner Marke zu verbinden. Sofern die Ware durch Aufarbeitung, Reparatur oder Hinzufügung anderer Bestandteile in ihrer Eigenart verändert wird, ist ein Eingriff in das Kennzeichnungsrecht gegeben.

7. Ja, gem. §§ 3, 4 Nr. 4 UWG liegt ein Fall unlauterer Werbung durch Absatzbehinderung vor. Es besteht aufgrund des Slogans ein Substitutionswettbewerb zwischen der Kaffeerösterei und den Blumenhändlern. Die Aktivlegitimation des Wirtschaftsverbandes ergibt sich aus § 8 Abs. 3 Nr. 2 UWG.

8. Die Adressaten dürfen nicht über den Charakter des Ausflugs oder der Wochenendreise als Werbe- und Verkaufsfahrt getäuscht werden. Fehlt der deutliche Hinweis auf den Werbecharakter der Veranstaltung, liegt ein Fall unlauteren Wettbewerbs vor, §§ 3, 5a Abs. 6 UWG.

9. Nein, weil es sich ähnlich wie bei der Telefon- oder Fax-Werbung um eine Form der Werbung zu Lasten der Adressaten handelt, die nach deutschem Wettbewerbsrecht als unzumutbare Belästigung im Sinne von § 7 Abs. 1 Nr. 3 UWG anzusehen ist, wenn die Einwilligung des Adressaten fehlt. Das Gesetz gegen den unlauteren Wettbewerb enthält aber Ausnahmen, so z. B. bei bestehenden Kundenverbindungen, vgl. § 7 Abs. 3 UWG.

10. Ja, denn es handelt sich um eine Form der irreführender Werbung gem. § 5 Abs. 1 Nr. 1 UWG. Es liegt eine Irreführung über die Beschaffenheit der Ware vor, weil das Hühnergegacker auf Frischei hinweist, wogegen das Produkt mit Trockenei hergestellt wird. Die Aktivlegitimation des Verbraucherschutzvereins ergibt sich aus § 8 Abs. 3 Nr. 3 UWG.

11. Die Zulässigkeit der vergleichenden Werbung richtet sich nach § 6 UWG. Allerdings liegt keine Form vergleichender Werbung vor, da die Aufforderung weder mittelbar noch unmittelbar einen Mitbewerber oder dessen Waren oder Dienstleistungen erkennen lässt, vgl. § 6 Abs. 1 UWG. Zudem müsste der Vergleich unlauter sein, d. h. ein Unlauterkeitsmerkmal aus der Liste in § 6 Abs. 2 UWG erfüllen

12. Das unter dem Schlagwort „Domain Grabbing" bekannt gewordene Verhalten stellt eine unlautere Behinderung und damit einen Wettbewerbsverstoß gem. §§ 3, 4 Nr. 4 UWG dar, wenn die reservierten Domain-Adressen allein zu dem Zweck eingetragen werden, andere Wettbewerber von der Nutzung auszuschließen. Sofern eines der Unternehmen einen Web-Auftritt unter Nutzung der eigenen Firma, Geschäftsbezeichnung oder Marke anmeldet und feststellen muss, dass die Domain bereits vergeben wurde, schließen sich Verhandlungen über die berechtigte Nutzung des Geschäftskennzeichens als Domain Name an, in deren Verlauf die Domain häufig erst gegen Geldzahlung freigegeben wird. Denn ein gerichtliches Unterlassungsverfahren kann lange dauern kann und das anzuwendende Recht lässt sich nur schwer bestimmen.

J. Wirtschaftsverwaltungsrecht

Die rechtliche Ordnung der Wirtschaft wird zu einer **Staatsaufgabe**, wenn der   001
Staat aus Gründen des Allgemeinwohles planend, ordnend, lenkend und fördernd
auf den Wirtschaftsablauf Einfluss nimmt. Dabei orientieren sich Art und Intensi-
tät staatlicher Maßnahmen der Wirtschaftsverwaltung an dem jeweiligen Wirt-
schaftssystem, dessen Grundstrukturen aus der Verfassung zu entnehmen sind.

1. Wirtschaftsverfassung

Im **Grundgesetz** der Bundesrepublik Deutschland ist die Wirtschaftsverfassung   002
nicht als eigenständiger Bereich ausgewiesen, und dennoch wird der Rahmen für
die Entwicklung einer freien und sozialen Marktwirtschaft vorgegeben. Indem
das Grundgesetz nicht auf eine bestimmte Wirtschaftsordnung festgelegt ist,
lässt es wirtschaftspolitische Gestaltungsmöglichkeiten offen, beispielsweise für
eine Neuordnung des Verhältnisses von Ökonomie und Ökologie.

1.1 Sozialstaatsprinzip

Nach dem Sozialstaatsprinzip soll den Bürgern ein **Existenzminimum** an wirt-   003
schaftlicher und sozialer Sicherheit gewährt werden, so dass sich die staatlichen
Aufgaben nicht auf eine bloße Gefahrenabwehr beschränken, sondern einen sozialen Ausgleich der Lebensverhältnisse anstreben, die in einer arbeitsteiligen
Industriegesellschaft entstehen. Aus zahlreichen Verfassungsnormen ist die So-
zialstaatsidee zu erkennen, z. B. aus der allgemeinen Menschenwürde gem. Art. 1
GG, aus dem Persönlichkeitsrecht gem. Art. 2 GG, aus dem Gleichheitssatz gem.
Art. 3 GG, aus der Vereinigungsfreiheit zur Wahrung und Förderung der Arbeits-
und Wirtschaftsbedingungen gem. Art. 9 Abs. 3 GG und aus anderen Regelungen.

Es ergeben sich aus dem Sozialstaatsprinzip **keine subjektiv einklagbaren An-**   004
sprüche einzelner Bürger oder Unternehmen auf Leistungen, auf Vornahme oder
Unterlassung bestimmter staatlicher Maßnahmen, doch orientiert sich das
staatliche Handeln aller Organe und Einrichtungen an diesen Grundsätzen. Beispiele hierfür sind die gesetzlichen Regelungen im Bereich des Sozialrechtes, des
Arbeitnehmerschutzrechtes und des Verbraucherschutzes.

Auch auf **europäischer Ebene** kommt der Sozialstaatsgedanke zum Ausdruck, so   005
in der Freizügigkeit der Arbeitnehmer gem. Art. 45 AEUV, in den Wettbewerbsregeln gem. Art. 101 ff. AEUV, Art. 151 ff. AEUV die Sozialpolitik. Allerdings ist die
Zuständigkeit der Europäischen Union im Bereich der Sozialpolitik nicht ausschließlich, sondern ihre Kompetenzen beschränken sich im Wesentlichen auf
eine Unterstützung der sozialpolitischen Zusammenarbeit der Mitgliedstaaten.
Hierbei wirken neben den Organen der EU auch weitere Institutionen mit, wie
z. B. der Wirtschafts- und Sozialausschuss, die Sozialpartner (Arbeitgeberverbän-
de und Gewerkschaften auf europäischer Ebene) etc.

1.2 Rechtsstaatsprinzip

006 Nach Art. 20 Abs. 3 GG darf die Verwaltung bei ihrem Handeln nicht gegen Gesetze verstoßen, sodass sich aus dem Rechtsstaatsprinzip auch die Grundsätze über den Vorrang und den Vorbehalt der Gesetze ergeben. Jeder Eingriff in eine fremde Rechtssphäre bedarf deshalb einer Rechtsgrundlage. Die Wirtschaftsverwaltung hat sich am Vorrang des Gesetzes zu orientieren, sie hat verbotenes Handeln zu unterlassen und erlaubtes Handeln zu genehmigen.

Beispiel

Wer einen Gewerbebetrieb eröffnet, eine Zweigstelle einrichtet, seinen Betrieb verlegt, den Gegenstand des Unternehmens wechselt oder den Betrieb aufgibt, muss dies gem. § 14 GewO der zuständigen Behörde anzeigen. Das Erfordernis einer besonderen Genehmigung kann sich aus der Gewerbeordnung ergeben, aber auch aus Sozialgesetzen, z. B. für Gaststätten aus § 2 GastG. Sowohl die Gewerbeerlaubnis als auch die Untersagung sind an Rechtsvorschriften gebunden. Die Entscheidung der zuständigen Behörde erfolgt durch einen Verwaltungsakt.[1]

007 Der im Grundgesetz vielfach enthaltene Vorbehalt des Gesetzes beinhaltet den **Erlaubnisvorbehalt**, wonach staatliche Eingriffe in Freiheit und Eigentum der Bürger einer gesetzlichen Grundlage bedürfen. Dieser Gesetzesvorbehalt wird nicht nur auf die Eingriffs-, sondern auch auf die Leistungsverwaltung bezogen, indem Subventionen und andere Fördermaßnahmen staatlicher Einrichtungen einer Rechtsgrundlage bedürfen, um eine gleiche Ausgangssituation aller Teilnehmer am Wirtschaftsleben sicherzustellen. Denn das staatliche Handeln ist im Bereich der Wirtschaft ebenso von Bedeutung wie das Unterbleiben von Eingriffen.

008 Die Funktionsfähigkeit, Leistungs- und Anpassungsbereitschaft der Wirtschaft hängt von der Vorhersehbarkeit und Messbarkeit staatlichen Verwaltungshandelns und dem Vertrauen in den Fortbestand bisheriger Verwaltungspraxis ab. Dabei haben sich die verwaltungsrechtlichen Maßnahmen an dem allgemeinen **Grundsatz der Verhältnismäßigkeit** zu orientieren, wonach die Geeignetheit, die Erforderlichkeit und das Übermaßverbot zu beachten sind. Die Maßnahmen der Wirtschaftsplanung, Wirtschaftslenkung, Wirtschaftsüberwachung und auch der Wirtschaftsförderung bedürfen insofern jeweils einer Rechtsgrundlage und werden im Wege des Verwaltungsverfahrens einer Überprüfung durch die Verwaltungsgerichte unterzogen.

---

[1] Vgl. Abschnitt J.5 zum Verwaltungsverfahrensrecht.

1.3 Demokratie und Föderalismus

Die Aufgaben der Wirtschaftsverwaltung sind zwischen **Bund und Ländern** auf- 009
geteilt, vgl. Art. 30 GG. Im Bereich der Wirtschaftspolitik und der Gesetzgebung
liegen die Kompetenzen weitgehend beim Bund, z. B. durch ein einheitliches Außenwirtschaftsrecht, doch orientiert sich u. a. die Wirtschaftsförderung an regionalen Strukturen und an bestimmten Industriezweigen, wie an der Situation der
Werften und der Stahlindustrie. Die Schaffung einer wirtschaftlichen Infrastruk-
tur durch die Förderung kleiner und mittlerer Betriebe in der Landwirtschaft, im
Handel, im Handwerk und Gewerbe und in den freien Berufen erfolgt durch die
Länder, dies zeigt sich insbesondere an der Mittelstandsförderung. Auch haben
die Länder Verwaltungskompetenzen zur Ahndung landesinterner Kartellverstöße, sodass neben dem Bundeskartellamt auch Landeskartellämter bestehen.

Die **horizontale Verwaltungsgliederung** erfasst die nebeneinander tätigen Ver- 010
waltungseinheiten von Ländern, Kreisen und Gemeinden sowie auch eine Res-
sort- und Fachaufgliederung.[1] Die föderalistische Struktur ist an der vertikalen
Verwaltungsgliederung zu erkennen, indem folgende Verwaltungsebenen unterschieden werden:

- Bund

- Länder

- Regierungsbezirke

- Kreise und kreisfreie Städte

- kreisangehörige Gemeinden.

Die **gesetzgeberischen Kompetenzen des Bundes** ergeben sich aus Art. 73 und 011
74 GG. Danach hat der Bund im Bereich der ausschließlichen oder konkurrierenden Gesetzgebung u. a. in folgenden für die Wirtschaft relevanten Gebieten Gesetze erlassen, die er in eigener Verwaltung auch ausführt:

- Gesetze in auswärtigen Angelegenheiten, Art. 73 Nr. 1 GG

- Währungs-, Geld- und Münzwesen, Art. 73 Nr. 3 GG

- Einheit des Zoll- und Handelsgebietes, Schifffahrtsverträge, Freizügigkeit des
  Warenverkehrs und den Waren- und Zahlungsverkehr mit dem Ausland einschließlich des Zoll- und Grenzschutzes, Art. 73 Nr. 5 GG

- Bundeseisenbahn und Luftverkehr, Art. 73 Nr. 6 GG

- Postwesen und Telekommunikation, Art. 73 Nr. 7 GG

- gewerblicher Rechtsschutz,[2] Urheberrecht und Verlagsrecht, Art. 73 Nr. 9 GG

- das Recht der Wirtschaft (Bergbau, Industrie, Energiewirtschaft, Handwerk, Gewerbe, Handel, Bank- und Börsenwesen, privatrechtliches Versicherungswesen), Art. 74 Nr. 11 GG

---

[1] *Püttner*, Verwaltungslehre, a. a. O., S. 73 ff.

[2] Vgl. Abschnitt I. zu den gewerblichen Schutzrechten.

- die Verhütung des Missbrauchs wirtschaftlicher Machtstellung, Art. 74 Nr. 16 GG[1]

- Land- und Forstwirtschaft, Art. 74 Nr. 17 GG

- Verkehr mit Arzneien, Heil- und Betäubungsmitteln und Giften, Art. 74 Nr. 19 GG

- Verkehr mit Lebens- und Genussmitteln, Bedarfsgegenständen, Futtermitteln, land- und forstwirtschaftlichem Saatgut etc., Art. 74 Nr. 20 GG

- Hochsee-, Küsten- und Binnenschifffahrt, Wetterdienst, See- und Binnenschifffahrtsstraßen, Art. 74 Nr. 21 GG

- Straßenverkehr, Kraftfahrwesen, Bau und Unterhaltung von Straßen für den Fernverkehr, Art. 74 Nr. 22 GG,

- Abfallbeseitigung, Luftreinhaltung und Lärmbekämpfung, Art. 74 Nr. 24 GG.

012   Die **Länder** haben im Bereich der ausschließlichen Gesetzgebung nach Ermächtigung des Bundesgesetzgebers die Gesetzgebungskompetenz in der Mittelstandsförderung, im Landespresserecht und zum Erlass von Rechtsverordnungen nach der Gewerbeordnung, dem Gaststättengesetz und anderen Rechtsgrundlagen. Im Bereich der konkurrierenden Gesetzgebung haben die Länder die Befugnis zur Gesetzgebung nur, soweit der Bund von seinem Gesetzgebungsrecht keinen Gebrauch macht, vgl. Art. 71, 72 GG.

013   Neben Bund und Ländern sind die **Gemeinden** in vielfacher Weise mit der Verwaltung der Wirtschaft befasst, z. B. durch Ausweisung von Industrie- und Gewerbegebieten und ebenso die Gemeindeverbände bei überregionalen Aufgaben im Natur- und Landschaftsschutz, in der Energie- und Wasserwirtschaft etc.

014   Nach demokratischen Grundsätzen besteht im wirtschaftlichen Bereich neben der staatlichen Verwaltung eine Selbstverwaltung durch **Kammern** und **Verbände**, deren Beteiligung bei der Vorbereitung von Gesetzen durch Anhörungsverfahren gewährleistet ist und auch eine Mitbestimmung der Arbeitnehmer in den Unternehmensorganen.[2]

2. Grundrechtsschutz wirtschaftlicher Tätigkeit

015   Die **Freiheit wirtschaftlicher Betätigung** wird durch verschiedene Grundrechte gewährleistet. Im Rahmen der freien Entfaltung der Persönlichkeit gem. Art. 2 GG besteht eine allgemeine Handlungsfreiheit in den Grenzen der Rechtsstaatlichkeit, die auch das wirtschaftliche Handeln einschließt. Die gewerblichen und die freiberuflichen Tätigkeiten werden in den Grundrechten wie folgt geschützt:

---

[1] Vgl. Abschnitt I.4 zum Kartellverbot.

[2] Vgl. Abschnitt J.7 zur Organisation der Wirtschaftsverwaltung; *Steckler/Schmidt*, Arbeitsrecht, a. a. O. Abschnitt III. 5 zu den Arbeitnehmerbeteiligungen in den Unternehmensorganen.

- Art. 2 GG (Recht auf freie Entfaltung der Persönlichkeit): **Unternehmens- oder Gewerbefreiheit, Wettbewerbsfreiheit, Vertragsfreiheit**

- Art. 9 GG (Recht auf Bildung von Vereinen und Gesellschaften): **Vereinigungsfreiheit, Koalitionsfreiheit**

- Art. 11 GG (Gewährleistung der Freizügigkeit): **Niederlassungsfreiheit**

- Art. 12 GG (Gewährleistung der Berufswahl und -ausübung): **Berufsfreiheit**

- Art. 14 GG (Gewährleistung des Eigentums): **Eigentum, Erbrecht**.

Die Handlungsfreiheit auf wirtschaftlichem Gebiet durch die unternehmerische Tätigkeit hat eine besonders große Bedeutung im Bereich der Wettbewerbsordnung und der Vertragsgestaltung,[1] darüber hinaus besteht aber auch ein Recht auf entgeltliche Verwertung der eigenen Arbeitskraft. 016

Das **Grundrecht der Vereinigungsfreiheit** wirkt sich in der Wirtschaft insoweit aus, als die Staatsbürger für alle erlaubten Ziele Vereine oder Gesellschaften gründen können. Damit ist auch die Wahl zwischen den Grundformen der Körperschaft und der Personengesellschaft möglich. Obwohl das Vereins- und Gesellschaftsrecht für die äußere Organisationsstruktur einen Typenzwang vorsieht,[2] um die Funktionsfähigkeit der Vereinigungen und ihrer Organe zu gewährleisten, bietet der Gesellschaftsvertrag einen weiten vertraglichen Gestaltungsspielraum, und auch die Satzungen der Körperschaften geben ungeachtet der gesetzlichen Einschränkungen aus Gründen des Gläubigerschutzes noch hinreichende Möglichkeiten der Gestaltung zur Anpassung an die Interessen der Gesellschafter. 017

Art. 9 GG enthält eine positive Vereinigungsfreiheit mit dem Inhalt, Vereine und Gesellschaften zu gründen und sich ihnen anzuschließen, sowie die negative Freiheit, ihnen fernzubleiben oder aus ihnen auszutreten, sodass das Prinzip der Selbstbestimmung gewahrt wird. In Art. 9 Abs. 3 GG wird das Recht gewährleistet, zur Wahrung und Förderung der Arbeits- und Wirtschaftsbedingungen Koalitionen zu bilden. Die **Koalitionsfreiheit** betrifft in erster Linie die Gründungs- und Betätigungsfreiheit von Arbeitgeberverbänden und Gewerkschaften einschließlich der Tarifautonomie und der Zulässigkeit von Arbeitskämpfen, die zum Abschluss eines Tarifvertrages führen. Das Recht der Vereinigungsfreiheit findet seine Schranken in der Allgemeinverbindlichkeit von Tarifverträgen, in der öffentlich-rechtlichen Zwangsmitgliedschaft beispielsweise in der Industrie- und Handelskammer, in der Handwerkskammer und den Kammern der freien Berufe und bei verfassungswidriger Betätigung durch Verbote im Wege von Verwaltungsakten, die in Bundes- oder Landeskompetenz ergehen. 018

Das **Grundrecht der Freizügigkeit** gem. Art. 11 GG betrifft die wirtschaftliche Tätigkeit nur insoweit, als darin auch das Recht der Niederlassungsfreiheit in den 019

---

[1] Vgl. Abschnitte B. und C. zum Vertragsrecht und Abschnitt I. zum Wettbewerbsrecht.

[2] Vgl. Abschnitt G. zum Gesellschaftsrecht.

gesetzlichen Grenzen eingeschlossen ist. So wird durch die Ausweisung eines Industriegebietes durch eine Gemeinde, durch Mischgebiete und durch branchenspezifische Genehmigungsverfahren die Standortwahl beeinflusst.

Beispiel

Ein Automobilhersteller benötigt für den Bau einer Teststrecke ein Versuchsgelände. Die Wahl des Standortes wird durch öffentliche Baugenehmigungsverfahren unter Beteiligung der Gemeinden, der Anlieger, der Naturschutzverbände und anderer Betroffener eingeschränkt.

020   Gemäß Art. 12 GG haben alle Deutschen das Recht, **Beruf, Arbeitsplatz und Ausbildungsstätte** frei zu wählen, niemand kann zu einer bestimmten Arbeit gezwungen werden. In der Europäischen Union sind die Berufsfreiheit und das Recht der Arbeit in Art. 14 der Charta der Grundrechte der EU ebenfalls gewährleistet. Darüber hinaus ist die Arbeitnehmerfreizügigkeit (Art. 45 AEUV) eine der Grundfreiheiten der Europäischen Union. Daraus resultiert das Recht auf Aufnahme einer Beschäftigung innerhalb der Europäischen Union. Beschränkungen der Berufswahl und der Berufsausübung ergeben sich durch objektive und subjektive Zulassungsvoraussetzungen nach einzelnen Gesetzen, z. B. im Bundesapothekengesetz, in der Bundesrechtsanwaltsordnung, durch gesetzliche Arbeitszeitregelungen, durch Arbeitsschutzbestimmungen über Beschäftigungsverbote und -einschränkungen für werdende Mütter und für jugendliche Arbeitnehmer, durch gesundheitliche Überprüfungen nach Arbeitssicherheitsbestimmungen etc.

021   Die **Gewährleistung von Eigentum und Erbrecht** gem. Art. 14 GG ist von erheblicher Bedeutung für eine freie Wirtschaftsordnung. Das Privateigentum ist eine elementare Grundlage vermögensrechtlicher Betätigung, wozu auch die freie Verfügungsbefugnis über Sachen und Rechte gehört. Danach ist das Eigentum an beweglichen Sachen ebenso geschützt wie an unbeweglichen Sachen, einschließlich sonstiger vermögenswerter Rechte wie Besitz, Forderungen, Renten, Aktien und auch das Recht am eingerichteten und ausgeübten Gewerbebetrieb, gewerbliche Schutzrechte und das Urheberrecht. Allerdings ist der Grundstückseigentümer nicht völlig frei in seiner Verfügungsgewalt, er hat im öffentlichen Interesse Eingriffe zu dulden, die sich aus der **Sozialbindung des Eigentums** ergeben, z. B. durch Leitungsrechte für die Energieversorgung, Wasser- und Naturschutz, Landschafts- und Denkmalschutz, Bergbaurechte und ähnliche Einschränkungen. Auch ist der Unternehmer nicht gegen Wechselkursrisiken oder gegen steuerliche Belastungen geschützt. Allerdings gibt es Entschädigungsansprüche bei Enteignungen oder enteignungsgleichen Eingriffen, z. B. infolge von Beeinträchtigungen durch Straßenbaumaßnahmen oder andere öffentliche Großanlagen, bei Bergschäden etc. Eine Enteignung darf nur aufgrund eines Gesetzes erfolgen, das dem Wohle der Allgemeinheit dient.

3. Allgemeine Wirtschaftsverwaltung

Da sich die **Marktwirtschaft** am Leitbild des freien Leistungswettbewerbs orien-   022
tiert, sollten staatliche Eingriffe in die wirtschaftliche Betätigungsfreiheit auf die
Erhaltung der Funktionsfähigkeit des Wettbewerbs und auf die Vermeidung sozialer Härten bezogen sein. Infolgedessen beschränkt sich die auf Markt und
Wettbewerb ausgerichtete Wirtschaftspolitik auf die mittelbare Wirtschaftslenkung durch Steuern und Abgaben und auf Maßnahmen der Daseinsvorsorge, z. B.
durch die Arbeitsförderung oder durch kommunale Unternehmen im Bereich der
Verkehrs- und Energiewirtschaft.

Um die Grundlage für die allgemeinen Wirtschaftsaufgaben zu schaffen, sind   023
Informationen erforderlich, die durch die **Wirtschaftsstatistik** nach Maßgabe einzelner Statistikgesetze erhoben werden. Das Recht auf informationelle Selbstbestimmung als Bestandteil des allgemeinen Persönlichkeitsrechts wird durch die
Datenschutzgesetze gewahrt. Danach ist die Erhebung, Verarbeitung und Nutzung personenbezogener Daten in Dateien nach vorheriger Einwilligung des Betroffenen oder aufgrund eines Gesetzes möglich. Im Bereich der Wirtschaftsverwaltung sind Eingriffe in das informationelle Selbstbestimmungsrecht nur auf
der Rechtsgrundlage der Statistikgesetze zulässig.[1]

3.1 Wirtschaftsplanung

Als staatliche Aufgabe dient die Wirtschaftsplanung in einer freien und sozialen   024
Marktwirtschaft vor allem der systematischen und koordinierten Vorbereitung
von **wirtschaftspolitischen Zielsetzungen**, die im Interesse der Allgemeinheit liegen. Das Grundgesetz sieht eine Planung in unterschiedlichen Bereichen vor:

► Raumordnung und Landesplanung gem. Art. 29, 75 Nr. 4 GG

► Rahmenplanung zur Verbesserung der regionalen Wirtschaftsstruktur gem.
  Art. 91a GG

► Haushaltsplan gem. Art. 110 GG und mehrjährige Finanzplanung gem. Art. 106
  Abs. 2, 109 Abs. 3 GG.

Die Wirtschaftspläne werden gebietsbezogen in Form einer **Gesamtplanung** oder   025
projektbezogen als **Fachplanung** aufgestellt und durch die Finanzplanung ergänzt. Die Fachplanung betrifft spezielle Wirtschaftsbereiche, z. B. die Personenbeförderung, den Luftverkehr und die Bundesbahn.

Die **Raumordnungsplanung** enthält auf Bundesebene Maßnahmen zur Verbes-   026
serung der Wirtschaftsstruktur, z. B. die Förderung von Industrieansiedlungen zur
Sicherung von Arbeitsplätzen und die Förderung des Umweltschutzes. Auf der
Länderebene bestehen Landesentwicklungsprogramme, die insbesondere die
Energiewirtschaft, die Land- und Forstwirtschaft und den Verkehr betreffen. In
der Gemeinde erfolgt die **Bauleitplanung** durch die Aufstellung von Flächennut-

---

[1] *Tinnefeld/Tubies*, a. a. O., S. 22.

zungsplänen, die z. B. Gewerbeflächen, landwirtschaftlich genutzte Flächen und Verkehrsflächen ausweisen.

027 Die **Finanzplanung** erfolgt durch den für ein oder mehrere Jahre festzustellenden Haushaltsplan, der im Wege des Haushaltsgesetzes festgeschrieben wird. Der Haushaltsplan ist für die privaten Unternehmen insofern von Bedeutung, als darin eine Ermächtigungsgrundlage für die Gewährung von Finanzmitteln enthalten ist. Ferner hat der Bundesminister für Wirtschaft die Möglichkeit der Ergänzung durch Finanzhilfen, z. B. Existenzgründungsprogramme.

3.2 Wirtschaftsüberwachung

028 Die staatliche Wirtschaftsüberwachung beschränkt sich auf eine gewerbepolizeiliche Gefahrenabwehr und auf die Beseitigung bereits eingetretener Störungen als Korrektiv zur Gewerbefreiheit. Der Gefahrenschutz betrifft vor allem

- ▶ **den technischen und sozialen Arbeitsschutz** z. B. durch die Überwachung der Einhaltung der Arbeitssicherheits- und Arbeitsschutzgesetze (Gewerbeordnung, Gerätesicherheitsgesetz, Chemikaliengesetz, Gefahrstoffverordnung, Arbeitsstättenverordnung, Jugendarbeitsschutzgesetz, Arbeitszeitgesetz, Ladenschlussgesetz usw.)[1]

- ▶ **den Verbraucherschutz** (§§ 312 ff. BGB Produkthaftungsgesetz, Gesetz gegen den unlauteren Wettbewerb)

- ▶ **den Umweltschutz** (Bundesimmissionsschutzgesetz, Abfallbeseitigungsgesetz, Lärmschutzverordnung usw.).

029 Als Maßnahmen der Wirtschaftsüberwachung dienen die **Anzeige- und Erlaubnispflicht** wirtschaftlicher Betätigung, z. B. durch Erteilung einer Gewerbeerlaubnis oder einer Baugenehmigung, ferner auch die Auflagen, Bedingungen, Befristungen, Warn- und Organisationspflichten, Herstellungs- und Verwendungsverbote bei der Produktion, Einfuhr oder Inbetriebnahme technischer Anlagen.

Beispiel

Kennzeichnungspflicht bestimmter Stoffe nach der Gefahrstoffverordnung durch Gefahrensymbole, Rechtspflicht zur Vornahme von Baumusterprüfungen und Bauartzulassungen nach den Verordnungen für überwachungsbedürftige Anlagen usw.

---

[1] *Steckler/Schmidt*, Arbeitsrecht, a. a. O., Abschnitt II. 3.7 zum Arbeitsschutz.

In regelmäßigen Abständen oder auf Anfrage entsenden die **Aufsichtsbehörden**   030
ihre Vertreter in die Gewerbebetriebe, um die Einhaltung der sozialen und technischen Arbeitsschutzbestimmungen zu überprüfen. Dies geschieht im Rahmen
von Betriebsbesichtigungen in Anwesenheit des Betriebsrates und durch Einsichtnahme in die Unterlagen und Verzeichnisse, welche die Arbeitgeber nach
Maßgabe der Arbeitsschutzvorschriften zu führen haben.[1] Die Wirtschaftsunternehmen haben den mit der Überwachung beauftragten Personen das Betreten
des Betriebsgrundstückes und der Gebäude zu gestatten und ihnen auf Verlangen Auskünfte zu erteilen. Eine umfassende Aufsichtsbefugnis besteht hinsichtlich der überwachungsbedürftigen Gewerbe gem. § 38 GewO.

Im Bereich der Wirtschaftsaufsicht haben die Kartellbehörden Aufgaben nach   031
Art. 101, 102 AEUV und dem Gesetz gegen Wettbewerbsbeschränkungen (GWB)
mit dem Ziel der Sicherung der Wettbewerbsordnung, ferner das Bundesaufsichtsamt für das Kreditwesen und das Bundesaufsichtsamt für das Versicherungswesen jeweils für ihre Zuständigkeit. Des Weiteren sind die Steueraufsicht, die Steu-
ererfassung, die Buchführungspflichten, die Betriebsprüfung und die Zollaufsicht
zu nennen.

3.3 Wirtschaftslenkung

Die staatlichen Möglichkeiten der Wirtschaftslenkung sind in einer freien Markt-   032
wirtschaft nur aus Gründen des Allgemeinwohles gerechtfertigt, z. B. im Bereich
der Energieversorgung oder des Wettbewerbs- und Kartellrechts. Eine Wirtschaftslenkung erfolgt durch:

▶ **Maßnahmen der Globalsteuerung**, z. B. durch das Stabilitätsgesetz, Zölle, die   033
  Gewerbe- und Körperschaftssteuer und durch die währungspolitischen Befugnisse der Deutschen Bundesbank (Regulierung des Geldumlaufs und Festsetzung der Zins- und Diskontsätze)

▶ **Maßnahmen der partiellen Wirtschaftslenkung**, z. B. durch Auftragsvergaben   034
  zur Bedarfsdeckung, Gründung kommunaler und staatlicher Betriebe, Banken
  und Verkehrsmittel sowie örtlicher Einrichtungen.

Eine **mittelbare Wirtschaftslenkung** findet beispielsweise durch die Mitbestim-   035
mung der Arbeitnehmer in den Wirtschaftsunternehmen statt, die einem Interessenausgleich zwischen Arbeitgebern und Arbeitnehmern dient und der letztlich eine Friedens- und Stabilitätsfunktion zukommt.

---

[1] Der Arbeitgeber hat nach den Arbeitsschutzgesetzen Nachweis- und Aufbewahrungspflichten
hinsichtlich der Beschäftigung jugendlicher Arbeitnehmer gem. §§ 47 ff. JArbSchG, hinsichtlich
der betrieblichen Arbeitszeit gem. §§ 16, 17 ArbZG, die Pflicht zur Führung und Aufbewahrung
einer Vorsorgekartei für ärztliche Untersuchungen gem. § 34 Gefahrstoffverordnung, Instandhal-
tungs- und Prüfungspflichten gem. § 53 Arbeitsstättenverordnung und viele ähnliche Verpflichtungen, vgl. auch *Steckler/Schmidt*, Arbeitsrecht, a. a. O., II. 3.7 zur Arbeitssicherheit.

3.4 Wirtschaftsförderung

036 Im Unterschied zur Wirtschaftsüberwachung und -lenkung, die zum Bereich der **Eingriffsverwaltung** gehört, ist die Wirtschaftsförderung der **Leistungsverwaltung** zuzuordnen. Durch die Gewährung finanzieller Vorteile in Form von Geld, Sach- und Dienstleistungen erfolgt zwar auch eine mittelbare Wirtschaftslenkung, doch dienen diese Maßnahmen in erster Linie der Vermeidung von Wirtschaftskrisen im Interesse der Stabilität der Volkswirtschaft, z. B. Erleichterung der Gründung von Privatunternehmen, Wachstumsförderung von Betrieben oder Wirtschaftszweigen, Förderung von Forschung und Entwicklung, Schaffung von Arbeits- und Ausbildungszweigen, Abwendung wirtschaftlicher Notlagen als Folge von Naturkatastrophen und in ähnlichen Fällen.

037 Die Wirtschaftsförderung erfolgt mittelbar oder unmittelbar durch Leistungsgewährung, durch einen Verzicht auf Steuereinnahmen oder durch sonstige Vergünstigungen. Als **Maßnahmen der Wirtschaftsförderung** werden u. a. gewährt:

▶ Verlorene Zuschüsse, z. B. durch Berlinförderung, Filmförderung, Mittelstandsförderung

▶ Prämien, z. B. bei Stilllegung von Betrieben

▶ zinsgünstige Darlehen

▶ Bürgschaften oder Garantien bei Zahlungsschwierigkeiten, z. B. in Auslandsgeschäften oder in der Entwicklungshilfe

▶ Naturalsubventionen, z. B. durch Vergünstigungen beim Erwerb von Gewerbeflächen

▶ Bevorzugung bei der öffentlichen Auftragsvergabe

▶ Steuervergünstigungen

▶ Gebühren- und Beitragsvergünstigungen.

038 Eine **staatliche Wirtschaftsförderung** lässt sich mit dem Leitbild des freien Wettbewerbs aus verschiedenen Gründen nur schwer vereinbaren.[1] Denn der Staat greift in das marktwirtschaftliche Wettbewerbssystem ein und entbebt den Unternehmer von seiner Verpflichtung, Strukturveränderungen zu erkennen und seinen Betrieb entsprechend anzupassen. Dadurch werden die Mittel der gewährten Finanzhilfen zu Lasten zukunftsorientierter Forschung und Entwicklung gebunden und der Strukturwandel letztendlich nur aufgeschoben, z. B. im Bereich der Werften und der Stahlindustrie. Im Übrigen können staatliche Subventionen das gesamtwirtschaftliche Gleichgewicht stören, wenn sie nicht nur vorübergehend erfolgen. Ferner sind auch die haushaltsrechtlichen und finanzwirtschaftlichen Auswirkungen der Wirtschaftsförderung zu berücksichtigen, sodass die Förderungsmaßnahmen sparsam und befristet gewährt werden sollten. Da eine Förderung bestimmter Wirtschaftszweige und Gewerbebetriebe Nachteile für andere Wettbewerber zur Folge hat, werden die grundgesetzlich geschützte Wettbewerbsfreiheit, die Berufsfreiheit und der Gleichheitssatz berührt.

---

[1] *Stober*, Wirtschaftsverwaltungsrecht, Band I, a. a. O., S. 257 ff.

Beispiel

Die Ziele der regionalen Wirtschaftsförderung widersprechen insbesondere bei der Auftragsvergabe dem Grundsatz der Wirtschaftlichkeit der Beschaffung, indem der teurere, aber förderungswürdige Unternehmer den Auftrag erhält.

Nach deutschem und auch nach **europäischem Recht** ist die Regionalförderung weitgehend untersagt, wenn von einigen Maßnahmen der Strukturförderung abgesehen wird, wie z. B. zum Aufbau einer wettbewerbsfähigen Wirtschaft in den östlichen Bundesländern. Um die Eingriffe in den freien Leistungswettbewerb überschaubar zu machen, müssen die Rechtsgrundlagen der Förderungsmaßnahmen nach EU-Recht präzise umrissen werden, so z. B., in der Mittelstandsförderung, die durch Vergabe öffentlicher Aufträge die unternehmerischen Chancen verbessern soll. Dem gegenüber erfolgt die Förderung bedrohter Branchen oder benachteiligter Unternehmen nicht durch Vergabe öffentlicher Aufträge, sondern durch Subventionen.[1] In diesem Zusammenhang ist auf das in Art. 107 f. AEUV geregelte EU-Beihilfenverbot hinzuweisen.   039

4. Besondere Wirtschaftsverwaltung

Die einzelnen Bereiche der Wirtschaftsverwaltung können an dieser Stelle nur exemplarisch aufgeführt werden. Hierzu gehören in erster Linie folgende **Rechts- und Wirtschaftsgebiete:**   040

- ► das Wettbewerbs- und Kartellrecht[2]
- ► das Gewerberecht
- ► das Umweltschutzrecht[3]
- ► das Subventionsrecht
- ► die Verkehrswirtschaft
- ► die Energiewirtschaft
- ► die Bank- und Kreditwirtschaft
- ► die Versicherungswirtschaft
- ► die Land- und Forstwirtschaft
- ► Handwerk und Bauwirtschaft
- ► Dienstleistungen ...

---

[1] *Püttner*, Wirtschaftsverwaltungsrecht, a. a. O., S. 177.

[2] Vgl. Abschnitt I.3 und 4 zum Wettbewerbs- und Kartellrecht.

[3] Vgl. zum Umweltrecht u. a. *Oberrath*, Kompendium Umweltrecht, a. a. O.

041   Das **Wettbewerbs- und Kartellrecht** hat für alle Wirtschaftsunternehmen eine erhebliche praktische Bedeutung, da das Funktionieren eines freien Leistungswettbewerbs die wesentliche Vorgabe für den unternehmerischen Handlungsspielraum bedeutet. Dagegen gehört die **Gewerbeordnung** mit zahlreichen Nebengesetzen in den Bereich der Wirtschaftsüberwachung durch Anmeldungen, Genehmigungen und Auflagen für einzelne Tätigkeiten oder für die Inbetriebnahme von technischen Anlagen. Der Grundsatz der Gewerbefreiheit wird eingeschränkt, um Gefahren für die öffentliche Sicherheit und Ordnung abzuwehren, die sich aus der Wirtschaftstätigkeit ergeben können. Der Ablauf des Wirtschaftsprozesses steht nur soweit in der Disposition der Wirtschaftssubjekte, als ihr privatautonomes Handeln keine Störungen des Allgemeinwohles verursacht.

5. Wirtschaftsstrafrecht

042   In den Wirtschaftsverwaltungsgesetzen finden sich zahlreiche Vorschriften, die besondere **Verstöße gegen die öffentliche Ordnung** und gegen Rechtsgüter einzelner im Bereich des Wirtschaftshandelns betreffen und die sowohl strafrechtliche als auch ordnungsrechtliche Folgen vorsehen.

043   Einen gesetzlich definierten Begriff der Wirtschaftskriminalität gibt es nicht. Die polizeiliche Definition orientiert sich an den in § 74c Abs. 1 Nr. 1 - 6b GVG aufgeführten Straftaten. Im Kern geht es um Bereicherungskriminalität, die im Zusammenhang mit der (tatsächlichen oder auch nur vorgetäuschten) Erzeugung, Herstellung und Verteilung von Gütern oder der Erbringung von Leistungen des wirtschaftlichen Bedarfs verübt wird. Einbezogen ist dabei nicht nur die Phase der aktiven Wirtschaftstätigkeit, sondern auch die der Gründung (z. B. Gründungsschwindel durch Angabe falscher Vermögensverhältnisse) und des Ausscheidens aus dem Wirtschaftsverkehr (z. B. Insolvenzdelikte).

044   Die Wirtschaftskriminalität umfasst Straftatbestände nach dem Strafgesetzbuch (StGB) und nach speziellen Wirtschaftsgesetzen (HGB, AktG, GmbHG etc.). Zu den Wirtschaftsstraftaten gehören neben den Straftaten im Bereich der allgemeinen Vermögensdelikte, z. B. Unterschlagung, § 246 StGB, Betrug, § 263 StGB und Untreue, § 266 StGB, auch die Konkursstraftaten, §§ 283 ff. StGB, zahlreiche Verstöße im Bereich des Arbeits- und Sozialrechts, Straftaten im Handels- und Gesellschaftsrecht gem. §§ 331 ff. HGB, 399 AktG, 82 ff. GmbHG, im Steuer- und Subventionsstrafrecht, im Wettbewerbs- und Kartellrecht, im gewerblichen Rechtsschutz, im Urheberrecht.

045   Im Jahr 1976 wurden dem Strafgesetzbuch durch das 1. Gesetz zur Bekämpfung der **Wirtschaftskriminalität** weitere Straftatbestände hinzugefügt oder bereits vorhandene abgeändert:

► Subventionsbetrug, § 264 StGB

► Kreditbetrug, § 265b StGB

► Bankrott, § 283 StGB

▸ Verletzung der Buchhaltungspflicht, § 283b StGB

▸ Gläubiger- und Schuldnerbegünstigung, §§ 283c, 283d StGB.

Das 2. Gesetz zur Bekämpfung der Wirtschaftskriminalität trat 1986 in Kraft. Es   046
trug der steigenden Tendenz zum Missbrauch technischer Einrichtungen, insbesondere beim Einsatz **elektronischer Datenverarbeitungsanlagen** Rechnung, sodass folgende Tatbestände neu in das Strafgesetzbuch aufgenommen oder geändert wurden:

▸ Fälschung beweiserheblicher Daten, § 269 StGB

▸ Erweiterung der §§ 271, 348 StGB auf alle öffentlichen Daten, durch § 273 StGB
  auf die Datenspeicherung und durch § 274 StGB auf die unbefugte Datenlö-
  schung

▸ Gleichstellung der fälschlichen Beeinflussung einer Datenverarbeitung mit der
  Täuschung im Rechtsverkehr, § 270 StGB

▸ Fälschung von Euroschecks und Scheckkarten, § 152 StGB

▸ rechtswidrige Datenveränderung, § 303a StGB

▸ Computersabotage, § 303b StGB

▸ Ausspähen von Daten (Computerspionage), § 202a StGB

▸ Computerbetrug, § 263a StGB

▸ der Kapitalanlagebetrug, § 264a StGB

▸ das Vorenthalten und Veruntreuen von Arbeitsentgelt, § 266a StGB

▸ der Missbrauch von Schecks und Kreditkarten, § 266b StGB.

Die **organisierte Wirtschaftskriminalität** ist zu einem großen Problem geworden,   047
wobei die Geldwäsche eine zentrale Bedeutung einnimmt. Das Geldwäschege-
setz dient den Strafverfolgungsbehörden zur Ermittlung von Straftaten. Es bietet
die Rechtsgrundlage für Identifikations- und Meldepflichten. Kredit- und Finanz-
institute, Spielbanken, Gewerbetreibende und Lebensversicherungen sind verpflichtet, Finanztransaktionen ab einem bestimmten Umfang zu identifizieren,
aufzuzeichnen und die Daten aufzubewahren. Die Internationalität vieler Wirtschaftsstraftaten führt zu erheblichen Hindernissen für die Ermittlungsverfah-
ren.

Das **Ordnungswidrigkeitenrecht** mit Bezug zu Wirtschaftsangelegenheiten be-   048
trifft insbesondere die Kartellverstöße, die Verstöße gegen Sicherstellungsrege-
lungen oder Preisvorschriften nach dem Wirtschaftsstrafgesetz, Verstöße gegen
das Außenwirtschaftsgesetz, sowie zahlreiche Zuwiderhandlungen im Bereich
des Wettbewerbsrechts, des Umweltrechts und des Arbeitsrechts.

Das Bundeskriminalamt (BKA) erstellt in Zusammenarbeit mit den Landeskrimi-   049
nalämtern und anderen Strafverfolgungsbehörden jährliche Berichte über die
Kriminalitätslage. Dieses „Bundeslagebild Wirtschaftskriminalität" enthält in

erster Linie Fallzahlen und Darstellungen zu Erscheinungsformen, aber auch Handlungsempfehlungen für eine verbesserte Bekämpfung der Wirtschaftskriminalität. Der hohe Schaden bei vergleichsweise geringen Fallzahlen macht deutlich, dass die Bekämpfung der Wirtschaftskriminalität eine Aufgabe mit Priorität ist. Hierbei arbeiten die Strafverfolgungsbehörden nicht nur in Deutschland, sondern auch international eng zusammen. Der Jahresbericht des BKA wird im Internet veröffentlicht.

6. Wiederholungsfragen

1. Die Gewerbeordnung enthält zahlreiche Meldepflichten für Gewerbetreibende. Angenommen, ein Gewerbebetrieb ist der erforderlichen Meldepflicht nicht nachgekommen. Kann die Gewerbeaufsicht einschreiten? Könnte sich der Gewerbetreibende auf die Unternehmens- und Gewerbefreiheit gem. Art. 2 GG berufen?

2. Eine besondere Bedeutung für die Arbeits- und Wirtschaftsbedingungen hat die Koalitionsfreiheit. Aus welchem Grundrecht wird sie hergeleitet?

3. Die zuständige Baubehörde untersagt einem Wirtschaftsunternehmen die geplante Erweiterung eines Gebäudes. Handelt es sich um eine Verfügung oder um einen Verwaltungsakt? Was könnte das Wirtschaftsunternehmen dagegen tun?

4. Ein Arbeitnehmer (A) ist im Planungs- und Entwicklungsbereich eines Unternehmens der Elektroindustrie (U) beschäftigt. Zur Lösung eines Problems zieht er einen Bekannten (B) hinzu, dem er Einsicht in unveröffentlichte Konstruktionszeichnungen gewährt. Kurze Zeit später stellt sich heraus, dass das Konkurrenzunternehmen (K), bei dem dieser Bekannte beschäftigt ist, ein Produkt auf den Markt bringt, das auf der Grundlage der unveröffentlichten Konstruktionszeichnungen des Maschinenbaubetriebes erstellt wurde. Nachforschungen ergeben, dass B in einem unbeobachteten Moment Fotos der Konstruktionszeichnungen gemacht, diese seinem Arbeitgeber K übergeben und dafür eine Sonderzahlung von 1.000 € erhalten hat. Liegt ein Straftatbestand vor? Wer hat sich ggf. strafbar gemacht?

1. Nach dem Rechtsstaatsprinzip sind alle Gewerbetreibenden in gleicher Weise gehalten, ihren Meldepflichten zu genügen. Sowohl die Gewerbeerlaubnis als auch deren Untersagung sind an Rechtsvorschriften gebunden. Zwar ist die wirtschaftliche Tätigkeit als Bestandteil des allgemeinen Persönlichkeitsrechts grundrechtlich geschützt, Art. 2 GG, doch kann die wirtschaftliche Betätigung durch Gesetze geordnet werden, z. B. Gewerbeordnung, Ladenschlussgesetz, Wettbewerbsgesetze etc.

2. Das Recht, zur Wahrung und Förderung der Arbeits- und Wirtschaftsbedingungen Koalitionen zu bilden, gründet sich auf Art. 9 Abs. 3 GG.

3. Es liegt ein Verwaltungsakt vor, weil es sich um eine Einzelfallentscheidung auf dem Gebiet des öffentlichen Rechts – Baurecht – handelt, § 35 VwVfG. Das Wirtschaftsunternehmen kann innerhalb der in der Rechtsbehelfsbelehrung angegebenen Frist Widerspruch gegen den Verwaltungsakt einlegen.

4. Die unveröffentlichten Konstruktionszeichnungen gehören zu den Geschäfts- und Betriebsgeheimnissen, die gem. §§ 17, 18 UWG geschützt sind. A hat sich gem. § 17 Abs. 2 Nr. 2 UWG strafbar gemacht, indem er ohne Erlaubnis des Arbeitgebers seinem Bekannten Einsicht in diese Unterlagen gewährt hat. Der Straftatbestand gem. § 17 Abs. 1 UWG ist nicht gegeben, weil A nicht zu Zwecken des Wettbewerbs, aus Eigennutz etc. gehandelt, sondern den Rat seines Bekannten zur Lösung eines Problems eingeholt hat. Auch B hat sich strafbar gemacht, indem er die Konstruktionszeichnungen fotografiert hat (unbefugte Verschaffung des Betriebsgeheimnisses gem. § 17 Abs. 2 Nr. 1a) UWG) und seinem Arbeitgeber übergeben hat (unbefugte Mitteilung gem. § 17 Abs. 2 Nr. 2 UWG). Das Konkurrenzunternehmen hat die Konstruktionszeichnungen für die Herstellung eines Produkts genutzt und dadurch ein Betriebsgeheimnis unbefugt verwertet, § 17 Abs. 2 Nr. 2 UWG. Durch gewerbsmäßiges Handeln liegt ein besonders schwerer Fall vor, der sich strafverschärfend auswirkt, vgl. § 17 Abs. 4 UWG. Strafrechtlich verantwortlich sind die Handelnden und – bei einer juristischen Person – die gesetzlichen Vertreter, z. B. der Geschäftsführer einer GmbH.

K. Aspekte des internationalen Wirtschaftsrechts

In diesem Abschnitt werden einige Bereiche des internationalen Wirtschaftsrechts angesprochen, soweit sich Zusammenhänge zu den dargestellten Rechtsgebieten ergeben. Dies betrifft im Vertragsrecht insbesondere die Gewährleistung nach den Regeln des **UN-Kaufrechts**, die einheitliche Auslegung der internationalen Handelsklauseln (Incoterms), den Anwendungsbereich des Außenwirtschaftsgesetzes sowie Grundzüge des europäischen Wirtschafts- und Wettbewerbsrechts.   001

1. Die Europäische Wirtschaftsordnung

Mit dem Vertrag von Lissabon, der im Herbst 2009 in Kraft getreten ist, hat die 1992 gegründete **Europäische Union (EU)** Rechtspersönlichkeit erhalten. Zugleich bedeutet dies das Ende des Nebeneinanders von den drei Gemeinschaften – Europäische Gemeinschaft für Kohle und Stahl, Europäische Wirtschaftsgemeinschaft und Europäische Atomgemeinschaft. Mit dem Vertrag von Lissabon wurden die bis dahin geltenden Verträge über Europäische Union und Europäische Gemeinschaft ersetzt durch den **Vertrag über die Europäische Union (EUV)** und den über die **Arbeitsweise der Europäischen Union (AEUV)**. Als Ziel der Union ist in Art. 3 EUV die Förderung des Friedens, der Werte und des Wohlergehens ihrer Völker festgelegt.   002

Die Union verfügt über einen institutionellen Rahmen, der unter anderem zum Zweck hat, ihren Werten Geltung zu verschaffen, ihre Ziele und Interessen zu verfolgen sowie die Kohärenz, die Effizienz und Kontinuität ihrer Politik und ihrer Maßnahmen sicherzustellen. Die Organe der EU sind   003

- das Europäische Parlament
- der Europäische Rat
- der Rat
- die Europäische Kommission
- der Gerichtshof der Europäischen Union
- die Europäische Zentralbank
- der Rechnungshof.

Die **Kommission** fördert die allgemeinen Interessen der Union und verfügt über das Monopol der Gesetzesinitiative. Sie ist auch als „Hüterin der Verträge" bekannt, weil sie für die Anwendung der Verträge sorgt und allgemein die Anwendung des Unionsrechts überwacht. Sie führt den Haushaltsplan aus und übt Exekutiv- und Verwaltungsfunktionen aus. Ihre Mitglieder, eines aus jedem Mitgliedstaat, werden für eine Amtszeit von fünf Jahren unter den Staatsangehörigen der Mitgliedstaaten auf Vorschlag der einzelnen nationalen Regierungen ausgewählt. Trotzdem übt die Kommission ihre Tätigkeit in voller Unabhängigkeit aus.   004

005 Der **Rat** besteht aus je einem Vertreter jedes Mitgliedstaats auf Ministerebene, der nach der Tagesordnung fachlich zuständig ist (z. B. Finanzminister, Landwirtschaftsminister etc.), und wird gemeinsam mit dem Europäischen Parlament als Gesetzgeber tätig. Zu seinen Aufgaben gehört die Festlegung der Politik. Soweit in den Verträgen nicht anderes festgelegt ist, beschließt der Rat mit qualifizierter Mehrheit.

006 Das **Europäische Parlament** besteht aus maximal 750 Abgeordneten, die in den Mitgliedstaaten für 5 Jahre gewählt werden. Das Parlament wird mit dem Rat als Gesetzgeber tätig und übt gemeinsam mit ihm Haushaltsbefugnisse aus. Er wählt auch den Präsidenten der Kommission.

007 Der **Europäische Rat** setzt sich zusammen aus den Staats- und Regierungschefs der Mitgliedstaaten sowie dem Präsidenten des Europäischen Rates und dem Präsidenten der Kommission. Er gibt der Union die für ihre Entwicklung erforderlichen Impulse und legt die allgemeinen politischen Zielvorstellungen fest. Er tritt in der Regel zwei Mal pro Jahr zusammen.

008 Der **Europäische Gerichtshof** sorgt für die Einhaltung und Durchsetzung des Gemeinschaftsrechts. Er umfasst den Gerichtshof, das Gericht und die Fachgerichte und besteht aus mindestens einem Richter je Mitgliedstaat. Er ist zuständig für Klagen der Mitgliedstaaten gegen den Rat oder die Kommission wegen Vertragsverletzung, für Klagen der Organe untereinander, für Klagen natürlicher oder juristischer Personen aus dem Gemeinschaftsrecht, für Streitigkeiten zwischen der EU und ihren Bediensteten und für die Auslegung des Gemeinschaftsrechts, wenn ihm Fragen von nationalen Gerichten vorgelegt werden (**Vorabentscheidungsverfahren**).

Beispiel

Im Streit um das deutsche Reinheitsgebot für Bier hatte die Kommission Klage erhoben auf Feststellung, dass die BRD gegen ihre Verpflichtung aus § 28 EGV – heute Art. 34 AEUV – verstoßen habe, indem sie das Inverkehrbringen von Bier, das in anderen Mitgliedstaaten hergestellt wird, untersagt hat. Nach Auffassung des EuGH ist es mit dem EG-Vertrag unvereinbar, dass das in anderen Mitgliedstaaten unter Verwendung von Zusatzstoffen hergestellte und dort verkehrsfähige Bier in der BRD nicht unter der Bezeichnung „Bier" in den Verkehr gebracht werden dürfe. Das Einfuhrverbot der BRD für Bier, das Zusatzstoffe enthält und damit nicht nach dem deutschen Reinheitsgebot gebraut ist, wurde als vertragswidrig angesehen. Diese Entscheidung berührt nicht das innerstaatliche Reinheitsgebot, welches von deutschen Bierbrauern weiterhin einzuhalten ist.[1]

---

[1] EuGH, Urteil vom 12.03.1987, NJW 1987, 1133 mit Anmerkung von *Moench, Christoph*, Reinheitsgebot für Bier, NJW 1987, 1109.

Der **Europäische Rechnungshof** ist für die Rechnungsprüfung zuständig. Er prüft die Rechnungen über alle Einnahmen und Ausgaben der Gemeinschaft und überzeugt sich von der Wirtschaftlichkeit der Haushaltsführung. Sodann legt er dem Europäischen Parlament und dem Rat eine Erklärung über die Zuverlässigkeit der Rechnungsführung sowie die Rechtmäßigkeit und Ordnungsmäßigkeit der zu Grunde liegenden Vorgänge vor.   009

Der EUV lässt die grundsätzliche Selbstständigkeit der Einzelstaaten unberührt und bezweckt, im übernationalen Bereich durch die Errichtung eines gemeinsamen Marktes eine Annäherung der Wirtschaftspolitik der Mitgliedstaaten zu erreichen. Durch die **Verwirklichung des Gemeinsamen Marktes** sollen die wirtschaftlichen Grenzen zwischen den Mitgliedstaaten aufgehoben werden. Dies geschieht durch die Zollunion, während für die Landwirtschaft und den Verkehr eine gemeinsame Politik eingeführt und der Wettbewerb gegen Verfälschungen aus Drittländern geschützt werden soll, sodass ein Binnenmarkt entsteht, der den Zielen des Art. 3 Abs. 3 EUV und Art. 26 AEUV entspricht.[1] Infolgedessen waren die Abschaffung der Zölle, die mengenmäßigen Beschränkungen bei der Ein- und Ausfuhr und die Einführung eines gemeinsamen Zolltarifs (GZT) im Außenhandel erste Schritte zu einer umfassenden Wirtschafts- und Währungsunion, die als Ziel der EU in Art. 3 EUV beschrieben ist: 010

Die wichtigsten Maßnahmen für die Verwirklichung eines Binnenmarktes waren: 011

▶ Einführung eines gemeinsamen Zolltarifs und einer gemeinsamen Handelspolitik gegenüber Drittländern

▶ Beseitigung der Hindernisse für den freien Personen-, Dienstleistungs- und Kapitalverkehr zwischen den Mitgliedstaaten

▶ Einführung einer gemeinsamen Landwirtschafts- und einer gemeinsamen Verkehrspolitik

▶ Errichtung eines Systems, das den Wettbewerb innerhalb des Gemeinsamen Marktes vor Verfälschungen schützt

▶ Koordinierung der Wirtschaftspolitik der Mitgliedstaaten und Behebung von Störungen im Gleichgewicht ihrer Zahlungsbilanzen

▶ Angleichung innerstaatlicher Rechtsvorschriften, soweit dies für das Funktionieren des Gemeinsamen Marktes erforderlich ist

▶ Schaffung eines europäischen Sozialfonds zur Verbesserung der Beschäftigungsmöglichkeiten der Arbeitnehmer usw.

Der Gemeinsame Markt sichert die **Freiheit des Waren-, Dienstleistungs-, Kapital- und Zahlungsverkehrs**, ferner die **Niederlassungsfreiheit** für Unternehmer und für Angehörige freier Berufe sowie die **Freizügigkeit der Arbeitnehmer**. Die Zoll- und Handelspolitik, aber auch die Landwirtschaftspolitik bilden einen Schwerpunkt der Wirtschaftsgemeinschaft, die die Agrarmärkte stabilisieren und   012

---

[1] *Rittner*, Wirtschaftsrecht, a. a. O., S. 58 ff.

die Versorgung der Verbraucher zu angemessenen Preisen sichern soll. Die Steuerung der Landwirtschaft erfolgt durch Absatz- und Mindestpreisgarantien, Festlegung von Qualitätsnormen und Ausgleichsabgaben. Allerdings hat die Lenkung der Agrarwirtschaft zu Überschüssen in der Produktion landwirtschaftlicher Erzeugnisse geführt.

Fall 30: Freier Warenverkehr > Seite 479

013   In vielen Gebieten ist eine **Rechtsangleichung** eingeleitet worden, insbesondere im Verbraucherschutzrecht, im Patent- und Markenrecht, im Wettbewerbs- und Kartellrecht,[1] im Bürgschafts- und Kreditsicherungsrecht, im Urheberrecht und im Arbeits- und Sozialrechtrecht. Das sekundäre Gemeinschaftsrecht in Form von **Verordnungen** und **Richtlinien** wird in allen Mitgliedstaaten in der Weise umgesetzt, dass die Verordnungen gem. Art. 288 Abs. 2 AEUV verbindliche und unmittelbare Geltung erlangen, während die Richtlinien gem. Art. 288 Abs. 3 AEUV die Mitgliedstaaten verpflichten, die darin enthaltenen Regelungen in nationales Recht umzusetzen.

014   Einige **Richtlinien**, die zu einer Harmonisierung einzelner Regelungsbereiche in den Mitgliedstaaten durch Umsetzung in nationales Recht geführt haben, seien exemplarisch genannt, darunter die Publizitätsrichtlinie,[2] die Verschmelzungs- und Fusionsrichtlinie,[3] die Bilanzrichtlinie, die Konzernabschlussrichtlinie, die Abschlussprüferrichtlinie,[4] die Produkthaftungsrichtlinie,[5] die Beschaffungsrichtlinie,[6] die Richtlinie zum Rechtsschutz von Computerprogrammen,[7] die Datenschutzrichtlinie,[8] die Markenrechtsrichtlinie,[9] die E-Commerce-Richtlinie, ferner verschiedene Richtlinien im Bereich des Versicherungs- und des Bankrechts, des Telekommunikations- und Medienrechts etc.

---

[1] *Emmerich*, Kartellrecht, a. a. O., S. 505 ff.

[2] Die Publizitätsrichtlinie aus dem Jahr 1968 führte zu einer Erweiterung der Rechtsscheinhaftung des Handelsregisters gem. § 15 Abs. 3 HGB; vgl. Abschnitt F.3 zum Handelsregister.

[3] *Priester*, NJW 1983, 1459 zur Koordinierung des Gesellschaftsrechts in der EG.

[4] Die Bilanz-, Konzernabschluss- und Abschlussrichtlinien wurden 1985 in deutsches Recht umgesetzt.

[5] Umsetzung in deutsches Recht durch das Produkthaftungsgesetz vom 01.01.1990, vgl. Abschnitt D.4.

[6] Zum Schutz gegen einen Missbrauch der Nachfragemacht in öffentlichen Vergabeverfahren und angesichts der raschen technischen Entwicklung wird u. a. ein Verwendungsgebot für europäische und internationale technische Normen und eine Darlegungspflicht in den Vergabeunterlagen vorgeschrieben, das in Deutschland ab einem Auftragswert von 414.958 € mit Erhöhung im Abstand von 2 Jahren eingreift, vgl. *Gleim*, Europäisches EDV-Beschaffungsrecht, CR 1991, 40.

[7] Gegenstand dieser Richtlinie ist der urheberrechtliche Schutz von Computerprogrammen gegen die unberechtigte Vervielfältigung, Bearbeitung und Verwertung, vgl. CR 1991, 382.

[8] Die allgemeine Datenschutzrichtlinie ist das Kernstück eines umfassenden EG-Datenschutzpaketes, das die Kommission am 27.07.1990 vorgelegt hat, vgl. *Franz*, CR 1991, 124.

[9] EG-Harmonisierungsrichtlinie 89/104/EWG.

Zahlreiche Europäische Richtlinien haben auch zu einer Harmonisierung des Ge-   015
sellschaftsrechts geführt. Eine höhere Qualität der Integration wird mit der
Schaffung transnationaler Gesellschaftsformen angestrebt, welche grenzüberschreitende Kooperationen und die Herausbildung europaweiter Unternehmens-
strukturen ermöglichen. Eine Gesellschaft europäischen Rechts ist die **Europäische wirtschaftliche Interessenvereinigung**.[1] Es handelt sich um die erste
transnationale Unternehmensform mit der Möglichkeit der europaweiten Kooperation von Unternehmen und Freiberuflern (z. B. Rechtsanwälten, Architekten
etc.). Die Struktur ist einfach und flexibel, um insbesondere die Wettbewerbs-
fähigkeit kleiner und mittlerer Unternehmen im Binnenmarkt zu erhöhen. Seit
2004 wird in Europa die Gründung von Gesellschaften nach weitgehend einheitlichen Rechtsprinzipien mit der **Europäischen Gesellschaft**, der so genannten
Societas Europae (SE) ermöglicht. Hierbei handelt es sich um die Rechtsform der
Aktiengesellschaft.

2. Das internationale Vertragsrecht

Der internationale Wirtschaftsverkehr richtet sich weitgehend nach nationalem   016
Recht, insbesondere nach Handels- und Gesellschaftsrecht, Außenwirtschaftsrecht und nach Wirtschaftsverwaltungsrecht. In der Bundesrepublik Deutschland
sind zur Regelung der außenwirtschaftlichen Beziehungen neben dem EU-Ge-
meinschaftsrecht auch zahlreiche **internationale Abkommen** zu beachten. Das
primäre Gemeinschaftsrecht regelt den Handel zwischen den Mitgliedstaaten
der Europäischen Union anders als den (Außen-)Handel mit Drittstaaten. Der
Außenwirtschaftsverkehr umfasst Rechtsgeschäfte von Unternehmen im Bereich
wirtschaftlicher Betätigung, darunter insbesondere den grenzüberschreitenden
Verkehr von Waren und Kapital.

In Anlehnung an die fünf Grundfreiheiten der Europäischen Union – freier Wa-   017
ren-, Dienstleistungs- und Kapitalverkehr, Freizügigkeit der Arbeitnehmer und
Niederlassungsfreiheit – enthält § 1 AWG das **Liberalisierungsprinzip** und definiert damit den Begriff des Außenwirtschaftsverkehrs.

Der Waren-, Dienstleistungs-, Kapital- und Zahlungs- und sonstige Wirtschafts-   018
verkehr mit fremden Wirtschaftsgebieten ist grundsätzlich frei. Er unterliegt den
Einschränkungen, die dieses Gesetz enthält oder die durch Rechtsverordnung
aufgrund dieses Gesetzes vorgeschrieben werden.

Das **deutsche Außenwirtschaftsrecht** folgt dem Grundsatz des freien Wirtschafts-   019
verkehrs mit dem Ausland, ermöglicht aber auch Beschränkungen zur Abwehr
schädigender Einflüsse aus fremden Wirtschaftsgebieten, z. B. Einfuhrverbote
und Exportkontrollen. Instrumente zur Regelung des Außenwirtschaftsverkehrs
sind Zölle, Ein- und Ausfuhrbeschränkungen sowie Subventionen. Das Außenwirtschaftsgesetz enthält allgemeine Ermächtigungskompetenzen für den Erlass

---

[1] Verordnung (EWG) Nr. 2137/85 (ABl. Nr. L 199/1).

von Rechtsverordnungen zur Beschränkung des Außenwirtschaftsverkehrs, §§ 4 ff. AWG. Daneben bestehen einzelne Beschränkungstatbestände nach der Außenwirtschaftsverordnung, §§ 6 ff. AWG, 8 ff. AWVO. Zur Kontrolle der Einhaltung dieser Außenwirtschaftsbeschränkungen wurden zahlreiche Verfahrens- und Meldevorschriften erlassen (§§ 12 ff. AWVO).

020　Das Vertragsrecht im Außenwirtschaftsverkehr wird bestimmt durch den **Grundsatz der freien Rechtswahl** der Parteien nach internationalem Privatrecht. Sofern die Anwendungsvoraussetzungen des UN-Kaufrechtsabkommens, bekannt auch als **CISG** (United Nations Convention on Contracts for the International Sales of Goods), erfüllt sind, werden Verträge über Warenlieferungen vorrangig nach den Bestimmungen dieses Abkommens behandelt. Darüber hinaus können in Außenhandelsverträgen auch Allgemeine Geschäftsbedingungen einbezogen werden, insbesondere Zahlungs- und Lieferbedingungen, darunter auch die internationalen Handelsklauseln, bekannt als **International Commercial Terms** (Incoterms). Hierbei handelt es sich um eine Reihe von Regeln zur Definition spezifizierter Handelsbedingungen im Außenhandel. Herausgegeben werden diese Bedingungen von der Internationalen Handelskammer (ICC). Die Neufassung der Incoterms ist seit dem 01.01.2011 gültig.

2.1 Rechtswahl und Regeln des internationalen Privatrechts

021　Bei grenzüberschreitenden Lebenssachverhalten stellt sich stets die Frage nach dem anwendbaren Recht. Nach dem im internationalen Vertragsrecht geltenden Grundsatz der freien Rechtswahl haben die Vertragsparteien zunächst die Möglichkeit, das für ihren Vertrag anwendbare Recht selbst festzulegen. Die freie Rechtswahl der Parteien ist auch in Art. 3 der ROM I-VO[1] festgelegt. Zur Anwendung kommt die ROM I-VO bei Fällen mit Auslandsberührung, die vertragliche Schuldverhältnisse in Zivil- und Handelssache zum Gegenstand haben. Nach Art. 2 ROM I-VO hat diese universelle Anwendung. Das bedeutet, dass das nach dieser Verordnung bezeichnete Recht auch dann anzuwenden ist, wenn es nicht das Recht eines Mitgliedstaates der EU ist.

022　Nach Art. 3 Abs. 1 ROM I-VO unterliegt der Vertrag dem von den Parteien gewählten Recht. Die Rechtswahl muss ausdrücklich sein oder sich mit hinreichender Sicherheit aus den Bestimmungen des Vertrags oder aus den Umständen des Falles ergeben. Die Parteien können die Rechtswahl für den ganzen Vertrag oder nur für einen Teil treffen. Sie können ihre Rechtswahl jederzeit ändern, vgl. Art. 3 Abs. 2 ROM I-VO. Allein in dem Fall, dass ein Sachverhalt keine Berührung zu einem anderen Staat hat (Inlandssachverhalt), kann die Rechtswahl unwirksam sein, vgl. Art. 3 Abs. 3 ROM I-VO. Sofern der Vertrag daher nur Bezug zu dem Recht eines einzigen Staates aufweist (Binnensachverhalt), darf von zwingenden Bestimmungen (ius cogens) im Recht dieses Staates nicht abgewichen werden (z. B.

---

[1]　Verordnung (EG) Nr. 593/2008 des Europäischen Parlaments und des Rates über das auf vertragliche Schuldverhältnisse anzuwendende Recht.

Verbraucherschutzbestimmungen). Die Parteien können in einem solchen Fall allein über das dispositive Recht bestimmen.

Beispiel

Der deutsche Unternehmer U verpachtet das in Bielefeld gelegene Fabrikgelände an den Fabrikanten F, der seine Produktion von Hagen nach Bielefeld verlagert. Die Parteien vereinbaren im Pachtvertrag die Anwendung des chinesischen Rechts. Da es sich um einen Binnensachverhalt handelt, bedarf die Kündigung des Pachtvertrags der Schriftform, §§ 581 Abs. 2, 568 Abs. 1 BGB, auch wenn das chinesische Recht ein Formerfordernis nicht vorsieht.

Wenn der Fabrikant chinesischer Staatsangehöriger wäre, ergäbe sich ein Bezug zu dem gewählten Recht, und es läge kein reiner Binnensachverhalt vor. Dennoch setzt sich auch in diesem Fall das deutsche Pachtrecht durch, da zwingende Normen des Mieter(Pächter-) schutzes nicht dadurch „ausgehebelt" werden dürfen, dass die Vertragsparteien ihren Vertrag ausländischem Recht unterstellen.

Die Rechtswahl erfolgt in aller Regel durch ausdrückliche Parteivereinbarung, kann aber auch aufgrund konkludenter Vereinbarung wirksam sein. Indizien für eine derartige stillschweigende Rechtswahl sind z. B. der Vertragsabschluss zwischen im Inland ansässigen Parteien in deutscher Sprache im Inland, die Vereinbarung eines bestimmten Gerichtsstandes in einem bestimmten Land (nicht aber der formularmäßige Gerichtsstandsvermerk auf einer Rechnung) bzw. eines institutionellen Schiedsgerichts mit ständigem Sitz (u. a. in Wien und Paris), die Vereinbarung der Geltung der Allgemeinen Geschäftsbedingungen einer Vertragspartei, die Verwendung von Formularen, die auf einer Rechtsordnung aufbauen (aber nicht, wenn deren Gebrauch wie im Seefrachtverkehr international üblich ist) oder der Hinweis auf nationale Rechtsvorschriften in der Vertragsurkunde. **023**

Die Form der Rechtswahlklausel richtet sich nach Art. 11 ROM I-VO. Die Rechtswahlvereinbarung bedarf also nicht notwendig der Form des abgeschlossenen Vertrages (Kaufvertrag, Werkvertrag, Mietvertrag, Frachtvertrag, Lagervertrag etc.). **024**

Die Rechtswahlklausel muss eindeutig sein; sofern z. B. in einem Vertrag über grenzüberschreitende Warenlieferungen die Geltung des deutschen Rechts vereinbart wird, findet das UN-Kaufrecht (CISG) Anwendung, weil Deutschland Vertragsstaat dieses Kaufrechtsabkommens ist und CISG deutsches Recht ist. Soll das UN-Kaufrecht daher nicht gelten, müsste es ausdrücklich ausgeschlossen werden. **025**

Soweit keine ausdrückliche oder stillschweigende Rechtswahl besteht, ist zu klären, welches Recht bei Fällen mit Auslandsberührung zur Anwendung kommt. Die Beantwortung dieser Frage ist Gegenstand des Rechtsgebiets des Internati- **026** onalen Privatrechts bzw. des Kollisionsrechts. Innerhalb der EU gilt das Europäische Internationale Privatrecht, das in den sog. Rom-Verordnungen (ROM I-III) geregelt ist.

027   Bei grenzüberschreitenden vertraglichen Schuldverhältnissen richtet sich das auf den Vertrag anzuwendende Recht (**Vertragsstatut**), soweit die Parteien keine Rechtswahl getroffen haben, nach Art. 4 ROM I-VO.

028   Danach unterliegen **Kaufverträge** über bewegliche Sachen dem Recht des Staates, in dem der Verkäufer seinen gewöhnlichen Aufenthalt hat. Entsprechendes gilt auch für **Dienstleistungsverträge**. Hier ist das Recht des Staates, in dem der Dienstleister seinen gewöhnlichen Aufenthalt hat, relevant. Bei Verträgen, die ein dingliches Recht an unbeweglichen Sachen sowie die Miete oder Pacht unbeweglicher Sachen für länger als sechs aufeinander folgende Monate zum Gegenstand haben, ist die Belegenheit der Sache als Anknüpfungspunkt für das anwendbare Recht entscheidend. Art. 4 Abs. 1 ROM I-VO regelt ausdrücklich das anwendbare Recht auch für weitere Verträge, wie z. B. für Franchiseverträgen und Vertriebsverträge. Soweit ein Vertrag weder in Art. 4 Abs. 1 ROM I- VO vorgesehen wird noch von den besonderen Vorschriften Art. 5 - 8 ROM I-VO umfasst ist (Beförderungsverträge, Verbraucherverträge, Versicherungsverträge und Individualarbeitsverträge), unterliegt er dem Recht des Staates in dem die Partei, welche die für den Vertrag charakteristische Leistung zu erbringen hat, ihren gewöhnlichen Aufenthalt hat, sofern sich aus der Gesamtheit der Umstände nicht ergibt, dass der Vertrag offensichtlich engere Verbindung zu einem anderen Staat aufweist (Art. 4 Abs. 2 und 3 ROM I-VO).

029   Die charakteristische Leistung ist die Leistung, die dem Vertrag sein besonderes Gepräge gibt. Dies ist i. d. R. nicht die Geldzahlung, denn eine Vergütung muss bei vielen Verträgen gezahlt werden, sondern z. B. beim Kauf die Lieferung der Sache, beim Mietvertrag die Überlassung der Mietsache, beim Werkvertrag die Herstellung des Werkes usw. Bei einem gewerblichen Warenkauf ist deshalb – greift das UN-Kaufrecht nicht ein – in der Regel das Recht des Landes anwendbar, in dem der Verkäufer seinen gewöhnlichen Aufenthalt oder seine Hauptverwaltung oder Hauptniederlassung hat, weil die Lieferung der Ware dem Vertrag die charakteristische Prägung gibt.

030   Kann das anzuwendende Recht nicht nach Art. 4 Abs. 1 und 2 bestimmt werden, so unterliegt der Vertrag dem Recht des Staates, zu dem er die engste Verbindung hat.

031   Die **ROM II-VO**[1] ist in Betracht zu ziehen, wenn nach dem anwendbaren Recht bei **außervertraglichen Schuldverhältnissen** in Zivil- und Handelssachen gesucht wird. Insofern fallen außervertragliche Staatshaftungsansprüche aus dem Anwendungsbereich der ROM II-VO heraus. Von dieser Verordnung werden Folgen

---

[1] Verordnung (EG) Nr. 864/2007 des Europäischen Parlaments und des Rates über das auf außervertragliche Schuldverhältnisse anzuwendende Recht.

einer unerlaubten Handlung, einer ungerechtfertigten Bereicherung, Geschäftsführung ohne Auftrag sowie Verschulden bei Vertragsverhandlungen erfasst. Das Deliktsstatut wird grundsätzlich nach Maßgabe des Art. 4 ROM II-VO ermittelt. Danach ist auf ein außervertragliches Schuldverhältnis aus unerlaubten Handlung das Recht am gemeinsamen gewöhnlichen Aufenthalt von Schädiger und Geschädigten anzuwenden (Abs. 2).

2.2 Der internationale Warenkauf (CISG)

Das Übereinkommen der Vereinten Nationen über Verträge über den Internationalen Warenkauf (CISG = United Nations Convention on Contracts for the International Sale of Goods) gilt seit dem 01.01.1991 auch für die Bundesrepublik Deutschland.[1] Der deutsche Rechtsanwender sollte wissen, dass das UN-Kaufrecht im Vergleich zu dem deutschen Kaufrecht des BGB und des HGB attraktive Gestaltungsvarianten eröffnet. Die darin enthaltenen Regelungen betreffen alle Verträge, die Warenlieferungen zum Gegenstand haben und einen Bezug zu einem der Vertragsstaaten aufweisen. Die Anwendung des **UN-Kaufrechts** ergibt sich unter folgenden Voraussetzungen:

032

▸ Kaufvertrag oder Werklieferungsvertrag über Waren

▸ die Parteien haben ihre Niederlassungen in verschiedenen Staaten

▸ Berührung eines Vertragsstaates des UN-Kaufrechts

▸ Vertragsabschluss nach dem 01.01.1991 oder Einbeziehung des UN-Kaufrechts in einen älteren Vertrag.

Danach werden Verträge über Warenlieferungen nach dem UN-Kaufrecht behandelt, sofern eine Vertragspartei ihre **Niederlassung in einem Vertragsstaat** dieses Abkommens hat. Mithin unterfällt heute jede Warenlieferung eines Importeurs oder Exporteurs mit Niederlassung in Deutschland unter das UN-Kaufrecht, falls dessen Anwendung nicht vertraglich ausgeschlossen wurde.[2]

033

Das UN-Kaufrecht enthält Regelungen über den Vertragsabschluss und die Pflichten der Kaufvertragsparteien sowie einige Bestimmungen zum **Gefahrübergang**, zum **Sukzessivlieferungsvertrag** und einiges mehr. Das UN-Kaufrecht geht von einem einheitlichen Begriff der Vertragsverletzung aus, ohne dass es auf ein Verschulden der Vertragsparteien an der Leistungsstörung ankäme. Die Verletzungshandlung orientiert sich an den Hauptleistungspflichten des Verkäufers gem. Art. 30 CISG:

▸ Lieferung der Ware

▸ Übergabe der die Ware betreffenden Dokumente

▸ Übertragung des Eigentums an der Ware.

---

[1] Zum 31.12.2015 haben 84 Staaten das UN-Kaufrecht ratifiziert; vgl. auch Internetdatenbank: www.uncitral.org

[2] *Piltz*, Internationales Kaufrecht, a. a. O., S. 23 ff.

034 Der Verkäufer hat Ware zu liefern, die in Menge, Qualität und Art sowie hinsichtlich Verpackung oder Behältnis den Anforderungen des Vertrags genügt, Art. 35 CISG (Vertragsmäßigkeit der Ware). Falls die Parteien keine anderen Vereinbarungen getroffen haben, so entspricht die Ware dem Vertrag nur,

- ▶ wenn sie sich für die Zwecke eignet, für die Ware der gleichen Art gewöhnlich gebraucht wird

- ▶ wenn sie sich für den vom Verkäufer ausdrücklich bekannt gegebenen Zweck eignet, falls der Käufer auf die Sachkenntnis des Verkäufers vertrauen konnte

- ▶ wenn sie die Eigenschaften einer Ware besitzt, die der Verkäufer dem Käufer als Probe oder als Muster vorgelegt hat

- ▶ wenn sie in der für die Ware üblichen oder angemessenen Art verpackt ist.

035 Der Verkäufer haftet für die auf diese Weise definierte **Vertragsverletzung** nicht, wenn der Käufer bei Vertragsabschluss die vertragswidrigen Umstände kannte oder kennen musste. Ein entsprechender Haftungsausschluss bei Kenntnis des Käufers vom Mangel der Kaufsache enthält auch § 442 BGB. Wie im deutschen Recht ist auch nach dem UN-Kaufrecht der Zeitpunkt des Gefahrübergangs für die Haftung des Verkäufers maßgeblich. Allerdings haftet der Verkäufer auch dann für eine Vertragswidrigkeit, wenn diese erst nach dem Gefahrübergang offenbar wird oder auf eine Pflichtverletzung zurückzuführen ist, welche vor diesem Zeitpunkt liegt, Art. 36 CISG.

036 Der Käufer hat die Ware innerhalb **kürzester Frist** zu untersuchen, spätestens mit deren Eintreffen am Bestimmungsort. Er hat ferner die Vertragswidrigkeit innerhalb angemessener Frist dem Verkäufer anzuzeigen, Art. 38, 39 CISG. Entsprechend der handelsrechtlichen **Untersuchungs- und Rügepflicht** nach deutschem Recht gem. § 377 HGB verliert der Käufer durch die fehlende oder verspätete Mängelrüge seine Gewährleistungsrechte. Er kann sich auf eine Vertragswidrigkeit nicht mehr berufen, wenn er sie dem Verkäufer nicht innerhalb einer angemessenen Frist anzeigt und dabei die Art der Vertragsverletzung genau bezeichnet. Die Rügefrist richtet sich nach der Dauer einer ordnungsgemäßen Wareneingangsuntersuchung, doch muss die Mängelanzeige spätestens in 2 Jahren nach der Übergabe der Ware erfolgen.

037 Das UN-Kaufrecht enthält auch eine **Rechtsmängelhaftung** des Verkäufers, der die Ware gem. Art. 41 ff. CISG frei von Rechten Dritter zu liefern hat. Die Rechtsmängelhaftung ist ausgeschlossen, wenn der Käufer diese Rechte bei Vertragsabschluss kannte, beispielsweise gewerbliche Schutzrechte wie Patentrechte, Markenrechte oder auch bestehende Urheberrechte. Rechtsmängel sind ebenso wie Sachmängel innerhalb einer angemessenen Frist zu rügen, nachdem der Käufer davon Kenntnis erlangt hat oder hätte erlangen müssen. In seiner Mängelrüge hat der Käufer den Rechtsmangel genau zu bezeichnen.

Nach ordnungsgemäßer Verfolgung seiner **Gewährleistungsansprüche** durch eine Anzeige des Mangels kann der Käufer nach UN-Kaufrecht die nachfolgenden Rechtsbehelfe gem. §§ 45 ff. CISG geltend machen: 038

- **Vertragserfüllung**
- **Vertragsaufhebung**
- **Minderung**
- **Schadensersatz.**

Der Käufer kann vom Verkäufer die **ordnungsgemäße Vertragserfüllung** verlangen, z. B. Nachbesserung bei mangelhafter Ware oder Nacherfüllung bei einer Minderlieferung. Einen Anspruch auf Ersatzlieferung hat der Käufer nur dann, wenn die Vertragswidrigkeit eine **wesentliche Vertragsverletzung** (Art. 25 CISG) darstellt und er sie zusammen mit der Mängelanzeige fordert, Art. 46 ff. CISG. Der Käufer kann dem Verkäufer zur Erfüllung seiner Pflichten eine angemessene Nachfrist setzen. Im Falle einer Fristsetzung kann er vor Fristablauf den Erfüllungsanspruch nicht geltend machen, doch behält er das Recht auf Schadensersatz wegen verspäteter Erfüllung.   039

Der Käufer kann die **Aufhebung des Vertrages** erklären, wenn die Nichterfüllung eine wesentliche Vertragsverletzung (Art. 25 CISG) darstellt oder im Fall einer Nichtlieferung der Verkäufer die Ware nicht innerhalb der vom Käufer gesetzten Nachfrist liefert. Den Aufhebungsanspruch kann der Käufer auch geltend machen, wenn eine andere Vertragsverletzung als verspätete Lieferung durch den Verkäufer vorliegt. Allerdings muss der Käufer die Aufhebung des Vertrages innerhalb einer angemessenen Frist erklären, nachdem er von der Vertragsverletzung erfahren hat oder eine solche hätte erkennen können.   040

Im **Sukzessivlieferungsvertrag** wird der Käufer die Vertragsaufhebung auf eine Teillieferung beschränken, wenn die Nichterfüllung oder die wesentliche Vertragsverletzung eine Teillieferung betrifft. Nur für den Fall, dass der Käufer einen triftigen Grund zu der Annahme hat, dass eine wesentliche Vertragsverletzung in Bezug auf künftige Teillieferungen zu erwarten ist, kann er innerhalb angemessener Frist die Aufhebung des gesamten Sukzessivlieferungsvertrags für die Zukunft erklären. Eine Vertragsaufhebung für bereits erhaltene Lieferungen kann er nur verlangen, wenn diese infolge des Fortfalls des Dauerlieferverhältnisses nicht mehr für den vorgesehenen Zweck verwendet werden können, vgl. Art. 73 CISG.   041

Der Käufer hat einen Anspruch auf **Minderung des Kaufpreises** bei nicht vertragsgemäßer Ware, unabhängig davon, ob er den Kaufpreis bereits gezahlt hat. Er kann den Kaufpreis in dem Verhältnis herabsetzen, in dem der Wert, den die tatsächlich gelieferte Ware im Zeitpunkt der Lieferung hatte, zu dem Wert steht, den vertragsgemäße Ware zu diesem Zeitpunkt gehabt hätte. Ein Anspruch auf Minderung wird dadurch ausgeschlossen, dass der Verkäufer den Mangel in Erfüllung seiner Pflichten behebt, sog. Nacherfüllung, oder dass der Käufer die Annahme der Erfüllung verweigert, Art. 50 CISG.   042

043 Der **Schadensersatzanspruch** des Käufers wegen der Vertragsverletzung des Verkäufers besteht unbeschadet seiner Rechte auf Vertragsaufhebung oder Minderung nach Maßgabe der Art. 74 ff. CISG. Danach kann der Käufer den Schaden ersetzt verlangen, der den aufgrund der Vertragsverletzung entstandenen Verlust einschließlich des entgangenen Gewinns umfasst. Es muss sich allerdings um voraussehbare Folgen der Vertragsverletzung handeln, sodass ungewöhnliche Umstände bei der Berechnung des Schadensumfangs unberücksichtigt bleiben. Die Schadensberechnung bei Vertragsaufhebung erfolgt entweder nach der Preisdifferenz zu einem abgeschlossenen Deckungskauf oder nach dem Marktpreis.

044 Den Käufer, welcher sich auf eine Vertragsverletzung beruft, trifft auch eine **Schadensminderungspflicht**. Er hat alle den Umständen nach angemessenen Maßnahmen zu treffen, die den Verlust einschließlich des entgangenen Gewinns verringern; andernfalls kann der Verkäufer die Herabsetzung des Schadensersatzes verlangen.

Fall 32: Internationaler Warenkauf > Seite 480

2.3 Die internationalen Handelsklauseln

045 Die Internationale Handelskammer (ICC = International Chamber of Commerce) hat eine Liste der **„Trade Terms" (Handelsklauseln)** zusammengestellt, die in Außenhandelsverträgen häufige Verwendung finden. Um Rechtsstreitigkeiten zu vermeiden, die infolge unterschiedlicher Handelsgewohnheiten der jeweiligen Länder entstehen können, wurde eine einheitliche Auslegung der Handelsklauseln erarbeitet.

046 Die **Incoterms (= International Commercial Terms)** sind seit ihrer ersten Veröffentlichung mehrfach den Anforderungen der Wirtschaftspraxis angepasst worden. Im Jahr 1990 wurden sie grundlegend revidiert und neu geordnet, um dem elektronischen Datenausgleich und den modernen Transporttechniken (Bildung von Ladungseinheiten in Containern, multimodaler Transport, Ro-Ro-Transport) Rechnung zu tragen. Die Änderung im Jahr 2000 berücksichtigt insbesondere den intermodularen Transport und hat in der Auslegung die Verladeverpflichtung der Kaufvertragsparteien spezialisiert. Da die Versendung der Waren mit den Risiken des Verlusts oder der Beschädigung behaftet ist, sind die Gefahrtragungsregeln neben den Mitwirkungsverpflichtungen beim Abschluss von Beförderungs- und Versicherungsverträgen von herausragender Bedeutung. Seit dem Jahr 2010 können die Incoterms nicht nur international, sondern auch national genutzt werden, die Klauseln wurden von 13 auf 11 reduziert (die maritimen Klauseln DAF, DES, DEQ, DDU wurden entfernt; die allgemeinen Klauseln DAT, DAP hinzugefügt) und der Gefahrübergang erfolgt nun bei FOB und CFR sobald sich die Güter an Bord des Schiffes befinden. Die Neufassung der Incoterms ist seit dem 01.01.2011 gültig.

In allen Incoterms werden folgende **Modalitäten des Kauf- oder (Werk-)Liefe-** 047
rungsvertrags festgelegt:

► Hauptleistungspflichten (Warenlieferung und Kaufpreiszahlung)

► Gefahrübergang

► Kosten

► Benachrichtigungspflichten

► Transportdokumente

► Mitwirkungspflichten
(Abschluss von Transport- und Versicherungspflichten, Vornahme von Quali-
täts- und Warenkontrollen, Beschaffung der Aus- und Einfuhrbewilligung etc.).

Die **Leistungs- und Preisgefahr** geht vom Verkäufer auf den Käufer über, wenn der 048
Verkäufer seine Verpflichtung zur Lieferung der Ware erfüllt hat. Damit der Käufer den Zeitpunkt des Gefahrübergangs nicht verzögern kann, kann die Gefahr
nach allen Klauseln auch schon vor der Lieferung übergehen, wenn der Käufer die
Ware nicht wie vereinbart abnimmt oder wenn er versäumt, Anweisungen bezüglich des Verladetermins oder des Lieferorts zu geben.

Die **Klausel EXW** stellt die Mindestverpflichtung des Verkäufers dar, indem dieser 049
die Waren in seinem Betrieb dem Käufer zur Verfügung stellt, während mit der
Klausel DDP (Delivered Duty Paid) die Maximalverpflichtung des Verkäufers vereinbart wird, der die Ware verzollt an den benannten Bestimmungsort im Ein-
fuhrland zu liefern und auf seine Kosten Aus- und Einfuhrbewilligung zu beschaffen hat. Eine Darstellung der Incoterms enthalten die Übersichten 10 und 11. Da
die Incoterms für verschiedene Handelszweige und Regionen verwendet werden,
sind die Hafenusancen und die Handelspraxis des jeweiligen Bestimmungsortes
zu beachten. Ferner ist zu berücksichtigen, dass eventuelle Individualvereinbarungen den allgemeinen Regeln der Incoterms vorgehen.

Übersicht 10: Incoterms 2010 (Einteilung)	
Gruppeneinteilung der Incoterms	**Transportart**
Gruppe E (Abholklausel)	
EXW Ex works (ab Werk)	jede Transportart einschließlich multimodaler Transport
Gruppe F (Haupttransport wird vom Verkäufer nicht bezahlt)	
FCA free carrier (frei Frachtführer)	jede Transportart (... benannter Ort)
FAS free alongside ship (frei Längsseite Schiff)	See- und Binnenschiffstransport (... benannter Verschiffungshafen)
FOB free on board (frei an Bord)	See- und Binnenschiffstransport (... benannter Verschiffungshafen)

Übersicht 10: Incoterms 2010 (Einteilung)		
Gruppe C (Haupttransport wird vom Verkäufer bezahlt)		
CFR	cost and freight (Kosten und Fracht)	See- und Binnenschiffstransport (... benannter Bestimmungshafen)
CIF	cost, insurance and freight (Kosten, Versicherung und Fracht)	See- und Binnenschiffstransport (... benannter Bestimmungshafen)
CPT	carriage paid to (frachtfrei)	jede Transportart (... benannter Bestimmungsort)
CIP	carriage and insurance paid to (frachtfrei versichert)	jede Transportart (... benannter Bestimmungsort)
Gruppe D (Ankunftsklauseln)		
DAF	delivered at frontier (geliefert Grenze)	jede Transportart (... benannter Ort)
DAT	delivered at terminal (geliefert Terminal)	jede Transportart (... benanntes Terminal im Hafen oder benannter Bestimmungsort)
DAP	delivered at place (geliefert benannter Ort)	jede Transportart (... benannter Bestimmungsort)
DES	delivered ex ship (geliefert ab Schiff)	See- und Binnenschiffstransport (... benannter Bestimmungshafen)
DEQ	delivered ex quay (geliefert verzollt ab Kai)	See- und Binnenschiffstransport (... benannter Bestimmungshafen)
DDU	delivered duty unpaid (geliefert unverzollt)	jede Transportart (... benannter Ort)
DDP	delivered duty paid (geliefert verzollt)	jede Transportart (... benannter Ort)

Übersicht 11: Incoterms 2010 (Auslegung)		
Term	**Verkäufer**	**Käufer**
EXW	Zurverfügungstellung der Ware am benannten Ort und zur vereinbarten Zeit, Benachrichtigung des Käufers	Aus- und Einfuhrbewilligung, Warenkontrollen, Abnahme der Ware und Zahlung des Kaufpreises
FCA	Beschaffung der Ausfuhrbewilligung, Qualitätsprüfung und Verpackung, Transportdokumente, Übergabe der Ware an den Frachtführer	Einfuhrbewilligung, Abschluss des Beförderungsvertrages, Warenkontrollen, Abnahme der Ware und Zahlung des Kaufpreises
FAS	Qualitätsprüfung und Verpackung, Transportdokumente, Lieferung der Ware in den benannten Verschaffungshafen Längsseite Schiff	Aus- und Einfuhrbewilligung, Abschluss des Beförderungsvertrages, Warenkontrollen, Abnahme der Ware und Zahlung des Kaufpreises
FOB	Beschaffung der Ausfuhrbewilligung, Qualitätsprüfung und Verpackung, Transportdokumente, Lieferung der Ware an Bord des vom Käufer benannten Schiffes	Einfuhrbewilligung, Beförderungsvertrag, Warenkontrollen, Abnahme der Ware und Zahlung des Kaufpreises
CFR	Ausfuhrbewilligung, Beförderungsvertrag, Qualitätsprüfung, Transportdokumente, Lieferung der Ware an Bord des Schiffes im Verschiffungshafen, Fracht- und Ausladungskosten	Einfuhrbewilligung, Beförderungsvertrag, Warenkontrollen, Abnahme der Ware und Zahlung des Kaufpreises
CIF	Ausfuhrbewilligung, Beförderungsvertrag, Versicherungsvertrag mit einer Mindestdeckung von 110 %, Qualitätsprüfung, Transportdokumente, Lieferung der Ware an Bord des Schiffes im Verschiffungshafen, Fracht- und Auslieferungskosten	Einfuhrbewilligung, Warenkontrollen, Abnahme der Ware und Zahlung des Kaufpreises
CPT	Ausfuhrbewilligung, Beförderungsvertrag, Qualitätsprüfung, Übergabe der Ware an den Frachtführer	Einfuhrbewilligung, Warenkontrollen, Abnahme der Ware und Zahlung der Kaufpreises
CIP	Ausfuhrbewilligung, Beförderungsvertrag, Versicherungsvertrag mit einer Mindestdeckung von 110 %, Transportdokumente, Qualitätsprüfung, Übergabe der Ware an den Frachtführer	Einfuhrbewilligung, Warenkontrollen, Abnahme der Ware und Zahlung der Kaufpreises
DAT	Verladung auf Transportmittel, Export-Zollanmeldung, Transport zum Exporthafen, Entladen des Lkw im Exporthafen, Ladegebühren im Exporthafen, Transport zum Importhafen, Entladegebühren im Importhafen	Verladen auf Lkw im Importhafen, Transport zum Zielort, Einfuhrverzollung, Einfuhrversteuerung, Versicherung

Übersicht 11: Incoterms 2010 (Auslegung)		
Term	Verkäufer	Käufer
DAP	Verladung auf Transportmittel, Export-Zollanmeldung, Transport zum Exporthafen, Entladen des Lkw im Exporthafen, Ladegebühren im Exporthafen, Transport zum Importhafen, Entladegebühren im Importhafen, Verladen auf Lkw im Importhafen, Transport zum Zielort	Einfuhrverzollung, Einfuhrversteuerung, Versicherung
DDP	Aus- und Einfuhrbewilligung, Beförderungsvertrag, Qualitätsprüfung und Verpackung, Transportdokumente, Lieferung der Ware zum benannten Ort im Einfuhrland	Warenkontrollen, Abnahme der Ware und Zahlung des Kaufpreises

3. Wiederholungsfragen

1. Welchem Recht unterliegen Kaufverträge mit grenzüberschreitendem Warenkauf? Was bedeutet der Grundsatz der freien Rechtswahl?

2. Unter welchen Voraussetzungen werden die internationalen Handelsklauseln (Incoterms) Vertragsbestandteil? Kommt es darauf an, ob den Vertragsparteien die international einheitliche Auslegung der Incoterms bekannt ist?

3. Welcher vertraglichen Vereinbarung im Hinblick auf den Erfüllungsort entspricht die häufig verwendete internationale CIF-Klausel nach deutschem bürgerlichem Recht? Wo findet der Gefahrübergang statt?

4. Ein Unternehmen mit Sitz in Baku (Aserbeidschan) nimmt die in Deutschland ansässige Gross GmbH aus einem Vertrag über die Lieferung von Textilien auf Zahlung in Anspruch. Die Gross GmbH beruft sich auf Normen des deutschen BGB und HGB. Da es sich um eine internationale Warenlieferung handelt, tritt die Frage auf, ob deutsches Recht Anwendung findet oder nach dem Recht Aserbeidschans zu entscheiden ist?

1. Nach dem Grundsatz der freien Rechtswahl können die Vertragsparteien das für ihren Vertrag geltende Recht bestimmen. Haben die Vertragsparteien keine Rechtswahlklausel vereinbart, kann im internationalen Warenkauf das UN-Kaufrecht zur Anwendung kommen, wenn ein Vertragsstaat des UN-Kaufrechtsabkommens beteiligt ist oder die Geltung des UN-Kaufrechts vereinbart wurde.

2. Incoterms werden wie andere Vertragsbedingungen in den Vertrag einbezogen. Allerdings reicht die Verwendung der international gebräuchlichen Abkürzung aus, ohne dass es darauf ankommt, ob den Vertragsparteien ihre Bedeutung bekannt ist.

3. Es handelt sich um die Vereinbarung eines Versendungskaufs. Damit liegt eine Schickschuld vor, sodass Erfüllungsort der Geschäftssitz des Verkäufers ist. Der Verkäufer übernimmt die Verpflichtung, die Ware in der vereinbarten Art und Weise einer Transportperson zu übergeben. Die Gefahr geht also bereits am Geschäftssitz des Verkäufers mit Übergabe an die Transportperson, also z. B. mit Lieferung der Ware an Bord des Schiffes im Verschiffungshafen, auf den Käufer über.

4. Das UN-Kaufrecht kommt gemäß Art. 1 Abs. 1a) UN-Kaufrecht nicht zur Anwendung, da die Parteien ihre Niederlassung nicht in verschiedenen Vertragsstaaten haben. Aserbeidschan ist kein Vertragsstaat des UN-Kaufrechts.

   Das UN-Kaufrecht könnte gem. Art. 1 Abs. 1b) UN-Kaufrecht zur Anwendung kommen, wenn die Normen des deutschen Internationalen Privatrechts zum Recht eines Vertragsstaates des UN-Kaufrechts führen (mittelbare Anwendung des CISG).

   Die Parteien haben bei Vertragsschluss weder ausdrücklich noch stillschweigend ein bestimmtes Recht gewählt. Die Tatsache, dass sich die Gross GmbH auf Normen des deutschen BGB und HGB bezog, bedeutet auch keine stillschweigende Wahl des deutschen Rechts. Denn dazu müssten sich beide Parteien übereinstimmend auf das deutsche Recht berufen. Dies ist hier nicht geschehen. Eine Rechtswahl gem. Art. 3 Abs. 1 ROM I-VO liegt daher nicht vor.

   Mangels einer Rechtswahl richtet sich die Beurteilung des Vertrages gemäß Art. 4 Abs. 1 ROM I-VO. Demnach unterliegen Kaufverträge über bewegliche Sachen dem Recht des gewöhnlichen Aufenthaltes des Verkäufers. Aus dem Sachverhalt ergibt sich, dass der Verkäufer das Unternehmen mit Sitz in Baku ist. Da das Unternehmen, das die Textilien geliefert hat, seinen Sitz in Baku hat, kommt das Recht Aserbeidschans zur Anwendung. Anders wäre der Fall zu beurteilen, wenn die Firma Gross GmbH die Lieferung der Kaufsache bewirkt hätte. In diesem Fall wäre gemäß Art. 9 Abs. 1 ROM I-VO das Recht des Verkäufers deutsches Recht. CISG ist deutsches Recht und somit anwendbar (vgl. Art. 1 Abs. 1b) CISG).

Fall 1: Trierer Weinversteigerung[1]

In einem Trierer Lokal findet eine Weinversteigerung statt, bei der das Erheben der Hand die Abgabe eines bestimmten Mehrgebotes bedeutet. Karl Kröger, der sich auf einer Urlaubsreise in Trier befindet, betritt das Weinlokal, um einen Schoppen zu trinken. Er ist mit den Versteigerungsbräuchen nicht vertraut und wundert sich über die Eintrittsgebühren. Doch hält er dies für eine Trierer Besonderheit, zahlt und nimmt unter den Bietern Platz. Als die Bedienung auch nach geraumer Zeit noch keine Bestellung entgegengenommen hat, winkt er sie herbei. Der Versteigerer wertet das Winken Krögers als Mehrgebot und erteilt ihm den Zuschlag. Karl Kröger erfährt, dass er ein Fass Pfälzer Wein mit 500 Litern ersteigert hat. Muss er den Preis bezahlen?

Lösung s. Seite 481

Fall 2: Anfechtung einer EDV-Willenserklärung[2]

Kunze buchte im Januar bei dem Reiseveranstalter Bauer für die Zeit vom 17.07. bis 07.08. ein Ferienhaus in Frankreich, wobei der Katalogpreis von 1.074 € zu Grunde gelegt wurde. Am 21.01. erhielt Kunze von dem Reiseveranstalter eine maschinelle Reisebestätigung, die – in Übereinstimmung mit dem im Reisekatalog angegebenen Preis – einen wöchentlichen Mietpreis von 1.074 € aufwies. Diese Reisebestätigung wurde im automatisierten Verfahren erstellt, wonach der Computer anhand einer eingegebenen Nummer des gebuchten Objekts und des Reisezeitraumes den jeweiligen Reisepreis selbstständig ermittelt und ausdruckt. Eine Woche später übersandte der Reiseveranstalter Bauer an Kunze eine neue berichtigte Reisebestätigung, in der der Reisepreis auf 1.574 € wöchentlich angehoben wurde. Bei der Reisebestätigung vom 21.01. habe es sich um einen Erklärungsirrtum gehandelt, der mit der berichtigten Reisebestätigung vom 28.01. angefochten wurde. Kunze möchte für sein Ferienhaus nur 1.074 € wöchentlich bezahlen.

Lösung s. Seite 482

Fall 3: Belieferung mit geändertem Material[3]

Die Karton-GmbH lieferte der Big-Pack KG über längere Zeit Wellpappen einer bestimmten Qualität. Diese Ware bestand aus drei Schichten: Außendeckel, Feinwelle und Innendeckel. Die von der Karton-GmbH bezogene Pappe sollte vereinbarungsgemäß einen Testliner-Innendeckel im Gewicht von 190 mg/qm haben. Ab Januar verwendete die Karton-GmbH jedoch einen anderen Testliner-Innendeckel mit einem geringerem Gewicht, nach ihrer Behauptung von 170 mg/qm. Gleichwohl enthielten ihre durch Bestellungen der Big-Pack KG veranlassten Auftragsbestätigungen die unrichtige Angabe des früheren Testliner-Gewichts. Für Wellpappeplatten mit niedrigerem Gewicht stellte die Karton-GmbH der Big-Pack KG vom 06.05. bis 30.06. insgesamt 126.000 € in Rechnung.

---

[1] Vgl. u. a. BGH 291, 324.

[2] AG Frankfurt, CR 1990, 469.

[3] BGH, NJW 1989, 2532.

Die Big-Pack KG, die Verpackungen für die Industrie herstellt, hat die gelieferte Wellpappe verarbeitet. Nachdem Kunden Bestellungen annulliert hatten und ein geringeres Flächengewicht festgestellt worden war, rügte sie mit Fernschreiben vom 30.06, dass ihr bereits seit Monaten Ware mit einer Testliner-Innendecke mit nur 160 g geliefert worden sei. Mit ihrer Klage verlangt die Karton-GmbH Zahlung des noch offenen Rechnungsbetrages von 126.000 €.

Die Big-Pack KG stützt ihren Klageabweisungsantrag darauf, dass die gelieferte Wellpappe nicht vertragsgemäß gewesen sei. Die vertragswidrige Gewichtsermäßigung von 12 % rechtfertige einen entsprechenden Preisnachlass. Außerdem stünden ihr Schadensersatzansprüche zu, weil ihr Aufträge entzogen wurden und sie bereits verarbeitete Verpackungen nicht habe absetzen können. Sie rechne mit einer Gesamtforderung von 126.600 € auf, darin ist eine Minderung des Kaufpreises enthalten.

Aus dem Gutachten des im Prozess hinzugezogenen Sachverständigen hat sich ergeben, dass das unstreitig reduzierte Gewicht der Wellpappe nicht zu einer schlechteren Qualität führen müsse. Insoweit hat das Gericht als nicht bewiesen angesehen, dass der Wert oder die Tauglichkeit der Ware zum gewöhnlichen oder nach dem Vertrage vorausgesetzten Gebrauch überhaupt gemindert war.

Lösung s. Seite 484

Fall 4: Beratungspflicht beim Computer-Kauf[1]

Ein mittelständischer Handwerksbetrieb ohne EDV-Kenntnisse will seine kaufmännischen und branchenspezifischen Aufgaben durch einen Einstieg in die EDV lösen. Das System soll die Buchhaltung und die Kalkulation von Bauaufträgen (Angebot, Massenermittlung und Fakturierung) erledigen. Der Handwerksbetrieb wendet sich mit dem Wunsch einer Problemlösung an einen fachkundigen Hard- und Softwarelieferanten. Dieser empfiehlt und beschafft ihm eine Komplettlösung durch ein einheitliches System aus Hardware und Standardsoftware. Die speziellen Bedürfnisse des Anwenders wurden aber zuvor weder konkretisiert noch schriftlich festgelegt. Als Folge davon stellt sich heraus, dass das System für den Anwender nicht brauchbar ist. Insbesondere beim Einsatz des Bauprogramms und der Anpassung dieses Programms auf die Wünsche des Handwerksbetriebes kam es u. a. zu folgenden Schwierigkeiten:

Bei der Baustellenabrechnung konnte das Programm nicht an die Holzliste und das Aufmaß für das verwendete Bauholz angepasst werden. Die verschiedenen Einzelpositionen bei Erdarbeiten, Umgebungs- und Kanalisationsarbeiten konnten nicht programmiert werden. Textverarbeitung wie Briefe, Mahnungen und Überweisungen konnten im Bauprogramm nicht geschrieben werden. Die automatische Fakturierung von Abschlagszahlungen mit einem Rechnungsbetrag von 90 % war nicht möglich. Eine Trennung von Personal- und Materialkosten bei der Fakturierung war ebenfalls nicht durchzuführen. Die unzureichende Flexibilität der Software lag auch an der eingeschränkten Leistung der Hardware, die im Arbeitsspeicher eine für den Bedarf des Betriebs des Leasingnehmers zu geringe Speicherkapazität aufwies.

---

[1] OLG Stuttgart, CR 1989, 598.

Der Handwerksbetrieb lehnt die Zahlung des vereinbarten Komplettpreises ab und rechnet gegenüber der Klageforderung mit einem Schadensersatzanspruch in entsprechender Höhe auf. Mit seiner Klage begehrt der Hard- und Softwarelieferant die Zahlung der gelieferten EDV-Anlage und der Programme.

Lösung s. Seite 485

Fall 5: Verzug beim Abrufauftrag[1]

Der EDV-Händler Fricke verpflichtet sich, bei der Kobold-GmbH bis zum 30.09. 1.000 Stück Soft-Prom à netto 43 € zu kaufen. Der Mindestauftragswert sollte netto 2.000 € betragen. In einem zweiten Vertrag verpflichtete sich Fricke, bis zum 30.11 bei der Kobold-GmbH 1.000 Stück Soft-Prom 2 x 8 K-Byte à netto 65 € zu kaufen. Der Mindestauftragswert je Lieferung sollte netto 3.000 € betragen. Aus dem ersten Vertrag nahm Fricke nur 271 Teile ab. Die Kobold-GmbH forderte ihn auf, bis zum 11.11. die Restmenge von 729 Stück Zug um Zug gegen Zahlung von 31.347 € nebst Mehrwertsteuer abzunehmen und kündigte für den Fall fruchtlosen Fristablaufs Schadensersatzansprüche an. Fricke nahm die Restmenge aus dem ersten Vertrag ab, die Zahlung blieb jedoch aus.

Aus dem zweiten Vertrag nahm Fricke nur 120 Teile ab. Die Kobold-GmbH setzte ihm eine Frist zum Abruf der restlichen Teile bis zum 11.12. und teilte mit, für die Herstellung der Restmenge würden 15 Tage benötigt, sodass bei Abruf bis zum 11.12. die Abholung am 27.12. Zug um Zug gegen Zahlung von 57.200 € nebst Mehrwertsteuer erfolgen könne. Für den Fall, dass der Abruf nicht erfolge, kündigte sie Schadensersatzansprüche an. Fricke rief die Restmenge aus dem zweiten Vertrag nicht ab. Die Kobold-GmbH macht Schadensersatz statt der Leistung wegen Nichterfüllung der Abnahmepflicht geltend.

Lösung s. Seite 486

Fall 6: Verkaufs- und Lieferbedingungen[2]

Die G-GmbH stellt Leichtmetallfenster her, die sie an private und geschäftliche Kunden vertreibt und vor Ort montiert. Den Verträgen mit ihren Kunden legt sie „Verkaufs- und Lieferungsbedingungen" zu Grunde, die u. a. Folgendes bestimmen:

1. *„Die Preise sind freibleibend. Bei einer Steigerung von Material- und Rohstoffpreisen, Löhnen und Gehältern, Herstellungs- und Transportkosten ist der Lieferer berechtigt, die vom Tage der Lieferung gültigen Preise zu berechnen."*

2. *„Ist eine bestimmte Lieferzeit vereinbart, beginnt diese erst nach Eingang der vom Auftraggeber beizubringenden Unterlagen und nach Vorliegen der verbindlichen Maße im Lieferwerk sowie deren schriftliche Bestätigung durch den Hersteller."*

3. *„Verzögert sich die Lieferung aus einem vom Hersteller zu vertretenden Umstand, so kann der Auftraggeber (= Besteller) nur dann vom Vertrag zurücktreten und Schadensersatz statt der Leistung verlangen, wenn er dem Hersteller zuvor unter Ableh-*

---

[1] OLG Hamm, CR 1989, 287.

[2] BGH, Urteil vom 6.12.1984, NJW 1985, 855.

nungsandrohung erfolglos eine Nachfrist von mindestens 6 Wochen gesetzt hat und diese Frist fruchtlos abgelaufen ist."

4. Die G-GmbH ist berechtigt, vom Vertrag zurückzutreten, wenn vom Hersteller nicht zu vertretende Umstände die Lieferung unangemessen verzögern. *„Nicht zu vertreten hat der Hersteller insbesondere Streik, Aussperrung, nicht rechtzeitige Belieferung durch Zulieferer."*

5. *„Ist die Montage im Vertrag eingeschlossen, so sind bei Anlieferung 90 % der Rechnungssumme fällig. Der Restbetrag ist bei Bauabnahme fällig mit 3 % Skonto auf die Gesamtsumme."*

6. *„Versteckte Mängel der gelieferten Ware sind vom Auftraggeber unverzüglich nach Sichtbarwerden schriftlich zu rügen."*

Mit der gemäß § 1, 3 UKlaG erhobenen Klage verlangt die Verbraucherzentrale e. V. von der G-GmbH, diese Klauseln im Rechtsverkehr gegenüber Nichtkaufleuten nicht mehr zu verwenden.

Lösung s. Seite 487

Fall 7: Widerrufsrecht bei Online-Auktionen[1]

Der Kläger handelt gewerblich mit Gold- und Silberschmuckstücken. Er stellte am 07.09. auf der Website der eBay International AG ein „15 ct. Diamanten-Armband ab 1 €" zur Versteigerung ein und bestimmte eine Laufzeit für die Internet- Auktion von einer Woche. Der Beklagte gab am 14.09. mit 252,51 € das höchste Gebot ab, verweigert jedoch die Abnahme und Bezahlung des Armbands. Der Kläger verlangte Zahlung zuzüglich 11 € Versandkosten, insgesamt 263,51 € nebst Zinsen.

Lösung s. Seite 489

Fall 8: „Jahreswagen" als Beschaffenheitsvereinbarung[2]

Der Beklagte kaufte am 28.01. von der Klägerin, einer Kraftfahrzeughändlerin, einen als „Jahreswagen" bezeichneten Gebrauchtwagen zum Preis von 25.300 €. Das Fahrzeug war 32 Monate zuvor hergestellt und sechs Monate zuvor erstmals zugelassen worden. Das Fahrzeug wurde seit seiner Erstzulassung von der ersten Halterin, der E-GmbH, als Mietwagen genutzt. Dem Beklagten war bei Vertragsabschluss die Verwendung des Fahrzeugs im Mietwagengeschäft durch die E-GmbH bekannt. Da sich der Wagen im Zeitpunkt des Kaufvertragsabschlusses noch im Bestand der ersten Halterin, der E-GmbH, befand, vereinbarten die Parteien den 15.05. als Liefertermin. Kurz zuvor baute die Klägerin im Auftrag des Beklagten in dem Fahrzeug einen CD-Wechsler ein und montierte vier Aluräder. Mit ihrer Klage hat die Klägerin von dem Beklagten die Zahlung der für die vorgenannten Einbauten vereinbarten Vergütung von insgesamt 2.700 € nebst Zinsen verlangt. Der Beklagte hat gegenüber der Klageforderung die Aufrechnung mit einem Anspruch auf teilweise Rückzahlung des Kaufpreises erklärt, den er mit

---

[1] BGH, Urteil vom 3.11.2004, NJW 2005, 53.

[2] BGH, Urteil vom 7.6.2004, NJW 2006, 2694.

einer Minderung unter anderem wegen der bereits achtzehn Monate vor dem Kaufvertragsabschluss erfolgten Herstellung des Fahrzeugs begründet hat. Im Wege der Widerklage hat der Beklagte den die Klageforderung übersteigenden Minderungsbetrag von zuletzt 1.350 € nebst Zinsen geltend gemacht.

Lösung s. Seite 490

Fall 9: Der Gebrauchtwagenkauf

Kramer kauft bei einem Gebrauchtwagenhändler einen Pkw für 5.000 €. Auf die Nachfrage Kramers erklärt der Gebrauchtwagenhändler, das Fahrzeug sei 74.000 km gelaufen und sei seines Wissens unfallfrei. Nach zwei Monaten verschuldet Kramer einen Unfall, bei dem der Pkw erheblich beschädigt wird. In der Werkstatt erfährt er, dass das Fahrzeug zuvor bereits einen Unfall hatte und in Wirklichkeit einen Tachostand über 100.000 km aufweist. Ein Sachverständigengutachten ergibt, dass der wahre Verkaufswert des Wagens nur 4.000 € betragen hätte, während das Fahrzeug ohne den Unfall 4.500 € wert gewesen wäre. Kramer wendet sich an den Gebrauchtwagenhändler, doch dieser wusste von dem früheren Unfall nichts und war auch in dem guten Glauben, dass der angezeigte Tachostand von 74.000 km zutreffend sei. Deshalb ist er der Auffassung, der Kaufvertrag sei wirksam und ist zu keiner Rückabwicklung bereit. Kramer möchte wissen, welche Rechte ihm gegen den Gebrauchtwagenhändler zustehen und ob er das Fahrzeug gegen Rückzahlung des Kaufpreises an den Verkäufer zurückgeben kann.

Lösung s. Seite 493

Fall 10: Das mangelhafte Notebook

Die Studentin Sörensen hat am 01.05. ein gebrauchtes Notebook für 1.800 € gekauft, das am gleichen Tag geliefert wird. Im Kaufvertrag wurde ein Jahr Garantie zugesichert. Im September stellen sich erhebliche Mängel heraus, die der Verkäufer, beginnend am 15.09., ohne Erfolg zu beseitigen versucht. Am 15.01. des Folgejahres erklärt der Verkäufer endgültig, es sei ihm unerklärlich, weshalb Sörensen Mängel bei dem Gebrauch des Notebooks festgestellt habe. In seinem Betrieb habe das Gerät ordnungsgemäß funktioniert, deshalb müssen die beschriebenen Programmabstürze durch eine unsachgemäße Behandlung hervorgerufen worden sein, vielleicht auch durch Mängel der Software. Es folgen Verhandlungen, die bis in den Mai dauern. Erst am 15.05. bricht Sörensen die Verhandlungen ab und verlangt Rückzahlung des Kaufpreises.

Lösung s. Seite 495

Fall 11: Garantiebedingungen im Versandhandel[1]

Ein Versandhaus verwendet Garantieurkunden, auf deren Vorderseite neben der Bezeichnung des Artikels die Dauer der jeweils eingeräumten Garantiezeit eingetragen wird und deren Rückseite auszugsweise folgende vorgedruckte Garantiebedingungen enthält:

---

[1] BGH, NJW 1981, 867.

„Die Garantie beginnt mit dem Tag der Warenlieferung ... Eine Garantieleistung verlängert die Garantiezeit nicht ... In der Garantiezeit beseitigen wir jeden Produktionsfehler am Gerät, der nachweisbar auf Material- oder Herstellungsfehlern beruht, oder liefern einen Ersatzartikel. Die erforderlichen Ersatzteile und die anfallende Arbeitszeit werden nicht berechnet ... Bei Garantiezeiten, die über 6 Monate hinausgehen, berechnen wir im Garantiefall ab dem 7. Monat eine anteilige Fahrkostenpauschale von 9,50 € oder die anfallenden Portokosten ...“

Nach Auffassung eines Verbraucherschutzvereins verstoßen diese Garantiebedingungen gegen § 309 Nr. 8 b), bb), cc) und ff) BGB. Kann der Verbraucherschutzverein von dem Versandunternehmen die Unterlassung der Verwendung dieser Klauseln in ihren Garantiebedingungen verlangen?

Lösung s. Seite 496

Fall 12: Factoring und Eigentumsvorbehalt[1]

Der Unternehmer U (= Anschlusskunde) befand sich in Liquiditätsschwierigkeiten und schloss deshalb mit der F-Bank einen Factoring-Vertrag. Darin ließ sich die F-Bank im Voraus alle künftigen Forderungen des U aus Warenlieferungen gegen sämtliche Abnehmer unter der aufschiebenden Bedingung abtreten, dass sie die jeweilige Forderung ankaufe, und übernahm für die von ihr gekauften Forderungen das Delkredere, d. h. das Risiko der Zahlungsunfähigkeit der jeweiligen Schuldner (Abnehmer des U).

Die Abtretung wurde nicht offengelegt, um die Kreditwürdigkeit des U nicht zu gefährden. Damit die angekauften Forderungen der F-Bank gutgebracht werden konnten, erteilte U der F-Bank Vollmacht über sein Geschäftskonto bei der B-Bank. Dieses Konto wies ein ständiges Debet zwischen 1,2 und 1,9 Mio. € auf und überstieg den Kreditrahmen des U. Zur Sicherung der Ansprüche aus seiner Geschäftsverbindung mit der B-Bank trat U alle bestehenden und künftigen Ansprüche gegen seine Abnehmer im Wege der Globalzession an die B-Bank ab, „soweit sie nicht von der F-Bank aufgrund des Factoring-Vertrags angekauft sind oder angekauft werden“. Um sicherzustellen, dass die Abnehmer des U mit schuldbefreiender Wirkung Zahlungen auf das B-Bank-Konto leisten konnten, wurde die Abtretungserklärung von der F-Bank vorformuliert und der B-Bank zur Weiterleitung an U übergeben. Es wurde vereinbart, dass der gesamte Zahlungsverkehr des Anschlusskunden U über sein Konto bei der B-Bank erfolgen solle.

Die F-Bank kaufte die Forderungen des Anschlusskunden gegen fünf Abnehmer in Höhe von insgesamt 250.000 € an und überwies den Kaufpreis auf das Konto bei der B-Bank. Diesen fünf Forderungen lagen Warenlieferungen zu Grunde, die U nach Abschluss des Factoring-Vertrags unter Vereinbarung eines verlängerten Eigentumsvorbehalts von der G-GmbH bezogen hatte. Als U zahlungsunfähig wurde, beanspruchte die F-Bank unter Hinweis auf den Factoring-Vertrag die Zahlungen von den fünf Abnehmern bis zur Höhe von 250.000 €, wogegen die G-GmbH diese Zahlungen aufgrund des verlängerten Eigentumsvorbehaltes verlangte. Die fünf Abnehmer hielten wegen der beste-

---

[1] BGH, NJW 1987, 1878.

henden Gläubigerunsicherheit zunächst ihre Zahlungen zurück und leisteten dann auf ein gemeinsames Bankkonto der F-Bank und der G-GmbH. Beide verlangen Auszahlung des Bankguthabens, wobei sich die F-Bank auf den Factoring-Vertrag beruft, die G-GmbH auf die im Wege des verlängerten Eigentumsvorbehalts erklärte Vorausabtretung. Kann die F-Bank die Herausgabe der Zahlungen verlangen?

Lösung s. Seite 497

Fall 13: Die defekte Heizungsanlage

Bartels beauftragt den Installateur Ulrich mit der Verlegung einer neuen Heizungsanlage in seinem Geschäftsbetrieb. Sieben Jahre nach Fertigstellung und Abnahme entsteht ein Brand, durch den die Heizungsanlage zerstört, das Gebäude und zahlreiche Einrichtungsgegenstände beschädigt werden. Zur Aufklärung der Brandursache wird das Gutachten eines Sachverständigen eingeholt, der feststellt, dass der Brand infolge unsachgemäßer Verlegung der Leitungsrohre beim Heizungseinbau entstanden ist. Bartels verlangt von Ulrich nunmehr den Einbau einer neuen Heizungsanlage, Schadensersatz für das Sachverständigengutachten und den entgangenen Gewinn, der infolge der Betriebsstillegung entstanden ist, sowie Ersatz für das beschädigte Gebäude und für die verbrannten Einrichtungsgegenstände. Ulrich erhebt die Einrede der Verjährung.

Lösung s. Seite 499

Fall 14: Rechtsmangel einer Raubkopie[1]

Die EDV-GmbH vertreibt u. a. ein aus Hard- und Software bestehendes Computersystem für Optikerbetriebe mit der Bezeichnung Opdat. Sie lieferte an das Augenoptikergeschäft Opti-GmbH von ihr erstellte Rechner mit einer Kapazität von 16 statt der ursprünglich bei den Rechnern der Opti-GmbH vorhandenen 8 Bit. Die EDV-GmbH installierte die vorhandene Software und lieferte dazu auch ein passendes Textverarbeitungssystem.

Die Opti-GmbH übersandte der Firma Lux die Programmbeschreibung dieses Textverarbeitungssystems zur Überprüfung, ob es sich dabei um eine Raubkopie handle. Daraufhin untersagte die Firma Lux der Opti-GmbH die Weiterbenutzung des Textverarbeitungssystems mit der Begründung, es handle sich um eine Raubkopie der von ihr selbst hergestellten und nicht für die EDV-GmbH lizenzierten Software. Daraufhin stellte die Opti-GmbH die Nutzung der gesamten Anlage für ihre Zwecke ein und erklärte gegenüber der EDV-GmbH den Rücktritt vom Vertrag und gleichzeitig die Anfechtung wegen arglistiger Täuschung. Die EDV-GmbH reagierte nicht. Nunmehr setzte die Opti-GmbH der EDV-GmbH eine Frist zur Beschaffung des Nutzungsrechtes am Textverarbeitungssystem und kündigte die Geltendmachung von Schadensersatzansprüchen an. Auch dieser Aufforderung kam die EDV-GmbH nicht nach. Die Opti-GmbH verlangt Schadensersatz in Höhe von 46.525 € nebst 4 % Zinsen. Diesen Betrag errechnete sie aus der geplanten Nutzungsdauer von 8 Jahren für die Anlage aufgrund der

---

[1] OLG Hamm, CR 1991, 15.

vereitelten Nutzungsmöglichkeiten durch die Lieferung der Raubkopie des Textverarbeitungsprogramms.

Lösung s. Seite 500

Fall 15: Stromunterbrechung im Betrieb[1]

Der Autofahrer Wild geriet mit seinem Fahrzeug infolge überhöhter Geschwindigkeit ins Schleudern und prallte gegen einen Strommast. Durch den Aufprall wurde der Strommast abgeknickt und die Stromzufuhr unterbrochen. Es handelte sich dabei um eine öffentliche Versorgungsleitung, an die zahlreiche Privathaushalte, aber auch der Geschäftsbetrieb der Firma Fischer KG angeschlossen war. Infolge des Stromausfalls musste die Fischer KG für einen Tag den Betrieb einstellen. Fischer verlangt von Wild Schadensersatz für den Produktionsausfall.

Lösung s. Seite 501

Fall 16: Prüfungspflicht für Zulieferteile[2]

Die Becker KG stellt Zubehörteile für Elektromotoren her, u. a. Kohlebürsten. Am 07.04. bestellte die Kluge KG bei der Becker KG 50 Industriekohlebürsten vom Typ S+E, nachdem zwischen den Parteien zuvor telefonisch abgeklärt worden war, dass die Becker KG diese Kohlebürsten in der geforderten Qualität liefern könne und dass „K 4" der Qualität „K 14 Z 3" entspreche.

Das Rohmaterial für die Herstellung der Kohlebürstenkontakte-Plattenmaterial 32 mm in Qualität übereinstimmend mit K 14 Z 3 S+E bestellte die Becker KG per Fernschreiben bei ihrer langjährigen Lieferantin N-KG und nicht bei der Originalherstellerin Fa. S & E. Auf dem Fernschreiben vermerkte der Mitarbeiter der Becker KG handschriftlich zur Qualitätsbezeichnung „= K 4".

Die N-KG lieferte der Becker KG sieben Kohleplatten mit der Qualitätsbezeichnung „K 4". Daraus fertigte die Becker KG Kohlebürsten und lieferte diese am 21.04. an die Kluge KG aus. Dort dienten sie zunächst als Reserve und wurden erst etwa 20 Monate später in acht Schleifringläufermotoren einer Bandstraßenanlage eingebaut. Fünf Wochen nach dem Einbau brannte im Unternehmen der Kluge KG ein Motor infolge eines Kurzschlusses durch, weil die von der Becker KG gelieferten Kohlebürsten einem abnorm schnellen Verschleiß unterlagen. Ein Sachverständigengutachten des TÜV ergab, dass die Platten mit der Bezeichnung „K 4" nicht der Qualität „K 14 Z 3" entsprachen.

Daraufhin lieferte die Becker KG kostenlos neue Kohlebürsten, die aus Kohleplatten der Firma M mit der Bezeichnung „3344" hergestellt waren. Das Verschleißverfahren dieser Kohlebürsten ist einwandfrei und entspricht mindestens der Qualität der Kohlen „K 14 Z 3". Die Kluge KG hat wegen des Schadens aus der Reparatur von zwei durchgebrann-

---

[1] Vgl. hierzu auch BGHZ 29, 65 ff.

[2] OLG Köln, CR 1990, 268.

ten Motoren und der Überholung von sechs weiteren Motoren Schadensersatzansprüche geltend gemacht.

Lösung s. Seite 502

Fall 17: Haftung für alte Schulden

Tippke ist Inhaber eines Ladens für Geschenkverpackungen und Kartonagen in Berlin. Eine Eintragung im Handelsregister liegt nicht vor. Nachdem Tippke viel Zeit im Internet verbracht und einen Kurs über Mediendesign absolviert hat , beschließt er, sein Geschäft durch die Übernahme von Druckaufträgen zu erweitern und erwirbt zu diesem Zweck bei der Fixstadt AG eine für Grafiken geeignete IT-Anlage mit spezieller Software zum Preis von 15.000 €. Tippke muss allerdings bald darauf feststellen, dass er sich finanziell übernommen hat, weil zunächst nicht genügend Druckaufträge eingehen und nimmt deshalb den finanzkräftigen Brösel als Partner in sein Geschäft auf. Die Gesellschaft mit Tippke und Brösel wird unter der Firma „Tipp: KunstGrafik OHG" im Handelsregister eingetragen. Tippke und Brösel vereinbaren, dass Brösel für die früheren Schulden Tippkes nicht haften solle. Eine Woche später meldet sich die Fixstadt AG und verlangt den Kaufpreis von 15.000 € für die IT-Anlage von Brösel.

Lösung s. Seite 503

Fall 18: Der Kauf eines Laser-Druckers

Alfred Andersen war persönlich haftender Gesellschafter der Andersen KG, einer Großdruckerei in Hamburg. Aus Altersgründen zog er sich aus der Geschäftsführung zurück und vereinbarte mit seinem Sohn Arne Andersen dessen Eintritt als persönlich haftender Gesellschafter in die Kommanditgesellschaft. Dieser Vorgang wurde am 02.09. im Handelsregister eingetragen und am 15.10. in üblicher Weise bekanntgemacht. Der Vater arbeitete in der Folgezeit immer noch einige Stunden täglich als Angestellter im Betrieb. Am 28.10. stritten sich Vater und Sohn über die Anschaffung einer Druckmaschine, denn Arne Andersen lehnte die Investition in ein Großgerät ab, weil seiner Auffassung nach ein anderes Gerät beschafft werden müsste. Dennoch bestellte der Vater den Drucker noch am gleichen Tag bei der Herstellerin ABC-AG. Als der Sohn von dem Vertragsabschluss erfuhr, widersprach er sofort gegenüber der ABC-AG, doch war die Lieferung bereits unterwegs. Kann die ABC-AG von der Andersen KG die Zahlung des Kaufpreises verlangen?

Lösung s. Seite 504

Fall 19: Der Weinhändler als Kommissionär

Der Winzer Prechtl beauftragt den Weinhändler Häberle, 50.000 Flaschen Tafelwein „Hexe vom Rebenberg" für seine Rechnung zu verkaufen. Prechtl hat Häberle angewiesen, den Wein nur zu einem Mindestpreis von 3 € pro Flasche zu verkaufen. Häberle erzielt nach langen und zähen Verhandlungen mit dem Großhändler Wächter einen Kaufpreis von 135.000 €. Prechtl erleidet einen Wutanfall, traut Häberle nicht mehr über den Weg und verlangt daher Zahlung des erzielten Kaufpreises unmittelbar von Wächter. Welche Ansprüche hat Prechtl?

Lösung s. Seite 505

Fall 20: Kasse gegen Dokumente[1]

Yömir betreibt in Pakistan die Herstellung und den Export von Orientteppichen. Er schloss mit dem Teppichhändler Timpe aus Deutschland einen Kaufvertrag über 235 Teppiche verschiedener Sorten und Qualitäten ab. Darunter befanden sich 33 Teppiche Bokhara mit der Qualitätsbezeichnung 11/22. Yömir sollte die Ware in bester Qualität und Glanzmaterial liefern. Als Zahlungsklausel wurde **„cash against documents"** vereinbart. Yömir versandte die Teppiche per Luftfracht nach Düsseldorf.

Nachdem Timpe im Zolllager des Düsseldorfer Flughafens nach längerem Drängen erreicht hatte, dass von einem der dort Beschäftigten einer der 35 Ballen geöffnet wurde und er den Inhalt aus etwa drei Meter Entfernung in Augenschein genommen hatte, teilte er Yömir mit, er sei von der Qualität der Teppiche, die nicht einmal das bestellte Glanzmaterial aufwiesen, enttäuscht und verweigere die Annahme. Bei dieser Weigerung und der Ablehnung, die ihm angebotenen Dokumente gegen Zahlung des Kaufpreises aufzunehmen, blieb er auch in der Folgezeit.

Daraufhin stellte Yömir dem Teppichhändler Timpe eine Abnahmefrist und ließ die Teppiche durch einen Sachverständigen begutachten. Dieser untersuchte elf der gelieferten Teppiche, darunter zwei Bokhara 11/22, und kam in seinem Gutachten zu dem Ergebnis, dass die Knotenzahl − von einer Teppichsorte abgesehen − unter den in der Knotentabelle für pakistanische Teppiche angegebenen Werten lag. Die beiden Bokhara 11/22 wiesen statt der in der Knotentabelle aufgeführten Anzahl von ca. 375.000 lediglich 325.000 Knoten je qm auf. Nach dem erfolglosen Ablauf der Abnahmefrist veräußerte Yömir die Teppiche anderweitig. Mit der vorliegenden Klage hat er Timpe auf Schadensersatz in Höhe von 50.000 € nebst Zinsen in Anspruch genommen, der sich zusammensetzt aus der Differenz zwischen Kaufpreis und Erlös aus dem Deckungsverkauf, den Kosten der Zollabfertigung, Rollgeld, Stapler-, Zoll-, Lagergebühr, Weiterleitungsfracht, Flug- und Aufenthaltskosten eines Angestellten Yömirs, der wegen der Abnahmeverweigerung des Teppichhändlers Timpe nach Deutschland geflogen sei. Auf die Rechtsbeziehungen der Parteien ist deutsches Recht anzuwenden.

Lösung s. Seite 506

Fall 21: Thunfisch in Dosen

Der Einzelhändler Carlsson kauft bei dem Großhändler Gustavsson unter anderem 50 Kisten Thunfisch zu je vierundzwanzig Dosen. Als die Waren geliefert werden, bedient Carlsson gerade einen Kunden, sodass die Lieferung von dem Auszubildenden Anthon in Empfang genommen und in den Lagerraum gebracht wird. Es werden nur 49 Kisten Thunfisch in Dosen abgeladen. Aus dem Lieferschein ergibt sich die bestellte Waren-

---

[1] BGH, NJW 1987, 2435 = BB 1987, 716.

menge von 50 Kisten. Auf Befragen erklärt Anthon, er habe die Richtigkeit der Lieferung überprüft. Anthon hat zwar die Lieferung hinsichtlich der äußeren Beschaffenheit, der bestellten Qualität und der Verfalldaten, nicht jedoch hinsichtlich der Menge überprüft. Nach zwei Wochen erhält der Einzelhändler Carlsson die Rechnung und staunt darüber, dass ihm 50 Kisten Thunfisch zu je vierundzwanzig Dosen berechnet worden sind. Bei der Durchsicht des Lagers hat er festgestellt, dass ihm tatsächlich nur 49 Kisten geliefert wurden. Carlsson möchte nur die erhaltene Warenmenge bezahlen. Der Großhändler Gustavsson besteht jedoch auf der Zahlung des Kaufpreises für 50 Kisten Thunfisch in Dosen.

Lösung s. Seite 507

Fall 22: Gründung der IT-Beratung

Nach Beendigung ihres Studiums der Wirtschaftsinformatik beschließen Meier und Schmidt, sich mit einem IT-Beratungsunternehmen selbstständig zu machen. In einer geschäftlichen Besprechung, die Anfang Oktober stattfindet, vereinbaren sie, den Geschäftsbetrieb unter der Firma „IT-Consulting Meier und Müller" am 01.02. des Folgejahres aufzunehmen. Sie haben bereits einen Großkunden und mehrere Beratungsanfragen, so dass sie mit einer Image-Kampagne im Internet und drei Angestellten ab Anfang des Folgejahres einsteigen wollen. Kurz vor Weihnachten erwirbt Schmidt im Namen der IT-Beratung aus einem Sonderverkauf fünf Großbildschirme der Marke „Fix 010" bei einem Vertragshändler der Fixstadt-AG. Meier ist über diese Eigenmächtigkeit Schmidts außerordentlich verärgert und meint, unter dieser Voraussetzung könne ein gemeinsames Handelsgeschäft nicht mehr betrieben werden. Deshalb kündigt Meier den Gesellschaftsvertrag mit Schmidt. Als Schmidt in Zahlungsverzug gerät, verlangt der Vertragshändler der Fixstadt-AG die Zahlung der zehn Großbildschirme von Meier.

Lösung s. Seite 508

Fall 23: Streit um die Geschäftsführung

Die von den drei Gesellschaftern Ahrens, Bingel und Clausen gegründete Ahrens- OHG in Stuttgart handelt mit Autoreifen. Nach dem Gesellschaftsvertrag ist Clausen von der Geschäftsführung ausgeschlossen. Ahrens will in Reutlingen eine Zweigniederlassung errichten, doch Clausen widerspricht mit der Begründung, in Reutlingen sei der Kundenkreis noch zu klein. Ferner beabsichtigt Ahrens, das Geschäftspapier, die Vordrucke für das Büro und die Werbebroschüren in Zukunft bei der neueröffneten Druckerei Schnell KG in Auftrag zu geben, deren Angebot günstiger ist als das ihrer bisherigen Druckerei. Der Gesellschafter Bingel ist jedoch mit einem Wechsel der Druckerei nicht einverstanden. Ahrens hält den Widerspruch für unbeachtlich, weil sich herausstellt, dass Bingel nur deshalb dem Wechsel einer Druckerei widerspricht, weil er gemeinsam mit dem Druckerei-Inhaber Mitglied im bekannten Golfclub der Stadt ist. Ahrens fragt sich, ob er die geplanten Maßnahmen durchführen darf.

Lösung s. Seite 508

Fall 24: Die elektronische Hebevorrichtung

Hinze und Krause sind die Gesellschafter der Hinze & Co. OHG. Nach dem Gesellschafts-vertrag ist Krause von der Vertretung der Hinze & Co. OHG ausgeschlossen. Hinze darf die Gesellschaft nur mit dem Prokuristen Paulsen zusammen vertreten. Dies ist im Handelsregister eingetragen und bekanntgemacht worden. Hinze will für die Gesell-schaft bei der Vogt GmbH eine elektronische Hebevorrichtung für das Lager kaufen. Als Paulsen nicht mitmachen will, weil er meint, eine derartig hohe Investition würde die finanziellen Möglichkeiten der Hinze & Co. OHG übersteigen, wendet sich Hinze an seinen Mitgesellschafter Krause. Der Kaufvertrag mit der Firma Vogt GmbH wird durch Hinze und Krause abgeschlossen, indem diese im Namen der Hinze & Co. OHG die Maschine erwerben. Die Vogt GmbH verlangt Zahlung des Kaufpreises. Ist der Kaufver-trag wirksam? Hätte Hinze den Kaufvertrag auch allein abschließen können?

Lösung s. Seite 509

Fall 25: Ein folgenschwerer Abschied

In der Carstens OHG folgt eine Krise auf die andere. Die Gesellschafter Asmussen, Bert-ram und Carstens streiten sich täglich über die Ursachen und Auswirkungen der schlechten Geschäftslage. Endlich hat Carstens genug, nimmt seinen Hut und verab-schiedet sich mit den Worten „Ich steige zum Jahresende aus". Im Gesellschaftsvertrag wurde eine Vereinbarung über das Ausscheiden von Gesellschaftern nicht getroffen. Deshalb setzen sich Asmussen, Bertram und Carstens aus aktuellem Anlass zu einer Krisensitzung zusammen, vereinbaren die Fortführung des Geschäfts durch Asmussen und Bertram, eine Abfindung für Carstens und einen Haftungsausschluss, der mit dem Tag seines Ausscheidens aus der Gesellschaft am 31.12. des Jahres wirksam werden soll. Carstens verlässt den Betrieb zur vereinbarten Zeit und wendet sich neuen unter-nehmerischen Zielen zu. Drei Monate später gerät die Carstens OHG in Zahlungs-schwierigkeiten. Der Gläubiger Grantig verlangt von Carstens die Zahlung einer Kauf-preisforderung aus einem am 01.02. mit der Carstens OHG abgeschlossenen Kaufvertrag über 6.000 €. Carstens wiederum verlangt die Unterlassung der Firmenfortführung durch die Carstens OHG.

Lösung s. Seite 511

Fall 26: Handlungshaftung bei der Vor-GmbH

Larsson und Hansen schließen am 01.07. einen Gesellschaftsvertrag zur Gründung der Larsson GmbH und ernennen Grünschnabel zum Geschäftsführer. Von dem Stammka-pital in Höhe von 60.000 € zahlen sie je 15.000 € ein. Am 15.07. bestellt Grünschnabel mit Zustimmung der Gesellschafter Hansen und Larsson bei der Firma Fixstadt AG eine IT-Anlage einschließlich Software zum Preis von insgesamt 55.000 €. Die Lieferung der IT-Anlage erfolgt am 30.08. des Jahres. Aus verschiedenen Gründen verzögert sich die Eintragung der Larsson GmbH ins Handelsregister. Von wem kann die Fixstadt AG Zah-lung des Kaufpreises in Höhe von 55.000 € verlangen?

Lösung s. Seite 512

Fall 27: Datenerhebung zu Werbezwecken[1]

Die deutsche Importeurin für Fahrzeuge der Marke S (Beklagte) wandte sich auf ihrer Internetseite **www.autokids.de** an Kinder mit dem Vorschlag, dem S-Kinderclub „Autokids" beizutreten. Die Mitgliedschaft in diesem Club ist kostenfrei. Nur Kinder im Alter von 3 bis 12 Jahren können Mitglied werden. Clubmitglieder erhalten u. a. Vergünstigungen in ausgewählten Freizeitparks, können sich über Autos informieren sowie den „Autokids-Führerschein" erwerben und werden zu von der Beklagten (mit-) organisierten Freizeitveranstaltungen wie z. B. Showprogrammen, Mini-Playback-Shows, Kinderpartys, Konzerten und Autogrammstunden eingeladen. Die Mitgliedschaft im Autokids-Club konnte durch Internet-Anmeldung begründet werden. Darin waren u. a. Textfelder *„Welches Auto gefällt Dir am besten?"* und *„Vorname und Nachname Deiner Eltern/Erziehungsberechtigten"* enthalten. Einer elterlichen Zustimmung zum Clubbeitritt bedarf es nach der Konzeption der Internet-Anmeldung nicht.

Der bundesweit tätige Dachverband der 16 Verbraucherzentralen der Bundesländer (Kläger) hat diese Datenerhebung beanstandet. Er hat darin einen Verstoß gegen den Datenschutz, insbesondere gegen §§ 3a, 4 BDSG, gesehen, der gem. § 2 UKlaG und gem. §§ 3, 3a UWG (§ 1 UWG a. F.) unter dem Gesichtspunkt der Rechtsbruchs einen Unterlassungsanspruch begründe. Zudem hat der Verband einen Wettbewerbsverstoß gem. §§ 3, 4a UWG (§ 4 Nr. 2 UWG a. F.) beanstandet, weil durch die Wettbewerbshandlung die Unerfahrenheit von Kindern ausgenutzt werde.

Die Beklagte trägt vor, die noch im Streit stehende Datenerhebung sei in Anbetracht der Clubmitgliedschaft erforderlich, sodass ein Verstoß gegen den Datenschutz nicht vorläge. Die Mitgliedschaft stelle ein Gefälligkeitsverhältnis dar; wolle man in der Clubmitgliedschaft ein Vertragsverhältnis sehen, so sei dieses für die Kinder rein vorteilhaft und könne daher auch von den (beschränkt geschäftsfähigen) Kindern selbst ohne Mitwirkung der Eltern wirksam begründet werden. Weiter meint die Beklagte, bei den Bestimmungen des BDSG handele es sich weder um ein Verbraucherschutzgesetz noch um Marktverhaltensregelungen, daher seien auch die Voraussetzungen des § 4a UWG (§ 4 Nr. 2 UWG a. F.) nicht erfüllt. Ein „Ausnutzen" i. S. dieser Vorschrift sei nur gegeben, wenn der Betreffende zu einer Vermögensdisposition verleitet werden solle; daran fehle es hier.

Lösung s. Seite 513

Fall 28: Ausbeinmesser im Wettbewerb[2]

Die Klägerin stellt her und vertreibt Messer für den Fleischerfachhandel, darunter ein als „MasterGrip" bezeichnetes, nachfolgend abgebildetes spezielles Ausbeinmesser, das insbesondere in Schlachthöfen und in der fleischverarbeitenden Industrie verwendet wird. Die Beklagte vertreibt gleichfalls Messer für den Fleschereifachbedarf, unter anderen ein nachfolgend abgebildetes Ausbeinmesser in der Gestaltungsform der Anlage (Abbildung).

---

[1] OLG Frankfurt/M.: Skoda-Autokids-Club, MMR 2005, 696.

[2] BGH, Urteil vom 02.04.2009, GRUR 2010, 1073.

Die Klägerin hält das von der Beklagten angebotene Ausbeinmesser in der Gestaltungsform der Abbildung für eine identische Nachahmung des „MasterGrip" und hat die Beklagte unter dem Gesichtspunkt des wettbewerbsrechtlichen Leistungsschutzes sowie der Mitbewerberbehinderung auf Unterlassung, Auskunftserteilung und Feststellung der Schadensersatzpflicht in Anspruch genommen.

Lösung s. Seite 515

Fall 29: Werbung mit einem Testergebnis[1]

Die Beklagte warb in einem Fernsehspot für den von ihr angebotenen Nassrasierer mit der in einem Test der Stiftung Warentest erzielten Endnote „gut", ohne gleichzeitig Angaben zu dem in diesem Test erzielten Rang (6 von 15) zu machen.

Die Klägerin beanstandete diese Werbung als irreführend gem. § 5a I, II UWG. Streitgegenstand war die Frage, ob im Rahmen eines Fernsehspots mit Testergebnissen auch der Rang des Qualitätsurteils aufgeführt werden muss, um eine unlautere Irreführung des Verkehrs zu vermeiden, wenn mehrere Konkurrenzerzeugnisse mit „sehr gut" bewertet wurden und das Testergebnis gerade noch überdurchschnittlich war.

Lösung s. Seite 516

Fall 30: Keine Werbung in Plastiktüten[2]

Das Unternehmen U verteilt Kataloge und andere Werbedrucksachen in Plastikfolie (Kunststoff) eingeschweißt in der Region Mittelhessen. Der Wettbewerber K lässt im Rahmen eines „Preisausschreibens und Boykottaufrufs" Aufkleber für Briefkästen mit der Aufschrift *„Keine Werbung in Plastiktüten! Der Umwelt zuliebe!"* in dieser Region großflächig an zahlreiche Haushalte verteilen. Dennoch vertreibt U seine Werbedrucksachen weiterhin in Plastikfolie – unter Missachtung der Aufkleber an den Briefkästen der Verbraucher. K macht im Wege einer einstweiligen Verfügung einen Unterlassungsanspruch wegen unzumutbarer Belästigung geltend.

Lösung s. Seite 518

Fall 31: Cola-Geschmacks-Test[3]

Die Firma Popcorn-GmbH vertreibt eine colahaltige Limonade mit der Bezeichnung „Popcorn-Cola". Sie hat einen Werbefilm herstellen lassen. Darin wird ein Cola-Test vorgeführt, bei dem die jugendliche Testperson Martin einen Geschmacksvergleich mit zwei weiteren nicht namentlich genannten Cola-Limonaden durchführt. Die Popcorn-Cola schmeckt der Testperson am besten. Der Werbetext lautet auszugsweise *„Popcorn-Cola gewinnt nicht immer, aber Martin steht nicht allein, es gibt noch viele andere, die nicht wissen, wie gut Popcorn-Cola schmeckt, denn jeder hat seinen eigenen Geschmack und jede Cola schmeckt anders"*. Die Firma Koko-Cola GmbH, die ebenfalls colahaltige

---

[1] OLG Frankfurt am Main, Urteil vom 25.10.2012, BeckRS 2012, 22935.

[2] OLG Frankfurt, Urteil vom 9.12.2011, BeckRS 2012, 05297.

[3] BGH, Urteil vom 22.5.1986, GRUR 1987, 49.

Limonaden vertreibt, ist der Meinung, dieser Werbespot erfülle den Tatbestand der wettbewerbswidrigen vergleichenden Werbung und sei deshalb zu unterlassen. Zwar würden die Konkurrenzprodukte nicht namentlich benannt, doch ergäbe sich eine Bezugnahme ohne Weiteres aus der überragenden Marktstellung von Koko-Cola, deren Marktanteil sich auf über 75 % belaufe. Eine durchgeführte Verkehrsbefragung ergab einen Bekanntheitsgrad von Koko-Cola zu 99 %, während für Popcorn-Cola 91 %, Sunshine-Cola 80 %, Arco-Cola 74 % und sonstige Cola-Limonaden 30 % festgestellt wurden. Demgemäß nähme der Verkehr bei einem Vergleich nicht genannter Cola-Limonaden ohne Weiteres an, dass eines der Vergleichsgetränke Koko-Cola sei.

Lösung s. Seite 519

Fall 32: Freier Warenverkehr: „Kradanhängerfall"

Art. 56 der italienischen Straßenverkehrsordnung sieht vor, dass zwei- und dreirädrige Kraftfahrzeuge, die so genannten „motoveicoli" (Kradfahrzeuge) keine Anhänger auf öffentlichen Straßen mitführen dürfen. Nur Automobile („autoveicoli") Kraftfahrzeuge mit mindestens vier Rädern, Oberleitungsbusse (Kraftfahrzeuge mit elektrischem Antrieb, die nicht schienengebunden und mit einer Oberleitung zur Stromzuführung verbunden sind) dürfen Anhänger mitführen.

Hiergegen hat sich ein Einzelner gegen die Italienische Republik bei der Kommission der EU beschwert. Aus diesem Grunde machte die Kommission geltend, die Regelung Art. 56 der italienischen Straßenverkehrsordnung stelle ein vom AEUV verbotenes Handelshemmnis dar und richtete ein entsprechendes Mahnschreiben an die Italienische Republik.

Da sich die Italienische Republik hierzu nicht äußerte, beschloss die Kommission eine Klage gegen die Italienische Republik zu erheben.

Die Kommission war der Auffassung, dass die italienische Regelung gegen Art. 34 AEUV verstoße, weil durch das Verbot der Import von speziellen, ausschließlich im europäischen Ausland hergestellten Motorradanhängern beschränkt würde. Zu Recht?

Lösung s. Seite 520

Lösung zu Fall 1: Trierer Weinversteigerung

Anspruchsgrundlage für den Anspruch des Versteigerers gegen Karl Kröger auf Zahlung des Kaufpreises für 500 Liter Pfälzer Wein ist § 433 Abs. 2 BGB. Als Voraussetzung für den geltend gemachten Kaufpreiszahlungsanspruch müsste zwischen dem Versteigerer und Karl Kröger ein wirksamer Kaufvertrag zu Stande gekommen sein. Ein Kaufvertragsabschluss erfordert zwei übereinstimmende Willenserklärungen, Antrag (Angebot) und Annahme (§§ 145 ff. BGB).

Ein Kaufvertragsangebot könnte von dem Versteigerer ausgegangen sein, doch ist das Anpreisen und Ausrufen der Versteigerungsobjekte als *invitatio ad offerendum* anzusehen.

Ein Kaufvertragsantrag Karl Krögers liegt weder mündlich noch schriftlich vor. Da kein ausdrückliches Angebot abgegeben wurde fragt sich, ob das Verhalten Krögers in dem Trierer Weinlokal ein konkludentes Angebot zum Abschluss eines Kaufvertrags beinhaltet.

Das Kaufvertragsangebot ist eine **Willenserklärung**, die aus einer objektiven Erklärung und einem subjektiven Erklärungsbewusstsein (Handlungs-, Erklärungs- und Geschäftswille) besteht. Eine **objektive Erklärung** kann mündlich, schriftlich oder konkludent erfolgen. Nach dem vorliegenden Sachverhalt ist bereits das Heben der Hand eine konkludente Willenserklärung Karl Krögers im Hinblick auf den Abschluss eines Kaufvertrages. Denn dieses ist ein schlüssiges Verhalten, das nach der allgemeinen Verkehrssitte bei Versteigerungen ein Gebot darstellt, welches durch den Zuschlag des Versteigerers angenommen werden kann, § 156 BGB.

Das Rechtsproblem besteht in der Frage, ob Karl Kröger auch einen subjektiven Rechtsbindungswillen, also ein **Erklärungsbewusstsein** über sein rechtserhebliches Verhalten hatte. Karl Kröger hat durch das Winken die Bedienung herbeirufen wollen, um einen Schoppen Wein zu bestellen. Einen subjektiven **Rechtsbindungswillen** hinsichtlich der Abgabe einer Willenserklärung zum Abschluss eines Kaufvertrages über 500 Liter Pfälzer Wein hatte er nicht. Da Karl Kröger sich nicht bewusst war, ein bestimmtes Mehrgebot in einer Versteigerung abzugeben, fehlte ihm das aktuelle Erklärungsbewusstsein.

Doch reicht die **Erklärungsverantwortung** aus, wenn der Erklärende bei Anwendung der im Verkehr erforderlichen Sorgfalt hätte erkennen können, dass sein Verhalten die Bedeutung einer Willenserklärung hatte. Karl Kröger hat zwar nicht wahrgenommen, dass er sich in einer Versteigerung befand; aber er hätte dies nach den Umständen ohne Weiteres erkennen können. Die Versteigerung fand in einem vom Schankbetrieb des Weinlokals abgegrenzten Bereich statt, den Karl Kröger erst nach Zahlung einer Eintrittsgebühr betreten konnte. Der Versteigerer gab deutliche Erklärungen ab, bezeichnete die Versteigerungsgegenstände, wiederholte die Gebote und erteilte dem jeweiligen Höchstgebot den Zuschlag. Karl Kröger hielt sich geraume Zeit in dem Trierer Versteigerungslokal auf, indem er unter den Bietern Platz nahm und hätte den Verlauf der Versteigerung ohne Weiteres verfolgen können.

Unter dem Gesichtspunkt der Erklärungsverantwortung hat das Winken Karl Krögers nach der Bedienung die Bedeutung einer **Willenserklärung im Sinne eines konkludenten Antrags zum Abschluss eines Kaufvertrages**. Indem der Versteigerer den Zuschlag erteilt hat, ist durch konkludente Annahmeerklärung der Kaufvertrag über 500 Liter Pfälzer Wein zu Stande gekommen.

Karl Kröger hat nun die Wahl, ob er den Kaufvertrag erfüllt oder andernfalls von der Möglichkeit Gebrauch macht, seine Willenserklärung gem. § 119 Abs. 1 BGB wegen Irrtums anzufechten. Denn das festgestellte Auseinanderfallen von Wille und Erklärung ist ein **Erklärungsirrtum** im Rechtssinne. Karl Kröger hat ein Kaufvertragsangebot erklärt, aber nicht gewollt, denn er wollte nur der Bedienung winken, um einen Schoppen Wein zu bestellen. Ein Anfechtungsgrund liegt also vor; Kröger müsste lediglich eine Anfechtungserklärung abgeben, um die Nichtigkeit seiner Willenserklärung herbeizuführen, vgl. § 142 BGB. Die Anfechtung hätte aber einen Schadensersatzanspruch gem. § 122 BGB zur Folge, sodass Karl Kröger den entstandenen Vertrauensschaden ersetzen müsste. Die Schadenshöhe ergibt sich aus der Differenz zwischen dem erzielten (Minder-)Erlös aus anderweitiger Veräußerung und der vereinbarten Kaufpreisforderung.

Karl Kröger wird in seine Entscheidung darüber, ob er den Kaufvertrag durch Abnahme und Zahlung erfüllt oder den Kaufvertrag anficht, wirtschaftliche Überlegungen einfließen lassen. Steigen die Weinpreise über sein Gebot hinaus, wird er den Kaufvertrag erfüllen und kann den Wein Gewinn bringend anderweitig veräußern. Fallen die Weinpreise, könnte er von der Möglichkeit der Anfechtung des Kaufvertrages Gebrauch machen, muss aber Schadensersatz leisten, der sich nach der Differenz zu seinem Gebot bemisst. Der Vertrauensschaden wird durch den vereinbarten Kaufpreis begrenzt. Bei fallenden Weinpreisen könnte Karl Kröger den Kaufvertrag rechtlich anfechten, wirtschaftlich bringt ihm diese Anfechtung aber keinen Nutzen, weil er zum Ersatz des Vertrauensschadens verpflichtet bleibt.

Ergebnis: Aufgrund des wirksamen Kaufvertrags besteht ein Anspruch des Versteigerers gem. § 433 Abs. 2 BGB auf Zahlung des Kaufpreises gegen Karl Kröger.

Lösung zu Fall 2: Anfechtung einer EDV-Willenserklärung

Ein Anspruch auf Zahlung der Miete für das Ferienhaus ergibt sich aus § 535 Abs. 2 BGB. Danach müsste zwischen dem Reiseveranstalter und Kunze ein wirksamer Mietvertrag zu Stande gekommen sein.

Wie jeder andere Vertrag kommt auch der Mietvertrag durch zwei übereinstimmende Willenserklärungen zu Stande, Angebot und Annahme. Die **Angaben im Katalog** des Reiseveranstalters enthalten noch keine Willenserklärungen; sie gelten wie die Werbung und andere vertragsvorbereitende Handlungen als „invitatio ad offerendum" und fordern den Kunden zur Abgabe einer Willenserklärung auf. Kunze hat allerdings mit seiner Buchung im Januar gegenüber dem Reiseveranstalter Bauer ein wirksames Angebot zum Abschluss eines Reisevertrages abgegeben.

Der Reiseveranstalter Bauer hatte mit der Reisebestätigung eine Erklärung abgegeben, aus der sich ein wöchentlicher Mietpreis für das von Kunze gebuchte Ferienhaus über 1.074 € ergab. Es ist hierbei zu berücksichtigen, dass diese Reisebestätigung vom 21.01. im automatisierten Verfahren erstellt wurde, wonach der Computer anhand einer eingegebenen Nummer des gebuchten Objekts und des Reisezeitraumes den jeweiligen Reisepreis selbstständig ermittelt und ausdruckt. Es ist im rechtswissenschaftlichen Schrifttum aber unbestritten, dass es sich auch bei den Erklärungen, die über eine Datenverarbeitungsanlage abgegeben werden, um Willenserklärungen handelt.[1] Damit liegt eine Willenserklärung seitens des Reiseveranstalters Bauer vor.

Nach dem Sachverhalt übersandte der Reiseveranstalter an Kunze eine Woche später eine neue berichtigte Reisebestätigung, in der der Reisepreis auf 1.574 € wöchentlich angehoben wurde. Darin könnte eine **Anfechtung** der ersten Reisebestätigung liegen. Die mittels einer DV-Anlage abgegebene Willenserklärung könnte durch Anfechtung mit Wirkung ex tunc gem. § 142 BGB nichtig sein. In dem zur Entscheidung stehenden Sachverhalt geht es um die Frage der Anfechtungsmöglichkeit einer fehlerhaften Willenserklärung, die von einer Datenverarbeitungsanlage erzeugt wurde. Wenn davon auszugehen ist, dass eine wirksame Willenserklärung von einer DV-Anlage abgegeben werden kann, muss diese Erklärung grundsätzlich auch anfechtbar sein. Als Anfechtungsgrund kommt ein Erklärungsirrtum infrage. Das gebuchte Ferienhaus kostet in Wirklichkeit 1.574 €, während die Erklärung über 1.074 € lautet.

Der Fehler ist dem Reiseveranstalter als Betreiber der Datenverarbeitungsanlage auch zurechenbar. Die Bestätigung des Mietpreises durch den Computer erfolgt aufgrund des seinem Berechnungsprogramm zu Grunde liegenden Datenmaterials. Anhand dieses Datenmaterials errechnet der Computer den jeweiligen Preis und teilt dem Kunden mittels der ausgedruckten Reisebestätigung das Ergebnis seiner Berechnungen mit. Es ergibt sich, dass die im Einklang mit den Preisangaben im Katalog des Reiseveranstalters stehende Bestätigung eines wöchentlichen Mietpreises von 1.074 € nicht auf einer Fehlbedienung des Computers beruhte, sondern allein auf der Verwendung fehlerhaften Datenmaterials. Werden den internen Berechnungen des Computers falsche Preise zu Grunde gelegt, stellen die entsprechenden Fehler der Berechnung aber nur einen Motivirrtum dar. Denn der Fehler, der die Willenserklärung vorliegend falsch macht, liegt in der Erklärungsvorbereitung, weil die Eingabe des fehlerhaften Datenmaterials zeitlich lange vor dem konkreten Bestellvorgang erfolgt ist. Ein Motivirrtum ist grundsätzlich unbeachtlich und berechtigt nicht zu einer Anfechtung der Reisebestätigung.

Ergebnis: Eine Willenserklärung, die von einer Datenverarbeitungsanlage abgegeben wird und deshalb falsch ist, weil das gespeicherte Datenmaterial unrichtig ist, stellt keinen Erklärungsirrtum gem. § 119 BGB, sondern einen rechtlich unbeachtlichen Motivirrtum dar. Es fehlt an einem Anfechtungsgrund, sodass vorliegend der Mietvertrag wirksam ist und der Zahlungsanspruch nur in Höhe von 1.074 € besteht.

---

[1] Redeker, CR 1990, 469 m. w. N.

Lösung zu Fall 3: Belieferung mit geändertem Material

Der Anspruch der Karton-GmbH gegen die Big-Pack KG auf Kaufpreiszahlung könnte sich aus § 433 Abs. 2 BGB ergeben. Zwischen den Parteien wurde ein wirksamer Kaufvertrag abgeschlossen. Der Klageanspruch wurde nach Grund und Höhe von der beklagten Big-Pack KG auch nicht bestritten. Die Big-Pack KG rechnet gegenüber der Klageforderung mit Gewährleistungsansprüchen gegen die Karton-GmbH auf, §§ 387 ff. BGB. Die zur Aufrechnung gestellten Gegenansprüche könnten sich aus dem Kaufvertrag ergeben oder unter dem Gesichtspunkt der Vertragsverletzung gem. § 280 BGB begründet sein.

1. Anspruch auf Kaufpreisminderung gem. § 441 BGB

Ein Minderungsanspruch gem. § 441 BGB setzt voraus, dass die Kaufsache mangelhaft und eine Frist zur Nacherfüllung erfolglos verstrichen ist. Nach der Annahme der Kaufsache trägt der Käufer die Beweislast für das Vorliegen eines Mangels. Eventuelle Gewährleistungsansprüche könnten wegen Verletzung der kaufmännischen Untersuchungs- und Rügepflicht ausgeschlossen sein. Die erst am 30.06. erfolgte Rüge war nicht mehr unverzüglich. Die kaufrechtlichen Gewährleistungsansprüche gem. §§ 434 ff. BGB entfallen infolge nicht rechtzeitig erhobener Mängelrüge gem. § 377 Abs. 2 HGB.

2. Schadensersatzanspruch gem. § 280 BGB

In dem Umstand, dass die Karton-GmbH der Big-Pack KG mehrere Monate lang Wellpappe lieferte, die nicht der vereinbarten Spezifikation entsprach, wobei die Big-Pack KG über die **Produktumstellung** nicht informiert wurde, kann eine zum Schadensersatz verpflichtende Vertragsverletzung liegen. Daraus folgende Schadensersatzansprüche setzen nicht voraus, dass die Big-Pack KG die abweichende Beschaffenheit i. S. von § 377 HGB rechtzeitig gerügt hat.

Der Verkäufer ist – insbesondere im Rahmen einer laufenden Geschäftsverbindung – nicht nur verpflichtet, einwandfreie Ware zu liefern, sondern muss auch die sich aus dem Vertragsverhältnis ergebenden Nebenpflichten beachten. Hierzu gehört die Pflicht, den Käufer über etwaige **Änderungen der Produktbeschaffenheit** unabhängig davon in Kenntnis zu setzen, ob die Änderung zur Mangelhaftigkeit führt. Es kann beispielsweise beim Käufer, der die Ware verarbeitet, eine Umstellung von Maschinen erforderlich sein oder – was in dieser Sache naheliegt – eine Information der Kunden des Käufers, um zu verhindern, dass diese die gelieferten Erzeugnisse wegen der Veränderung des Materials beanstanden. Die Pflichtverletzung (fehlende Information über die Produktumstellung) ist von der Karton-GmbH gem. §§ 276, 278 BGB zu vertreten.

Die von der Big-Pack KG geltend gemachten und zur Aufrechnung gestellten Schadensersatzansprüche betreffen Schäden, die auf einer schuldhaften Pflichtverletzung durch die Karton-GmbH beruhen. Eine diesbezügliche Rüge ist nicht erforderlich.

Ergebnis: Der Klageanspruch der Karton-GmbH auf Kaufpreiszahlung ist dem Grunde nach aus dem Kaufvertrag gem. § 433 Abs. 2 BGB gerechtfertigt. Allerdings besteht der zur Aufrechnung gestellte Gegenanspruch der Big-Pack KG gem. § 280 BGB gegen die Karton GmbH, sodass sich die Klageforderung um die Schadensersatzforderung der Big-Pack KG mindert.

Lösung zu Fall 4: Beratungspflicht beim Computer-Kauf

Es ist ein Zahlungsanspruch gem. § 433 Abs. 2 BGB aufgrund eines einheitlichen Vertrags über Hard- und Software gegeben. Dieser Vertrag wäre aber nicht zu Stande gekommen, wenn der Handwerksbetrieb die fehlende Eignung der EDV-Anlage und der Programme für seine betrieblichen Zwecke gekannt hätte. Der zur Aufrechnung gestellte Schadensersatzanspruch könnte gem. § 280 BGB wegen einer Pflichtverletzung bei Vertragsabschluss begründet sein. Ein Schuldverhältnis mit Pflichten nach § 241 Abs. 2 entsteht auch durch die Aufnahme von Vertragsverhandlungen, vgl. § 311 Abs. 2 Nr. 1 BGB.

Vorliegend geht es um den **Inhalt der Beratungspflicht**. Es fragt sich, ob den Lieferanten eine Beratungspflicht dahin trifft, den konkreten Inhalt der Problemlösung im Dialog mit dem Anwender zu konkretisieren und – etwa durch ein Pflichtenheft – zu fixieren.

Nach dem Sachverhalt ist davon auszugehen, dass das Bauprogramm für den vorgesehenen Zweck nicht brauchbar war. Denn das Bauprogramm erforderte einen fixen Stamm von Eingabedaten und konnte nicht in dem gebotenen Umfang betriebsspezifisch angepasst werden. Der Handwerksbetrieb, der eine Branchensoftware erwirbt, muss davon ausgehen können, dass diese flexibel an die Betriebsabläufe angepasst werden kann. Kalkulationsprogramme haben diesen Leistungsumfang nach dem Stand der Technik.

EDV-Einsteiger von der Größe eines mittelständischen Handwerksbetriebes, die keine Vorkenntnisse in der Datenverarbeitung haben, wenden sich an den Lieferanten mit dem Ziel einer Problemlösung. Die Systemverschaffung dient dem Zweck, die kaufmännisch-betrieblichen Abläufe mithilfe der EDV zu rationalisieren. Der Leasingnehmer hatte keine Vorstellung davon, welche Hard- und Software für seinen Bedarf erforderlich wäre. Dagegen kennt der EDV-Lieferant zwar die Möglichkeiten nach dem Stand der Computertechnik, doch sind ihm die betrieblichen Probleme – jedenfalls in den Einzelheiten – unbekannt. Um diese Vorstellungen auf eine praktikable EDV-Lösung zu bringen, ist ein Dialog zwischen Anwender und Lieferant erforderlich. Der Lieferant muss sich Kenntnisse über die betrieblichen Abläufe des Anwenders verschaffen, während der Anwender erfahren sollte, welche Lösungen die EDV für die Anforderungen seines speziellen Betriebes anbietet. Die schrittweise Annäherung macht es notwendig, einen Testlauf durchzuführen und die Ergebnisse in einem Pflichtenheft zu fixieren.

Der Lieferant, der Branchenlösungen vertreibt, kennt diese Kommunikationsprobleme; von ihm muss daher die Beratungsinitiative ausgehen. Der Lieferant ist verpflichtet, den Anwender aufzufordern, im Dialog seine Vorstellungen zu konkretisieren und auf die Lösungsmöglichkeiten abzustimmen. Erst nach einer Konkretisierung ist der Anwender in der Lage, seine Investitionsentscheidung zu treffen. Hätte der Lieferant den Anwender richtig beraten, wäre offenkundig geworden, dass das Bauprogramm für den

Handwerksbetrieb nicht brauchbar war. Der Vertrag wäre nicht zu Stande gekommen. Der Handwerksbetrieb kann aus dem Rechtsgrundsatz culpa in contrahendo die Zahlung des vereinbarten Komplettpreises verweigern.

Ergebnis: Wendet sich ein mittlerer Handwerksbetrieb als EDV-Einsteiger ohne ausreichende eigene EDV-Kenntnisse an einen fachlich ausgerichteten EDV-Lieferanten zum Zweck einer Problemlösung durch Systemverschaffung, dann ist dieser Lieferant verpflichtet, den Anwender darüber aufzuklären, dass der vertraglich vorausgesetzte Zweck nur in einem intensiven Dialog mit dem Anwender konkretisiert werden kann, dessen Ergebnis in der Regel in einem Pflichtenheft festzuhalten ist. Ferner ist der Lieferant verpflichtet, von sich aus die Konkretisierung anzubieten. Versäumt er dies und ist infolgedessen das System für den Anwender nicht brauchbar, so haftet er dem Anwender auf Schadensersatz gem. § 280 BGB.

Lösung zu Fall 5: Verzug beim Abrufauftrag

Anspruchsgrundlage für den geltend gemachten Schadensersatzanspruch könnte § 281 BGB sein. Danach wird vorausgesetzt, dass der Schuldner eine Pflicht aus dem Schuldverhältnis verletzt und diese Pflichtverletzung auch zu vertreten hat. Sodann müsste ihm erfolglos eine angemessene Frist zur Leistung oder Nacherfüllung gesetzt worden sein, sofern diese Fristsetzung nicht ausnahmsweise entbehrlich ist. Die Pflichtverletzung könnte darin bestehen, dass Fricke sich mit seiner Verpflichtung zum Abruf der Waren in Verzug befindet. Die Parteien haben zwei Kaufverträge abgeschlossen. In beiden Verträgen hat Fricke die vereinbarte Warenmenge bis zum vereinbarten Zeitpunkt nur unvollständig abgerufen. Es müsste jedoch eine Rechtspflicht zum Abruf bestehen.

Fricke könnte sich als Käufer mit seiner **Abrufverpflichtung in Verzug** befunden haben. Die Abruf- und Abnahmepflichten des Käufers stellen sich im Kaufvertrag regelmäßig als vertragliche Nebenpflichten dar. Zu einer im Gegenseitigkeitsverhältnis stehenden Hauptleistungspflicht wird die Abnahmeverpflichtung nur dann, wenn der Verkäufer erkennbar ein wesentliches Interesse daran hat, von dem Besitz der Sache befreit zu werden. Dies mag bei dem Verkauf einer großen Warenmenge mit dem für den Käufer erkennbaren Zweck der Lagerräumung oder dem Verkauf von Abfallmaterial oder von leicht verderblicher Ware der Fall sein. Derartige Umstände liegen hier aber nicht vor. Es ist nicht ersichtlich, dass die Kobold-GmbH ein besonderes Interesse daran hatte, dass der Käufer Fricke sie von dem Besitz der Kaufgegenstände befreite. Gegen ein derartiges Interesse spricht schon der Umstand, dass dem Käufer für die Abnahme ein größerer Zeitraum eingeräumt war.

Die Abrufverpflichtung Frickes könnte eine vertragliche **Nebenleistungspflicht** sein. Im schriftlichen Vertrag war eine derartige Verpflichtung nicht vorgesehen und aus den Umständen des Falles ist sie nicht ersichtlich. Eine Rechtspflicht zum Abruf lässt sich auch nicht aus der ergänzenden Vertragsauslegung herleiten. Die Interessenlage der Vertragsparteien rechtfertigt nicht die Annahme, dass die Vereinbarung einer im Gegenseitigkeitsverhältnis stehenden Abrufpflicht dem mutmaßlichen Parteiwillen entsprochen haben würde. Zum Vertragsende bedurfte es eines Abrufs ohnehin nicht mehr, denn die Kobold-GmbH wusste, dass sie bis Ende November würde liefern müssen. Darauf konnte sie sich einstellen, in der letzten Novemberhälfte die Endfertigung vornehmen und Fricke am 30.11. die Waren anbieten. Erst wenn Fricke nach erfolgtem Angebot die Waren nicht abgenommen hätte, wäre er nach den Vorschriften über den Gläubigerverzug gem. §§ 293 ff. BGB in Annahmeverzug geraten.

Ergebnis: In aller Regel ist der Abruf auch bei einem Abrufauftrag keine Hauptleistungspflicht des Bestellers. Daher kommt Fricke nicht durch die Anmahnung des Abrufs in Verzug, sondern nur durch eine Leistungsaufforderung und ein tatsächliches Angebot, vgl. §§ 293 ff. BGB. Der Schadensersatzanspruch der Kobold GmbH ist unbegründet, weil die Verzugsvoraussetzungen nicht vorliegen.

Lösung zu Fall 6: Verkaufs- und Lieferbedingungen

Der Verbraucherzentrale e. V. steht gem. § 1, 3 Abs. 2 UKlaG das Recht der Verbandsklage zu, sodass ein Unterlassungsanspruch gegeben sein könnte. Es ist eine Inhaltskontrolle der beanstandeten Klauseln nach dem § 307 ff. BGB vorzunehmen. Da die G-GmbH ihre Verkaufs- und Lieferbedingungen auch Verträgen mit Verbrauchern zu Grunde legt, kommt es bei der Auslegung der aufgeführten Klauseln auf das Verständnis des rechtsunkundigen Durchschnittsverbrauchers an. Unklarheiten und Zweifel gehen zu Lasten des Verwenders, vgl. § 305c BGB.

1. Eine Klausel, in der die Preise grundsätzlich als „freibleibend" bezeichnet werden, ist mit **§ 309 Nr. 1 BGB** nicht zu vereinbaren. Darüber hinaus benachteiligt sie die Kunden der G-GmbH entgegen den Geboten von Treu und Glauben unangemessen, sodass gleichzeitig ein Verstoß gegen § 307 BGB vorliegt. Preisänderungsvorbehalte sind bei vereinbarten Lieferungsfristen von mehr als vier Monaten grundsätzlich zulässig, sofern sie den Kunden nicht unangemessen benachteiligen. Denn der Verwender hat bei langfristigen Liefervereinbarungen ein berechtigtes Interesse daran, Preiserhöhungen und Lohnsteigerungen nachträglich auf den Kunden abwälzen zu können; solche formularmäßigen Preisänderungsvorbehalte sind aber dann nicht mehr angemessen, wenn sie es dem Verwender ermöglichen, über die Abwälzung der Kostensteigerung hinaus den vereinbarten Preis ohne jede Begrenzung einseitig anzuheben. Lässt eine Klausel, wie im vorliegenden Fall, allgemein eine Preiserhöhung zu, ist sie nach § 309 Nr. 1 BGB unwirksam.

2. Die angeführte Klausel über den Beginn der Lieferzeit verstößt gegen **§ 308 Nr. 1 BGB**, weil aufgrund der gewählten Formulierung die Lieferfrist nicht hinreichend bestimmt ist. In Allgemeinen Geschäftsbedingungen müssen Fristen für die Annahme oder Ablehnung eines Angebotes oder für die Erbringung der Leistung aus der Sicht des Vertragspartners berechenbar sein, denn die Frist für die Erbringung einer Leistung ist nur dann hinreichend bestimmt, wenn sie der Kunde berechnen kann. Bei einer vereinbarten Lieferzeit müsste der Fristbeginn von einem Ereignis im Bereich des Kunden abhängig sein, der z. B. Unterlagen vorlegen oder Maße mitteilen muss. Dagegen ist die Frist durch den Kunden nicht mehr berechenbar, wenn ihr Beginn ausschließlich oder zusätzlich von einem Ereignis im Bereich des Verwenders (G-GmbH) abhängt.

3. Diese Regelung enthält eine unangemessen lange Frist und verstößt deshalb gegen **§ 308 Nr. 2 BGB**. Mit dem Ablauf einer angemessenen Frist zur Nacherfüllung erhält der Gläubiger ein Rücktrittsrecht gem. § 323 BGB und den Schadensersatzanspruch statt der Leistung gem. § 281 BGB. Die gesetzliche Voraussetzung für die Entstehung dieser Rechte ist eine **Fristsetzung zur Nacherfüllung**, die rechtlich als rücktrittsbegründende Handlung anzusehen ist. Die Frist braucht deshalb nicht so lang zu sein, dass der Schuldner seine Leistung überhaupt erst vorbereiten kann. Denn es handelt sich nicht um eine Ersatzlieferungsfrist oder eine erhebliche Verlängerung der Lieferfrist. Der Schuldner soll lediglich die Gelegenheit erhalten, seine im Wesentlichen vorbereitete Leistung nunmehr zu erbringen. Hierfür werden im Allgemeinen je nach Lage des Einzelfalles Fristen von 3 bis 5 Tagen als angemessen anzusehen sein.

4. Nach den Verkaufs- und Lieferungsbedingungen ist die G-GmbH berechtigt, vom Vertrag zurückzutreten, wenn „vom Hersteller nicht zu vertretende Umstände" die Lieferung unangemessen verzögern. In der Vertragsklausel werden „insbesondere Streik, Aussperrung, nicht rechtzeitige Belieferung durch Zulieferer" aufgeführt. Da sich diese Klausel nach ihrem Wortlaut allgemein auf durch Streik oder Aussperrung hervorgerufene Leistungsstörungen bezieht, erfasst sie auch solche Fälle, in denen Arbeitskämpfe im Betrieb des Verwenders nur zu einer Leistungsverzögerung führen. Solche vorübergehenden Leistungshindernisse sind aber kein sachlich gerechtfertigter Grund für ein Rücktrittsrecht i. S. des **§ 308 Nr. 3 BGB**. Auch der in der Klausel enthaltene **Selbstbelieferungsvorbehalt** rechtfertigt kein Rücktrittsrecht der G-GmbH. Zwar ist ein solcher Vorbehalt in Allgemeinen Geschäftsbedingungen grundsätzlich zulässig; der Verwender wird von seiner Leistungspflicht aber nur frei, wenn er ein kongruentes Deckungsgeschäft abgeschlossen hat und von seinem Lieferanten im Stich gelassen wird. Die streitige Klausel enthält jedoch einen uneingeschränkten Selbstbelieferungsvorbehalt ohne Bezugnahme auf die Gründe fehlender Belieferung. Damit ist die Klausel mit § 308 Nr. 3 BGB nicht zu vereinbaren.

5. Die Wirksamkeit der eine Vorleistungspflicht des Kunden enthaltenen Regelung ist grundsätzlich nach **§ 307 BGB** zu beurteilen. Eine derartige Klausel kann aber gleichzeitig auch gem. **§ 309 Nr. 2 BGB** unwirksam sein.

    Der Besteller eines Werkvertrages, um den es beim Einbau von Fenstern in einen Bau geht, hat nach § 641 BGB die geschuldete Vergütung bei der Abnahme zu entrichten. Die Fälligkeit der Vergütung ist somit davon abhängig, dass der Besteller die von dem Unternehmer erbrachte Leistung als im Wesentlichen vertragsgemäß anerkennt, § 640 BGB. Demgegenüber muss der Besteller nach der von der G-GmbH verwendeten Klausel 90 % der Vergütung bereits zu einem Zeitpunkt bezahlen, in dem er – weil die Ware noch nicht abgeladen ist – weder Mängel feststellen noch den ordnungsgemäßen Einbau der Fenster überprüfen kann. Das ihm nach § 320 BGB zustehende **Leistungsverweigerungsrecht** wird somit nahezu ausgeschlossen, seine Ausübung zumindest wesentlich erschwert. Auch auf ein **Zurückbehaltungsrecht** nach § 273 BGB kann er sich nicht berufen. Eine solche Vorleistungspflicht des Bestellers ist mit den Grundgedanken der gesetzlichen Regelung insbesondere mit dem Gerechtigkeitsgehalt der §§ 320, 322, 273 BGB nicht zu vereinbaren. Sie benachteiligt den Vertragspartner des Verwenders entgegen den Geboten von Treu und Glauben unangemessen, schließt praktisch Leistungsverweigerungs- und Zurückbehaltungsrechte des Bestellers aus bzw. schränkt sie unzumutbar ein und ist deshalb nach §§ 307, 309 Nr. 2 BGB unwirksam.

6. Diese Regelung verstößt gegen **§ 309 Nr. 8b) ee) BGB**. Danach ist eine Klausel in Allgemeinen Geschäftsbedingungen über die Lieferung neu hergestellter Sachen unwirksam, wenn der Verwender dem anderen Vertragsteil für die **Anzeige nicht offensichtlicher Mängel** eine Ausschlussfrist setzt, die kürzer ist als die Verjährungsfrist für den gesetzlichen Gewährleistungsanspruch. Zwar enthält die vorliegende Klausel nicht ausdrücklich eine Ausschlussfrist, doch ist die darin vorgesehene unverzügliche Rüge eine Voraussetzung für die Geltendmachung von Gewährleistungsansprüchen. Wenn der Kunde – anders als nach der gesetzlichen Regelung – versteckte Mängel unverzüglich zu rügen hat, wird für die Anzeige nicht offensichtlicher Mängel eine Ausschlussfrist gesetzt, die kürzer ist als die Verjährungsfrist für den gesetzlichen Gewährleistungsanspruch gem. § 634a BGB.

Ergebnis: Alle beanstandeten Klauseln sind unzulässig. Der Anspruch der Verbraucherzentrale e. V. gegen die beklagte G-GmbH auf Unterlassung der Verwendung dieser Klauseln in ihren Verkaufs- und Lieferbedingungen ist begründet, weil diese auch im Rechtsverkehr mit Verbrauchern verwendet werden.

Lösung zu Fall 7: Widerrufsrecht bei Online-Auktionen

Der Kläger macht einen Anspruch auf Kaufpreiszahlung für das Diamantarmbad geltend. Anspruchsgrundlage könnte § 433 Abs. 2 BGB sein. Dann müssten die Parteien einen Kaufvertrag abgeschlossen haben. Indem der Kläger auf der Website von eBay ein „15 Karat Diamanten-Armband ab 1 €" zur Versteigerung anbot und die Internet-Auktion startete, gab er ein verbindliches Verkaufsangebot ab, das sich an den richtete, der innerhalb der Laufzeit der Auktion das höchste Gebot abgab. Dies war der Beklagte, der das Angebot des Klägers mit seinem Gebot annahm. Zwischen den Parteien ist im Rahmen einer so genannten Internet-Auktion von eBay ein Kaufvertrag über das Armband zustande gekommen. Dadurch wurde die Kaufpreisforderung des Klägers wirksam begründet.

Der Beklagte könnte seine auf den Kaufvertrag gerichtete Willenserklärung rechtzeitig gem. § 312g Abs. 1 BGB widerrufen haben, indem er die Abnahme und Zahlung des Armbands verweigert. Dafür müssten die Voraussetzungen des § 312g Abs. 1 BGB für ein Widerrufsrecht des Beklagten nach § 355 BGB gegeben sein. Der zwischen dem Kläger als Unternehmer gem. § 14 Abs. 1 BGB und dem Beklagten als Verbraucher gem. § 14 BGB online zustande gekommene Vertrag stellt einen Fernabsatzvertrag i. S. des § 312b Abs. 1 BGB dar. Der Kaufvertrag ist zwischen einem Unternehmer und einem Verbraucher unter ausschließlicher Verwendung von Fernkommunikationsmitteln (Internet) und mittels eines für den Fernabsatz organisierten Vertriebssystems zu Stande gekommen.

Das Widerrufsrecht könnte nach § 312g Abs. 2 Satz 1 Nr. 10 BGB ausgeschlossen sein, weil der Vertrag im Rahmen einer Versteigerung geschlossen wurde. Gemäß § 312g Abs. 2 Satz 1 Nr. 10 BGB ist das Widerrufsrecht des Verbrauchers bei Verträgen, die in der Form öffentlich zugänglicher Versteigerungen geschlossen wurden, ausgeschlossen. Um einen solchen Vertrag handelt es sich im vorliegenden Fall nicht, denn die Parteien haben den Kaufvertrag über das Armband im Rahmen der Internet-Auktion von eBay nicht in der Form einer Versteigerung i. S. des § 156 BGB geschlossen.

Das seit dem 13.06.2014 geltende neue Widerrufsrecht in der Form des § 312g bezieht sich nicht mehr ausdrücklich auf die Versteigerungen des § 156 BGB, sondern schließt das Widerrufsrecht nur für den Fall der öffentlich zugänglichen Versteigerung aus. Mit der neuen Regelung des § 312g Abs. 2 Satz 1 Nr. 10 BGB wurde die Unsicherheit behoben, ob bei Online-Versteigerungen ein Widerrufsrecht gelten soll, sofern der Vertrag zwischen Unternehmer und Verbraucher zu Stande kommt. Ein Widerrufsrecht besteht nunmehr grds. auch bei Online-Versteigerungen.

Das gesetzliche Widerrufsrecht soll den Verbraucher vor den Risiken von Fernabsatzgeschäften schützen, bei denen er die Ware vor Vertragsschluss in der Regel nicht hat in Augenschein nehmen können. Ein solches Schutzbedürfnis besteht auch bei Internet-Auktionen der vorliegenden Art. Der Bieter kann sich regelmäßig nur mittels der im Internet zur Verfügung gestellten Informationen über die angebotene Ware unterrichten. Der Verbraucher, der einen Gegenstand bei einer Internet-Auktion von einem Unternehmer erwirbt, ist somit den gleichen Risiken ausgesetzt und in gleicher Weise schutzbedürftig wie bei anderen Vertriebsformen des Fernabsatzgeschäfts.

Nach § 355 Abs. 1 BGB muss der Widerruf ausdrücklich gegenüber dem Unternehmer erklärt werden. Der Entschluss des Käufers zum Widerruf des Vertrages muss eindeutig hervorgehen. Eine konkludente Erklärung des Widerrufs durch Rücksendung der Sache ist nach der neuen Rechtslage nicht mehr möglich. Fraglich erscheint, ob ein Widerruf durch Weigerung der Abnahme und Bezahlung des Armbandes erfolgen kann. Da für die Widerrufserklärung eine bestimmte Wortwahl nicht getroffen werden muss und der Widerruf auch mündlich erklärt werden kann, kann man in der Weigerung der Annahme der Kaufsache einen Widerruf gem. § 355 BGB sehen.

Ergebnis: Dem Kläger steht gegen den Beklagten kein Anspruch aus § 433 Abs. 2 BGB auf Zahlung des Kaufpreises für das Armband zu, da der Beklagte seine auf den Abschluss des Kaufvertrags gerichtete Willenserklärung gem. §§ 312g, 355 BGB wirksam widerrufen hat.

Lösung zu Fall 8: „Jahreswagen" als Beschaffenheitsvereinbarung

Die Klägerin verlangt von dem Beklagten die Zahlung der für die vorgenannten Einbauten vereinbarten Vergütung von insgesamt 2.700 € nebst Zinsen. Anspruchsgrundlage könnte § 631 Abs. 1, 2. Hs. BGB sein. Dafür wäre der Abschluss eines Werkvertrages erforderlich. Die Parteien haben vereinbart, dass die Klägerin in das Fahrzeug des Beklagten einen CD-Wechsler einbaut und vier Aluräder montiert. Als Gegenleistung sollte der Beklagte eine Vergütung von insgesamt 2.700 € nebst Zinsen zahlen. Dadurch ist ein Werkvertrag zu Stande gekommen und der Vergütungsanspruch entstanden.

Die Forderung der Klägerin könnte durch die vom Beklagten erklärte Aufrechnung gem. § 389 BGB erloschen sein, die er mit seiner Widerklage geltend macht. Die Aufrechnungslage erfordert, dass dem Beklagten eine fällige Forderung gegen den Kläger zusteht. Dabei könnte es sich um einen Rückzahlungsanspruch wegen einer Minderung des Kaufpreises für das von der Klägerin erworbene Fahrzeug handeln, §§ 437 Nr. 2, 441 Abs. 4 Satz 1 BGB. Es kommt daher entscheidend darauf an, ob dem Kläger ein Minderungsrecht aus dem mit dem Beklagten abgeschlossenen Kaufvertrag über den Jahreswagen zusteht.

Es ist daher zu prüfen, ob das gekaufte Gebrauchtfahrzeug einen Sachmangel aufweist, der den Kläger zu einer Minderung des Kaufpreises berechtigen würde. Gem. § 434 Abs. 1 Satz 1 BGB ist die Sache frei von Sachmängeln, wenn sie bei Gefahrübergang die vereinbarte Beschaffenheit hat. Nach dem Kaufvertrag sollte das Fahrzeug die Eigenschaft eines so genannten Jahreswagens aufweisen. Diese vertragliche Beschaffenheitsvereinbarung muss ausgelegt werden (§§ 133, 157 BGB). Denn die vertragliche Beschreibung als „Jahreswagen" kann bedeuten, dass es genüge, wenn seit der Erstzulassung des Fahrzeugs weniger als zwölf Monate verstrichen seien und es nicht länger in Gebrauch gewesen sei.

Der Begriff „Jahreswagen" ist eine typische, im Gebrauchtwagenhandel verwendete Beschaffenheitsangabe (vgl. BGHZ 122, 256, 260f = NJW 1993, 1854 m. w. N.; BGHZ 128, 307, 309 = NJW 1995, 955). Nach einer in der Rechtsprechung und im rechtswissenschaftlichen Schrifttum verbreiteten Ansicht handelt es sich nach der Verkehrsauffassung bei einem Jahreswagen um ein Gebrauchtfahrzeug aus erster Hand, das von einem Werksangehörigen ein Jahr lang ab der Erstzulassung gefahren worden ist (OLG Köln, NJW-RR 1989, 699; *Reinking/Eggert*, Der Autokauf, 9. Aufl., Rdnr. 1345 m. w. N.; *Staudinger/Matusche-Beckmann*, BGB, Neubearb. 2004, § 434 Rdnr. 164).

Legt man diese Definition zu Grunde, kommt eine Minderung des Kaufpreises im vorliegenden Fall zwar nicht bereits deshalb in Betracht, weil das Fahrzeug seit seiner Erstzulassung nicht durch einen Werksangehörigen, sondern als Mietwagen genutzt worden ist; denn dem Beklagten war bereits bei Vertragsabschluss die Verwendung des Fahrzeugs im Mietwagengeschäft durch die E-GmbH bekannt, sodass ein etwaiges Minderungsrecht unter diesem Gesichtspunkt von vornherein ausgeschlossen war, § 442 Abs. 1 Satz 1 BGB.

Es ist jedoch zu berücksichtigen, dass es für die Auslegung des Begriffs „Jahreswagen" als Beschaffenheitsvereinbarung gem. § 434 Abs. 1 Satz 1 BGB auch auf das Gesamtalter des Fahrzeugs einschließlich der vor der Erstzulassung liegenden Standzeit ankommt. Es kann dahinstehen, ob der Käufer eines Jahreswagens, soweit die Parteien hierüber keine Vereinbarungen getroffen haben, berechtigterweise erwarten kann, ein Fahrzeug zu erwerben, das im Zeitpunkt der Erstzulassung noch sämtliche Eigenschaften eines „fabrikneuen" Wagens aufweist. Nach der Rechtsprechung des BGH zur Sachmängelgewährleistung bei Neufahrzeugen gem. §§ 459 ff. BGB a. F. liegt im Verkauf eines Neuwagens durch einen Kraftfahrzeughändler grundsätzlich die stillschweigende Zusicherung, dass das verkaufte Fahrzeug die Eigenschaft hat, „fabrikneu" zu sein; das ist bei einem unbenutzten Kraftfahrzeug regelmäßig nur dann der Fall, wenn und solange das Modell dieses Fahrzeugs unverändert weitergebaut wird, wenn es keine durch längere Standzeit bedingten Mängel aufweist und wenn zwischen Herstellung des Fahrzeugs und Abschluss des Kaufvertrags nicht mehr als zwölf Monate liegen (BGH, NJW 2000, 2018 unter II; NJW 2004, 160 unter II 2 und 3, jeweils m. w. N.; NJW 2005, 1422 unter II 2). Auch die Vereinbarung der Beschaffenheit eines Gebrauchtfahrzeugs als Jahreswagen gem. § 434 Abs. 1 Satz 1 BGB (n. F.) hat jedenfalls – ohne dass es einer ausdrücklichen Vereinbarung hierüber bedarf – regelmäßig zum Inhalt, dass das verkaufte Fahrzeug bis zum Zeitpunkt seiner Erstzulassung keine Standzeit von mehr als zwölf Monaten aufweist.

Nach der Verkehrsanschauung ist die Lagerdauer für die Wertschätzung eines Kraftfahrzeugs von wesentlicher Bedeutung (vgl. BGH, NJW 2004, 160 unter II 3 m. w. N.); so ist eine lange Standdauer für einen Neuwagenkäufer ein wertmindernder Faktor, weil jedes Kraftfahrzeug einem Alterungsprozess unterliegt, der bereits mit dem Verlassen des Herstellungsbetriebs einsetzt; im Regelfall ist deshalb davon auszugehen, dass eine Lagerzeit von mehr als zwölf Monaten die Fabrikneuheit eines Neuwagens beseitigt (vgl. BGH, NJW 2004, 160). Eine andere Beurteilung ist auch beim – hier vorliegenden – Kauf eines Jahreswagens vom Kraftfahrzeughändler nicht gerechtfertigt. Auch für den Käufer eines Jahreswagens ist die vor der Erstzulassung liegende Standdauer des Fahrzeugs als wertbildender Faktor von erkennbar wesentlicher Bedeutung. Aus der Sicht eines verständigen Käufers dient die an das Alter des Fahrzeugs anknüpfende Kennzeichnung eines Gebrauchtfahrzeugs als Jahreswagen dem Zweck, das Fahrzeug einerseits von („fabrikneuen") Neufahrzeugen und andererseits von älteren Gebrauchtwagen, denen nach der Verkehrsanschauung regelmäßig eine geringere Wertschätzung zukommt, abzugrenzen. Der Käufer eines Jahreswagens handelt in der jedenfalls für den gewerblich tätigen Verkäufer erkennbaren Erwartung, einen „jungen" Gebrauchtwagen aus erster Hand zu erwerben, der sich hinsichtlich seines Alters von einem Neufahrzeug im Wesentlichen lediglich durch die einjährige Nutzung im Straßenverkehr seit der – aus den Fahrzeugpapieren ersichtlichen – Erstzulassung unterscheidet. Es würde daher den schutzwürdigen Interessen des Käufers nicht gerecht, die vertraglich geschuldete Beschaffenheit eines Jahreswagens im Hinblick auf die höchstzulässige Standzeit vor der Erstzulassung anders zu beurteilen als die Lagerdauer eines Neufahrzeugs bis zu dessen Verkauf.

Daraus folgt, dass ein von einem Kraftfahrzeughändler als Jahreswagen verkauftes Gebrauchtfahrzeug regelmäßig nicht der vereinbarten Beschaffenheit entspricht, wenn zwischen der Herstellung und der Erstzulassung mehr als zwölf Monate liegen. Die noch vertragsgemäße Standzeit von zwölf Monaten war hier bei weitem überschritten, weil seit der Herstellung des vom Beklagten gekauften Fahrzeugs bis zur Erstzulassung mehr als 26 Monate verstrichen waren. Es liegt daher ein Sachmangel im Sinne des § 434 Abs. 1 Satz 1 BGB vor, sodass der Minderungsanspruch des Klägers begründet ist.

Ergebnis: Klage und Widerklage sind begründet. Der Beklagte konnte zu Recht mit seinem Rückzahlungsanspruch wegen Minderung des Kaufpreises gegen die mit der Klage geltend gemachte Vergütung aus dem Werkvertrag aufrechnen.

Lösung zu Fall 9: Der Gebrauchtwagenkauf

Kramer könnte gegen den Gebrauchtwagenhändler die kaufrechtlichen Gewährleistungsansprüche gem. §§ 437 ff. BGB auf Nacherfüllung, auf Minderung des Kaufpreises oder auf Rücktritt vom Kaufvertrag und auf Schadensersatz haben. Die Parteien haben einen wirksamen Kaufvertrag abgeschlossen. Voraussetzung für die Geltendmachung der Gewährleistungsansprüche wäre, dass der Pkw einen Sachmangel im Sinne von § 434 BGB aufwies.

Ein **Sachmangel** ist nicht nur dann gegeben, wenn der Pkw im Zeitpunkt des Gefahrübergangs nicht die vereinbarte Beschaffenheit hat. Sofern eine Beschaffenheit nicht vereinbart ist, ist die Sache frei von Sachmängeln, wenn sie sich für die gewöhnliche Verwendung eignet und eine Beschaffenheit aufweist, die bei Sachen der gleichen Art üblich ist und die der Käufer nach der Art der Sache erwarten kann. Zu der Beschaffenheit nach § 434 Abs. 2 Nr. 2 gehören auch Eigenschaften, die der Käufer nach den Äußerungen des Verkäufers erwarten kann, es sei denn, dass sie die Kaufentscheidung nicht beeinflussen konnte.

Als Eigenschaften gelten alle **wertbildenden Merkmale des Kaufgegenstandes**. Der Kilometerstand ist eine Eigenschaft des Kraftfahrzeugs, denn der Grad der Abnutzung wirkt sich auf den Wert des gebrauchten Fahrzeugs und auf den Zustand aus. Weiterhin ist es für den Wert des Kraftfahrzeugs von erheblicher Bedeutung, ob ein Unfall vorlag, weil auch dieser Umstand in die Verhandlungen über die Höhe des Kaufpreises einfließt. Deshalb ist auch die Unfallfreiheit eine Eigenschaft der Kaufsache.

Der Gebrauchtwagenhändler hatte auf Nachfrage Kramers erklärt, das Fahrzeug sei seines Wissens unfallfrei. Dabei handelt es sich jedoch um eine bloße Wissenserklärung ohne Bindungswillen, die noch nicht eine sichere Erwartung des Käufers von einer bestimmten Eigenschaft des Fahrzeugs begründet. Daher ist die bestimmte Kilometerangabe auf Befragen des Käufers eine vertragliche, rechtsverbindliche Zusicherung. Da Kramer sich nach dem Tachostand besonders erkundigt hat und der Gebrauchtwagenhändler daraufhin das Vorhandensein dieses Tachostandes bestätigte, konnte Kramer die Erklärung, der Wagen sei 74.000 km gelaufen, als verbindliche Erklärung zur Beschaffenheit des Fahrzeugs auffassen. Nach dem Sachverhalt wies das Fahrzeug einen Tachostand von 100.000 km auf, daher fehlte die Eigenschaft zum Zeitpunkt des Gefahrübergangs.

Ein **Nacherfüllungsrecht** gem. § 439 BGB kann Kramer jedoch nicht geltend machen, da weder eine Mangelbeseitigung noch die Lieferung einer mangelfreien Sache möglich ist. Der Verkäufer könnte die Nacherfüllung gem. § 275 BGB verweigern.

Die **Höhe des Minderungsanspruchs** berechnet sich gem. § 441 Abs. 3 BGB. Danach ist der vereinbarte Kaufpreis *„in dem Verhältnis herabzusetzen, in welchem zur Zeit des*

Verkaufs der Wert der Sache im mangelfreien Zustand zu dem wirklichen Wert gestanden haben würde". Auch nach der Minderung des Kaufpreises bleibt deshalb das Verhältnis von Kaufgegenstand und Kaufpreis, welches das Ergebnis der Vertragsverhandlungen ist, für beide Vertragsparteien erhalten.

Bei der **Berechnung der Herabsetzung des Kaufpreises** sind deshalb vier Beträge miteinander in Bezug zu setzen: Der vertraglich vereinbarte Kaufpreis, der geminderte Kaufpreis, der Wert der Sache im mangelfreien Zustand und der Wert der Sache im mangelhaften Zustand. Dabei muss sich der geminderte Kaufpreis (= X) zu dem vereinbarten Kaufpreis (= 5.000 €) verhalten wie der Wert der mangelhaften Sache (= 4.000 €) zu dem Sachwert ohne Mangel (= 4.500 €). Im Ergebnis ist deshalb der geminderte Kaufpreis X = 4.000 € x 5.000 € : 4.500 € = 4.444,44 €. Der Minderungsbetrag, der sich aus der Differenz des vertraglich vereinbarten und gezahlten Kaufpreises von 5.000 € zu dem geminderten Kaufpreis von 4.444,44 € ergibt, beträgt demzufolge 555,56 €. Diesen Betrag könnte Kramer deshalb als Minderung des Kaufpreises von dem Gebrauchtwagenhändler zurückverlangen.

Kramer könnte auch einen **Anspruch auf Rücktritt vom Kaufvertrag** gem. § 323 BGB haben. Da das Fahrzeug infolge eines von ihm verschuldeten Unfalls eine wesentliche Verschlechterung erlitten hat, ist der Rücktritt gem. § 323 Abs. 6 BGB ausgeschlossen.

Kramer könnte aber einen **Anspruch auf Schadensersatz statt der Leistung** gem. §§ 281, 437 Nr. 3, 440 BGB geltend machen. Dieser Anspruch würde seiner Vorstellung entsprechen, das Fahrzeug gegen Rückzahlung des Kaufpreises an den Verkäufer zurückzugeben. Zu den Voraussetzungen des Schadensersatzanspruchs gehören das Vorliegen eines wirksamen Kaufvertrages und eine vom Schuldner zu vertretende Pflichtverletzung. Die Fristsetzung zur Nacherfüllung ist entbehrlich gem. § 281 Abs. 2 BGB. Kramer kann deshalb gem. § 281 BGB Schadensersatz statt der Leistung verlangen.

Der **Umfang des Schadensersatzanspruchs** bemisst sich nach § 249 ff. BGB. Danach müsste der Gebrauchtwagenhändler den Zustand herstellen, der bestehen würde, wenn der zum Ersatz verpflichtende Umstand nicht eingetreten wäre. Kramer könnte die Kaufsache zurückgeben, die Rückzahlung des Kaufpreises fordern und gegebenenfalls noch weiteren Schaden berechnen. Der sog. „große Schadensersatz" stellt den Käufer so, als könne er vom Vertrag zurücktreten und zusätzlich Schadensersatz geltend machen. Diesen Anspruch hätte Kramer auch dann, wenn er die Sache nicht mehr zurückgeben kann, weil er z. B. das Fahrzeug inzwischen weiterveräußert hätte. Er müsste sich dann lediglich seinen Erlös anrechnen lassen, § 254 BGB. Allerdings könnte Kramer in Anwendung der Rücktrittsvorschriften den großen Schadensersatz nicht verlangen, wenn er den Untergang der Sache selbst verschuldet hat, vgl. § 323 Abs. 6 BGB. Dies wäre z. B. bei einem Totalschaden des Fahrzeugs der Fall. Der Verkäufer trägt somit das Risiko des zufälligen und der Käufer das des verschuldeten Untergangs der Kaufsache. Letztendlich könnte Kramer entsprechend seinen Vorstellungen das gebrauchte Fahrzeug zurückgeben und Rückzahlung des Kaufpreises verlangen. Da er sich gem. § 254 BGB den Schaden anrechnen lassen muss, der infolge des von ihm selbst verschuldeten Unfalls entstanden ist, wird die Wertminderung des Fahrzeugs infolge des Unfallschadens von der Kaufpreissumme in Höhe von 5.000 € in Abzug gebracht.

Ergebnis: Kramer kann **wahlweise Minderung des Kaufpreises oder Schadensersatz statt der Leistung** geltend machen. Entscheidet er sich für eine Minderung des Kaufpreises, kann er das Fahrzeug behalten und die Wertdifferenz zwischen dem mangelhaften und dem mangelfreien Fahrzeug verlangen. Entscheidet er sich aber für den Schadensersatzanspruch, kann er das Fahrzeug zurückgeben und den Kaufpreis – abzüglich der von ihm selbst durch den eigenen Unfall verschuldeten Wertminderung – zurückverlangen.

Lösung zu Fall 10: Das mangelhafte Notebook

Sörensen macht einen **Anspruch auf Rücktritt vom Kaufvertrag** gem. § 323 BGB geltend. Ein wirksamer Kaufvertrag wurde zwischen den Parteien abgeschlossen. Mit dem Rückzahlungsverlangen hat Sörensen den Rücktritt erklärt.

Ein **Rücktrittsgrund** ist gegeben, wenn der Mangel schon im Zeitpunkt der Übergabe des Kaufgegenstandes vorhanden gewesen ist. Dieser Umstand lässt sich vorliegend nicht mehr feststellen. Die Parteien haben jedoch **eine vertragliche Garantie von einem Jahr** vereinbart. Die Garantieübernahme beinhaltet die Erklärung des Verkäufers, für alle Mängel einzustehen, die während der Garantiefrist auftreten. Bei Maschinen und technischen Geräten ist die uneingeschränkte Garantiezusage dahin zu verstehen, dass vermutet werden soll, der Mangel sei schon im Zeitpunkt der Übergabe vorhanden gewesen, weil sich häufig nicht aufklären lässt, wann und wodurch ein Mangel entstanden ist. Diese Vermutung hat der Verkäufer nicht schon mit der bloßen Behauptung widerlegt, Sörensen müsse das Notebook unsachgemäß behandelt haben. Ein Rücktrittsgrund ist somit gegeben.

Der **Rücktritt könnte ausgeschlossen sein**, weil eine Fristsetzung zur Leistung oder Nacherfüllung fehlt. Denn das Nacherfüllungsrecht ist vorrangig vor den weiteren Gewährleistungsrechten zu verfolgen. Allerdings hat der Verkäufer am 15.01. erklärt, dass es ihm unerklärlich sei, weshalb Sörensen Mängel bei dem Gebrauch des Notebooks festgestellt habe. Damit hat er die Leistung ernsthaft und endgültig verweigert, so dass die Fristsetzung entbehrlich ist, vgl. § 323 Abs. 2 Nr. 1 BGB. Das Rücktrittsrecht ist somit gegeben.

Letztlich ist noch zu prüfen, ob der Anspruch auf Rücktritt vom Kaufvertrag gem. § 438, 195 BGB verjährt ist. Die Garantiezusage hat die rechtliche Bedeutung, dass der Beginn der Verjährungsfrist bis zur **Entdeckung des Mangels**, spätestens aber bis zum **Ablauf der Garantiefrist** – hier am 01.05. – hinausgeschoben wird. Denn der Verkäufer erklärt mit der Garantieübernahme, für alle Mängel die Gewähr zu übernehmen, die während der Garantiezeit auftreten. Für den Fall einer einvernehmlichen Nachbesserung der Kaufsache ist gem. § 203 BGB der **Zeitraum der Nachbesserungsversuche** abzuziehen. Dadurch ist der Lauf der Verjährungsfrist solange gehemmt, bis der Unternehmer am 15.01. das endgültige Fehlschlagen der Nachbesserung mitgeteilt hat. Erst am 15.01. begann die dreijährige Verjährungsfrist zu laufen.

Ergebnis: Die Käuferin Sörensen kann am 15.05. noch vom Kaufvertrag zurücktreten und damit die Rückzahlung des Kaufpreises verlangen.

Lösung zu Fall 11: Garantiebedingungen im Versandhandel

Dem Verbraucherschutzverein steht nach §§ 1, 3 UKlaG das Recht der Verbandsklage zu, sodass ein Unterlassungsanspruch gegeben sein könnte. Danach kann das Versandhaus auf Unterlassung in Anspruch genommen werden, wenn die Versandbedingungen nach §§ 307 ff. BGB unwirksam wären.

Allgemeine Geschäftsbedingungen sind nicht unter Berücksichtigung der besonderen Umstände des jeweiligen Einzelfalles, sondern nach objektiven Maßstäben auszulegen. Unklarheiten und Zweifel gehen dabei zu Lasten des Verwenders, der eine eindeutige Fassung der von ihm vorformulierten Vertragsbedingungen herstellen muss. Da sich das Versandunternehmen an einen breiten Kundenkreis wendet, ist Maßstab für die Auslegung der in den Garantieurkunden enthaltenen Bedingungen die **Verständnismöglichkeit eines rechtsunkundigen Durchschnittskunden**. Der rechtlich nicht vorgebildete Durchschnittskunde muss die Garantiebedingungen so verstehen, dass ihm bei mangelhafter Lieferung lediglich die in der Garantieurkunde aufgeführten Rechte zustehen sollen. Er wird daher den Umfang und die zeitliche Begrenzung seiner Gewährleistungsrechte ausschließlich den Garantieurkunden des Versandunternehmens entnehmen.

Die vorliegenden Garantiebedingungen betreffen die Lieferung neu hergestellter Sachen und enthalten eine **Beschränkung der Gewährleistungsansprüche des Käufers auf das Recht zur Nachbesserung und Ersatzlieferung**, ohne ihn auf die Möglichkeit der Inanspruchnahme der gesetzlichen Gewährleistungsrechte hinzuweisen. Nach § 309 Nr. 8 b) bb) BGB muss dem Käufer für den Fall des Fehlschlagens dieser Maßnahmen **ausdrücklich** das Recht vorbehalten werden, zu mindern oder nach seiner Wahl vom Vertrag zurückzutreten. Da ein entsprechender Hinweis auf die gesetzlichen Gewährleistungsrechte des Käufers fehlt, sind die Garantiebedingungen des Versandhauses in dieser Form unzulässig, weil ein Verstoß gegen § 309 Nr. 8 b) bb) BGB gegeben ist.

Ferner enthalten die Garantiebedingungen des Versandhauses eine Bestimmung, wonach in den Fällen der Nachbesserung oder Ersatzlieferung die erforderlichen Ersatzteile und die anfallende Arbeitszeit nicht berechnet werden. Eine solche Regelung ist gem. § 309 Nr. 8 b) cc) BGB unwirksam, denn sie birgt die Gefahr der **Unklarheit über die finanziellen Folgen der Geltendmachung von Gewährleistungsansprüchen**. Ein Durchschnittskäufer kann nicht eindeutig erkennen, welche anfallenden Kosten, beispielsweise Transportkosten, zu seinen Lasten gehen, zumal nach den Garantiebedingungen in Garantiefällen über 6 Monate hinaus vom 7. Monat an anteilige Fahrtkostenpauschalen und anfallende Portokosten berechnet werden. Denn von einem rechtsunkundigen Käufer kann nicht erwartet werden, dass er § 439 Abs. 2 BGB kennt, wonach der Verkäufer die zum Zweck der Nacherfüllung erforderlichen Aufwendungen, insbesondere Transport-, Wege-, Arbeits- und Materialkosten, zu tragen hat. Die Rechte des Käufers nach dieser Vorschrift werden durch die Garantiebedingungen des Versandhauses eingeschränkt, wenn die Kostenbeteiligung des Käufers an den Aufwendungen zur Nacherfüllung sich in ihrer zeitlichen Differenzierung an der Garantiezeit und nicht an der gesetzlichen Verjährungsfrist orientiert.

Die **gesetzliche Verjährungsfrist für Gewährleistungsansprüche** beträgt gem. § 438 BGB 2 Jahre. Diese Verjährungsfrist kann durch allgemeine Geschäftsbedingungen nicht wirksam verkürzt werden, § 309 Nr. 8b) ff) BGB. Das Versandhaus verwendet eine Klausel, wonach eine Garantieleistung die Garantiezeit nicht verlängere. Diese Klausel trägt dem Umstand nicht Rechnung, dass die Verjährung gem. § 203 BGB gehemmt ist, wenn und solange der Verkäufer sich im Einverständnis mit dem Käufer der Prüfung des Vorhandenseins eines Mangels und seiner Beseitigung unterzieht. Daher kann die Verjährung je nach Sachlage auch nach Ablauf der Garantiefristen eintreten. Nach der Verständnismöglichkeit eines rechtsunkundigen Durchschnittskunden tritt in diesen Fällen eine „Verkürzung der Verjährungsfrist" ein, weil er nach der Gestaltung der Garantiebedingungen nicht erkennen kann, dass die gesetzliche Verjährungsfrist unabhängig von der vertraglich eingeräumten Garantiezeit läuft. Es liegt deshalb ein Verstoß gegen § 309 Nr. 8 b) bb), cc) und ff) BGB vor.

Ergebnis: Der Unterlassungsanspruch des Verbraucherschutzverbandes ist begründet. Die vorliegenden Klauseln aus den Garantiebedingungen des Versandhauses sind wegen Verstoßes gegen § 309 Nr. 8 b) bb), cc) und ff) BGB nichtig.

Lösung zu Fall 12: Factoring und Eigentumsvorbehalt

Es kommt ein **Anspruch aus ungerechtfertigter Bereicherung** in Betracht, Anspruchsgrundlage für die Leistungskondiktion ist § 812 Abs. 1 Satz 1, 1. Alt. BGB. Danach ist zur Herausgabe verpflichtet, wer durch die Leistung eines anderen etwas ohne rechtlichen Grund erlangt. Die G-GmbH wäre zur Freigabe der streitigen Forderungen verpflichtet, wenn nicht sie, sondern die F-Bank Anspruchsinhaberin wäre.

Die Entscheidung dieser Frage hängt davon ab, ob die F-Bank sich mit Erfolg darauf berufen kann, die im Rahmen des Factoring-Vertrags erfolgte Vorausabtretung genieße den Vorrang vor der Vorausabtretung, die der Anschlusskunde U gegenüber der G-GmbH bei Vereinbarung des verlängerten Eigentumsvorbehalts erklärt hat. Nach gefestigter Rechtsprechung ist eine Globalabtretung zukünftiger Kundenforderungen an eine kreditgebende Bank sittenwidrig, wenn und soweit sie auch Forderungen umfassen soll, die der Zedent seinen Lieferanten aufgrund verlängerten Eigentumsvorbehalts künftig abtreten muss und abtritt. Dieser Grundsatz findet aber keine Anwendung auf eine Globalzession, die im Rahmen eines echten Factorings erfolgt, bei dem es sich um einen Forderungskauf handelt. Ein echtes Factoring liegt vor, wenn der Factor die Forderungen seines Anschlusskunden endgültig ankauft, d. h. das Risiko der Zahlungsunfähigkeit der Schuldner seines Anschlusskunden übernimmt (Delkredere) und dieser daher den Gegenwert, den der Factor für die angekauften Forderungen zahlt, endgültig – ohne die Möglichkeiten der Rückbelastung – behalten darf und aus diesem Erlös seine Vorbehaltslieferanten so befriedigen kann, als hätte er die an den Factor verkauften Forderungen selbst eingezogen.

Nach dem vorliegenden Sachverhalt wurde zwischen der F-Bank und dem Anschlusskunden U vereinbart, dass die F-Bank das Delkredere übernimmt, also das Risiko für die Zahlungsunfähigkeit der Schuldner. Bei einer derartigen Vertragsgestaltung sind die schutzwürdigen Interessen des unter verlängertem Eigentumsvorbehalt liefernden

Warenkreditgebers – der G-GmbH – hinreichend gewahrt, sodass im Verhältnis zwischen der Factoring-Bank und dem Warenkreditgeber der Vorwurf der Sittenwidrigkeit der Vorausabtretung und damit die Nichtigkeitsfolge aus § 138 Abs. 1 BGB anders als bei der Globalzession zu Gunsten eines **Geldkreditgebers** ausgeräumt sind.

Im vorliegenden Fall ist dieses Ergebnis auch aus anderen Gründen gerechtfertigt. Im Factoring-Vertrag wurde vereinbart, dass die Ansprüche des U auf die Factoring- Erlöse nur mit Zustimmung der F-Bank wirksam abgetreten werden konnten, § 399 BGB. Indem die Zahlungen der Abnehmer des U ausschließlich über das B-Bank- Konto erfolgten, dort aber von der Globalzession der B-Bank erfasst wurden, war dem Anschlusskunden U jede Möglichkeit genommen, über die Factoring-Erlöse frei zu verfügen. Diese dienten im Umfang der Überweisungen der Abnehmer des U dazu, dessen Darlehensverpflichtungen zu tilgen. Die rechtliche Möglichkeit, kraft eigener Entschließung die Erlöse unmittelbar zur Befriedigung des Warenkreditgebers – der G-GmbH – zu verwenden, bestand für den Anschlusskunden U nicht. Damit konnte die G-GmbH aus den Erlösen der von ihr gelieferten Waren nur noch Zahlungen erlangen, soweit und solange die B-Bank dem Anschlusskunden weiterhin Kredit zur Verfügung stellte. Durch diese Verfahrensweise, sich die Ansprüche des Anschlusskunden auf den Erlös der von der F-Bank angekauften, vom verlängerten Eigentumsvorbehalt betroffenen Kundenforderungen im Wege der Globalzession abtreten zu lassen, erlangte die B-Bank zum Nachteil der Warenkreditgläubiger einen vorrangigen Anspruch auf den Gegenwert dieser Kundenforderungen.

Es besteht grundsätzlich keine Rechtspflicht des Factors, die Interessen der Vorbehaltsverkäufer durch entsprechende Vertragsgestaltung zu wahren. Vielmehr muss sich der Factor darauf verlassen können, dass der Anschlusskunde, der einem wirtschaftlichen Zwang unterliegt, mit den ihm vom Factor gezahlten Geldern seine Lieferanten bezahlt. Andererseits ist der Factor zu zumutbaren Schutzmaßnahmen zu Gunsten der Vorbehaltsverkäufer verpflichtet, wenn er Anlass zu der Annahme hat, der Anschlusskunde erfülle seine Verpflichtungen gegenüber den Vorbehaltslieferanten nicht. Da die F-Bank im vorliegenden Fall sogar aktiv an einer Verfügung über die Ansprüche des Anschlusskunden zu Gunsten der Gläubigerbank (B-Bank) mitgewirkt hat, indem sie der globalen Abtretung der Erlösansprüche ihres Anschlusskunden an die B-Bank zustimmte, hat sie sich zu Gunsten eines Geldkreditgebers über die Interessen der Warenkreditgeberin hinweggesetzt. Die F-Bank muss sich daher der G-GmbH gegenüber gem. § 242 BGB so behandeln lassen, als hätte sie die streitigen Forderungen gegen die Abnehmer ihres Anschlusskunden nicht wirksam erworben. Die F-Bank handelt rechtsmissbräuchlich, wenn sie sich auf den Vorrang der zu ihren Gunsten erfolgten Factoring-Zession beruft.

Ergebnis: Die F-Bank hat keinen Herausgabeanspruch gegen die G-GmbH. Im Fall einer Kollision zwischen der Vorausabtretung im Factoring-Vertrag und der Vorausabtretung aufgrund eines verlängerten Eigentumsvorbehalts hat der Warenkreditgeber infolge des Eigentumsvorbehalts grundsätzlich das stärkere Recht und damit einen Anspruch auf die aus den Verkäufen erzielten Erlöse. Dies gilt nicht beim echten Factoring, weil es sich dabei um einen Forderungskauf handelt und der Anschlusskunde den Gegenwert für die angekauften Forderungen ohne das Risiko einer Rückbelastung endgültig erhält.

Nach den besonderen Umständen des vorliegenden Falles ist aber die Globalabtretung zukünftiger Kundenforderungen an die kreditgebende Bank sittenwidrig, soweit sie auch Forderungen umfasst, die der Zedent (U) seiner Lieferantin (G-GmbH) aufgrund verlängerten Eigentumsvorbehalts künftig abtreten muss.

Lösung zu Fall 13: Die defekte Heizungsanlage

Bartels macht Gewährleistungsansprüche aus dem Werkvertrag mit Ulrich über den Heizungseinbau geltend. Ein **Anspruch auf Neuherstellung der Heizungsanlage** gem. §§ 631, 633 Abs. 1 BGB entfällt, weil Bartels die Anlage schon vor sieben Jahren abgenommen hat. Durch die Abnahme des Werkes hat sich die Leistungspflicht des Werkunternehmers auf die eingebaute Heizungsanlage konkretisiert.

Die **Beseitigung des Mangels** an der Heizungsanlage gem. § 633 Abs. 2 BGB kann Bartels nicht verlangen, weil infolge völliger Zerstörung eine Nacherfüllung unmöglich geworden ist, § 275 BGB.

Bartels könnte einen **Schadensersatzanspruch statt der Leistung** gegen Ulrich gem. §§ 281, 634, 636 BGB haben. Voraussetzung für den Schadensersatzanspruch ist der Abschluss eines wirksamen Werkvertrages zwischen Bartels und Ulrich. Diese haben sich darüber geeinigt, dass Ulrich verpflichtet sein soll, im Geschäftsbetrieb von Bartels eine Heizungsanlage einzubauen. Es handelt sich um eine erfolgsbestimmte Tätigkeit, sodass die Parteien einen Werkvertrag gem. § 631 BGB abgeschlossen haben.

Weitere Voraussetzungen für einen Schadensersatzanspruch ist die **mangelhafte Werkherstellung**. Das von Ulrich hergestellte Werk, der Einbau der Heizungsanlage, war mangelhaft, weil Ulrich das Rohr nicht so verlegt hat, wie nach dem Vertrag geschuldet und deshalb keine ordnungsgemäße vertragliche Leistung erbracht hat. Das Werk eignet sich nicht für die nach dem Vertrag vorausgesetzte Verwendung, vgl. § 633 BGB. Dies ergibt sich aus dem Sachverständigengutachten.

Da der Anspruch auf Schadensersatz gem. § 281 BGB statt eines Anspruchs auf Erfüllung geltend gemacht werden kann, ist grundsätzlich auch eine **Fristsetzung zur Nacherfüllung** und ein erfolgloses Verstreichen der Frist erforderlich. Vorliegend ist die Frist aber ausnahmsweise entbehrlich, weil die Nacherfüllung wegen der völligen Zerstörung der Heizungsanlage unmöglich geworden ist. Nachdem der Unternehmer Ulrich entweder selbst oder einer seiner Angestellten als Erfüllungsgehilfe bei der Installation der Heizungsanlage die im Verkehr erforderliche Sorgfalt außer Acht gelassen hat, hat er den Mangel zu vertreten, vgl. §§ 276, 278 BGB. Infolgedessen hat Bartels einen Schadensersatzanspruch statt der Leistung wegen schuldhafter Pflichtverletzung durch mangelhafte Einbringung der Werkleistung.

Diesem Anspruch kann der Unternehmer Ulrich die **Einrede der Verjährung** entgegenhalten, weil gem. § 634a BGB Ansprüche des Bestellers auf Schadensersatz bei Arbeiten an Bauwerken in fünf Jahren verjähren und inzwischen sieben Jahre seit der Abnahme des Werkes vergangen sind.

Ergebnis: Bartels hat einen Schadensersatzanspruch gem. §§ 281, 634, 636 BGB, dem die Einrede der Verjährung entgegensteht.

Lösung zu Fall 14: Rechtsmangel einer Raubkopie

Der von der Opti-GmbH geltend gemachte Schadensersatzanspruch könnte aus Gründen der Rechtsmangelhaftung gemäß §§ 281, 435, 437, 440 BGB begründet sein. Die EDV-GmbH hat der Opti-GmbH ein Textverarbeitungssystem geliefert und installiert, das von der Herstellerfirma Lux nicht lizenziert war und deshalb von der Opti-GmbH nicht genutzt werden durfte.

Auf die Lieferung des Textverarbeitungsprogramms ist das Kaufrecht nicht unmittelbar anzuwenden, weil Vertragsgegenstand nicht die Übereignung einer Sache ist. Bezüglich der Gewährleistung kann das Kaufrecht aber analoge Anwendung finden, da es sich um Standardsoftware handelt, die nicht auf die speziellen Bedürfnisse der Opti-GmbH zugeschnitten wurde. Die Lieferung dieses nicht lizenzierten Programms stellt einen Rechtsmangel im Sinne des § 435 BGB dar, der nach erfolgter Fristsetzung zur Beschaffung des Nutzungsrechtes an diesem Textverarbeitungsprogramm einen Schadensersatzanspruch wegen schuldhafter Pflichtverletzung gem. § 281 BGB begründet.

Aus dem Rechtsmangel im Textverarbeitungssystem folgt aber nur ein Schadensersatzanspruch hinsichtlich dieses Teils der Lieferung und nicht hinsichtlich der Gesamtlieferung über die Hardware. Der Gläubiger kann gem. § 281 BGB nur dann Schadensersatz statt der Leistung in Höhe der gesamten Verbindlichkeit fordern, wenn die teilweise Erfüllung für ihn kein Interesse hat. Das ist dann der Fall, wenn die konkreten Zwecke des Gläubigers mit der erbrachten Leistung auch nicht teilweise verwirklicht werden können. An der Brauchbarkeit der gelieferten Teile für die von der Opti-GmbH beabsichtigten Nutzung würde es fehlen, wenn die Ersatzbeschaffung des Textprogramms auf erhebliche Schwierigkeiten stieße.

Entscheidend ist dafür, ob das Textverarbeitungssystem und das Opdat-System als Bestandteil eines im Rechtssinne einheitlichen Gegenstandes, der durch eine Trennung in seinem Wesen verändert oder zerstört wird, vgl. § 93 BGB, oder als Mehrheit von Sachen anzusehen ist. Eine derartige Einheit ist vorliegend zu verneinen.

Auch dem Sachverständigengutachten ist zu entnehmen, dass das Programm Opdat Kundenadressen selektiert und diese in eine Datei in Basic-Format schreibt. Zum Drucken von Serienbriefen wird das Programm Opdat verlassen und das Textverarbeitungsprogramm gestartet. Dieses liest der Reihe nach die Adressen in der von Opdat erstellten Datei, fügt diese in den Serienbrieftext ein und druckt die Briefe aus. Damit stellt aber das Programm eine mit dem Opdat-Programm nicht verzahnte, für die Funktion des Opdat-Programms nicht notwendige, selbstständige Funktion dar, die jederzeit verändert oder durch ein anderes System ausgetauscht werden kann. Beide Programme behalten damit trotz ihrer Verbindung ihr eigenes Wesen und ihre besondere Natur.

Der Schadensersatzanspruch wegen Rechtsmängeln ist vorliegend auch nicht verjährt. Die Verjährung tritt gemäß § 438 Abs. 1 Nr. 3 BGB erst zwei Jahre nach der Ablieferung der Sache ein.

Ergebnis: Der Schadensersatzanspruch der Opti-GmbH ist infolge der Lieferung einer Raubkopie begründet, weil das fehlende Nutzungsrecht an dem Textverarbeitungsprogramm einen Rechtsmangel der Kaufsache darstellt.

Der Höhe nach besteht der Schadensersatzanspruch aber nur in den Kosten für eine Lizenzkopie, da es sich um die Raubkopie eines Standardprogramms handelt und die Lieferung von Hardware und Software vorliegend keinen einheitlichen Kaufgegenstand betraf, sodass der Schadensersatzanspruch nur die Softwaremängel betrifft.

Lösung zu Fall 15: Stromunterbrechung im Betrieb

Der geltend gemachte Schadensersatzanspruch könnte gem. § 823 Abs. 1 BGB begründet sein. Zwar liegt keine Eigentumsverletzung vor, weil der Betrieb des Unternehmers Fischer nicht in seiner sachlichen Substanz beschädigt wurde, doch könnte **das Recht am eingerichteten und ausgeübten Gewerbebetrieb** verletzt worden sein. Danach wird ein Gewerbebetrieb nicht nur in seinem Bestand geschützt, also gegen Emissionen des Betriebsgrundstücks oder Beschädigungen der Geschäftsräume, sondern auch in seinen einzelnen Erscheinungsformen. Das Unternehmen ist in seiner wirtschaftlichen Tätigkeit, einschließlich aller Geschäftsverbindungen, Kunden- und Lieferantenkreise, vor allen widerrechtlichen Eingriffen in seinen Funktionsbereich geschützt. Nach dem vorliegenden Sachverhalt hat die Stromunterbrechung dazu geführt, dass der Geschäftsbetrieb für einen Tag eingestellt werden musste und dadurch der gewerbliche Tätigkeitskreis gestört war. Damit ist das Recht am Unternehmen beeinträchtigt.

Das Interesse des Bestandsschutzes erfordert jedoch **einen unmittelbaren Eingriff in das Recht am Unternehmen**, um den Schutzbereich sachgemäß einzugrenzen. Nicht jede Beeinträchtigung des Gewerbebetriebs löst deshalb die Schadensersatzfrage aus, sondern nur **der betriebsbezogene Eingriff**, der sich unmittelbar gegen den Betrieb richtet, indem ein Eingriff in den wirtschaftlichen Tätigkeitsbereich erfolgt.

Ein unmittelbarer betriebsbezogener Eingriff in das Unternehmen liegt beispielsweise vor, wenn eine Blockade gegen den Betrieb gerichtet wird, bei kreditgefährdenden Veröffentlichungen, bei dem Vertrieb von Geräten mit unkenntlich gemachter Fabrikationsnummer und in ähnlichen Fällen. Dagegen handelt es sich um nicht betriebsbezogene Eingriffe, wenn ein Prokurist auf dem Weg zu einem Geschäftsabschluss verletzt wird oder wenn sich der Angriff gegen die Person des Inhabers oder des Geschäftsführers richtet.

Im vorliegenden Fall betraf der Eingriff **die Beschädigung eines Strommasts und der Stromkabel**, die im Eigentum des Elektrizitätswerkes stehen. Die Lieferung elektrischen Stroms über ein Kabel und der Anspruch darauf ist keine typische unternehmerische Eigenheit, sondern eine auf der Energielieferungspflicht beruhende Rechtsbeziehung. Derartige Energielieferungsverträge bestehen nicht nur zwischen dem Elektrizitätswerk und dem Unternehmen Fischer KG, sondern auch zu anderen Stromabnehmern, beispielsweise privaten Haushaltungen und öffentlichen Einrichtungen. Deswegen ist die Beschädigung des Strommasts kein unmittelbar betriebsbezogener Angriff, sondern nur eine Beeinträchtigung des Stromlieferungsanspruchs der Firma Fischer KG, der haftungsrechtlich dem nichtgewerblichen Bereich zugeordnet wird.

Ergebnis: Es fehlt im vorliegenden Fall an einem betriebsbezogenen Eingriff in das Unternehmen. Ein Schadensersatzanspruch der Firma Fischer KG gegen den Autofahrer Wild gem. § 823 Abs. 1 BGB besteht daher nicht.

Lösung zu Fall 16: Prüfungspflicht für Zulieferteile

Schadensersatzansprüche der Kluge KG gegen die Becker KG aus dem zwischen den Parteien abgeschlossenen Kaufvertrag bestehen nicht, da die Verjährungsfrist für die gesetzlichen Gewährleistungsansprüche gem. § 438 BGB abgelaufen ist und eine schuldhafte Verletzung vertraglicher Sorgfaltspflichten nicht vorliegt. Es sind daher **Ansprüche aus dem Rechtsgrundsatz unerlaubter Handlung** gem. § 823 Abs. 1 BGB zu prüfen. Für eine Haftung der Becker KG aus dem Gesichtspunkt der Produzentenhaftung reicht es nicht aus, dass das gelieferte Produkt mangelhaft war. Darüber hinaus wäre erforderlich, dass die Becker KG ein Verschulden daran trifft, dass sie Kohlebürsten an die Kluge KG ausgeliefert hat, die hinsichtlich des Verschleißverhaltens nicht der geforderten Qualität entsprachen.

Eine Verletzung der Verkehrssicherungspflicht ergibt sich noch nicht daraus, dass die Becker KG die Kohleplatten vom Typ S+E nicht von der Originalherstellerin bezogen hat. Denn sie war nicht verpflichtet, Kohleplatten bei der Firma S & E zu bestellen. Da die Lieferantin N qualitativ mindestens gleichwertige Kohleplatten – nämlich 3344 – herstellte, durfte die Becker KG das Material der Firma N als Ausgangsprodukt wählen. Denn es kam vorliegend auf einen bestimmten qualitativen Standard an, nicht auf die Abstammung der Kohleplatten aus der Produktion der Firma S & E.

Eine Haftung der Becker KG für die entstandenen Schäden könnte sich aus der Verletzung der ihr obliegenden Sorgfaltspflichten ergeben. Die Becker KG ist Produzentin. Ihre Haftung kommt im Rahmen der **Produzentenhaftung** grundsätzlich auch für Mängel der von der Firma N zugelieferten Kohleplatten in Betracht. Ein Produzent, der Teile von Zulieferern in sein Produkt einbaut, hat grundsätzlich eine Prüfungspflicht. Er darf keine Teile verwenden, von deren mangelfreier Beschaffenheit er nicht überzeugt ist. Deshalb muss er entweder die **Verlässlichkeit des Zulieferers oder die Güte des Materials** prüfen, soweit dies nach der Verkehrsübung erforderlich und wirtschaftlich zumutbar ist.

Allerdings entfällt die Prüfungspflicht des Produzenten, wenn schon der Zulieferer aufgrund seiner besonderen fachlichen Erfahrungen und Einrichtungen eine Qualitätsprüfung vorgenommen hat. Nach dem vorliegenden Sachverhalt hat die Becker KG das Ausgangsmaterial bei einem ihr aus langjähriger Geschäftsbeziehung als zuverlässig bekannten Vorlieferanten bezogen. Ein Verschulden der Becker KG in der Auswahl des Vorlieferanten ist nicht ersichtlich. Schon aus diesem Grund entfällt eine Pflicht der Becker KG zur Prüfung des Materials, weil diese Prüfung nicht üblich oder nur mit erheblichem Aufwand möglich ist.

Nachdem zwischen den Parteien telefonisch abgeklärt war, dass die bestellten Platten „K4" qualitativ den Anforderungen von „K 14 Z 3" entsprachen, war eine weitere Rückfrage nicht mehr erforderlich. Für die Becker KG bestand nur insoweit eine **Prüfungspflicht**, als sie das Ausgangsprodukt nicht unkritisch einbauen durfte. Sie musste vielmehr überprüfen, ob die Lieferung ihrer Bestellung entsprach. Da die Kohleplatten unter der bestellten Bezeichnung „K 4" geliefert wurden und auch am Aussehen nicht erkennbar war, dass die Firma N das falsche Ausgangsmaterial geliefert hatte, scheidet eine schadensursächliche Pflichtverletzung der Becker KG aus. Dabei ist unerheblich, ob der Becker KG die Kennzeichnung „K 14 Z 3" und die damit verbundenen Qualitätsmerkmale bekannt waren. Vielmehr reicht es aus, dass die Firma N diese Bezeichnung kannte und die Lieferung einer entsprechenden Qualität ankündigte, die sie mit „K 4" angab. Diese Qualität „K 4" hat die Firma N auch geliefert. Die Becker KG konnte und musste sich darauf verlassen, dass der ihr als zuverlässig bekannte Zulieferer die bestellte Qualität lieferte. Eine wirtschaftlich zumutbare geeignete Prüfungsmethode gab es für die Becker KG vorliegend nicht.

Ergebnis: Die geltend gemachten Schadensersatzansprüche sind unbegründet. Da die Becker KG keine der ihr obliegenden Sorgfaltspflichten verletzt hat, bestehen auch keine Ansprüche aus dem Rechtsgrundsatz der Produzentenhaftung gem. §§ 823 ff. BGB.

Lösung zu Fall 17: Haftung für alte Schulden

Die Fixstadt AG macht einen **Anspruch auf Kaufpreiszahlung** gem. § 433 Abs. 2 BGB gegen Brösel geltend. Die Kaufpreisforderung über 15.000 € stammt aus einem Kaufvertrag, den Tippke mit der Fixstadt AG noch vor dem Eintritt Brösels in das Geschäft abgeschlossen hat.

Die **Haftung Brösels für diese Forderung** könnte sich **aus § 128 HGB** ergeben. Danach haftet der Gesellschafter einer Offenen Handelsgesellschaft für die Verbindlichkeiten der Gesellschaft. Es müsste sich bei der Kaufpreisforderung um einen Zahlungsanspruch der Fixstadt AG als Verkäuferin gegen die Gesellschaft „Tipp: KunstGrafik OHG" handeln. Infolgedessen ist Voraussetzung für die Haftung Brösels, dass die Gesellschaft für die Kaufpreisforderung haftet.

Eine Haftungsregelung für den Eintritt eines Gesellschafters in das Geschäft eines Einzelkaufmanns enthält § 28 HGB. Tippke betrieb mit seinem Geschäft ein **Handelsgewerbe gem. § 1 Abs. 2 HGB**. Dieses ist zwar auf dauerhafte Gewinnerzielung ausgerichtet; jedoch wegen der geringen Größe nur als Kleingewerbe anzusehen. Eine kaufmännische Einrichtung ist nicht erforderlich. Daher war das Geschäft ursprünglich auch nicht im Handelsregister eingetragen.

Durch den Eintritt Brösels in das Papierwarengeschäft Tippkes müsste ein kaufmännisches Handelsunternehmen entstehen. Es könnte sich dabei um eine **Offene Handelsgesellschaft** handeln, weil ein Handelsgewerbe unter gemeinschaftlicher Firma betrieben wird, und Tippke und Brösel für keinen von ihnen eine Haftungsbeschränkung auf eine Kommanditeinlage im Handelsregister eingetragen haben. Aufgrund der unbeschränkten Haftung aller Gesellschafter ist eine Offene Handelsgesellschaft entstanden. Zwar ist nach der schlechten Auftragslage zu vermuten, dass auch nach der Geschäftserweiterung nach Art und Umfang keine kaufmännische Einrichtung erforderlich ist, doch ist die Kaufmannseigenschaft spätestens mit der Eintragung des Unternehmens in das Handelsregister entstanden. Gem. § 5 HGB können sich Brösel und Tippke nach der Eintragung ihrer Firma im Handelsregister nicht mehr darauf berufen, dass sie ein Kleingewerbe betreiben.

Die Haftung Brösels für die im Geschäft entstandenen früheren Verbindlichkeiten wurde im vorliegenden Fall durch eine Vereinbarung mit Tippke ausgeschlossen, sodass ein **Haftungsausschluss gem. § 28 Abs. 2 HGB** vorliegt. Da Brösel und Tippke den Haftungsausschluss aber nicht zur Eintragung ins Handelsregister angemeldet haben und dieser daher auch nicht bekanntgemacht worden ist, konnte **keine Außenwirkung** eintreten. Da Tippke und Brösel ihre Vereinbarung über den Haftungsausschluss auch der Fixstadt AG als Gläubigern nicht mitgeteilt haben, haftet gem. § 28 HGB die Gesellschaft für die im Geschäft Tippkes entstandene Kaufpreisschuld in Höhe von 15.000 €. Der Gesellschafter einer OHG haftet gem. §§ 105, 128 HGB für alle Gesellschaftsverbindlichkeiten persönlich, unbeschränkt und gesamtschuldnerisch. Brösel haftet deshalb als Gesellschafter der mit Tippke gegründeten Offenen Handelsgesellschaft „Tipp:KunstGrafik OHG" gem. § 128 HGB für die Kaufpreisforderung gegenüber der Firma Fixstadt AG.

Ergebnis: Die Fixstadt AG kann von Brösel die Zahlung des Kaufpreises für die IT- Anlage in Höhe von 15.000 € gem. §§ 433 Abs. 2 BGB, 28, 128 HGB verlangen.

Lösung zu Fall 18: Der Kauf eines Laser-Druckers

Anspruchsgrundlage für den geltend gemachten Zahlungsanspruch der ABC-AG gegen die Andersen KG ist § 433 Abs. 2 BGB. Es handelt sich um eine Kaufpreisforderung aus einem Kaufvertrag. Die ABC-AG und Alfred Andersen haben sich über die wesentlichen Bestandteile des Kaufvertrages geeinigt. Alfred Andersen müsste aber die Andersen KG bei Vertragsabschluss wirksam vertreten haben. Als persönlich haftender Gesellschafter wäre Alfred Andersen gem. §§ 161 Abs. 2, 125 Abs. 1 HGB zur Vertretung der Andersen KG berechtigt gewesen. Zum Zeitpunkt des Vertragsabschlusses war er jedoch nur noch Angestellter der Kommanditgesellschaft ohne Vertretungsmacht.

Unter den Voraussetzungen des § 15 Abs. 2 Satz 1 HGB könnte die Andersen KG der ABC-AG das Ausscheiden von Alfred Andersen und damit den Mangel der Vertretungsmacht entgegenhalten. Das **Ausscheiden eines Gesellschafters** aus der Kommanditgesellschaft ist eine eintragungspflichtige Tatsache gem. §§ 161 Abs. 2, 143 Abs. 2 HGB. Die Tatsache ist auch eingetragen und bekanntgemacht worden. Die Andersen KG könnte sich ohne Weiteres auf die Registereintragung des Ausscheidens von Andersen als Gesellschafter berufen, wenn seit der Bekanntmachung dieser Eintragung 15 Tage verstrichen sind. Die Bekanntmachung der Eintragungen in das Handelsregister erfolgt gem. § 10 HGB in dem elektronischen Informations- und Kommunikationssystem der Landesjustizverwaltung. Die Eintragung wird gem. § 8a Abs. 1 HGB wirksam, sobald sie in den für die Handelsregistereintragung vorgesehenen Datenspeicher aufgenommen ist und auf Dauer inhaltlich unverändert in lesbarer Form wiedergegeben werden kann. Dies war vorliegend am 15.10. geschehen. Bei Vertragsabschluss am 28.10. waren noch keine 15 Tage verstrichen, sodass die Tatsache des Ausscheidens von Alfred Andersen als persönlich haftender Gesellschafter aus der Kommanditgesellschaft nicht ohne Weiteres im Außenverhältnis wirksam wird. Innerhalb dieser 15-Tages-Frist seit Bekanntmachung muss die ABC-AG die Eintragungstatsache nicht gegen sich gelten lassen, wenn sie den Nachweis erbringt, dass sie die Tatsache weder kannte noch kennen musste. Dieser Nachweis ist schwer zu erbringen, weil bereits fahrlässiges Nichtwissen schadet. Der ABC-AG wird der Nachweis nicht gelingen, denn das Ausscheiden von Alfred Andersen aus der Andersen KG wurde in üblicher Weise bekannt gemacht. Die Andersen KG kann sich somit auf § 15 Abs. 2 HGB berufen.

Ergebnis: Der Anspruch der ABC-AG gem. § 433 Abs. 2 BGB auf Zahlung des Kaufpreises für die Druckmaschine ist nicht begründet. Da Alfred Andersen als Vertreter ohne Vertretungsmacht gehandelt hat, ergeben sich die Rechtsfolgen aus den §§ 177, 179 BGB. Die ABC-AG kann von Alfred Andersen wahlweise Erfüllung oder Schadensersatz verlangen, wenn die Andersen KG den Kaufvertrag über den Drucker nicht genehmigt.

Lösung zu Fall 19: Der Weinhändler als Kommissionär

Zwischen Prechtl und Häberle ist ein **Kommissionsvertrag** gem. § 383 HGB zu Stande gekommen. Häberle hat daraufhin mit dem Großhändler Wächter einen Kaufvertrag gem. § 433 BGB abgeschlossen. Dabei handelt es sich um das **Ausführungsgeschäft des Kommissionärs mit einem Dritten**. Vertragspartner des Kaufvertrages sind Häberle und der Großhändler Wächter. Häberle ist als Kommissionär tätig geworden und verkaufte die Ware im eigenen Namen und auf Rechnung des Kommittenten Prechtl. Zwischen Prechtl und dem Großhändler Wächter besteht daher kein Vertragsverhältnis. Prechtl hat deshalb auch keine unmittelbaren Ansprüche gegen den Großhändler Wächter.

Forderungen aus einem Geschäft, das der Kommissionär abgeschlossen hat, kann der Kommittent Prechtl dem Schuldner Wächter gegenüber erst nach der Abtretung geltend machen, § 392 HGB. Prechtl kann infolgedessen nur an den Kommissionär Häberle herantreten und von diesem die **Abtretung des Kaufpreisanspruches** gegen den Großhändler Wächter verlangen, §§ 398 ff. BGB, oder nach Zahlung des Kaufpreises durch den Großhändler Wächter an Häberle von diesem die **Übereignung des Verkaufserlöses über 135.000 E** beanspruchen, § 384 Abs. 2 HGB. Diese Ansprüche ergeben sich aus dem **Abwicklungsgeschäft zwischen dem Kommissionär und dem Kommittenten**, wonach der Kommissionär die aus dem Ausführungsgeschäft erlangten Rechte auf den Kommittenten zu übertragen verpflichtet ist.

Da der Kommissionär Häberle den Anweisungen des Kommittenten Prechtl zuwider gehandelt hat, indem er den Wein unter dem vereinbarten Preislimit verkaufte, hat Prechtl die **Rechte aus § 385 HGB**. Prechtl hat danach zwei Möglichkeiten. Er braucht das **Geschäft nicht für seine Rechnung gelten zu lassen**, § 385 Abs. 1, 2. Halbsatz HGB. Dann müsste er das Geschäft unverzüglich zurückweisen. In diesem Fall ist der Kaufvertrag nicht für seine Rechnung abgeschlossen worden, sondern für Rechnung des Kommissionärs. Prechtl hat ferner einen **Schadensersatzanspruch** gem. § 385 Abs. 1, 1. Halbsatz HGB gegen den Kommissionär Häberle. Danach könnte Prechtl, falls er das Geschäft als für seine Rechnung abgeschlossen anerkennt, die Differenzsumme von

15.000 € zwischen dem Preislimit und dem erzielten Verkaufserlös als Schaden von dem Kommissionär Häberle verlangen.

Ergebnis: Prechtl hat keine direkten Ansprüche gegen den Großhändler Wächter. Dagegen kann er von dem Kommissionär Häberle die Abtretung des Kaufpreisanspruches bzw. die Übereignung des Verkaufserlöses aus dem Ausführungsgeschäft verlangen sowie Schadensersatz wegen der Zuwiderhandlung Häberles gegen seine Weisungen gem. § 385 HGB.

Lösung zu Fall 20: Kasse gegen Dokumente

Es ist ein Schadensersatzanspruch des Klägers Yömir gem. § 281 BGB zu prüfen. Timpe müsste eine fällige Leistung nicht oder nicht wie geschuldet erbracht haben. Zwischen den Parteien ist ein Kaufvertrag abgeschlossen worden. Dabei handelt es sich um einen gegenseitigen Vertrag, wonach dem Käufer als Hauptleistungspflicht die Kaufpreiszahlungspflicht obliegt. Es ist zu prüfen, ob Timpe sich mit seiner Zahlungspflicht in Verzug befindet.

Die **Handelsklausel „cash against documents"** verpflichtet nach allgemeinem Verständnis den Käufer, den Kaufpreis gegen Vorlage der Dokumente zu zahlen, ohne die Ware vorher auf ihre vertragsmäßige Beschaffenheit untersuchen zu dürfen. Auch nach internationalem Handelsbrauch hat die Klausel „cash against documents" zum Inhalt, dass der Käufer die ihm angedienten Dokumente, sofern sie in Ordnung sind, aufzunehmen und **Zahlung ohne Rücksicht auf die Beschaffenheit der Ware** im Voraus zu leisten hat. Dies bedeutet nicht nur, dass der Käufer die Ware vor Zahlung des Kaufpreises nicht untersuchen darf, und zwar auch nicht nach dem Eintreffen der Ware am Bestimmungsort; vielmehr ist es ihm grundsätzlich auch verwehrt, dem Zahlungsanspruch des Verkäufers Ansprüche oder Einwendungen wegen vertragswidriger Beschaffenheit der Ware entgegenzusetzen. Eventuelle Mängelrechte kann der Käufer nur nachträglich geltend machen.

Eine Ausnahme kann allerdings gem. § 242 BGB vorliegen, wenn das **Zahlungsverlangen des Verkäufers gegen Treu und Glauben** verstieße, seine Berufung auf die Pflicht des Käufers, den Kaufpreis ohne Rücksicht auf die Beschaffenheit der Ware zu zahlen, einen **Rechtsmissbrauch** darstellte. Um die Annahme eines solchen Rechtsmissbrauchs zu rechtfertigen, müssen indessen schwerwiegende Gründe vorliegen, weil sonst der Zweck dieser Handelsklausel, das Interesse des meist ausländischen Verkäufers zu sichern, schon gegen das Angebot der Dokumente unbedingt Zahlung zu erhalten, leicht vereitelt werden könnte.

Der bloße Verdacht, die Ware sei minderwertig, reicht hierfür nicht aus. Erforderlich ist vielmehr, dass der Käufer im Zeitpunkt der Andienung der Dokumente über Beweisunterlagen verfügt, die mit Sicherheit oder größter Wahrscheinlichkeit erkennen lassen, dass die Ware nicht vertragsgemäß ist und ihm infolgedessen Gewährleistungsansprüche zustehen. Solche Gründe sind vorliegend nicht festgestellt worden. Auch der bei der Besichtigung eines Ballens im Düsseldorfer Flughafen festgestellte Mangel, nämlich fehlender Glanz der Teppiche, beruhte auf einer reinen Vermutung. Zwar sind Teppiche der Sorte Bokhara 11/22 wegen unzureichender Knotenzahl mangelhaft, dies konnte der Teppichhändler Timpe bei der Besichtigung aber nicht feststellen. Er konnte somit gegenüber dem Kaufpreisanspruch Yömirs nicht geltend machen, die Ware sei nicht vertragsgemäß. Da der fällige Zahlungsanspruch nicht einrede behaftet ist, befand sich Timpe durch seine Weigerung, die ihm angebotenen Dokumente aufzunehmen und den Kaufpreis zu zahlen gem. § 286 BGB in Zahlungsverzug.

Mit der Ablehnung, die Ware anzunehmen, ist Timpe gleichzeitig in Annahmeverzug geraten, §§ 293, 295 BGB. Auch insoweit ist es im Hinblick auf die vereinbarte Klausel „cash against documents" unerheblich, ob die Ware mangelfrei war. Für die Mehraufwendungen, welche Yömir für die Aufbewahrung und Erhaltung der Teppiche machen musste, haftet Timpe nach §§ 304 BGB, 373 HGB.

Ergebnis: Der Schadensersatzanspruch Yömirs gegen Timpe ist gem. § 281 BGB begründet. Die Handelsklausel „cash against document" bewirkt, dass der Kaufpreiszahlungsanspruch gegen Vorlage der Dokumente zu entrichten ist, ohne dass der Käufer die Ware vor Zahlung des Kaufpreises untersuchen darf. Ferner ist dem Käufer grundsätzlich auch verwehrt, dem Zahlungsanspruch des Verkäufers Ansprüche oder Einwendungen wegen vertragswidriger Beschaffenheit der Ware entgegenzusetzen.

Lösung zu Fall 21: Thunfisch in Dosen

Anspruchsgrundlage für die Kaufpreiszahlung ist § 433 Abs. 2 BGB. Aus dem zwischen dem Einzelhändler Carlsson und dem Großhändler Gustavsson abgeschlossenen Kaufvertrag ergibt sich ein Lieferanspruch über 50 Kisten und der entsprechende Zahlungsanspruch des Verkäufers Gustavsson. Es fragt sich, ob die Erfüllungsansprüche auf Lieferung und Zahlung einvernehmlich herabgesetzt worden sind. Der Käufer Carlsson könnte die Lieferung genehmigt haben, § 377 Abs. 2 HGB. Im vorliegenden Fall ist ein **beiderseitiger Handelskauf** gegeben, weil sowohl der Einzelhändler Carlsson als auch der Großhändler Gustavsson Kaufleute gem. § 1 Abs. 2 HGB sind, da sie ein Handelsgewerbe betreiben. Der Kaufvertrag gehört für beide zum Handelsbetrieb. Die Ware ist bei dem Käufer Carlsson abgeliefert worden, doch war sie nicht mangelhaft, da eine Minderlieferung vorlag. Eine Minderlieferung steht aber einem Sachmangel gleich, vgl. § 434 Abs. 3 BGB. Demzufolge gilt auch bei einer nicht gerügten Minderlieferung die Lieferpflicht grundsätzlich als einvernehmlich reduziert.

Es fragt sich weiter, ob durch die Genehmigung der Minderlieferung auch der Zahlungsanspruch berührt wird. Grundsätzlich bleibt die Zahlungspflicht wie vereinbart bestehen; sie reduziert sich lediglich bei einer offenen Minderlieferung. Nach dem vorliegenden Sachverhalt war auf dem Lieferschein die bestellte Warenmenge von 50 Kisten aufgeführt, sodass eine versteckte Minderlieferung gegeben ist und der Zahlungsanspruch bestehen bleibt. Das Risiko der unzureichenden Warenuntersuchung und der fehlenden bzw. verspäteten Mängelrüge hat sich vorliegend realisiert.

Ergebnis: Der Anspruch des Großhändlers Gustavsson gegen den Einzelhändler Carlsson auf Zahlung des Kaufpreises gem. § 433 Abs. 2 BGB besteht wie vertraglich vereinbart fort, obwohl der Anspruch auf restliche Erfüllung – Lieferung einer weiteren Kiste

Thunfisch – gem. § 377 Abs. 2 HGB untergegangen ist. Carlsson ist verpflichtet, den vollen Kaufpreis zu zahlen.

Lösung zu Fall 22: Gründung der IT-Beratung

Anspruchsgrundlage für den Zahlungsanspruch des Vertragshändlers ist § 433 Abs. 2 BGB. Bei Abschluss des Kaufvertrages ist Schmidt im Namen der IT-Beratung aufgetreten. Sofern ein wirksamer Kaufvertrag zwischen dem Vertragshändler und der IT-Beratung zu Stande gekommen wäre, würde Meier als Gesellschafter für die Geschäftsverbindlichkeiten gem. § 128 HGB haften. Voraussetzung wäre aber, dass zum Zeitpunkt des Kaufvertragsabschlusses eine Offene Handelsgesellschaft bestanden hat.

Die Entstehung einer Offenen Handelsgesellschaft setzt den Abschluss eines Gesellschaftsvertrages voraus, der auf den Betrieb eines kaufmännischen Handelsgewerbes unter gemeinschaftlicher Firma gerichtet ist. Dieser Vertrag wurde von Meier und Schmidt Anfang Oktober geschlossen. Der Zweck ihres Geschäfts ist auf das Betreiben eines Handelsgewerbes im Sinne von § 1 Abs. 2 HGB gerichtet. Es handelt sich um eine erlaubte, dauerhafte und auf Gewinnerzielung ausgerichtete Tätigkeit. Der Gesellschaftsvertrag ist formlos wirksam, besteht also bereits aufgrund der Absprache zwischen Meier und Schmidt im Oktober, wodurch sie verbindlich beschlossen haben, am 1. Februar des Folgejahres den Geschäftsbetrieb aufzunehmen.

Für die weiteren Voraussetzungen des Entstehens einer Offenen Handelsgesellschaft ist zwischen dem Innenverhältnis und dem Außenverhältnis zu unterscheiden. Im Rechtsverhältnis der Gesellschafter untereinander (= Innenverhältnis) kommt die OHG mit dem Abschluss des Gesellschaftsvertrages zu Stande, §§ 109 ff. HGB. Im Rechtsverhältnis der Gesellschafter zu Dritten (= Außenverhältnis) wird die OHG entweder gem. § 123 Abs. 1 HGB mit der Eintragung in das Handelsregister wirksam oder gem. § 123 Abs. 2 HGB mit der Aufnahme des Handelsgeschäfts. Eine Handelsregistereintragung ist vorliegend noch nicht gegeben, sodass die Gesellschaft gem. § 123 Abs. 2 HGB ihre Geschäfte begonnen haben müsste. Da Schmidt mit dem Ankauf der zehn Großbildschirme eigenmächtig gehandelt hat und Meier mit dem Geschäftsbeginn nicht einverstanden war, liegt keine einverständliche Aufnahme des Handelsgeschäfts vor, sodass die Offene Handelsgesellschaft durch diesen Vertragsabschluss noch nicht wirksam entstehen konnte.

Ergebnis: Der Vertragshändler hat keinen Anspruch gegen Meier auf Zahlung des Kaufpreises für die zehn Großbildschirme. Da eine Offene Handelsgesellschaft vorliegend nicht besteht, haftet Meier nicht für die im Kaufvertrag zwischen dem Vertragshändler und Schmidt entstandene Kaufpreisforderung.

Lösung zu Fall 23: Streit um die Geschäftsführung

Sowohl die Entscheidung über die Einrichtung der Zweigniederlassung als auch über die Vergabe der Druckaufträge betreffen Angelegenheiten der Gesellschaft. Beide Maßnahmen sind auch geeignet, den Gesellschaftszweck zu fördern. Die Frage, ob Ahrens die geplanten Maßnahmen im Verhältnis zu seinen Mitgesellschaftern durchführen darf, richtet sich nach den für die Offene Handelsgesellschaft geltenden Geschäftsführungsregeln.

Die **Errichtung der Zweigniederlassung** ist eine Entscheidung der Geschäftsführung. Grundsätzlich ist jeder Gesellschafter gem. § 114 Abs. 1 HGB zur Geschäftsführung berechtigt, also auch der Gesellschafter Ahrens. Die vorliegende gesellschaftsvertragliche Abweichung geht dahin, dass Clausen von der Geschäftsführung ausgeschlossen ist. Da keine Gesamtgeschäftsführung der übrigen Gesellschafter vereinbart wurde, gilt nach § 115 HGB das **Prinzip der Einzelgeschäftsführung**, wonach Ahrens auch allein zur Geschäftsführung berechtigt ist. Ein geschäftsführender Gesellschafter könnte widersprechen, jedoch ist Clausen von der Geschäftsführung ausgeschlossen, sodass sein Widerspruch unbeachtlich ist.

Die Geschäftsführungsbefugnis des OHG-Gesellschafters erstreckt sich gem. § 116 Abs. 1 HGB **„auf alle Handlungen, die der gewöhnliche Betrieb des Handelsgewerbes mit sich bringt".** Die Errichtung einer Zweigniederlassung gehört nicht zu den gewöhnlichen Geschäften, sodass Ahrens allein nicht berechtigt ist, diese geplante Maßnahme durchzuführen. Gem. § 116 Abs. 2 HGB ist für die Errichtung einer Zweigniederlassung ein **Beschluss sämtlicher Gesellschafter**, einschließlich des Gesellschafters Clausen, erforderlich. Handelt der Gesellschafter Ahrens ohne diesen Beschluss, macht er sich schadensersatzpflichtig aus dem Rechtsgrundsatz positiver Vertragsverletzung.

Die **Vergabe eines Druckauftrags** für Geschäftspapier und Werbedrucksachen ist ein gewöhnliches Geschäft im Sinne von § 116 HGB. Ahrens ist auch gem. § 114 HGB zur Geschäftsführung befugt. Hinsichtlich des Wechsels der Druckerei hat jedoch der andere geschäftsführungsbefugte Gesellschafter Bingel widersprochen. Nach § 115 HGB müsste deshalb die Handlung unterbleiben. Im Einzelfall ist der **Widerspruch eines Gesellschafters unbeachtlich, wenn er pflichtwidrig ist, indem er den Grundsätzen der Gesellschaftstreue widerspricht**. Das ist hier der Fall, weil der Widerspruch Bingels offensichtlich ohne sachlichen Grund aus rein persönlichen Interessen erfolgt ist. Deshalb kann Ahrens den Druckauftrag für das Werbematerial auch ohne Zustimmung Bingels an die kostengünstigere Druckerei Schnell KG vergeben.

Ergebnis: Der geschäftsführungsbefugte Gesellschafter Ahrens ist zur Entscheidung über die Errichtung einer Zweigniederlassung nicht berechtigt, weil es sich um ein ungewöhnliches Geschäft handelt, dem alle Gesellschafter zustimmen müssten. Dagegen ist er zur Entscheidung über die Vergabe eines Druckauftrags berechtigt, weil darin ein gewöhnliches Geschäft liegt und der Widerspruch des anderen geschäftsführungsbefugten Gesellschafters unbeachtlich ist, weil er ohne sachlichen Grund erfolgte.

Lösung zu Fall 24: Die elektronische Hebevorrichtung

Anspruchsgrundlage für die Kaufpreisforderung der Vogt GmbH ist § 433 Abs. 2 BGB. Die Frage, ob zwischen der Firma Vogt GmbH und der Hinze & Co. OHG ein wirksamer Kaufvertrag zu Stande gekommen ist, hängt davon ab, ob Hinze und Krause die Hinze & Co. OHG bei Vertragsabschluss wirksam vertreten haben.

Die **Vertretung der Offenen Handelsgesellschaft** ist in den §§ 125, 126 HGB zwingend geregelt, wonach das Prinzip der Einzelvertretung gilt. Im vorliegenden Fall haben die Gesellschafter Hinze und Krause den Kaufvertrag im Namen der Hinze & Co. OHG abgeschlossen. Im Gesellschaftsvertrag ist jedoch eine von den gesetzlichen Vorschriften abweichende Vertretungsregelung vorgesehen, wonach Krause von der Vertretung der Hinze & Co. OHG ausgeschlossen ist, während Hinze die OHG nur mit dem Prokuristen Paulsen zusammen vertreten kann. Allerdings haben bei Abschluss des Kaufvertrages sämtliche Gesellschafter gemeinsam gehandelt. Für diesen einen Vertragsabschluss haben die beiden OHG-Gesellschafter Hinze und Krause den Prokuristen von der Vertretung ausgeschlossen. **Nach den gesellschaftsvertraglichen Grundsätzen sind die Gesellschafter immer vertretungsberechtigt, wenn sie gemeinsam und einverständlich handeln.** Hinze und Krause könnten auch den Gesellschaftsvertrag ändern und darin das Vertretungsrecht neu festsetzen. In diesem Fall haben sie lediglich für den einen Kaufvertragsabschluss durch das gemeinsame Handeln die Vertretungsmacht des Prokuristen ausgeschlossen. Im Ergebnis ist deshalb der von Hinze und Krause im Namen der Hinze & Co. OHG geschlossene Kaufvertrag mit der Firma Vogt GmbH wirksam.

Es stellt sich die weitere Frage, ob der Kaufvertrag auch dann wirksam wäre, wenn Hinze die elektronische Hebevorrichtung allein im Namen der Hinze & Co. OHG gekauft hätte. Hinze müsste bei Vertragsabschluss die Hinze & Co. OHG wirksam vertreten können.

Die Vertretung der Offenen Handelsgesellschaft ist in den §§ 125, 126 HGB zwingend im Sinne des Prinzips der Einzelvertretung geregelt. Hinze ist nach 125 Abs. 1 HGB nicht von der Vertretung ausgeschlossen. Nach § 125 Abs. 2 HGB kann eine Gesamtvertretung vereinbart werden, und auch die Form einer unechten Gesamtvertretung ist nach § 125 Abs. 3 HGB möglich. Allerdings entspricht die Vertretungsregelung im vorliegenden Fall nach § 125 Abs. 3 HGB nicht der zulässigen Form einer unechten Gesamtvertretung, weil Hinze der einzige zur Vertretung befugte Gesellschafter der OHG ist. Denn nach dem **Prinzip der Selbstorganschaft** muss es möglich sein, dass die Gesellschaft von ihren Gesellschaftern auch allein vertreten wird. Diese Vertretungsregel muss selbst dann erhalten bleiben, wenn der Gesellschaftsvertrag von den gesetzlichen Vorschriften abweicht. Danach ist die Vereinbarung einer unechten Gesamtvertretung nur in der Weise zulässig, dass die Offene Handelsgesellschaft, wenn sie nicht von einem oder mehreren Gesellschaftern vertreten wird, auch von einem Gesellschafter gemeinsam mit einem Prokuristen vertreten werden kann. Dies ergibt sich sowohl aus dem Wortlaut des Gesetzes, denn in § 125 Abs. 3 HGB heißt es *„wenn nicht mehrere zusammen handeln"*, als auch aus dem für Personengesellschaften geltenden Grundsatz der Selbstorganschaft. Denn eine Vertretungsregelung der vorliegenden Art würde bedeuten, dass die OHG nicht mehr von ihren Gesellschaftern vertreten würde. Der Gesellschafter Hinze darf nur mit dem Prokuristen gemeinsam handeln, während der Gesellschafter Krause von der Vertretung der OHG ausgeschlossen ist. Jedes Handelsgeschäft der OHG im Außenverhältnis bedürfte der Zustimmung des Prokuristen. Angenommen, die Gesellschafter der OHG wollten ihrem Prokuristen kündigen, dann müsste der Prokurist seiner eigenen Entlassung zustimmen.

Ergebnis: Infolge der unwirksamen Vertretungsvereinbarung im Gesellschaftsvertrag bleibt es bei dem gesetzlichen Grundsatz der Einzelvertretung gem. § 125 Abs. 1 HGB, wonach der Gesellschafter Hinze allein zur Vertretung der Offenen Handelsgesellschaft berechtigt ist. Infolgedessen ist der Kaufvertrag zwischen der Hinze & Co. OHG und der Vogt GmbH über die elektronische Hebevorrichtung wirksam, unabhängig davon, ob bei Vertragsabschluss der Gesellschafter Hinze allein oder beide OHG-Gesellschafter gemeinsam die Hinze & Co. OHG wirksam vertreten haben.

Lösung zu Fall 25: Ein folgenschwerer Abschied

Der Zahlungsanspruch des Gläubigers Grantig könnte gem. § 433 Abs. 2 BGB begründet sein. Ein wirksamer Kaufvertrag ist zwischen Grantig und der Carstens OHG abgeschlossen worden. Es fragt sich, ob Carstens für die Kaufpreisforderung haftet.

Die Gesellschafter einer Offenen Handelsgesellschaft haften für die Verbindlichkeiten der Gesellschaft persönlich, unbeschränkt und gesamtschuldnerisch gegenüber den Gesellschaftsgläubigern gem. §§ 105, 128 HGB. Carstens würde uneingeschränkt für die Kaufpreisschuld der Carstens OHG haften, wenn er noch Gesellschafter wäre. Im vorliegenden Fall war er aber zum Zeitpunkt der Entstehung der Kaufpreisforderung am 01.02. bereits aus der Gesellschaft ausgeschieden und die Gesellschafter haben vertraglich einen Haftungsausschluss mit Wirkung ab 31.12. des Vorjahres vereinbart.

Carstens könnte diesen Umstand, sein Ausscheiden aus der Offenen Handelsgesellschaft, dem Gläubiger Grantig entgegenhalten, wenn er sich gem. § 15 Abs. 2 HGB auf den **Rechtsschein des Handelsregisters** berufen könnte. Das Ausscheiden eines Gesellschafters aus einer OHG ist eine eintragungspflichtige Tatsache gem. § 143 Abs. 2 HGB. Doch ist das Ausscheiden von Carstens aus der Carstens OHG vorliegend weder eingetragen noch bekanntgemacht worden. Infolgedessen kann die positive Publizität des Handelsregisters den ehemaligen Gesellschafter Carstens nicht schützen. Bis zur Eintragung seines Ausscheidens aus der Carstens OHG in das Handelsregister haftet Carstens deshalb wie ein OHG-Gesellschafter **persönlich, unbeschränkt und gesamtschuldnerisch** für die Verbindlichkeiten der Gesellschaft. Der Haftungsausschluss, den Carstens mit der Carstens OHG vereinbart hat, kann im Außenverhältnis keine Wirkung entfalten. Im Rechtsverhältnis zum Gläubiger Grantig gilt der Rechtsschein des Handelsregisters. Denn solange eine in das Handelsregister einzutragende Tatsache nicht eingetragen und bekanntgemacht worden ist, kann sie von demjenigen, in dessen Angelegenheiten sie einzutragen war, einem Dritten nicht entgegengehalten werden, es sei denn, dass sie diesem bekannt war, § 15 Abs. 1 HGB. Da nach dem Sachverhalt keine Kenntnis des Gläubigers Grantig vom Ausscheiden Carstens aus der OHG vorlag, kann Grantig von Carstens die Zahlung des Kaufpreises über 6.000 € verlangen.

Doch stehen Carstens **Rückgriffsansprüche** gegen die beiden Gesellschafter Asmussen und Bertram **aufgrund der vertraglichen Haftungsausschlussvereinbarung** der OHG-Gesellschafter zu. Die Höhe richtet sich nach dem gesellschaftlichen Gesamtschuldverhältnis gem. §§ 128 HGB, 426 BGB. Danach sind die Gesamtschuldner im Verhältnis zueinander zu gleichen Anteilen verpflichtet, soweit nicht **„ein anderes bestimmt"** ist. Asmussen, Bertram und Carstens haben eine vertragliche Haftungsvereinbarung getroffen, wonach Carstens geltend machen kann, dass er nach seinem Ausscheiden aus der Offenen Handelsgesellschaft nicht mehr für die Gesellschaftsverbindlichkeiten haftet. Deshalb bestehen die gesamtschuldnerischen Ausgleichsansprüche des ausgeschiedenen Gesellschafters Carstens gegen Asmussen und Bertram jeweils in Höhe von 3.000 €.

Ein Anspruch des Carstens gegen die Carstens OHG auf **Unterlassung des Firmengebrauchs** könnte sich aus § 37 Abs. 2 HGB ergeben. Danach könnte Carstens, wenn er in seinen Rechten verletzt würde, von der OHG Unterlassung verlangen, vorausgesetzt der Firmengebrauch wäre unbefugt. Im vorliegenden Fall ist § 24 Abs. 2 HGB verletzt, wonach die Firmenfortführung bei Änderungen im Gesellschafterbestand vom Einverständnis des ausscheidenden Gesellschafters abhängig ist, wenn sein Name in der Firma enthalten ist. Die Gesellschafter haben versäumt, in ihrer Krisensitzung eine entsprechende Regelung zu treffen. Da Carstens mit der Firmenfortführung nicht einverstanden ist, kann er gem. § 37 Abs. 2 BGB Unterlassung des Firmengebrauchs verlangen. Der Unterlassungsanspruch ergibt sich gleichzeitig auch aus § 12 BGB aufgrund der Verletzung des Namensrechts.

Ergebnis: Der Gläubiger Grantig kann gem. § 433 Abs. 2 BGB von Carstens die Zahlung seiner Kaufpreisforderung in Höhe von 6.000 € verlangen. Carstens hat Ausgleichsansprüche gegen Asmussen und Bertram aufgrund der Haftungsausschlussvereinbarung in Höhe von jeweils 3.000 €. Ferner besteht ein Unterlassungsanspruch hinsichtlich des unbefugten Firmengebrauchs „Carstens OHG" gem. § 37 Abs. 2 HGB.

Lösung zu Fall 26: Handlungsvollmacht bei der Vor-GmbH

Anspruchsgrundlage für den geltend gemachten Anspruch auf Kaufpreiszahlung ist § 433 Abs. 2 BGB. Die Fixstadt AG kann aber die Zahlung des Kaufpreises nicht von der Larsson GmbH verlangen, weil die Gesellschaft mit beschränkter Haftung vor ihrer Eintragung in das Handelsregister nicht besteht, § 11 Abs. 1 GmbHG. Da ein Gesellschaftsvertrag bereits abgeschlossen wurde, ist die GmbH errichtet und eine Vor-GmbH entstanden, weil die Firma, das Stammkapital, die Stammeinlagen und die Organe nach dem Inhalt des Gesellschaftsvertrags bereits die Struktur der GmbH erkennen lassen. Infolgedessen könnte sich ein Anspruch der Fixstadt AG gegen die Vorgesellschaft (Vor-GmbH) ergeben.

Das Bestehen eines Kaufvertrags zwischen der Fixstadt AG und der Vor-GmbH setzt voraus, dass Grünschnabel als Vertreter der Vor-GmbH gehandelt hat. Die Einigung zwischen der Fixstadt AG und Grünschnabel hinsichtlich des Abschlusses eines Kaufvertrages über eine IT-Anlage zum Preis von 55.000 € wirkt nur unter den Voraussetzungen gegen die Vor-GmbH, dass diese rechtsfähig war, dass Grünschnabel im Namen der Vor-GmbH gehandelt hat und dass er Vertretungsmacht gehabt hat.

Die Vorgesellschaft ist zwar noch **keine rechtsfähige Körperschaft** wie die im Handelsregister eingetragene GmbH, untersteht jedoch grundsätzlich den Bestimmungen des GmbH-Gesetzes, soweit darin die Eintragung in das Handelsregister nicht vorausgesetzt wird. Deshalb kann auch eine Vor-GmbH Trägerin von Rechten und Pflichten werden und könnte Vertragspartei des Kaufvertrages geworden sein.

Grünschnabel müsste **im Namen der Vor-GmbH** gehandelt haben. Nach dem Offenkundigkeitsprinzip gem. § 164 Abs. 2 BGB reicht es aus, wenn sich aus den Umständen ergibt, dass Grünschnabel die Bestellung nicht im eigenen Namen, sondern im Namen der Vor-GmbH abgeben wollte. Da es sich um ein betriebsbezogenes Geschäft handelt, und die GmbH bei Abschluss des Kaufvertrages zwar noch nicht im Handelsregister eingetragen, aber bereits errichtet war, hat Grünschnabel konkludent im Namen der Vorgesellschaft gehandelt.

Die **Vertretungsmacht** des Geschäftsführers, der für eine Vorgesellschaft handelt, ist durch den Zweck dieser Vorgesellschaft begrenzt, sodass der Geschäftsführer Vertretungsmacht nur hinsichtlich solcher Geschäfte besitzt, die das Entstehen der juristischen Person fördern und das bereits eingebrachte Vermögen verwalten und erhalten. Im vorliegenden Fall hat Grünschnabel aber einen Vertrag abgeschlossen, aus dem die Vorgesellschaft in Höhe von 55.000 € verpflichtet werden sollte, obwohl die eingezahlten Einlagen erst den Betrag von 30.000 € erreichten. Das von Grünschnabel vorgenommene Geschäft bedeutet eine Vorbelastung der in Gründung befindlichen Gesellschaft. In aller Regel ergeben sich die Rechtsfolgen analog § 9 GmbHG aus den Grundsätzen der Differenzhaftung. Vorliegend ist zu berücksichtigen, dass der Geschäftsführer Grünschnabel bei Vertragsabschluss mit Zustimmung beider Gesellschafter der Vor-GmbH handelte. Infolgedessen wurde seine Vertretungsmacht im Hinblick auf den Abschluss des infrage stehenden Kaufvertrages im Einverständnis aller Gesellschafter der Vor-GmbH erweitert.

Ergebnis: Zwischen der Fixstadt AG und der Vor-GmbH, diese vertreten durch den Geschäftsführer Grünschnabel, ist ein wirksamer Kaufvertrag zu Stande gekommen. Deshalb kann die Fixstadt AG ihren Anspruch auf Kaufpreiszahlung gem. § 433 Abs. 2 BGB in Höhe von 55.000 € bereits gegen die Vorgesellschaft geltend machen.

Lösung zu Fall 27: Datenerhebung zu Werbezwecken

Es ist ein Unterlassungsanspruch gem. § 2 Abs. 1 UKlaG zu prüfen. Die Aktivlegitimation des Klägers (Dachverband der 16 Verbraucherzentralen der Bundesländer) ergibt sich aus § 8 Abs. 3 Nr. 3 UWG.

Der Unterlassungsanspruch könnte gem. §§ 3, 3a UWG (§ 4 Nr. 11 UWG a. F.) wegen Verstoßes gegen das Datenschutzrecht begründet sein. Im Streit steht eine Datenerhebung, die an den ohne Beteiligung und Zustimmung der Eltern möglichen Beitritt bis zu 12 Jahre alter Kinder in den „Autokids-Club" anknüpft. Ein Wettbewerbsverstoß wegen Rechtsbruchs ist gegeben, wenn das fragliche Gesetz auch den Verbraucherschutz vor unlauterem Wettbewerb betrifft. Das BDSG dient dem Schutz des allgemeinen Persönlichkeitsrechts. Geschützt werden alle natürlichen Personen, nicht jedoch speziell Verbraucher. Somit sind jedenfalls die allgemeinen Bestimmungen des BDSG keine verbraucherschützenden Normen. Sie erhalten diese Qualität auch dann nicht, wenn sie im Einzelfall auf einen Sachverhalt angewendet werden, der das Verhältnis zwischen einem Unternehmer und einem Verbraucher betrifft. § 4 BDSG, deren Verletzung hier in Betracht kommt, ist keine gesetzliche Norm, die auch dazu bestimmt ist, im Interesse der Marktteilnehmer das Marktverhalten zu regeln. Diese Vorschrift ist somit keine verbraucherschützende Norm i. S. von § 2 Abs. 1 UKlaG. Daher kann die Unlauterkeit der beanstandeten Datenerhebung nicht über § 3a UWG mit einem Verstoß gegen das BDSG begründet werden.

Der Unterlassungsanspruch könnte sich aber aus §§ 3, 4a UWG (§ 4 Nr. 2 UWG a. F.) ergeben. Das beanstandete Verhalten der Beklagten stellt eine geschäftliche Handlung im Sinne der §§ 2 Abs. 1 Nr. 1, 3 UWG dar. Die Einrichtung des „Autokids-Clubs" und die Mitgliederwerbung für diesen Club dient – zumindest auch – einer Aufmerksamkeitswerbung bzw. Imagewerbung für das Unternehmen der Beklagten. Außerdem geben die Veranstaltungen, zu denen die Beklagte Clubmitglieder einlädt, auch Gelegenheit zur Produktwerbung.

Die beanstandete Datenerhebung durch die Beklagte könnte geeignet sein, die geschäftliche Unerfahrenheit von Kindern auszunutzen. Der Tatbestand des § 4a UWG (§ 4 Nr. 2 UWG) erfasst nicht nur konkrete Verkaufsförderungsmaßnahmen, die unmittelbar darauf abzielen, den Werbeadressaten zu einer Vermögensdisposition zu veranlassen. Weder der Wortlaut der Vorschrift noch die im Gesetzgebungsverfahren erkennbar gewordene Intention des Gesetzgebers rechtfertigen eine derart enge Auslegung. Unter § 4a UWG (§ 4 Nr. 2 UWG a. F.) fallen vielmehr auch Handlungen im Vorfeld konkreter Verkaufsförderungsmaßnahmen, so auch insbesondere die Datenerhebung bei Kindern und Jugendlichen zu Werbezwecken (vgl. den Gesetzentwurf der Bundesregierung, BT-Drs. 151/1487, S. 17).

Eine Datenerhebung zu Werbezwecken liegt hier vor. Abgesehen von der Imagewerbung, die die Beklagte betreibt, indem sie z. B. über die Clubmitgliedschaft Vergünstigungen in Freizeitparks vermittelt, dient die Clubmitgliedschaft erklärtermaßen dem Zweck, die betreffenden Kinder zu Veranstaltungen einzuladen, die von der Beklagten organisiert oder mitorganisiert werden. Derartige Veranstaltungen geben Gelegenheit zur Produktwerbung. Die Kinder, die dem „Autokids-Club" angehören, sind derzeit allerdings noch keine potenziellen Käufer von Fahrzeugen der Marke Skoda. Die Kinder werden jedoch, ihrem Alter (3 - 12 Jahre) entsprechend, die angebotenen Veranstaltungen im Regelfall in Begleitung ihrer Eltern aufsuchen. Insofern ermöglichen der Betrieb des Kinderclubs und die damit verbundene Datenerhebung der Beklagten konkrete Verkaufsförderungsmaßnahmen, wobei sich die Produktwerbung gezielt an eine Bevölkerungsgruppe, nämlich „junge Familien" wenden kann, bei der ein überdurchschnittlich hohes Interesse an dem Erwerb besonders preisgünstiger Fahrzeuge naheliegend erscheint.

Ergebnis: Das beanstandete Verhalten der Beklagten ist eine unlautere geschäftliche Handlung im Sinne des § 4a UWG. Denn eine zu Werbezwecken erfolgende Datenerhebung bei Kindern, die, ohne Einschaltung der Eltern, über das Internet zu einer von einem Kfz-Hersteller angebotenen Clubmitgliedschaft veranlasst werden, stellt ein unlauteres Ausnutzen der geschäftlichen Unerfahrenheit der Kinder dar. Diese Wettbewerbshandlung ist geeignet, den Wettbewerb zum Nachteil der Verbraucher und der Mitbewerber der Beklagten wesentlich zu beeinträchtigen, § 3 UWG.

Lösung zu Fall 28: Ausbeinmesser im Wettbewerb

Die Ansprüche aus ergänzendem wettbewerbsrechtlichen Leistungsschutz gründen sich auf §§ 3, 4 Nr. 3, §§ 8, 9 UWG.

Der ergänzende wettbewerbsrechtliche Leistungsschutz tritt unter besonderen Voraussetzungen neben dem speziellen gewerblichen Rechtsschutz aus dem Patentgesetz, Gebrauchsmustergesetz, Designgesetz, Markengesetz etc., wenn der Schutzgegenstand eine **wettbewerbliche Eigenart** hat und **besondere Umstände** hinzutreten, die seine Nachahmung als unlauter erscheinen lassen.

Wettbewerbliche Eigenart setzt auch bei technischen Produkten voraus, dass die konkrete Ausgestaltung oder bestimmte Merkmale eines Erzeugnisses geeignet sind, die angesprochenen Verkehrskreise auf die betriebliche Herkunft oder die Besonderheiten des Erzeugnisses hinzuweisen (ständige Rechtsprechung). Insoweit ist es erforderlich, dass der Verkehr – anders als bei Allerweltserzeugnissen – auf die betriebliche Herkunft des Erzeugnisses Wert legt und gewohnt ist, aus bestimmten Merkmalen auf die betriebliche Herkunft zu schließen.

Weitere Voraussetzung für die wettbewerbliche Eigenart technischer Produkte ist es, dass es sich bei den betreffenden Gestaltungselementen nicht um Merkmale handelt, die bei gleichartigen Erzeugnissen aus technischen Gründen zwingend verwendet werden müssen. Bei den technisch notwendigen Gestaltungselementen ist nach dem Grundsatz des freien Stands der Technik bereits die wettbewerbliche Eigenart zu verneinen.

Handelt es sich dagegen nur um solche Merkmale, die zwar technisch bedingt, aber frei austauschbar sind, können sie eine wettbewerbliche Eigenart (mit) begründen, sofern der Verkehr auf diese Merkmale oder auf die Herkunft des Erzeugnisses aus einem bestimmten Betrieb Wert legt oder mit ihnen gewisse Qualitätserwartungen verbindet.

Das Berufungsgericht (BerGer.) hat zur wettbewerblichen Eigenart des von der Klägerin hergestellten und vertriebenen Ausbeinmessers unzureichende Feststellungen getroffen. Nach Ansicht des BerGer. soll sich die wettbewerbliche Eigenart des Ausbeinmessers der Kl. aus der besonderen Gestaltung des Messergriffs ergeben ... (Daumenauflagen, Griffwinkel, Form des Griffendes). Diese Merkmale dienen einem ausschließlichen technischen Zweck. Der spezielle Winkel zwischen Knauf und Klinge soll ebenso wie die Daumenauflage und die Ausformung des Griffendes ein Abrutschen unabhängig von der Handgröße des Benutzers verhindern.

Den Feststellungen des BerGer. lässt sich nicht entnehmen, **warum** es sich seiner Ansicht nach bei diesen Merkmalen um technisch zwingend notwendige Gestaltungsmerkmale handelt, die nicht durch frei wählbare und austauschbare andere Gestaltungen, die denselben Zweck erfüllen, ersetzt werden können.

Dass sich die tastbaren Formelemente des Messers auf die einfache, sichere und effektive Gebrauchsfähigkeit auswirken schließt nicht aus, dass auch andere Griffgestaltungen diese technischen Eigenschaften (Handhabungen) haben können. Auch der spezifische Einsatz der Ausbeinmesser erfordert nicht zwingend diese Gestaltungsmerkmale. Aus den Feststellungen des BerGer. lässt sich nicht herleiten, dass es sich bei der von der Klägerin vorgegebenen Gestaltung um eine technisch vorgegebene Lösung handelt.

Die den ergänzenden wettbewerblichen Leistungsschutz begründende Unlauterkeit ergibt sich aus der Herkunftstäuschung durch identische Übernahme, der wettbewerblichen Eigenart und der Bekanntheit des Ausbeinmessers.

Die von der Klägerin angeführten Gestaltungsmerkmale oder deren Kombination könnten von den angesprochenen Verkehrskreisen als Hinweis auf die Herkunft der Messer aufgefasst werden. Die Gestaltungsmerkmale könnten Besonderheiten darstellen, die das Produkt aus dem wettbewerblichen Umfeld herausheben (...). Nach dem Vortrag der Klägerin werden die angeführten Gestaltungsmerkmale, welche die wettbewerbliche Eigenart des „MasterGrip" begründen, in identischer Form übernommen. Auch eine ausreichende Bekanntheit liegt vor, denn der Verkehr könnte selbst bei farblichen Abweichungen und der anderen Marke den Eindruck haben, es handele sich um eine neue Serie oder Zweitmarke der Klägerin.

Je größer die wettbewerbsrechtliche Eigenart und je größer der Grad der Übernahme sind, desto geringere Anforderungen sind an die besonderen Umstände zu stellen, die die Unlauterkeit der Nachahmung begründen.

Ergebnis: Ein Unterlassungsanspruch aus ergänzendem wettbewerbsrechtlichen Leistungsschutz gem. §§ 3, 4 Nr. 3 UWG setzt wettbewerbliche Eigenart voraus. Selbst wenn es sich um solche Merkmale handelt, die zwar technisch bedingt, aber frei austauschbar sind, können sie eine wettbewerbliche Eigenart (mit) begründen, sofern der Verkehr auf diese Merkmale oder auf die Herkunft des Erzeugnisses aus einem bestimmten Betrieb Wert legt oder mit ihnen gewisse Qualitätserwartungen verbindet.

Lösung zu Fall 29: Werbung mit einem Testergebnis

Der geltend gemachte Unterlassungsanspruch wurde unter dem Gesichtspunkt irreführender Werbung gem. §§ 3, 5a Abs. 2, 8 Abs. 1 UWG geprüft.

Irreführende Werbung kann durch eine unwahre, aber auch durch eine wahre Information und ebenso durch das Verschweigen von Informationen erfolgen. In dem Rechtsstreit wurde über die Frage entschieden, ob durch die **Nichtinformation über den Rang des Testergebnisses** eine Irreführung herbeigeführt werden kann.

Nach dem für geschäftliche Handlungen gegenüber Verbrauchern heranzuziehenden § 5a Abs. 2 UWG handelt unlauter, wer als Unternehmer die Entscheidungsfreiheit von Verbrauchern im Sinne des § 3 Abs. 2 UWG dadurch beeinflusst, dass er eine Information vorenthält, die im konkreten Fall unter Berücksichtigung aller Umstände einschließlich der Beschränkung des Telekommunikationsmittels für eine geschäftliche Entscheidung des Verbrauchers wesentlich ist.

Die Regelung des § 5a II UWG macht die Informationspflicht ausdrücklich von der Wesentlichkeit im konkreten Fall unter Berücksichtigung aller Umstände abhängig, was auch die Frage einschließt, welche Vorstellungen der angesprochene Verbraucher – unabhängig von einer etwa hervorgerufenen konkreten Irreführung durch Verschweigen im Sinne von § 5a I UWG – mit dem sonstigen Inhalt der Werbung verbindet, die Anlass für die als wesentlich einzustufende Information ist. Daraus folgt insbesondere, dass in Grenzfällen die Frage einer Irreführung durch Verschweigen gem. § 5a I UWG dahinstehen kann, wenn sich die vorenthaltene Information unter Berücksichtigung der Gesamtumstände jedenfalls als wesentlich im Sinne von § 5a II UWG darstellt (vgl. hierzu BGH GRUR 2012, 943 - Call-by-Call; Tz. 12).

Sinn und Zweck dieser Vorschrift ist es, Fälle zu erfassen, in denen der Verbraucher, ungeachtet der Frage, ob durch die Nichtinformation eine Irreführung herbeigeführt wird, durch das Vorenthalten einer wesentlichen Information zu einer geschäftlichen Entscheidung veranlasst werden kann, die er nicht getroffen hätte, wenn ihm diese Information zur Verfügung gestanden hätte (vgl. *Köhler/Bornkamm*, UWG, 28. Aufl. § 5aRd 29)

Diese Voraussetzungen sind in dem vorliegenden Fall gegeben. In dem beanstandeten Fernsehspot wird der Rasierapparat ... beworben, indem gegen Ende des Spots das Logo der Stiftung Warentest vorübergehend bildschirmfüllend gezeigt und dazu angegeben wird: „*Gut 2,2 Ausgabe 12/2010*". Darüber hinaus enthält diese Einblendung lediglich die weitere Angabe „*Im Test: 42 Nassrasierer*". Nicht angeben wird in der Werbung, dass der ... unter den 15 getesteten Nassrasieren mit Wechselklingen – bei den übrigen Testkandidaten handelte es sich um Einwegrasierer – lediglich den sechsten Platz eingenommen hat, wobei zwei Nassrasierer mit „sehr gut 1,4" und „sehr gut 1,5" bewertet wurden und drei weitere die Note „Gut" mit einem Notendurchschnitt von 1,7 bzw. 1,9 erhielten. Die Information darüber, wie die Bewertung des Rasierers in das Umfeld seiner Konkurrenten einzuordnen ist, ist für den Verbraucher, an den die streitgegenständliche Werbung ausschließlich gerichtet ist, wesentlich für eine Kaufentscheidung.

Der Bundesgerichtshof hat bereits in der Entscheidung „Test gut" (Urt. v. 11.03.1982 - I ZR 71/80 - GRUR 1982, 727 - juris-Tz 15) zu § 3 UWG a. F. entschieden, dass es irreführend sein kann, wenn bei der Mitteilung eines Qualitätstests der Stiftung Warentest nicht über die Anzahl besserer Testergebnisse aufgeklärt wird. Denn durch die Mitteilung, dass ein Produkt bei der Stiftung Warentest mit der Bewertung „gut 2,2" abgeschlossen hat, können die angesprochenen Verkehrskreise nicht nur die Erwartung verbinden, dass das getestete Produkt objektiv, das heißt im Verhältnis zum Stand der Technik gut ist, sondern auch im Testfeld einen herausragenden Platz eingenommen hat.

Dies folgt bereits aus der für den Verbraucher naheliegenden Überlegung, dass mit einem Testergebnis der Stiftung Warentest regelmäßig nur werben wird, wer in dem Test nicht nur absolut, sondern relativ gut abgeschlossen hat. Das UWG misst das der Aufklärung bei einer an Verbraucher gerichteten geschäftlichen Handlung besondere Bedeutung bei. Sofern sich der Unternehmer – was ihm unbenommen bleibt – dazu entscheidet, seine Waren oder Dienstleistungen mit Testergebnissen wie denen der Stiftung Warentest zu bewerben, kann von ihm deshalb auch verlangt werden, erkennbar zu machen, welchen Rang sein Produkt in dem Test einnimmt.

Der Verpflichtung zur Kenntlichmachung des Rangs des Testergebnisses steht in dem vorliegenden Fall auch nicht die Beschränktheit des Kommunikationsmittels Fernsehwerbespot entgegen. § 5a Abs. 2 UWG enthält zwar eine Einschränkung der Mitteilungspflicht auf das durch die freie Wahl des Kommunikationsmittels mögliche Maß. Bei der formatfüllenden Einblendung des Testergebnisses gegen Ende des Werbespots hätte jedoch ohne Weiteres die Möglichkeit zur Mitteilung des Ranges bestanden. Dies gilt in dem vorliegenden Fall auch deshalb, weil die Werbung dem Testergebnis der Stiftung Warentest im Kontext des Fernsehspots – neben dem unmittelbar danach eingeblendeten Hinweis, dass 91 % der ...-Leser den ... einem Freund empfehlen würden – die einzige inhaltlich sachliche Werbeaussage darstellt und deshalb von den angesprochenen Verbrauchern besonders aufmerksam wahrgenommen und durch diese Leserempfehlung auch noch unterstrichen wird.

Ergebnis: Der Unterlassungsanspruch wegen irreführender Werbung aus §§ 3, 5a Abs. 2, 8 Abs. 1 UWG war daher begründet.

Lösung zu Fall 30: Keine Werbung in Plastiktüten

Streitgegenstand ist der Unterlassungsanspruch der Verfügungsklägerin (K) gegen U wegen unzumutbarer Belästigung Unterlassung des Vertriebs von in Kunststoff eingeschweißten Werbedrucksachen, §§ 8, 7 Abs. 1, 2 UWG, 242 BGB. Das Gericht hatte sich insbesondere mit der Frage auseinanderzusetzen, ob Vorteile aus einer Rechtsposition geltend gemacht werden können, wenn diese Position auf unredliche Weise erlangt worden ist (Verteilung der Aufkleber „Keine Werbung in Plastiktüten!" an Verbraucher in Verbindung mit einem Boykottaufruf), um selbst die Voraussetzungen zu schaffen, auf die der Unterlassungsanspruch begründet wird (Einwand der „unclean hands", § 242 BGB).

Der Unterlassungsantrag war hinreichend bestimmt, obwohl die Verfügungsklägerin (K) nicht zwischen § 7 Abs. 1 UWG und § 7 Abs. 2 UWG differenziert. Die Vorschrift des § 7 Abs. 2 UWG enthält lediglich Regelbeispiele zur Auffüllung des unbestimmten Rechtsbegriffs „unzumutbare Belästigung" verbunden mit einer Auslegungsfixierung. Wenn die Voraussetzungen des § 7 Abs. 2 UWG vorliegen, ist zugleich § 7 Abs. 1 UWG verwirklicht. Liegen die Voraussetzungen des § 7 Abs. 2 UWG nicht vor, gilt § 7 Abs. 1 UWG als Auffangtatbestand. Prozessual handelt es sich um denselben Streitgegenstand.

Bei der beanstandeten „Werbung in Plastiktüten" handelt es sich jedoch nicht um eine unzumutbare Belästigung im Sinne des § 7 Abs. 2 UWG. Die angesprochenen Verbraucher wenden sich mit dem Aufkleber nicht gegen die Werbung als solche, sondern nur gegen die spezielle Verpackung in „Plastiktüten". Belästigung mit Plastikfolien ist keine wettbewerbsrechtlich relevante Handlung im Sinne des § 7 Abs. 2 UWG. Denn diese Vorschrift setzt voraus, dass die Willensmissachtung gerade in der Aufnötigung von Werbematerial liegt.

Nach § 7 Abs. 2 UWG liegt eine unzumutbare Belästigung vor, wenn die Interessenabwägung (Werbetreibende gegen angesprochene Marktteilnehmer) zu Lasten der Marktteilnehmer ausgeht. Maßgeblich ist der durchschnittlich informierte aufmerksame und verständige Adressat, nicht der ökologisch besonders informierte Kunde. Da der Handgriff der Entfernung der Plastikfolie und der Aufwand der Entsorgung vertretbar sind, handelt es sich nicht um eine unzumutbare Belästigung.

Die Verfügungsklägerin hat durch die Verteilung der Aufkleber im Zusammenhang mit dem unzulässigen Boykottaufruf auf unredliche Weise eine Rechtsposition geschaffen. Auf diesen Rechtsverstoß kann sie sich nicht berufen und ist insoweit an der Geltendmachung des Unterlassungsanspruchs gehindert (Einwand der unclean hands), § 242 BGB.

Lösung zu Fall 31: Cola-Geschmacks-Test

Der Unterlassungsanspruch der Firma Koko-Cola GmbH könnte unter dem Gesichtspunkt der unlauteren vergleichenden Werbung gem. §§ 3, 6, 8 UWG begründet sein. Unlauter im Sinne von § 3 UWG handelt, wer vergleichend wirbt, indem der Werbende die eigene Ware durch Herabsetzung der Ware des Wettbewerbers besonders hervorzuheben versucht, vgl. § 6 Abs. 2 Nr. 5 UWG. Eine Herabsetzung ergibt sich nach dem vorliegenden Sachverhalt noch nicht ohne Weiteres daraus, dass der Verkehr wegen der überragenden Marktstellung des Produkts Koko-Cola zu dem Schluss gelangen könne, eines der anonymen Vergleichsgetränke müsse Koko-Cola sein. Darin liegt zwar eine indirekte Bezugnahme auf das Konkurrenzprodukt, doch fragt sich, ob nach der Aussage des Werbespots auch eine Herabsetzung gegeben ist.

Die **Botschaft der Werbeaussage** in dem Film geht nach dem allgemeinen Sprachverständnis dahin, Popcorn-Cola habe einen viele Cola-Trinker ansprechenden Geschmack, und die von der Werbung angesprochene Zielgruppe der Verbraucher solle Popcorn-Cola auf diesen Geschmack hin probieren, eben den Popcorn-Cola-Test machen. Darin liegt einerseits die **Anpreisung der eigenen Ware** und andererseits die Aufforderung, sich selbst durch eine Erprobung nach dem Muster der vorgeführten Szene Gewissheit darüber zu verschaffen, ob Popcorn-Cola das Erzeugnis sei, das dem Verbraucher wirklich am besten schmecke. Allein die **Aufforderung der Verbraucher, die Waren mit denen der Konkurrenz zu vergleichen**, stellt noch keine wettbewerbswidrige Handlung dar. Eine kritisierende Aussage des Werbenden muss sich auf die Eigenschaft, die Zusammensetzung oder sonstige objektiv feststellbare Eigenschaften des Vergleichsprodukts beziehen.

Im vorliegenden Fall wurde lediglich der unterschiedliche Geschmack der verschiedenen Cola-Limonaden herausgestellt. **Indem auf die Subjektivität des Geschmacksemp-**

findens hingewiesen wird, bleibt die Werbeaussage ohne Bewertung. Der Probierszene ist lediglich die neutrale Botschaft zu entnehmen, dass Cola-Limonaden unterschiedlich – nicht dagegen besser oder schlechter – schmecken, und dass Cola-Trinker zu unterschiedlichen Präferenzen kommen, wenn sie selbst den Cola-Test machen.

Ergebnis: Der Unterlassungsanspruch der Koko-GmbH ist unbegründet, weil nach dem vorliegenden Sachverhalt eine unlautere Wettbewerbshandlung durch kritisierende herabsetzende Werbung nicht festgestellt werden konnte.

Lösung zu Fall 32: Freier Warenverkehr: „Kradanhängerfall"

Die Regelung der italienischen Straßenverkehrsordnung, dass zwei- und dreirädrige Kraftfahrzeuge, keine Anhänger auf öffentlichen Straßen mitführen dürfen, könnte Art. 34 AEUV verletzen.

Die **Grundfreiheit des freien Warenverkehrs** wird verletzt, wenn eine einfuhrbeschränkende staatliche Maßnahme vorliegt, die sich auf Unionsware bezieht.

Im europäischen Ausland hergestellte Motorradanhänger erfüllen sämtliche Kriterien des **EU-Warenbegriffs** im Sinne von Art. 28 Abs. 2 AEUV. Nach unionsrechtlicher Definition sind Waren bewegliche Sachen, „die einen Geldwert haben daher Gegenstand von Handelsgeschäften sein können". Ferner müssen diese aus einem anderen Mitgliedstaat stammen bzw. sich dort im freien Verkehr befinden.

Art. 56 der italienischen Straßenverkehrsordnung stellt auch eine **staatliche Maßnahme** in Form einer Einfuhrbeschränkung dar. Art. 34 AEUV verbietet **mengenmäßige Einfuhrbeschränkungen und Maßnahmen gleicher Wirkung**.

Vorliegend handelt es sich offensichtlich nicht um eine mengenmäßige Einfuhrbeschränkung. Dies wäre der Fall, wenn die Ein- oder Durchfuhr von Waren entweder kontingentiert oder gänzlich untersagt ist. Es könnte sich jedoch um eine Maßnahme gleicher Wirkung handeln, die ebenfalls von Art. 34 AEUV umfasst wird.

Der Rechtsbegriff „Maßnahme gleicher Wirkung" ist unbestimmt. Der EuGH hat in seiner Leitentscheidung zum Fall „Dassonville" den Begriff näher definiert:

Dassonville-Formel
„Als Maßnahme gleicher Wirkung wie eine mengenmäßige Beschränkung ist jede Handelsregelung der Mitgliedstaaten anzusehen, die geeignet ist, den Binnenhandel unmittelbar oder mittelbar, tatsächlich oder potenziell zu behindern".

Art. 34 AEUV umfasst somit nicht nur ein **Diskriminierungsverbot**, sondern auch ein **allgemeines Beschränkungsverbot**. Art. 34 AEUV spiegelt die Verpflichtung wider, sowohl die Grundsätze der Nichtdiskriminierung und der gegenseitigen Anerkennung von Erzeugnissen, die in anderen Mitgliedstaaten rechtmäßig hergestellt und in den Verkehr gebracht wurden, einzuhalten als auch Erzeugnissen aus der Gemeinschaft einen freien Zugang zu den nationalen Märkten zu gewährleisten.

Im vorliegenden Fall wirkt sich Art. 56 der italienischen Straßenverkehrsordnung zwar unterschiedslos zwischen den inländischen und ausländischen Herstellern von Motorradanhängern aus, da auch die italienischen Herstellern genauso von dieser Regelung betroffen sind. Gleichwohl stellt sich die Norm unabhängig von ihrer nicht diskriminierenden Natur als Handelsbeschränkung dar, die geeignet ist, den Binnenhandel mittelbar zu behindern.

Die Dassonville-Formel hat den Begriff der Maßnahme gleicher Wirkung zu weit ausgelegt. Jede Beschränkung, die potenziell geeignet ist, den Binnenhandel zu beschränken, wäre demnach verboten. Aus diesem Grund hat der EuGH in seinem späteren **Keck-Urteil** seine Definition der Maßnahmen gleicher Wirkung eingeschränkt. Der EuGH hat anerkannt, dass bestimmte **Verkaufsmodalitäten** – wie die Reglementierung von Ladenöffnungszeiten, aber auch das Verbot von Dumping-Preisen – im Gegensatz zu **produktbezogenen Regelungen** (Beschaffenheit, Verpackung, Bezeichnung, Form, Gewicht, Etikettierung etc.), gar nicht erst von Art. 34 AEUV erfasst sind. Voraussetzung hierfür ist allerdings, dass die nationale Maßnahme für alle Wirtschaftsteilnehmer, Inländer und Ausländer gelten und dass die Erzeugnisse aus anderen Mitgliedstaaten weder rechtlich noch faktisch stärker benachteiligt als Inlandserzeugnisse.

Keck-Formel

„Keine Maßnahme gleicher Wirkung im Sinne von Art. 34 AEUV sind nationale Bestimmungen bloßer Verkaufsmodalitäten, sofern sie für alle betroffenen Wirtschaftsteilnehmer unterschiedslos gelten und den Absatz der in- und ausländischen Produkten rechtlich wie tatsächlich in gleicher Weise berühren."

Die Abgrenzung zwischen produkt- und vertriebsbezogenen Beschränkungen ist nicht immer zweifelsfrei. Vom Anwendungsbereich des Art. 34 AEUV sind vor allem staatliche Maßnahmen erfasst, die behindern, dass die in einem Mitgliedstaat rechtmäßig in Verkehr gebrachte Ware grundsätzlich überall frei zirkulieren kann, d. h. Zugang zu jedem anderen mitgliedstaatlichen Markt haben kann. Das Kriterium der Behinderung des Marktzugangs wird zu einem Leitprinzip des Art. 34 AEUV.

Im vorliegenden Fall wussten die Verbraucher in Italien, dass sie ihr Kradfahrzeug nicht mit einem eigens dafür konzipierten Anhänger verwenden dürfen und hatten auch kein Interesse einen solchen Anhänger zu erwerben. Demzufolge verhindert die italienische Regelung die Nachfrage nach derartigen Anhängern auf dem betreffenden Markt und behindert deren Einfuhr. In diesem Sinne ist die italienische Regelung nicht nur eine vertriebsbezogene Beschränkung, sondern ein unmittelbares Marktzugangshindernis und muss als Maßnahme gleicher Wirkung nach Art. 34 AEUV angesehen werden.

Jedoch könnte die Vorschrift der italienischen Straßenverkehrsordnung gerechtfertigt sein. Ausnahmsweise zulässig sind Eingriffe in den freien Warenverkehr, wenn einer der geschriebenen **Rechtfertigungsgründe des Art. 36 AEUV** vorliegt.

Dies ist hier nicht der Fall.

Neben den Rechtfertigungsgründen des Art. 36 AEUV hat der EuGH in der Leitentscheidung **Cassis-de-Dijon** weitere Rechtfertigungsgründe anerkannt unter der Voraussetzung, dass der Eingriff unterschiedslos gilt und erforderlich ist, um bestimmten **zwingenden Erfordernissen des Allgemeininteresses** (z. B. Verbraucherschutz, Umweltschutz etc.) gerecht zu werden. Zusätzlich müsste der Rechtfertigungsgrund dem **Grundsatz der Verhältnismäßigkeit** standhalten.

Die Italienische Republik rechtfertigt Art. 56 der italienischen Straßenverkehrsordnung aus Gründen der Verkehrssicherheit für Kleinkrafträder.

Das italienische Verbot stellt zwar insofern eine durch Art. 34 AEUV verbotene Maßnahme gleicher Wirkung wie mengenmäßige Einfuhrbeschränkungen dar, als es dazu führt, den Zugang zum betroffenen Markt für Anhänger zu versperren, die eigens für Kradfahrzeuge konzipiert sind, und dadurch erheblichen Einfluss auf das Verhalten der Verbraucher hat und die Nachfrage nach derartigen Anhängern auf diesem Markt verhindert.

Dennoch ist dieses Verbot aus Gründen des Schutzes der Sicherheit des Straßenverkehrs gerechtfertigt. Zwar obliegt dem Mitgliedstaat, der sich zur Rechtfertigung des Hindernisses für den freien Warenverkehr auf ein zwingendes Erfordernis beruft, der Nachweis, dass seine Regelung angemessen und zur Erreichung des angestrebten legitimen Ziels erforderlich ist (**Verhältnismäßigkeitsgrundsatz**). Diese Beweislast wird relativiert. Der betroffene Mitgliedstaat muss nicht positiv belegen, dass sich dieses Ziel mit keiner anderen vorstellbaren Maßnahme unter den gleichen Bedingungen erreichen lasse.

Denn es ist zwar nicht ausgeschlossen, dass andere Maßnahmen als das fragliche Verbot ein gewisses Maß an Verkehrssicherheit beim Betrieb eines aus einem Kradfahrzeug und einem Anhänger bestehenden Gespanns im Straßenverkehr gewährleisten könnten. Dies ändert jedoch nichts daran, dass den Mitgliedstaaten nicht die Möglichkeit abgesprochen werden kann, ein Ziel wie die Sicherheit des Straßenverkehrs durch die Einführung allgemeiner und einfacher Regeln zu verwirklichen, die von den Fahrern leicht verstanden und angewandt und von den zuständigen Behörden einfach gehandhabt und kontrolliert werden können.

Art. 56 der italienischen Straßenverkehrsordnung verstößt nicht gegen Art. 34 AEUV.

Aunert-Micus/Güllemann/Streckel, Wirtschaftsprivatrecht, 5. Aufl., Osnabrück 2013

Badura, Wirtschaftsverfassung und Wirtschaftsverwaltung, 4. Aufl., München 2011

Baßeler/Heinrich/Utecht, Grundlagen und Probleme der Volkswirtschaft, 6. Aufl., Stuttgart 2012

Baumbach/Hopt, Handelsgesetzbuch, 37. Aufl., München 2015

Baumbach/Hueck, GmbH-Gesetz, 20. Aufl., München 2013

Bechtold/Otting, Kartellgesetz, Gesetz gegen Wettbewerbsbeschränkungen (GWB), 6. Aufl., München 2010

Benning/Oberrath, Bürgerliches Recht I, 6. Aufl., Stuttgart, München 2015

Brox/Walker, Allgemeines Schuldrecht, 39. Aufl., München 2015

Brox/Walker, Besonderes Schuldrecht, 39. Aufl., München 2015

Canaris, Handelsgesetzbuch, 5. Aufl., München 2015

Doerfert/Oberrath/Schäfer, Europarecht, 4. Aufl., Stuttgart, München 2015

Eisenmann/Jautz, Grundriss gewerblicher Rechtsschutz und Urheberrecht, 10. Aufl., Heidelberg 2015

Emmerich, Das Recht der Leistungsstörungen, 6. Aufl., München 2005

Emmerich, Unlauterer Wettbewerb, 10. Aufl., München 2015

Emmerich, Kartellrecht, 13. Aufl., München 2014

Finke/Haurand/Sundermann, Allgemeines Verwaltungsrecht, 10. Aufl., München 2006

Frotscher, Wirtschaftsverfassungs- und Wirtschaftsverwaltungsrecht, 6. Aufl., München 2013

Führich, Wirtschaftsprivatrecht, 12. Aufl., München 2014

Gloy/Loschelder (Hrsg.), Handbuch des Wettbewerbsrechts, 4. Aufl., München 2010

Götting, Gewerblicher Rechtsschutz und Urheberrecht, 3. Aufl., München 2015

Gottwald, Insolvenzrechts-Handbuch, 5. Aufl., München 2015

Gottwald, Sachenrecht, 16. Aufl., München 2014

Grünwald/Hauser, Privates Wirtschaftsrecht, 5. Aufl., 2012

Hakenberg, Gründzüge des Europäischen Gemeinschaftsrechts, 3. Aufl., München 2003

Hefermehl/Köhler/Bornkamm/Baumbach, Wettbewerbsrecht, 33. Aufl., München 2015

Herdegen, Internationales Wirtschaftsrecht, 10. Aufl., München 2014

Hösch, Grundlagen des Wettbewerbsrechts, Stuttgart 2002

Hueck/Windbichler, Gesellschaftsrecht, 23. Aufl., München 2013

Jung, Handelsrecht, 10. Aufl., München 2014

Kilian/Heussen (Hrsg.), Computerrechts-Handbuch, Loseblatt, 26. Aufl., München 2008

Kilian/Wendt, Europäisches Wirtschaftsrecht, Baden-Baden 2015

Kling/Thomas, Grundkurs Wettbewerbs- und Kartellrecht, München 2004

Klunzinger, Grundzüge des Handelsrechts, 14. Aufl., München 2014

Klunzinger, Grundzüge des Gesellschaftsrechts, 16. Aufl., München 2012

Köhler, BGB Allgemeiner Teil, 39. Aufl., München 2015

Kopp/Ramsauer, Verwaltungsverfahrensgesetz, 16. Aufl., München 2015

Kopp/Schenke, Verwaltungsgerichtsordnung, 21. Aufl., München 2015

Kreft, Steuerrecht, 6. Aufl., Berlin, Heidelberg 2012

Looschelders, Schuldrecht AT, 12. Aufl., München 2014

Medicus, Schuldrecht I, Allgemeiner Teil, 21. Aufl., München 2014

Medicus, Schuldrecht II, Besonderer Teil, 17. Aufl., München 2014

Miras, GmbH-Vertragspraxis, 7. Aufl., Köln 2015

Münch/Passadelis/Lehne (Hrsg.), Handbuch Internationales Handels- und Wirtschaftsrecht, Basel 2015

Münchener Vertragshandbuch, Band 2, Wirtschaftsrecht I, Schütze/Weipert (Hrsg.), 7. Aufl., München 2014

Münchener Vertragshandbuch, Band 3, Wirtschaftsrecht II, Schütze/Weipert (Hrsg.), 7. Aufl. München 2014

Münchener Kommentar zum BGB, Band 1, Allgemeiner Teil (§§ 1 - 240), 7. Aufl., München 2015

Münchener Kommentar zum BGB, Band 2, Schuldrecht, Allgemeiner Teil (§§ 241 - 432), 7. Aufl., München 2016

Münchener Kommentar zum BGB, Band 3, Schuldrecht, Besonderer Teil (§§ 433 - 610), 7. Aufl., München 2016

Münchener Kommentar zum BGB, Band 4, Schuldrecht, Besonderer Teil (§§ 611 - 704), 7. Aufl., München 2016

Münchener Kommentar zum BGB, Band 5, Schuldrecht, Besonderer Teil (§§ 705 - 853, PartGG, ProdHaftG), 4. Aufl., München 2004

Münchener Kommentar zum BGB, Band 6, Sachenrecht (§§ 854 - 1296), 6. Aufl., München 2013

Münchener Kommentar zum BGB, Band 11, Internationales Privatrecht, Europäisches Kollisionsrecht, EGBGB (Art. 1 - 24), 7. Aufl., München 2016

Müssig, Wirtschaftsprivatrecht, 18. Aufl., 2015

Neumann, Rechtslexikon BGB, 2015

Neumann, Rechtslexikon BGB, 2015

Oberrath/Schmidt/Schomerus, Öffentliches Wirtschaftsrecht, 4. Aufl., Stuttgart, München 2015

Ostendorf/Schulz-Pabst, Internationales Wirtschaftsrecht, internationales Privatrecht, 2. Aufl., Stuttgart, München 2015

Palandt, Bürgerliches Gesetzbuch, 74. Aufl., München 2015

Piltz, Internationales Kaufrecht, 2. Aufl., München 2008

Püttner, Verwaltungslehre, 4. Aufl., München 2007

Rehbinder, Urheberrecht, 17. Aufl., München 2015

Richard/Mühlmeyer, Außenwirtschaftsverkehr, 20. Aufl., Rinteln 2007

Rittner/Kulka, Wettbewerbs- und Kartellrecht, 8. Aufl., Heidelberg 2014

Schlechtriem/Butler, UN Law on International Sales, 2009

Schliesky, Öffentliches Wirtschaftsrecht, 4. Aufl., 2013

Schönke/Schröder, Strafgesetzbuch, 29. Aufl., München 2014

Sodan, Öffentliches, privates und europäisches Wirtschaftsrecht, 15. Aufl., Baden-Baden 2015

Steckler, Grundzüge des IT-Rechts, 3. Aufl., München 2011

Steckler/Schmidt, Arbeitsrecht und Sozialversicherung, 6. Auflage, Ludwigshafen/Rhein 2004

Stober, Allgemeines Wirtschaftsverwaltungsrecht, Band I, 18. Aufl., Stuttgart 2015

Tinnefeld/Ehmann/Gerling, Einführung in das Datenschutzrecht, 5. Aufl., München 2012

Toebbens, Wirtschaftsstrafrecht, München 2006

Tumpel, Steuern kompakt, Wien 2015

Ulmer/Brandner/Hensen, AGB-Recht, 12. Aufl., München 2015

Volker, Patent-, Marken- und Urheberrecht, 9. Aufl., München 2014

Westphalen, Graf von, Vertragsrecht und AGB-Klauselwerke, 37. Aufl., 2016

Westphalen, Graf von, Allgemeine Einkaufsbedingungen, 6. Aufl., München 2014

Westphalen, Graf von, Allgemeine Verkaufsbedingungen, 7. Aufl., München 2012

Winfried, Wirtschaftsverwaltungsrecht, 2. Aufl., München 2008

Wörlen, BGB AT, 12. Aufl., Köln, Berlin, München 2012

Wörlen, Schuldrecht AT, 12. Aufl., Köln, Berlin, München 2015

Wörlen, Schuldrecht BT, 11. Aufl., Köln, Berlin, München 2013

Wörlen, Sachenrecht, 9. Aufl., Köln, Berlin, München 2014

Wörlen, Handelsrecht mit Gesellschaftsrecht, 12. Aufl., Köln, Berlin, München 2015

Wolf/Lindacher/Pfeiffer, AGB-Recht, 6. Aufl., München 2013

Würtenberger, Verwaltungsprozessrecht, 3. Aufl., München 2011

Die Buchstaben und Zahlen verweisen auf die betreffenden Hauptkapitel mit den jeweiligen Randziffern, z. B.: F/155 = Kapitel F., Randziffer 155.

Passgenaue Kursmaterialien - für Studium und Prüfungsvorbereitung

Die Reihe „Kiehl Wirtschaftsstudium" unterstützt Sie bei der Vor- und Nachbereitung Ihrer Lehrveranstaltungen im BWL-Grundstudium. Die Bände umfassen jeweils ein eng abgestecktes Themengebiet im Zuschnitt eines typischen Moduls bzw. Kurses. Die grundlegenden Lehrinhalte werden darin von erfahrenen Hochschul-Dozenten kompakt und vollständig zusammengefasst.

Frei von unnötigem Ballast ermöglichen sie das punktgenaue Lernen der klausurrelevanten Inhalte. Ein ergänzendes und thematisch abgestimmtes Online-Training sorgt für eine enge Verzahnung von Wissenserwerb und Wissenskontrolle. Das lernfreundliche Layout erleichtert die Arbeit im und mit dem Buch.

Ihre Vorteile:

- die wesentlichen Inhalte zum Handels- und Gesellschaftsrecht kompakt aufbereitet

- inklusive Online-Lernumgebung ideal zur Prüfungsvorbereitung

- Exklusiv für Dozenten: begleitender Foliensatz für die Lehre

Wirtschaftsrecht:
Handels- und Gesellschaftsrecht
Ewers | Jagusch | Lorberg
2015 · 163 Seiten · € 17,-
978-3-470-65541-3

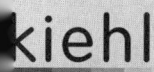

kiehl

Kiehl ist eine Marke des NWB Verlags

Bestellen Sie bitte unter: **www.kiehl.de oder per Fon 02323.141-900**
Unsere Preise verstehen sich inkl. MwSt.

**Bestellen Sie dieses Buch versand-
kostenfrei unter www.kiehl.de**

Übung macht den Meister, den Fachwirt und den Fachkaufmann.

Gezieltes Klausurentraining für IHK-Lehrgänge.
Mit ausführlichen Lösungen und nützlichen Lernhilfen.

Die Reihe Klausurentraining wurde speziell für Kursteilnehmer in IHK-Weiterbildungslehrgängen konzipiert. Die einzelnen Bände ermöglichen eine individuelle und gezielte Prüfungsvorbereitung und sind auf die Rahmenlehrpläne abgestimmt.

Besondere Vorteile der Reihe:

- Mehr als 100 klausurtypische Aufgaben auf dem Niveau der IHK-Prüfung decken das gesamte Spektrum der einzelnen Themen ab.

- Ausführliche Lösungen erleichtern die Erfolgskontrolle und das Nachvollziehen der richtigen Lösungswege.

- Die wichtigsten Formeln und Fachbegriffe sind im Anhang griffbereit – kein zusätzliches Nachschlagen in Lehrbüchern oder Skripten.

Klausurentraining ist das A und O einer erfolgreichen Prüfungsvorbereitung. Dabei können Sie sich nicht allein auf die IHK-Prüfungsaufgaben aus dem Vorjahr verlassen. Alle Aufgabentypen zur Prüfungsvorbereitung bietet Ihnen nur das neue **Klausurentraining Weiterbildung!**

Mit diesem Band bereiten Sie sich auf Prüfungen zum Themenbereich Recht vor.

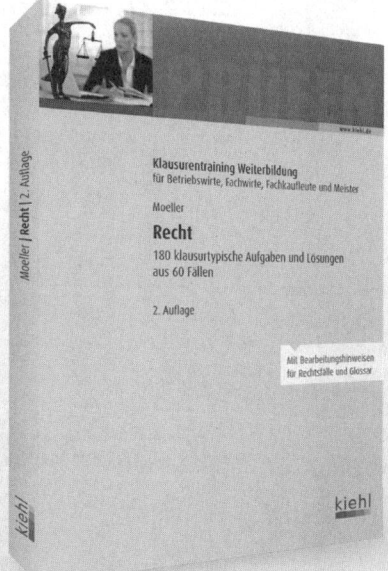

Recht
Moeller
2. Auflage · 2014 · 249 Seiten · € 19,90
ISBN 978-3-470-64112-6

Kiehl ist eine Marke des NWB Verlags

Bestellen Sie bitte unter: **www.kiehl.de oder per Fon 02323.141-900**
Unsere Preise verstehen sich inkl. MwSt.